전자무역·물류총서

KTNET

한국무역정보통신이 만든
Paperless Trade 대표 입문서

도서출판 두남

추천사

우리나라는 무역을 통한 경제발전 전략을 채택하여 불과 반세기만에 세계 수출 순위 6위라는 놀라운 성과를 이뤄냈습니다. 이렇듯 세계가 한강의 기적이라고 부르는 우리 무역의 성장 과정은 우리나라 무역인들의 헌신적인 노력과 부단한 혁신의 결과입니다.

우리가 세계 최초로 국가전자무역시스템을 구축하게 된 것도 그러한 노력의 일환이었습니다. 복잡한 무역절차를 간소화하고 처리시간과 비용을 줄여 우리 무역의 대외 경쟁력을 높이고자 1989년 국가 차원에서 '종합무역자동화 기본계획'을 수립한 것이 우리나라 전자무역의 출발점이라 하겠습니다.

이렇듯 4반세기 전 첫발을 내딛은 전자무역은 이제 성년이 되었습니다. 우리나라 무역의 핵심인프라로 굳건히 자리잡은 전자무역 기반시설은 국내 약 10만여 무역 관련 업체 및 기관이 상시 이용하고 있습니다. 뿐만 아니라, 글로벌 네트워크를 구축하여 국가 간에 무역관련 정보의 상호교환이 가능하도록 하였습니다. 이러한 눈부신 성과는 중앙아시아, 중남미, 동유럽 및 아프리카 등 여러 국가로부터 벤치마킹의 대상이 되고 있습니다.

한편, 최근 급속한 IT기술의 발전은 전통적인 무역방식에 다양한 변화를 가져오고 있습니다. 특히, 무역의 양태가 기존 B2B 기업간 거래에서 일반인이 참여하는 B2C, C2C 등으로 변모하고 있습니다. 개인들도 Kmall24, eBay 및 Alibaba와 같은 인터넷 기반의 전자상거래 장터를 이용하여 무역에 접근할 수 있는 세상이 된 것입니다. 이에 따라 세계 각국은 전문 또는 통합형 이마켓플레이스를 전략적으로 양성하고 있는데, 이것은 누구나 아이디어와 노력으로 국경을 넘어 자유롭게 상품을 사고팔 수 있는 일종의 '전자 실크로드'가 열린 것을 의미합니다.

이에 따라, 우리 전자무역의 역할과 범위에 있어서도 많은 변화가 필요한 시점입니다. 그러한 측면에서 지금까지의 전자무역 성과를 성찰하여 기록으로 남기고 변화를 준비하는 것은 매우 의미 있는 일입니다.

아무쪼록 전자무역의 서비스 모델과 기술, 관련 법·제도를 망라한 본 출판이 모멘텀이 되어 미래 전자무역으로 도약하는 데 밑바탕이 될 수 있기를 기대합니다. 전자무역 관련 무역업계, 관계기관 및 학계 등 관계자 여러분의 건투를 기원합니다.

산업통상자원부장관 **주 형 환**

추천사

한국무역협회가 수출입 업체와 유관기관들에게 무역자동화로 불리었던 전자무역 서비스를 제공한 지 25년이 되었습니다. 무역협회는 당시 선진국조차도 관심을 갖지 않았던 전자무역이 미래 우리나라 수출입무역에 필수적인 사항으로 인식하고, 이에 대한 과감한 투자와 함께 효율적인 사업 추진을 위해서 KTNET(한국무역정보통신)을 설립하였습니다.

전자무역을 통해서 우리 기업들의 국제경쟁력을 높이고 우리나라가 무역강국, 선진국가로 도약하는 것을 목표로 하였습니다. 이를 달성하기 위해 첨단 ICT 기술을 이용하였고 무역업계와 유관기관들간 무역업무 프로세스를 혁신해 왔습니다. 이러한 노력의 결과로 세계 최정상급으로 평가되는 전자무역 인프라를 갖추게 되었습니다.

전자무역 인프라 구축 초기인 '91년도 수출입 무역규모도 1,500억달러에서 지금은 1조달러에 달하여 6배 이상의 규모로 성장을 했습니다. 이렇게 질적 측면과 양적 측면에서 성장을 할 수 있도록 정부와 무역업계가 함께 노력을 해온 면도 있지만, 우리 협회와 KTNET이 전자무역 인프라를 통한 서류없는 업무처리와 무역절차 간소화 노력에도 많은 부분 기여를 했다고 할 수 있습니다.

현재 전자무역인프라는 이용하는 고객이 10만여에 달하며, 수출입업무의 전자적 처리로 비용과 시간의 절감을 통하여 연간 6조원에 이르는 경제적 효과를 가져왔습니다. 이러한 경제적 효과와 외적인 성장을 보여준 KTNET 임직원 여러분들께 격려를 보냅니다.

금번 KTNET 전문가를 중심으로 전자무역에 대한 종합 안내서인 『전자무역·물류총서』를 출간하게 됨을 기쁘게 생각합니다. 본서가 무역·물류업계 종사자와 미래의 무역역군들이 전자무역을 쉽게 이해하고, 실무에 적용하는 데 많은 도움이 될 것으로 기대합니다.

한국무역협회 회장 **김 인 호**

Preface

통계청에 따르면 우리나라의 2014년 기준 GDP대비 수출입액 비중은 78%로 미국(23%), 일본(33%), 중국(42%) 등에 비해 현저하게 높다고 합니다. 이 지표만 살펴봐도 우리나라 경제는 무역의존도가 높고 무역이 국가경제발전을 견인하여 왔다고 할 수 있습니다.

우리나라의 무역규모는 지난 11년부터 14년도까지 무역규모 1조불을 4년 연속 상회하여 왔으며, 작년에는 세계적 저성장으로 인해 무역 1조불을 달성하지는 못하였지만 전세계 수출 상위 6위국으로 전년대비 두 계단이나 올라섰습니다.

우리나라 무역규모 순위상승의 원동력은 무역업계의 끊임없는 열정과 도전, 정부의 정책이외에도 전자무역이라는 서비스와 인프라가 있었기에 가능했다고 생각합니다.

전자무역은 1991년 「무역업무자동화촉진에관한법률」 제정 및 (주)한국무역정보통신 설립과 함께 시작되었다고 할 수 있습니다. 무역관련 절차개선, 종이문서의 전자화, 서비스 개발, 유관기관 시스템연계 및 네트웍 구축 등 필요한 과정을 지속적으로 추진하여 왔습니다.

2015년말 현재 전자무역서비스 국내 이용고객은 10만 개사에 이르며 전자 무역중계건수는 연간 3억8천만 건, 전자문서는 614종이 이용되고 있습니다.

밖으로는 우리나라의 전자무역시스템이 몽골, 탄자니아를 포함한 아프리카와 중동지역의 국가에도 수출되어 널리 활용되고 있습니다.

국제무역연구원의 연구결과에 따르면 전자무역을 통한 우리나라 수출입 기업들의 비용절감효과는 연간 약 5조9천억 원에 달하는 것으로 평가되고 있습니다.

이번에 국가경제발전에 견인차 역할을 담당할 뿐만 아니라 시스템수출에도 직접적으로 기여하고 있는 『전자무역·물류총서』를 펴내게 됨을 KTNET사장으로서 정말 뜻깊게 생각합니다.

본 총서가 다루는 영역은 전자무역과 전자물류입니다. 본 총서는 총 4부로 구성하였습니다.

제1부는 전자무역 및 전자물류의 도입배경과 구성요소, 효과, 추진동향 등 개념을 이해할 수 있도록 정리하였습니다.

제2부는 관련업계 및 이해관계자들께 실질적인 도움을 줄 수 있는 비즈니스 모델을 소개하고 전자화 과정 및 내용에 대해서 전자무역부문과 물류부문을 구분하였습니다.

제3부는 2부에서의 비즈니스 모델이 서비스로 탄생하기까지의 과정상 어떤 솔루션과 시스템 등 인프라가 필요한지 기술적인 관점에서 접근하였습니다. 특별히 이 장에서는 서비스 보안과 요소기술에 대해서도 정리하였습니다.

제4부는 전자무역의 태동은 물론 발전을 견인한 법·제도부문을 다루었습니다. 「전자무역촉진에관한법률」, 「대외무역법」, 「무역거래기반조성에관한법률」, 「전자서명법」, 「상법」, 「항만법」을 포함한 물류관련 국내법은 물론, 전자무역관련 국제규범에 대해서도 서술하였습니다. 이외 전자상거래와 관련하여 국제기구 규범과 주요 국가 법·제도, 국제화물운송 관련 각종 조약에 대해서도 정리하였습니다.

본 총서는 무역/물류관련 분야에서 생산성 향상 및 비용절감 효과를 보려는 무역업체와 무역유관기관 실무자들에게 크게 유용할 것입니다. 이외에도 관련업계에 종사하려는 고등학교, 대학교 학생들은 물론 교육현장에서 학생들을 지도하시는 교수님들께도 학습교재로 활용하는데 큰 도움이 될 것이라 판단합니다.

마지막으로 본 총서가 출간될 수 있도록 도움을 주신 많은 분들에게 감사의 말씀을 드립니다.

본 총서 집필의 기획부터 완성되기까지 끊임없는 노력을 기울인 KTNET e-Trade아카데미 장호범 원장, 류주열 차장을 비롯한 팀원들에게 감사를 드립니다. 본 총서 각 장의 내용을 감수해 준 박종덕 차장, 백병인 차장, 백승만 차장, 김종현 변호사의 노고에도 심심한 사의를 표하며, 교육현장에서 바쁜 일정에도 불구하고 법·제도부문 집필해 주신 계명대 이호형 교수님, 영남대 이희용 교수님께 진심으로 감사의 말씀을 드립니다.

아울러 전자무역 태동부터 현재까지 정책지원은 물론 인프라구축까지 물심양면으로 지원을 아끼지 않으신 관계, 업계, 학계 등 관련된 모든 분들께 진심으로 감사의 뜻을 표합니다.

KTNET 대표이사 **서 광 현**

UtradeEdu

융합형 실무인력 양성을 위한

Paperless Trade 교육실습시스템

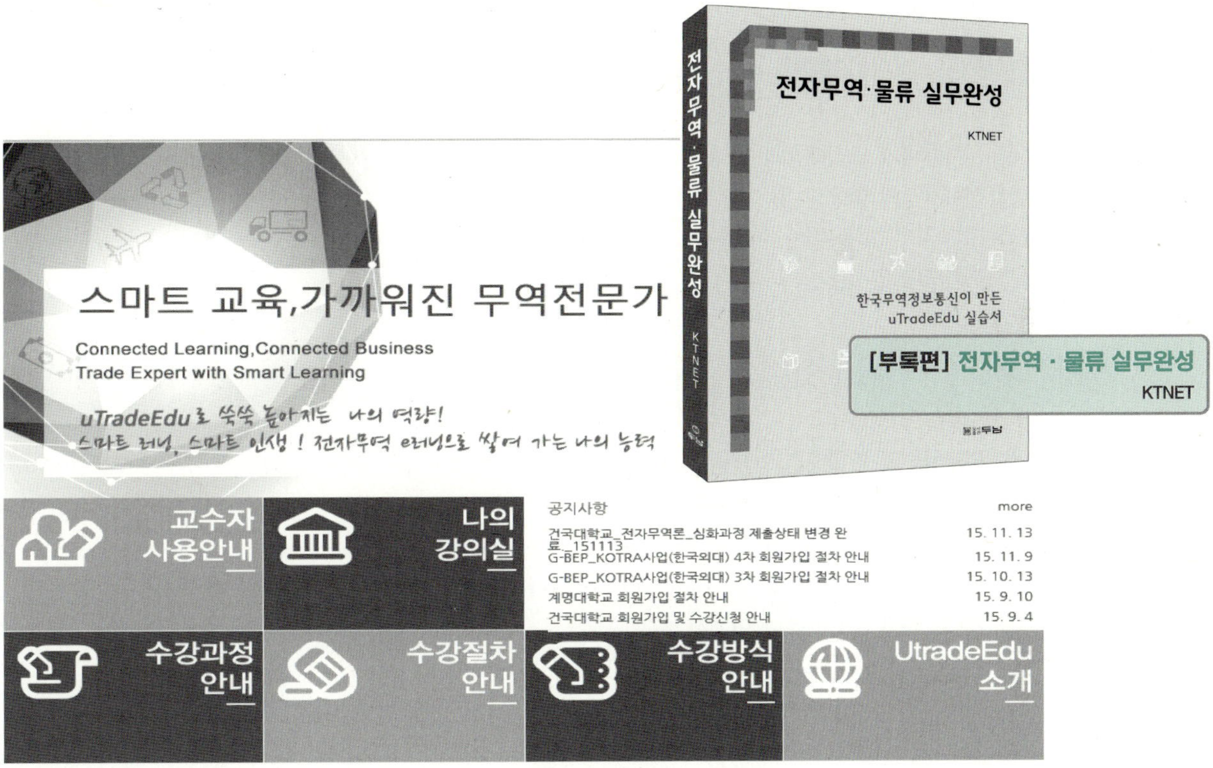

- KTNET은 지난 25년간 전자무역인프라시스템 운영경험과 노하우를 기반으로 전자무역·물류실습시스템(uTradeEdu)을 새롭게 구축하였습니다.
- 실습분야는 크게 국내외 무역업무 중심의 전자무역(e-Trade)과 물류업무 중심의 전자물류(e-logistics)로 분류되며, 주 사용자는 관련 산업계 실무자, 전공 대학생 그리고 특성화 고교생입니다.
- uTradeEdu(https://edu.utradehub.or.kr)를 이용하여 생생한 현장 업무들을 실습해봄으로써 점차 실무형 인재로 바뀌어가는 자신을 확인할 수 있습니다.

Contents

제 1 부 전자무역·물류 개요

제 2 부 전자무역·물류와 서비스

제 3 부 전자무역·물류 시스템

제 4 부 전자무역·물류 법·제도

참고자료

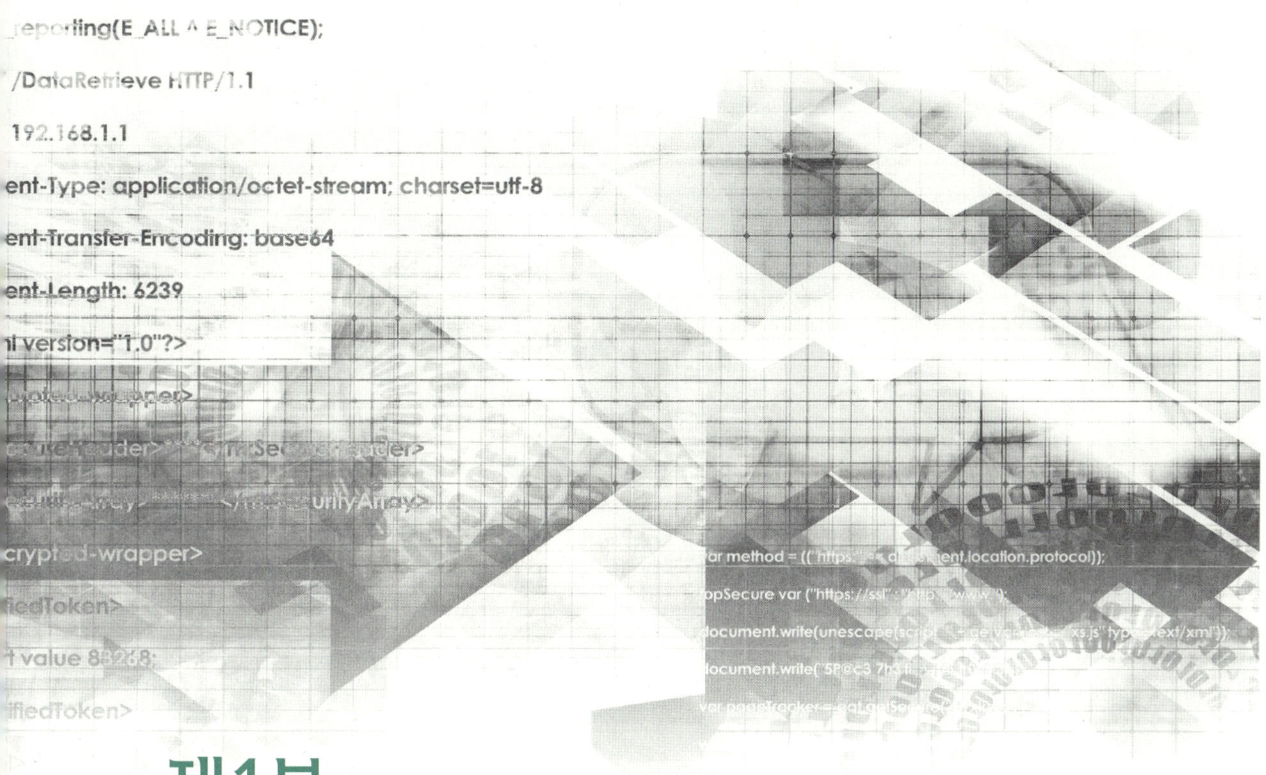

제1부

전자무역·물류 개요

제1장 전자무역(e-Trade)

제2장 전자물류(e-Logistics)

제1장

전자무역(e-Trade)

제1절 전자무역의 도입배경과 개념

1 도입배경

국가간 경계가 무너지는 세계화가 확산되고 자유무역으로 무역장벽이 완화됨에 따라 국경을 초월한 무역거래가 활성화되고 있다.

이러한 무역환경의 변화에 발맞춰 전자무역을 활용하면 기업의 무역 거래비용이 절감되고 무역정보의 획득과 마케팅 활동이 원활해지는 효과가 있기 때문에, 세계 각국은 전자무역의 정착과 활성화를 위해 여러 방면으로 노력을 기울이고 있다.

현재 UN[1], WTO[2], OECD[3], APEC[4] 등 국제기구들도 전자무역의 기반구축과 활성화에 필요한 국제규범을 마련하기 위하여 많은 노력을 기울이고 있다. 경제 선진국의 경우 전자상거래를 통해 거래되는 상품에 대해 가능하면 관세징수를 유보하거나 완화하는 조치를 제안하고 있으며, 해외시장 개척을 무역중개상에 의존하던 중소기업들은 자사 브랜드를 직접 홍보하며 마케팅 할 수 있는 인터넷 기반의 국제무역을 선호하고 있어 전자무역의 비중은 더욱 더 높아지고 있다.

정보통신 기술의 발달로 정보화 혁명은 토지, 노동, 자본을 생산요소로 하는 제조업 중심의 산업구조를 바꾸고 있다. 지식의 창출과 확산, 활용에 근거한 지식기반경제로 전환이 가속화되고 디지털 기업, 정부, 공동체들이 보편화되며, 기업 활동에서 정보화의 중요성이 나날이 커지고 있다.

이에 무역 업무를 처리하는 방식도 컴퓨터와 통신망을 통하여 간소화, 자동화되고 있다. 인

1) 국제연합(United Nations)
2) 세계무역기구(World Trade Organization)
3) 경제협력개발기구(Organization for Economic Cooperation and Development)
4) 아시아태평양경제협력체(Asia Pacific Economic Cooperation)

터넷 쇼핑몰이 구축되어 국내·외를 막론하고 디지털제품 뿐만 아니라 소비재가 거래되고 있으며, 자체적 마케팅 능력이 없던 중소기업들도 인터넷을 활용하여 자사의 브랜드와 제품을 홍보하고 있다.

[표 1-1] 무역업무 처리방식의 발전단계[5)]

구 분	내 용
무역서신의 표준화(60년대)	• 신용장 통일규칙(UCP) • 무역조건의 해석에 관한 국제규칙(INCOTERMS)
무역절차의 간소화(70-80년대)	국가별 무역절차 간소화 위원회 WP4, CEFACT의 활동
무역업무의 자동화(80-90년대)	EDI국제표준(UN/EDIFACT), TEDIS(유럽), KTNET(한국), SNS(싱가폴) 등
무역업무의 가상화(2000년 이후)	전자무역 플랫폼/ 전자무역중개기관

현재 인터넷 이용기술이 국제무역에 접목되면서 기업들은 인터넷을 통하여 원자재 및 부품 구입, 완제품의 판매는 물론, 무역거래 전과정을 전자적으로 해결할 수 있는 전자무역플랫폼에 많은 관심을 기울이고 있다.

2 개념

전자무역은 인터넷무역, 사이버무역, 무역자동화 등으로 불리다가 2001년「대외무역법」이 개정되면서 '전자무역'이라는 용어로 통일되었다.「대외무역법」에서 정의한 전자무역은 무역의 전부 또는 일부가 컴퓨터 등 정보처리능력을 가진 장치와 정보통신망을 이용하여 이루어지는 거래를 말한다. 2006년 개정된「전자무역 촉진에 관한 법률」에서 정의한 전자무역은 무역의 일부 또는 전부가 전자무역 문서에 의하여 처리되는 거래를 말한다.

실무적인 관점에서 전자무역이란 거래선 발굴·상담·계약·원자재조달·운송·통관·대금결제에 이르는 제반 무역업무를 인터넷 등 최신 IT기술을 활용하여 시간과 공간의 제약없이 처리하는 새로운 무역거래형태를 의미한다. 전자무역의 지향점은 기존의 무역 거래방식을 전자화하는 무역자동화 수준을 넘어 궁극적으로 최신 정보기술을 활용하여 무역구조와 프로세스를 근본적으로 개선하는 것이다.

전자무역의 핵심기능은 각 무역업무 프로세스에서 송수신하는 전자문서의 흐름을 가능하게 하는 것이다. 기업이 수행하는 일련의 무역활동은 크게 수출입마케팅, 계약체결, 물품의 확보, 서류작성 및 요건확인, 대금결제 및 물류관리 프로세스로 나눌 수 있다. 전자무역인프라는 무역업체와 무역유관기관(선사, 항공사, 외국환은행, 요건확인기관, 포워더, 항만터미널, 관세청, 정부기관 등)들과 무역활동 전반에 걸친 정보(문서)의 교환을 가능하게 한다. 또한 전자무

5) 출처: 한국무역협회 무역아카데미,「사이버 무역」, 2000.

역 인프라는 금융·물류·보험·마케팅 등을 포괄하는 국제무역 프로세스상의 수많은 사용자들과 연계되어야 그 활용성이 증대된다.

[그림 1-1] 전자무역 프로세스와 전자무역인프라 연계현황

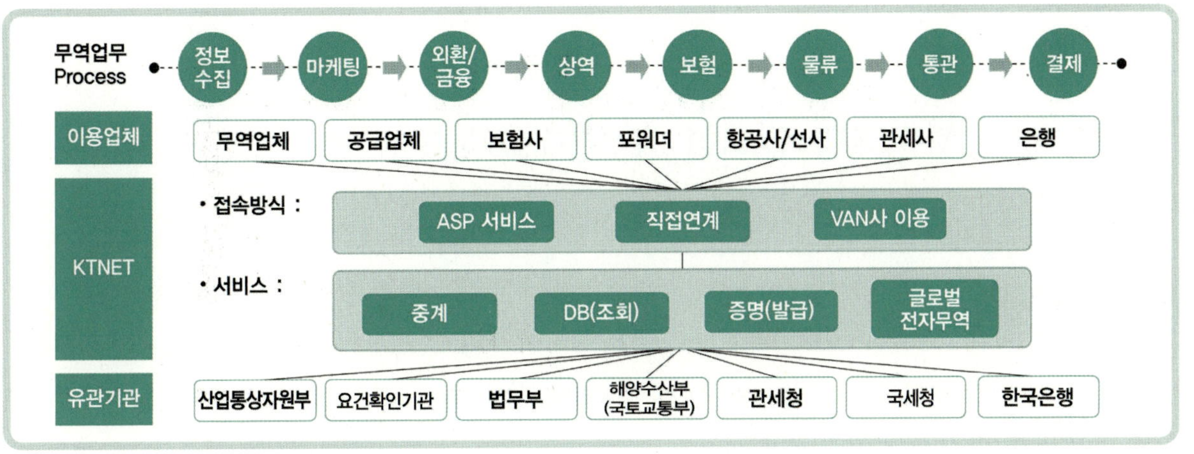

기본적으로 상거래에 초점을 두고 있다는 점에서 전자무역과 전자상거래는 동일한 기반을 가지고 있다. 그러나 전자무역이 다른 국가에 위치한 매도인과 매수인 간의 거래 및 이와 관련된 활동에 초점을 맞추고 있지만 전자상거래는 국내외 거래활동을 모두 포함한다는 점에서 차이가 있다.

한편 e-비즈니스는 기업내 정보시스템 활용과 기업간의 영업 및 마케팅 활동 등을 포괄하며, 더 넓게는 정부기관 및 소비자와의 인터넷을 통한 연결 등의 개념까지도 포함한다. 따라서 넓은 의미의 e-비즈니스에는 전자상거래도 포함된다고 할 수 있다. 참고로 WTO는 e-비즈니스를 통신 네트워크를 통해 제품을 생산·광고·판매·유통시키는 것으로 정의하고 있으며, 여기에는 전자적 정보교환 활용 비즈니스, 제품과 서비스의 기업간 전자상거래, 금융지불 등까지 포함된다.

[그림 1-2] 전자무역, 전자상거래 그리고 e-비즈니스

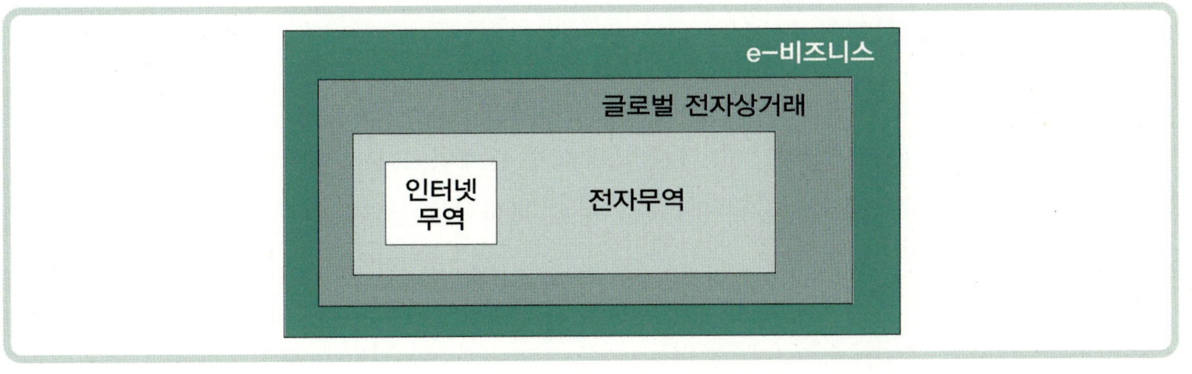

이와 같은 맥락에서 전자무역을 정의한다면 무역과 관련된 주체들이 컴퓨터와 네트워크를 이용해서 국제적인 거래를 수행하는 것을 말하는 것이며, 전자무역은 글로벌 전자상거래 및 글로벌 e-비즈니스의 일부분으로 볼 수 있다.

제2절 전자무역의 필요성 및 기대효과

1 필요성

오늘날 무역업계의 국제경쟁력을 강화하기 위해서는 무역업무 처리기간과 절차의 단축 등 무역 부대비용 절감과 업무효율성 제고가 매우 중요하다. 또한 항만·해운물류정보, 수출입 통관정보 등 정부기관 간의 단절된 무역정보를 연계하고 상품·시장·바이어 등 다양한 마케팅 정보를 통합하여 제공할 필요성이 증대하고 있다.

해외 직접구매 등 글로벌 전자상거래가 본격화되고 있으므로 기존 무역절차와 병행하여 전자문서교환, 전자결제, 인터넷 마케팅, 국제물류 등이 강화될 것으로 예상된다. 특히 전자상거래 거래액의 90% 이상이 B2B(기업 간) 거래에서 발생하고 있기 때문에 인터넷을 이용한 전자무역이 보편화될 것이다. 따라서 전자상거래에 있어서 전자무역의 중요성이 날로 증가할 것으로 예상된다.

우리나라는 2008년에 무역업무 단일창구로 uTradeHub를 개통하였다. 언제 어디서나 단 한번 접속으로 마케팅에서 계약, 외환, 상역, 물류, 통관, 결제에 이르는 수출입관련 업무를 처리할 수 있는 전자무역 인프라이다. uTradeHub가 제공하는 서비스는 무역업무를 빠르고 정확하게 수행할 수 있게 도와주고 산업 전반의 무역 부대비용 절감 및 효율성 향상을 가능하게 한다.

1) 시간적·공간적 한계의 극복

인터넷, EDI, 컴퓨터 네트워크를 통하여 이루어지는 전자무역은 기존 무역방식이 가지고 있던 시간적·공간적 제약을 뛰어넘어 24시간 장소에 관계없이 사이버상에서 거래가 이루어질 수 있는 메커니즘을 갖추고 있다. 쌍방향의 거래가 실시간으로 이루어질 수 있는 것이 전자무역의 유용성을 극대화시키고 있다.

2) 시장의 통합화·단일화

전자무역은 거래당사자가 어디에 위치하든지 큰 문제가 되지 않기 때문에 이제까지 국가별로 독립적으로 존재하던 시장은 인터넷 기반의 거대한 단일시장으로 통합되고 있다. 기존 무역거래에서는 마케팅 능력과 영업 네트워크의 한계로 일반 중소기업이 세계적인 브랜드를 탄생시키기에는 많은 애로요인이 있으나, 인터넷이 제공하는 가상공간상의 시장에서는 기업의 규모에 상관없이 세계적인 기업으로 부상할 수 있는 기회가 동일하게 주어진다.

3) 정보수집의 편이성

기존에는 거래처를 발굴하거나 상품정보를 얻기 위하여 각 기업들은 많은 노력과 시간을 투자하였으나, 인터넷이 보편화됨에 따라 각국 정부, 무역기관, 개별기업들이 제공하는 정보를 손쉽게 획득할 수 있게 되었다. 따라서 정보수집 능력의 부족으로 기업경쟁력을 잃었던 기업들이 정보수집의 용이성과 정보의 균등화로 인해 경쟁력을 회복할 수 있게 되었다.

4) 거래비용의 절감

무역거래에 이용되었던 비정형화된 각종 서류가 정형화된 전자문서로 대체되고, 각종 의사표시나 주문처리가 컴퓨터 통신망과 인터넷을 통하여 처리되기 때문에 문서작성과 전달, 자료의 재입력 등에 소요되었던 시간과 비용이 획기적으로 절감된다. 더욱이 공급사슬 내 기업간의 의사결정이 인터넷 팩스, 인터넷 폰, 인터넷 화상회의 등을 통하여 신속하고 저렴하게 이루어질 수 있게 되었다.

2 기대효과

전자무역의 지향점은 기존의 무역거래 방식을 전자화하는 무역자동화 수준을 넘어 궁극적으로 최신 정보기술을 활용하여 무역구조와 프로세스를 근본적으로 개선하는 것이다. 또한 전자무역은 무역 프로세스의 근본적인 개선으로 무역관련 시간과 비용을 획기적으로 절감함으로써 경쟁력 강화에 기여한다.

무역업체를 위한 전자무역 단일창구 구축으로 사용자의 업무 처리절차를 간소화하여 업무효율성을 높이고, 제반 비용을 절감할 수 있다. 무역관련 각종 정부구축(산업통상자원부, 해양수산부, 관세청, 국토교통부 등) 정보인프라와 상호 효율적 연계를 통해 중복투자를 방지하고 비용대비 효과를 극대화 할 수 있다.

또한 전자무역문서보관소를 기반으로 전자무역문서의 진본성 및 유통성을 보장함으로써,

반복제출 업무의 생략 또는 제3자 제출시 신뢰성 확보로 업무절차 간소화 및 프로세스를 개선할 수 있다.

국가적인 관점에서는 전자무역의 도입 및 활성화를 통해 기업들의 수출업무 능력과 수출경쟁력을 강화할 수 있다. 이는 국가 경쟁력 강화로 이어지고 인터넷 기반의 '24시간 연중무휴 무역체제' 구축과 주요 교역국과의 글로벌 전자무역 네트워크 구축을 통하여 새로운 시대의 글로벌 무역의 선두주자로서 전자무역 허브국가 역할을 수행할 수 있다.

1) 무역 부대비용 절감과 수출증대

전자무역은 기존의 전통적인 무역과정에서 불가피하게 요구되는 반복적 서류업무, 수작업 처리 및 대외기관 제출 등의 업무에 투입되는 인력과 시간 그리고 비용을 대폭 감축시킬 수 있다. 이를 통해 기업들은 무역 부대비용을 상당부분 절감하는 동시에 자원투입 여력을 신시장과 신제품 창출에 집중하여 수출경쟁력을 높이고 수출확대 기반을 마련할 수 있다.

2) 산업차원의 구조혁신과 무역환경 개선

전자무역의 효과적 추진을 통해 한국 경제구조와 프로세스, 무역관련 기업과 기관을 가장 생산적이고 효율적인 방향으로 개혁함으로써 무역구조를 혁신할 수 있으며, 이에 대한 세부내용은 다음과 같다.

- 무역과 관련된 모든 기업과 정부 및 유관기관을 연결하는 프로세스의 근본적인 개선을 통해 24시간 365일 단절없는 무역체계를 완성할 수 있다.
- 무역과 관련된 관행, 제도, 법령 등의 개선 및 이 과정에서 관련기관과 기업의 구조적 개혁을 통해 무역연관 산업을 중심으로 관련된 경제구조를 혁신할 수 있다.

3) 국가 위상 강화

세계적인 IT, e-비즈니스 기반, 전자무역인프라 등을 토대로 전자무역을 주도적으로 추진하여 기업과 정부, 유관기관의 전자무역 참여율을 획기적으로 높임으로써 한국이 전자무역 주도국가로 부상할 수 있다. IT강국으로서의 이미지와 함께 '전자무역 강국' 및 '21세기 글로벌 e-Commerce를 선도하는 국가'로서의 이미지를 제고할 수 있다. 또한 전자무역 추진과정에서 각종 규제개혁, 프로세스 투명성 제고 등을 통해 기업하기 좋은 나라, 무역하기 좋은 나라로 거듭날 수 있다.

제3절 전자무역 추진동향

1 전자무역의 등장과 발전과정

우리나라의 전자무역은 무역자동화 사업에서 시작되었다. 1989년 5월 상공부의 '종합무역자동화 기본계획'에 의거 1990년 4월 한국무역협회 내에 '종합무역자동화사업추진단'이 발족됨으로써 구체화되기 시작하였다.

1991년 12월 「무역업무자동화촉진에관한법률」이 제정되어 무역자동화업무에 대한 기틀이 마련되었고, 1990년 4월에 발족된 종합무역 자동화사업 추진단이 한국무역협회 100% 출자로 별도의 민간 전담회사인 ㈜한국무역정보통신(Korea Trade Network, 이하 "KTNET")으로 발전되어 1991년 6월 정식 출범하였다.

무역자동화 전담회사인 KTNET의 설립으로 하드웨어, 소프트웨어, 네트웍 등 제반 기술적 환경이 급속히 진전되었다. KTNET은 1992년 11월 '무역자동화 지정사업자'로 지정된 후 시스템의 개발구축을 지속하여 마침내 1994년 1월 '수출입승인 및 신용장 EDI서비스'를 개통하고 동년 12월 '수출통관 EDI서비스'를 시작하였다. 1996년 7월에는 '수입통관 EDI서비스', '수출입 보세화물 EDI서비스', 동년 12월에는 '수출입 적하목록 취합시스템'을 개통하여 통관자동화에도 기여하였다.

KTNET은 1997년 10월 '원산지 증명 및 상업송장 공증 EDI서비스' 개통으로 본격적인 무역자동화 서비스를 제공하기 시작하였고 2000년 6월에는 폐쇄형 EDI기반 자동화의 한계를 넘어선 인터넷 방식의 EDI서비스를 개통하였다. 2001년 12월 통관물류 중심의 인터넷 화물관리시스템인 'eLogisFrame'을 개통하고 2004년에는 전자무역 포털인 'cTradeWorld.com'을 개통하였으나 시스템적으로 통관물류와 무역단위 서비스의 연계는 미약하였다.

이 후 KTNET은 2006년 12월 '전자무역기반사업자'로 지정이 되어 2007년 5월 'uTradeHub'라는 전자무역 통합플랫폼을 개통하게 된다. uTradeHub를 통하여 ① 단절없는 무역업무 처리로 단일창구 제공이 가능해졌다. ② 여러 업무별 데이터 연계를 통한 첨부서류의 중복제출 방지 및 문서 유통성이 제공되었다. ③ 문서보관소를 중심으로 서로 다른 서비스 및 중계시스템 연계가 가능하게 되었다. ④ 국가 대표 전자무역허브로서 글로벌 연계가 가능하게 되었다.

이후 KTNET은 차세대 전자무역시스템 고도화 사업추진과 함께 2008년 9월 법무부로부터 '전자선하증권(e-B/L) 등록기관'으로 지정되었고, 동년 11월 산업통상자원부(구, 지식경제부)로부터 '구매확인서 발급기관'으로 지정되었다. 또한 KTNET은 글로벌 사업에 본격적으로 뛰어들어 2008년 7월 '몽골관세청 현대화 구축사업'을 수주하였으며 2010년에는 세계 최초로 '전자적 수출환어음매입(e-Nego)' 서비스를 개통하기에 이르렀다.[6)]

---

6) 본서 제3장 '전자무역(e-Trade)서비스' 제2절 '전자무역인프라', 제3절 'uTradeHub' 참조

2 국내동향

국내 전자무역 서비스는 과거 무역자동화(EDI)를 시작으로 시대적 환경과 정보 인프라 환경 변화에 대응 정부 주도하에 지속적으로 발전해 왔다. 먼저 무역업무 프로세스 혁신을 위한 BPR/ISP 후 차세대 ISP수립을 완료하고 향후 전자무역 인프라 및 시스템의 방향에 대한 로드맵을 형성하였다. 전자무역 추진현황을 살펴보면

- 전자정부로드맵 과제로 채택('03.8 정부혁신지방분권위원회)
- 전자무역촉진 3개년 계획(2004~2006) 수립('03.12)
- 전자무역혁신계획(e-Trade KOREA 2007) 확정('04.9)(4대 혁신전략 33대 과제 선정)
- 무역업무 프로세스혁신 BPR/ISP수립('03.12~'04.12)으로 이 후 전자정부 로드맵 과제로 채택이 되면서 본격적으로 시작되었다.

전략 및 추진과제로 선정되고 위원회가 구성이 되면서 전반적인 프로세스에 대한 혁신과 정보화전략계획을 수립하여 본격적으로 전자무역 인프라구축에 착수하였다.[7] 그 결과로 uTradeHub 라는 전자무역 플랫폼이 탄생하였다. 이 후 내용은 제2부 '전자무역·물류와 서비스'에서 상세히 다루도록 한다.

3 국제동향

최근에 우리나라는 개발도상국을 포함한 해외 국가들과 전자무역 구축 노하우를 공유하여 "국경을 초월한 전자문서의 교환(cross-border transaction)"을 실현하기 위해 민간합동으로 전자무역·전자물류 협력사업을 진행하고 있다.

또한 KTNET은 산업통상자원부와 해외 국가들 간의 '산업협력위원회', '경제공동위원회'의 대화채널을 통해 브라질, 페루, 콜롬비아 등 중남미 국가들의 '전자무역싱글윈도우 사업'과 이란, 카타르, 루마니아 등 중동, 동유럽 국가의 '전자무역플랫폼 구축사업'을 추진하고 있으며, 미래창조과학부 'SW해외진출지원'을 활용한 벨라루스 '국가전자무역시스템 구축사업'도 추진 중에 있다. 탄자니아에서는 KTNET 주도로 '관세행정 현대화사업', '신통관 자동화시스템 구축사업', 동아프리카 '무관세 시스템 구축사업' 등이 진행중이다. 리비아에서는 One-Stop 무역업무 처리를 위한 '전자무역싱글윈도우 구축사업'도 진행 중에 있다.[8]

7) 본서 제3장 '전자무역(e-Trade)서비스' 제3절 'uTradeHub' 참조
8) 본 건에 대해서는 제5장 '전자정부 시스템 해외수출 및 국제협력'에서 상세히 다루도록 한다.

국제적으로는 미국, 영국, 일본, 싱가포르 등 주요 국가들이 e-비즈니스 전략의 일환으로 전자무역을 정부와 민간단체의 핵심정책으로 추진하고 있으며 APEC, OECD, UN, WTO 등 국제기구도 세계 전자상거래 활성화를 위한 법·조세제도 및 표준 등에 관한 논의를 활발히 진행하고 있다.

국제기구별 전자무역 추진 동향을 살펴보면 다음과 같다.

- APEC(아시아·태평양경제협력체)
  - 각국별 서류없는 무역을 위한 개별행동계획(IAP) 작성 및 로드맵 마련 중
  - 선진국은 2005년, 개도국은 2010년까지 서류없는 무역기반을 마련토록 권고
- UN(국제연합)
  - 신용장통일규칙(UCP)에 전자신용장에 관한 보칙 추가
  - INCOTERMS 1990부터 EDI 이용 근거 마련
  - 디지털로 보장되는 국제상거래의 일반관례(GUIDEC) 제정
- WTO(세계무역기구)
  - 1998년 제네바 각료회의 이후 지속적인 전자상거래 논의
  - 통관절차 간소화와 통관정보의 투명성 강화를 주된 내용으로 하는 무역원활화 협정 채택(2014년)

해외 주요 국가별 전자무역 추진동향은 다음과 같다.

[표 1-2] 주요 국가별 전자무역추진 현황

국 가	추진사업자	주요내용
싱가포르	CrimsonLogic (前 Singapore Network Services)	• 1988년, 글로벌 Trading 허브를 위한 싱가포르 정부의 Master Plan을 실현하기 위해 설립한 회사 • 항만, 세관, 무역업자, 선사, 육상 및 항공운송업자 등과 연계된 TradeNet EDI (CrimsonLogic社 보유 시스템) 시스템을 통하여, 싱가포르의 수출입 신고 서비스 제공
중 국	CIECC: International Electronic Commerce Center	• 중국전자상무중심(中國電子商務中心)은 중국 대외무역경제합작부(the Ministry of Foreign Trade and Cooperation, 한국의 산업통상자원부 성격)가 1996년 4월 국제 무역의 활성화와 전자상거래 지원을 위하여 설립하였음 • 현재 중국 내 70여 개 도시에서 CIECC 지역 센터를 운영하고 있음
홍 콩	DTTNCO	• 홍콩정부는 홍콩 무역/물류업계의 경쟁력 강화를 위한 인프라 구축을 위하여 향후 17년간 4500억 원을 투자하여 'Digital Trade and Transportation Network, DTTN'을 구축하기로 하고 TradeLink(PAA 회원사)를 수행기관으로 선정 • 글로벌 정보 유동성과 서비스 통합의 활성화를 위한 중립적인 e-Platform의 제공 • 대기업뿐만 아닌 중소기업의 e-Business의 채택과 활성화를 유도

제4절 전자무역 구성요소

전자무역을 구성하는 요소는 크게 비즈니스적 요소, 기술적 요소 그리고 법·제도적 요소로 구분할 수 있다. 본서 제2부에서는 전자무역·물류업무 프로세스에 기반한 전자무역·물류 서비스에 대해 언급한다. 그리고 이 서비스들을 실제 구현하는 전자무역·물류 시스템 및 관련 기술에 대해서는 제3부에서 상세히 서술한 후 비즈니스와 기술을 뒷받침하는 국내외 법·제도 및 규범·규칙에 대해서는 제4부에서 깊이 다루도록 한다.

1 비즈니스적 요소

전자무역의 프로세스는 기존의 국제무역과 비교해 볼 때 업무진행 절차보다는 방법이나 수단에서 큰 차이가 있다. 국제무역이 이루어지는 일반적인 과정은 6단계로 분류할 수 있다.

① 시장이나 제품, 매수인에 대한 정보수집 후 자사제품 및 기업의 해외홍보를 하는 해외마케팅
② 발굴된 매수인과의 각종 거래조건 협의 후 계약에 이르는 상담 및 계약단계
③ 국내 구매/공급 등 수출물품 준비를 위한 단계
④ 수출통관 및 세관검사, 선하증권 등 관련서류 작성, 발급 및 요건확인 단계
⑤ 물품공급에 대한 대가로서 대금을 지급받는 등 외환업무 단계
⑥ 물품을 매수인에게 운송하는 등 물류관리 단계

본서에서는 정보수집 단계를 제외하고 전자무역 업무를 ① 해외영업과 무역계약 체결, ② 수출물품의 확보, ③ 관련서류 작성 및 요건확인, ④ 외환업무, ⑤ 물류관리로 분류하였다. 제2부 '전자무역·물류와 서비스' 제3장 '전자무역(e-Trade)서비스'에서는 ①부터 ④까지 언급하고 특별히 ⑤에 대해서는 제4장 '전자물류(e-Logistics)서비스'에서 상세히 서술하였다.

2 기술적 요소

전자무역의 기술적 요소는 하드웨어, 소프트웨어, 네트워크 등 기반기술과 SSL[9], VPN[10]과 같은 통신보안, PKI[11], 2D 바코드[12] 문서보안과 보안요소 기술이 있다.

9) Secure Sockets Layer(암호화통신프로토콜)
10) Virtual Private Network(가상사설통신망)

전자무역 시스템은 과거 인터넷이 발달하기 전에는 EDI 기반의 시스템을 적용하였고, 인터넷의 발달과 더불어 보안, 보관소 등을 강화하여 전자무역 시스템으로 발전하였으나 그 적용하는 사상에는 변함이 없고 발전된 정보통신기술(Information & Communications Technology, 이하 "ICT")을 반영해 오고 있다.

[표 1-3] EDI시스템과 전자무역시스템 비교

구 분	EDI시스템	전자무역시스템
서비스 방식	중계서비스(VAN)	중계서비스(WEB), Single Window
사용자 시스템	PC용, 서버용	웹방식
전자문서 교환방식	EDI	XML, ebXML
전자문서 표준	UNEDIFACT	UNCEFACT
문서변환	Flat File ↔ EDI	Flat File ↔ EDI Flat File ↔ XML(or ebXML)
문서 암호화	대칭키	PKI 비대칭키
통 신	모뎀, 전용선(고정IP)	SOAP, TCP/IP
공인전자문서센터	N/A	제공

전자무역·물류 기반 비즈니스모델을 구현하여 서비스를 제공하는 기술적인 부분은 본서 제3부에서 서비스 인프라, 전자무역 인프라, 전자물류 인프라, 전자문서 및 서비스 보안-요소기술의 순서로 상세히 다루도록 한다.

3 법·제도적 요소

국내 전자무역관련 법·제도는 대표적으로 「전자무역 촉진에 관한 법률」, 「대외무역법」, 「무역거래 기반조성에 관한 법률」, 「전자문서 및 전자거래 기본법」, 「전자서명법」, 「상법의 전자선하증권 규정」 등이 있다. 물류에는 전자물류에 대한 명시적인 규정은 없지만 「물류정책기본법」, 「항만법」, 「선박의 입항 및 출항 등에 관한 법률」 등에서 물류 정보화에 대한 내용들이 산재해 있으며 본서에서는 전자물류와 관련된 내용으로 별도 발췌 정리하였다.

UN 국제무역법위원회(UNCITRAL)의 「전자상거래 모델법」, 「전자서명 모델법」, 「전자선하증권에 관한 CMI 규칙」, 「ICC(국제상업회의소)의 규칙」 등 전자상거래 관련 국제규범도 전자무역 법·제도의 기반이 되므로 자세히 살펴볼 필요가 있다. 또한 국제법은 조약에 가입한 국가만 구속하므로 미국, EU 등 주요 국가의 전자무역 관련 법·제도에 대해서도 살펴볼 필요가 있다.

국제물류의 일부분인 운송에 관련된 국제규칙은 운송수단에 따라 해상, 항공, 육상 및 복합

11) Public Key Infrastructure(공개키기반구조)
12) 2-Dimension barcode(2차원바코드)

운송으로 분류하여 해상은 「헤이그규칙(Hagues Rules)」, 「헤이그-비스비규칙(The Hague-Visby Rules)」, 「함부르크규칙(Hambury Rules)」과 전자운송장에 대한 규정이 있는 「로테르담규칙(Rotterdam Rules)」을 언급할 필요가 있다. 항공은 「와르소조약(Warsaw Convertion)」, 「헤이그의정서(Hague Protoed)」, 「과달하라조약(Guadalajala Convertion)」 등이 중요하며 복합운송은 「UN국제물품복합운송조약(UN Convertion on International Multimodal Transport of Goods)」, 「ICC국제복합운송서류통일규칙(ICC Rales for Multimodal Transport Documents)」 등이 중요하다.

이와 같이 국내외 법·제도와 관련된 사항들은 제4부 '전자무역물류 법·제도'에서 상세하게 서술한다.

제2장

전자물류(e-Logistics)

물류는 공급망 사슬관리(SCM: Supply Chain Management)의 한 부분으로써 고객의 요구를 충족시키기 위해 상품의 운송에서부터 보관, 하역, 포장, 유통가공 및 관련정보 서비스 등 물적유통의 흐름을 효율적으로 지원하는 것이다.

기존의 물류는 원재료부터 최종 소비자까지 제품 및 물류정보를 단계적으로 제공하였으나 전자물류(e-Logistics)는 ICT를 기반으로 물류 관련 이해당사자와의 데이터, 지식과 정보를 공유하여 고객 중심으로 물류 프로세스를 지원하고 있다는 점이 차이점이다.

전자물류의 궁극적인 목적은 바로 고객에게 적절한 시간과 적합한 장소에 맞게 제품을 전달하는 것이다. 현재 전자물류(e-logistics)는 연구영역이 매우 넓은 탓에 통일된 기준을 가지고 있지 않다. 인터넷을 기반으로 한 ICT산업의 발전과 무역의 새로운 패러다임이 나타나면서 관련 주체들 간에 모든 물류활동이 온라인상에서 구현되어 전자적 방식의 물류(e-Logistics)가 나타나게 되었다.

제1절 전자물류의 도입배경과 개념

1 도입배경

전자물류의 직접적 도입요인은 물류산업 내 공급망관리(SCM) 필요성의 증대와 정보통신기술의 활용 증가라고 할 수 있으며, 외부적인 요인들로는 소비자 환경의 변화로 인한 니즈와 국제 환경의 변화에 있다.

1) 물류인프라의 통합성과 가시성 확보

전자상거래(e-commerce)의 확대가 시·공간적인 제약을 극복할 수 있는 이점을 가져다주는 것은 사실이다. 그러나 상품이나 제품의 오프라인적 문제해결을 위한 물류인프라 구축이 도리어 전자상거래 성공의 핵심요소가 되면서 거래 활성화 측면에서는 많은 제약이 발생하였다. 이를 해결하기 위해 수많은 업체가 물류인프라를 구축하게 되었고, 여러 시스템의 통합성(integrity)과 데이터의 가시성(visibility) 및 효율성 등을 확보할 수 있는 수단으로 전자물류가 도입되었다.

2) SCM의 효율적 구현

SCM은 구매를 통한 조달, 창고보관, 재고관리, 제조, 유통 및 판매, 주문 처리기능을 포함하고 있고 물류의 모든 프로세스, 즉 보관, 운송 등에 대한 계획, 수행, 관리를 총괄하고 있다. 또한 공급사슬내 기업간의 협업(collaboration)을 통한 관리가 더욱 중요시 되고 있다. 이러한 SCM의 효율적 구현방안으로 전자물류의 개념이 구체화되기 시작하였다.

3) 경영과 물류관리의 변화

과거 경영방식은 단위 제품의 기능개선이나 원가절감에 중점을 둔 반면, 최근에는 제품이 아닌 고객과 시장을 중심으로 한 전체 프로세스의 최적화로 인한 총 원가절감에 중점을 두고 있다. 전자물류의 등장과 함께 단순 물류형태에서 다양한 형태가 나타나게 되어 JIT[13] 기반의 택배서비스나 재활용 목적의 역물류(reverse logistics) 형태로 발전해 가고 있으며 다양한 물류중개 서비스와 공공물류 형태같은 선진형 물류체계가 점차 증대되고 있다.

4) 물류 아웃소싱

기존 자사의 물류정보화는 단순한 기업 내 물류정보시스템의 도입이나 활용을 통한 전자화 수준에 머물렀다. 반면 물류관리의 아웃소싱은 물류정보에 대한 흐름으로부터 화주기업을 소외시키는 단점으로 작용할 수 있다는 문제도 있다, 이같은 문제를 극복하는 수단으로 전자물류의 도입과 활용이 시도되고 있다.

13) Just-In-Time(적기공급생산)

[표 2-1] 기존 물류와 전자물류의 비교

구 분	기존의 물류	전자물류
제 품	정형화된 제품	다양한 제품
지 역	제한된 지역	무제한 광역화
물류주체	개별주체	물류관련 주체간의 유기적 결합
관리범위	개별 기업/공급망	공급망 전범위
정보화	단계별 실물 추적과 단위기업별 정보시스템	조달, 생산, 판매 등 통합 정보시스템
핵심역량	비용과 효율	서비스와 차별화
정보화 형태	기업자체의 정보화	전자적 연결성을 위주로 한 온라인화

2 개념

1) 개요

협의의 개념으로 전자물류(e-Logistics)란 "물류서비스 제공업체가 ICT를 기반으로 다양한 부가가치 물류서비스를 온라인상에 구현하여 화주기업의 물류 프로세스를 공급체인 관리개념하에 효율적으로 지원하는 활동"을 말한다.

또한 인터넷을 기반으로 관련 주체들 간에 모든 물류활동, 즉 공급자와 생산자간 조달물류, 생산자의 생산지역간 제조물류, 보관거점과 판매자 및 소비자간 판매물류 및 역물류와 같이 물류 제반활동을 온라인상에서 구현하게 되면 광의의 개념으로서의 전자물류라고 할 수 있다.

[그림 2-1] SCM상에서의 화물, 정보 및 자금의 흐름

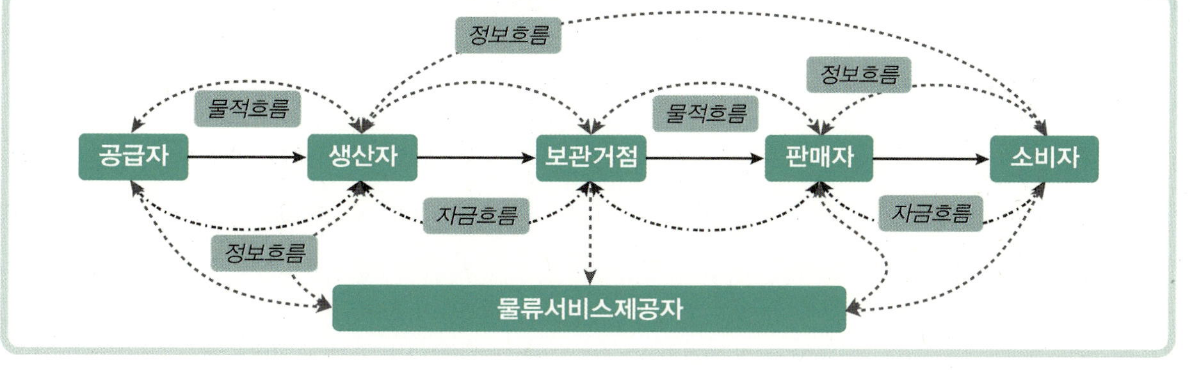

2) 발전단계

전자물류 서비스 발전을 3단계로 나누면 우선 웹이나 모바일을 통해 화주가 운송업체의 위치를 파악하고, 운송업체가 제공하는 제한적 정보를 얻을 수 있으며, 실시간은 아니지만 화물

위치 일부를 파악할 수 있는 1단계가 있다.

2단계에서는 실시간의 SKU[14]단위 재고파악이 가능하며, 운송업체가 운송상태 메시지 전송을 통해 운송지연과 같은 예외적인 사항을 화주에게 통보하는 서비스 제공 등이 가능하다. 이 단계에서는 단순한 화물정보 제공차원을 넘어 공급체인정보 제공단계로 발전하며, 웹이나 모바일을 통해 화주와 고객간의 연계가 보다 강화되는 단계라고 할 수 있다.

마지막 3단계는 화주와 운송업체간 물류업무에 대한 협업적 통합(shipper-carrier collaboration)이 가능해지며, 온라인 계약, 운송서비스 평가, 운임청구 및 정산 등 보다 발전된 응용 서비스가 이루어지는 단계이다.

단순히 물류 전문업체의 전자적 서비스를 활용하는 것을 전자물류로 정의할 수는 없지만 협의의 개념으로는 화주기업과 물류서비스 제공업체와의 전자화 정도로 해석할 수 있으며, 현재 물류관련 전자적인 수단을 관련 주체간에 통합하는 것으로 범위가 확대되고 있다.

언급된 개념과 발전단계에 따르면 전자물류의 목적은 최적의 가격 및 신속성 부여를 통한 고객의 니즈에 부응하고, 물류이동의 가시성을 통한 고객의 신뢰성을 확보하며, 공급사슬지원을 통한 고객서비스의 향상과 재고관리를 통한 시간을 단축시키는 것이라고 볼 수 있다.

[표 2-2] 전자물류의 발전단계[15]

단계별	주요 서비스 내용
1단계	• 화주에게 운송업체의 정보, 위치, 운임서비스 등의 기본적인 정보를 제공 • 화물의 실시간 서비스는 아니지만 대략적인 위치정보 제공
2단계	• 실시간의 물류정보, 운송정보를 제공하며 보다 강화된 물류지원업무 • 화물의 위치정보, 예상도착시간, 운송지연정보 등을 제공
3단계	• 화주와 물류업체간의 물류협력을 위한 업무를 시작 • 온라인상에서 계약, 정시도착, 운송서비스의 평가, 운임청구, 정산, 화물조회 등의 기본적 물류관리기능 제공

14) Stock Keeping Unit(제품 및 재고관리단위)

15) 일부수정, 출처: Edward Cone, Electronic Supply Chain Evolve, *Information Week*, 1998.

제2절 전자물류의 특징 및 기대효과

1 특징

전자물류는 일반적인 물류활동과는 달리 ICT를 기반으로 SCM 개념하에 다양한 부가가치 물류서비스를 온라인상에서 구현하여 화주기업의 물류프로세스를 효율적으로 지원하는 활동으로 몇 가지 특징을 가지고 있다.

첫째, ICT를 기업의 물류활동의 목표를 달성하기 위한 핵심도구로 활용하고 있다. 목표와 전략없이 단순히 물류업체가 자사의 웹사이트를 인터넷에 올리거나 단위 전자물류 서비스를 제공하기 위한 시스템 구축은 의미가 없으며, 이를 어떤 계획으로 어떻게 구축·활용할 것인가라는 목표의식이 필요하다.

둘째, 기업의 물류활동은 보관·하역·수배송·포장·유통가공 등과 같은 본원적인 활동과 물류서비스·물류조직·물류비 관리 등과 같은 지원활동, 물류정보 시스템 및 정보사업 등 매우 광범위한 특성을 지니고 있다. 전자물류는 이처럼 광범위한 기업의 물류경영 활동 중에서 일부 또는 전부에 대해 ICT를 활용하여 수행해야 하는 것이다.

마지막으로, 전자물류는 물류비용 절감이나 기존사업 및 신규 사업의 매출 증대에 기여할 수 있어야 하며 기본적으로 ICT를 활용하여 사업을 수행하기에 물류시설, 수송수단, 물류장비 등과 같은 물류인프라가 없어도 사업을 수행할 수 있어야 한다. 가상 창고·가상 물류·가상 컨설팅·가상물류 공동화조직 등과 같이 전자물류의 대상은 매우 광범위한 것이다.

언급된 특징들을 바탕으로 전자물류의 특성을 도출하면 다음과 같다.

1) 혁신성

전자물류는 기존의 물류서비스에 비하여 단순한 또 하나의 물류 형태가 아닌 물류산업 전반에 걸친 프로세스와 관계당사자의 혁신을 요하는 부분이다. 화주기업, 물류전문업체, 정부기관, 물류거점, 물류중개업체 등 물류와 관련된 모든 이해 당사자간 프로세스의 근본적인 개선을 필요로 하는 혁신적 활동이다. 이는 그 동안 행해져온 물류와 관련된 행위를 점차적으로 온라인 프로세스로 전환하는 것이 필요하며 이 과정에서 관련기업, 기관의 인적·물적 조정이 필요하다.

2) 조직간 정보시스템

기업들 사이에서는 경쟁우위(competitive advantage)를 확보하고 운영의 효율성을 달성하기 위해 기업내 또는 기업간 전자적 연계가 필요하다. 과거의 물류서비스가 물류대상인 제품의 안정성이나 신속성 혹은 지역적 축소에 목적이 있었다면 전자물류는 전통적인 물류에서 발생하는 정보를 전자적 방식으로 교환하여 화물과 물류정보의 일치성(consistency)을 추구함으로 인터넷 기반 정보시스템의 구현이 필수적인 요소이다. 서로 독립된 조직, 즉 물류이행 당사자간에 구축되어 운영되는 조직간 정보시스템 성격을 지니고 있다.

3) 전자적 연결성

인터넷의 보급으로 물류주체들 간의 구매, 지불, 인도 등 프로세스에 따른 정보공유가 가능해졌다. 전자물류는 다양한 관련 주체들이 전자적으로 연결되어 물류정보 탐색과 통관·결제에 이르는 모든 물류관련 업무를 수행할 수 있을 때 가장 큰 효과를 발휘할 수 있다.

또한 전자물류는 언제 어디서나 물류관련 업무를 전자적인 수단에 의해 처리할 수 있다는 측면에서 전자적인 연결성을 가지게 된다. 즉 전자물류는 물류관련 주체를 전자적인 수단에 의해 보다 효율적인 연결을 가능하게 한다.

4) 공공성

전자물류의 도입은 정부 투자지원 측면에서 볼 때 매몰비용(sunk cost)적 성격과 공공재(public goods)적 성격을 가질 수 있다. 전자물류가 성공적으로 물류서비스 전반에 걸쳐 적용되기 위해서는 당사자들의 e-비즈니스화, 정부나 기관의 정보화 등이 체계적으로 고려되어야만 가치창출이 가능하기 때문이다. 전자물류는 B2B 특성뿐만 아니라 B2G나 G2G의 성격도 가지고 있어 기업과 산업의 연계와 정부 부처간 물류관련 시스템의 통합도 요구하고 있다. 이렇게 전반적인 관련 당사자의 전자화를 요구하고 있기 때문에 전자물류는 공공적인 특성을 지닌다고 볼 수 있다.

5) 국제성

물류의 기준을 국경에 둔다면 국제물류와 국내물류로 구분할 수 있다. 국가간의 교역이 확대되면서 국제적인 제품의 이동과 관리 등의 기능을 수행하는 국제물류의 중요성도 부각되고 있다. 국제물류 관리는 근본적으로 국내물류 관리와 유사하나 수출입과 같이 국제적인 기능을 수행함에 따라 새로운 수송형태, 제도, 관습, 장벽, 정치적 문제 등 국제화에 따른 추가적인 문제를 항상 고려해야 한다.

6) 전자물류 관리적 특성

전자물류는 기업이 해당 시스템을 수용하는데 있어 물류관리적 특성과 ICT적 특성을 모두

고려해야만 한다. 전자물류의 성과는 기업이 정보통신의 기술적 특성, 물류의 중요성을 인지하는 가운데 그에 합당한 조직체계 구축하고 적절한 물류전략을 시행하는 가에 따라 성과가 크게 달라질 수 있다.

7) 외부성

수출·입 업체들은 일괄물류 서비스를 아웃소싱할 수 있는 3PL(third party logistics) 업체를 찾고 있으며, 이에 따라 화주기업과 물류전문 업체와의 정보시스템을 통한 연계가 이루어져야 한다. 최근 물류는 외부업체로 일괄 아웃소싱하거나 물류업체가 제공하는 서비스를 화주기업이 활용하는 형태가 주축을 이루고 있다. 전자물류는 물류 전문업체의 물류정보 제공과 화주기업의 활용형태로 진행되는 경우가 많으므로 이에 대한 외부적 특성을 고려해야만 한다.

2 기대효과

전자물류를 활용하면 시간절약은 물론 정보검색 및 분석비용, 협상비용, 계약체결비용 등 각종 거래비용을 절감시키며, 실시간으로 처리와 성과에 대한 즉시적 모니터링이 가능하다. 인터넷을 통한 물류서비스는 과거에 대기업 중심에서 중소기업에게도 시장접근의 기회를 제공하고 있으며, 전자물류 활용기업은 다양한 상품과 서비스를 통해 차별화된 전략을 수립할 수 있다. 이러한 기능을 통해 핵심역량을 보유한 많은 관련 기업들이 온라인 공간에서 정보를 교환하고 물류서비스의 수요와 공급을 확대하여 물류시장의 범위를 전 세계적으로 확대할 수 있다.

전자물류의 등장으로 기존 물류서비스의 기능을 강화하는 한편 온라인상에서 가능한 가격비교, 화물경매 등 신규 서비스도 제공할 수 있다. 또한 전자물류를 활용하면 화주기업과 물류기업간에 운송서류의 통합, 물품추적 등 다양한 물류서비스를 온라인으로 제공하여 네트워크를 보다 효율적으로 구축할 수도 있다.

ICT의 발달은 전통적인 물류사업에서 전자물류라는 새로운 영역을 양산하였다. 전자물류는 소비자의 급변하는 니즈에 의해 그 중요성이 증가하고 있으며 실시간으로 제공되는 각종 물류관련 정보들은 물류비즈니스의 투명성 향상에도 많은 기여를 하고 있다. 앞으로도 전자물류는 개척할 분야가 많고 지속적인 분석을 통해 다양한 비즈니스모델이 제시될 필요가 있다.

제3절 전자물류의 기능

1 기본기능

전자물류의 기능은 수요충족이라고 할 수 있는 기본기능과 수요창조라고 할 수 있는 부가기능이 있다. 기본기능은 기존의 물류기능, 즉 운송·보관·하역·포장 등을 의미하고 부가기능은 물류 서비스를 고도화하고 물류를 통한 유통채널을 강화하며 그러한 유통채널의 물류를 효율적으로 지원하는 것을 뜻한다.

최근의 전자물류 동향을 보면 기본기능과 부가기능이 통합되는 것을 알 수 있다. 전자물류는 기본기능을 무시한 부가기능 물류부분(재고파악, 위치추적 및 조회, 운송정보 제공, 온라인 계약 등)에만 집중되어서는 안 된다.

물류비용을 절감하고 신속한 양질의 서비스를 제공하려면 비용적으로나 전체 프로세스상에서도 가장 많은 비중을 차지하고 있는 운송과 보관, 즉 수·배송 서비스와 창고관리 시스템 등의 프로세스 개선과 효율화를 먼저 달성해야 한다. 이와 함께 최근 고객들의 요구 사항인 즉시인도, 화물위치 추적 및 조회 등과 같은 부가 서비스를 제공하는 데에도 많은 노력과 투자가 필요하다.

2 부가기능

물류 부가가치 서비스의 실현방법으로 대표적인 것은 물류서비스를 온라인상에서 구현하는 것이다. 수요창조 기능에 포함되는 부가가치 물류서비스는 전자물류의 주요 기능이라고 할 수 있지만, 넓은 의미의 전자물류라고 보기에는 다소 문제가 있다. 따라서 부가가치 물류서비스는 본래의 물류기능을 지원하는 부가기능이라고 할 수 있다.

[표 2-3] 부가가치 물류서비스 사례

화주 서비스	운송사 서비스	위치추적 및 조회시스템
• 실시간 재고정보 서비스 • 운송스케줄 정보 • 운임조회 • 운송의뢰 • 운임청구 및 정산 • 운송인선정 • 최적운송경로 선택 • 운송인 연결 서비스 (bidding, matching, auction)	• 견적운임 서비스 • 계약포워더 서비스 • 혼재(consolidation)정보 서비스 • 차량관리 서비스 • 물동량 정보 • 물류관련정보 서비스	• 화물 및 운송수단 위치추적 및 조회시스템 • 공차/선복 등 운송 Space 조회 서비스
• 운송서류 서비스		

현재 전자물류 서비스를 제공하는 기업의 웹 또는 모바일서비스를 분석해보면 대표적인 부가가치 서비스로 선사·항공사 운항스케줄, 화물추적 서비스, 선박·항공기·차량 이동정보 서비스, 화주의 물류업무를 지원하는 서비스(스케줄조회, 운임조회, 운송의뢰, 운임청구 및 정산 등), 화주의 운송경로 변경을 처리하는 동적 운송경로 관리 등이 있다.

3 전자물류 비즈니스모델

화주와 운송사는 글로벌 SCM을 최적하기 위해 전 지구적 단위의 화물 이동에 대한 일괄적 관리가 필요하며, 이는 ICT를 기반으로 하는 공급사슬 구성원간 협업(collaboration)없이는 거의 불가능하다고 할 수 있다.

이러한 현황에 근거하여 KTNET과 같은 업체는 국내외 물류업체와 화주의 글로벌SCM, 국내외 대관신고 업무 등을 지원하는 비즈니스모델을 제시해야 할 의무가 있고 수출입 물류를 중심으로 다양한 전자물류 서비스를 제공중에 있다.

전자무역과 마찬가지로 '전자물류인프라(uLogisHub)'를 기준으로 '적하목록취합시스템(MFCS)'과 '선적자동화', 인프라와 연계된 일부 민간·공공정보망에 대해 제4장 '전자물류(e-logistics) 서비스'에서 상세히 서술하였다. 주로 해상물류 위주로 언급되어 있지만 일부 항공과 내륙운송 관련 내용도 추가하였다.

제4절 물류정보시스템

1 물류정보의 개념

물류정보란 정보시스템을 통해 종합적인 물류활동의 효율화를 지원하는데 필요한 요소들을 유기적으로 결합하며, 원자재 조달에서부터 완제품이 최종 소비자에게 인도되기까지의 각 물류기능을 연결하여 효율적인 물류관리를 지원하는 것을 말한다. 물류정보는 물류활동의 제 기능을 효율적으로 작용하도록 결합시켜 주는 역할을 수행하므로 물류의 핵심기능을 담당하고 있다.

기업이 효율적인 물류관리를 하기 위해서는 여러 기능별 또는 복합적으로 이루어지는 물류활동의 각 기능들을 체계적으로 연계하여 조화시킬 수 있는 물류정보시스템을 활용해야 한다. 물류정보시스템의 목적은 고객서비스 향상과 물류비 절감으로 주문을 받은 상품을 신속하고 정확하게 고객에게 인도함으로써 고객이 만족할 수 있도록 하는 것을 말한다. 또한 물류정보 시스템을 효율적으로 운용하여 물류활동에서 발생되는 비효율적 요인을 개선함으로써 전체 물류비를 줄일 수 있다.

[표 2-4] 물류정보의 종류

구 분	종 류
화주정보	화주성명, 전화 및 팩스번호, 화물의 종류, 적입장소, 중량, 용적, 발착지, 운송시간, 운송거리 등
화물운송기기정보	화물자동차운송정보, 철도관련정보, 선박정보, 항공기관정보, 컨테이너정보 등
화물운송정보	화물집화정보, 도로 교통정보, 개별창고화물정보, 고속도로관리정보, 특정화물 확인정보, 항공화물운송정보 등
항만정보	항만관리정보, CY/CFS관리정보, 컨테이너추적정보, 항만작업정보, 화물유통통제정보, 작업지시정보, 선박도착정보, S/O정보, B/L정보 등
수출화물검사정보	검량정보, 검수정보, 선적검량정보 등
화물하역정보	하역업체정보, 하역진척정보, 하역실적정보, 선적정보, 자동차 상·하차정보, 철도 상·하차정보 등
보험정보	화물보험정보, 컨테이너보험정보, 자동차운송보험정보, 철도운송보험정보 등
화물통관정보	수출입신고정보, 수출입신고필증획득정보, 관세환급정보, 항공화물통관정보 등

특히 물류정보시스템의 핵심인 일관 운송체제는 화물의 집하, 분류, 배송, 보관, 하역 등 각 하위시스템을 포함하는 복합시스템이다. 효율적인 운영을 위해서는 이를 전체적으로 관리할 수 있는 물류정보시스템의 확립이 필요하다. 각 기능별 주체인 화주, 운송업자, 주선업자, 창고업자, 하역업자 등을 상호 연결하여 정보를 효율적으로 수집, 처리, 생산, 공급하고 관리함으로써 물류서비스의 목표인 효율성, 경제성, 신속성, 안정성 등을 촉진하는데 기여할 수 있다.

수출입물류 관점에서의 구체적인 솔루션으로는 화주의 SCM 솔루션, SCM을 수행하기 위한 내륙운송업자의 TMS[16], 복합운송 주선업자의 FIS[17], 창고업자의 WMS[18], 하역업체의 TOS[19], 3자물류 전문업체의 TPLMS[20] 등이고 물류서비스가 수반되어야할 솔루션으로는 OMS[21], PMS[22] 등이 있다.

16) Transportation Management System(운송관리시스템)
17) Fowarder In-house System(포워더업무시스템)
18) Warehouse Management System(창고관리스시스템)
19) Terminal Operation System(항만터미널운영시스템)
20) Third Party Logistics Management System(3자물류관리시스템)
21) Order Management System(주문관리시스템)
22) Procurement Management System(구매/조달관리시스템)

2 전자물류에서의 물류정보시스템

ICT의 발전은 물류분야에 지대한 영향을 미치고 있으며 글로벌화와 정보화 현상들은 물류기능의 통합 등 물류체계의 근본적인 변화를 유도하고 있다. 이러한 물류분야에 있어 전통적인 오프라인 방식의 물류활동을 제외한 전자물류의 개념과 활용 가능성은 보다 다양한 측면에서 접근되고 있다.

이러한 추세는 고객서비스 향상과 물류의 효율적 운영형태를 위한 물류정보시스템에 주된 영향요소이다. 따라서 관련 정보기술을 기반으로 물류정보시스템은 발전을 거듭하고 있으며 물류프로세스에 효율성과 효과성을 부가하고 있다.

과거 물류정보시스템은 기업간 연결보다는 기업내부적인 측면에 주로 초점이 맞추어져 왔다. 내부정보의 효율적인 처리와 통합이 우선되어야만 외부 이해당사자들과의 연계가 가능해지기 때문이다. 기업간 연결을 위해서는 인터넷을 기반으로 하는 개방형 정보네트워크의 구축이 필수적이며 이를 배경으로 전자물류가 등장하였다.

전자물류환경에서는 표준화된 작업서류와 자료를 컴퓨터와 정보통신을 이용하여 수출기업과 국제물류 프로세스에 참여한 당사자들 간에 교환하는 방식으로 인터넷을 이용하여 자체 네트워크를 설치하지 않고도 전자적 문서를 전송할 수 있고, 선적예정정보, 화물추적, 운항스케줄 등 국제물류 프로세스에서 필요한 정보를 상호 공유할 수 있다.

제5절 전자무역과 전자물류의 연계성

국제무역 업무에서 해외영업과 무역계약 체결, 관련서류 작성 및 요건확인, 대금결제 등 국제상거래의 본원적 업무를 제외하고 상거래를 지원하는 '물류관리'적 차원에서의 전자물류를 좀 더 자세히 서술할 필요가 있다.

전자무역 네트워크상에서의 수출입물류는 정보화의 일반적인 개념에 수출입 물류부문의 특성을 적용하여 효율적인 물류정보망을 구축하는 것이라고 말할 수 있다. 수출입 전자물류 역시 인터넷 기반으로 진화하였으며, 정부와 기업간의 수출입 전자문서 교환 서비스도 빠르게 발전하고 있다.

1 전자물류의 영역

수출입 물류는 국경을 넘어서는 과정상의 보세구역 및 공항·항만터미널 등에서 발생하는 물류흐름으로서 화물관리 관점에서의 통관 및 입출항 허가와 관련된 B2G와 화주와 내륙 운송업체, 선사, 항공사 등과 같은 물류업체들과의 거래에서 발생하는 B2B 영역이 업무처리의 중심이다.

따라서 해외영업과 무역계약, 상업송장(Commercial Inovice, 이하 "C/I"), 수익자 증명서(Beneficiary's Certificate, 이하 "B/C")와 같은 서류 작성 및 계약대금 결제업무 등은 전자무역에서 언급하고 수출입 물류업무 프로세스를 기반으로 한 각종 전자물류 서비스는 제4장 '전자물류(e-Logistics) 서비스'에서 서술한다. 제4부 '전자무역·물류 법·제도'에서 역시 물류관련 장을 별도로 할애하였다.

2 주요 구성원

물류의 주요 이해당사자들로는 수출입화주, 복합운송 주선업체, 선사·항공사, 도로운송과 철송을 포함한 내륙운송사, 창고업체, 공·항만터미널, 내륙CY/ICD, 검역·검량·검정업체, 특송사, 관세사 등 민간 구성원들과 관세청, 해양수산부, 국토교통부, 공항·항만공사 등 공공 및 유관기관 구성원들이 있다.

전자무역에서의 무역업체는 전자물류에서는 화주의 역할을 할 수 있으나, 상당수 수출입화물의 화주는 복합운송 주선업자가 담당하는 경우가 일반적이고 화물의 실소유자 즉, 수출자가 화주일 경우에는 실화주라고 별도 표현하기도 한다. 그러나 외국환은행, 수출입을 하기위한 요건확인기관, 항공기·선박 및 화물이 아닌 수출입계약에 대한 보험상품을 제공하는 보험회사 등은 수출입 물류분야의 구성원이 아니라고 볼 수 있다.

수출입 물류프로세스에서는 물류 당사자 모두가 긴밀하게 연결되어 복잡다단한 업무를 수행하고 있다. 각 관련자들은 제조, 유통 및 물류 중 어느 한 주체가 리드하는 SCM시스템 환경에 참여하거나 KTNET과 같은 VAN이 제공하는 인프라 서비스를 이용하여 타업체와 연계하거나 Port-MIS나 UNI-PASS 같은 공공정보망에 각종 신고를 하기도 한다. 또한 자사 ERP를 구축하거나 B2B 업무솔루션을 임차·사용하여 다양한 물류업무를 수행한다.

[표 2-5] 전자무역 네트워크상에서의 수출입물류정보의 이해관계당사자 분류

분류	소분류			역할
화주	제조업체, 유통업체			• 수출입 화물의 최종수요자로 화물관리
물류 산업군	물류수행 업체	수송업체	선사	• 컨테이너 화물 및 벌크화물을 운송하는 핵심적인 역할 • 종합물류업자로서 기능 및 역할 확대 • 컨테이너 전용부두확보 및 하역업에 참여
			항공사	• 항공화물의 탑재 및 운송
			보세 운송사	• 무역업체, 선사, 항공사가 외국물품운송을 의뢰할 경우, 도로나 철도 등의 운송 수단을 이용하여 목적지까지 수출입화물 운송
		하역업체		• 항만 및 공항 화물의 하역서비스 제공
		물류 주선업체	포워더	• 무역업체와 복합합운송계약 체결 • 화물의 수령 및 인도까지 Door to Door 서비스 제공
	물류 거점	화물	보세 창고	• 지정보세구역, 특허보세구역, 종합보세구역 등 자동차, 목재, 섬유, 곡물, 냉동물 등 수출입물품을 보관하는 구역
		컨테이너 화물	CY	• 선사가 컨테이너를 집적, 보관, 장치하고 적입컨테이너를 인수도(引受渡)하는 항만근처지역에서의 야적장 역할
		운송사	복합화물 터미널	• 2가지 이상의 운송 수단 간의 연계운송을 할 수 있는 규모 및 시설을 갖춘 화물터미널
		선사	항만	• 수륙교통의 연결점으로서 터미널 기능
		항공사	공항	• 항공교통의 연결점으로서 터미널 기능
인·허가 기관	산업통상자원부, 관세청, 해양수산부, 국토교통부 등			• 수출입 관련 인허가 및 물류정보망 운용
물류정보 중개기관	VAN사업자, 물류정보 제공 및 유통업체 등			• KTNET: 무역업체, 은행, 보험, 관세사 등 모든 무역관련 당사자를 연결하는 네트워크 구성, 무역·물류업무 통합서비스를 제공 • KL-Net: 해운항만물류업체 당사자를 연결하는 네트워크 구성, 수출입물류업무 서비스를 제공 • KCNET: 통관관련 물류업체 네트워크구성 등
				• Port-MIS: 해양수산부 항만운영정보시스템 • UNI-PASS: 관세청 전자통관시스템 • AIRCIS: 국토교통부 항공물류정보시스템 등

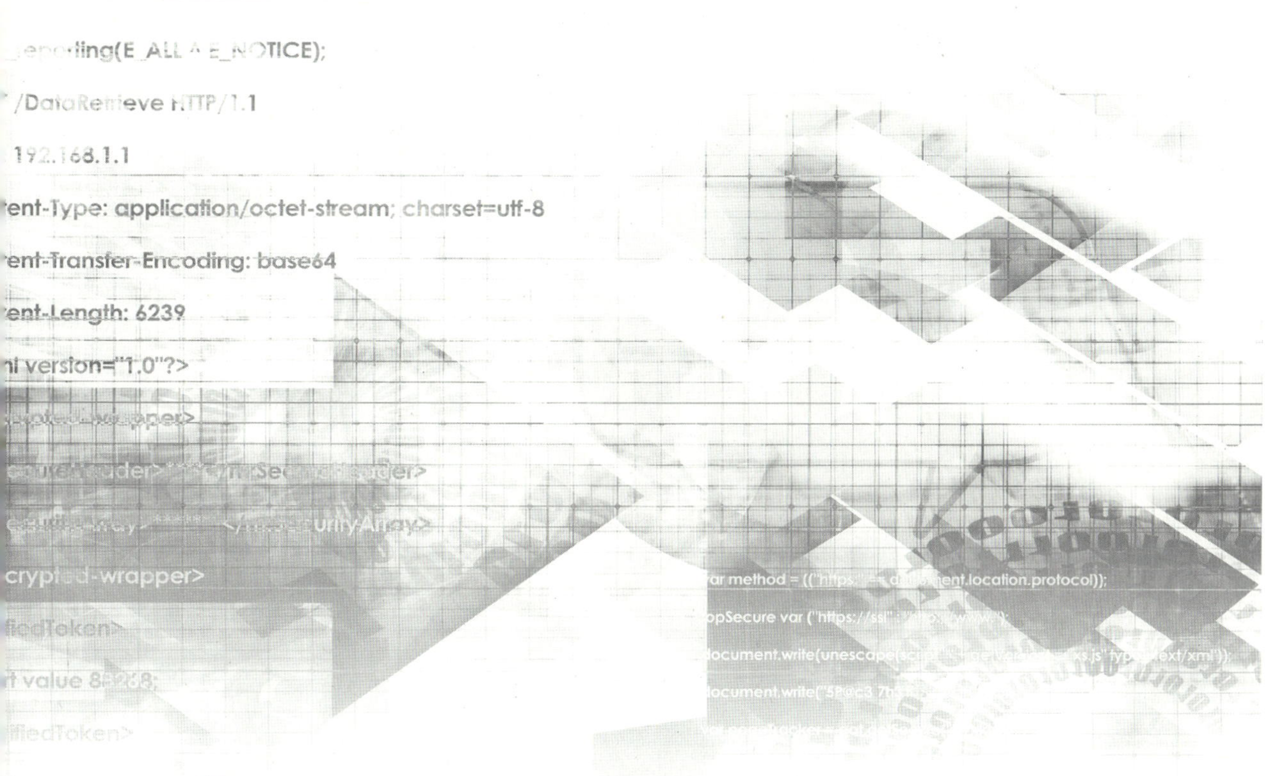

제2부

전자무역·물류와 서비스

제3장

전자무역(e-Trade) 서비스

제1절 개 요

국제무역(international trade)이란 국가간의 물건을 사고팔고 교환하는 일로써 상품뿐만 아니라 기술과 서비스 분야 및 자본의 교류까지 포함하는 것을 말한다.

전자무역(e-Trade)은 "재화 또는 서비스의 국제간 거래인 무역행위의 본원적 업무는 물론 지원업무를 인터넷을 포함한 정보기술 수단을 활용하여 전자적·정보집약적 방법으로 수행하는 무역활동"을 말한다.[1)]

따라서 전자무역은 글로벌 공급사슬(international supply chain) 환경에서 국제 무역거래 업무 전반의 효율성과 보안성를 지원하는 데 그 목적이 있고 궁극적으로는 서류없는 무역(paperless trade)[2)]을 지향한다는 데 그 의의가 있다고 볼 수 있다.

1 국제무역 업무분류

국제무역을 5가지 업무로 분류하면 해외영업과 무역계약 체결, 수출물품의 확보, 관련서류 작성 및 요건확인, 외환업무 및 물류관리라고 할 수 있다.

1) 해외영업과 무역계약 체결

우선 시장조사, 거래선 발굴, 신용조사 및 원가계산 업무 등 마케팅, 청약(offer)과 승낙(acceptance)을 통한 계약서 작성과 같이 계약을 포함한 계약이전 단계가 있다. 계약체결 후부터는 계약의 원활한 이행관리와 수출대금회수, 클레임처리 등 해외영업활동이라 총칭할 수

1) 출처: KITA.Net
2) A trade system where trade information is exchanged through dematerialised, structured trade documents, based on open and agreed standards.(출처: http://www.gfptt.org/)

있다. 그러나 본서에서는 해외마케팅과 일반 영업관리 업무를 제외한 청약·승낙 등 계약서 작성 업무자체에 대해서만 언급한다.

2) 수출물품의 확보

수출자가 완제품을 국내외에서 구매 및 수입하거나 원·부자재를 제조·가공하여 수출물품을 준비하는 경우의 업무를 말한다. 본서에서는 내국신용장(local L/C)이나 구매확인서 업무에 대해 거론할 예정이나 원재료·부자재 수입의 경우 국제무역업무 수입절차와 같으므로 수출물품 확보업무에서는 제외한다.[3)]

3) 관련서류 작성 및 요건확인

수출자가 수입자로부터 대금을 받고자 상업송장(C/I), 보험증권(Cargo Insurance Policy, 이하 "I/P") 등 선적서류(shipping documents)를 준비하는 것을 관련서류 작성업무라 한다. 준비해야 할 서류는 환어음(Draft; Bill of Exchange, 이하 "Draft"), 포장명세서(Packing List, 이하 "P/L")와 같이 수출자가 직접 작성하는 문서와 선하증권(Bill of Lading, 이하 "B/L"), 원산지 증명서(Certificate of Origin, 이하 "C/O")처럼 외부에서 발급받아야 하는 문서가 있다. 또한 요건확인은 무역거래 관련하여 기관의 승인, 추천이 필요한 업무를 말한다.

4) 외환업무

물품대금에 대한 수급절차로 지급결제방식에 따라 송금, 추심 및 신용장방식으로 나눌 수 있고 이에 근거한 업무절차를 외환업무라한다. 이 중 본서에서는 신용장(Letter of Credit, 이하 "L/C")방식을 중심으로 서술하며, 송금방식과 추심방식도 일부 설명한다.

5) 물류관리

무역계약에 기반한 무역거래 물품의 이동과 관련된 운송, 보관, 통관 등에 대한 업무절차를 의미하며, 직접적인 물류업무 수행에 관련된 업무절차는 전자물류(e-Logistics)에서 언급하도록 한다. 다만 제3장 '전자무역(e-Trade)서비스'에서 수출자(화주) 또는 국내 공급자와 직접 연관이 있는 '전자선하증권(e-B/L)서비스'와 통관업무 '관세환급 지원서비스' 및 'FTA서비스'는 언급할 예정이다.

---

3) '관세환급'에 대해서는 개정증보판에서 언급할 예정이다.

2 전자무역 비즈니스모델 및 서비스

1) 비즈니스모델(Business Model)에 기반한 서비스

전자무역을 비즈니스모델의 관점에서 분류하면 국제무역에서의 업무분류와 차이가 있을 수 있다. 방대하고 복잡다단한 무역업무 전체를 전자화하는 데는 앞으로도 상당한 기간과 투자를 필요로 하기 때문이기도 하고, 개발예정이거나 사용중인 서비스 위주로 설명하려면 존재하지 않거나 아이디어 차원에서 머무는 서비스는 제외하는 등 새로운 방식의 분류가 필요하기 때문이다.

무역시장에 근거한 국제 무역업무를 전자무역 비즈니스모델(business model) 기준으로 범주화해야 하는 이유는 다음과 같이 4가지로 설명할 수 있다.

첫째, 무역계약 체결 자체나 수출환어음 매입심사 행위와 같은 지적판단(知的判斷)은 정보화되기 어렵고 사업모형의 관점에서는 분류할 수 없다.

둘째, 개념정의나 이론·규범·규칙 제시 수준에만 머물고 있거나, 비즈니스모델 작성 이전 단계에 대해서는 언급하기 어렵다. 누구에게 어떤 서비스를 어떻게 개발하여 어떻게 제공할 것인지에 대한 기획안 정도는 있어야 하기 때문이다.

셋째, 기술적 관점에서 비즈니스도메인(business domain)은 특정 프로그래밍 언어를 이용하여 제공하고자 하는 서비스를 구현한 것이다. 특정 전자무역 서비스의 목표와 제공방법 그리고 업무적 연관성에 따라 특정 비즈니스도메인의 일부 또는 복수 개의 비즈니스 도메인의 영역들이 하나의 비즈니스모델에 포함될 수 있다.

마지막으로 본서에서는 KTNET이 제시하는 비즈니스모델을 바탕으로 구축·제공되는 서비스들을 서술하기 때문이다.

[그림 3-1] 무역과 전자무역 및 비즈니스모델의 관계

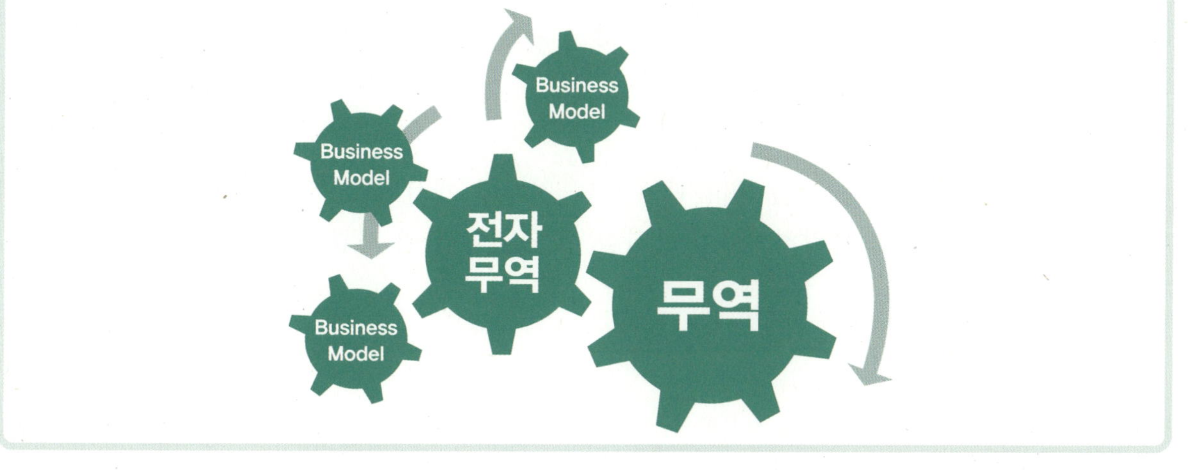

따라서 비즈니스모델과 비즈니스도메인 그리고 각종 서비스간 상관관계를 감안하면, 업무적 관점에서의 국제무역업무 분류를 비즈니스모델 중심으로 재구성할 수 있다. KTNET이 제공하는 비즈니스모델과 관련된 서비스는 아래 [표 3-1] 전자무역 비즈니스모델에서 파생된 것이다. 본서 제2부 '전자무역·물류와 서비스'에서 이에 대해 상세히 서술하도록 한다.

[표 3-1] 전자무역 비즈니스 모델

No	업무그룹	Business Model
1	무역서류 업무	오퍼·구매발주 및 계약, 상업송장·포장명세서, 원산지증명, 적하보험, 수출입요건확인 등
2	국내물품 구매업무	구매확인, 내국신용장, 전자세금계산서
3	외환업무	신용장 개설 및 통지, e-Nego, 수입화물선취보증, 수출입 부대비용정산, 무역대금 송금 등
4	통관 및 FTA업무	수출입신고, 관세환급, FTA 원산지판정·발급, FTA Rule 등
5	물류관리 업무4)	전자선하증권

아울러 제3장에서는 '전자정부 지원사업' 중 하나인 '글로벌 물류·무역정보망 구축사업' 내 '차세대 전자무역 구축사업'과 '모바일 전자무역 서비스', '전자상거래 무역서비스'에 대해서도 언급하였다.

2) 전자무역 비즈니스모델에 기반한 서비스의 특징

(1) 융복합 서비스

수출입 인·허가, 외환, 구매·공급, 통관, 물류, FTA 및 국세청 자료제출 등 각종 업무는 1~2개의 단위 서비스 보다는 패키지로 제공되어야 단절없이 일괄 처리될 수 있다.

(2) 전자문서 교환체계

표준화된 전자문서(EDI/XML)로 유통되어 기초 데이터를 중복 입력하지 않고 기업내부시스템과 연계하여 활용되어야 정보처리 생산성이 향상된다.

(3) 종이제출 간소화

국가공인 전자무역 기반시설을 이용함에 따라 절차가 개선되고, 무역거래에 수반되는 종이원본 제출 등 첨부서류를 생략하거나 간소화할 수 있어야 관련 서류비용, 작성 및 전달시간 및 작업인력을 줄일 수 있다.

4) 무역업체, 포워더와 같이 화주의 관점에서 전자선하증권을 서술하여 제3장 '전자무역(e-Trade)서비스'에 포함하였다. 그 외 물류업무는 제4장 '전자물류(e-Logisitics) 서비스'에서 상세히 다룬다.

(4) 수출입 유관기관 방문 불필요

무역업체, 금융회사, 물류업체 및 수출입 유관기관 등을 다자간으로 연결하여 방문없이도 업무처리가 가능하다.

(5) 글로벌 정보교환

다수 해외 전자무역망 및 국제통신중계사업자(Global VAN)와 상호 연결되어 있어 주문서(purchase order), 송장(invoice), 인도예정일정(delivery forecasting, despatch advice) 등 글로벌 기업간 데이터를 교환할 수 있다.

(6) 클라우드 업무환경

최신 IT기술을 적용한 클라우드 서비스 형태의 포탈이 제공되어 쉽고 편리하게 업무를 처리할 수 있다.

(7) 안전한 전자거래

첨단 통신·문서 보안체계와 전자문서 기반으로 구축되어 거래 안전성이 확보되며, 위·변조나 정보 보안사고 걱정이 없다.

(8) 법적기반 보관/증명

전자무역 문서는 법령에 따라 안전하게 보관되며 국가가 지정한 전자무역기반사업자를 통해 송수신 거래내역을 증명받을 수 있다.

제2절 전자무역인프라

1 전자무역 기반시설

정보통신망을 통하여 무역업체와 수출입 유관기관을 체계적으로 연계하고 전자무역 문서의 중계·보관 및 증명 등의 업무를 수행하는 전자무역 통합플랫폼을 말한다.

2 전자무역기반사업자

전자무역 기반사업을 수행하는 자로 자본금, 인력 및 기술력 등 법률(「전자무역 촉진에 관한 법률」)이 정하는 기준에 적합한 자를 말한다.

1) 제1호 전자무역기반사업자

KTNET은 2006년 12월 26일 「전자무역 촉진에 관한 법률」 제6조 제1항 및 동법 시행령 제7조 제2항에 의거하여 전자무역기반사업자로 지정되어 「전자무역 촉진에 관한 법률」 제6조 제2항 각 호에 따른 사업을 수행하고 있다.

2) 전자무역기반사업자의 사업

① 「전자무역 촉진에 관한 법률」 제6조 제2항

> 제1항에 따른 지정을 받은 자(이하 "전자무역기반사업자"라 한다)는 다음 각 호의 업무 또는 사업을 수행할 수 있다.
> 1. 전자무역기반시설의 운영업무
> 2. 전자무역기반시설과 외국의 전자무역망 간의 연계업무
> 3. 제12조 제1항 각 호에 따른 무역 관련 업무의 전자무역기반시설을 통한 중계·보관 및 증명 등의 업무
> 4. 전자무역문서의 중계사업
> 5. 제2호에 따른 연계를 활용한 사업
> 6. 전자무역기반시설을 활용한 전자무역서비스 관련 사업
> 7. 전자무역문서의 표준화에 관한 연구사업
> 8. 전자무역문서 및 무역화물유통정보 등 무역 관련 정보(이하 "무역정보"라 한다)를 체계적으로 처리·보관하여 검색 등에 활용할 수 있는 집합체(이하 "데이터베이스"라 한다)의 제작·보급과 이를 활용한 사업
> 9. 무역업자 및 무역관계기관에 대한 전자무역문서 중계 등에 관련된 기술의 보급 및 보급한 기술에 대한 사후관리사업
> 10. 그 밖에 전자무역 촉진을 위한 교육·홍보 등 대통령령으로 정하는 사업
>
> [전문개정 2011.4.14.]

② 「전자무역 촉진에 관한 법률」 시행령 제8조

> 법 제6조 제2항 제10호에서 "대통령령이 정하는 사업"이라 함은 다음 각 호의 사업을 말한다.
> 1. 전자무역기반시설의 이용에 관한 교육 자료의 발간, 전자무역 관련 온라인 교육콘텐츠의 개발 및 보급 등 전자무역의 촉진과 확산을 위한 교육사업
> 2. 전자무역의 촉진과 확산을 위한 홍보사업

※ 교육사업과 관련해서는 별도 출간되는 [부록편] "전자무역·물류 실무완성"을 참조하고, uTradeEdu사이트(https://edu.utradehub.or.kr)를 방문하도록 한다.

3 전자무역 기반시설에서 사용되는 주요 전자문서

(* 최근 수·개정으로 일부 문서명은 다를 수 있음)

업무	문서명	문서명
각종통지	환어음처리결과통보서	ACNOTC
	수입어음할인내역통보	DISCHG
	선적서류도착통보서	DOANTC
구매확인	외화획득용 원료구매신청	APPPCR
	구매확인승인내역통보	PCLADV
	외화획득용 원료구매승인	PCRLIC
송금방식 수출입	지급확인 신청서	APPCOP1
	변경 신청서	APPCOP2
	지급 확인서	PAYCON1
수입승인	수입승인신청서	APPIMP
	수입승인서	IMPLIC
수입통관의뢰	수입통관의뢰	IMPREQ
	수입신고수리정보	IMPRES
수입화물선취보증	해상화물 L/G신청서	APPLOG1
	항공LG신청서(결제전)	APPLOG2
	항공LG신청서(결제후)	APPLOG3
	항공L/G 승인서	LOGADV
	해상화물 L/G 승인서	LOGUAR1
	항공LG승인서(결제전)	LOGUAR2
	항공LG승인서(결제후)	LOGUAR3
수출승인	수출입변경승인	AEILIC1
	수출입변경신청	APPAEI1
수출통관의뢰	수출통관의뢰	EXPREQ
	수출신고수리정보	EXPRES
요건확인	수입변경승인서	AEILIC
	수입승인 변경신청서	APPAEI
	관세감면추천신청서	APPCCR
	수입사료검정의뢰서	APPFAR
	사료수입신고서	APPFIR
	거래약정승인신청서	APPSCB
	전기용품안전인증확인신청서	APPSCS
	양허관세추천신청서	APPTCR
	한.칠레자유무역협정추천신청서	APPTFR
	할당관세추천신청서	APPTQR
	양허관세추천연장신청서	APPVCR

업무	문서명	문서명
	할당관세추천연장신청서	APPVQR
	관세감면추천서	CCRLIC
	수입사료검정결과서	FARLIC
	사료수입신고필증	FIRLIC
	의약품등 수입요건확인/통관예정보고/품질검사/국가검정신청서	MEDDEC
	의약품등 수입요건확인서/통관예정보고접수필증/검사필증/국가검정성적서	MEDRES
	거래약정승인서	SCBLIC
	전기용품안전인증확인서	SCSLIC
	양허관세추천서	TCRLIC
	한.칠레자유무역협정추천서	TFRLIC
	할당관세추천서	TQRLIC
	부적합통보서	UFTRES
원산지증명	상업송장증명신청	APPINV
	원산지증명신청	APPORG
	오류통보	CCIRES
	원산지증명서	CERTIF1
	상업송장증명서	CERTIF2
적하보험	적하보험청약	APPCIP
	적하보험배서청약서	APPEND
	적하증권통지	CIPADV
	적하보험배서발급통지서	ENDADV
조합업무	생산계획서	GENRES3
	생산계획서	MANUFT
해상선적	해상 B/L통지서	IFTMCS
	해상선적요청서	IFTMIN
화물인수	화물인도지시서	CUSAGD 5JJ
	보세운송요청동의서	CUSAGD 5JK
	화물인도동의서	CUSAGD 5JL
	자가운송신청서	CUSAGD 5JM
	화물인도지시발급신청서	CUSAGD 5JN
	배차요청응답서	GENRES
e-L/C	신용장수령거절	EACANR
	신용장조건변경통지	EAMDAD
	수출인수결과수신	EAPTAD
	신용장확인결과통지	ECFMAD
	신용장확인요청	ECFMAP
	수출입금결과수신	ECRAAD
	수출부도결과수신	EDHRAD

업무	문서명	문서명
	하자동의서제출 요청	EDISAP
	하자동의서제출	EDISSM
	원본교부내역통지	EDLYAD
	신용장통지	ELCADV
	신용장 선통지	ELCADV
	타행경유 신용장통지	ELCADV
	해외양도 가능 신용장통지	ELCADV
	신용장교부취소통지	ELCCAN
	선적서류매입(추심)처리 결과통지	ENGADV
	선적서류매입(추심)신청	ENGAPP
	대외전문발송처리결과통지	ESWADV
	대외전문발신요청(FREE FORM)	ESWAPP
	신용장양도처리결과통지	ETSFAD
	신용장양도신청	ETSFAP
F-EDI	입금통지	CREADV1
	출금통지	DEBADV1
	해외송금내역통지서	EXRADV
	계산서	FINBIL
	지급지시	PAYORD1
L/C개설	L/C개설신청	APP700
	L/C조건변경신청	APP707
	L/C개설응답	INF700
	L/C조건변경응답	INF707
L/C통지	신용장통지	ADV700
	신용장선통지	ADV705
	신용장조건변경통지	ADV707
	타행신용장통지	ADV710
	해외양도신용장통지	ADV720
L/G 발급	수입화물선취보증(인도승락)신청서	APPLOG
	수입화물선취보증(인도승락)서	LOGUAR
Local L/C	LocalL/C대금추심의뢰	APPSPC
	국내발행Offer	DOMOFR
	내국L/C어음도착통보	LDANTC
	내국L/C통지 사본	LOCADV1
	내국L/C통지 원본	LOCADV2
	내국L/C통지 동보원본	LOCADV3
	내국L/C변경통지 사본	LOCAMA1
	내국L/C변경통지 원본	LOCAMA2

업무	문서명	문서명
	내국L/C변경통지 동보	LOCAMA3
	내국L/C변경신청	LOCAMR
	내국L/C개설신청	LOCAPP
	물품수령증명서	LOCRCT
	내수거래번호통지	POSCOR
	LocalL/C대금추심응답	SPCNTC
	계산서	VATBIL1
NEGO업무	수출환어음매입신청서	APPNEG1

4 기반시설 연계

기반시설을 이용하고자 하는 업체 및 기관은 내부 IT환경을 고려하여 3가지 방식으로 연계할 수 있다.

1) 클라우드포털(인터넷 웹기반)

KTNET 전자무역 공식사이트인 uTradeHub를 이용하여 계약, 외환, 수출입인·허가, 내국신용장, 구매확인 업무서비스 등을 사용할 수 있으며, 중견·중소기업 등 다양한 업체들에게 권장되는 가장 일반적인 방식이다.

2) S/W 구입(내부시스템 연계)

무역전문 S/W개발업체 솔루션을 구입하여 외환업무나 기업간 문서교환을 하는 방식으로 중견기업에게 권장되는 방식이다. KTNET의 'uTrade * Partner', '유씨에스시스템즈'의 'XII-Trade', '이씨스'의 '상역&외환 솔루션' 등이 있다.

3) S/W 자체개발(내부시스템 연계)

각 업체의 전산실에서 개발하고 KTNET이 기술지원하는 방식이다. e-Nego와 같은 외환업무, 선적자동화와 같은 물류업무 등 B2B 문서교환 방식으로 대기업에 권장되는 방식이다.

제3절 uTradeHub

산업통상자원부와 한국무역협회 그리고 KTNET은 2004년부터 2008년까지 전자무역 단일 창구인 'uTradeHub'를 구축하여 무역업무 절차에 따라 마케팅, 외환, 요건확인, 물류 등 단위 무역업무 자동화의 기반을 조성하였다. 또한 One-Stop 전자무역을 위해 수출입 물류업계, 무역 유관기관과 연계시스템 구축 필요성이 대두됨에 따라 전자정부 '글로벌 물류·무역정보망 구축' 사업의 일환으로 '전자무역 신규서비스 구축 및 확산' 사업을 2009년부터 2012년까지 전개하였다.

1 전자무역서비스 구축(2004년 ~ 2008년)

1) 전자무역서비스(1차) ('04.12 ~ '05.06)

금융권과 공동으로 종이문서로 통지되던 수출신용장을 전자신용장(e-L/C)으로 통지하는 'e-L/C 유통관리 시스템'을 구축하였다. 신용장 잔액을 전자적으로 관리할 수 있는 '한도관리 시스템'도 구축하였으며, 전자문서 보관소를 시범 구축하여 수출신용장의 취합 및 관리기반을 마련하였다.

2) 전자무역서비스(2차) ('05.12 ~ '06.11)

- 무역업체용 전자무역 포탈을 구축하였고, 전자문서의 연계 및 유통구현을 위한 전자무역문서보관소 기능을 강화하였으며 전자신용장(e-L/C) 고도화를 수행하였다.
- 기존자원 및 인프라의 활용성 극대화를 위해 무역업체용 포탈(외환/결제, 상역 중심)을 우선적으로 구축하였다.
- e-L/C 유통관리 시스템(1차) 고도화(하자통지, 특수신용장 등 전문개발) 및 전자무역 문서보관소 기반의 Local L/C 개설·통지·매입을 구현하였다.
- 전자무역문서보관소 기반의 전자문서 유통체계 수립 및 주요 전자무역문서 개설·통지·매입 문서유통 서비스 기반을 마련하였다.
- 문서배달, 문서폐기, 전자증명서 발행, 무역문서의 유통 등 전자무역문서보관소의 기능을 확대하였다.

3) 전자무역 서비스(3차) ('07.07 ~ '08.02)

- 무역포탈, (통관)물류포탈, (외국계)은행포탈, 마케팅포탈을 통합포탈에서 연계되어 서비스할 수 있도록 통합포탈을 구축하였다.
- e-L/C ASP[5] 포탈구축: 주한 외국계은행(40여개)을 위해 e-L/C가 유통될 수 있는 기반을 마련하였다.
- e-B/L ASP 유통관리 시스템 시범 구축: 선적요청서(S/R), 전자선하증권(e-B/L) 등 관련 전자문서의 표준화 및 e-B/L 유통을 위한 기반시스템을 구축하였다.
- e-Nego ASP 시스템 시범구축: 전자적 수출환어음매입(e-Nego)업무 프로세스 자동화로 중소 수출업체가 선사, 보험사, 은행 등을 방문하지 않고 업무처리가 가능하도록 시범 구현하였다.

2 차세대 전자무역 구축사업[6] 1차(2009년)

1) 사업내용

- e-Nego 시스템 사용 활성화를 위해 내부 ERP(legacy system)를 보유하고 있는 대형업체(수출자)가 uTradeHub에 직접 접속하지 않고 e-Nego를 이용할 수 있는 기반을 구축하였다.
  - 대형 화주를 위한 다양한 상업송장(C/I), 포장명세서(P/L) 제공에 따른 표준 전자문서를 개발하였다.
  - e-L/C 유통의 기반 시스템인 한도관리 시스템의 관리기능 및 일반 신용장의 한도관리의 통합을 위한 시스템을 구축하였다.
- 외환·결제, 요건확인, 통관·물류 등 각종 수출입 부대비용을 Single Sign-On(SSO)으로 결제처리가 가능하도록 '수출입 부대비용 결제시스템'을 구축하였다.
  - 다수의 이용자(무역업체)와 다수의 공급자(유관기관 등)간 다수의 결제거래를 가능하게 하는 시스템 연계를 지원하였다.
  - 부대비용 결제 후 선사, 보험사 등이 발급한 문서를 조회, 유통할 수 있도록 uTradeHub 시스템을 변경하였다.
- 항공화물운송장(e-AWB) 유통관리 시스템 구축
  - 항공화물운송장 발급요청 및 항공화물운송장 발급을 위한 포워더용 ASP 시스템을 구축하였다.

---

5) Application Service Providing
6) '차세대 전자무역 구축사업'은 2009년부터 2012년까지 추진된 '글로벌 물류무역정보망구축' 사업 중 '차세대 전자무역구축' 사업내용을 발췌하여 작성하였음

• 항공화물 수출시 필요한 서류의 전자문서화 및 문서보관소, 부대비용 결제 시스템을 구축하였다.

2) 기대효과

- 수출입 부대비용 결제를 온라인으로 가능하게 함으로써, 제반 비용을 절감하여 무역업체의 경쟁력을 향상할 수 있다.
- 전자적 수출환어음매입(e-Nego)에 필요한 서류를 전자적으로 작성, 발행신청, 발행결과 조회가 가능하다.
- 수출업체의 신속한 수출자금 회수를 가능하게 하고 인적·물적 비용절감이 가능하다.

3 차세대 전자무역 구축사업 2차(2010년)

1) 사업내용

(1) 전자선하증권 시스템(e-B/L Korea)의 독립성 확보 및 해외파트너 사용자 확대

- 유가증권인 e-B/L의 독립성 확보 및 안정적 서비스를 제공하기 위해 독립된 'e-B/L Korea'를 구축하였다.
- e-B/L 활성화를 위한 해외파트너 대상의 e-B/L Korea 영문화 버전을 개발하였다.

(2) 중소·중견기업 사용자를 위한 e-Nego 서비스 확대 제공

- 이전에는 대형화주가 uTradeHub에 접속하지 않고 대용량의 서류를 첨부할 수 있는 e-Nego 시스템을 구축하였다. 반면 독자 e-Nego 시스템을 구축할 수 없는 중소·중견기업이 uTradeHub를 통해 대용량의 서류를 첨부할 수 있도록 하였다.
- e-Nego 서비스를 안정적으로 제공하기 위해 대용량 첨부서류의 유통에 따른 전자문서 조회 및 유통상태를 추적할 수 있는 모니터링 기능을 제공하였다.

(3) 전자 무역 문서·서식 관리시스템 구축

무역업체 및 S/W 개발업체가 쉽게 표준무역문서 및 표준전자문서를 이용할 수 있도록 '무역전자문서·서식관리시스템(www.utradedocs.co.kr)'을 구축하였다.

2) 기대효과

- e-B/L Korea 운영환경 독립에 따른 안정적 서비스 제공과 영문포탈 제공에 따른 글로벌 유통 활성화 기반을 마련하였다.

- 전자무역서비스 사용 편의성 개선에 따라 전자무역서비스 활성화 촉진이 가능하다.

4 차세대 전자무역 구축사업 3차(2011년)

1) 사업내용

(1) 구매확인서 통합 관리시스템(ulocal.utradehub.or.kr) 구축

- 구매확인서 발급·유통의 전 과정을 지원하고 관리하기 위한 통합관리시스템을 구축하였다.
- 부가세 영세율 신고시 제출하는 영세율 신고자료를 전자파일로 제출할 수 있도록 시스템을 구축하였다.

2) 기대효과

- 구매확인서의 전면 전자문서 대체로 기업비용 절감 및 영세율 신고 전자화로 국세청의 확인비용 절감 등 업무 효율화를 기대할 수 있다.
- 수출기업 경쟁력 강화를 통한 수출 실적증대를 기대할 수 있다.

5 차세대 전자무역 구축사업 4차(2012년)

1) 사업내용

- 전체 로컬거래의 전자화 전면시행 및 사용자 이용편의를 위해 공급자용 로컬거래 통합창구(구매확인서·내국신용장 통합관리)를 구축하였다.
- 로컬거래 통합창구를 통해 내국신용장(Local L/C) 개설·통지확인, 물품수령증명서, 세금계산서, 매입신청 등의 내국신용장 업무를 통합관리 가능하게 하였다.
- uLocal 시스템을 통해 사용자의 로컬 공통 사후관리 업무(수출입 근거서류 관리, 영세율 신고 등)의 편의성을 강화하였다.

2) 기대효과

- 영세한 하위 공급업체까지 전자무역 도입을 통해 수출 공급망 업무자동화 및 선진화를 기대할 수 있다.
- 대기업과 중소기업간 거래 활성화, 신뢰성 제고 및 공정거래 감시가 가능하다.
- 로컬거래 정보의 통합관리로 유관기관간 로컬거래 정보 활용이 가능하다.

- 구매확인서·내국신용장 관련 모든 로컬거래 전자화로 원산지증명 입증자료의 전자적 관리가 실현되었다.

[표 3-2] 전자무역서비스 단계별 구축내역7)

과 제 명		주요 구축내역
2005	전자무역 서비스(1차)	• 전자무역문서보관소 구축 - 보관기능, 증명기능 등 핵심기능 구현 - 중계 시스템과 e-L/C 유통관리 시스템 연계 • e-L/C 유통관리시스템 구축 - 신용장 업무 전자화 추진
2006	전자무역 서비스(2차)	• 외환, 결제, 상역 중심 무역업체용 전자무역포탈 구축 • 전자문서 유통체계 구현 - 전자문서 보관소 고도화 - e-L/C 고도화 - 전자문서간 유통 및 연계 정의 ※ 사용자 UI는 인터넷기반 구현, 업무프로세스는 기존 EDI 기반
2008	전자무역 서비스(3차)	• 전자무역 플랫폼 구축 - 통합포탈 GateWay - e-L/C ASP 구축 - e-B/L 유통관리 시스템 - e-Nego 시스템 시범 구축 ※ e-Nego 시범 구축은 7종의 전자문서에 한하여 시범 적용 - 추가 전자문서 개발 및 확산 필요
2009	차세대 전자무역 구축(1차)	• e-Nego 외부연계 시스템 구축 • e-L/C 통합한도 시스템 • e-L/C ASP 고도화 • 수출입 부대비용 결제시스템 구축 • 항공화물운송장 유통관리 시스템 ※ 사용자 내부시스템을 이용한 매입기능은 일부업종(현대차)을 대상으로 구현
2010	차세대 전자무역구축(2차) 전자무역 신규서비스 구축 및 확산	• 전자선하증권 시스템의 독립성확보 및 해외파트너 사용자 확대 • 중견·중소기업 사용자를 위한 e-Nego 서비스 확대 • 전자무역 문서 서식관리 시스템 구축 ※ 중소, 중견기업을 위한 e-Nego 프로세스 확대 구축
2011	차세대 전자무역구축(3차) 전자무역 신규서비스 구축 및 확산	• 구매확인서 통합관리 시스템 구축
2012	차세대 전자무역구축(4차) 전자무역 신규서비스 구축 및 확산	• 내국신용장 통합관리 시스템 구축

7) 출처: 2012년 전자정부지원사업 '글로벌 물류·무역 정보망 구축(4단계)' 사업제안요청

6 uTradeHub의 구성

uTradeHub는 무역업체를 포함하여 무역에 관련된 업체 및 기관을 위해 통합된 전자무역 단일창구로 클라우드 형태로 제공되며 무역포털, 로컬포털, FTA Korea, 글로벌 포털 등으로 구성되어 있다[8].

[그림 3-2] uTradeHub 포털 구성도

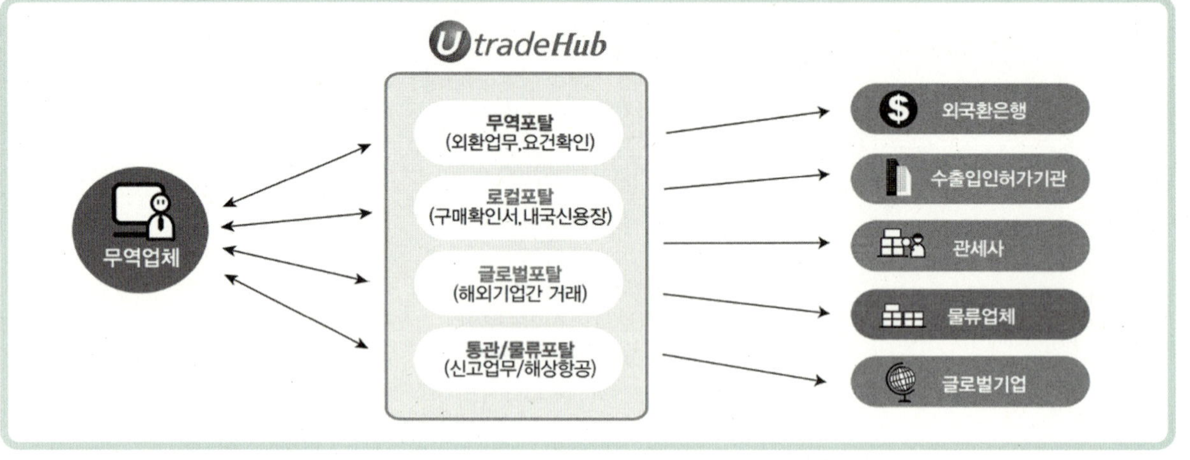

1) 무역포털

무역업체의 수출입 기본업무를 수행할 수 있는 사이트로 외환·상역업무 뿐만 아니라 그 외 로컬, 글로벌, 통관·물류 및 외환포털의 중심이 된다.

(1) My Trade

사용자가 Menu Driven 방식으로 업무를 진행하지 않고, 하나의 Workplace에서 모든 업무를 수행할 수 있도록 고안된 기능이다. 사용자는 수많은 무역업무 중에서 자신의 업무를 설정하고 이에 대해서 To-Do 및 To-Check 등의 업무목록을 표시하여 능동적으로 업무를 수행할 수 있다.

(2) 수출업무

대외판매의 목적물이 되는 상품을 대상으로 하여 외화나 그에 상응하는 물품을 대가로 외국에 물품을 매각하는 행위를 수출업무라 한다. 수출계약 후 수출신용장 통지, 통관, 선적, 입금 등의 제반업무를 전자적으로 처리하고, 체계적으로 관리하는 서비스를 제공한다.

---

8) 2015년 6월 기준

[그림 3-3] uTH 수출업무 프로세스

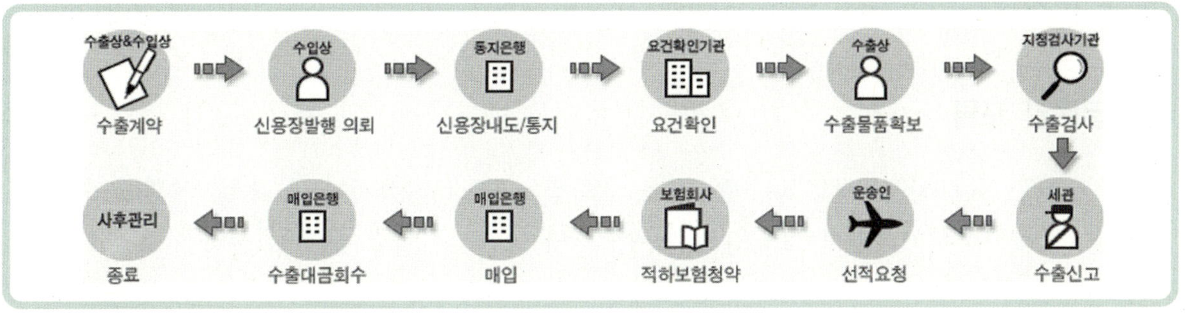

(3) 수입업무

외국에서 생산 및 가공된 물품이 세관을 통관하여 들어오는 것을 말한다. 수입계약 후 수입 신용장개설, 선적서류 입수및 통관, 대금지불 등의 제반업무를 전자적으로 처리하고 체계적으로 관리하는 서비스를 제공한다.

[그림 3-4] uTH 수입업무 프로세스

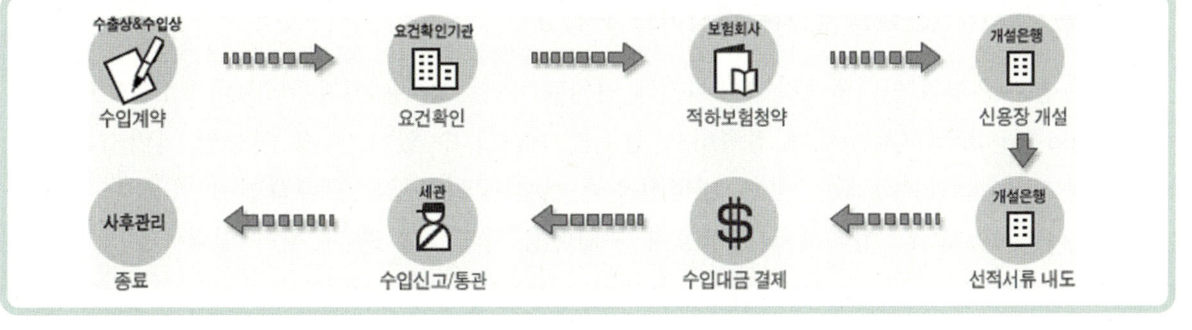

2) 로컬포털

(1) 구매확인서 통합포털

2011년 7월부터 「대외무역법」에 의거 외국환은행과 전자무역기반사업자(KTNET)가 위탁발급하고 있는 '구매확인서 발급서비스'로 uTradeHub를 통해서 신청, 발급이 가능하다. 'uLocal 구매확인서 통합관리 서비스'에서 구매확인서 신청 및 발급내역 조회, 수출실적증명, 영세율신고지원 등을 통합적으로 관리할 수 있다.

(2) 내국신용장 통합포털

「한국은행 금융중개지원대출관련 무역금융지원 프로그램 운용세칙」 부칙에 근거 2014년 2월 14일부터 내국신용장 통지, 물품수령증명서 수령, 매입추심의뢰가 전면 전자화 됨에 따라

'uLocal 내국신용장 통합관리 서비스'에서 신용장통지, 물품공급, 추심(매입) 등을 통합적으로 관리할 수 있다.

3) 글로벌 포털

GXS[9], GT-Nexus[10], INTTRA[11]와 같은 글로벌 VAN과 B2B 정보를 작성, 교환할 수 있는 서비스를 제공함으로써, 무역·물류업체 해외파트너 및 본·지사간 주요 전자문서 송수신이 가능하다.

4) 물류(통관)포털

- 물류포털(eLogisFrame): 전자물류종합포털인 'uLogisHub'에 흡수되었으며 제4장 '전자물류(e-Logistics)서비스'에서 상세 기술한다.
- 통관정보(cTradeInfo): 수출입통관·환급 관련업무 정보조회 및 출력, 통계자료제공, 무역업체 및 관세사 부가서비스를 제공한다.

5) 외환포털[12] (은행별 전자무역사이트 PTB)

국내 은행은 은행의 인터넷뱅킹 홈페이지에 연계된 '은행 고객용 전자무역서비스(PTB; Paperless Trade for Bank Client)'에 접속하여 업무를 처리할 수 있다. 이용 가능한 서비스는 수출신용장 통지, 수입신용장개설·변경, 내국신용장 개설·통지·매입, 구매확인서 발급, 수입화물선취보증서(L/G) 발급, 선적서류 도착통지·수입어음 할인내역 통지 등이 있다.

주의 외국계은행 e-L/C 서비스를 위한 포털은 '은행포털'이라 하기도 한다.

---

9) http://www.gxs.co.kr/
10) http://www.gtnexus.com/
11) http://www.inttra.com/
12) 외환포털 이 외에도 국내 외국계 은행들의 전자신용장(e-L/C) 유통 및 e-Nego 시스템의 활성화를 위해 e-L/C서비스를 제공하는 포털도 있다.

제4절 무역서류업무

1 수출계약

무역계약은 어느 일방의 거래를 위한 의사표현(inquiry)이 있고 상대방의 무역거래조건(offer)이 제시되어야 하며, 이에 대한 상대방의 승낙(acceptance)이 있어야 한다. 유사하게 수입자의 주문(order)를 통해 수출자는 오퍼와 유사한 견적송장(proforma invoice)을 송부하고 이후 주문승낙(acknowledgement)이 이루어지면 계약이 체결된다.

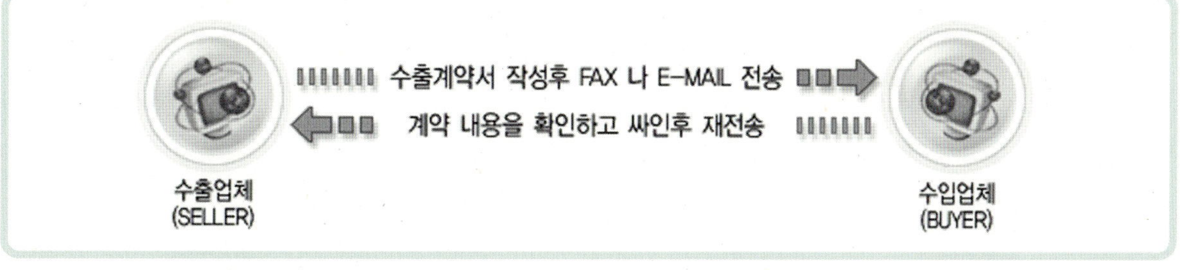

uTradeHub에서의 '수출계약'은 단순 문서작성 서비스로 계약서 작성 그 자체를 의미하는 것은 아니다. 일종의 계약서 커버레터(Cover Letter)나 요약서로 비유할 수 있으며 향후 수출대금 회수를 위한 e-Nego의 주요 데이터로 활용된다.

uTradeHub에서 말하는 '신용장/무신용장정보'는 대금결제방식이 '신용장방식(L/C basis)'인 경우 계약서와 L/C No.를 기초로 업무를 진행한다는 의미이다. '무신용장방식'(Non-L/C basis) 즉 신용장이 없는 추심과 같은 방식의 경우 계약서 No.를 기초로 시스템내 업무가 진행된다는 의미이다.

유의할 것은 본 수출계약은 수출자가 작성하여 수입자가 내용을 확인하고 서명하는 것을 전제로 개발되어 있다는 점이다. 실제로는 수입자가 계약서 초안 작성업무를 진행하고 수출자가 내용 검토할 수도 있다. 그리고 내용자체가 방대하고 협상의 과정 속에서 여러가지 업무가 병행되므로 계약서 내용 자체가 전자문서로 송수신되는 방식은 일반적이지 않다. 전자메일의 첨부파일, 팩스로 사전에 협의와 수정사항 들을 수 차례 반영한 후에 최종 우편으로 계약서 송부하는 것이 일반적이다. 그러나 uTradeHub 무역포털 내 무역업무의 출발점은 수출계약부터 시작하는 것으로 설계되었다.

2 상업송장(C/I), 포장명세서(P/L), 전자원산지증명(e-C/O), 전자적하보험(e-I/P)

수출자가 물품을 선적하여 수입자에게 인도하고 수입자는 그 물품의 인수를 위해 대금을 지급한다고 가정할 때, 수출자는 물품의 선적에 기반하여 대금지급을 받기 위한 환어음(draft)을 작성하고 제반 선적서류를 동봉해야 한다.

대표적인 선적서류로는 상업송장(C/I), 포장명세서(P/L), 선하증권(B/L), 보험서류(I/P)가 있고 보충서류로는 영사/세관송장(consular/customs invoice), 원산지증명서(C/O), 검사증명서(inspection certificate), 중량 및 용적증명서(certificate of weight & measurement) 등이 있다.

1) 상업송장(Commercial Invoice)

수출자가 Draft, P/L과 같이 직접 작성하는 서류로 선적물품의 내역, 대금청구서 등의 용도로 사용된다. uTradeHub에서는 국내에서 사용되는 수많은 양식 중 가장 빈번하게 쓰이는 C/I의 양식들을 준용하여 3가지 종류로 사용할 수 있게 하였다.

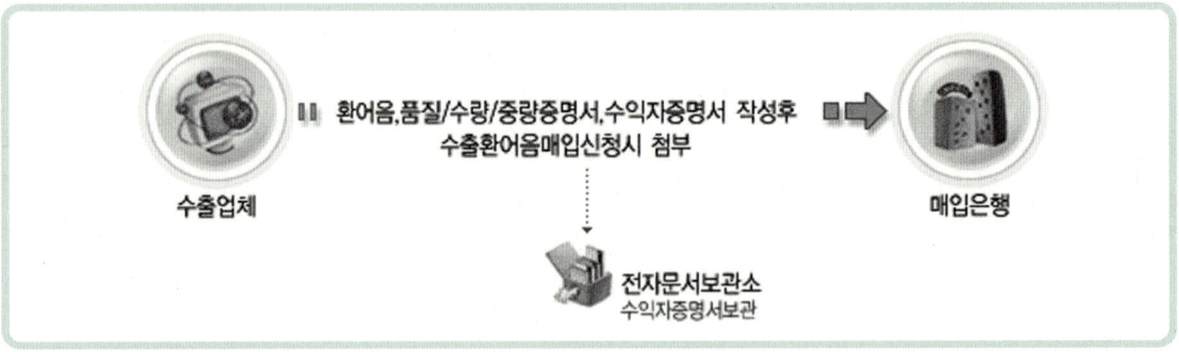

2) 포장명세서(Packing List)

중요한 부속서류 중의 하나로 포장된 화물의 개수, 화인(shipping mark), 중량, 용적 등 명세서를 상세하게 작성하여 수입자가 운송화물을 관리하기 쉽게 하는 용도로 사용되는 문서이며 uTradeHub에서의 작성방법은 C/I와 유사하다.

3) 전자 원산지증명서(e-C/O; Certificate of Origin)

원산지증명제도는 수출입물품에 국제적으로 인정되는 원산지 적용기준을 마련하여 불공정 수출입 행위를 근절하기 위해 시행하는 것이다. 대한상공회의소에서 발급하는 일반원산지증명, 관세양허원산지증명 및 FTA원산지증명 등이 가장 일반적이다.

한편 상업송장증명은 수출업체가 물품을 수출하여 수입국에서 과세할 때 수입업체가 세금을 줄이기 위해 C/I상의 금액을 낮게 책정하는 경우가 있는데, 이를 방지하기 위하여 수입국에서 상공회의소와 같이 공신력있는 기관으로 C/I의 인증을 요구하는 경우에 이를 신청·승인하는 것을 말한다.

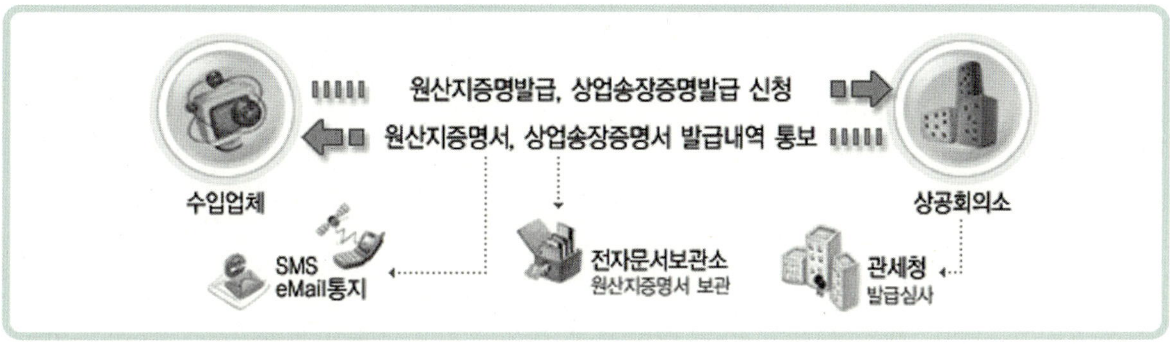

(1) 원산지증명, 상업송장증명 신청

무역업체는 원산지증명신청서(APPORG:1BT), 상업송장증명신청서(APPINV:1BV)를 작성하여 상공회의소로 전송한다.

(2) 필요시 관세청의 수출신고 수리내역 조회 [상공회의소와 관세청]

- 원산지증명 업무와 관세청 수출신고 수리내역 DB와의 연계되어야 한다.
- C/O나 상업송장증명 발급은 수출통관 신고수리가 되어야만 신청 가능하다.
- 상공회의소 시스템은 수출신고 번호만 입력하면 자동으로 수출통관 신고수리 여부를 확인할 수 있다.
- 필요시 발급신청서상의 수출신고 번호로 관세청의 수출신고 내역을 조회심사를 하므로 기존의 수출신고필증(Export Permit, 이하 "E/P"), L/C 등의 첨부서류는 불필요하다.

(3) 원산지증명서, 상업송장증명서 발급

상공회의소는 조회한 수출신고내역과 무역업체가 전송한 문서를 비교하여, 이상이 없으면 C/O(CERTIF 1), 상업송장증명서(CERTIF 2)를 무역업체로 전송한다.

(4) 증명서 출력(상공회의소 사이트로 링크되어 출력)

- C/O의 위변조 방지를 위해 2010년 1/1일(수신일자 기준)부터는 상공회의소 사이트로 링크되어 출력할 수 있으며, 증명서 출력 전에 대한상공회의소 전자무역 인증시스템에 접속하여 사용자 등록 승인후 출력한다.

(5) 한-대만 e-C/O

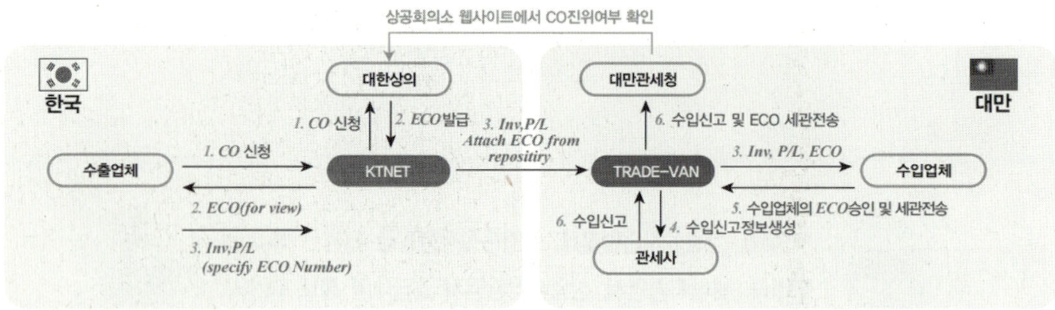

대만으로 수출되는 농산물에 대해 전자원산지증명서(e-C/O)를 발급받아, 대만대표부 직인을 생략하고 그대로 대만 관세청 및 수입자에게 전송하여 수입통관에 활용되도록 하고 있다. 기존에는 대한상공회의소 발행 C/O를 출력하여 대만 관세청이나 수입자에게 종이 C/O 형태로 제출하였다.

4) 전자적하보험 [e-I/P; (Cargo) Insurance Policy]

무역업무에 있어서의 보험 중 무역보험이나 무역거래에 있어 화물사고에 대비하는 적하보험(Cargo Insurance)을 의미한다. '운임·보험료 포함 본선인도(Cost, Insurance and Freight, 이하 "CIF") 조건'이거나 '본선인도(Free On Board, 이하 "FOB") 조건' 등 무역거래 조건에 따라 수출자 또는 수입자가 보험을 부보하며 국내의 손해보험회사가 보험서비스를 제공하는 경우 전자적으로 처리 가능하다.

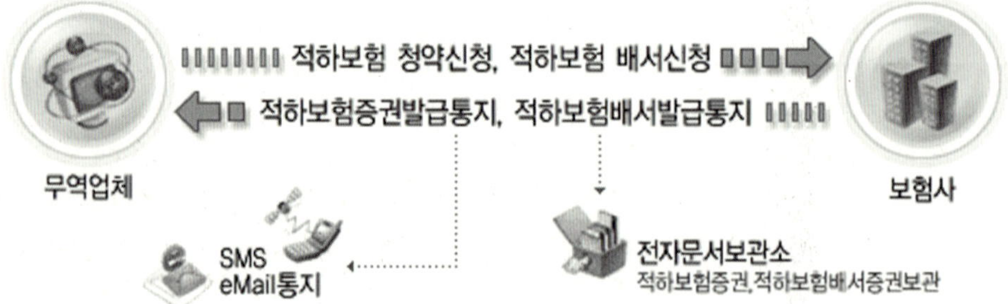

(1) 적하보험 부보 및 배서업무

적하보험이란 무역거래시 화물운송의 경우 운송 중에 생길 수 있는 여러 가지 위험(risk)에 대비하고자 가입하는 보험을 말한다.

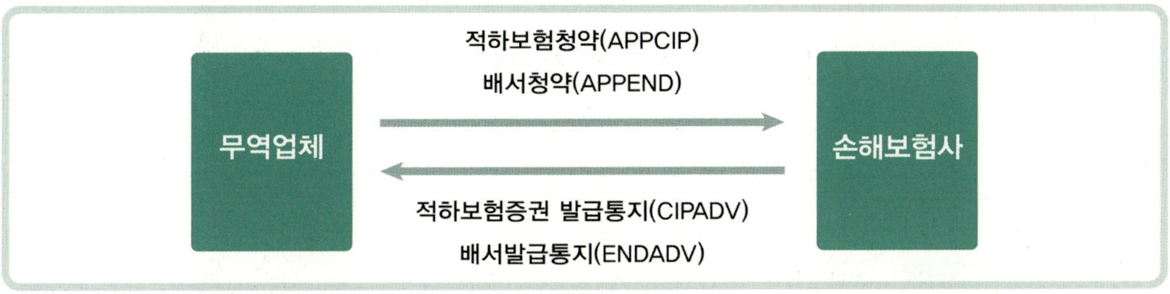

주의 보험증권의 배서(保險證券의 背書, endorsement of insurance policy): 보험증권 등의 배(이)면에 첨부하는 특별조항을 말하며 보험자가 보험증권 기재사항의 정정, 추가, 통지의 확인 등을 위하여 보험증권에 필요한 내용을 기재하는 것이 보통형식이나 해상적하보험증권과 같이 보험증권을 양도할 목적으로 피보험자가 서명하는 것도 배서(endorsement)라고 한다. 약관에 명시된 배서필요사항으로는 ① 보험종목의 변경, ② 보험 기간의 변경, ③ 보험 가입금액의 감액, ④ 보험 계약자 또는 수익자의 변경, ⑤ 기타 계약내용의 변경 즉 특약조항, 선택조항의 추가체결, 변경, 해지, 취소 등이 있다. 실제에 있어서는 계약자에 대한 대출 사실 등도 배서하고 있다(출처: 금융용어사전, 흥국생명).

(2) 무역보험공사

화물사고에 대비하는 적하보험 이외에 수출자의 상품 및 자본재 수출, 수입 등 국제 무역거래에서 발생하는 위험을 담보하기 위한 보험을 말한다. 무역보험공사로부터 수출 전 '신용조사의뢰서'를 통해 거래예정 해외기업의 기본정보, 재무정보 등 신용조사 결과를 수신할 수 있고, 수출화물선적 후 전송되는 '수출화물선적통지서'에 대한 처리결과를 수신할 수 있다.

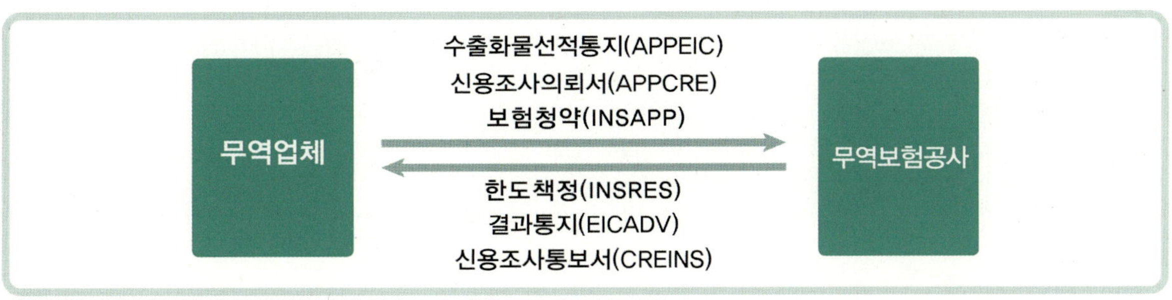

[표 3-3] 보험관련 서비스

손해보험사	적하보험청약서, 적하보험 증권발급통지서, 적하보험 배서 신청/통지
무역보험공사	수출보험 신용조사/결과통지, 수출보험청약, 수출보험 선적사실 통지

3 수출입요건 확인

수출입요건 확인업무란 세관장 확인제도 하에서 확인기관이 무역업체의 요청에 따라 통관 전에 이루어지는 허가, 추천, 신고, 검사, 검정, 시험방법, 형식승인 등의 절차를 말한다. 전자민원 서비스란 무역업체와 요건확인기관 간에 발생하는 승인, 추천 등의 서류상의 업무를 전자적인 방법으로 처리하는 것을 말한다.

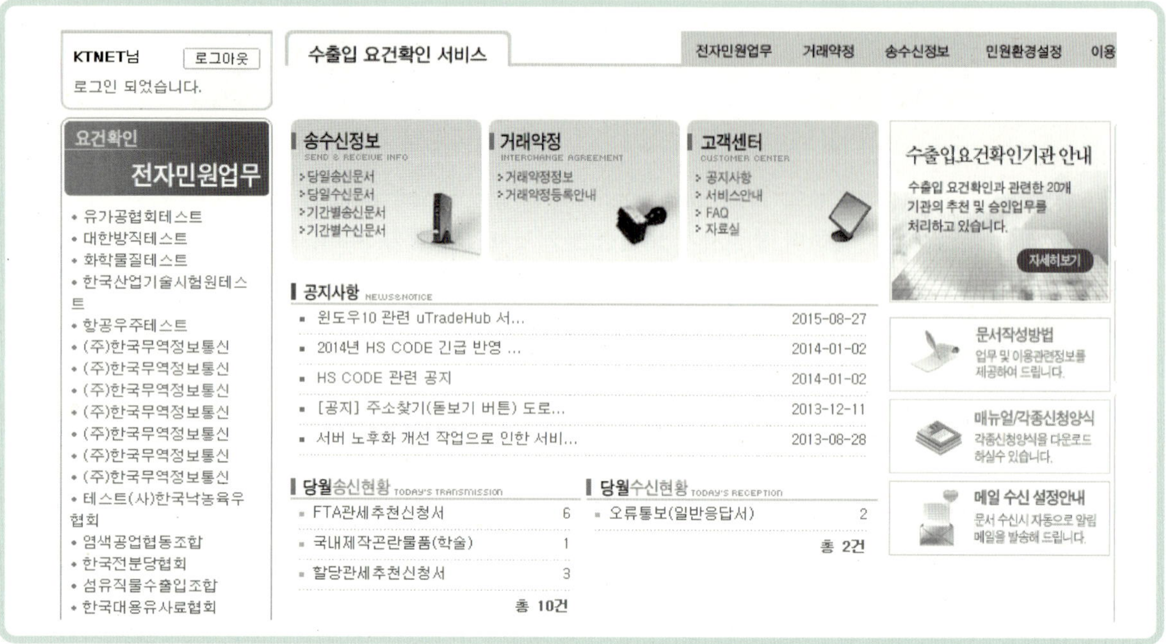

1) KTNET 거래기관

한국유가공협회, 대한방직협회, 한국화학물질관리협회, 한국산업기술시험원, 한국항공우주산업협회, 한국사료협회, 한국단미사료협회, 한국농수산물유통공사, 농협중앙회, 한국반도체산업협회, 한국화학융합시험연구원, 한국기계전기전자시험연구원, 염색공업협동조합, 한국전분당협회, 섬유직물수출입조합, 한국대용유사료협회, 한국제지공업연합회, 대한직물공업협동조합, 한국화섬협회, 한국식품공업협회, 한국의약품수출입협회, 한국의료기기산업협회, 대한치과기재협회, 동물약품협회, 한국정밀화학산업진흥회, 한국항공진흥협회 등

2) 사용사례

(1) 한국반도체산업협회 관세감면추천 업무

- 신청업체에서 관세감면 물품심의신청을 한다(심의신청의 물품내역은 엑셀 파일에 심의 물품을 정리하여 심의신청시에 업로드).

- 관세감면 물품심의 승인을 받은 장비별 물품에 한하여 업체는 관세감면 추천신청서를 작성할 수 있다.
- 협회에서는 각 신청업체들이 신청한 관세감면 추천신청서를 조회하고, 오류가 있는 경우 오류통보를 하고, 이상이 없을 경우 승인버튼을 눌러 세관통보서를 작성해서 세관에 통보한다.
- 세관에서는 세관통보서 내용이 이상이 없을 경우 통관절차를 마무리한 후 통관결과를 협회에 통보한다.

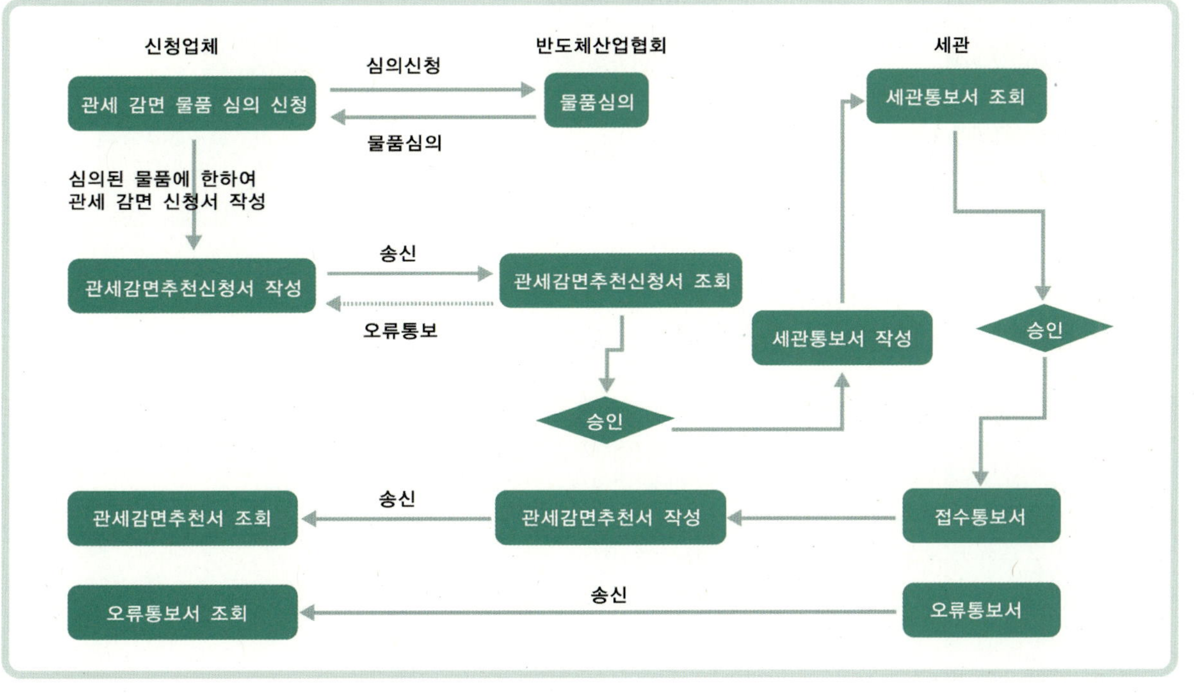

(2) 농협중앙회 양허추천 업무

① 신청업체에서 양허관세추천 신청서를 작성한다(대행업체가 작성할 수도 있음).

② 협회에서는 각 신청업체들이 신청한 양허관세추천 신청서를 조회하고, 오류가 있는 경우 오류통보를 하고 이상이 없을 경우 승인처리를 한다.

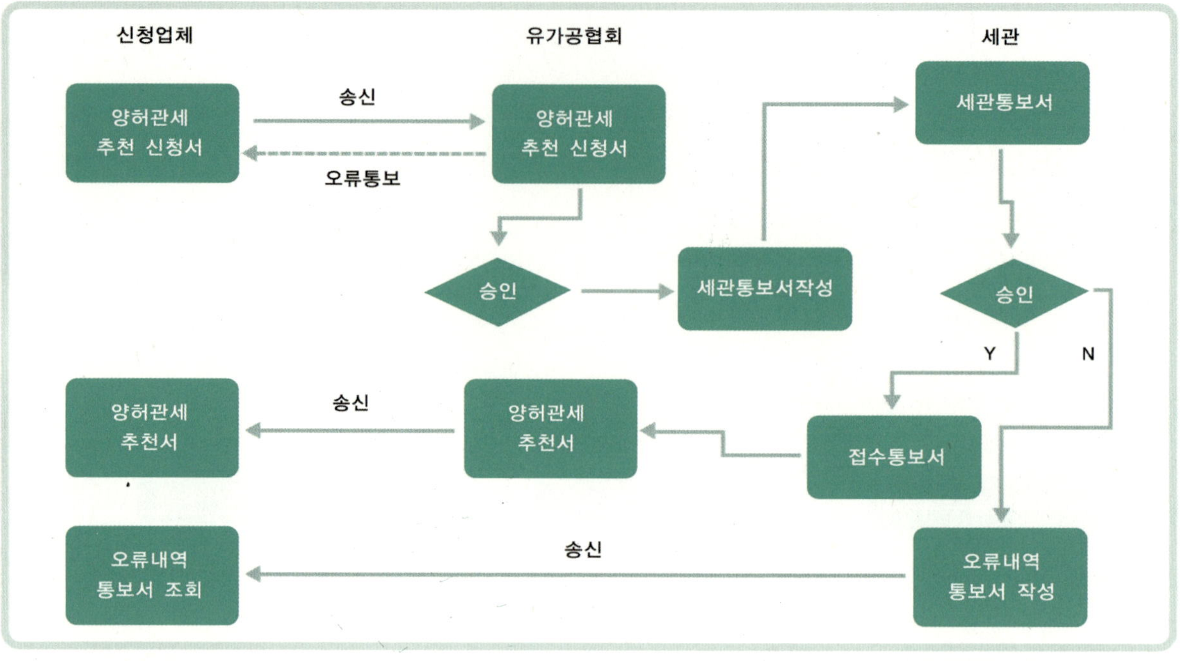

3) 요건확인(수출입인허가) 관리업무

수입승인	• 수입승인신청서, 수입승인서, 수입승인변경신청서, 수입승인변경승인서 • 사료수입신고서, 수입사료검정의뢰서, 수입사료신고필증, 수입사료결과통지서 • 안전인증확인신청서, 안전인증확인서, 부적합통보서
수입추천	• 양허관세추천서, 양허관세추천신청서, 양허추천연장신청서 • 할당관세추천서, 할당관세추천신청서, 할당관세추천연장신청서 • FTA관세추천서, FTA관세추천신청서
세관확인	• 수입통관결과조회, 수출승인통보서, 수입승인통보서 • 양허관세추천통보서, FTA관세추천통보서, 관세감면 추천통보서

제5절 국내물품 구매업무

1 개요

수출자가 계약의 이행을 위해 완제품 또는 원·부자재 등을 국내외에서 확보해야 할 경우가 있다. 완제품을 구매하거나 자재를 구매하는 상황에 상관없이 내국신용장 또는 구매확인서에 의한 구매가 일어나며, 외화획득용 원료 수입의 경우는 국내물품 구매업무에서 제외된다.

2 구매확인업무(Confirmation of Purchase)

구매확인서는 무역금융한도 부족, 비금융대상 수출신용장 등으로 인하여 내국신용장 개설이 어려운 상황에서 국내에서 외화획득용 원료 등의 구매를 원활하게 하고자 외국환은행장이 내국신용장 취급규정에 준하여 발급하는 증서이다. 은행이 그 대금지급을 보증한 것이 아니므로 대금지급에 관해서는 계약자유의 원칙에 따라 전적으로 거래당사자간의 계약에 따라 정한다.

구매확인서는 다음의 용도를 목적으로 발급되며 실무적으로는 구매확인서보다 용도가 더 다양하고 혜택이 많은 내국신용장을 이용하고 있으나, 내국신용장 개설한도가 부족하여 내국신용장을 개설할 수 없는 경우에 주로 구매확인서를 이용하고 있다. ① 수출실적인정(무역금융한도 산정을 위한 수출실적으로는 인정되지 않음) ② 부가가치세 영세율 적용 ③ 관세환급 ④ 외화획득용 원료의 사후관리를 한다.[13)]

구매확인서 발급근거로는 수출신용장, 수출계약서(D/A, D/P등), 외화매입증명서, 내국신용장, 구매확인서 등이 있으며 물품공급자는 해당품목의 제조가공 시설을 가지고 있는 제조업자나 유통업자도 가능하며 공급물품은 국내에서 제조가공 과정을 거친 물품 또는 수입된 외화획득용 원료나 물품도 가능하다.

[표 3-4] 구매확인서와 내국신용장 비교

구 분	구매확인서	내국신용장
관련법규	대외무역법(대외무역관리규정)	한국은행 무역금융지원 운용세칙
개설기관	외국환은행 및 전자무역기반사업자(KTNET)	외국환은행
개설조건	수출서류 금액 범위 내 발급	해당업체 원자재금융 융자한도 내에서 개설 (대부분 실적기준으로 개설)
수출실적	대외무역관리규정상의 수출실적으로 인정	무역금융 운용세칙 및 대외무역관리규정상의 수출실적으로 인정
부가세	영세율적용	(좌동)
발급제한	차수 제한없이 순차적 발급	차수 제한없이 발급가능
무역금융	무역금융 수혜가능	무역금융 수혜가능
관세환급	관세환급 가능	(좌동)
거래대상물품	외화획득용 원료와 물품	수출용 원자재 및 수출용 완제품

13) 출처: KITA.Net

1) 구매확인서에 의한 발급업무

(1) 업무흐름

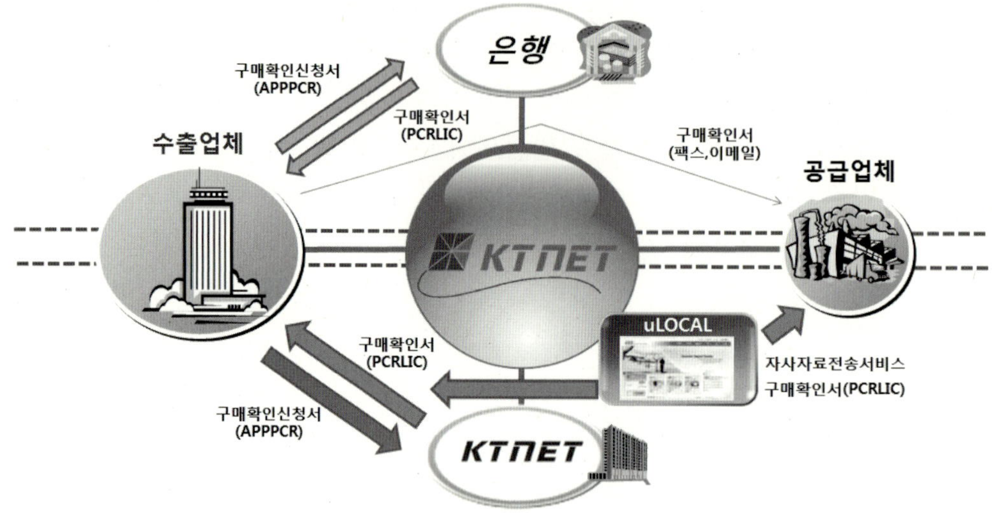

① 물품구매자(수출자)가 KTNET이나 은행으로 구매확인서 신청 → ② KTNET이나 은행의 구매확인서 발급 후 구매자와 공급자에게 발급내역 통지 → ③ 공급자의 물품공급과 세금계산서 발행 → ④ 구매자의 대금지급과 인수증(물품수령증명서) 발행으로 진행된다.

(2) 발급신청시 수출근거서류

- 대외무역관리규정(제36조)에 따른 구매확인서의 신청서류: "외화획득용 원료·기재라는 사실을 증명하는 서류"란 다음 각 호의 어느 하나를 말한다.
  ① 수출신용장
  ② 수출계약서(품목·수량·가격 등에 합의하여 서명한 수출계약 입증서류)
  ③ 외화매입 또는 예치증명서(외화획득 이행 관련 대금임이 관계 서류에 의해 확인되는 경우만 해당한다)
  ④ 내국신용장
  ⑤ 구매확인서
  ⑥ 수출신고필증(외화획득용 원료·기재를 구매한 자가 신청한 경우에만 해당한다)
  ⑦ 대외무역법 시행령 제26조 각 호에 따른 외화획득에 제공되는 물품 등을 생산하기 위한 경우임을 입증할 수 있는 서류

주의 수출근거서류는 「전자무역촉진에 관한 법률 시행규정」(별표2) "신청 등에 필요한 첨부서류 제출 면제범위"에 따라 제출이 면제되고 있음(지식경제부고시 제2011-201호, 2011.10.10).

[표 3-5] 신청등에 필요한 첨부서류 제출 면제범위(제7조 제1항 관련)중 '구매확인' 업무 정리

대상 업무	근거법령	서류내용 (○: 기본, -: 첨부)	제출면제범위
구매확인 신청	• 대외무역법 제18조(구매확인서의 발급 등) • 동법 시행령 제31조(구매확인서의 신청·발급 등) • 동 관리규정 제36조(구매확인서의 신청서류) • 동 관리규정 제37조(구매확인서의 발급신청 등)	• 구매확인신청서 - 대외무역관리규정 제36조 제2항 각호의 어느 하나에 해당하는 서류	- 구매확인신청전자무역문서(APPPCR)로 제출 - 제출면제(신청서에 동 관리규정 제36조 제2항 각호의 어느 하나에 해당하는 모든 서류의 명칭 및 번호, HS부호, 품명 및 규격, 금액, 선적기일, 발급기관명을 명시)
구매확인		• 구매확인서	- 구매확인전자무역문서(PCRLIC)로 발급 * 업체용: 확인기관에서 구매확인 전자무역문서(PCRLIC)를 무역업자에게 전송 * 공급자용: 무역업자가 수신한 구매확인전자무역문서(PCRLIC)를 자기 시스템에서 출력하여 발급하거나 전자문서를 전송 또는 확인기관이 전자무역문서를 직접 전송 * 확인기관용: 확인기관의 내부사후관리원장 파일을 이용 또는 각 기관의 규정에 따라 관리

2) 구매확인서 전자발급신청

(1) 시행일자: 2011. 7. 1.

- 구매확인서 발급 신청 및 통지가 전자적으로 처리된다.
- 기존 은행창구를 방문하는 오프라인 방식의 구매확인서 발급은 폐지되었다.
- 온라인 발급은 KTNET 또는 거래은행 중에서 자유롭게 선택 가능하다.

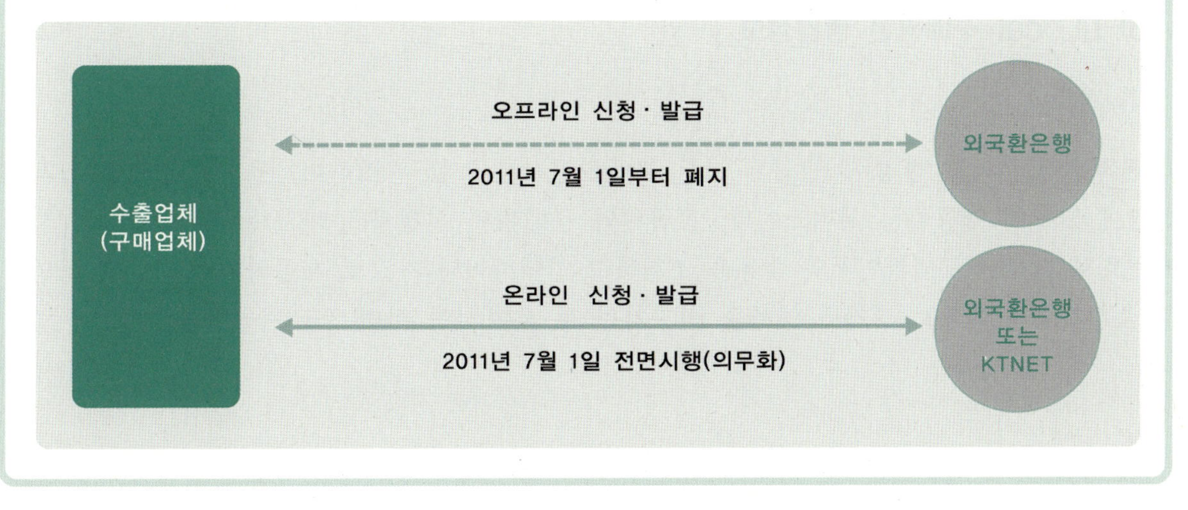

- 부가세 신고간소화: 전자무역기반사업자 중계시스템을 경유하는 경우 국세청에 일괄통고(은행 발급분 포함)되므로 부가세 영세율신고시 구매확인서를 제출하지 않아도 된다.

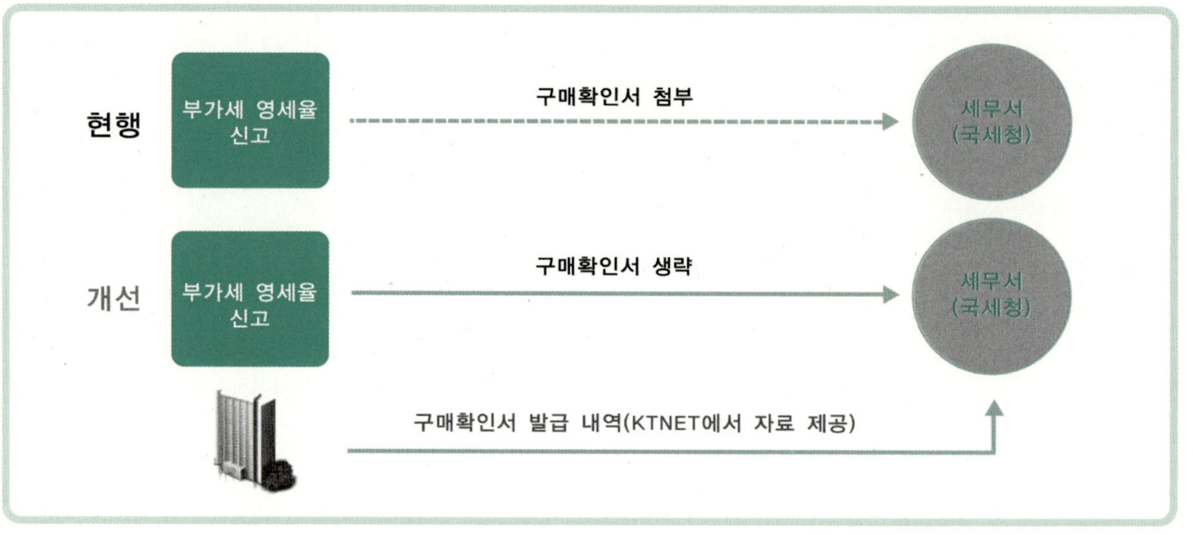

(2) 전자발급 효과

- 신청절차 개선으로 은행을 방문하여 구매확인서를 신청할 필요가 없다.
- 부가세신고 간소화로 부가가치세법에 따른 부가세 신고시 구매확인서 사본 첨부가 필요없다.

※ 전자무역기반사업자(KTNET)가 구매확인서 발급내역을 국세청에 일괄 통보

※ 근거: 「과세자료의 제출 및 관리에 관한 법률 시행령」, 「[별표] 과세자료의 범위 및 제출시기 등(제3조 관련)」 83번

※ 은행 발급분 포함, 전월 21일~금월 20일 자료, 25일 제출

3) uLocal 구매확인 통합정보

(1) 개요

전자무역 문서로 신청 및 발급된 모든 구매확인서를 통합·관리하며, 필요한 정보를 고객의 요청에 맞추어 제공하는 서비스이다. 공급자와 구매확인 신청자(구매자)는 각 사업장의 사업자번호로 발급된 구매확인서와 내용을 조회하고 인쇄하거나 자료로 제공하며 발급내역 확인서(수출실적증명 활용), 부가세 영세율 신고지원 등 부가적인 서비스도 지원한다.

(2) 특징

- 사용자가 별도의 프로그램 구입, 구축 및 설치가 불필요하다.
  - 인터넷을 이용, uTradeHub에 로그인하여 조회 및 인쇄 가능하다.
  - 비회원은 사업자용 범용 공인인증서로 조회만 가능하다.
- 발급기관에 상관없이 발급된 구매확인서 정보확인이 가능하다.
  - 구매확인서 발급 즉시 조회 및 확인 가능하다.
  - 공급자의 발급내용 직접 조회 및 인쇄가 가능하며 자사데이터 요청도 가능하다(구매자 별도 통지 불필요).
- 부가가치세 영세율신고명세서 관련 자료를 데이터로 제공할 수 있다.

(3) 장점

- 구매확인서 전자무역문서 전송료 절감
- 구매확인서 발급 전담부서와 콜센터 운영 및 지원
- 신청서 내용 및 기재사항의 누락 등을 파악하여 업무 정확도 증대
- 전자문서 전달 및 내용 확인 등 전체적인 모니터링으로 One-Stop 서비스 구현
- 종이서류로 전달하는 구매확인서를 uTradeHub에서 직접 전달 및 출력

[표 3-6] uLocal 구매확인 통합정보 서비스 내용

이용대상	서비스 항목	설명
구매업체	• 구매확인서 조회	신청 및 발급한 구매확인서 확인하고 인쇄도 가능
	• 통계정보	(서비스 예정)
공급업체	• 구매확인서 조회 - 신청 및 발급 내역 - 자사자료 전송	구매업체가 신청 및 발급한 구매확인서를 확인할 수 있으며 위변조 방지 인쇄도 가능하고 원한다면 자사 시스템으로 전송도 가능
	• 영세율신고 지원	국세청에 신고되는 구매확인서 조회, 인쇄 가능 전자발급명세서 제공
	• 발급내역 확인서	(무역의 날) 수출실적증명 신청시 구매확인서 대체 서류로 활용
	• 통계정보	서비스 예정

3 내국신용장(Local L/C)

내국신용장(Local L/C)은 ① 국내에서 무역상사가 수출용 완제품을 구매하여 직수출하거나 수출물품 제조업체가 수출물품 제조에 필요한 수출용 원자재를 구매하여 가공한 후 직수출 또는 국내 공급하고자 하는 경우 당해 업체의 의뢰에 의하여 외국환은행이 국내의 완제품 또는 원자재 생산업체(수입원자재공급자 포함)를 수익자로 하여 발행하는 지급보증서로서 국내업자간의 거래용 신용장이다. ② 융자대상증빙(신용장기준금융) 또는 과거 수출실적(실적기준금융)을 보유한 국내 수출업체가 수출물품을 제조·가공하는데 소요되는 수출용 원자재 또는 수출용 완제품을 국내 다른 업체로부터 원활하게 조달하기 위하여 국내 공급업체를 수혜자로 하여 외국환은행인 발행은행이 지급보증한 국내용 신용장이다. ③ 내국신용장에 의하여 조달된 원자재의 결제자금을 무역금융으로 지원한 경우에는 동 원자재의 수출이행 여부를 관리하기 위하여 내국신용장 개설의뢰인에게 일정한 대응수출 의무를 부여하여 관리하고 있다. ④ 수출신용장을 Master L/C라고 하는 반면 내국신용장은 Local L/C라고 한다.[14)]

1) 내국신용장 업무

수출자(내국신용장 개설신청자)는 Local L/C 개설을 신청하고 거래은행은 개설사실을 통지한다. 공급업체(수혜업체)는 수출자에 물품을 공급한 후 자신의 거래은행에 매입의뢰하며, 매입은행은 대금을 지급한다.

공급자는 본인의 공급에 대해 수입 원재료가 수출에 쓰였다고 증빙할 수 있는 '기초원재료납세증명서(기납증)', 수입 또는 국내 구매한 물품이 제조에 쓰이지 않고 다른 수출품 제조업체에 그대로 공급되었다고 증빙할 수 있는 '분할증명서(분증)'을 신청하고 후에 공급업체 관세

14) 출처: KITA.Net

환급의 근거로 사용한다. 수출업체는 공급업체 관세환급을 제외한 부분을 환급받을 수 있다.

마지막으로 공급업체는 국세청에 부가세 영세율의 근거로 Local L/C 거래자료를 제출한다. 이러한 Local L/C 업무가 전면 전자화된다면 수출업체, 공급업체, 은행 등 관련 기관의 업무 효율성이 대폭 증대될 수 있다.

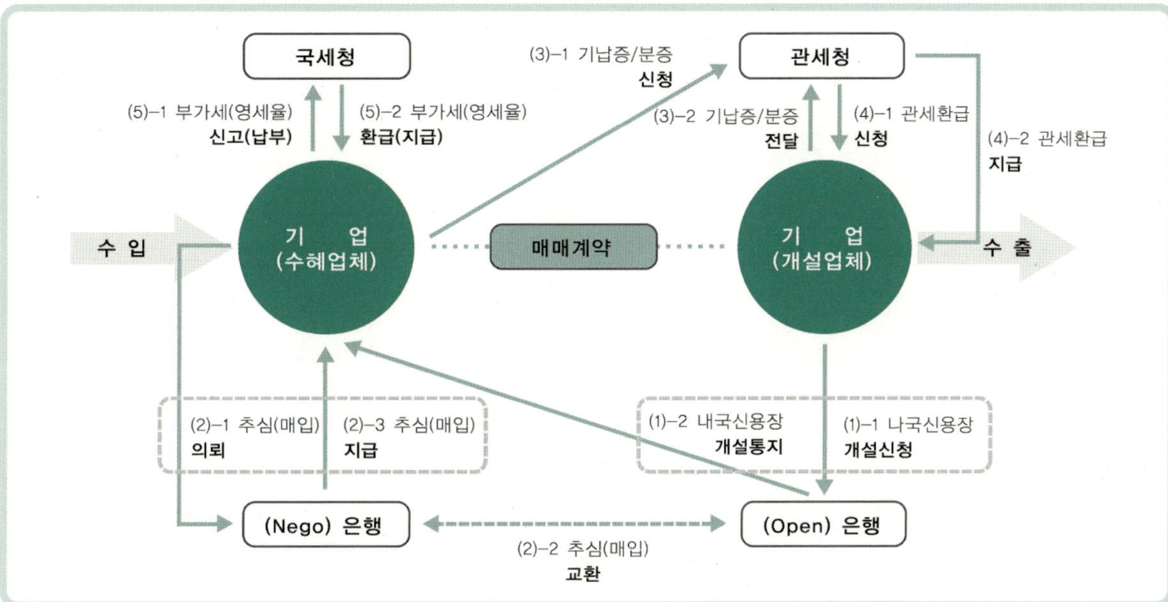

[표 3-7] Local L/C의 용도

개설의뢰인(구매자)	수혜자(공급자)
• 수출용 구매자금 대출 등 무역금융 수혜 • 은행의 지급보증 • 수출용 원자재의 확실한 조달 보장 • 관세환급 신청가능	• 대외무역법상 수출실적으로 인정 • 부가가치세 영세율적용 • 은행의 지급보증으로 물품공급 대금의 안전한 회수 보장 • 무역금융 융자대상 증빙으로 인정 (무역금융 수혜가능)

2) 내국신용장 전자화

산업통상자원부와 한국은행은 무역업체 및 중소기업의 경쟁력 강화를 위하여 22개 외국환 은행과 공동으로 Local L/C 전면 전자화를 시행하였다.

2013년 2월 1일 Local L/C 개설·통지 전자화에 이어 2014년 2월 14일부터 매입추심 관련업무까지 Local L/C 전체업무가 은행 방문없이 전자무역 기반시설을 통해 진행되며 2015년 10월 2일 근서서류 은행제출이 전자화되어 추심매입, 개설의뢰·조건변경시 KTNET에 보관된 근거서류가 자동으로 은행에 제출된다.

구 분	내 용	시행시기	근거규정
개설/통지	기업의 내국신용장 개설 신청과 이에 따른 외국환은행의 개설, 통지를 전자무역기반시설을 통한 전자문서방식으로 일원화	2013년 2월 1일	한국은행, 무역금융 운용세칙 제12조, 제15조
매입/추심	내국신용장 결제를 위해 발행되는 환어음을 폐지하고 내국신용장 결제가 판매대금 추심의뢰서를 통해 전자적으로만 처리	2014년 2월 14일	한국은행, 무역금융운용세칙 제16조
외국환은행	KB국민은행, IBK기업은행, KEB하나은행, KDB산업은행, 우리은행, 스탠다드차타드, DGB대구은행, 신한은행, CITI은행, NH농협, SH수협은행, 전북은행, 광주은행, BNK경남은행, BNK부산은행, 제주은행, 동경미쯔비시UFJ은행, 미쯔이스미토모은행, 미즈호은행 등		

3) uLocal 내국신용장 통합관리 서비스

Local L/C 온라인 발급 전면시행(2012년 2월 1일부터)이 됨에 따라서 그동안 종이문서로 발급하던 Local L/C를 전자문서로 발급 및 유통할 수 있는 통합관리 시스템이 필요하게 되었다. uLocal은 이러한 필요성에 의해 글로벌 물류무역 전자정부 구축사업의 일환으로 지식경제부(현 산업통상자원부)가 주관하여 구축한 시스템이다.

(1) 사용기능

(가) 공급자(수혜자)용

구분	사용기능
내국신용장통지	업무진행현황, 물품매도확약, 내국신용장통지, 조건변경통지, 취소통지
물품공급	물품수령증명서 확정/해제, 세금계산서
추심(매입)	추심(매입)신청 및 결과, 내국신용장 잔액, 입금통지, 수수료납부내역조회, 근거서류 첨부현황
부가서비스	영세율신고, 통계, 수출실적증명

(나) 구매자(개설의뢰인)용

구분	사용기능
내국신용장개설	업무진행현황, 물품매도확약, 내국신용장 개설신청 및 통지, 조건변경/취소신청 및 통지, 근거서류 첨부현황
물품공급	물품수령증명서, 세금계산서
추심(매입)	내국신용장매입 현황, 공급자추심(매입)결과 통지, 추심(매입)도착 통지
부가서비스	영세율신고, 통계

(2) 상세업무 절차

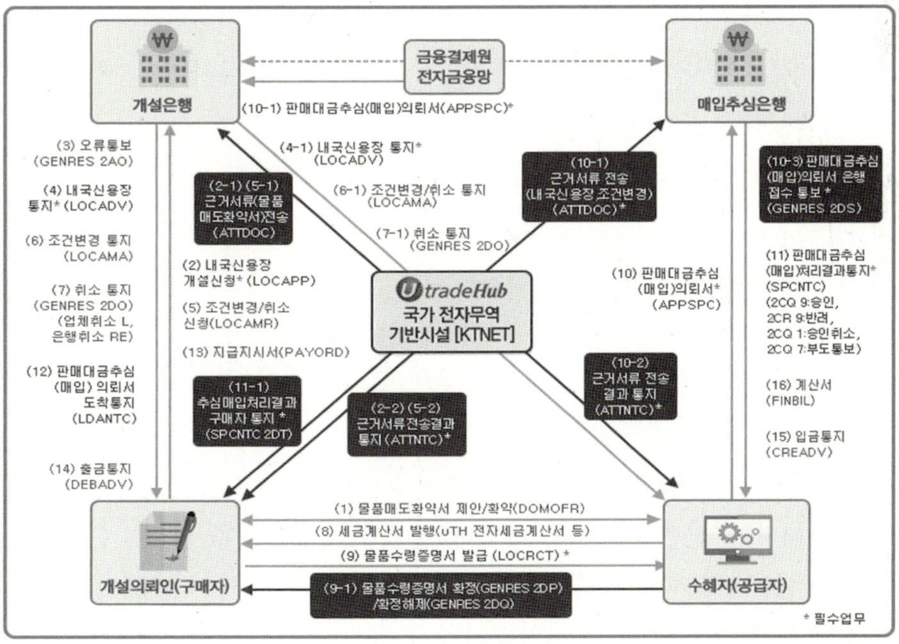

(가) 물품매도확약서 작성 및 전송

물품매도확약서는 Local L/C 개설을 위해 구매자-공급자간 체결하는 계약으로서, 2015년 10월 2일부터 개설신청시 은행제출 전자화가가 시행되었다. 공급자는 uTradeHub 등을 통해 물품매도확약서(제안)를 작성하여 구매자에게 전송하고, 구매자는 공급자가 발행한 물품매도확약서를 확인하고 물품매도확약서(확인)를 작성하여 공급자에게 전송한다.

(나) Local L/C 개설신청

관련 규정에 따라 은행 영업점 창구발급은 폐지되고, 전자문서 교환방식에 의해 전자개설만 가능하다(2013년 2월 1일 시행). 개설의뢰인은 Local L/C 개설신청서(LOCAPP) 작성 및 개설은행에 전송하고 개설근거 서류(물품매도확약서)를 근거서류첨부서(ATTDOC)에 첨부하여 은행에 전송한다.

(다) Local L/C 통지(개설·조건변경·취소통지)

외국환은행은 개설한 Local L/C를 개설의뢰인 및 수혜자에게 수발신식별자로 자동 통지해야 한다. 따라서 기반시설은 개설신청서상의 수혜자 수발신 식별자로 자동통지하며 개설은행은 개설신청서상의 수혜자 수발신식별자와 개설은행과 EDI약정이 체결된 수혜자에게 전자문서로 통지한다.

(라) Local L/C 조건변경 신청

개설의뢰인은 Local L/C 조건변경신청서(LOCAMR)를 작성하여 개설은행에 전송한다. 개설신청과 마찬가지로 조건변경시에도 그 근거서류인 물품매도확약서를 근거서류첨부서(ATTDOC)에 첨부하여 은행에 전송하고 근거서류 전송결과(ATTNTC)를 수신한다. 이 후 개설은행은 조건변경신청서(LOCAMR)와 근거서류와 그 첨부서(ATTDOC 등)를 심사하여 개설의뢰인에게 조건변경응답서(LOCAMA)를 통지한다.

(마) 세금계산서 및 물품수령증명서

공급자(수혜자)는 Local L/C 조건에 따라 물품공급 후 구매자에게 세금계산서를 발행하고, 매입추심 의뢰시 해당 세금계산서를 첨부 또는 직접 입력하여 매입추심은행에 전송한다. 물품수령증명서는 물품을 공급받은 구매자(개설의뢰인)가 공급자(수혜자)에게 발급하며, 구매자는 물품인수 후 물품수령증명서(LOCRCT)를 작성하여 공급자에게 전송한다. 해당 증명서는 수혜자가 Local L/C 매입신청시 매입은행에 제출해야 한다.

(바) 매입(추심) 의뢰 및 결과통지

Local L/C의 수혜자가 물품공급을 완료하고 물품수령증명서를 발급받은 경우 물품대금의 회수를 위해 거래은행[매입(추심)은행]에 매입(또는 추심)을 의뢰하는 절차를 말한다. 수혜자는 매입추심은행에 '판매대금매입(추심)의뢰서(APPSPC)'를 작성(2BJ: 매입, 2BK: 추심)하면 매입(추심) 근거서류인 Local L/C, 조건변경응답서를 첨부하여 송신한다.

매입(추심)은행이 판매대금매입(추심)의뢰서를 정상 수신한 경우, 우선 접수통보의 의미로 은행은 공급자에게 판매대금매입(추심)의뢰서를 접수통보(GENRES_2DS)한다. 이후 은행은 판매대금매입(추심)의뢰서(APPSPC)와 근거첨부서류(ATTDOC)를 심사하여 판매대금매입(추심)응답서(SPCNTC)를 통해 그 결과를 수혜자와 구매자에게 통보한다.

(3) 업무개선효과

- 종이서류 제출, 은행 방문 없이 인터넷 접속만으로 모든 Local L/C 업무 처리가 가능하다.
- 개설·조건변경에서 통지, 물품수령증명서, 매입(추심)의뢰 근거서류 제출까지 모든 Local L/C 업무가 인터넷으로 처리가능하다.
- 모든 Local L/C 취급 외국환은행과 업무처리가 가능하다.
- 모바일을 이용한 실시간 Local L/C 알림, 통지서비스를 제공한다.
- Local L/C 개설내역 출력을 통한 수출실적증명 절차가 간소화 된다.
- 국세청 부가세 영세율 신고자료 자동전송 및 명세서 출력이 가능하다.

제6절 외환업무

1 개요

수출자와 수입자가 매매계약 체결시 상호간의 신뢰와 신용, 상품의 특성, 상거래 관습 등의 사유로 서로에게 적합한 대금결제 방식을 원하게 된다. 본서에서의 대금결제 업무는 그 결제 방법을 신용장방식(L/C basis)과 무신용장방식(Non-L/C basis ; 추심과 송금방식 포함)으로 구분하고 그 중 L/C방식을 기준으로 설명한다.

전자무역 '외환업무'에서 '신용장 개설 및 통지', 'e-Nego', '수입화물선취보증', '수출입 부대비용 정산'과 같은 비즈니스모델의 세부내용은 [표 3-8] 외환업무서비스 분류와 같이 기술할 수 있다.

[표 3-8] 외환업무서비스 분류

구분	내용	
수 출	• 수출신용장통지/변경통지, 수출신용장선통지 • 타행통지신용장, 해외양도신용장, Open Account • 수출환어음 매입/추심, 수출환어음 매입결과	
수 입	• 수입신용장 개설/변경 • 수입어음할인 내역통보 • 지급확인(변경)신청서, 지급확인서	• 수출화물선취보증(L/G) • 선적서류 도착통지
대금결제	• 대금영수 및 지급[지급확인(변경)신청서, 지급지시서, 입금통지서, 출금통지서, 타발송금 입금신청] • 증빙서(계산서)	

2 신용장개설 및 통지

1) 개요

신용장(Letter of Credit, 이하 "L/C")이란 무역거래의 대금지급 및 상품수입의 원활화를 기하기 위하여 수입상의 거래은행이 수입상의 요청과 지시에 따라 수출상이나 그의 지시인으로 하여금 일정기간이나 일정조건 아래 운송서류를 담보로 하여 개설은행이나 동 개설은행이 지정하는 환거래은행을 지급인으로 하는 화환어음을 발행하도록 하여 동 어음이 제시될 때에는 지급(payment)·인수(acceptance) 또는 매입(negotiation)할 것을 어음발행인과 어음수취인에 대하여 약정하는 증서(instrument)이다.

즉 일반적으로 L/C란 L/C 개설의뢰인(applicant, 수입상)의 요청과 지시에 의하여 개설은행이 발행하고 L/C에서 약정한 내용의 제조건과 일치하는 서류제시와의 상환(相換)으로 L/C 개설은행(issuing bank)이 수익자(beneficiary, 수출상) 또는 매입은행(negotiating bank) 및 선의의 소지인(bona-fide holder)에게 대금을 지급할 것을 약속하는 발행은행의 조건부 지급 확약서(conditional bank undertaking of payment)이다.

L/C는 은행이 업무편의에 맞추어 다시 작성하게 된 제2의 계약서로서 독립성의 원칙(principle of independence), 추상성의 원칙(principle of abstraction), 신용장거래의 한계성 (limitation) 등의 성격을 가진다.

2) 신용장방식 거래

매매계약이 체결되고 나면 수입자(개설의뢰인: applicant)가 L/C 개설신청을 하게 되고 개설은행(issuing bank)은 L/C의 개설사실을 통지은행(advising bank)에게, 통지은행은 수출자(수익자: beneficiary)에게 통지를 하게 된다. 이에 수출자는 상품을 선적하고 관련 선적서류를 매입은행(negotiating bank)에 매입의뢰하게 되며 매입은행은 해당 서류를 심사하여 대금지급하고 Draft를 포함한 선적서류(shipping document)를 개설은행에 이전하고 어음대금에 대한 결제청구를 한다.

이후 개설은행은 서류심사 및 매입은행에 대금을 결제하고 수입자에게 서류도착을 통지한다. 수입자는 수입국에 하역된 화물의 인수를 위해 개설은행에 관련 서류를 인수하고 대금을 결제한다.

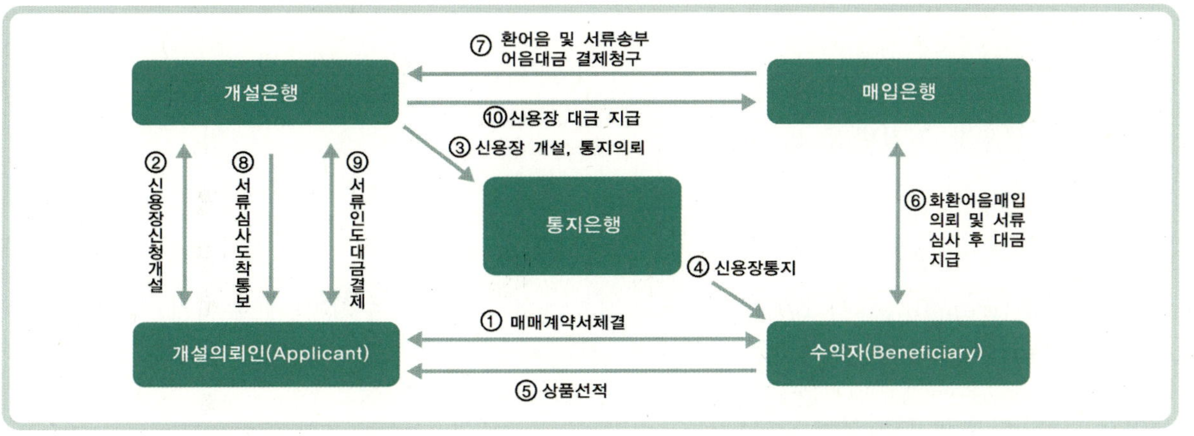

3) 신용장 통지방식

L/C 통지의 방식은 SWIFT(국제금융결제망; Society of Worldwide Interbank Financial Telecommunication, 이하 "SWIFT"), Airmail, Telex(Cable)와 같이 3가지 방식이 있으며 현재 EDI 통지는 SWIFT 방식으로 가능하다. SWIFT는 국제금융 및 외환거래 등에 수반되는 국제은행간 메세지 교환을 신속, 정확, 안전 및 저렴하게 처리할 수 있는 범세계적 금융정보통신망을 말한다.

4) 상세업무

(1) 수출신용장 통지

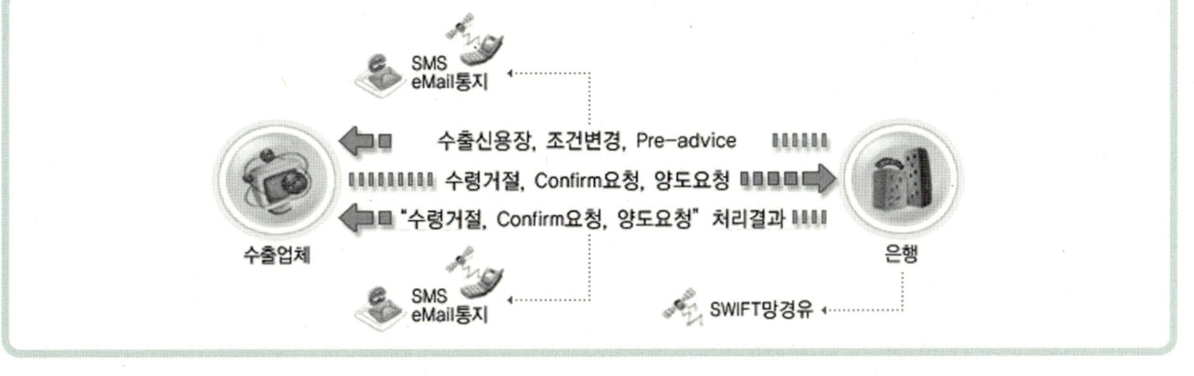

(가) 수출신용장 통지서

해외 개설의뢰인(applicant)이 L/C를 개설하였음을 SWIFT를 통해 국내 은행에 통지하고, SWIFT 메세지를 받은 통지은행이 KTNET을 통해 수익자(beneficiary)에게 개설의 사실을 알리는 문서이다.

(나) **수출신용장선 통지서**

통지은행이 수익자에게 L/C의 일부내용을 선통지하는 데 사용되는 문서이다.

(다) **수출신용장 조건변경 통지서**

통지은행이 수익자에게 조건 변경된 L/C를 통지하는 데 사용되는 문서이다.

(라) **해외양도 신용장 통지서**

양도가능한(transferable) L/C의 권리의 전부 또는 일부를 수익자(제1수익자)가 지시하는 제3자(제2수익자)에게 양도 사실을 통지하는 문서이다.

(마) **타행 신용장 통지서**

국내 통지은행이 해외 L/C 개설은행 및 제3은행을 경유하여 내도된 신용장을 수익자에게 통지하는 데 사용되는 문서이다.

(2) 수입신용장개설/응답

L/C의 개설은 개설의뢰인, 즉 수입자의 요청과 지시에 따라서 개설은행이 L/C를 개설하는 것으로서, 지급보증 행위의 일종이므로 개설은행은 개설의뢰인의 신용상태 및 담보능력을 고려하여 개설한다. 수입자는 수입물품에 대한 수입승인을 받은 다음 그 유효기간 내에 L/C 개설을 신청하게 된다.

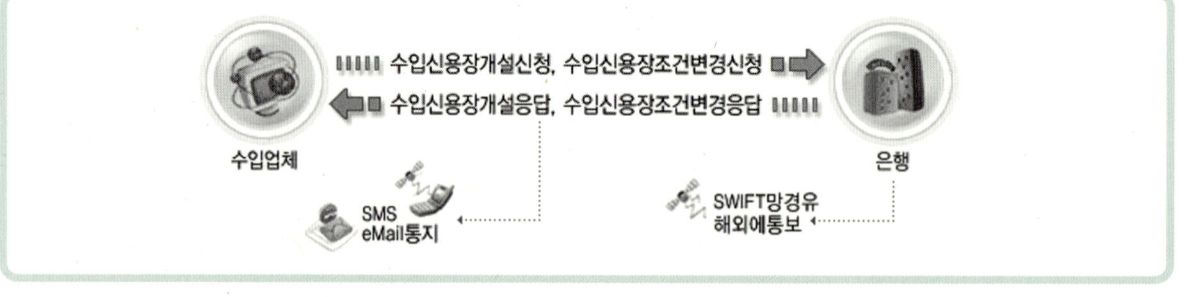

(가) **취소불능(取消不能)화환신용장개설신청서(application for irrevocable documentary credit) 및 응답**

L/C 개설의뢰인이 개설(의뢰)은행에 L/C 개설을 의뢰하는데 사용되는 전자문서이며, 개설응답서는 개설(의뢰)은행이 개설의뢰인에게 개설된 L/C에 대한 각종 정보를 제공하는데 사용되는 문서이다.

(나) **취소불능화환신용장 조건변경신청 · 응답**

L/C 개설의뢰인이 개설은행에 개설된 L/C의 조건을 변경하고자 하는 경우 사용되는 전자

문서이며, 변경응답서는 개설은행이 개설의뢰인에게 조건변경된 L/C에 대한 각종 정보를 제공하는데 사용되는 문서이다.

(다) 선적서류 도착통보(신용장방식/무신용장방식)

L/C개설은행이 해외의 매입은행으로부터 송부받은 선적서류에 대해 수입자에게 그 도착사실을 알려줄 때 사용되는 문서이다.

(라) 수입어음 할인내역 통보

수입자가 은행인수인용장(banker's usance L/C)를 개설하였을 경우, 해외 인수은행(상환은행; reimbursing bank)이 수출자에게 환어음에 대해 선결제한 것에 대한 인수수수료(acceptance commission)와 할인료(수출자는 일람불로 지급받고, 수입자는 기한부로 결제함에 따라 발생하는 이자를 제하는 금액)에 대한 내역을 통지하는 문서를 말한다.

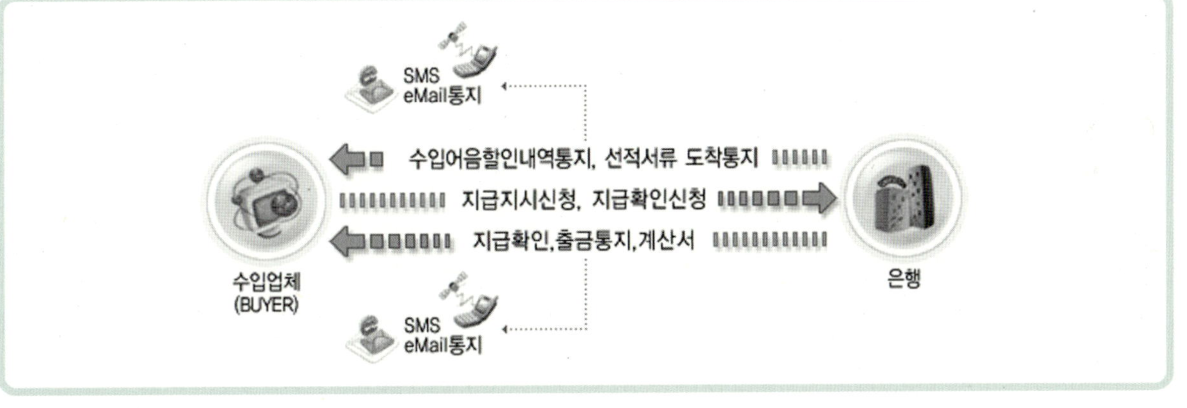

(3) 대금결제

(가) 수출환어음 처리결과 통보서

국내의 매입은행이 해외의 L/C 개설은행 또는 추심은행으로부터 선적서류의 인수여부를 통보받아 국내의 NEGO업체에게 그 사실을 통보할 때 사용되는 문서이다.

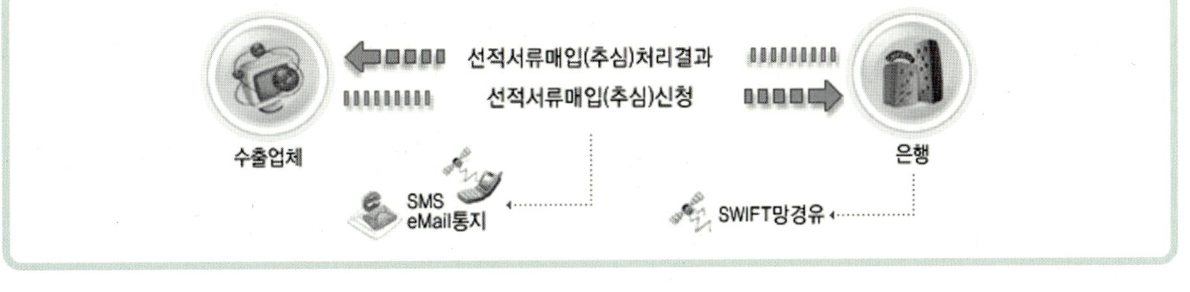

(나) 지급(변경)확인 신청서

수입자가 송금방식으로 수입할 경우 은행에 수입대금의 지급에 대한 허가 신청시 사용되는 문서이다. 만약 금액 등 내용의 변경이 있을 경우 변경확인 신청서를 전송한다.

(다) 지급(변경)확인서

수입자가 송금방식으로 수입할 경우 수입대금의 지급에 대한 승인시 사용되는 문서이다. 만약 금액 등 내용의 변경이 있을 경우 변경확인서를 수입자에게 전송한다.

(라) 지급지시서

지급의뢰인(ordering customer)이 지급의뢰은행(ordered bank)에 자신의 계좌내 특정금액을 수익자(beneficiary)에 지급할 것을 요청하는데 사용되는 문서이다.

(마) 계산서

은행이 무역업체에게 매입·추심·결제 등에 대한 계산서 내역을 전송하는데 사용되는 전자문서이다. 이 전자문서는 국내에서 매입·추심·결제 등에 대한 계산서 내역을 전송하는데 사용된다.

(바) 입·출금통지서

무역업체 계좌내 입금과 출금의 내역을 무역업체에 통지하는데 사용되는 문서이다.

(사) 일반응답서

수신된 전자문서의 인수·거절사유 및 기타사항을 기재·전송하는 전자문서로 국내간 거래되는 전자문서의 응답에 사용되며 외환업무 모든 부문에 적용된다.

3 수출환어음 매입(e-Nego)

수출자가 수출L/C의 조건에 따라 물품을 선적한 후 전자무역 서비스를 이용하여 거래은행에 매입(추심)을 신청하고 은행은 L/C에 요구되는 서류의 일치성을 검토 후 매입(추심)거래를 처리하고 매입(추심)처리 결과를 전송하는 서비스를 말한다.

매입(추심)의뢰시 사용자작성문서[(C/I, P/L, Draft), 수익자증명서(B/C)] 및 외부발급문서(B/L, I/P, C/O) 등의 문서를 매입신청 서류에 포함하여 매입은행으로 전송하고 수출대금을 지급받는다.

1) 상세업무

[그림 3-5] 수출환어음매입 업무프로세스

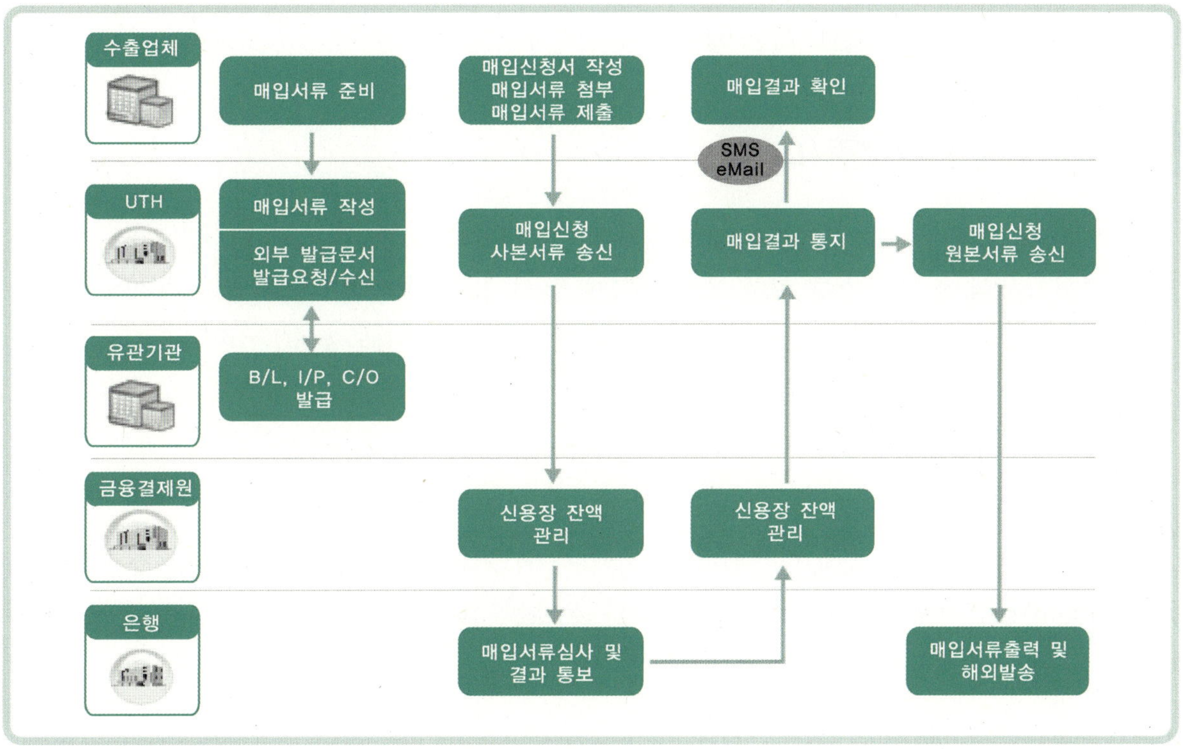

(가) 매입서류 작성 및 수신

사전에 등록된 계약서 정보를 불러와서 C/I와 P/L, Draft 및 S/C를 작성한다. 언급한 문서들은 문서보관소에 보관요청 하여야 하며 매입 신청시 매입서류에 포함된다. 아울러 무역업체의 서명 및 명판이 출력양식에 포함되어야 하므로 사전등록이 필요하다. 선사, 보험사 등 외부발급기관의 발급문서 수신내역도 조회하여 C/I와 B/L, I/P, C/O, E/P 등과 연결(mapping)한다.

(나) 매입신청서 작성

시스템에서 계약서 정보 및 L/C정보 등 사전 입력정보를 가지고 기초자료를 입력하며 매입신청금액, 매입은행, 입금계좌, 하자여부 등을 추가입력한다. 그리고 매입신청에 첨부되어야 할 서류 즉, 자기작성문서와 외부발급문서를 지정하여 첨부한 후 계약정보 등록시 입력된 매입 첨부서류별 필요부수를 지정하고 매입은행에 매입신청한다.

(다) 매입신청서류 제출

매입신청된 서류는 매입은행으로 제출 완료되어야 하며, 이후 매입의뢰인은 매입결과 조회하여 은행의 수출환어음 매입심사 결과를 확인할 수 있다. 만약 서류상의 하자나 보완이 필요한 경우 대금지급거절 또는 보완 후 재매입신청을 할 수 있다.

(라) 청산계정(O/A)[15]방식 거래의 양도통지 및 양도동의

수출자가 C/I 정보를 사용하여 양도통지서를 작성하고 수입자에게 양도통지 전문을 송신하는 것을 말한다. 수입자의 양도동의 결과에 대한 전문 수신하여 수출자는 양도통지에 대한 결과를 조회한 후에 매입서류에 대한 일괄양도 처리가 가능하다.

4 수입화물선취보증(L/G)

한·중·일과 같이 근거리 무역은 운송기간보다 선적서류의 이동시간이 더 길어지는 경우가 있다. 수입화물의 빠른 인수를 해서 물품 제조에 급히 사용해야 하거나 국내 구매자에게 조속히 인도해야 하는 등의 경우에 운송서류를 대신하여 수입화물선취보증서(Letter of Guarantee, 이하 "L/G")를 사용한다.

1) 개요

전자수입화물선취보증(e-L/G) 서비스는 수입자가 L/G신청을 전자무역 서비스를 이용하여 은행에 전송하고 은행은 L/G를 발급하여 수입자와 물류업체(선사, 포워더)에게 전송하는 서비스이다.

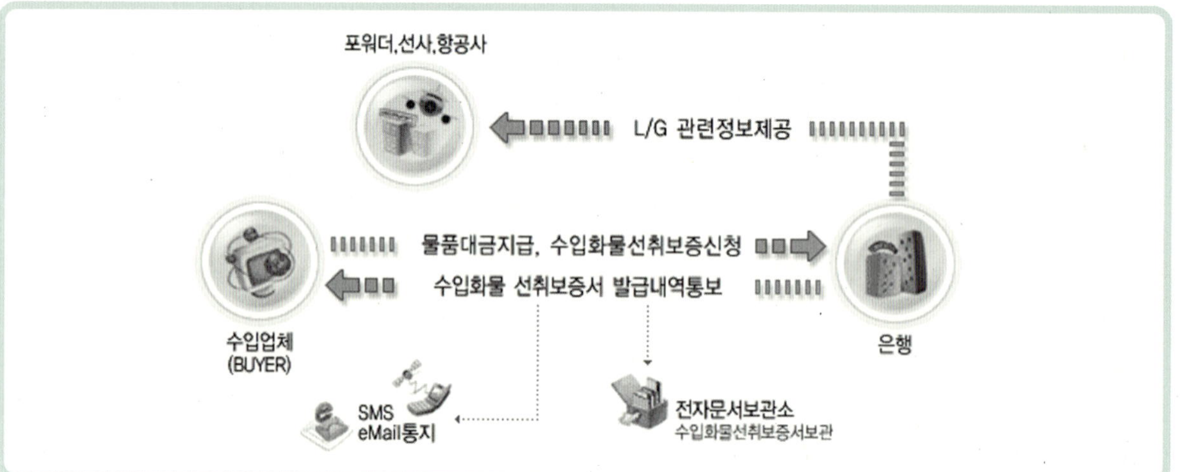

15) Open Account; 매매 양당사자가 상호간에 수출입거래를 빈번하게 하는 경우에 각 거래마다 대금을 지급하지 않고 일정기간의 거래에서 발생하는 채권·채무의 총액에 대하여 상계하고 그 잔액을 현금결제 하는 방법을 말한다. Open Account는 「청산계정」의 뜻으로도 사용되고 있다. 2국간의 협정무역에 있어서의 결제방법으로, 협정국 간에 개설된 청산을 위한 계정에 무역의 대차를 기록하고 일정기간에 차액을 현금결제하는 방법이다(출처: KITA.Net).

2) 상세업무

(1) 수입화물선취보증 신청

L/G신청 업무는 물품이 수입지에 도착하였으나, 선적서류 원본이 도착되지 않아 수입업자의 수입화물 인수가 불가능할 경우 수입업체가 은행에 물품대금에 대한 보증금을 예치하고 은행이 화물에 대한 모든 책임을 보증하여 수입서류 결제 전에 수입화물이 수입업체에게 인도될 수 있도록 한다.

(2) 수입화물선취보증서

은행이 수입자나 운송사(포워더, 선사, 항공사)에게 L/G를 발급할 때 사용하는 전자문서를 말한다.

주의 은행이 발급한다는 의미는 수입자와 함께 연대보증한다는 뜻이다.

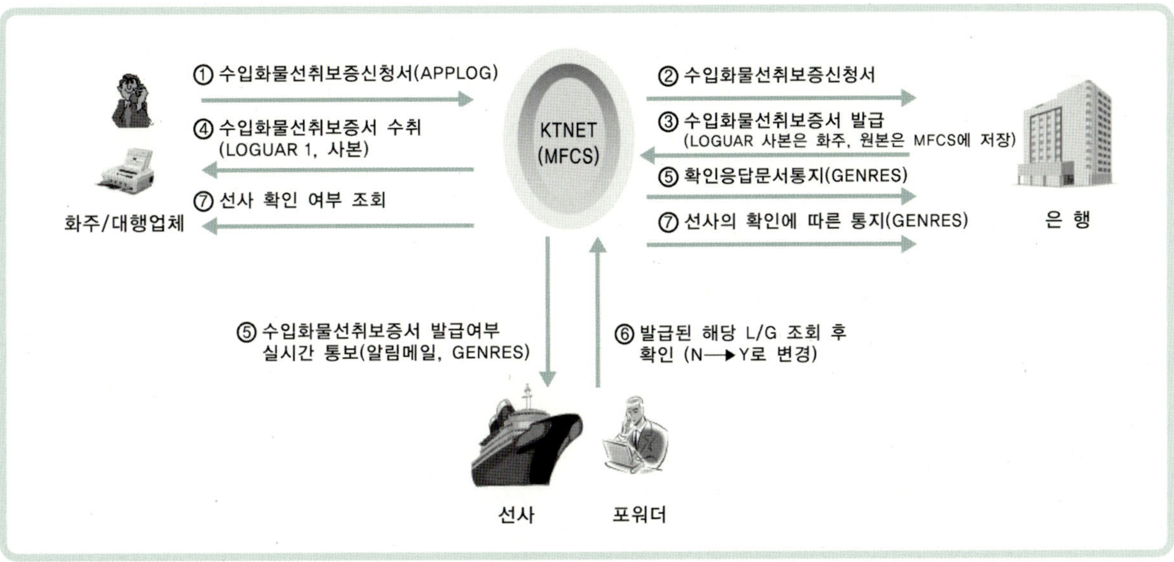

5 수출입무역 부대비용 정산

수출입 업무와 관련된 무역·물류업체 및 유관기관을 위해 수출입 업무과정에서 발생한 부대비용을 uTradeHub와 연계한 단일 창구에서 청구결제할 수 있는 서비스이다.

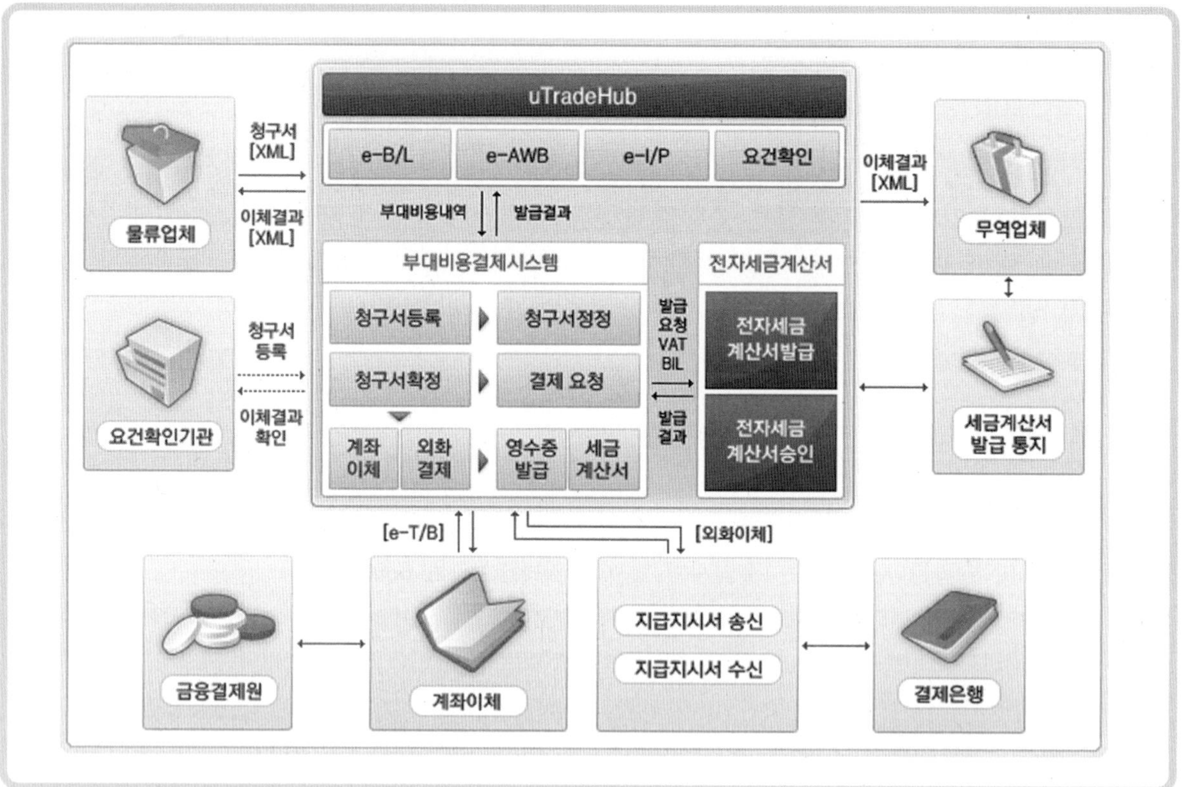

1) 주요기능

- 수출입 부대비용을 uTradeHub의 서브포탈로 구축하여 무역포탈과 Single Sign-On으로 결제처리 가능하며, KTNET e-T/B시스템에 구축되어 있는 Payment Gateway를 이용하여 결제할 수 있다.
- 청구업체 내부시스템과 전자문서를 통해 연계하거나 청구업체 시스템에서 청구정보를 엑셀로 출력하여 uTradeHub에 업로드하는 방식으로 청구서 정보를 등록할 수 있다.
- e-B/L, e-I/P, 전자항공운송장(e-Airwaybill, 이하 “e-AWB”) 발행시 운임료 선취의 경우 운임료 결제후 관련문서를 조회, 유통할 수 있다.
- 외화이체 신청서를 작성하여 은행으로 외화송금 이체를 신청하는 등 수출입 부대비용을 외화로 결제할수 있다.
- 결제신청 업무가 신속히 처리될 수 있도록 청구에 대한 결제지연 현황을 제공하고, 필요시 업체에 SMS 전문을 통하여 부대비용 청구분에 대한 결제요청 메세지를 전송할 수 있다.

[표 3-9] 수출입 외환·결제 부대비용 종류

<table>
<tr><th colspan="4">부대비용 종류</th><th>Payer</th><th>Biller</th></tr>
<tr><td rowspan="19">수출</td><td colspan="2" rowspan="4">수출 신용장 통지</td><td>통지 수수료</td><td rowspan="35">무역업체</td><td rowspan="16">은행</td></tr>
<tr><td>조건변경 수수료</td></tr>
<tr><td>분실통지 수수료</td></tr>
<tr><td>통지 부대업무</td></tr>
<tr><td colspan="2" rowspan="2">수출 신용장 양도</td><td>단순양도 수수료</td></tr>
<tr><td>조건변경부 양도 수수료</td></tr>
<tr><td rowspan="8">수출
환어음
매입</td><td rowspan="2">환가료</td><td>일람불</td></tr>
<tr><td>기한부</td></tr>
<tr><td rowspan="3">지연이자 및
부도이자</td><td>입금 및 인수지연 이자</td></tr>
<tr><td>재매입관련 입금지연 이자</td></tr>
<tr><td>부도 이자율</td></tr>
<tr><td colspan="2">조기결제 수수료</td></tr>
<tr><td colspan="2">취급 수수료</td></tr>
<tr><td colspan="2">추심 수수료</td></tr>
<tr><td colspan="3">구매확인서 발급 수수료</td></tr>
<tr><td colspan="3">수출 실적 발급 수수료</td></tr>
<tr><td colspan="2" rowspan="2">단기수출보험</td><td>수입자 신용조사 비용</td><td rowspan="2">무역보험공사</td></tr>
<tr><td>보험료</td></tr>
<tr><td colspan="2">수출적하보험</td><td>보험료</td><td>손해보험사</td></tr>
<tr><td rowspan="12">수입</td><td colspan="2" rowspan="2">수입 신용장</td><td>개설 수수료</td><td rowspan="11">은행</td></tr>
<tr><td>조건변경 수수료</td></tr>
<tr><td colspan="2">USANCE L/C 인수</td><td>인수 수수료</td></tr>
<tr><td colspan="2">수입 환어음 추심</td><td>추심 수수료</td></tr>
<tr><td colspan="2" rowspan="2">수입 환어음 결제</td><td>결제 수수료</td></tr>
<tr><td>결제 환가료</td></tr>
<tr><td colspan="2" rowspan="2">수입화물 선취보증</td><td>보증서 발급 수수료</td></tr>
<tr><td>보증료</td></tr>
<tr><td colspan="3">외화표시 지급보증 수수료</td></tr>
<tr><td colspan="3">전신료</td></tr>
<tr><td colspan="3">하자 수수료</td></tr>
<tr><td colspan="2">수입 적하보험</td><td>보험료</td><td>손해보험사</td></tr>
<tr><td colspan="3" rowspan="4">내국신용장</td><td>개설 수수료</td><td rowspan="4">은행</td></tr>
<tr><td>조건변경 수수료</td></tr>
<tr><td>어음 매입 이자</td></tr>
<tr><td>어음 추심 수수료</td></tr>
</table>

제7절 전자선하증권

물류의 관점에서 B/L은 실화주(무역업체)와 운송인(포워더), 화주(포워더)와 운송인(선사) 양적하, 운송의 핵심문서이지만 무역의 관점에서의 B/L은 수출환어음 매입시 대금결제의 핵심문서임과 동시에 실화주가 수입화물을 인수하기 위한 필수서류이기도 하다.

본 장 제7절에서는 전자무역(e-Trade) 사업내 외환업무를 기준으로 e-B/L서비스에 대해 서술하며, 물류편에서는 해상운송 업무를 기준으로 다시 한번 상세하게 언급하기로 한다.

1 개요

전자선하증권(e-B/L)은 운송인(선사, 포워더)이 B/L을 서면으로 발행하는 대신에, 법무부가 지정하는 등록기관에 e-B/L을 등록하는 방식으로, B/L을 전자문서로 유통하는 제도이다.

e-B/L은 개정 상법 및 「상법의 전자선하증권의 규정의 시행에 관한 규정」('08년 8월 시행)에 근거하며, e-B/L Korea를 통한 발행 및 유통에 관한 법적효력이 인정된다.

전자선하증권 등록기관은 e-B/L의 발행등록·양도·변경·인도청구·서면선하증권으로의 전환 및 관련 전자기록의 보존 등의 업무를 처리하는 중립적인 제3자(trusted third party)로서 법무부 장관이 기술·재정·시설 등을 심사하여 지정할 수 있다.

KTNET은 2008년 9월 26일 법무부로부터 '전자선하증권 등록기관'으로 지정되었다.

[표 3-10] 전자선하증권 관련법령

법적효력	• 선하증권과 동일한 법적효력 인정(상법 제862조) • e-B/L과 종이 선하증권의 병행발행금지(시행규정 제6조4항) • 배서의사가 담긴 전자문서를 송신하여 권리양도, 배서의 효력과 소지인의 권리인정
e-B/L발행동의	• 운송인은 송화인의 e-B/L 발행동의 의사 확인필요(시행규정 제6조1항) - 선적요청시 e-B/L 발행동의 의사 획득가능 • 선적 요청건에 대한 e-B/L 발행동의 의사 획득
보안체계 강화	• 운송인의 등록기관에 대한 발행등록 및 양도신청시, 공인전자 서명첨부
서면선하증권	• e-B/L 미적용 국가를 위하여 등록기관이 서면선하증권을 교부하여 유통

2 e-B/L의 특징

1) 외부 기관과의 연계를 통한 B/L의 전자적 발행 및 유통

- 운송인(선사, 포워더) 시스템과의 연계처리를 통한 e-B/L 발행이 가능하다.
- 화주 시스템 상호간의 연계를 통한 양도처리가 가능하다.
- 운송인 시스템과의 연계를 통해 운송물 인도청구 신청 및 상환을 통보할 수 있다.
- 은행 시스템과의 연계를 통해 수출환어음 전자매입(e-Nego)시 첨부할 수 있다.

2) e-B/L 및 관련기록의 문서보관소 보관

- e-B/L 발행시 원본 파일이 보관된다.
- B/L 변경, 양도, 운송물 인도청구·상환, 서면전환 등 관련 기록이 보관된다.
- 보존연한 설정이 가능하다.

3) 전자등록부(Title Registry)에 의한 소유권관리

- e-B/L의 발행, 변경 및 양도 등 전자적 유통에 따른 소유권 등록 및 이전 관리도 가능하다.

4) 수출환어음 전자매입시 첨부

- 무역업체는 은행을 방문할 필요없이, 전자적으로 매입처리할 수 있다.
- 금융결제원 및 은행 시스템간의 연계를 통한 전자매입(e-Nego)시 e-B/L 첨부전송을 처리할 수 있다.

5) 서면선하증권으로의 전환

- 필요시 서면선하증권 전환신청을 통한 실물 B/L 수령이 가능하다.
- 고유 발행번호(e-B/L Serial No) 부여를 통한 서면선하증권의 진위확인 및 유일성 입증도 가능하다.

3 상세업무

[그림 3-6] 전자선하증권 업무 프로세스

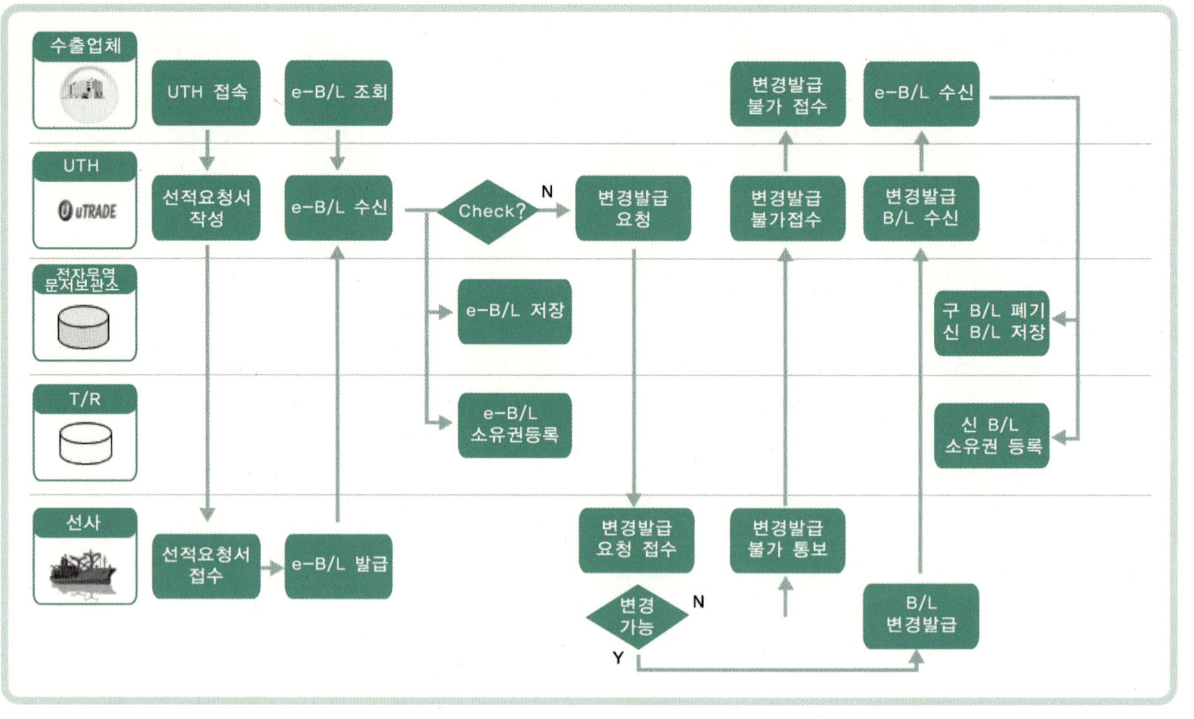

1) e-B/L 발행

e-B/L Korea 포탈에 가입등록한 무역업체는 선사 및 포워더가 발행한 B/L을 전자적으로 수신 및 관리할 수 있다. 운송인은 e-B/L을 발행하여 e-B/L 등록기관에 보관등록을 요청함으로써 e-B/L의 법적효력이 발생된다. 발행된 e-B/L은 전자문서 보관소에 그 원본이 보관되며, 전자등록부(title registry, 이하 "T/R")에 의해 소유권이 관리되어 양도, 매입신청 첨부 등의 업무처리를 전자적인 방법으로 수행할 수 있게 된다.

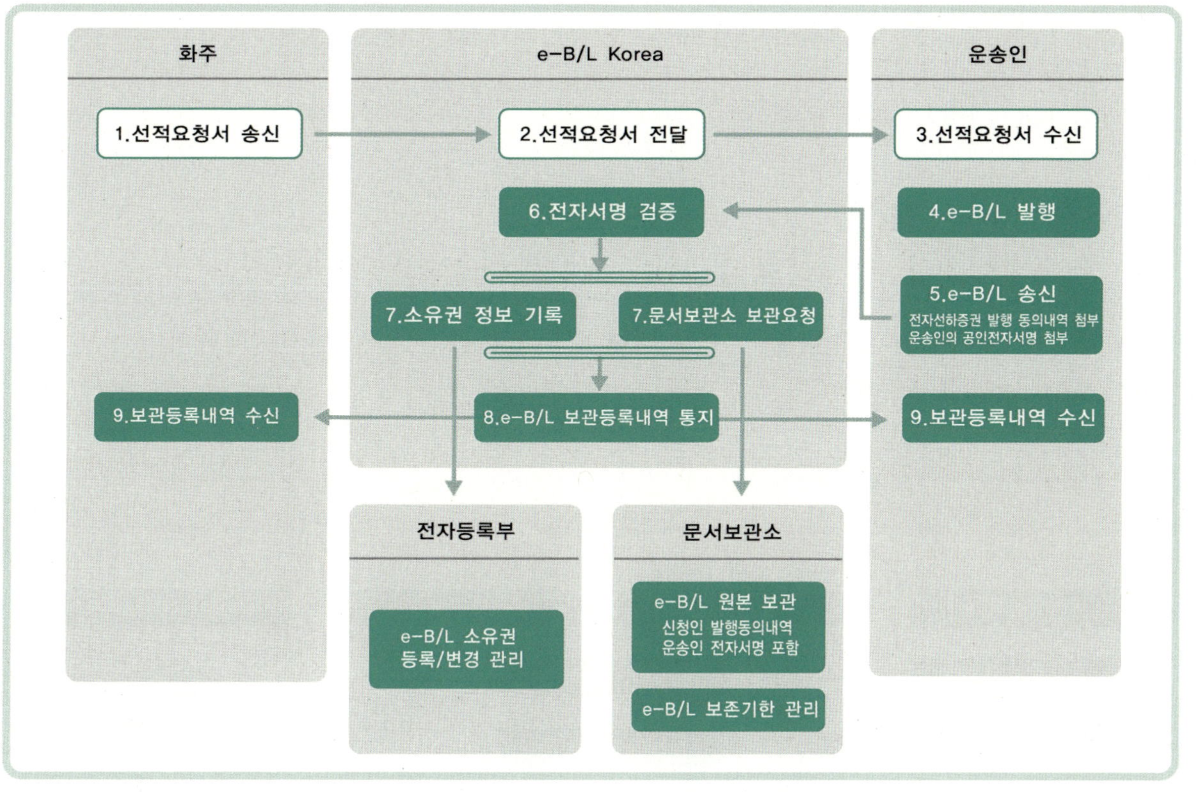

- e-B/L 발행
  - ① 운송인이 원본 B/L 파일을 등록기관에 발행등록을 신청하고, 등록기관이 이를 T/R에 등록한다.
  - ② e-B/L 원본의 문서보관소 보관등록, 전자등록부를 통해 화주의 소유권 생성 및 관리한다.
  - ③ 화주 및 운송인에 e-B/L의 발행 및 보관등록 사실 통보한다.
- 전자서명 검증
  - e-B/L 발행의 보안성을 확보하기 위해 운송인의 전자서명을 검증하여 부인방지 및 e-B/L 데이터의 보안성을 확인한다.
- e-B/L 데이터의 암호화
  - 운송인 시스템이 선택적으로 e-B/L 데이터의 암호화 처리를 통해 데이터의 보안성을 강화할 수 있다.
- 소유권관리
  - 발행시 소유권자를 등록 관리한다.
  - e-B/L의 양도시 양수인에게로 소유권 이전한다.
  - 운송물의 인도 및 상환 완료시 소유권을 폐쇄한다.
  - 변경발행 신청, 양도신청, 운송물 인도청구 신청 등의 행위시 소유권 변경을 제한하여 e-B/L의 중복사용을 방지한다.

■ 문서보관소 보관

• 발행된 e-B/L의 원본을 보관한다.

• e-B/L 관련 기록의 보존기한 설정한다.

2) e-B/L 변경발행

화주는 발행된 e-B/L의 변경을 위해 e-B/L 등록기관을 통해 운송인에게 변경발행을 요청할 수 있으며, 운송인은 변경발행 요청에 대해 원본 e-B/L 파일을 변경발행하여 e-B/L 등록기관에 보관 등록을 요청한다.

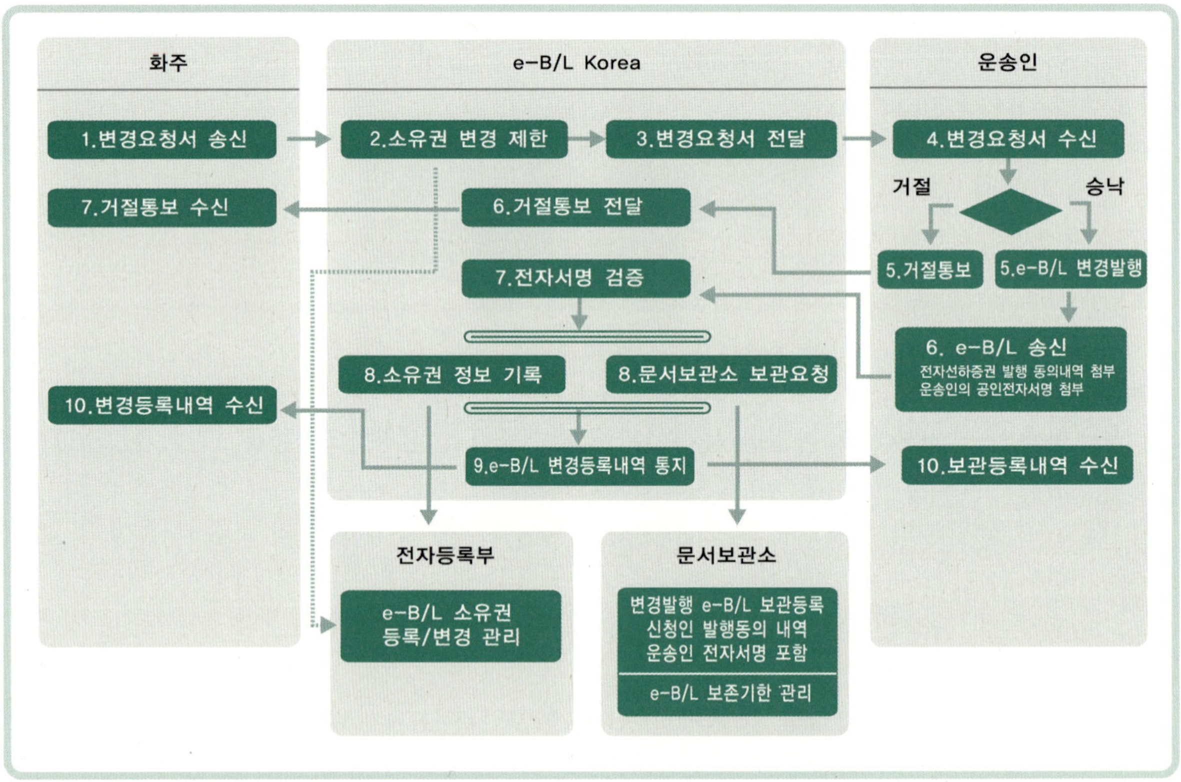

■ 변경발행 요청송신

• e-B/L을 수신 받은 화주가 e-B/L Korea 포탈을 이용하거나 자사 시스템을 이용하여 e-B/L의 변경발행을 요청한다.

• 변경발행 요청시 e-B/L Korea는 소유권의 변경제한을 처리한다.

■ e-B/L 변경발행

• 운송인이 원본 B/L 파일을 변경 발행하여 e-B/L 등록기관으로 보관등록 요청한다.

• e-B/L Korea에서 소유권 변경제한을 해제한다.

■ e-B/L 변경발행 거절

• 화주의 변경발행 요청에 대해 운송인은 변경발행을 거절할 수 있으며 이 경우 거절의 의사를 담은 전자문서를 e-B/L Korea에 전송하여야 한다.

3) 양도

e-B/L의 소유권자는 e-B/L 등록기관을 통해 e-B/L의 소유권을 타인에게 전자적인 방법으로 양도할 수 있다. e-B/L을 양도받은 양수인은 수신한 e-B/L의 소유권을 획득하게 되며 해당 e-B/L을 이용하여 등록기관이 제공하는 전자적인 방법의 업무처리를 수행할 수 있다.

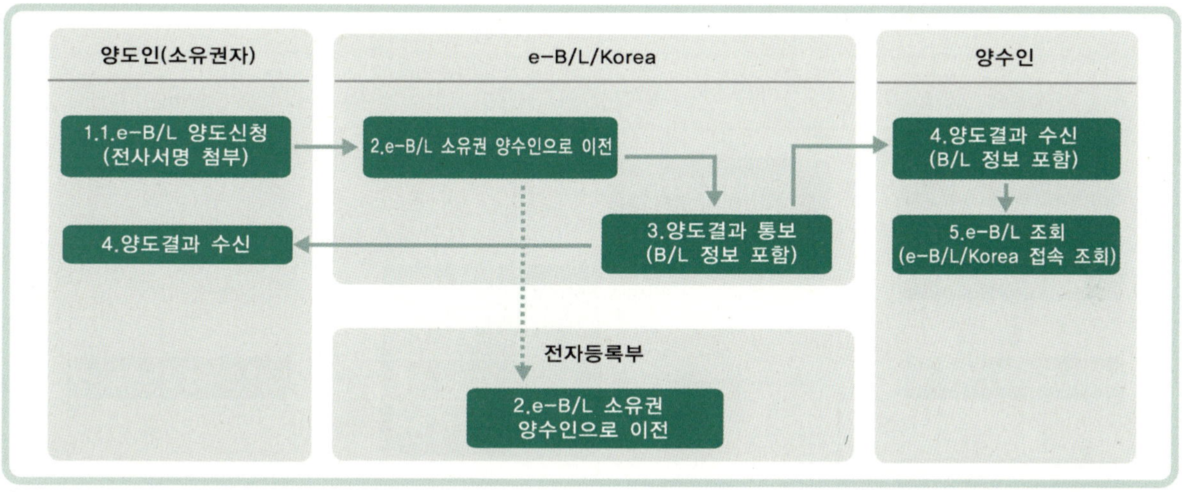

■ e-B/L 양도신청

• e-B/L 소유권자가 e-B/L의 양도 신청서를 작성하여 양수인에 전송해 줄 것을 요청한다.

• T/R상의 소유권자가 양도인으로 되어있어야 신청 가능하며, 양도인 및 양수인은 e-B/L Korea 서비스에 가입되어 있는 사용자이여야 한다.

■ 양도 가능한 B/L의 T/R 상태

• e-B/L을 양도하기 위해서는 소유권이 있는 e-B/L의 T/R상 상태가 '정상'으로 표시되어 있어야 한다.

• 서면선하증권 전환신청중 또는 매입 신청중인 경우 T/R상 상태가 '신청중'으로 표시되며 이 경우 양도신청할 수 없다.

■ 양도처리

• 양도인의 양도신청에 따라 T/R상의 소유권은 양도인에서 양수인으로 이전되며, 양도처리가 완료된 시점에 양수인은 해당 e-B/L의 소유권을 획득하게 된다.

- 양수인의 e-B/L 조회 및 전자적 사용
  - e-B/L을 양도받은 양수인은 해당 e-B/L을 조회할 수 있으며, e-B/L Korea 서비스에서 제공하는 e-B/L의 전자적 유통처리가 가능하다.

4) 서면선하증권 전환

e-B/L의 소유권자는 e-B/L의 서면선하증권 전환신청을 통하여 e-B/L을 서면B/L로 전환할 수 있다. 서면B/L로 전환한 경우 e-B/L의 법적효력은 상실되며 전자적인 업무처리는 불가능하게 된다. 아울러 서면으로 전환된 B/L은 상법 제852조 및 제855조에 규정하는 B/L로서의 법적효력을 갖게 되며, e-B/L로의 재전환은 불가능하다.

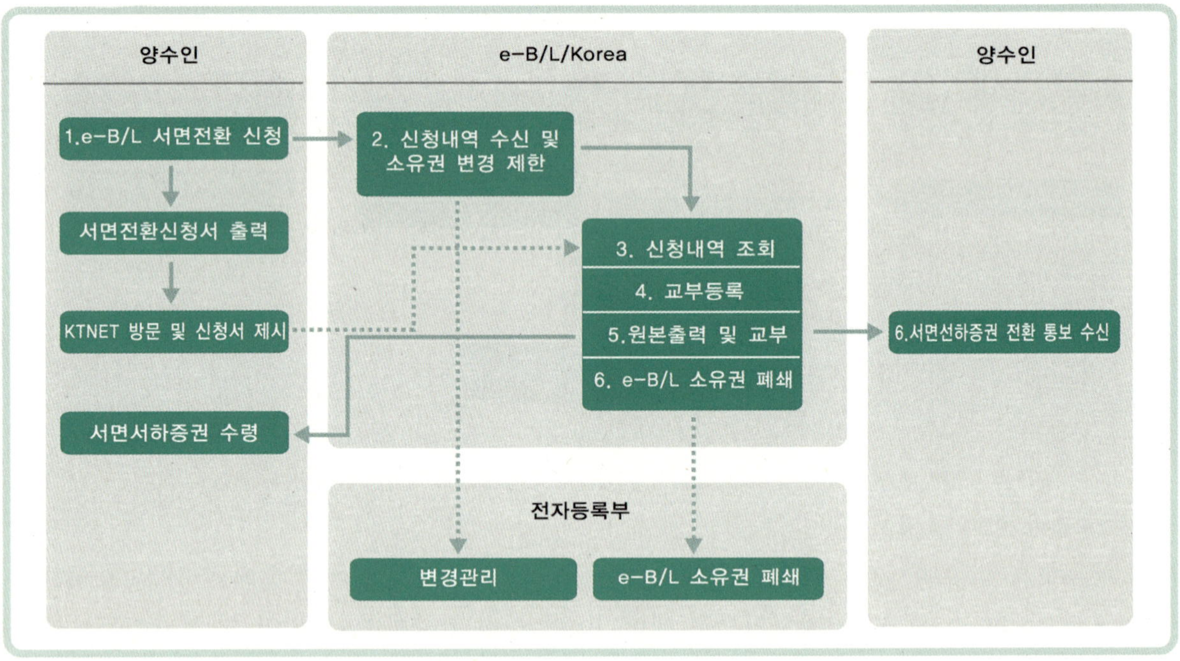

- e-B/L의 서면선하증권 전환신청
  - e-B/L의 소유권자가 e-B/L 등록기관인 KTNET(한국무역정보통신)에 e-B/L의 서면B/L로의 전환을 신청하며, 동 신청서를 출력 후 KTNET을 방문하여 제출해야 한다.
- e-B/L 소유권의 변경제한
  - 서면B/L로의 전환을 신청한 경우 e-B/L 소유권의 변경을 야기하는 다른 업무처리(양도신청, 매입신청 첨부 등)는 처리할 수 없도록 소유권을 제한하여 e-B/L의 중복 사용을 방지한다.
- 수령시 필요서류
  - 서면B/L 전환신청서

- 수령인의 신분증
- 대리 수령의 경우 위임장 및 인감증명서

■ 서면B/L 원본교부

- KTNET을 방문하여 출력한 신청서를 제출하면 KTNET 업무 관리자는 수령인의 신상 정보를 입력하고 서면B/L의 원본을 교부한다.

■ e-B/L 소유권의 폐쇄

- e-B/L을 서면B/L로 전환 및 교부수령할 경우 e-B/L로서의 효력 및 전자적 유통의 기능은 소멸되어, T/R상 소유권이 폐쇄되면 e-B/L로서의 기능은 불가능하다. 이 후에는 수령한 서면B/L을 수출환어음 매입신청에 사용해야 한다.

5) 인도청구 및 상환

(1) 운송물인도청구

e-B/L의 소유권자는 e-B/L 등록기관을 통하여 운송인에게 운송물에 대한 인도청구를 신청할 수 있다. 운송물 인도청구 신청을 수신한 운송인은 운송물의 인도 가능여부를 판단 후 인도청구 신청에 대한 승인 또는 거절의 결과를 등록기관에 전자문서로 통보하게 되며 등록기관은 화주에게 결과를 전달한다.

■ 운송물 인도청구 신청

- e-B/L의 소유권자가 운송인에게 e-B/L상의 운송물에 대한 인도청구를 신청한다.
- e-B/L Korea 서비스는 신청서를 운송인에게 전달한다.

■ 인도청구 신청결과

- 운송인은 인도청구 신청에 대해 운송물의 인도가능 여부를 확인 후, 신청결과를 승인 혹은 거절로 표시하여 전달하고 e-B/L Korea 서비스는 동 결과를 신청인에게 전달한다.

■ 소유권의 제한

- 운송물 인도청구의 신청이 있는 경우 T/R상 소유권의 변경을 제한하여 e-B/L의 타 용도 사용(양도신청, 매입신청 등)을 제한하며 인도청구 결과가 '거절'인 경우 소유권의 제한을 해제한다.

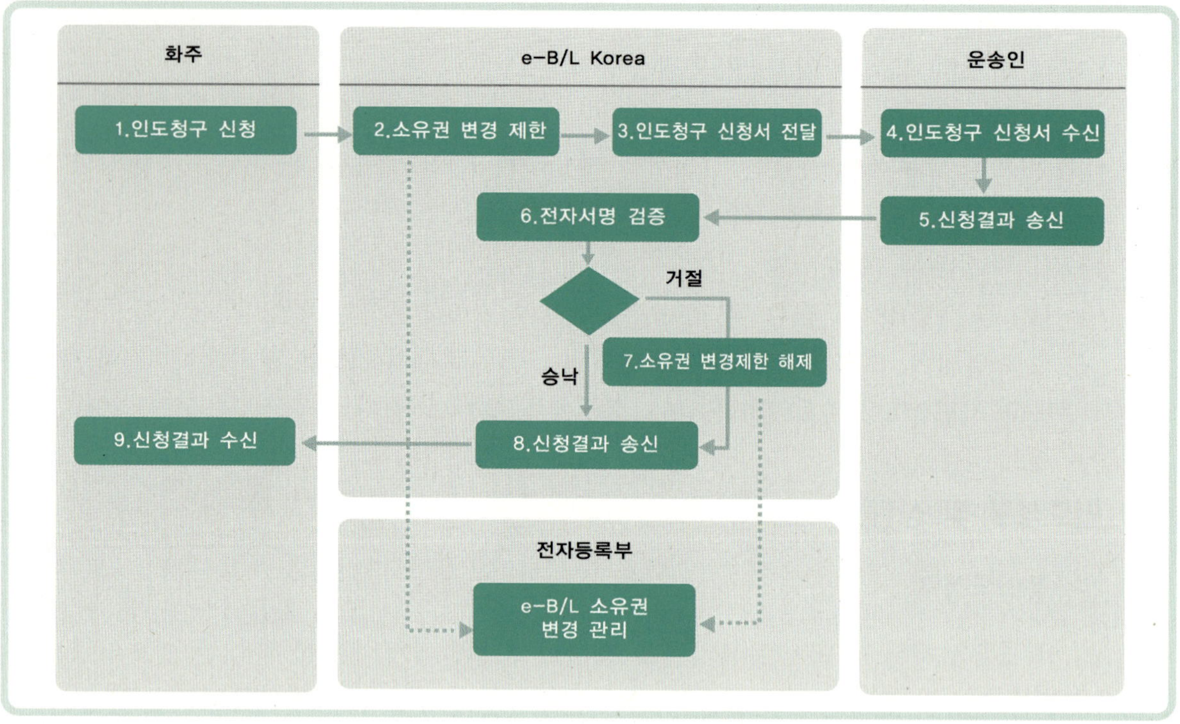

(2) 전자선하증권 상환

운송인은 e-B/L에 해당하는 운송물이 상환된 경우 상환통보서를 등록기관에 전송하게 되며, 등록기관은 상환통보가 수신된 e-B/L의 소유권을 폐쇄하고 상환통보 내역을 e-B/L 소유권자에게 전달한다. T/R상 소유권이 폐쇄된 e-B/L은 더 이상 전자적인 방법에 의한 업무처리에 사용될 수 없다.

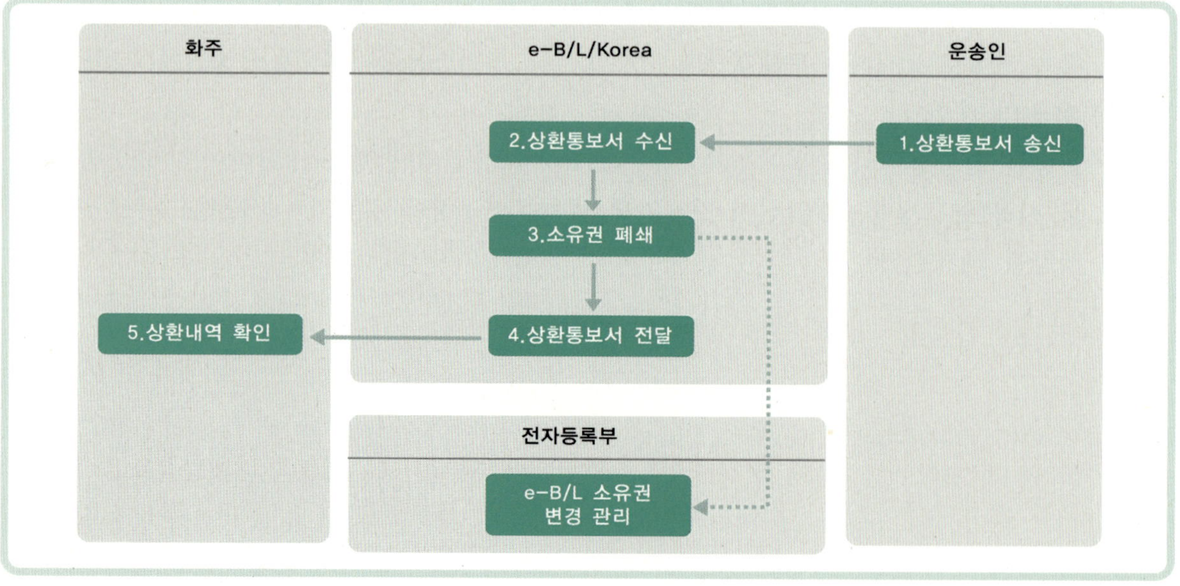

- 운송인의 상환통보서
  - 운송물 인도청구 신청을 받은 운송인은 운송물의 인도 및 상환시 그 상환 내역을 e-B/L Korea 서비스를 통하여 소유권자에게 전달요청 한다.
- e-B/L 소유권의 폐쇄
  - 운송물 상환통보서를 수신한 경우 e-B/L은 T/R상의 소유권이 폐쇄되어 더 이상의 전자적 효력을 상실하게 된다.

4 「로테르담규칙」 전자선하증권 인정에 관한 조문

국제적으로도 2008년 12월 유엔총회에서 공식 채택되고 2009년 9월 서명된 「로테르담규칙」(Rotterdam Rules)16)에 따르면 제3장(electronic transport records) 제8조에 e-B/L 등 전자적 운송기록의 발행은 당사자 자율에 따라 가능함을 정하고 있으며, 전자적 운송기록이 발행된 경우에 법적효력은 종이증권의 발행시와 동일하다고 명시하고 있다.

Chapter 3 Electronic Transport Records(전자적 운송기록)

Article 8 Use and effect of electronic transport records (전자적 운송기록의 사용과 효과)

Subject to the requirements set out in this Convention: (이 협약에서 정한 요구사항에 따라):

(a) Anything that is to be in or on a transport document under this Convention may be recorded in an electronic transport record, provided the issuance and subsequent use of an electronic transport record is with the consent of the carrier and the shipper; and
[(a) 이 협약에서 운송증권에 기재될 것은, 운송인과 송하인이 전자적 운송기록의 발행과 그 후의 사용에 대하여 동의를 한 경우에는, 전자적 운송기록에 기록될 수 있다.]

(b) The issuance, exclusive control, or transfer of an electronic transport record has the same effect as the issuance, possession, or transfer of a transport document.
[(b) 전자적 운송기록의 발행, 독점적 통제 또는 이전은 운송증권의 발행, 독점적 통제, 또는 이전과 동일한 효력을 가진다.]

Article 9 Procedures for use of negotiable electronic transport records (유통 가능한 전자적 운송기록의 사용에 대한 절차)

Article 10 Replacement of negotiable transport document or negotiable electronic transport record (유통 가능한 운송증권과 전자적 운송기록의 교환)

16) United Nations Convention on Contracts for the International Carriage of Goods Wholly or Partly by Sea(New York, 11 December 2008)

제8절 통관 FTA업무

1 개요

온라인 수출입통관 및 관세환급 업무는 관세청전자통관시스템(UNI-PASS; portal.customs.go.kr)에서 처리할 수 있다. 본서에서는 KTNET이 제공하는 '관세환급 지원서비스'와 'FTA서비스'에 대해 언급한다.

2 관세환급 지원서비스

국내 중소제조업체가 과거에 환급받기를 포기한 관세를 받을 수 있도록 지원하는 서비스이다. 구매확인서, Local L/C 방식의 국내물품 구매가 일어난 적이 있는 수출거래에 대한 관세환급을 지원한다.

1) 중소제조업체의 "관세환급 포기" 의미

국내 중소제조업체(공급자)는 수입원재료를 이용하여 제조·가공한 물품을 수출업체에 공급하면서, 공급물품에 포함된 관세를 수출업체에 양도한다는 환급에 필요한 서류를 관할세관에 신청하고 수출업체에 제공해야만 한다.

수출업체는 수출이행 후, 협력사가 양도한 관세를 포함하여 환급신청을 하고 관세를 국가로부터 환급받아 협력사가 양도한 만큼의 관세를 협력사에 지급할 수 있다. 그러나 협력업체가 관세를 받을 수 있는 요건을 갖추었음에도 불구하고 환급에 필요한 서류를 수출업체에 제공하지 않는 것을 "관세환급 포기"라고 정의할 수 있다.

2) 중소제조업체(공급자)의 간이정액환급 충족요건

구 분	확인사항	증빙서류
1. 대상업체	공급업체: 구매확인서, 내국신용장을 통지	구매확인서, 내국신용장
	직접제조: 제조공장을 갖추고 공급물품 생산자(직접제조 또는 가공)	공장등록증
	중소기업: 중소기업기본법 제2조 중소기업자	중소기업기준검토표
	연간환급액 6억원이하: 총 환급실적(기납증 포함)	
2. 대상품목	HS부호 10단위: 간이정액환급율표에 해당	
3. 유효기간	구매대금 세금계산서 발행 후 00일 이내(보통 30일, 45일 정도이나 꼭 그렇지 않다)	수출업체별 기한 상이

※ 제증명의 종류: 기초원재료납세증명서, 분할납부증명서, 환급대상 수출물품반입확인서

3) 상세업무

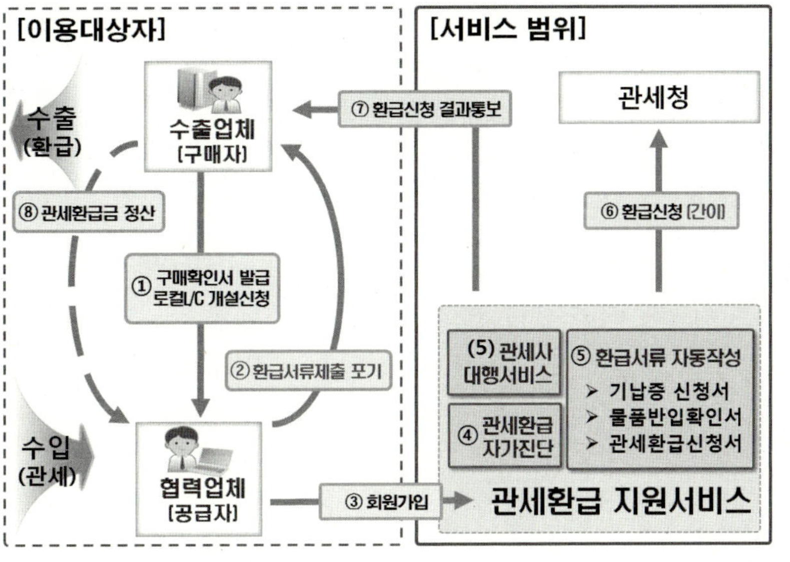

①,② 구매확인서 발급, Local L/C 개설통지 건에 대한 환급서류 제출

단계	구 분	수출업체	협력업체	통지	목적
①	구매확인서, 내국신용장	구매자	공급자	구매자 → 공급자	부가세환급
②	환급서류 (기납증, 반입확인서)	양수자	양도 (제조)자	양도자 → 양수자	관세환급

- 수출업체: 일반공장, 보세공장
- 협력업체: 제조공장

③ 회원가입: 관세환급 지원서비스(https://refund.utrdehub.or.kr).

④ 관세환급 자가진단: 환급신청 자격요건 확인 및 예상환급액 조회

⑤,⑥,⑦ 수출업체의 종류에 따라 협력업체가 작성·신청·통지할 환급서류가 상이함

수출업체 \ 단계	⑤ 환급서류 자동작성	⑥ 환급신청(간이)	⑦ 환급신청결과통지
일반공장	기납증(기초원재료납세증명)	협력업체→소재지 관할세관	협력업체→수출업체
보세공장	반입확인서 (환급대상수출물품반입확인서		
	환급신청서		

⑧ 관세환급금 정산: 수출업계 단위별로 협력업체와의 관세정산 방법이 상이함

업 계	환급서류 제출시기	정산방법	
전기·전자	구매대금 세금계산서 발행 후 30일 이내	구매대금에 관세 미포함	환급서류제출하면 관세지급
자동차		포함	미제출하면 관세징수
보세공장	보세공장 물품반입 후 00일 이내(보통 15, 30일 이내)	구매대금에 관세 미포함	

- (정산시기) 원사업자가 수출할 물품을 수급사업자에게 제조위탁하거나 용역위탁한 경우 「수출용원재료에 대한 관세 등 환급에 관한 특례법」에 따라 관세 등을 환급받은 경우에는 환급받은 날부터 15일 이내에 그 받은 내용에 따라 이를 수급사업자에게 지급하여야 한다(「하도급거래 공정화에 관한 법률」 제15조 제1항).

3 FTA Korea

한국과 세계 각국 또는 경제공동체와 체결한 FTA 또는 유사한 협정에 근거하여 수입자는 품목별, 협정별세율의 인하로 관세절감 혜택을 누릴 수 있으며, 수출자는 협정을 체결하지 않은 국가의 동종업계 생산자·수출자보다 보다 낮은 관세를 적용받아 가격경쟁력이 생기고 결과적으로 수출물량이 증대되는 효과가 있다.

[표 3-11] FTA 체결현황(2016.01현재)

구분	국가
발 효	한-칠레, 한-싱가포르, 한-EFTA[17], 한-ASEAN[18], 한-인도 CEPA[19], 한-EU, 한-페루, 한-미국, 한-터키, 한-뉴질랜드, 한-베트남, 한-중국, 한-캐나다, 한-오스트레일리아
서명/타결	한-콜롬비아
협상중	한-GCC[20], 한-멕시코, 한-인도네시아, 한-일본, 한-중국-일본
협상준비/검토중	한-MERCOSUR[21], 한-SACU[22], 한-러시아 BEPA[23], 한-말레이시아, 한-몽골, 한-이스라엘, 한-중앙아메리카

17) European Free Trade Association(유럽자유무역연합)
18) Association of South-East Nation(동남아시아 국가연합)
19) Comprehensive Economic Partnership Agreement(포괄적 경제동반자 협정)
20) Gulf Cooperation Council(걸프만 아랍국가 협력기구)
21) Southern Common Market(남미공동시장)
22) Southern Africa Customs Union(남아프리카 관세동맹)
23) Bilateral Economic Partnership(경제동반자 협정)

1) 원산지 기준확인[24)]

(1) 원산지 결정기준(일반)

(가) 완전생산기준

어떤 물품의 모든 생산과정이 협정의 일방 또는 양 당사국의 영역 내에서만 이루어진 경우 적용되는 원산지 결정기준이다.

(나) 역내가공원칙

당해 물품 생산공정이 역내에서 중단없이 수행되어야 하고, 일부라도 역외에서 이루어지면 원산지물품으로 인정하지 않는 것으로, '영역원칙'이라고도 한다.

(2) 원산지기준(품목별)

(가) 세번변경기준(CTC: Change in Tariff Classification Criterion)

HS Code를 이용하여 사용된 원재료(materials)의 세번과 다른 세번의 제품(goods)이 생산된 경우 당해 제품을 역내산으로 인정하고, 비원산지 재료와 같은 세번의 제품으로 생산되는 경우에는 역내산으로 인정하지 않는 기준이다.

(나) 부가가치기준(Value Added Test)

당해 물품의 제조, 생산 또는 가공 과정에서 역내에서 발생한 부가가치가 일정수준 이상인 경우 원산지를 인정하는 방법이다. 계산방식은 역내에서 발생한 부가가치가 일정비율 이상일 것을 요건으로 하는 LC(Local Contents)법과 비역내에서 발생한 부가가치가 일정비율 이하일 것을 요건으로 하는 MC(iMport Contents)법이 있다.

2) 원산지 판정[25)]

(1) 세번변경기준을 통한 원산지판정

세번변경기준이란 역내에서의 생산공정에 의해 비원산지재료의 세번이 변경된 경우, 비원산지재료를 원산지물품으로 인정하도록 하는 기준이다. 세번변경기준은 제품 및 원재료에 대한 HS Code의 관리가 중요한데, 이는 관세사 등 전문가를 통하거나 분류에 이견이 있을 경우 관세평가분류원의 품목분류 사전심사를 통해 그 증빙을 구비해 놓는 것이 바람직하다.

---

24) FTA종합지원센터 FTA활용자료 참조 / 출처: http://okfta.kita.net
25) FTA종합지원센터 FTA활용자료 참조 / 출처: http://okfta.kita.net

(2) 부가가치기준을 통한 원산지판정

역내에서 일정한 수준의 부가가치가 창출된 경우, 원산지 물품의 자격을 인정토록 하는 기준으로 계산방법에 따라 공제법, 집적법, 순원가법 및 MC법의 유형이 있다.

3) 원산지증명서발급[26]

FTA 원산지증명서(C/O)란, 수출물품이 FTA 협정에서 정한 원산지기준을 충족하였음을 확인하는 서류로서 수입국에서 FTA 특혜관세를 적용받기 위해 통관시 제출하는 서류이다. 발급방식에 따라 기관발급 또는 자율발급으로 구분된다.

(1) 기관증명발급

- 대상: 한-ASEAN, 한-인도, 한-싱가포르 및 한-페루 협정
- 발급기관
  - 국내 생산품: 세관 또는 상공회의소(다만, 상공회의소의 경우 발급수수료 부과)
  - 개성공업지구 생산물품: 세관
- 증명서 신청시기
  - 원칙: 수출물품 선적 전
  - 예외: 수출물품 선적 이후(선적일로부터 1년 이내 신청 가능)

(2) 자율증명방식

- 대상: 한-칠레, 한-EFTA, 한-미, 한-EU, 한-터키, 한-콜롬비아 및 한-페루(발효 5년후)의 경우, 수출자는 자신이 생산한 제품 또는 생산자의 원산지 확인서 또는 원산지 소명서를 근거로 수출하는 제품에 대하여 FTA C/O를 작성할 수 있다.

(3) 인증수출자제도

원산지증명 능력이 있다고 관세당국이 인증한 수출자에게 FTA C/O 발급절차 또는 첨부서류 간소화 혜택을 부여하는 제도를 말한다.

4) 원산지 관리시스템(FTA Korea)

기업의 일반업무 데이터 중에서 구매, 판매, 생산 등 원산지에 관련된 데이터를 추출하여 원산지 결정기준에 따라 원산지를 판정하여 주는 시스템을 말한다.

---

26) FTA종합지원센터 'FTA활용자료' 참조 / 출처: http://okfta.kita.net

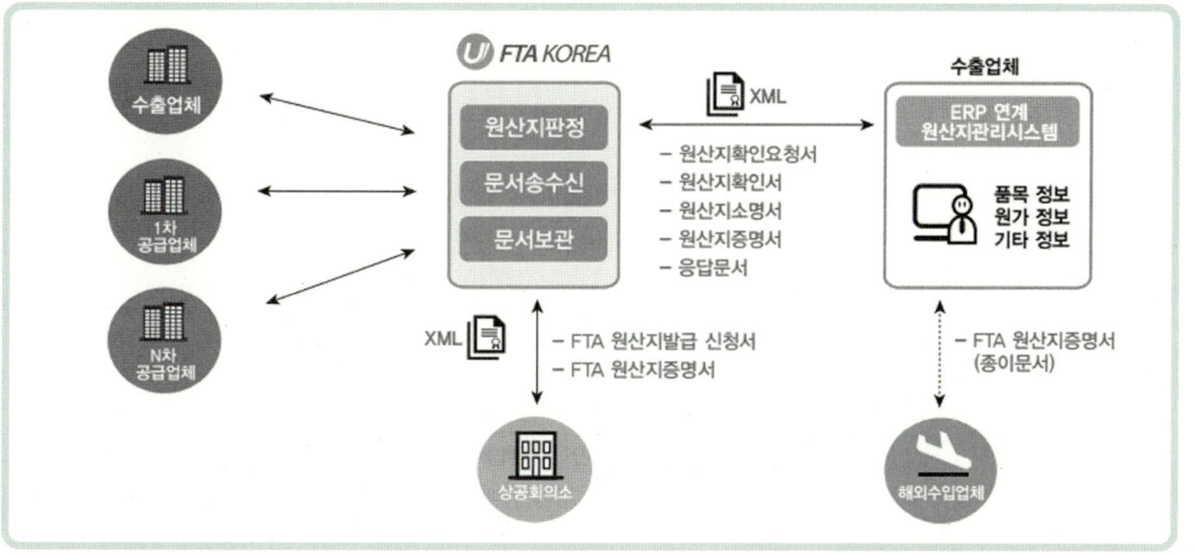

FTA Korea는 uTradeHub내 원산지 관리시스템으로 원산지를 판정하여 최종 수출업체인 경우는 FTA C/O를 발급하고 부품공급 업체인 경우에는 원산지 확인서를 발급하고 관련자료를 보관하는 일련의 FTA 원산지 업무를 체계적으로 지원해 주는 서비스이다.

(1) 서비스 내용

- 원산지 판정관리 서비스
- FTA C/O 발급·유통·보관서비스
- 사후검증 대비용 자료보관 서비스

(2) 주요기능

구분	기능
FTA정보조회 시뮬레이션	• 협정별/지역별 원산지정보 조회 • FTA Rule 관리/ HS 코드 조회 • 시뮬레이션
기준정보관리	• 회사/사용자/권한 관리 • 품목관리/구매업체관리/판매업체 관리/표준 BOM/ 제조공정관리 • 직접입력, 엑셀 일괄업로드
판정관리	• 원재료수불부, 제품수불부, 제품별 원산지판정대상 • 제품별 원산지 판정/ 매출별 원산지 판정 • 개별확인서 발급/ 포괄 확인서 발급
전자문서 송수신	• 증명서 출력/발급 * 원산지확인서, 원산지소명서/제품원가산출내역서 • 송수신관리(원산지확인서,원산지소명서/미결요청서/결과통보서 등)
사후관리	• 서명권자대장, 확인서 수취사항, 발급 문서별 이력관리, 기준정보관리 등

제9절 모바일 전자무역 서비스

국가 전자무역기반사업자인 KTNET은 무선인터넷의 활용 증가와 무선기기의 보급·확산으로 W2M(Web to Mobile) 전환요구 증가로 무역업체 및 유관기관의 모바일 기반 서비스 보편화에 대응하기 위해 2015년 3월부터 5월까지 '모바일 전자무역 ISP'를 수행하였다.

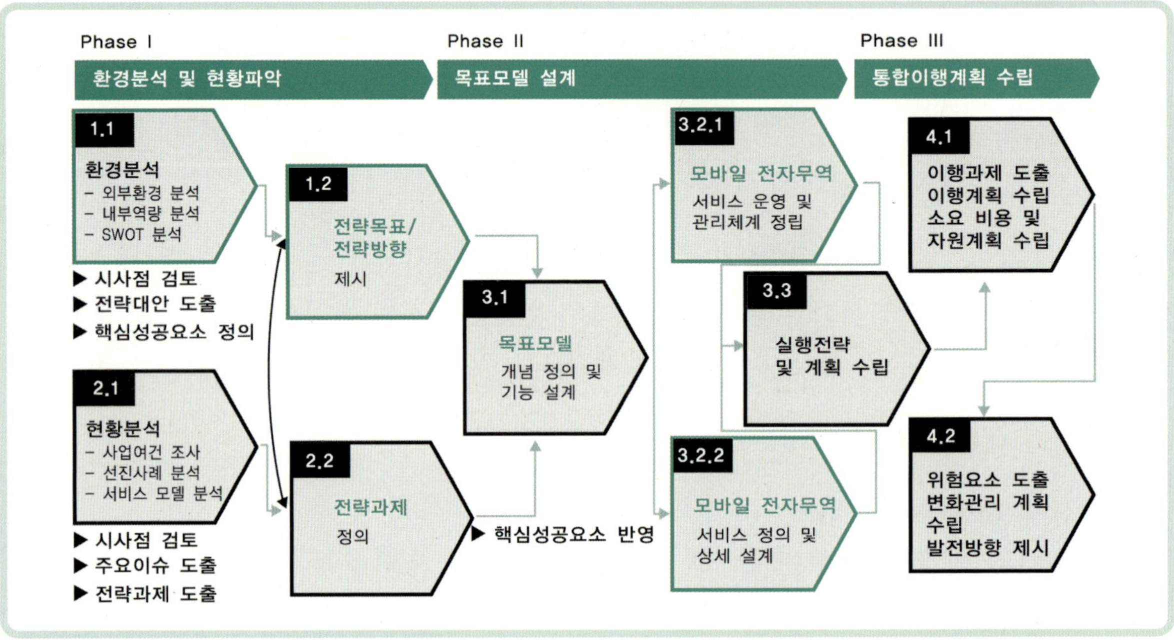

1 사업범위

1) 환경분석 및 현황파악

- 경제여건, 사업환경, 최신 정보기술 동향조사 및 정책/법·제도와 같은 대내·외 환경 및 현황분석
- KTNET 핵심역량분석
- 선진사례분석(모바일 전자무역 관련서비스 조사)
- 비즈니스 모델 조사·분석 및 사업타당성 분석

2) 목표모델 설계 및 실행계획 수립

- 모바일 전자무역 목표 모델 개념 정의
- 서비스 정의 및 기초 설계
- 목표 시스템 설계(H/W, S/W 등 인프라)
- 실행계획수립(전략과제와 이행과제 도출)

3) 사업 및 서비스모델 선정기준 및 고려사항

- 커뮤니케이션 신속성 및 실시간성 보장
- 커뮤니케이션을 위한 사용자 접근 용이성
- 서비스간 기능 조합의 용이성
- 서비스 사용자간의 협력 체계 최적화
- 서비스 사용자 환경(User Interface & User eXpericence)의 단순화
- 관련업체 및 유관기관과의 협력체계 구축
- 사업 확장 및 서비스 구축의 용이성
- 시장 및 기술 변화·발전 트렌드 반영
- 다양한 디바이스 지원

2 사업 및 서비스 모델분석

1) 고려사항

- 업무 프로세스 중심의 구성을 프로세스 단위로 분류하여 서비스를 제공하며, 사용자의 개별설정이 가능하도록 제공
- 주요 서비스는 개별 앱(APP)으로 개발하며 제공정보의 품질 및 정확도 확보를 위해 무역관련 기관과 정보를 연계
- 원래 있던 웹사이트와 핵심 서비스를 앱의 유사한 환경에서 사용할 수 있도록 하이브리드앱(Hybrid App)방식으로 구현하고, 제공하는 데이터도 모바일 환경에 맞게 일부 수정하여 제공

[그림 3-7] 모바일 전자무역 서비스 대상 선정 및 분류

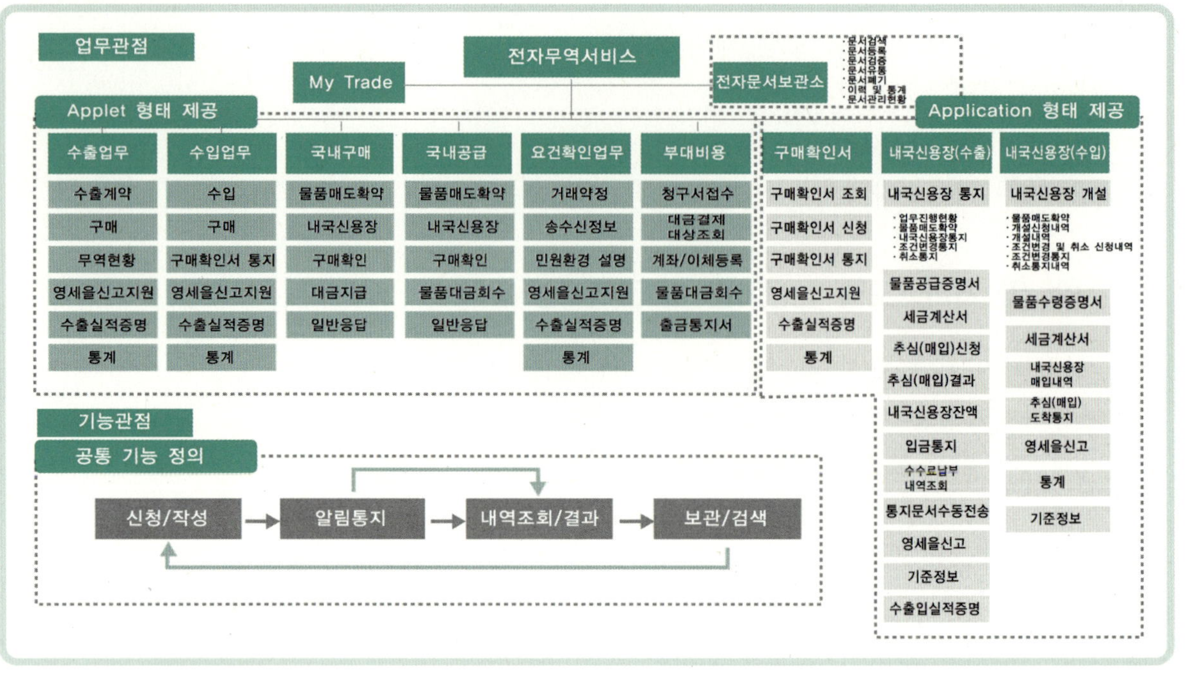

2) 주요 모바일 전자무역서비스

(1) 알림/통지(Notice) Push

- 현 각종 서류 발급업무에 대한 모바일 통합 알림/통지(Notice) Push 서비스 제공

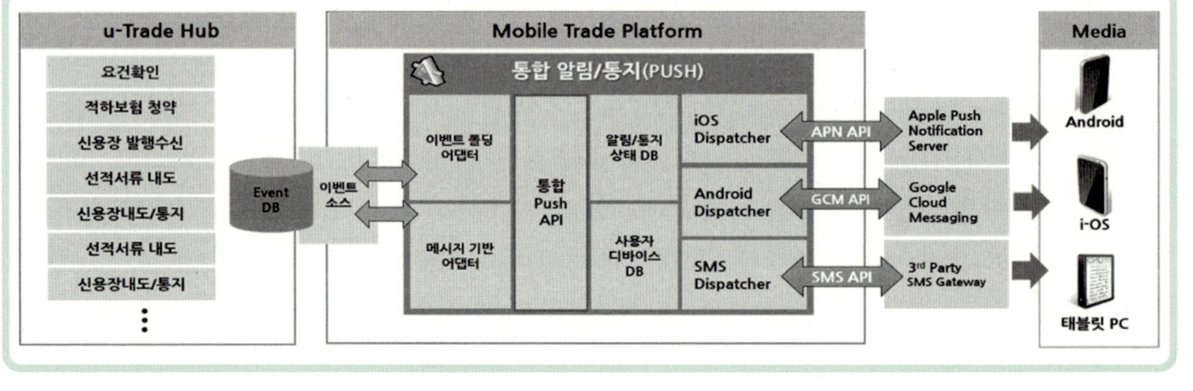

사용자가 신청한 각종 발급업무 처리에 대한 알림/통지 및 업무처리 관련 간단한 정보조회가 가능하다.

(2) 무역정보 서비스(Data Store)

- 무역정보 서비스(Data Store) 운영을 통한 무역 및 시장정보 제공, 무역관련 각종 데이터 및 정보제공

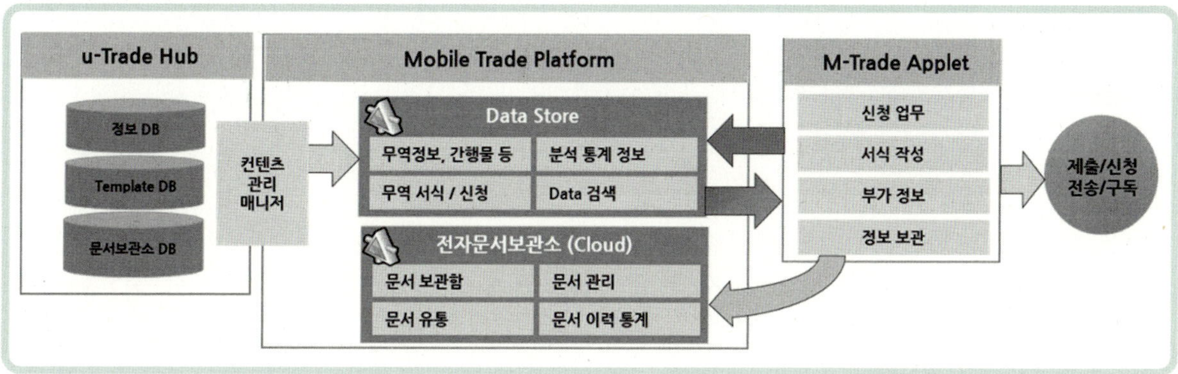

각종 무역과 관련한 간행물, 통계, 뉴스레터 등 정보에 대해 유료구매 또는 구독 서비스 제공이 가능하다.

(3) 무역업무 서비스

- 각 사용자 개별 설정에 따라 업무 에플릿(applet) 설정

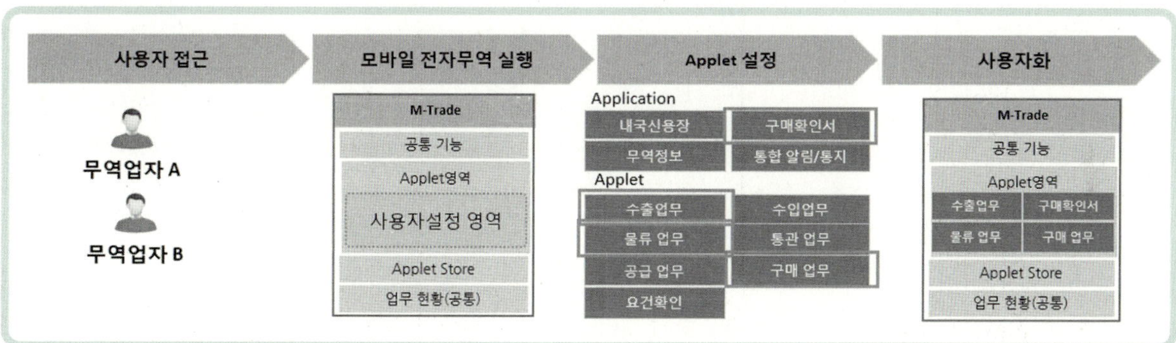

업무 서비스는 모바일 환경에 최적화된 m-Web으로 전환하고 Applet 패키지화하여 설치/설정 및 제공이 가능하다.

(4) Trade Applet Development

- 공통의 표준규격을 통한 Applet 개발 및 API 사용
- 각 Applet은 모바일로 최적화되어 상호 연계 구동

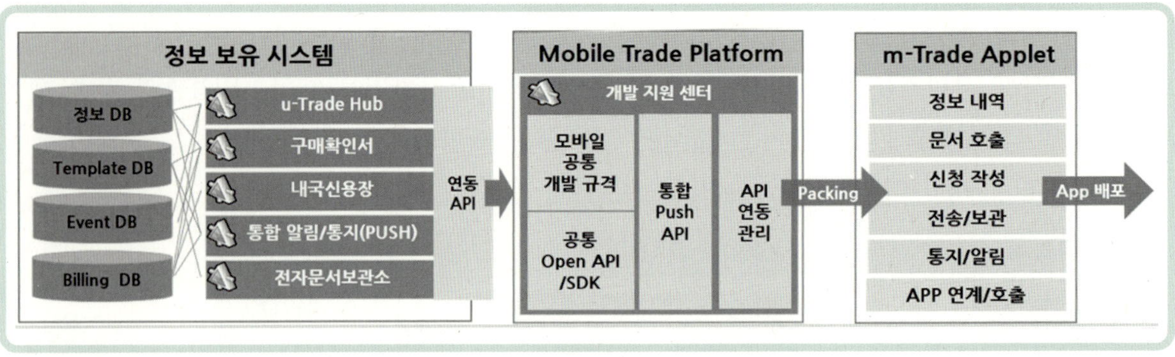

기본 공통 메뉴 또는 기능을 제외한 업무 기능에 대해 Applet 형태로 설치하고 사용할 수 있으며, 각 Applet은 기존 시스템과의 상호 연계 및 Applet간의 호환성 확보가 가능하다.

(5) Trade App Store

- 사용자 필요에 따라 Applet을 선택하고 설치할 수 있는 스토어 서비스
- 기본 서비스 제공과 유기적인 App간의 상호 연결 및 동작 제공

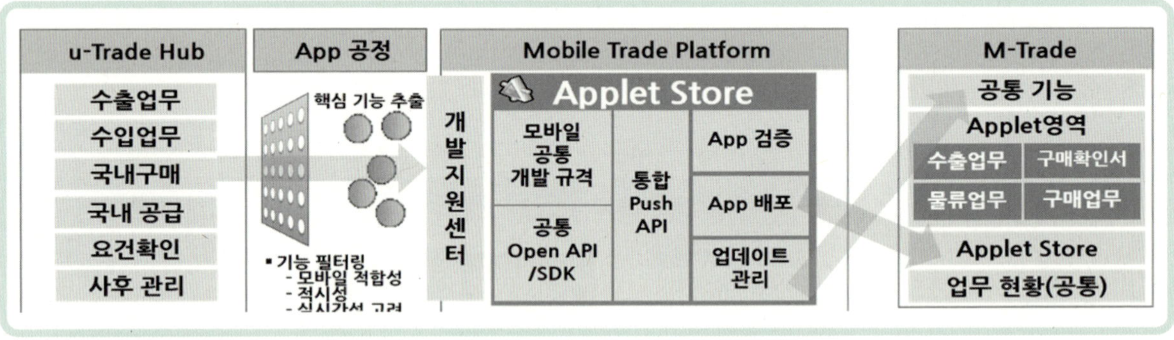

현 uTradeHub의 업무기능 중 통합 또는 핵심기능 추출을 통해 Applet을 개발하여 제공을 하며, 각 Applet은 상호 연계를 위해 공통 API를 활용한 호환성을 확보한다.

(6) 구매확인서 App Service

- 현 구매확인서 서비스의 주요 기능 및 업무처리에 대한 스마트폰 어플리케이션 서비스 제공
- 사용자가 신청한 각종 발급업무 처리에 대한 알림 및 간략 정보조회

제10절 전자상거래 무역서비스

1 전자상거래 무역현황 및 시사점

1) 전자상거래 무역확산에 따른 해외 역직구 증가

- 최근 1년('14.9~'15.8)간 전자상거래무역을 통한 수출은 1억829만불로 직전대비 232.3% 증가하였다.
  - ('10년) 2,105천불 → ('12년) 10,638천불 → ('14년) 44,595천불 → ('15.01~08) 86,161천불[27)]
- 전자상거래 무역역조(해외직구) 심화에 따른 정부와 유관기관들은 수출(역직구) 지원정책 마련중에 있다.
  - 산업부 '전자상거래 수출협의회' 운영, 관세청 '전자상거래 간이수출통관제도' 신설('14년)

2) 전자상거래 수출무역의 개선점

(1) 무역프로세스 인식부족에 따른 수출혜택 포기

- 무역절차 이해도가 낮은 중소 쇼핑몰 입점업체들은 수출통관, 부가세·관세환급 등 무역관리업무를 처리하는데 애로가 있어 불이익이 발생한다.

27) 출처: '전자상거래 수출(역직구)동향', 관세청(2015.10.29)

[수출통관 미신고시 문제점]

- 수출실적 불인정(무역금융 영향)
- 관세환급 불가(원부자재 수입시)
- 매출자료 부재로 부가세 환급 어려움
- 구매확인서 및 원산지증명 발급 어려움

(2) 국내 및 현지 수출입통관 애로사항 발행

- 중저가 상품이 다량으로 거래되는 전자상거래에 기존 수출통관 처리절차를 적용할 경우 업계의 불편과 편법 처리를 초래할 수 있다.
- 역직구의 주대상국인 중국이 최근 전자상거래 물품에 대한 '묻지마 통관'에 대한 규제를 강화하고 있으나 업계의 대응책 마련은 미비한 편이다.

(3) 온라인 수출기업과 국내 공급기업간 로컬거래 지원

- 역직구 쇼핑몰은 경쟁력 있는 공급기업을 발굴하여 입점해 있는 수출기업이 상품을 원활히 조달받고, 공급기업을 입점업체로 유치하여 수출기업화하는데 관심이 있다.

3) 시사점

(1) 전자상거래 무역업무의 애로사항을 해소하는 서비스 필요

- 통관신고, 수출실적증명, 구매확인서, 원산지증명, 부가세 및 관세환급 등 전자상거래용 전자무역 서비스를 오픈플랫폼 방식으로 제공할 필요가 있다.

(2) B2C를 위한 B2B 전자상거래 서비스 필요

- B2C와 B2B간 영역파괴 및 B2C 해외판매를 지원하는 B2B 국내공급 활성화에 필요한 신용정보, 거래알선, 금융지원 등 B2B2C 서비스를 제공할 필요가 있다.

(3) 전자무역에서 전자상거래 무역으로 기반사업자의 역할 확대가 필요하다.

- 무역환경 변화에 따라 전자무역기반사업자의 역할이 기존 오프라인 무역지원에서 온라인 무역지원으로 확대되고 있다.

2 전자상거래 무역서비스

1) 전자상거래 무역서비스 개발

(1) 목표

전자상거래용 전자무역 서비스를 개발하여 역직구몰의 수출통관, 물류·배송, 결제·금융, 세무업무 등 무역업무 처리를 지원한다.

(2) 방안

- 전자상거래 무역업무 절차별 서비스를 신속하게 개발 및 보급
- 업계 요구사항 및 적용업무를 추가하여 공용 인프라로 확대

[표 3-12] 전자무역+전자상거래 통합인프라

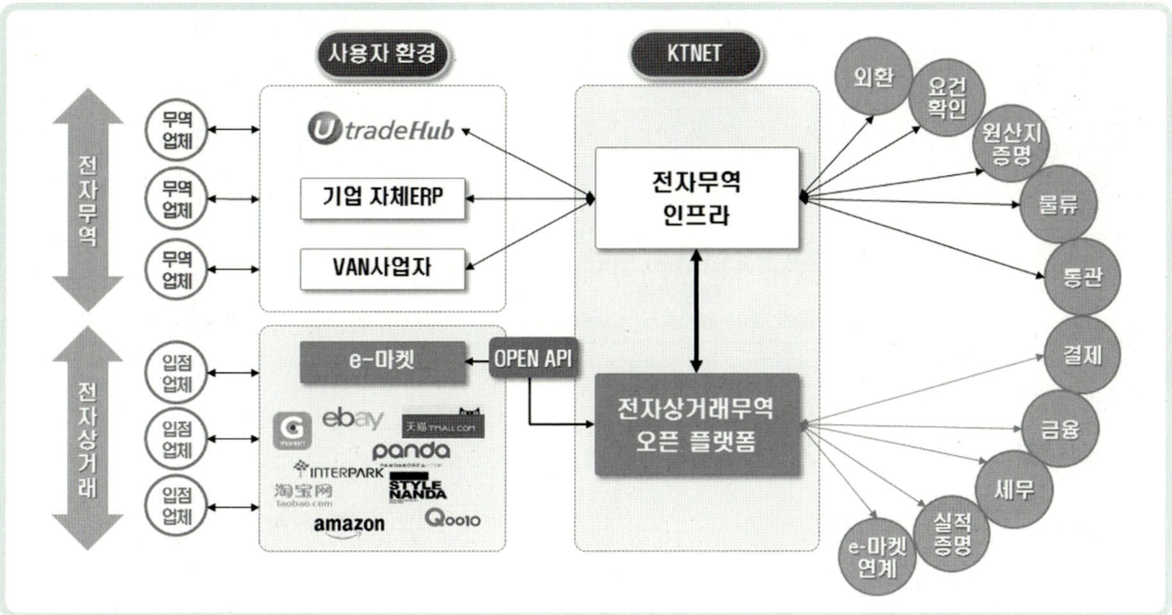

2) 로컬수출 금융허브 구축

(1) 현황

국내 구매확인서와 Local L/C 사용 데이터를 분석하면 공급기업 7만개, 구매(수출)기업 3만개, 거래품목 6만5천종, 거래건수 160만건, 거래금액은 330조('14년 기준)에 달한다.

(2) 목표

구매확인서와 Local L/C 빅데이터를 활용하여 공급자와 구매자를 연결하고 거래실적·신용도를 바탕으로 금융지원 서비스를 제공할 수 있다.

(3) 방안

- 공급자와 구매자간 거래알선을 바탕으로 금융서비스를 접목
- 글로벌 e-마켓과 연계하여 공급기업의 해외 수출기업화 추진
  - 거래내역을 분석한 업체별 신용도를 금융권과 연계하여 생산·구매자금 등 지원
  - 로컬거래 특성을 반영한 영세율결제, 구매확인, 수출실적 증명과 연동

[그림 3-8] 로컬수출 금융허브 목표모델

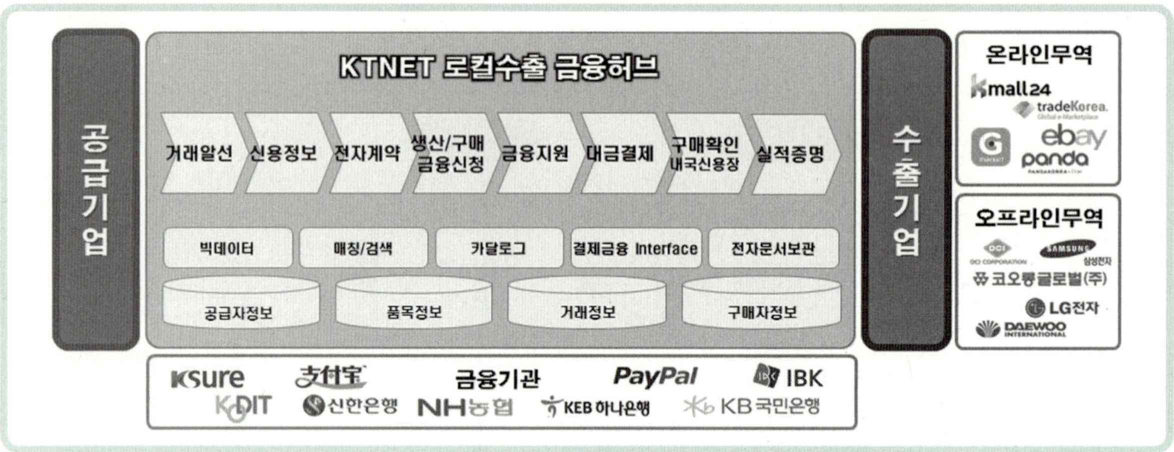

3) 글로벌 e-마켓 연계

(1) 목표

Kmall24, TradeKorea, eBayKorea 등 글로벌 e-마켓과 전자상거래 무역서비스 및 로컬수출 금융허브를 연계하여 온라인 수출을 지원한다.

(2) 방안

- Kmall24의 전자상거래 무역서비스 모델을 타 e-마켓으로 확대한다.
- 로컬수출금융허브와 글로벌 e-마켓을 연계하고 로컬거래 공급기업을 e-마켓으로 입점시켜 수출기업으로 육성한다.
  - 무역협회가 운영하는 Kmall24, TradeKorea와 시스템간 연동을 통해 입점프로세스 간소화, 카탈로그 자동 업로드 기능, 결제·금융지원 시스템 공유 등을 추진한다.

[그림 3-9] 전자상거래 무역서비스와 글로벌 e-마켓 연계모델

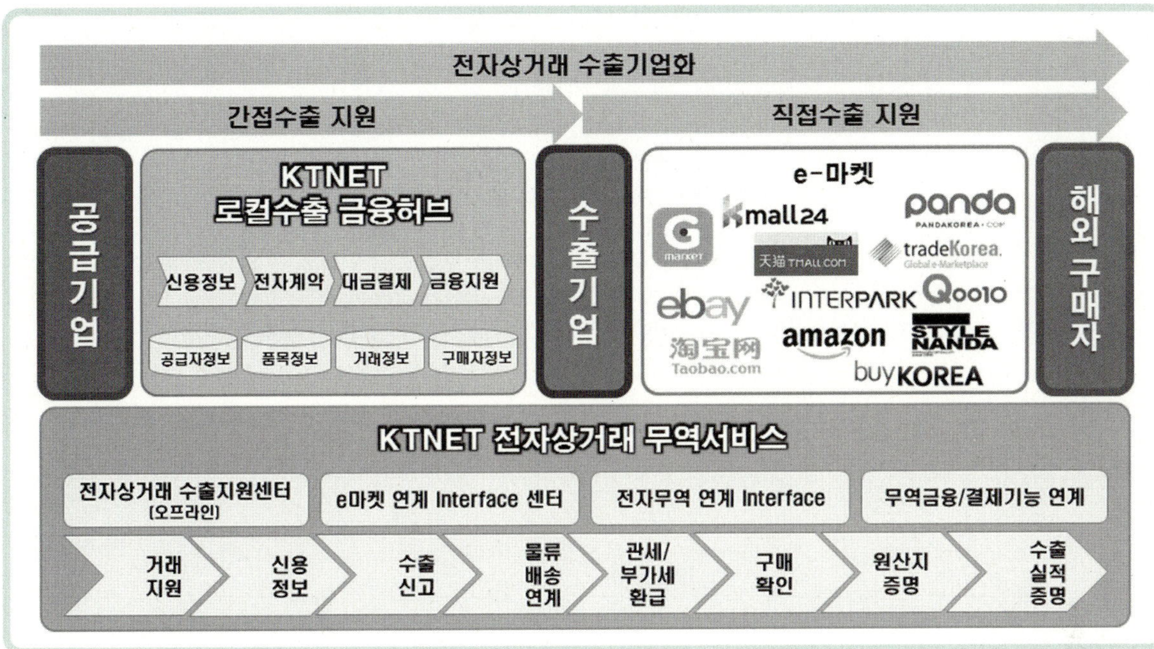

4) 관련 업계 및 기관 인터뷰 결과

분 야	인터뷰 업체	주요 내용
e마켓 (9개사)	eB** Korea, ***바(중국), 인**크, G**, **텔레콤, 판**리아, H**터내셔날, O**GG, 글로**즈니스****	• 역직구의 증가로 입점업체에 대한 수출혜택에 관심 증대 • 수출통관 절차없이 배송하는 경우가 많아 부가세환급, 수출 실적, 금융지원 등 수출혜택 포기 • 국내/해외 '묻지마 통관'에 대한 규제강화로 목록통관에서 정식 수출통관으로 전환을 고려 • 중국내 B2C 시장의 한계로 B2B 전자상거래에 관심증대 (***바) • Kmall24 구축한 수출신고자동화에 관심이 많고, 도입을 적극 고려 • 중국 등 해외 통관/물류 절차 강화에 대응하는 정부의 역할 요청 • KTNET의 로컬정보를 활용한 신규 사업 협력에 관심(오픈마켓) • 수출 대상국에 맞는 철저한 현지화(중국 솔루션 활용)와 마케팅 필요 • 향후 Public부문 역할은 제한적이며, 정부에서 ***바 입점 지원과 같은 전자상거래 기업 지원이 효과적 • 역직구의 범위를 삼각무역으로 확대 필요(미국의 N*** 제품을 일본의 라*텐에 판매)
입점업체 (3개사)	가*린, 키*온, 지***비스	• 중소 입점업체들은 무역프로세스 이해부족으로 불이익 발생 및 수출혜택 포기 • 전자상거래 수출에 대한 수출실적 인정이 어려움
금융/결제 (5개사)	Pay***, **페이, K*P, **콤, 신용***금	• 최근 역직구몰 급증 추세이나 쇼핑몰 운영업체는 수출업무 처리에 애로 • KTNET 로컬거래정보 연계를 통한 협업, 공동 마케팅 기대
IT기업 (7개사)	(공급업체)그린**드, **메카텍, (쇼핑몰) 메이크샵, 와**커머스, (물류) H***, 레**리아, 유***노스	• 오프라인 부문에서 지속적 매출이 하락하여 온라인에 관심 있으나 중소기업 여력상 도입 쉽지 않음 • 정부나 무역유관기관에서 신뢰성 있는 B2B마켓플레이스 구축시 이용 의사 있음 • 수출통관 및 부가세 환급처리 등 전자상거래 솔루션에 대한 수요가 있어 개발 추진 중

분 야	인터뷰 업체	주요 내용
특송사 (4개사)	한*, AC**스프레스, 오***벌로지스틱스, A**&*ORE물류	• 역직구 시장 확대추세에 따라 물류/배송 서비스 확대를 추진 중 • 글로벌 특송사(DHL, Fedex 등)에 대응을 위한 정부 지원정책 필요(해외 네크워크 연계, 정보연계 시스템 등)
기 관	정부부처 및 유관기관	• 시장의 니즈 분석, 업계에 실질적으로 도움이 될 수 있는 모델이 필요, KTNET의 보다 신속한 사업추진 요청 • 전자상거래 활성화2.0 발표 등 정부정책에 따라 전자무역 인프라와 다수 기업을 확보한 KTNET의 적극적인 사업 추진 당부 • B2B 전자상거래 활성화를 위한 KTNET의 역할에 관심, 전자무역와 로컬정보를 활용한 국내 B2B 전자상거래 활성화 필요 • e-마켓과 KTNET 연계로 전자상거래사업 활성화 희망

제4장

전자물류(e-Logistics) 서비스

제1절 개 요

물류는 물적유통(物的流通; physical distribution)의 줄임말로 물자의 흐름(flow of goods)를 의미한다. 물자의 흐름을 시·공간적으로 효율화하여 기업의 이윤에 최대로 기여하기 위해 계획, 집행, 통제하는 일련의 종합시스템(total system)을 최적화하는 것을 '물류관리(logistics management)'라고 정의할 때 물류관리의 의의는 효율적인 물자의 흐름을 계획·실행·통제하는 제반 활동에 있다고 볼 수 있다.

물류의 발전배경은 원재료 및 부품공급, 완제품의 소비지로 이동 증대에 따른 투자와 생산의 세계화, 경쟁우위가 제품이나 가격중심에서 유통중심으로 변화하는데 따른 마케팅믹스의 변화 그리고 운송수단의 대형화 및 고속화와 같은 교통의 발달, 전자상거래(e-commerce)와 같은 정보통신의 발달에 있다고 볼 수 있으며, 단계별 발전 세부내용은 아래 [표 4-1]과 같이 정리할 수 있다.

[표 4-1] 물류의 발전단계

단 계		시스템적용범위	내 용	효 과
1	물적유통	유통부문	공간과 시간의 효용창출	물류비절감
2	비즈니스 로지스틱스	전사적자원관리(ERP)	필요한 상품을 도달	총품질, 고객만족
3	공급체인(supply chain) 로지스틱스	원재료생산지점에서부터 최종 소비지점까지	협업과 파트너쉽으로 상호이익	효율적인분배
4	그린 로지스틱스	전순환 사이클	저공해형 전순환시스템	환경에 순응

물류관리의 본원적 목표는 물류비 절감과 고객 서비스 향상이라고 말할 수 있다. 최근의 국제무역·물류 환경을 감안할 때 이 목표에 도달하기 위해서는 생산 및 판매의 통합시스템 구축과 공급망 사슬관리(SCM)[28]체제의 구축이 중요하며 고객만족 향상을 위해 물자 흐름에 관해

28) The design, planning, execution, control, and monitoring of supply chain activities with the objective of creating net value, building a competitive infrastructure, leveraging worldwide

조직 전반의 최적화와 동시에 공급자, 판매자 등 파트너와의 협업(collaboration)을 통한 공급사슬 전체의 최적화를 추구해야 한다고 볼 수 있다.

[그림 4-1] 선형 및 비선형 공급사슬 관계도 샘플

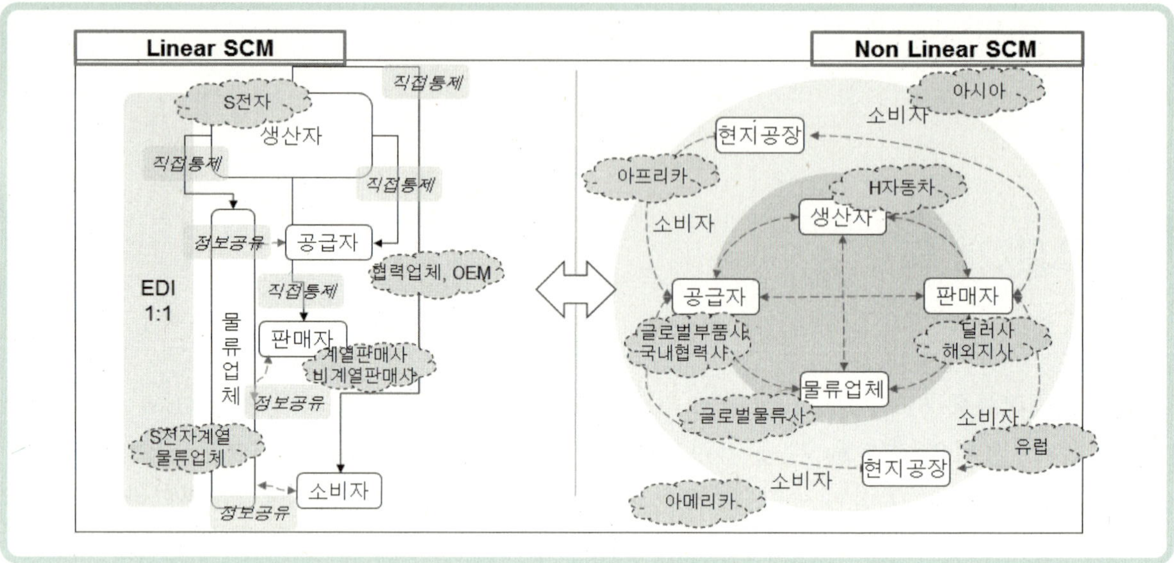

또한 SCM의 경우 단순 개별기업 단위의 물류에서 벗어나 공급사슬상의 핵심 기업(focal-company)을 중심으로 공급사슬이 형성된다. 따라서 물류를 포함한 망 전체의 모든 공급단위로 확장됨과 동시에 ICT를 기반으로 한 공동 커뮤니케이션 및 단일플랫폼, 공동 운영시스템 활용 등의 특징을 띄게 된다.

1 제조·유통 및 물류 주도 SCM

전체 공급사슬상 가장 넓은 범위의 분야에서 타 구성원보다 경쟁우위가 있는 구성원이 해당 SCM을 주도한다고 가정할 때, 글로벌 단위의 제조업체, 유통업체 및 물류업체중 누가 주도하느냐에 따라 SCM 최적화의 성격이 달라진다고 볼 수 있다.

예를 들어 삼성전자나 Apple과 같은 제조기업은 시장내 제품경쟁력을 중심으로 자체 판매경로, 외부 유통업체 및 협력업체를 엄격히 관리함으로써 SCM을 주도해 나갈 수 있다. Wal-Mart나 ALDI와 같은 거대 유통기업은 대량·소품종발주 대량화로 구매단가를 낮추고 소비자와의 관계를 강화하며 다양한 마케팅의 기법을 적용하는 등의 방법을 통해서 SCM을 주도해

logistics, synchronizing supply with demand, and measuring performance globally. / 출처: http://www.apics.org/ (APICS is the premier professional association for supply chain and operations management)

나갈 수 있다. 위와 같은 경우에 물류와 ICT는 제조업체와 유통업체의 SCM을 지원하는 강력한 도구이다.

또한 물류 의존도가 높은 산업에 대해서는 글로벌 물류기업 중심의 SCM을 주도할 수 있다. 무역자유화와 경제글로벌화에 따라 전지구 단위 복수의 지역에서 생산, 부품조달 및 구매, 보관 및 운송, 판매 및 유통, 대금회수와 같은 기업 활동이 복잡다단하게 일어나는 경우 초대형 기업이 아니라면 조달, 생산 및 판매 물류를 일관성 있게 통제하기는 거의 불가능하며, ICT를 이용한 정보화에도 한계가 있다. 따라서 글로벌 제조 및 유통업체가 글로벌 3자물류(third party logistics) 업체를 통해 '물류관리'를 일괄 아웃소싱하고 양사 시스템간 긴밀히 연계한다면 그것이 더욱 합리적인 선택일 수 있다. 아울러 물류기업 자체도 SCM의 개념을 도입하여 자기 주도하에 물류프로세스를 최적화하고 이를 현실화하는 도구로서 ICT를 적극 활용하고 있다.

[그림 4-2] 글로벌 3PL업체 통합물류 시스템 구성도 샘플

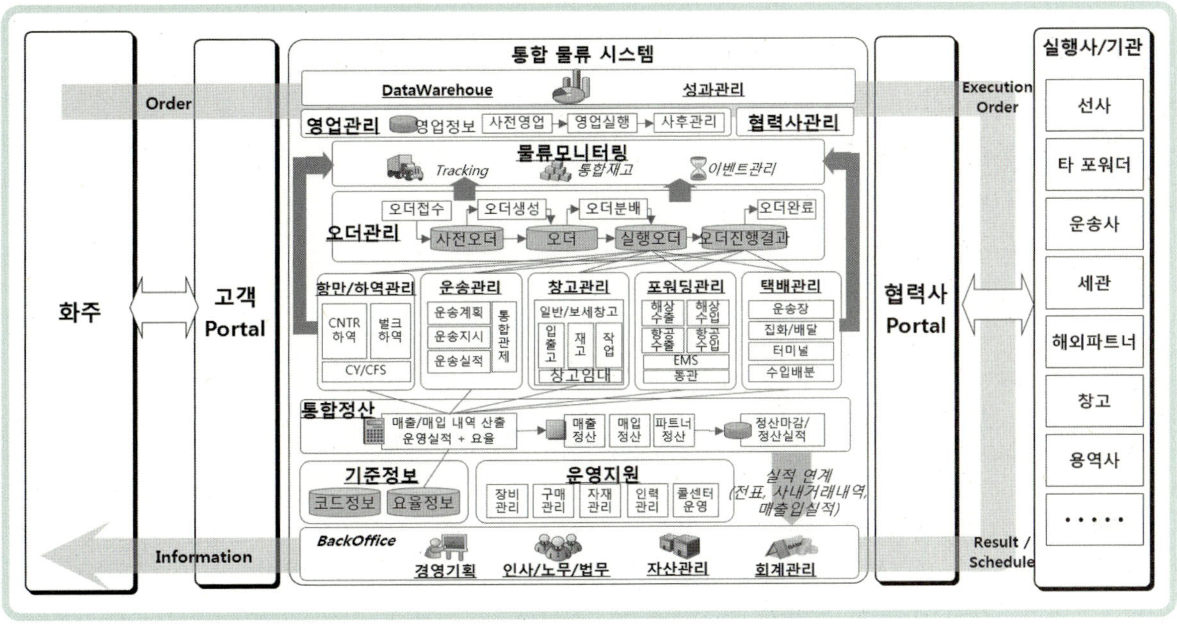

2 수출입물류의 주체

수출입 물류의 B2B의 핵심 관련자는 실화주, 포워더와 선사, 항공사, 공·항만터미널, 내륙운송사(철송, 육송), 창고 및 관세사라고 할 수 있다. 반면 B2G의 주요 관련자는 해상운송의 경우 해양수산부와 항만공사, 항공 및 내륙운송의 경우 국토교통부 그리고 수출입 화물 통관의 경우 관세청 등을 들 수 있다.

3 수출입물류 정보화

공급사슬전략(supply chain strategy)과 수요예측, 생산계획, 공장운영전략 등 SCM의 핵심 요소인 공급사슬계획(supply chain planning)을 제외하면 SCM개념의 하부에는 전략과 이에 기반한 계획에 따라 수행되는 물류관리(logistics management)가 남는다. 이를 국제무역거래와 접목하면 수출입 중심의 물류프로세스 합리화가 과제로 대두된다.

글로벌 기업환경에서 제조업체와 유통업체 및 물류업체 자체도 무역거래에 기반한 물류서비스 합리화가 필요하며 이를 ICT를 이용해 제공한다면 전자물류(e-Logistics) 서비스라고 말할 수 있다. 특히 수출입물류에서는 국제물류시장 그 자체에 사업기반을 둔 선사, 항공사, 포워더, 운송사, 항만터미널 등 물류서비스 제공업체가 KTNET과 같은 물류정보망 사업자로부터 B2B와 B2G 전자물류 서비스를 제공받을 수 있으며, 자체 시스템 구축이나 외부 정보망 제공서비스를 활용하여 고객(화주) 물류를 지원할 수도 있다.

본서에서는 국제무역거래에 기반한 화물관리 즉, 수출입 물류업무를 바탕으로 KTNET이 제시할 수 있는 비즈니스모델을 다룰 예정이고, 이 모델로부터 유래된 다양한 전자물류 서비스에 대해 서술한다. 다만 화물추적과 같이 수출입 제조기업을 지원하거나, 공급자와 유통업체간 수발주 자동화와 같이 유통기업을 지원하는 서비스도 있으나 주로 다룰 분야는 수출입 물류기업을 위한 B2B와 B2G 서비스이다.

제2절 전자물류인프라

전자물류에서는 「전자무역촉진에 관한 법률」에서 정하는 '전자무역기반시설'이나 '전자무역기반사업자'와 같이 법률에 의해서 전자물류를 총괄하는 법이나 시설 그리고 운영사업자를 지정하고 있지는 않다. 또한 전자무역분야에서의 uTradeHub 같은 '전자무역통합플랫폼'이 단일하게 운영되고 있지도 않다. 그러나 「물류정책기본법」에서 단위물류정보망구축, 「관세법」에서 국가관세종합정보망 운영사업자와 전자문서중계사업자 지정에 관한 내용이 있고, 「항만법」에서는 항만물류통합정보체계의 구축·운영에 관한 내용 등이 있다.

법·제도적으로 「물류정책기본법」, 「물류시설의 개발 및 운영에 관한 법률」, 「항만법」, 「항공법」, 「화물자동차운수사업법」, 「선박의 입항 및 출항 등에 관한 법률」, 「관세법」등 다양한 성격과 목적을 가진 법률에서 물류정보화에 관련된 내용을 발췌하여 전자물류인프라에 대해 정리할 수 있고, 그 내용은 제15장 '전자물류관련 국내 법·제도'와 제16장 '운송관련 국제규칙'에서 상세히 다루도록 한다.

1 해운항만물류 공공정보망[29)]

1) 해양수산부 Port-MIS[30)]

선박의 입출항 보고서 및 허가서 등 항만 관련 업무를 전자자료교환(EDI)방식 등으로 전산처리함으로써 행정절차를 간소화하고 업무처리를 신속하게 할 수 있도록 지원하는 시스템이다. 서비스되는 전자문서는 EDI 국제표준 UN/EDIFACT규칙을 적용하고 있으며, 개별기업의 정보시스템과 연계를 위한 별도의 모듈은 제공하지 않고 정부기관에서 정보제공 요청시 파일배치 혹은 실시간 데이터 연동방식으로 정보를 제공한다.

2) 관세청 UNI-PASS

수출입관련 통관신고(관세청) 및 다양한 요건확인 신청업무(요건확인기관)를 하나의 창구에서 원스톱으로 처리할 수 있도록 지원하는 전자통관 시스템이다. 개별기업은 관세청에서 제공하는 웹기반의 사용자 인터페이스를 사용할 수도 있고, 기업내부 정보시스템과 KTNET 적하목록취합시스템(MFCS)이나 타 VAN과 직접 연계하여 이용할 수도 있다.

2 KTNET 전자물류 플랫폼

현재 MFCS기반 관세청 적하목록취합 중심의 서비스를 제공하고 있으나 2016년 상반기에는 해상물류 B2B와 B2G까지 영역을 확대하여 항공, 해상을 아우르는 전자물류서비스를 제공할 예정이다.

1) 항공물류 서비스

수출입 물류업무 처리과정에서 처리되는 각종 신고서식을 EDI 또는 XML 표준형식으로 전자화하여 항공사, 포워더 등 물류유관 업체와 관세청간 전자문서를 중계하는 서비스를 제공한다. 항공사와 항공화물 포워더간 제출한 적하목록을 운항 항공기 단위로 취합하여 관세청에 제출하고, 보세구역이나 보세운송사 등이 반출입 및 보세운송신고 업무에 활용할 수 있도록

29) 국토교통부 항공물류분야 단위물류정보망인 항공물류정보시스템(AIRCIS, Air Cargo Information System)이 있으나 본서는 해운항만물류를 중심으로 기술하고 항공은 관련 주체별로 별도 언급한다. 국가물류통합정보센터(National Logistics Information Center)와 같이 국가단위로 육·해·공 물류정보를 수집하여 정보를 통합 제공하는 정보시스템은 제외하였다.

30) 해운항만물류정보센터(SP-IDC)는 지방해양수산청 및 항만공사에서 운영하고 있는 Port-MIS, 한국해사위험물 검사소의 위험물정보, 해양경찰청의 제재선박정보 등 해상화물과 선박관련하여 물류·해운·항만 정보를 제공한다.

적하목록 정보를 제공한다. KTNET 주요 고객으로는 주요 국적항공사, 글로벌 항공사 그리고 거래 항공포워더가 있다.

2) 해상물류 B2G서비스

선사, 선사대리점이 항만운영정보시스템(Port-MIS)를 통해 선박 입출항과 선원(또는 승객) 입·출국 수속을 관세청, 법무부, 검역소에 신고하거나 항만시설 사용신청 및 반입신고 등을 해양수산부 또는 항만공사에 전자적으로 신청·인가 받을 수 있는 서비스등을 제공한다.

3) 해상물류 B2B서비스

실화주, 선사, 포워더, 운송사, 항만터미널 등 수출입 물류 공급자 및 수요자간 부킹, 선적요청, 사전운송신고, 게이트반출입결과, 검수업무 등을 지원하는 서비스를 제공한다. 선적의뢰서(Shipping Request, 이하 "S/R"), B/L 데이터, 거래명세서, 세금계산서 등 EDI(전자문서교환) 송수신, 포워더와 선사, 항공사, 해외지사 파트너간 인터페이스, 포워더-운송회사-창고간 정보교환 등의 서비스를 제공한다.

4) 수출입물류 B2B 솔루션업체[31)]

KTNET 전자물류인프라와 연계하는 고객단 물류업무 솔루션 제공업체와 VAN을 정리하면 아래와 같다.

- 선사: 델리넷, 반석시스템, 양재아이티 등
- 포워더: 한국비즈넷, 양재아이티, 웹투게더, 카고클럽, 이씨스 등
- 관세사: 앤컴, 레디코리아 등
- 선사대리점, 운송사: 에디넷
- 항만터미널: 토탈소프트뱅크, KL-Net 등

31) 대형물류업체의 경우 통합물류시스템 구축의 사유로 자체구축하고 IT계열사를 이용하여 운영하는 경우가 많다. 물류업무 솔루션은 중소 물류업체가 자기개발 없이 솔루션 제공업체로부터 임대하여 사용하고 있는 경우가 많다.

제3절 uLogisHub

[그림 4-3] uLogisHub 전체 서비스 구성도

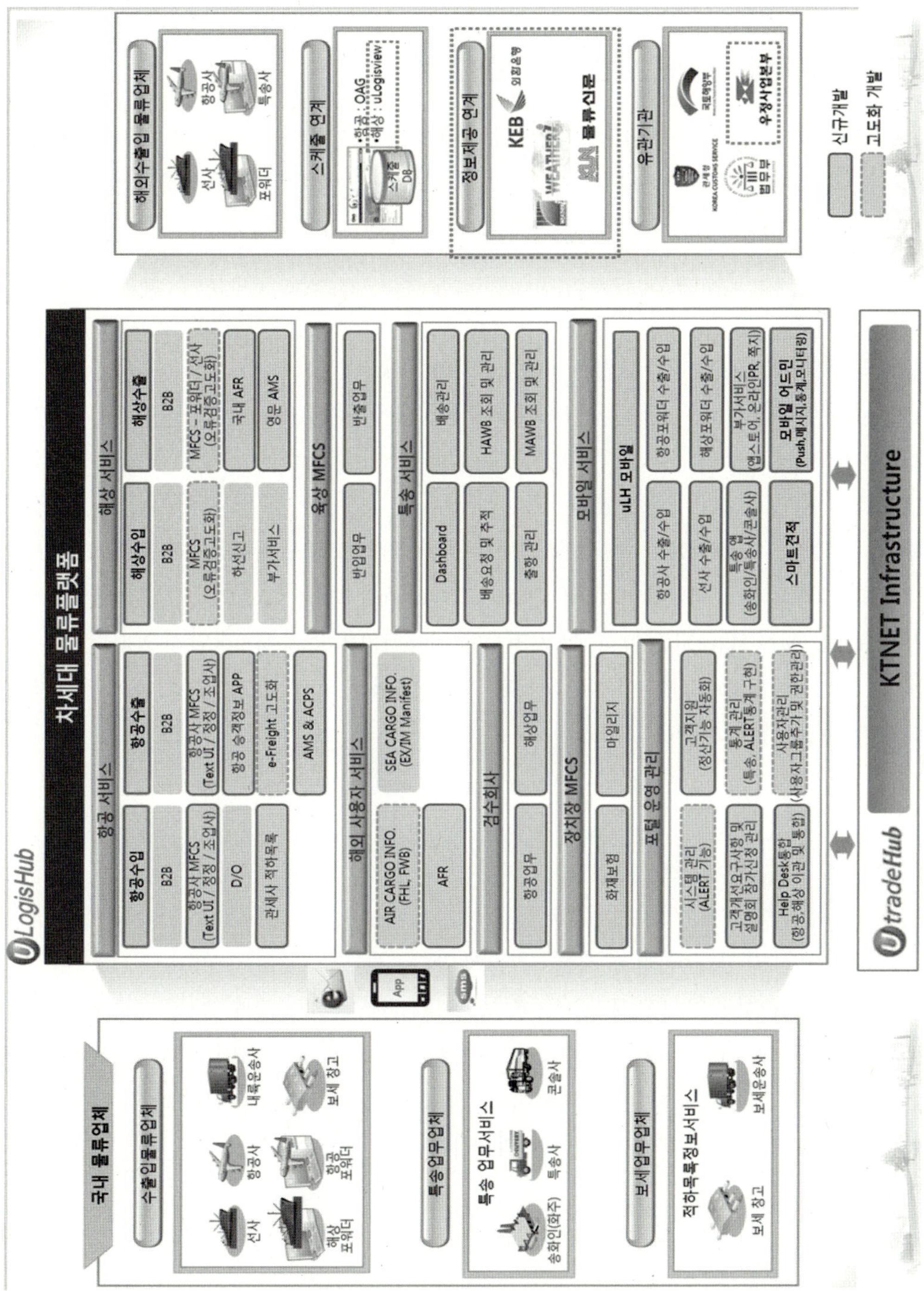

uLogisHub란 이전 'cTradeWorld[32]'내 'eLogisFrame'의 MFCS[33], Web EDI[34], AMS[35] 서비스 등을 통합한 시스템으로 지속적인 업그레이드를 통해 신규 B2B 서비스를 구현한 KTNET 전자물류 플랫폼을 말한다.

1 주요 추진경과

1) 차세대 물류포털 1단계(2012.7 ~ 2013.3)

적하목록 관련제도 변경 등 대내외 환경변화와 최신 트렌드를 반영하여 서비스를 통합 및 고도화하였다. 특히 업무프로세스를 기반으로 서비스를 배치하고 사용자의 편의성을 강화하기 위해 차세대 물류플랫폼 구축사업을 추진하였다.

(1) 주요 개발내용

- 표준 프레임워크 기반 기존 서비스 통합개발하였다.
- 기존 유저인터페이스는 유지하면서 데이터 통합에 의한 추가정보 입력 및 신규업무를 개발하였다.
- 물류 B2B업무를 신규개발하였다.
  - 항공: MFCS, Web EDI, 미세관 적하목록 사전신고(Automated Manifest System), 항공화물 허브시스템(Air Cargo Portal System, 이하 "ACPS") 통합 및 스케줄 조회, 기적요청, Air-Waybill(이하 "AWB")관리 등 B2B 업무를 개발하였다.
  - 해상: MFCS, Web EDI, 미세관 AMS, 유럽세관 ICS 통합 및 S/R, B/L데이터 관리 등 B2B 업무를 개발하였다.

(2) 주요 추진내역

- 물류프로세스 관점에서의 시스템 구현하였다.
  - B2B업무에서부터 MFCS신고, D/O 및 부가서비스 순서로 서비스이용 가능하게 되었다.
- 프로세스 기반 단절데이터 연계를 구현하였다.
  - 이전에는 MFCS에 적하목록 전송 후 Web EDI에서 적하목록을 정정하였고, 하기 이상 보고를 위한 데이터를 재입력해야만 하였다. 그러나 신규개발 이후에는 적하목록 전송 후 동일 MFCS 메뉴에서는 적하목록을 정정하고 기 전송된 적하목록 정보를 조회하여 하기이상 보고 작성 및 전송할 수 있게 되었다.

---

32) uTradeHub 이전 사이트(https://www.ctradeworld.com)
33) 적하목록취합시스템(Manifest Consolidation System)
34) 웹을 이용한 적하목록 등 EDI신고
35) 해외세관 사전적하목록신고서비스를 통칭하나 구체적으로는 미세관 사전신고를 의미한다.

- 항공물류 B2B업무 핵심기능을 구현하였다.
  - OAG[36]스케줄 조회기능
  - 스케줄 정보를 활용한 화물예약(e-Freight) 기능
  - 기적요청 관리 기능
  - AWB 관리기능
  - House Air-Waybill(이하 "HAWB") 양식 출력 기능
  - B2G연계: AWB정보를 FHL(HAWB data)관리업무로 연계하여 FHL문서로 MFCS/AMS 전송-조회 기능 구현
- 해상물류 B2B업무 핵심기능을 구현하였다.
  - 선박스케줄 조회 기능
  - 선적요청 정보에 의한 House B/L데이터와 Master B/L데이터 생성
  - 포워더의 선사 S/R 전송 관리 및 선사의 조회기능
  - 포워더의 선사 확인용 Master B/L 데이터 수신 및 관리기능
  - 선사의 발행된 선사 Master B/L에 대한 수정요청문서(C/A: Correction Advice) 수신 및 관리기능
  - 포워더의 해상수입화물 도착통보(A/N; arrival notice) 조회 및 출력기능
  - B2G연계: 해상 수출입 적하목록 업무연계
- 해외물류업체를 위한 해외포털을 구축하였다.
  - 해외포워더 등록 FWB(Master Air-Waybill data)/FHL을 국내물류업체가 조회
  - 해외항공사가 적하목록을 등록하고 이를 국내 항공사가 세관에 전송
  - 해외포워더 및 항공사가 적하목록 신고내역을 조회 가능

2) 차세대 물류포털 2단계(2014.3~2014.10)

국내 물류업계 경쟁력 제고를 위한 선진 물류시스템을 구축하여 국가전자무역진흥 및 물류환경변화에 따른 신규 서비스를 제공하고자 차세대 물류플랫폼 고도화 사업을 시작하였다.

(1) 주요 개발내용

- 서비스 관리 및 고객지원기능을 통합하였다.
  - 항공·해상 고객지원 헬프데스크 통합개발
  - 정산기능 자동화개발(관세청수수료, ACPS, 미세관 AMS 등)
  - 의사결정지원 시스템개발(Alert기능, 통계기능)

36) Official Airline Guide(항공스케줄)

- 물류포털 2단계를 구축하였다.
  - 항공서비스: 수출입MFCS 고도화, AMS와 ACPS 통합 등
  - 해상서비스: 수출입MFCS 오류검증 고도화, 일본세관 적하목록 사전신고(Advance Filling Rule, 이하 "AFR")과 미세관 AMS 기능 고도화 및 영문화
  - 화재보험/마일리지/검수회사 서비스 고도화
- 기업간 정보공유 및 활용 인프라를 구축하였다.
  - 송하인: 배송요청, 배송추적
  - 특송사: 배송관리, HAWB조회, 대쉬보드
  - 콘솔사: 출항관리, MAWB/HAWB 조회, 대쉬보드
- 모바일 통합플랫폼을 구축하였다.
  - uLogisHub 모바일을 통한 항공사, 선사 및 포워더 수출입 통관업무
  - 운송 견적의뢰서 작성/발송/조회

(2) 주요 추진내역

- 항공·해상 고객지원을 위한 헬프데스크 업무시스템 통합하였다.
  - 기존 eLogisFrame의 항공/해상 헬프데스크 시스템과 '차세대 물류포털 시스템 구축' 사업에서 구현된 '차세대 헬프데스크 메뉴'를 통합
- 물류업무 시스템의 창구 단일화를 구현하였다.
  - 기존 eLogisFrame에 분리되어 운영 중인 화재보험, 마일리지, 육상 MFCS, 항공승객 업무를 uLogisHub로 이관개발
- TEXT-UI(DOS화면) 사용자 업무화면을 웹화면으로 구현하였다.
- 정산업무를 자동화하였다.
  - 과금내역 정산 자동화 기능 구현
  - 운임 요율 및 할인율 설정기능
  - 통계기능 구현 및 조회내역 엑셀파일 다운로드
- 국내 해상AMS 사용 외국인을 위한 영문화 버전을 작성하였다.
- 조회기능 강화 등 1단계 기능 보완 및 시스템 관리기능을 강화하였다.
- 항공조업사 업무환경을 구축하였다.
- 해상 적하목록 오류검증 로직을 개선하였다.
- ACPS & AMS를 통합 구현하였다.
  - 유사 스펙으로 분리하여 사용하던 ACPS와 AMS업무를 통합하여 사용자 및 관리자가 통합화면에서 모든 업무를 처리할 수 있도록 구현하고, 내부 EDI 서버 통합으로 시스템 운영 및 관리의 효율성을 제고

- 모바일 통합 플랫폼을 구축하였다.
  - KTNET 전용 모바일 통합 플랫폼을 신규 구축하고 해당 기반 플랫폼에 uLH 멀티앱, 푸쉬 기능, 스마트 견적기능, 홍보 등 모바일 환경 구축

2 uLogisHub의 구성

uLogisHub는 KTNET 전자물류 플랫폼이다. 관세청 적하목록 신고를 중심으로 수출입화물 통관과 관련된 항공사, 선사, 항공 및 해상포워더, 보세창고, 보세운송사 등이 필요로 하는 B2G와 B2B서비스를 제공하고 있다.

1) 항공포털

항공화물 수출입 적하목록 신고와 같은 관세청 B2G 서비스와 항공스케줄 조회, AWB 데이터 생성, FHL[37]관리 등 부가서비스를 제공하며 주요 서비스 대상은 항공사, 항공포워더, 보세창고 및 보세운송사이다.

---

37) House Air-Waybill information which is extracted as data and compiled in a special message format that needs to comply with the IATA standards and regulations. / FWB: Master Air Waybill(MAWB) information which is extracted as data and compiled in a special message format that needs to comply with the IATA standards and regulations. / 출처: http://www.ccnhub.com.au

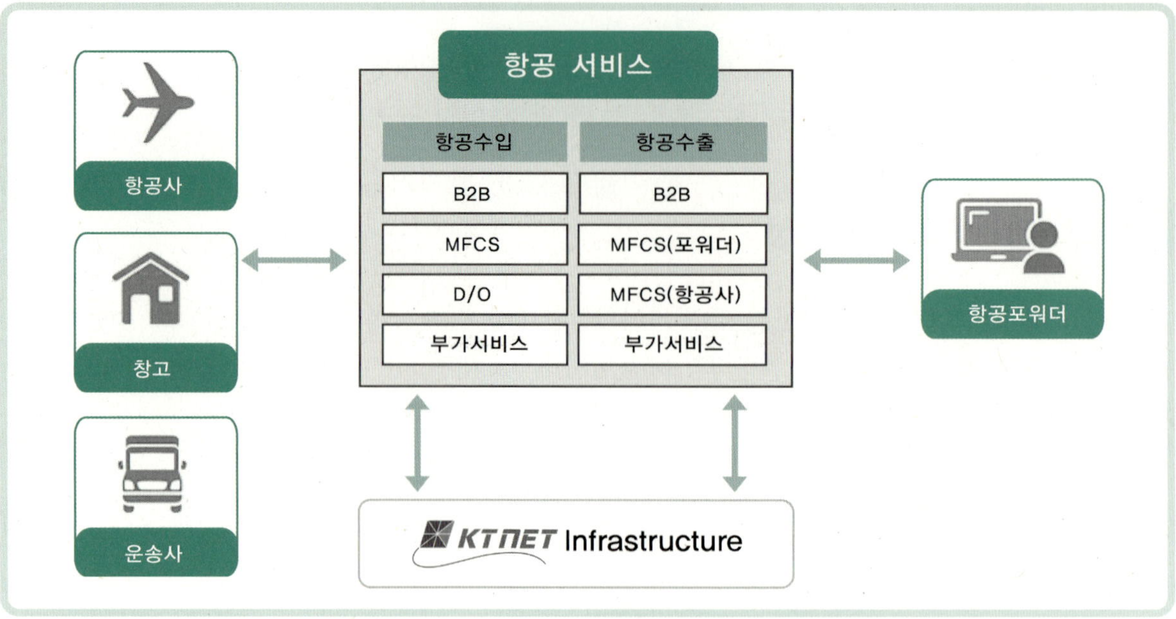

(1) WEB 기반 항공사용 MFCS 시스템 구현

기존 TEXT UI 중심의 MFCS 화면을 'WEB 기반'으로 변경하여 사용자 편의성 및 이용접근성을 향상시켰다.

(2) B2B, MFCS, D/O, 부가서비스 등 물류 업무프로세스 관점의 시스템 구현

기존 '각 업무별 기능중심 시스템' 구조에서 '업무 프로세스 중심 시스템' 구조로 재구성하여, 사용자의 업무 효율성을 증대시켰다.

(3) 단절 데이터의 연계를 통한 업무처리 지원으로 사용자 편의성 및 시스템 효용성 제고

기 입력한 정보를 연계하여 유사업무 진행 시 불필요한 추가입력 등의 작업을 최소화 하여, 사용자의 편의성을 향상시켰다.

(4) 물류 B2B 핵심기능 구현 및 FHL 관리 등 기존 G2B 업무와의 연계 구현

스케줄 조회(OAG)부터 AWB, FHL 관리 및 MFCS, 미세관 AMS 등까지 업무 프로세스를 연계 구현하여 B2B 및 B2G 업무를 동시에 활용할 수 있게 하였다.

2) 해상포털

해상화물 수출입 적하목록 신고와 같은 관세청 B2G 서비스와 물류업체간 적하목록 정보공유, 선적을 위한 S/R, B/L데이터 확인업무, 미세관 AMS 사전적하목록 신고를 위한 선사대행

신고 요청서비스 등을 제공하며 주요 서비스 대상은 선사, 해상포워더, 보세창고 및 보세운송사이다.

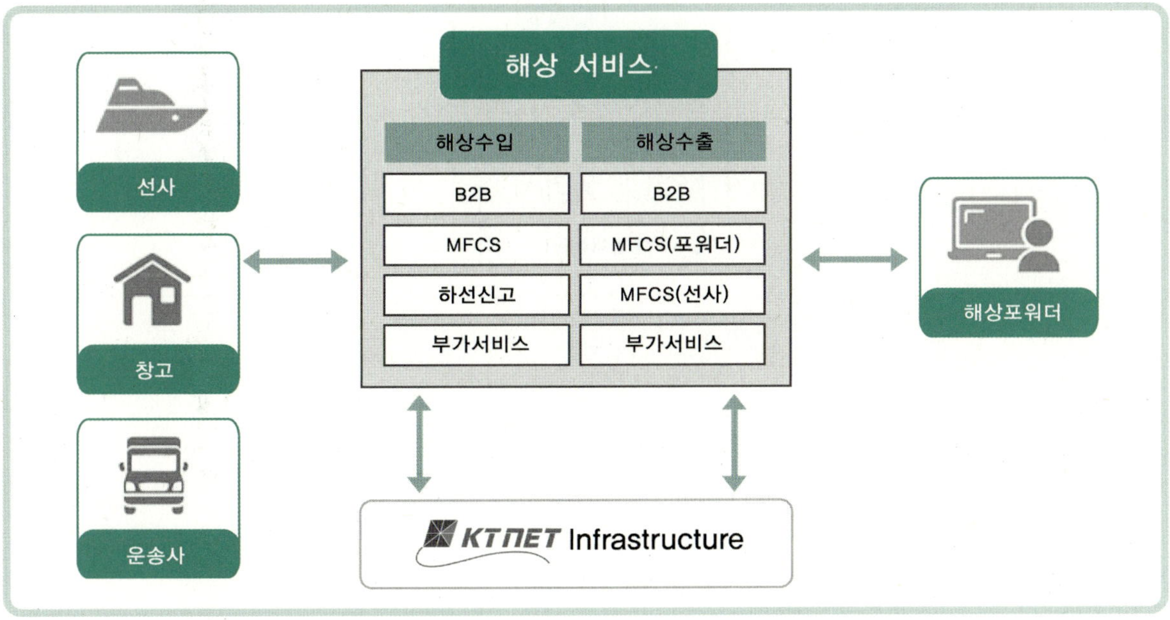

(1) B2B, MFCS, D/O, 부가서비스 등 물류 업무프로세스 관점의 시스템 구현

- 선사/해상포워더간 적하목록 취합 후 세관제출, 적하목록 취합상태를 제공한다.
- 하선신고, 보세운송사: 보세운송신고, 보세창고: 반출입신고 등 관세청 관련업무를 처리한다.
- 물류업체간 정보 공유: 보세구역, 보세운송사 등 적하목록정보 공유한다.
- 선적을 위한 S/R, B/L업무와 적하목록 신고업무를 동시 처리할 수 있다.
- 미세관 AMS 신고를 위한 선사대행 신고요청과 S/R업무를 동시 처리할 수 있다.

(2) 물류 B2B 핵심기능 구현 및 기존 B2G 업무와의 연계 구현

- 수출: 선적자동화, 적하목록, B/L업무 및 AMS신고 통합 및 화물추적정보를 제공한다.
- 수입: 적하목록, 수입화물인도지시(e-D/O), 수입화물도착통지(A/N) 서비스를 제공한다.

3) 해외포털

해외항공사 국내 도착항공편에 대한 적하목록 상태조회, MRN(Manifest Deference Number)별 Master AWB 조회, House AWB 조회 및 항공은 해외포워더 FWB관리 및 FHL관리, 해상은 Master B/L 상태 조회 및 통합서류 관리서비스를 제공한다.

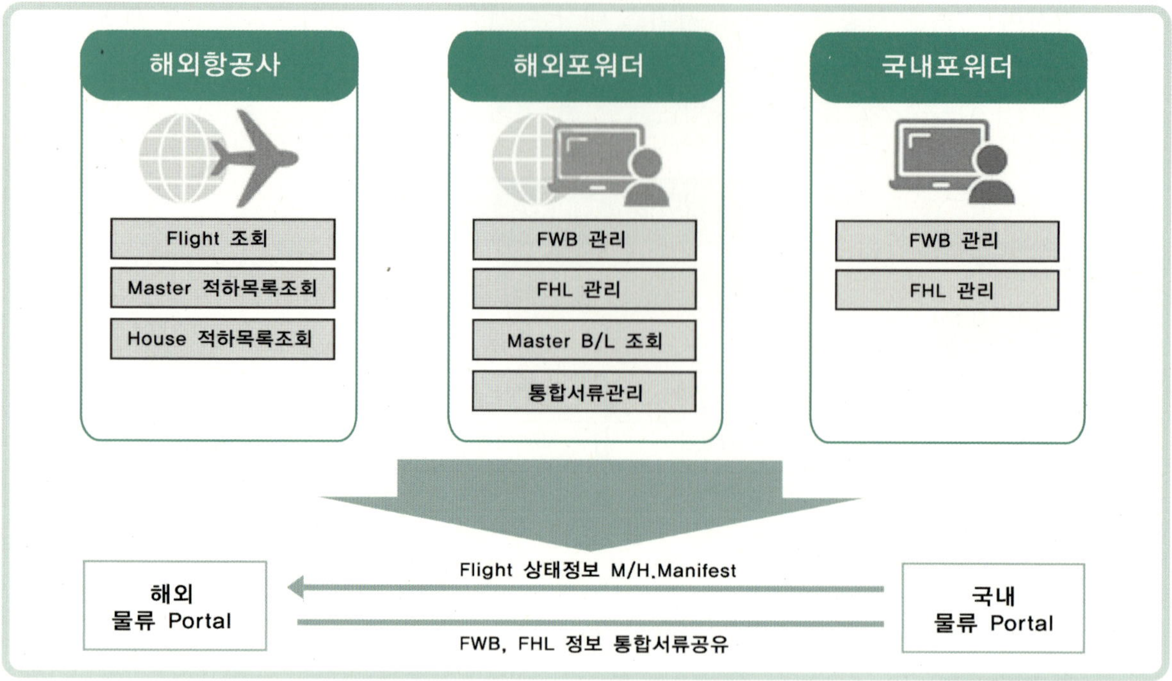

(1) 해외 항공사용 MFCS 조회 및 생성서비스 제공

해당 항공사별 적하목록 신청상태를 확인하고, MAWB, HWAB 등 관련정보 조회 및 생성이 가능하다.

(2) 해외 항공 포워더용 적하목록전송 서비스 기능 제공

국내 수입 적하목록 제출용으로 Cargo-IMP[38)]기반의 HAWB(FHL), FWB 입력 및 조회가 가능하다.

(3) 해외 해상 포워더용 적하목록 관리 서비스 기능 제공

국내 수입 적하목록 및 관련 정보관리 및 주요 관계자간 정보공유가 가능하다.

4) 모바일서비스

uLogisHub에서 제공하는 주요업무(적하목록 등)를 모든 모바일 환경에서 쉽게 사용할 수 있는 부가서비스이다.

---

38) Cargo Interchange Message Procedures

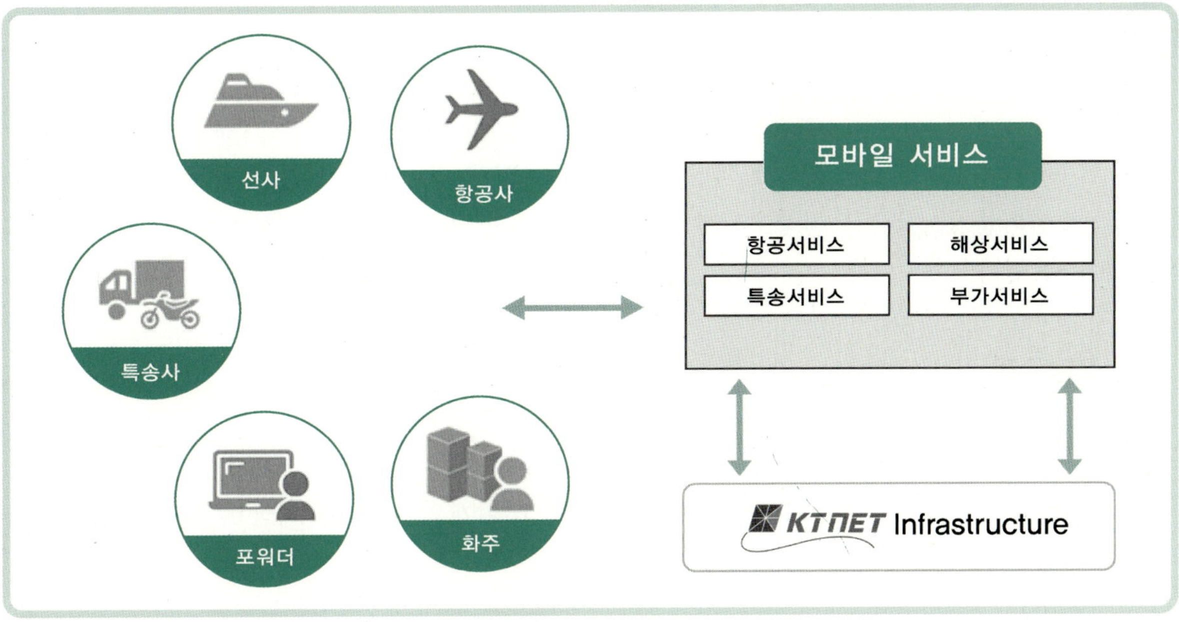

(1) 모든 모바일 환경 지원

- 국내외에서 제작되는 모든 IOS 및 Android용 스마트폰 및 태블릿 사용 가능

(2) 모바일 실시간 정보제공 기능

- 주요 공지사항(시스템 개선, 장애, 설명회 등)
- uLogisHub의 주요 업무 및 문서 송수신 처리, 장애 여부 등

(3) 항공업무

- 항공사: 운항정보, 수출·수입 적하목록, 하기신고, 세관오류통보 조회 등
- 포워더: 항공 스케줄, 출·입항정보, 수출·수입 적하목록 조회 등

(4) 해상업무

- 선사: 수출·수입 적하목록 취합·제출현황, 세관오류통보 조회 등
- 포워더: 수출·수입 적하목록 취합·제출·전송현황, 세관오류통보 조회 등

(5) 스마트 communication 서비스

- 모바일 환경에서 화주와 물류업체를 연계하여, 각 운송방식(항공/해상)별 수출/수입비용 견적 등
- 주요 업무관계자간의 모바일 쪽지기능 연계 제공 등

3 해상물류 PCS

PCS(port community services)는 기존 uLogisHub가 서비스적으로는 대관세청 적하목록 신고, 업무적으로는 항공사 및 항공화물 포워더 중심인데 반하여 해상물류 B2B컨텐츠를 강화(1단계: 해상화물 중심)하고 해양수산부 Port-MIS 연계(2단계: 선박 입출항 중심)까지 목표로 하는 시스템이다.

1) 주요고객

(1) 선사

해상물류 정보화의 시작점이자 컨트롤 타워로 약 70여개의 국적 및 외국적 선사가 컨테이너 수출입 물동량의 대부분을 처리한다.

(2) 항만터미널

선사의 지시를 받아 컨테이너 화물을 핸들링하는 업체로 연간 약 2,200만 TEU를 처리하고 있으며, 국내에 약 26개 터미널이 있다.

(3) 운송사

내륙운송의 수행자로 약 1,800여개의 보세운송사가 있다.

2) 추진전략

(1) 해상물류 통합서비스 구현

화주, 선사, 운송사 및 항만터미널 등 해상물류 각각의 주체와 전 과정에 걸친 실물흐름을 관리할 수 있는 서비스를 구축한다.

(2) B2B 연계/강화

MFCS 이전 시점의 B2B서비스를 강화하여 관세청/항만청 등의 B2G 서비스를 연계 제공한다.

(3) 국가물류망 이중관리 체계 역할 수행

현행 독점구도에서 다양한 고객서비스 선택권을 제공하고, 독점사 장애시 대체할 수 있는 역할을 수행한다.

[그림 4-4] PCS 서비스 구성도

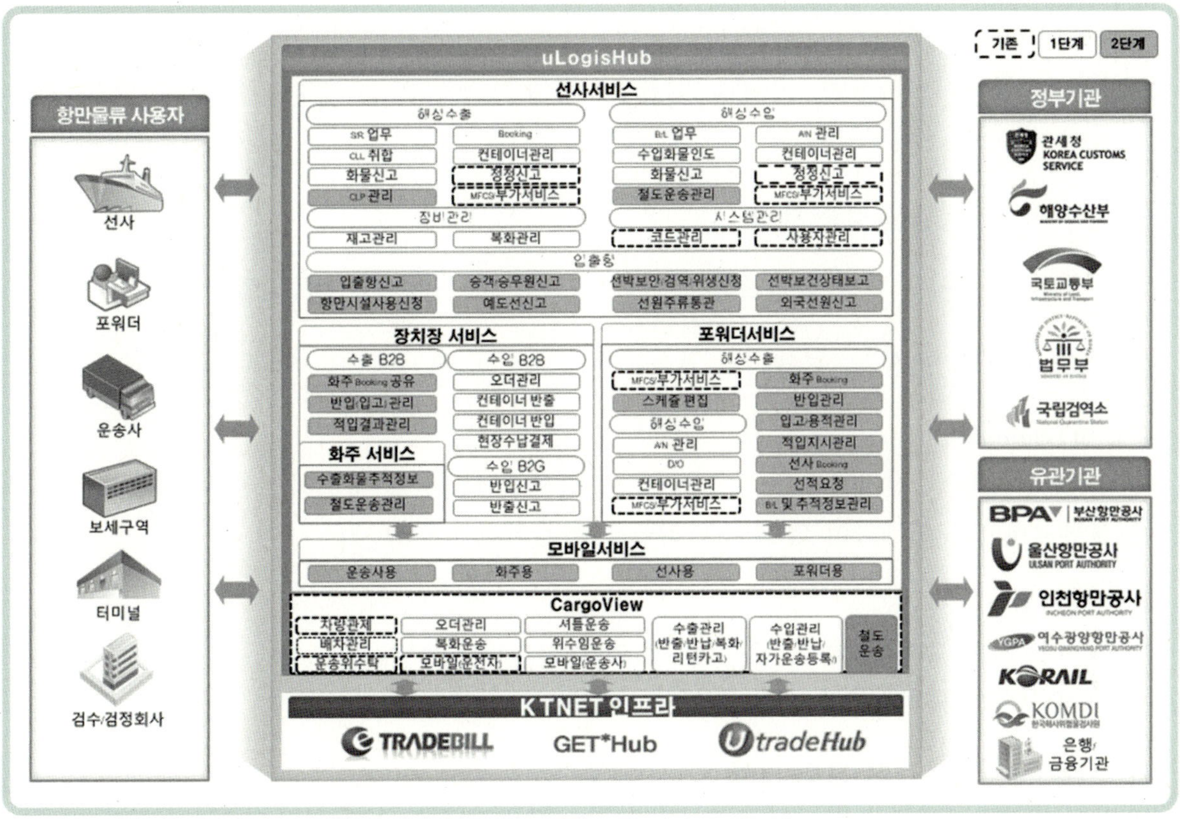

3) PCS 1단계 구축내용

(1) 해상 Pre-B2G/B2B 지원 서비스

- 선사로부터 수출입 화물정보를 입수하고 이후 B2B, B2G 업무절차에 통합하여 활용 또는 연계되는 해상 다큐멘트 지원체계를 구현한다.
- 민원신고 시스템, 위험물취합 시스템, 입항예정통보 시스템, 컨테이너리스트 취합시스템 등 총 4가지 단위 시스템으로 구성된다.

(2) 컨테이너 정보관리 서비스

- 스케줄, 입·출항, 양·적하, 상·하차, 반·출입 등 컨테이너 이동과 실물에 대한 통제, 비용, 재고 등 정보관리 체계를 구현한다.
- 수입컨테이너 관리시스템, 수출컨테이너 관리시스템, 내륙컨테이너 장치장(Off-Dock Container Yard, 이하 "ODCY") 지원시스템, 포워더 지원시스템 등 총 4가지 단위 시스템으로 구성된다.

(3) 운송지원 서비스

- 수출컨테이너운송, 수입컨테이너운송, 부두간셔틀(Shuttle)운송, 복화운송(backhaul trucking), 리턴카고(return cargo) 및 운송사전정보 제공 등 운송사와 선사/터미널간 처리되는 업무를 지원한다.

(4) 컨테이너 반·출입 검증 엔진

- 부두의 컨테이너 반입/반출을 검증하는 알고리즘을 개발(약 350조합)하였다.

(5) 기존 시스템 연계

(가) uTradeHub

선적서류도착통지, 선적자동화, 수입화물인도지시(e-D/O) 및 수입화물선취보증(e-L/G) 등 기존 물류서비스와 연계하여 업무의 편리성을 향상시킨다.

(나) MFCS

- 적하목록신고 결과정보를 실시간 EDI로 제공한다.
- 해상 MFCS와 기능연계 및 DB공유로 시스템간 효율성 향상시킨다.

(다) 해사위험물검사원 정보 연계

화주와 해사위험물검사원간의 승인정보를 연계하여 선사업무를 지원한다.

(라) 전자수납(e-T/B) 서비스 연계

보관료, 지체료 등 컨테이너 처리비용과 대금결제(실시간 이체)와 연계한다.

2) PCS 2단계 구축내용

(1) 입출항 시스템 구축

- 관세청: 입출항/승객승무원/선원주류통관 등
- 항만청: 입출항/승객승무원, 예·도선신고, 선박보안 및 항만시설 사용신청 등
- 검역소: 입항/승무원신고, 검역/보건/위생 등
- 출입국사무소: 입출항/승무원신고, 외국선원 등 4종

(2) 포워더 업무지원 시스템

- 포워더용 스케줄변환 기능, 화주 및 선사 부킹, S/R, 적입지시 및 결과(Container Load Plan, 이하 "CLP"), 반출입계, 포워더 적하목록 자동생성 등
- 모바일: 포워더 현장담당자용 적입지시(결과), 반출입 현황, 용적제공

(3) 철도운송 시스템

- 소운송사, 운송사, 철송장(코레일로지스)간 철송오더, 화차배분, 반출입 등 철송 운송업무 및 유관기관 연계업무 전자화

(4) 모바일 서비스

- 선사스케줄, A/N, D/O, 체화/체선료(滯貨料, Demurrage), 지체료(遲滯料, Detention) 등 주요 서비스 사용자(화주, 선사 등) 대상으로 조회, 전송, 통지 등 모바일 서비스 제공

제4절 포워더업무

운송주선업자(freight forwarder)는 화주를 통하여 통관, 국내운송의 주선(周旋), 또는 선복(船腹, ship's space, freight space)을 수배하는 등 운송을 주선하는 업무를 하는 업자를 말한다. 이들은 운송주선만을 하기도 하고 그가 스스로 운송인의 지위에서 운송책임을 지기도 한다. 후자의 경우 운송주선인은 운송수단을 보유하지 않으면서도 계약 운송인으로서 실제 운송인처럼 운송주체자로서의 기능과 책임, 즉 운송인에게는 화주 입장으로 활동하고, 실화주에게는 운송인의 입장에서 책임과 의무를 수행한다.[39)]

포워더는 일관운송체제의 전문적 운송지식 및 Know-how를 바탕으로 화주의 수송업무를 대행하여 국제간의 교역화물을 수출자의 생산공장에서부터 수입자의 창고(door to door)까지 여러 단계의 운송과정과 제반절차를 신속하고 원활하게 접속시켜 일관 운송서비스를 제공한다.

본서에서는 해상화물 포워더(N.V.O.C.C)를 중심으로 스케줄, 부킹, B/L 및 적하목록관리를 위한 서비스에 대해 주로 기술하며, 항공화물포워더는 제7절 '항공물류'에서 창고, 운송사 업무는 해당 업무 언급시 다루도록 한다.

39) 출처: 코리아쉬핑가제트 [해운·물류 용어 대사전]

[그림 4-5] 포워더 솔루션 샘플

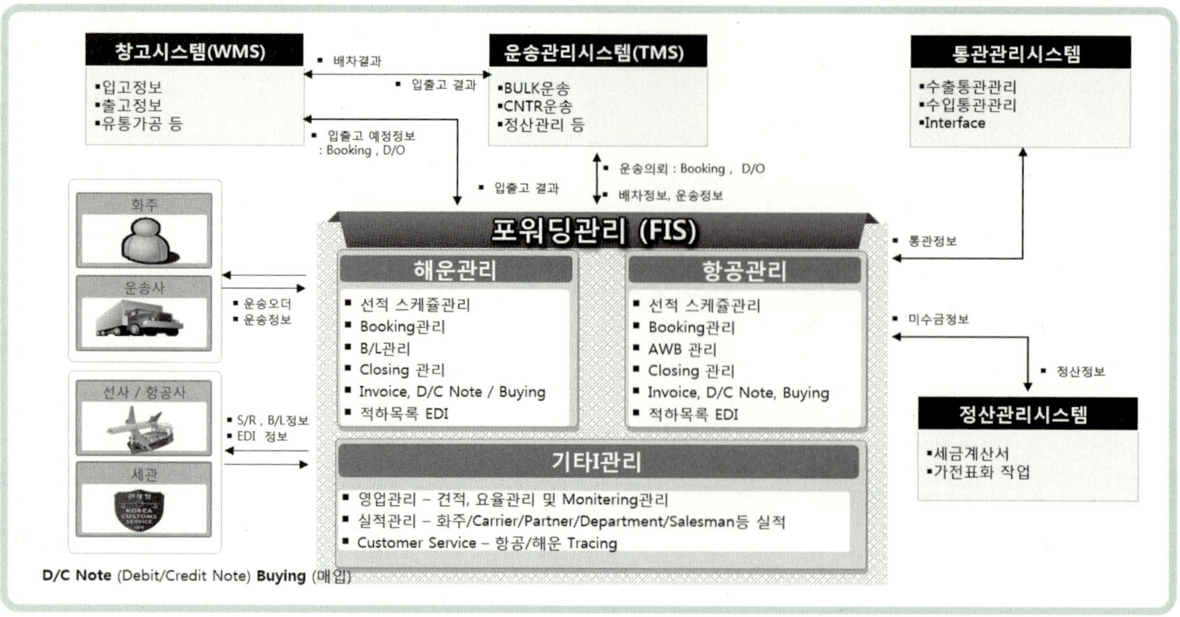

1 선박스케줄 및 부킹

1) 스케줄의 종류

(가) Proforma Schedule

대고객 컨테이너 정기서비스를 위한 서비스항로(service lane)에 대한 표준상품으로 정기선사(liner) 컨테이너선의 기본이 되는 스케줄을 의미한다.

(나) Long Range Schedule(long-term schedule)

Proforma Schedule을 근간으로 일반적으로 분기별로 작성하고 선대(fleet) 운항상황, 기항지 사정, 시즌별 화물 양적하 예약물량 등을 감안하여 작성되는 스케줄이다. 포워더 또는 실화주들이 부킹 및 S/R시 참고한다.

(다) Coastal Schedule(short-term schedule)

기항지의 선적상황, 처리할 화물의 양적하 물량 등을 감안하여 작성하는 해당 항차 운항스케줄로 일반적으로 예정(estimated) 스케줄이다. 실제 스케줄에 근거하여 운항이 되었는지는 그 결과를 보고 판단해야 하므로 결과로서의 스케줄은 Actual Schedule이라고 표현하기도 한다.

2) 선사스케줄 서비스

KTNET이 제공하는 선사스케줄 서비스는 IFTSAI(forwarding and transport schedule and availability information message) 단일문서를 이용한다.

[그림 4-6] 개별 선사의 Service Lane

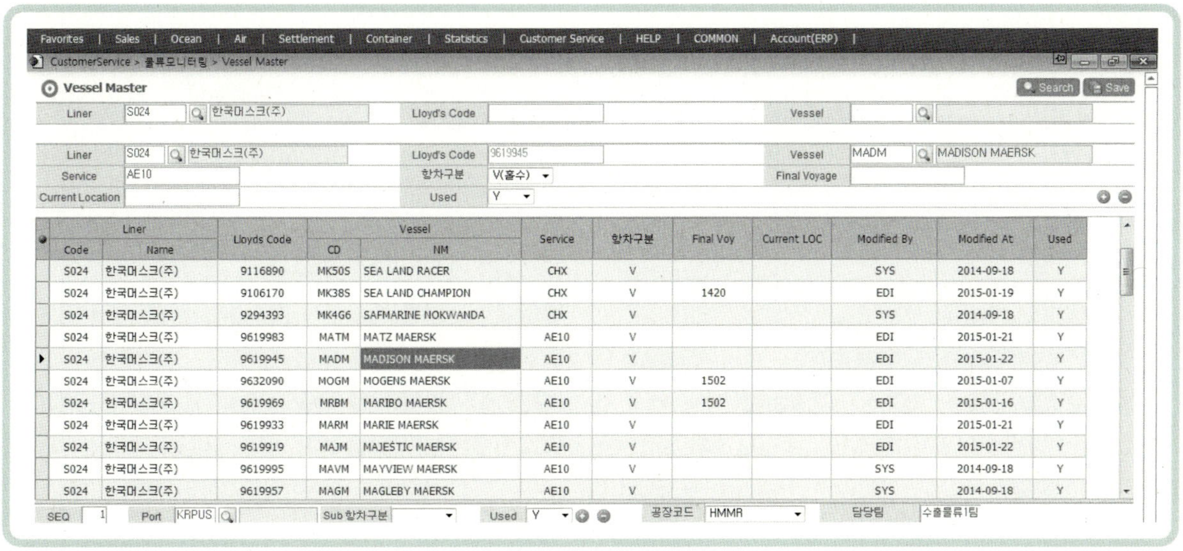

일부 포털에서 제공하는 스케줄은 Proforma Schedule이거나 Long Range Schedule로 상황에 따라 변경되는 Coastal Schedule의 예정 혹은 결과(actual) 정보는 제공하지 못하는 경우가 있다. 이러한 한계점에 따라 중소포워더는 선사의 웹포털 또는 메일링 리스트를 통해 개별 선사가 제공하는 스케줄을 활용하고 있으나 상당부분 전화나 영업사원 조회와 같이 수작업에 의존하고 있다. 대형 포워더의 경우 전자적(EDI, XML) 방식으로 스케줄을 수신하기도 한다.

예정 스케줄은 화주 입장에서는 수출화물의 선적 또는 수입화물의 하역 시점을 예측할 수 있는 중요한 정보이고, 해상운송 서비스의 결과(actual)로서의 스케줄은 서비스 품질측정 및 향후 개선의 기초 데이터로 활용될 수 있다.

KTNET은 한국을 입출항하는 대부분의 글로벌 선사와 스케줄이 연계되어 있다. 예를 들면 국내 글로벌 선사인 한진해운과 현대상선, 국외 초대형 선사인 MAERSK,[40] CMA-CGM,[41] MSC,[42] NYK,[43] Hapag-Lloyd[44] 등과도 연계되어 있다.

40) http://www.maerskline.com/
41) http://www.cma-cgm.com/
42) https://www.msc.com/
43) http://www2.nykline.com/
44) http://www.hapag-lloyd.com/

[그림 4-7] Service Lane별 Estimated & Actual Schedule 모니터링

2 선사 선적요청

국제 무역거래 화물의 인도를 위해서는 인도시기(time of delivery), 인도장소(place of delivery) 및 인도방법(method of delivery)에 대해 수출자와 수입자의 합의가 필요하고 계약서에 그 내용이 명시되기 마련이다. 육상, 해상 및 항공운송 수단을 이용하여 화물을 선적할 수 있으며 본서에서는 해상운송 수단인 선박에 선적하는 것을 기준으로 선적자동화 서비스를 설명한다.

1) 선적자동화 서비스

해상 수출화물의 부킹, S/R 및 Draft B/L 업무를 전자적 문서를 이용하여 처리하는 서비스로 주로 실화주, 포워더와 해상운송 서비스를 제공하는 선사간 이용된다.

KTNET의 선적자동화 모델은 대형 포워더 1개 업체 개발을 시작으로 UN/CEFACT 표준전자문서와 표준 송수신프로토콜(ebMS, AS2)을 적용하여 연계된 선사를 이용하는 다른 중소형 포워더들이 동일한 서비스를 이용할 수 있게 개발되었다. 스케줄 연계선사를 포함해서 국내 장금상선, 고려해운, 흥아해운 등 국외는 YangMing Line,[45] Sinotrans,[46] ZIM Line,[47]

45) http://www.yangming.com
46) http://www.sinotrans.com
47) http://www.zim.com

K-Line[48] 등과 연계되어 있으며 사용되는 전자문서는 IFTMBF(Firm booking message), IFTMBC(Booking confirmation message), IFTMIN(Instruction message), IFTMCS(Instruction contract status message)가 있다.

선적자동화 서비스는 선사창구 단일화 및 자동화를 통해 선적업무 효율성을 향상시키고, 데이터 정형화를 실현하여 화주 물류시스템의 정합성이 향상됨에 따라 국가 전체물류 자동화에 일부 기여하고 있다.

[그림 4-8] 선적자동화 서비스 구축방안

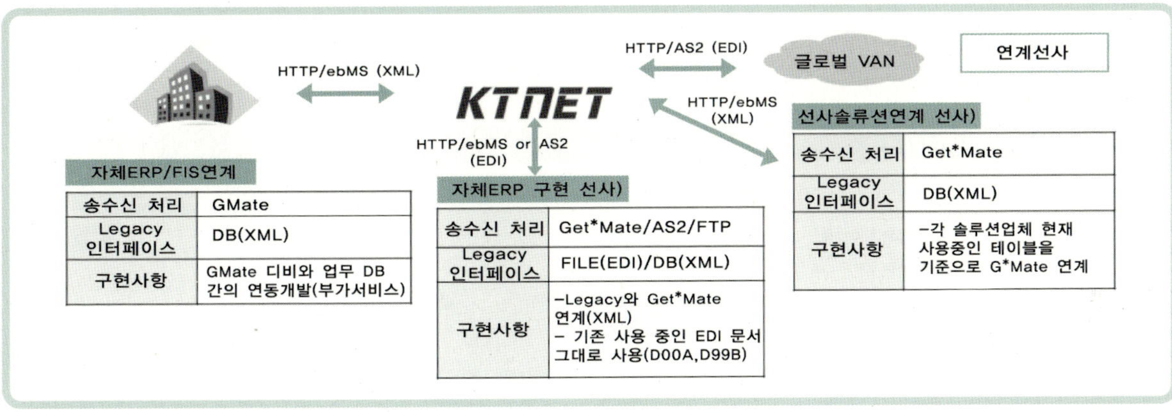

2) 부가서비스

S/R 및 Original B/L 발행 전 확인(Draft B/L) 작업을 위해서는 C/I, P/L, E/P, 물류비 정산서(일종의 freight transportation invoice), 적하목록 제출상태 등에 대한 정보가 필요하며 여전히 많은 경우 수작업으로 서면제출되고 있는 상황이다. 또한 선적관련 서류의 수입자 제출 역시 팩스, 이메일 등으로 처리되므로 선적자동화 서비스가 진일보하기 위해서는 사전에 발주정보, 선적예정정보, 선적정보, 공급자 송장 및 세금계산, 자금이체의 자동화가 병행되어야 한다.

3 포워더 선하증권(House B/L)

자신의 운송수단(선박, 항공기 등)을 소유하지 않는 N.V.O.C.C 또는 Freight Forwarder (복합운송인)는 선박회사로부터 Groupage(Master) B/L을 받고 하주에게는 House B/L을 발행한다.[49]

48) http://www.kline.co.jp
49) 출처: KITA.Net

국내 대부분의 중소포워더는 '한국비즈넷', '양재아이티', '카고클럽', '유한테크노스' 등 IT 업체가 제공하는 포워더 업무솔루션(FIS)를 이용하여 B/L작업을 하고 있으며, B/L 작업시 운송계약에 따른 운임산정도 병행한다.

정식으로 B/L을 발행하기 전에는 기재항목의 확인을 위해 Draft B/L 데이터를 미리 화주에게 제공하는데 이를 업계에서는 체크비엘(check B/L)이라고 표현한다. 발행된 B/L의 수정을 위해서는 B/L변경요청서(C/A ; correction advice 또는 C/N; correction note)를 운송인에게 제출한다.

1)House B/L 조회

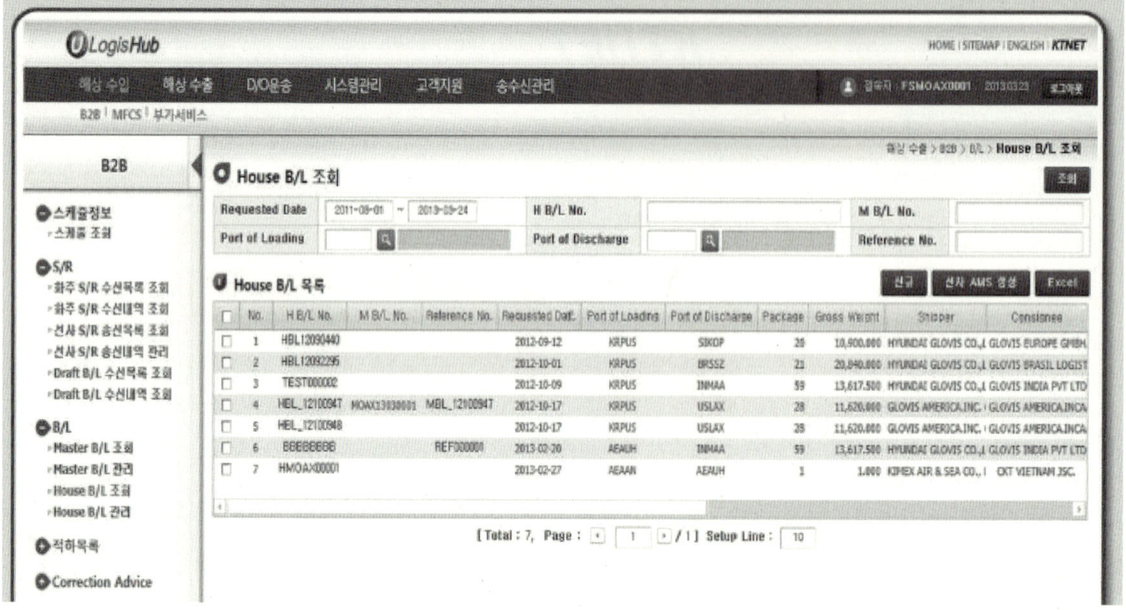

또한 KTNET uLogisHub에서 제공하는 선적자동화, 적하목록신고, 미세관 AMS신고 서비스는 B/L 데이터를 활용하여 처리되는 경우가 많으며, e-B/L 서비스를 이용할 경우에는 서면 출력없이 B/L업무를 처리할 수 있다.

4 수출입적하목록신고 및 미세관 사전신고(AMS)

1) 적하목록 신고

관세청에 적하목록을 신고하기 위해 포워더가 전송하는 House Manifest를 항공사와 선사의 Master Manifest와 함께 취합하여 제출토록 지원해주는 데이터베이스 시스템을 MFCS(manifest consolidation system)이라고 한다.

MFCS와 같은 시스템을 관세청의 법적, 행정적 문제와 물류업체의 업무적 문제 및 양자간의 기술적 문제를 해결한 대표적인 사례라고 볼 수 있으며 MFCS서비스에 대한 자세한 설명은 '제5장 선사업무'내 '수출입 적하목록'에서 함께 설명할 예정이다.

2) 미세관 적하목록 사전신고(AMS)

미세관 AMS(Automated Manifest System)는 미국입항화물을 사전에 전자문서로 미국세관(CBP: customs and border protection)에 신고하는 것을 의미한다. 이 제도는 신속통관을 돕는 취지에서 출발했지만, 최근 테러방지 목적으로 사전에 화물을 검사하는 기능이 더 강화되었다.

(1) 사용자 준비사항

- FMC(Federal Maritime Commission: 미 연방해사위원회)로부터 N.V.O.C.C License를 획득해야 한다.
- S.C.A.C(Standard Carrier Alpha Code)를 획득해야 한다.
  - 미국 NMFTA(National Motor Freight Traffic Association)으로부터 부여 받음
- ICB(International Carrier Bond)를 예치해야 한다.
  - 미국 보증보험회사를 통해 미 세관의 Penalty 담보를 위한 Bond 예치
    * 포괄담보: 보증금 $6,000/ Premium $995/년
    * 개별담보: 보증금 $50,000
  - 미국 내 보세운송 화물에 대한 IT Issue를 위한 Custodian Bond 예치
    * 추가비용 소요: $50,000
- 위 세 가지의 행정적인 준비사항이 완료되면 첨부의 신청서를 작성하여 미 세관에 코드 등록(신청서에 반드시 AMS 전송서비스 Provider를 명시)하여야 한다.
- 미주 파트너의 S.C.A.C 및 Bond No. 활용한다.
  - 자체적인 S.C.A.C 획득이나 Bond 예치가 부담스러운 N.V.O.C.C는 미주 쪽 파트너가 이미 자격을 갖춘 상태이면 파트너와의 협의를 통해 파트너의 S.C.A.C와 Bond No.를 미 세관에 등록하여 AMS Data를 전송하는 것도 가능하다.
  - 신청서에는 파트너의 정보를 기재하여야 하며, 전송 방법은 파트너의 코드를 사용하는 것 이외에는 자체 코드 진행시와 동일하다.
  - 파트너 S.C.A.C를 사용할 경우 파트너가 이미 다른 AMS 전송서비스 Provider로 미세관에 등록되어 있으면 안된다(이중등록 불가). S.C.A.C별로 반드시 하나의 서비스 센터를(ex. KTNET) 선택하여 미세관에 등록해야 파트너 코드를 이용하여 Data를 전송할 수 있다.
  - 포워더가 자체적으로 AMS 데이터를 전송하기 위해서는 우선 미세관으로부터 S.C.A.C를 발급받아야 하며 발급받기 위해서는 별도의 신청서와 함께 BOND를 예치해야 하는데, BOND예치금이 $50,000으로 포워더에게 부담이 되고 있기도 하다.

(2) 해상AMS 문서처리

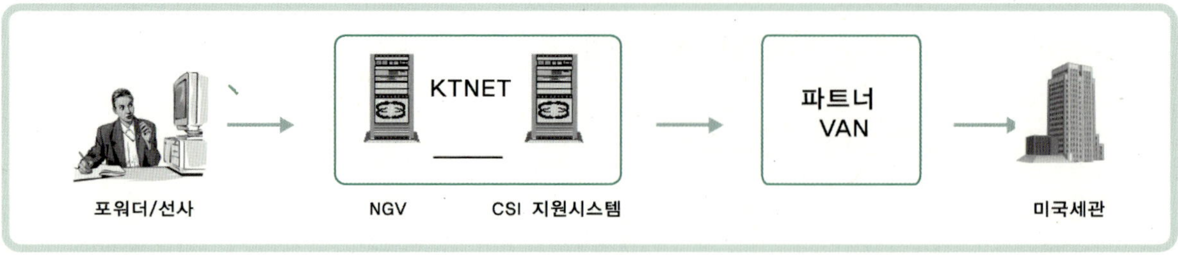

KTNET은 미국 세관 AMS 전송 인증사업자인 파트너 VAN과의 연계를 통해 AMS 전송서비스를 구축하였다. AMS 제출을 위한 사용자 준비사항이 완료되면 기존 EDI업무용 S/W를 통해 KTNET으로 AMS Data를 전송하거나 uLogisHub 웹화면상에서 직접 Data를 입력후 전송하면, 파트너 VAN사가 미세관으로 문서를 전송한다.

(3) AFR, ICS

(가) AFR(Advance Filling Rule)

선사 및 N.V.O.C.C가 일본에 입항하는 선박에 적재된 컨테이너 화물의 정보를 선적 24시간 전까지 전자적으로 일본세관에 보고하는 제도를 말한다. 일본의 수출입항만정보처리시스템(NACCS[50])을 활용한 전자적 보고가 의무화되어 있으며 2014년 3월에 시행하였다.

[그림 4-9] VAN을 경유한 N.V.O.C.C AFR 전자문서의 흐름[51]

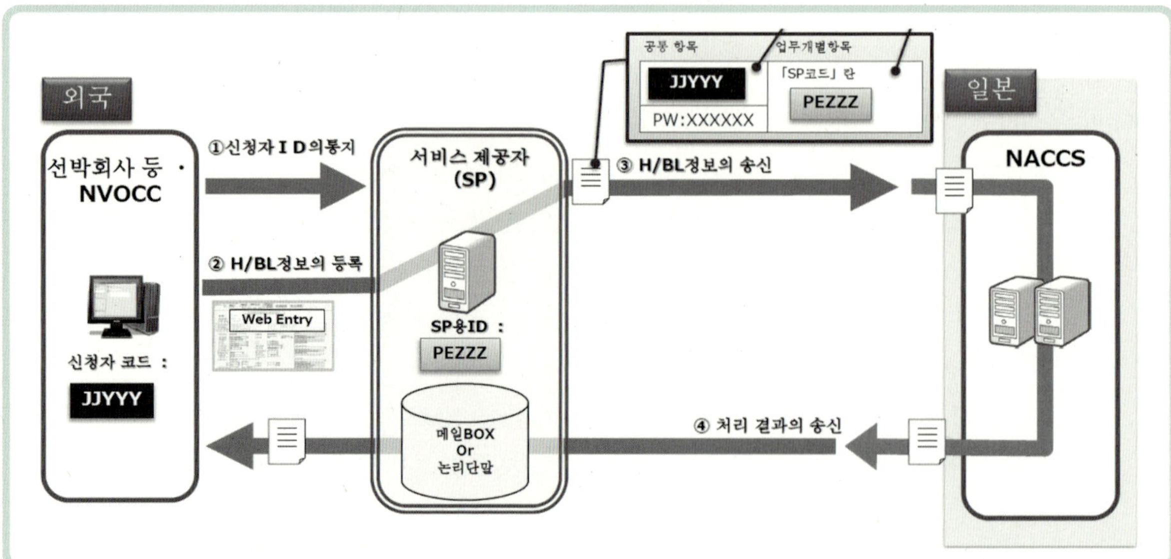

50) Nippon Automated Cargo Clearance System

51) 출처: NACCS AFR 제도 설명자료

사용되는 문서는 선적 24시간 전에 신고하는 AMR(출항 전 보고업무), CMR(출항 전 보고 정정 업무), AHR [(출항 전 보고(House B/L)업무], CHR [출항 전 보고 정정(House B/L)업무 및 출항일시 확정 후 보고하는 ATD(출항 일시 보고 등록)]이 있다.

(나) ICS(Import Control System)

EU집행부 Regulation No.648/2005 및 No.1875/2006을 근거로 보안(security)과 안전(safety) 사전검사 및 위험평가(risk assessment)를 위한 EU 영내 도착/통과 화물의 사전신고를 의무화한 제도로 2011년 1월부로 적용되었다. 신고주체는 운송사(항공사)이며 신고정보는 Master/House 운송장 세부정보, 항공기 도착 운항정보이며, 신고시한은 항공기 도착 4시간 전까지이다.

[그림 4-10] 화물정보 제출경로52)

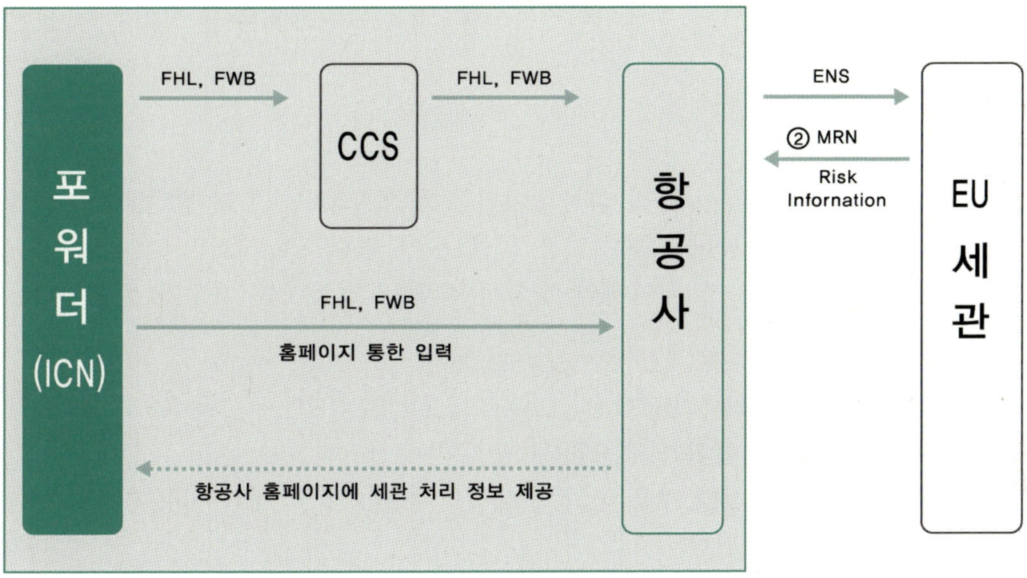

※ ENS(ENtry Summary Declaration): 사전적하목록 제출제도

5 화물추적(Cargo Tracking)

수출화물 선적자동화와 연계하여 선적 후 출항에서 수입자 화물인도까지의 주요 구간별 화물의 상태 정보를 화물추적 정보라고 한다. 대부분의 실화주와 선사의 화주인 포워더는 개별 선사가 제공하는 웹, 모바일서비스 혹은 관세청 입출항 사실확인 등으로 선적 이후 화물에 대한 추적정보를 수집하고 있으며, 일부 대형포워더는 이 정보를 전자적으로 수신하고 있다.

52) 출처: EU-ICS 유럽세관 적하목록 사전제출 제도 설명자료

1) uLogisView

수출입 물동량이 많은 해외 주요 항만과의 연계를 통해 국내 물류·무역·통관정보뿐만 아니라 해외에서의 화물이동 정보를 확보하여 화주 수출입화물의 글로벌 화물추적을 B/L단위로 제공하는 서비스이다.

(1) 서비스형태

- uLogisView: uTradeHub의 서브포털로 운영되어 화주 및 포워더 대상으로 화물추적 및 선박 스케줄정보를 제공한다.
- uLogisView Connector: 중대형 화주 대상으로 내부 사용자(Legacy) 시스템과 uLogisView 플랫폼간 화물추적정보 및 관련 전자문서 송수신이 가능하도록 하는 Connector(Get * Mate 기반)를 제공한다.
- 포워더용 솔루션: 포워더의 내부(Legacy) 시스템으로부터 화주 및 화물정보를 uLogis View로 수신받아 포워더의 고객 및 파트너를 대상으로 화물추적 서비스를 제공한다.

(2) 한계점

(가) 데이터 정합성

- 항만에 신고되는 입출항 선박 및 화물데이터는 특정 VAN을 통해 전달되는 데이터만 유효하고, 그 외 경로를 통하는 데이터는 받을 수가 없다.
- 실화물에 대한 전수검사시 데이터의 정확성이 매우 떨어지는 경우가 발생한다.

(나) 항만연계

- 해외 연계시 해외 VAN들(CIECC,[53] DAKOSY,[54] SOGET,[55] Trade-VAN[56] 등)과 계약에 근거한 실질적 데이터가 필요하다.
- 전세계 항만을 직접 연계할 경우 국가적 사업의 차원으로 막대한 비용이 들고 오랜 시간이 소요될 것으로 예상된다.

2) '선적자동화' 서비스 Cargo Visibility

수출화물을 운송하는 선사를 연계하여 데이터를 KTNET이 직접 수신하고, 표준 전자문서 및 표준코드를 적용하여 복수의 화주가 복수의 선사로부터 화물추적 정보를 수신할 수 있게 나눠주는 서비스이다. 사용하는 문서는 IFTSTA(international multimodal status report message)이다.

---

53) http://en.ec.com.cn/
54) https://www.dakosy.de/
55) http://www.soget.fr/en/s-one.html
56) http://www.trade-van.com/

(1) 서비스 형태

- 국내 주요선사인 한진해운, 현대상선, 장금상선 등과 국외 주요선사인 MAERSK 등으로부터 선사 자체기준이 아닌 사전에 협의된 표준셋으로 정의된 화물상태코드, 장소정의코드, 시간정의코드 등으로 수신한다. 이를 국가적으로 확대하면 화물추적정보 표준화가 가능하다.
- 중소형 화주의 경우 KTNET에 기 연계된 선사가 제공하는 화물추적정보를 KTNET 연계만으로 수신 가능하다.

(2) 해상화물상태 표준셋

[표 4-2] 의미

Classification		Cargo Status
Empty Pickup		EE
POR (Place of Receipt)	ATA	CD
	ATD	CO
POL (Port of Loading)	ATA	I
	ETD	AE
	ATD	VD
T/S (Transshipment)	ETA	UV
	ATA	VA
	ETD	AE
	ATD	VD
POD (Place of Delivery)	Initial ETA	E
	ETA	UV
	ATA	VA
	ATD	OA
Rail or Truck CY	ETA	I
	ATA	D
	ATD	OA
FDS (Arrival at Consignee)	ETA	X2
	ATA	X1
CUSTOMS Released		CT
Carrier Released		CR
Empty Returned		RD

[표 4-3] 화물 상태코드

EE	Empty Equipment Dispatched
CD	Received at Origin
CO	Cargo Received at Contractual Place of Receipt
I	In-Gate
AE	Loaded on Vessel
VD	Vessel Departure
UV	Unloaded from Vessel
VA	Vessel Arrival
E	Estimated to Arrive (En Route)
OA	Out-Gate
D	Completed Unloading at Delivery Location
X2	Estimated Time of Arrival at Consignee Location
X1	Arrived at Delivery Location
CT	Customs Release
CR	Carrier Release
RD	Return Container

(3) uLogisHub 포털내 화물추적

EDI/XML 직접 연계가 어려운 소형포워더의 경우 uLogisHub 웹화면을 이용하여 화물추적 정보를 조회할 수도 있다.

6 포워더 수입화물인도지시(e-D/O)

선사 Master D/O 업무 및 포워더간 Co-Load 화물에 대한 D/O의 배서업무, 실화주 D/O 발급업무를 전자적으로 구현하여 업체간 전화, FAX, 직접방문 없이도 실시간 업무공유 및 처리 가능한 온라인서비스로 '포워더업무'에서는 House D/O 위주로 서술한다.

1) 관련 문서정의

(1) 화물인도지시서(D/O: Delivery Order) 발급신청서

- 신청/확인: 화주/선사 또는 포워더
- 신청시점: 화주가 입금(전자결제) 후 발급 희망시 선사 또는 포워더에 신청한다.

(2) 화물인도 지시서

- 발급/확인: 선사 또는 포워더/보세구역(하선지, 배정지, 경유지)
- 발급시점: 화주가 보세구역에 장치된 화물을 인수시 선사 또는 포워더에 물류부대비용 정산후 발급한다.

(3) 보세운송 요청동의서

- 신청/확인/승인: 화주/선사/보세운송사
- 신청시점: 화주가 선사의 계약 운송사를 통해 보세운송 요청시 화주가 동 문서를 작성하여 선사에 신청한다.

(4) 자가운송 신청서

- 신청/승인: 화주/선사 또는 선사의 계약운송사
- 신청시점: 화주는 자기가 지정한 자가운송사를 통해 운송 요청시 화주가 동문서를 작성하여 선사에 신청한다.

(5) 화물인도동의서

- 발급/확인: 하역(운송)회사/보세구역(도착지)
- 발급시점: 하역(운송)회사가 하역 또는 운송중 어느 하나를 대행하고 선결제 및 담보(보증)가 없는 사후 결제이거나 화주의 요청시 발급한다.

2) 주요 기능(포워더용)

(1) 신청업무

- Master D/O 신청
- House D/O 신청
- 자가운송 신청
- 보세운송 신청
- 배정요청
- 컨테이너 체선료(demurrage) 연장신청
- 지체료(detention) 정산요청

(2) 접수·발급업무

- House D/O 발급 배서

(3) 조회업무

- Master D/O 조회
- House D/O 조회
- 자가/보세운송 승인조회
- 배정요청 승인조회
- Demurrage, Detention 연장확인
- 화물인도동의서 확인
- 물류부대비용 정산내역서(Invoice) 조회
- 입고확인서 조회

3) 상세업무

(1) 포워더간 D/O배서(Co-Load)

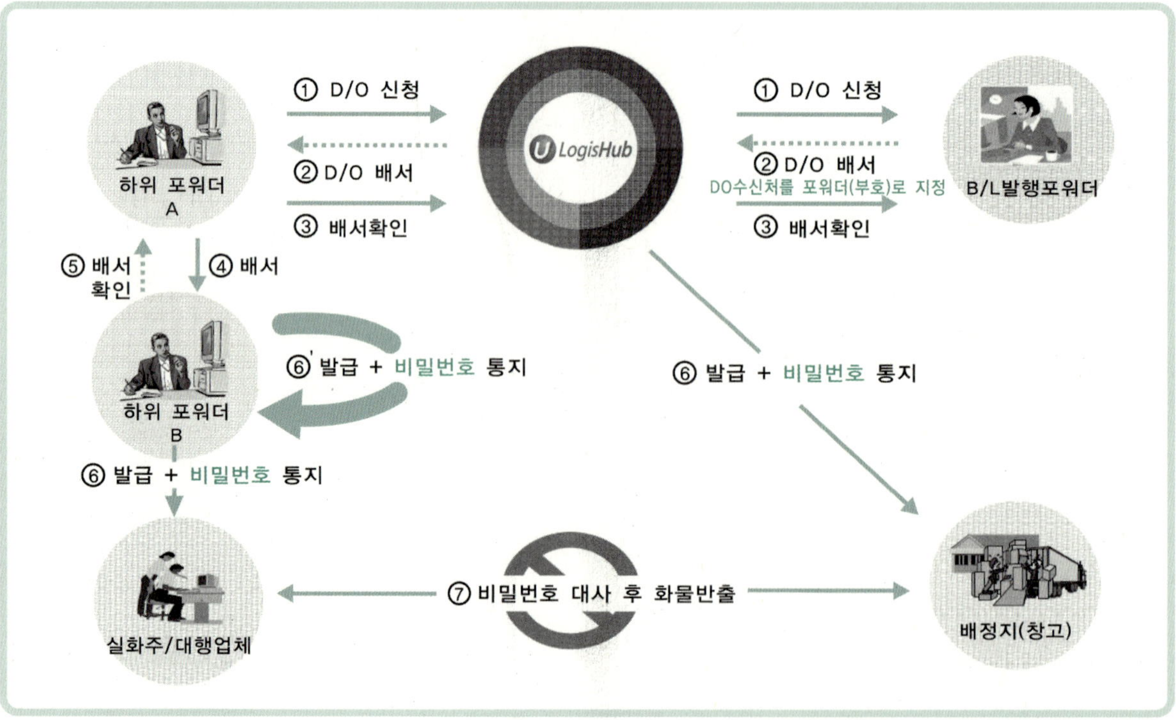

동일구간 운송조건인 여러 실화주의 화물을 포워더가 집하하여 또 다른 포워더에게 요청하여 화물을 혼재(consolidation)하는 경우를 Co-Load라고 하며, 선사에 대한 선적업무를 진행하는 포워더 즉, 하위포워더에 House B/L을 발행하는 업체를 콘솔사 또는 Co-Loader라고 한다. 또한 포워더와 포워더 사이에는 여러 Co-Load 단계가 있을 수 있다.

Co-Load된 화물의 경우 수출국 포워더를 대신하여 업무를 진행하는 수입국에서 포워더에 이전트들 역시 선사의 Master D/O을 받고 난 후 Co-Load된 화물을 콘솔사로부터 House D/O를 배서받아 실화주에게 House D/O를 발급할 수 있다.

(2) 실화주 D/O발급

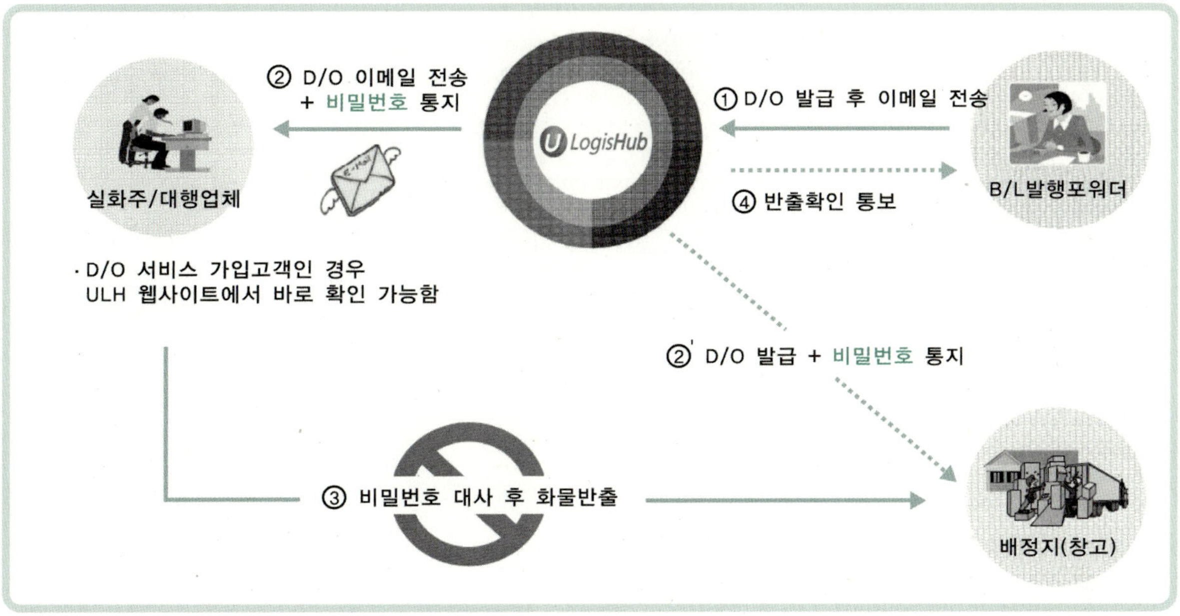

최종 포워더 단계까지 House D/O배서가 이루어지면 해당 포워더는 자신의 실화주에게 House D/O를 발급한다. 또한 각 단계에서 D/O배서가 일어나는 경우 포워더 간 또는 포워더와 실화주간 D/O발급이 일어나는 경우 물류비 정산은 필수이다.

7 전자적 수입화물도착통지(e-A/N)

선적된 화물이 수입국 하역항에 도착하기 전 선사는 수입화물도착통지(arrival notice)를 하게 된다. 이는 수출국의 포워더가 수입국의 포워더지사나 대리점에 화물의 선적을 통지하는 것과 다르게 선사가 통지하며 실질적으로 수입물품의 인수준비를 하라는 목적의 통지서이다.

선사의 A/N 상에는 선하증권번호, 화물명세, 중량 등과 화물을 실은 본선(mother vessel)의 도착예정일자 등이 기재된다. KTNET에서는 적하목록 취합시스템 MFCS에서 수입적하목록이 신고될 때 해당되는 화물의 실화주나 병행통지를 받아야하는 수입대리점, 관세사 등에게 e-A/N 서비스를 제공한다.

8 수출입 물류부대비용 정산

수출입관련 부대비용 정산과 관련된 5종문서(청구서, 입금표, 세금계산서, 화재보험영수증, 전자결제)의 수납 및 입금확인 업무를 온라인상에서 실시간으로 처리하여, 수출입화물의 신속한 처리와 금융사고를 방지할 수 있는 서비스이다.

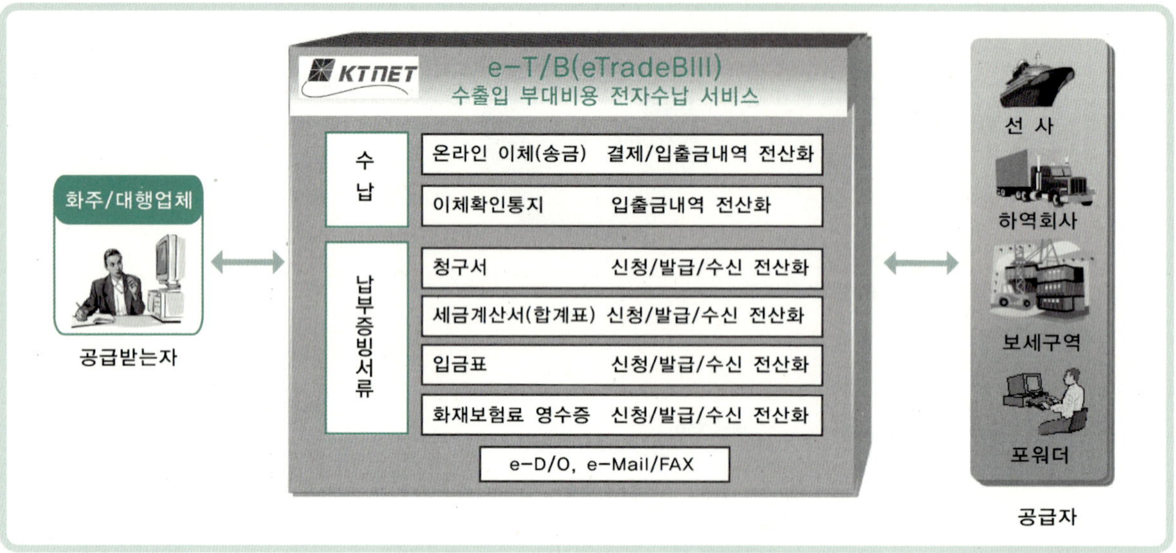

1) e-L/G, e-D/O, e-T/B 연계

Master D/O 신청 및 수신 → House D/O 발급 → 전자수납 → 운송 업무를 서류·방문·우편·전화·FAX없이 전자적으로 처리함으로서 신속한 화물처리와 인력·시간·비용절감이 가능한 서비스이다.

수입화물의 경우 B/L이 제출되거나 B/L 전달이 늦을 경우 은행으로부터 보증을 받아 L/G를 제출하여 인수받아야 한다. 또한 D/O를 발급하여 화물의 인수도(引受渡) 업무가 처리될 때에는 수출입물류 부대비용 결제가 필수적으로 수반된다.

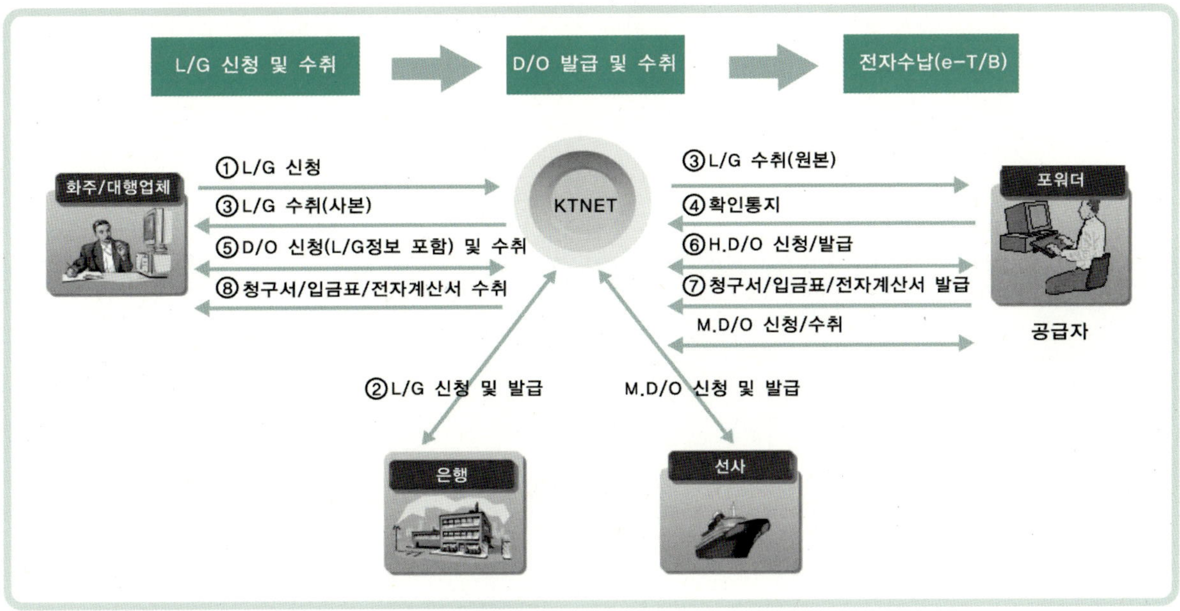

2) 포워더 A사의 e-D/O, e-T/B 업무 연계

e-D/O 서비스를 통해 선사의 Master D/O를 수취하고, 화주들에게 House D/O를 전자적으로 발급한다. 이와 동시에 전자세금계산서, 화재보험료 영수증을 발급함으로써 보관, 종이, Fax, 통화 등의 비용절감과 직원간 실시간 자료 공유가 가능하다.

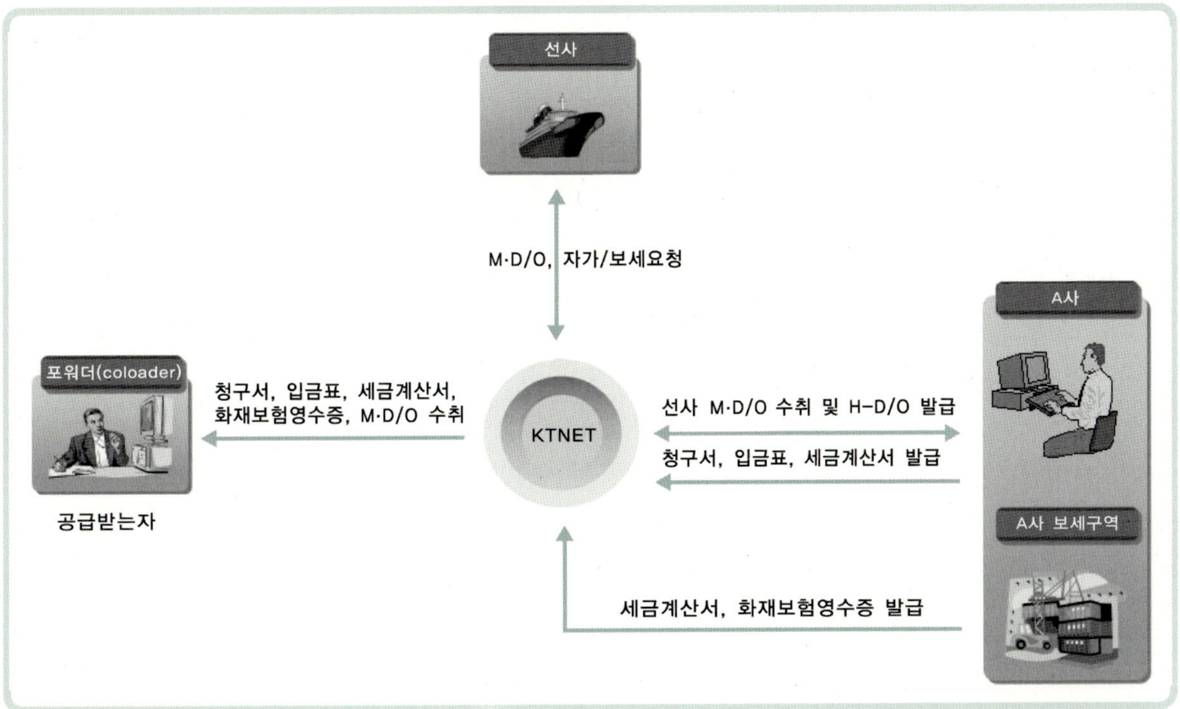

포워더 A사의 경우 e-D/O서비스 내 Master D/O신청, 자가 및 보세운송 신청의 경우 선사에게 D/O발급 및 운송 승인에 대해 대금결제를 하고, 콘솔사로서 하위 포워더에게 자신이 제공한 물류서비스에 대해 청구를 한다.

[표 4-4] 수출입물류 부대비용

<table>
<tr><th colspan="2">업 무</th><th>부대비용 종류</th><th>결제형태</th><th>Payer</th><th>Biller</th></tr>
<tr><td rowspan="14">물류</td><td rowspan="4">입항</td><td>화물입출항료</td><td rowspan="14">• 계좌이체, 전자지불, 어음, 외상, 현장 지불 등 다양한 결제수단이 혼재
• 외화 결제 발생</td><td>선박회사</td><td>항만청</td></tr>
<tr><td>터미널핸들링차지(THC)</td><td></td><td>선박회사</td></tr>
<tr><td>컨테지역개발세(CTX)</td><td></td><td>지방자치단체</td></tr>
<tr><td>DOC(Document Charge)</td><td>화주</td><td>선박회사</td></tr>
<tr><td rowspan="3">하역</td><td>하역료</td><td>화주</td><td>하역회사</td></tr>
<tr><td>CFS조작비(하차료)</td><td>화주</td><td>하역회사</td></tr>
<tr><td>검수료</td><td>화주</td><td>검정회사</td></tr>
<tr><td rowspan="3">보관</td><td>보관료</td><td>화주</td><td>보세창고업자</td></tr>
<tr><td>출고상차료</td><td>화주</td><td>보세창고업자</td></tr>
<tr><td>화물화재보험료</td><td>화주</td><td>대한손해보험협회</td></tr>
<tr><td rowspan="3">운송</td><td>내륙운송료</td><td>화주</td><td>운송회사</td></tr>
<tr><td>해상운송료</td><td>화주</td><td>선사</td></tr>
<tr><td>항공운송료</td><td>화주</td><td>항공사</td></tr>
<tr><td>기타</td><td>Handling Charge</td><td>화주</td><td>포워더</td></tr>
</table>

9 3PL(Third Party Logistics) 시스템

제조기업은 자사의 본업인 제품생산에 주력하고, 물류부분은 일정기간 동안 계약을 통해 제3자인 물류전문업체에 아웃소싱함으로서 핵심역량(제조·생산)에의 집중가능, 물류비절감, 물류자산 보유에 따른 리스크 감소 등의 효과를 실현할 수 있다. 즉 제조기업은 물류부분을 3PL 전문업체에게 아웃소싱함으로서 제품생산에 주력할 수 있어 제조업체와 물류업체가 상호 윈-윈(win-win)할 수 있다.

3PL시스템은 일반적으로 FIS(복합운송 시스템), TMS(수/배송 시스템), WMS(창고관리시스템) 3가지 Module로 구성되어 있으며, 각 Module의 연계 및 통합기능으로 구성된다.

포워더와 운송사 및 물류창고의 고유기능을 포괄하여 종합 물류서비스를 제공하려면 개별 시스템간 통합이 필요하다. 국내 대형 물류업체들 중 일부는 3PL서비스를 제공코자 대규모 시스템 통합프로젝트를 수행했으며, 그 외에도 선사, 항공사 및 내륙 운송사 등 외부 물류서비스 제공업체와의 정보연계 구축도 지속적으로 하고 있다.

[그림 4-11] 3PL System 구성도 샘플

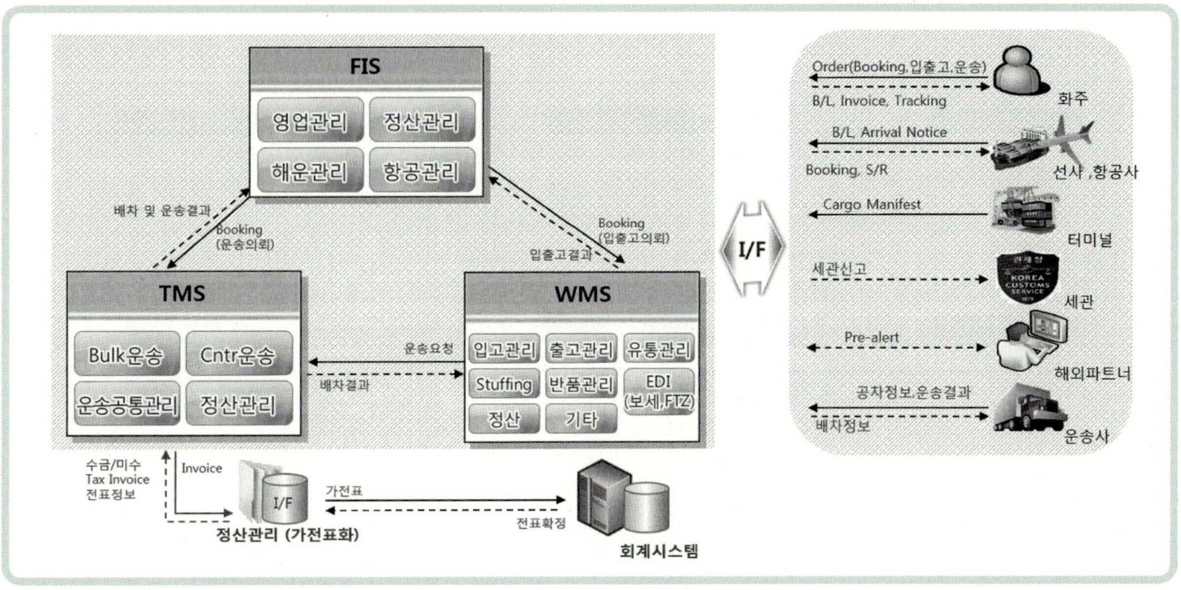

제5절 선사업무

본 절에서는 정기선(liner)을 기준으로 컨테이너 화물을 주로 운송하며 정기선 선하증권(liner bill of lading)을 발급하는 선사, 즉 선박을 보유하고 실제 운송하는 운송인 V.O.C.C (Vessel Operating Common Carrier)를 위한 비즈니스모델과 서비스에 대해 서술한다.

물론 선사는 일반회사와 마찬가지로 기획, 재무, 인사업무도 겸하고 있고 주요 업무로는 운항, 선박 및 장비관리, 관련서비스 공급자 관리업무 등도 있을 수 있다. 그러나 전자물류의 관점에서 업무의 상대인 운송사, 항만터미널과 같은 물류업체 그리고 포워더(화주)와 관련되어 있고 KTNET이 제공하는 서비스 내용을 위주로 설명하도록 한다.

[그림 4-12] Liner Management System 개념도 샘플

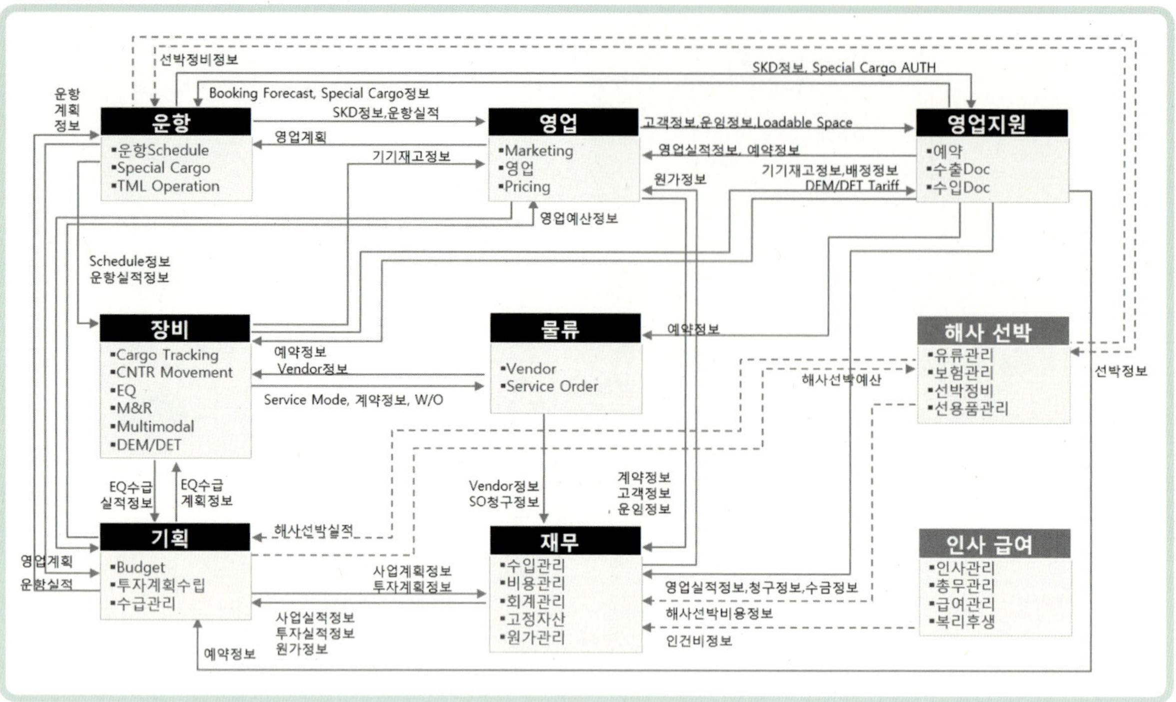

1 선사운항스케줄

해상운송 서비스를 제공하는 선사입장에서는 자신이 제공하는 상품에 대한 리스트를 운항스케줄이라고 볼 수 있다.

개별선사들은 자신의 운항스케줄을 구간(service lane)별, 선박별, 항구별, 대륙별 등으로 제공하고 있으며, 제공방식으로는 자사웹포털, 메일링리스트, 모바일 앱을 이용한다. 필요에 따라서는 전자문서방식으로 제공하는 것도 가능하다. 다만 스케줄 제공 조건에 있어 화주가 원하는 서비스 제공 구간에 대한 일정만 제공되면 되므로 시스템적으로는 전체 운항스케줄 데이터에서 분류해 줘야 할 필요가 있다.

또한 제공되는 스케줄은 예상(coastal schedule or estimated) 스케줄이므로 결과 값으로의 Actual Schedule과는 다르다.

[그림 4-13] 한진해운 e-Service내 구간별 스케줄화면

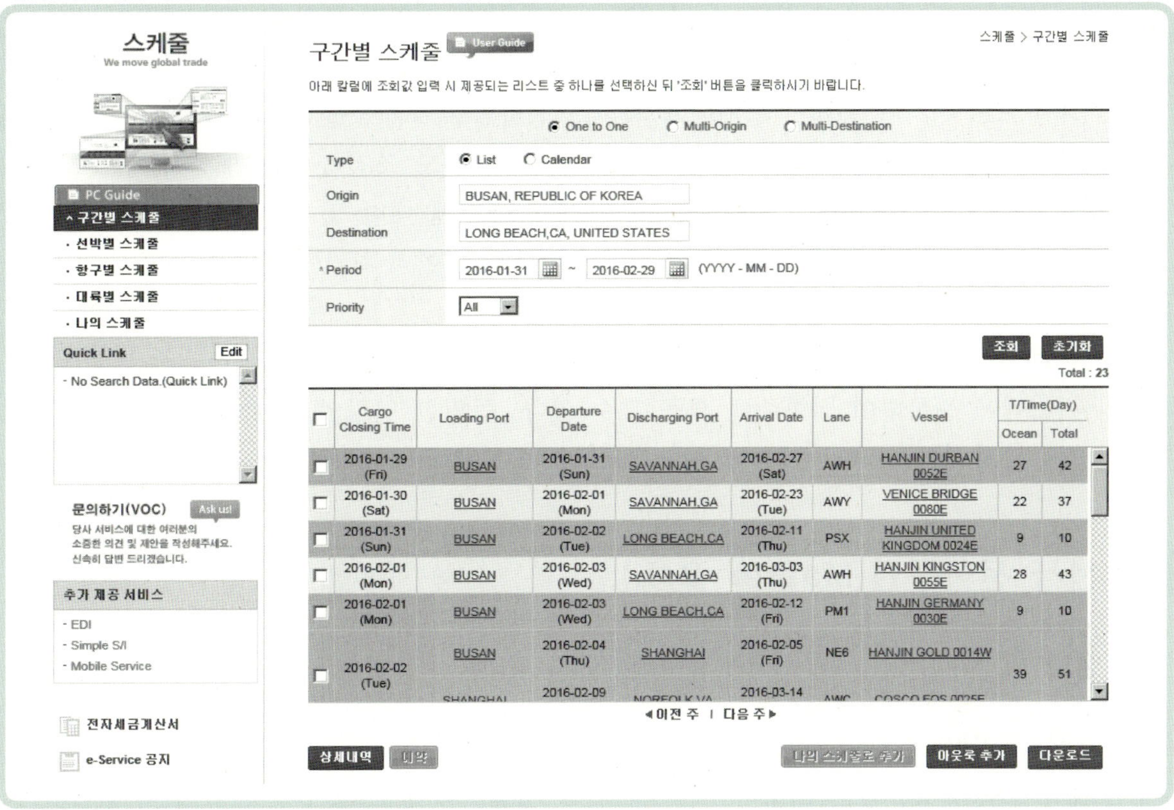

KTNET의 경우 국내 대형포워더가 사용하는 선사들의 서비스 구간별 스케줄정보를 표준화하여 연계하였다. 국내외 주요 선사가 표준 IFTSAI 문서를 이용하여 운항스케줄 정보를 송신하는 경우 국내 중소형 포워더는 선사시스템에 직접 연계하거나, 선사 웹포털에 개별 조회하지 않아도 운항스케줄 참조가 가능하다.

본 스케줄 정보에 대해 유의할 점은

- 선박의 물리적이동(physical movement)에 대한 실시간 '모선추적'의 정보는 선사에서 제공하지 않는다. 안전 등의 사유로 기술적으로 해결할 수 없는 사유가 존재한다.
- 논리적 예상스케줄을 실제 액션이 일어나기 전까지 변경사항이 있을 때마다 수신함에 따라 변경이 있을 때 마다 수신 받을지, 특정기간에 즉 주 2~3회에 걸쳐 한 번씩 Batch로 수신받을 지를 결정해야 한다. 수신시점, 빈도에 따라 데이터 송수신량이 차이난다.
- Service Lane 중에 해당 화주 화물의 양적하가 일어나지 않더라도 입출항에 대한 결과값(actual)을 제공해야하는 지는 화주와 협의할 필요가 있다. 선사의 입장에서 화주의 화물이 양적하 되지 않는 항만 입출항에 대한 결과값을 화주에게 제공해야할 의무는 없다고 보여진다.

- 실제결과(actual)값이 수신된 후에 며칠이 지나야 그것을 확정해야 할지는 수신하는 화주의 시스템에서 결정해야 한다. 특정 입출항일에 대한 데이터 수신후 상당 기간이 지난 후에 업데이트된 일자 값으로 적용하면 의사결정에 문제발생의 소지가 있다.
- 마지막으로 선사가 중계망 업체에게 서비스 구간별로 스케줄을 걸러주지 않고 전체 스케줄을 송신할 경우이다. 만약 중계망 업체의 DB가 별도 조건을 설정해 화주에게 제공해야만 할 경우 특정 선사 전체 선박의 전 세계 구간에 대한 몇 달치 스케줄을 수신처리할 수도 있다. 이와 같은 전송형태는 중계망 시스템 데이터 처리에 문제를 유발할 수 있다.

해당 선사 운항스케줄 정보를 이용하여 포워더는 자신이 제공할 수 있는 스케줄을 선택하고 자신의 시스템에 등록하여 실화주에 제공할 수 있다. 동일한 일정의 운항에 대해서는 포워더 자신이 화주로서 선사에게 부킹부터 S/R, House & Master B/L 업무까지 진행한다.

2 선사 선하증권(Master B/L)

1) 정의57)

(1) 선하증권(Bill of Lading)

B/L은 선주가 화주로부터 의뢰받은 운송화물을 적재하고 또는 선적을 위하여 그 화물을 수취한 것을 증명하고, 이것을 도착항에서 일정조건 하에 수화인이나 그 지시인에게 인도할 것을 약정한 유가증권이다. B/L상에 기재된 화물의 권리를 화체(貨體)한 것으로서 B/L 소유권의 이전은 바로 화물에 대한 권리의 이전을 의미하므로, 화물을 처분할 때에는 반드시 B/L을 갖고 있어야 한다.

(2) e-B/L(전자식 선하증권)

기존의 종이 선하증권을 발행하지 않고, 법무부가 지정하는 등록기관에 전자선하증권(Electronic Bill of Lading)을 등록하는 방식으로, B/L을 전자문서로 유통하는 제도이다.

2) 선하증권 작업

우선 선사가 제공하는 스케줄 중 포워더가 제공할 수 있는 스케줄이 실화주에게 공급할 수 있는 운송상품이라 볼 때, 포워더는 실화주로부터 화물을 집하하고 House B/L을 발행할 수 있는 상태가 되며, 포워더 FIS 상에서 복수의 House B/L은 선사로부터 미리 부여받은 명목상(norminal) Master B/L No.와 연계하는 작업을 하게 된다.

57) 출처: KITA.Net

[그림 4-14] Master B/L 운항정보, 운임정보 및 House B/L 콘솔작업화면

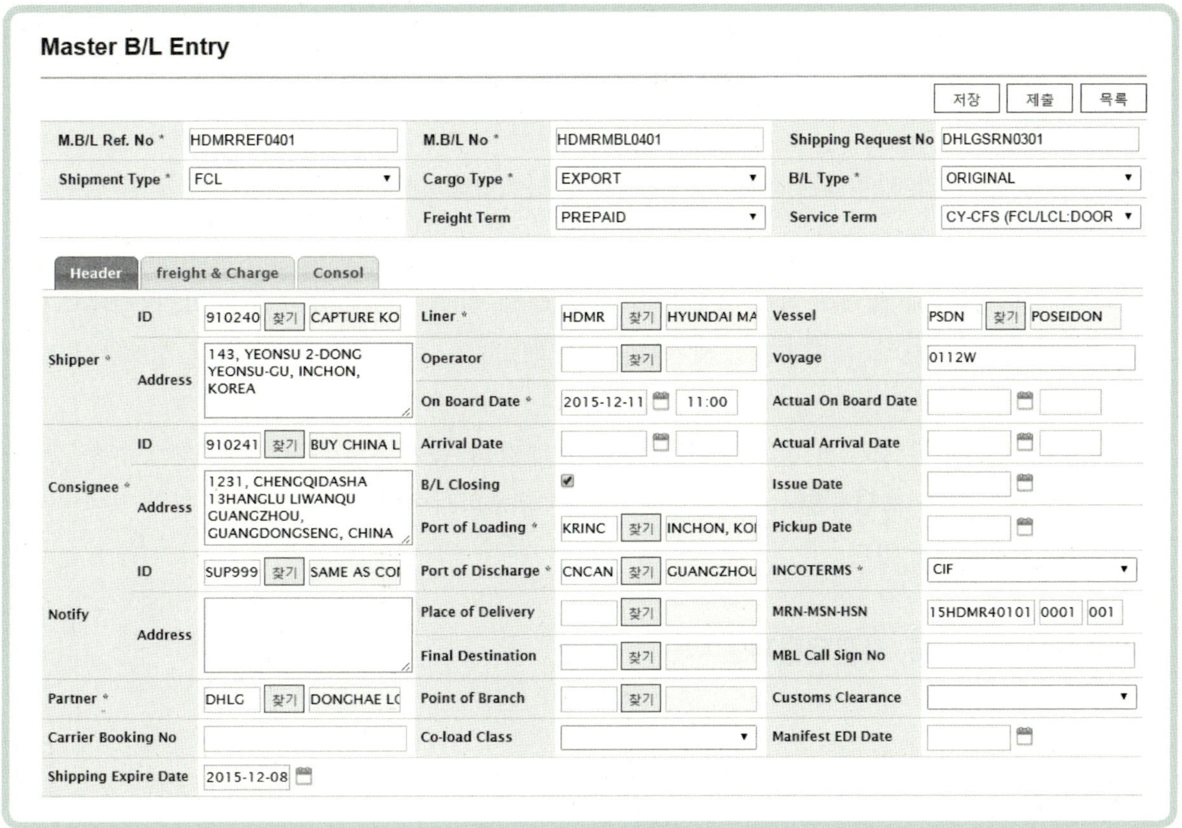

부킹업무 후 개별 Master B/L별로 포워더가 선사에 S/R을 송부하면, 선사는 S/R 데이터를 근거로 Master B/L 데이터 등록 작업을 하게 되고 향후 실제 화물이 터미널 반입 후 선박에 선적되고 난 후에 Master B/L을 발행한다. 그리고 B/L은 선사 입장에서는 화주와의 계약이기도 하므로 운임에 대한 과금작업 역시 B/L정보 등록시 이루어진다.

또한 Master B/L의 데이터는 적하목록신고시 운항정보와 더불어 기초 데이터가 되므로 House B/L 데이터와 연계하여 통합신고하는 것이 중요하다. 이러한 포워더 적하목록과 선사 및 공동운항선사의 적하목록을 자동으로 취합하고 신고하는 것을 지원하는 시스템이 MFCS이다.

3 수출입적하목록 신고

1) 적하목록

선사 또는 항공사가 Master B/L의 내역을 기재한 선박 또는 항공기의 화물적재목록을 말하며, 화물운송주선업자가 House B/L의 내역을 기재한 경우에는 혼재화물적하목록이다.

(1) Master B/L

선박회사가 발행한 B/L 또는 항공사가 발행한 항공화물운송장(MAWB)을 말한다.

(2) House B/L

화물운송주선업자가 화주에게 직접 발행한 B/L 또는 항공화물운송장(HAWB)을 말한다.[58]

항공화물운송장(Air-Waybill)

- 항공수송 화물에 대하여 송하인과 운송인 사이에 화물의 운송계약이 체결되었다는 것을 증명하는 서류로 국제항공화물에 대하여 발행되는 AWB는 국제항공수송협회(IATA)에 의해 그의 양식과 발행방식이 규정되어 있다.
- 운송장의 역할은 B/L과 유사하게 운송계약 체결의 증거서류, 운송물품의 영수증, 운임요금의 청구서, 보험증명서, 세관신고 서류, 항공회사에 대한 운송품의 취급·발송·인도에 관한 서류가 있다.

2) 수출입적하목록 사전제출제도[59]

(1) 필요성

- 화물에 대해 사전에 충분한 심사 시간을 확보하여 위해물품 차단, 국민건강 보호를 강화하고 검사대상화물 선별검사의 정확성 및 효율성 제고에 필요하다.
- 화물관리번호 조기 생성, 입항전 수입신고 활성화로 신속한 물류처리 지원을 위해 정상화물의 경우 보세구역 반입없이 하선(하기) 즉시 반출할 수 있게 한다.

(2) 일반원칙

- 선사·항공사는 적하목록 제출시기를 엄격히 준수해야 하며, 실제 적재한 화물의 목록과 부합되도록 적하목록 작성·제출해야 한다.
- 선사·항공사는 미국·EU와의 상호주의 입장을 견지하여 원칙적으로 해외 출항지(포워더) 적하목록 전송체제로 전환한다.

(3) 법적책임

- 선사·항공사는 수입화물에 대한 적하목록 제출의무자로서 제출시기 위반 및 신고내용의 정확성에 대하여 법적책임을 진다.

---

58) 항공화물 적하목록 신고는 본 장 '제7절 항공물류'에서 언급할 예정이다.
59) 출처: 관세청 '수출입적하목록 사전제출제도' 자료 참조

■ 국내 화물운송 주선업자는 혼재화물 적하목록의 작성 책임자로서 수출화물에 대한 적하목록의 작성·정정 등과 관련하여 법적책임을 진다.

(4) 적하목록 제출시기[60]

[표 4-5] 적하목록 제출 기본원칙

구 분	수 입	수 출
해상화물	• (원칙) 적재항 선박 적재 24시간 전 • (근거리) 적재항 선박 출항전 • (벌크화물) 선박 입항 4시간 전	• (원칙) 선박 적재 24시간 전 • (근거리) 개별 B/L 선박 적재 전 • (중계시스템), 전체 B/L선박 출항 30분 전 • (벌크, 공컨테이너, 환적) 선박 출항 전 • (선상수출물품) 선박 출항 후 익일 24시
항공화물	• (원칙) 항공기 입항 4시간 전 • (근거리) 적재항 항공기 출항 전 • (특송화물) 항공기 입항 1시간 전	• 개별 B/L 항공기 적재 전(중계시스템), • 전체 B/L은 항공기 출항 30분 전

■ 근거리지역: 중국, 대만, 홍콩, 일본, 러시아 극동지역
■ 해상수출은 필리핀, 베트남, 캄보디아, 태국, 인도네시아, 말레이시아, 싱가포르 포함
■ 해상 수입화물 및 해상 환적화물(입출항 포함)은 관세청장이 별도 통보하는 날부터 시행

3) 적하목록 작성제출

적하목록 작성은 관세청장이 정한 '적하목록 전자문서 실행지침서'에 의하여 항목명, 정의, 조건, 규격 등에 유의하여 적하목록을 작성·제출해야 한다.

(1) 전송프로세스

(가) 수출화물

관세청 전자문서 중계사업자인 KTNET을 통해 신고한다. 미국세관(AMS), 유럽세관(ICS), 일본세관(AFR) 등 해외에 신고하는 경우 해당 국가 신고요건에 따른다.

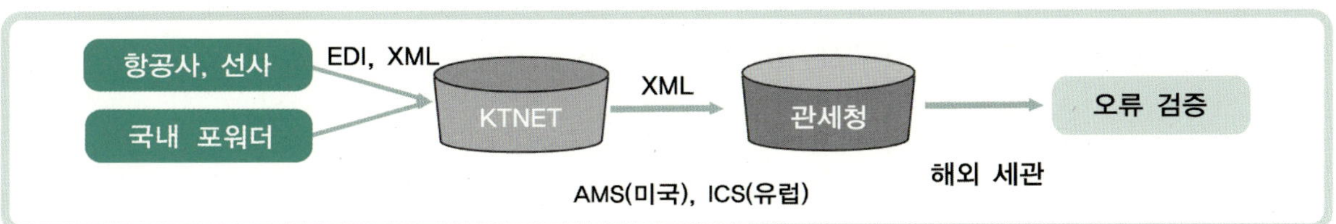

60) 2012년 10월 기준(관세청 '수출입적하목록 사전제출제도')

(나) 수입화물

특히 해외의 포워더는 포워더 적하목록 작성의 책임자로 적하목록 사전제출 시기에 유의하여 작성·전송해야 하며 최종 전송자인 선사, 항공사의 제출시기 이전에 처리되어야 한다.

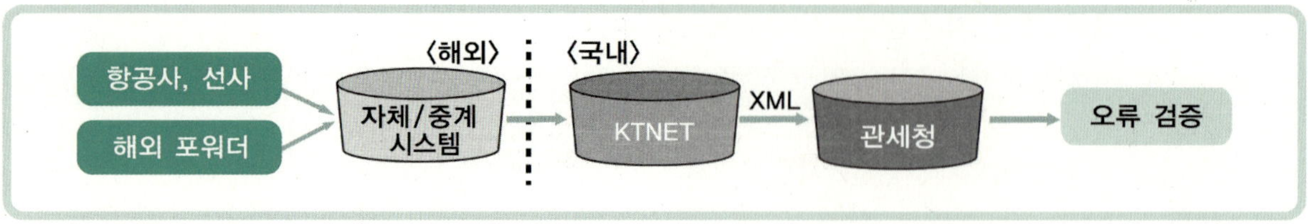

(2) 적하목록 정정

(가) 일반사항

수출입 적하목록의 정정신청시 원칙적으로 전산심사 처리하여 적하목록 정정사유 및 정정항목이 다음에 해당하는 경우 서류제출 대상이다.

- 적하목록 누락에 따른 B/L 추가
- 수하인(화주)
- 화물운송주선업자(포워더)
- 화물구분 및 화물속성
- 기타 세관장이 위험관리가 필요하다고 인정하는 경우

(나) 세부절차

- (정정주체) 적하목록 작성책임자인 선사·항공사·포워더가 정정신청 항공수입의 경우 House B/L 데이터의 추가·삭제, 명백한 품명오류의 경우 항공사가 정정한다.
- (정정절차) 적하목록 1차, 2차, 3차 각 접수통보 이후 정정신청하나 다만 정정심사는 하선(하기)결과 이상보고와 연계하여 처리한다.
- (평가관리) 다음의 경우 법규 준수도 또는 법규 수행능력 평가점수에서 제외한다. 예를 들어 해외에서 발행된 B/L에 따라 수입적하목록의 수하인·통지처 주소의 정정과 선박·항공기 출항 익일 세관 근무시간까지 B/L삭제, 중수량 정정의 경우가 있다.

(3) 적하목록 취하

(가) 일반원칙

선사·항공사가 제출한 적하목록이 관세청 적하목록 시스템에 접수된 이후에는 원칙적으로 취하 불가하며 적하목록을 취하하고자 할 경우 취하신청서를 작성하여 세관장에게 제출해야 한다.

(나) 예외사유

다음의 경우 증빙자료를 제출받아 사유를 엄격히 심사하여 취하 승인된다.

- 기상악화, 사고 등으로 인한 선박 또는 항공기의 미입항
- 선박 또는 항공기의 운항스케줄 변경
- 적하목록 관리번호(MRN) 오전송
- 기타 세관장이 타당하다고 인정하는 경우

4) 하선(하기)신고

적하목록 제출이후 화물을 하역하고자 하는 경우 하선(하기)신고서를 제출한다. 선사·항공사·중계사업자는 화물운송 주선업자가 하선(하기)장소, 하선(하기)계획을 신청할 수 있도록 입항편별 적하목록 정보를 제공해야 한다. 또한 하선(하기)물품이 적하목록과 상이한 경우 하선(하기)결과 보고서를 제출해야 한다.

4 MFCS(Manifest Consolidation System)

적하목록취합 시스템이란, 수출입화물에 대한 선사/항공사의 Master Manifest와 포워더의 House Manifest를 취합하여 관세청에 제출하기 위한 시스템으로 MFCS(ManiFest Consolidation System)라고 한다.

MFCS는 선사·선사대리점·화물운송 주선업자(포워더)를 연결하고 포워더의 House Manifest를 각각 전송받아 취합하고 운항선사의 요구에 의해 관세청 시스템으로 전송하는 업무를 수행한다. MFCS는 적하목록 취합기능 외에 적하목록 정보, 적하목록 제출상태, 세관의 처리상태 등을 관리하며 해당 정보를 사용자에게도 제공한다.

1) 통관 관점에서의 해상수입화물 처리

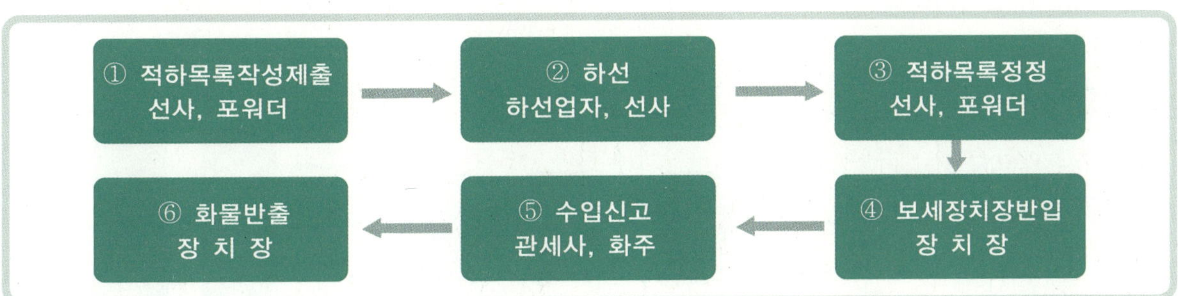

(1) 적하목록작성 제출

선사와 포워더는 개별 적하목록을 작성하여 MFCS에 전송한다. 선사는 사전적하목록 신고제도를 감안하여 신고해야 한다.

(2) 하선

하선작업 개시 전 세관으로 하선신고서를 전송하고 적하목록과 실물이 상이할 경우 당일 중 전자문서로 이상보고를 해야 한다.

(3) 적하목록 정정

하선결과 보고서 및 반입결과 이상 보고서가 제출된 물품의 경우에는 보고서 제출일로부터 15일 이내가 일반적이다.

(4) 보세장치장 반입

화물 반입 즉시 전자문서로 보고해야 하며 반입화물이 반입예정정보와 상이할 경우 세관에 보고해야 한다.

(5) 수입신고

수입신고는 화주, 관세사, 관세사법인, 통관취급법인의 명의로하며 수입물품은 세관에서 수입신고를 수리해야 국내로 반출이 가능하다.

(6) 화물반출

화물반출 즉시 전자문서로 신고해야 하며 반출시 반출정보 내용과 화물이 상이할시 세관에 보고한다.

2) 상세업무

(1) 해상 수입적하목록 신고

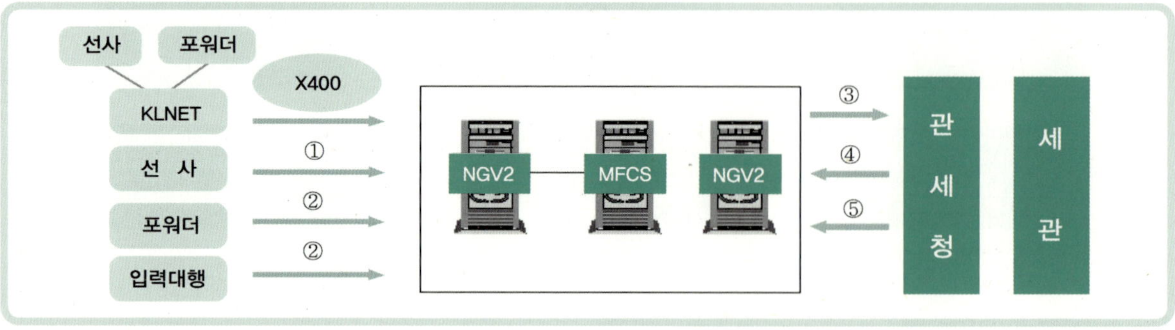

① 선사는 MRN 번호를 부여하여 적하목록을 MFCS에 보내고 공동배선인 경우 각 선사별로 적하목록을 전송한다.
② 포워더 또는 입력대행소에서는 혼재화물 적하목록을 MFCS에 전송한다.
③ 운항선사는 MFCS를 통해 적하목록 취합여부를 확인하고 취합된 적하목록을 관세청으로 전송한다.
④ 관세청 수출화물시스템은 수신한 적하목록의 오류를 검증하여 접수/오류 통보하며
⑤ 관세청은 MRN별로 적하목록을 승인하고 승인통보를 보낸다.

(2) 하선신고

운항선사(공동배선의 경우 각 선사별 제출)는 Master B/L 단위로, 수입화주가 배정 요청한 장소를 기초로 하여, 하선장소를 기재한 하선신고서를 세관에 전산으로 제출해야한다. 세관에서는 하선신고서의 내용과 적하목록이 일치하는 지를 심사하여 수리여부를 전산으로 선사에게 통보한다.

(가) 하선장소의 종류

- 컨테이너 화물: 부두 내 또는 부두 밖 ODCY
- 벌크 등 기타화물: 부두 내 보세구역
- 액체, 분말 등의 형태로 본선에서 탱크, 사일로 등 특수 저장시설로 직송되는 물품: 해당 저장시설을 갖춘 보세구역

(나) 하선신고 업무

① 운항선사 또는 공동배선사는 하선신고를 MFCS에 등록한다.
② 운항선사는 하역 전에 하선신고서를 세관에 전송하며 전송방식은 적하목록과 같고 각 공동배선사는 별도로 전송한다.
③ 관세청 시스템은 하선신고서의 오류를 검증하여 접수·오류통보를 전송하고 후에 하선신고서 접수시 심사 후 수리통보를 전송한다.

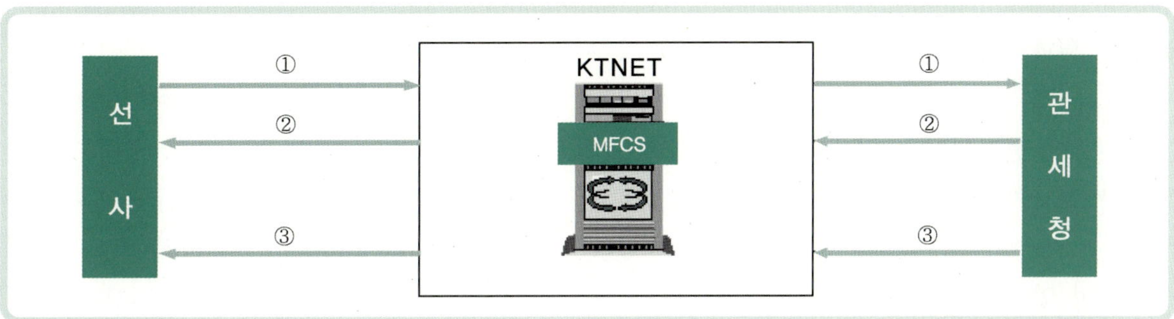

(다) 하선결과 이상보고

선사는 적하목록 제출 후 검수결과에 이상이 있을시 선사와 계약된 검수회사가 하선결과 이상보고를 B/L 단위로 세관에 전송한다.

(3) 적하목록 정정신고

(가) 정정신고 업무

- 선사·항공사, 포워더는 승인통보 이후에 정정할 사항이 있을 경우 정정신청할 수 있다.
- 정정신청서 제출 후 관세청 시스템으로부터 접수 또는 오류통보를 받는다. 오류통보 수신시 오류내용을 확인하고 다시 정정신청을 한다.
- 정정신청 결과통보: 접수통보 후 세관은 정정내용을 심사하여 결과통보를 보내주는 데 결과통보에는 '승인'과 '부분승인'이 있는데 만약 부분승인을 받았을 경우 세관에서 승인 취소를 한 경우이다. 이럴 경우 취소된 원인을 확인하여 다시 신고해야 한다.
- 정정 완료통보: 결과통보에서 '승인'이 된 경우 세관은 정정된 내용을 MFCS로 보내 업데이트 된다.

(나) 정정신청 대상

- 세관에서 적하목록 접수를 마감(보완마감)할 때까지 미전송된 경우
- 2차 전송을 하였으나 오류로 세관시스템에 접수되지 아니한 경우
- 하선(기)결과 이상보고 사항 중 적하목록에 없는 무적화물 및 적하목록은 있으나 물품이 선적되지 아니한 경우
- 하선(기)결과 포장수량의 과부족 또는 살물(撒物, bulk cargo)중 5% 이상의 과부족이 있는 경우
- 보세구역의 반입사고 화물중 포장수량 과부족으로 세관장으로부터 적하목록 정정통지를 받은 경우
- 기타 적하목록 기재사항 중 적하목록 정정이 필요한 사항

(4) 기타신고

(가) 통과화물(T/S; Transshipment) 적하목록 신고

T/S화물은 최종 목적지가 국내가 아니며, 운송경로상에서 단순 경유지로 국내에 도착, 다른 운송수단에 선적되어 해외로 선적되는 화물을 말한다. 운송방법에 따라 선박으로 국내도착 후 항공기로 나가는 경우(sea and air)와 항공기에 의한 운송(air and air), 이와 반대의 경우인 Air and Sea 또는 Sea and Sea가 있을 수 있다. T/S화물은 입항과 출항시에 각각 적하목록이 신고되며 입항 적하목록 제출시 통과화물의 구분의 'T'로 표시하고 출항 적하목록 제출시 'R'로 표시한다.

(나) 보세화물양수도(Bonded Warehouse Transaction) 적하목록 신고

BWT물품은 수입화물에 대한 화주가 없이 국내 보세구역에 반입된 후 양수도 계약을 통하여 화주가 결정되면 보세양수도신고서를 통해 수입업무가 진행되는 물품을 말한다. BWT의 형태는 포워더 혹은 수출업자가 자기 책임하에 국내의 일정한 보세구역에 물품을 반입시켜 보관해 둔 상태에서 국내의 수입업자에게 물품을 판매하는 거래형태로 주요 품목으로는 곡물, 원유, 목재 등으로 1명의 대표 화주명으로 수입되었다가 국내에서 물건을 분할하여 각각 화주가 나눠 가져가는 형태를 말한다.

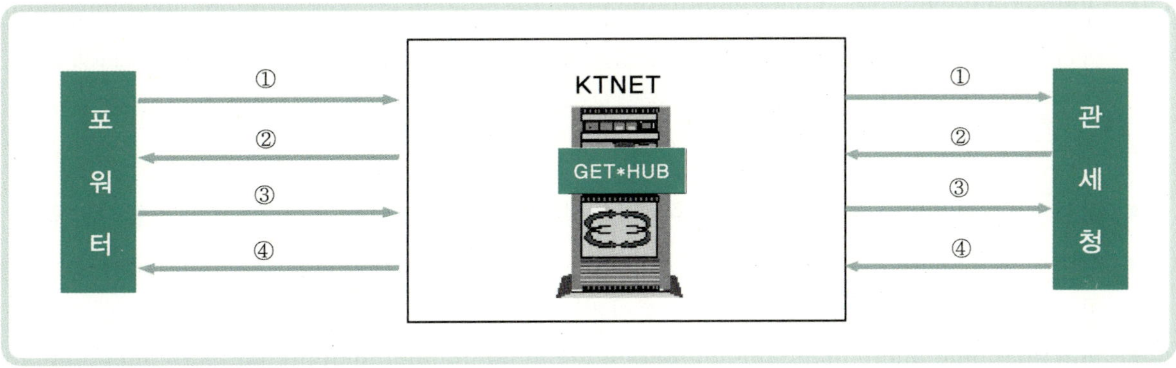

① 이미 적하목록이 제출되고 보세구역에 반입신고된 화물에 한하여 실화주들은 보세화물양수도(수입시 대표 수하인과 분할시 각각의 화주간) 계약을 맺고, 포워더가 보세화물양수도신고서를 작성·전송하고 접수통보 수신 후 관련자료를 세관에 제출한다.
② 세관시스템은 수신한 보세화물양수도 신고의 오류를 검증하여 접수·오류 통보한다.
③ 세관의 접수통보를 받은 포워더는 보세화물양수도 신고서와 첨부서류를 작성하여 세관에 제출한다.
④ MFCS를 통해서 수리 처리된 보세화물양수도신고서의 수리통보를 포워더에게 통보한다.

(다) 선용품(Ship Chandlery)

선(기)용품과 외국 무역선(항공기) 안에서 판매할 물품을 외국 무역선(항공기)에 적재·하선(기)·이적하고자할 때 선용품 등의 적재·하선(기) 또는 이적허가 신청서를 작성하여 세관장에게 제출하고 허가를 받아야 한다.

선용품 신고시 당해 물품의 내외국물품의 구별, 품명, 규격, 수량 및 가격과 포장의 종류, 기호, 번호 및 개수를 기재해야 하며, 선박 또는 항공기의 종류, 명칭 또는 등록기호, 국적 및 순톤수 또는 자체 중량과 운항예정일수, 여객 및 승무원의 수, 당해 물품의 적재·하선(하기) 또는 이적 예정년월일과 방법 및 장소에 대해 상세 기재해야 한다.

3) 해상 수출적하목록 신고

(1) 적하목록 작성제출

- 화주로부터 선적의뢰를 받은 선사 또는 화물운송 주선업자(포워더)는 수출신고 등 관련 서류를 검토한 후 B/L을 발행하고 해당 B/L내역을 MFCS로 전송한다. 단, 선사는 운항 정보 및 Master B/L 내역을, 포워더는 House B/L 내역을 MFCS로 전송한다.
- 선사는 MFCS에서 적하목록 취합여부를 확인하여 세관으로 수출 적하목록을 전자적으로 전송한다.
- 제출 시기는 적재 24시간 전까지(근거리는 전체 B/L 선박 출항 30분전, 벌크·공컨테이너·환적화물은 선박 출항 전, 선상수출물품은 선박출항 후 익일 24까지) 제출한다[61].

(2) 적하목록 정정

- 선사·항공사, 포워더는 승인통보 이후에 정정할 사항이 있을 경우 정정신청할 수 있다.
- 정정신청서 제출 후 관세청시스템으로부터 접수 또는 오류통보를 받는다. 오류통보 수신시 오류내용을 확인하고 다시 정정신청을 한다.
- 정정신청 결과통보: 접수통보 후 세관은 정정내용을 심사하여 결과통보를 보내주는 데 결과통보에는 '승인'과 '부분승인'이 있으며, 만약 부분승인을 받았을 경우 세관에서 승인취소를 한 경우이다. 이럴 경우 취소된 원인을 확인하여 다시 신고해야 한다.
- 정정완료 통보: 결과통보에서 '승인'이 된 경우 세관은 정정된 내용을 MFCS로 보내 업데이트 된다.

4) 통관관점에서의 해상입항 보고

선사는 화물을 적재한 선박이 입항하기 전에 세관에 적하목록, 선용품목록, 여객명부, 승무원명부, 승무원 휴대품목 등을 세관에 제출해야 한다. 이 중에서 화물관리상 가장 중요한 자료가 적하목록(cargo manifest)인데, 관세청이 지정한 시점 전까지 적하목록을 제출해야 한다.

61) 2012년 10월 관세청 수출입적하목록사전제출제도_세관설명회_자료 '적하목록제출시기 기준'

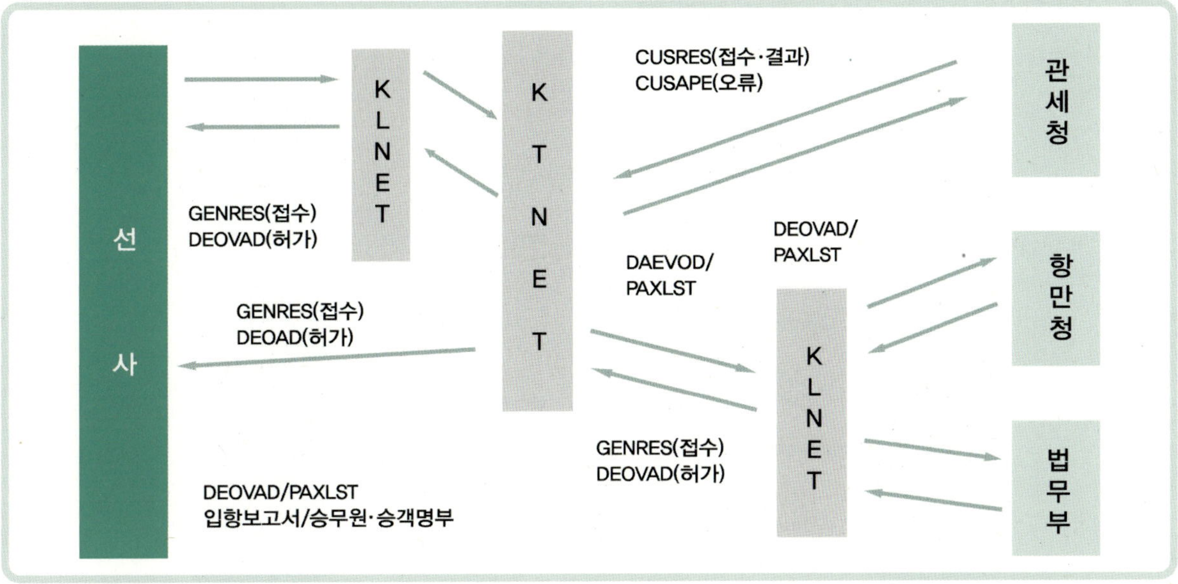

5 선적지시 및 본선적부도(本船積付圖)

해상물류 PCS(port community services)에서는 '수출지원 서비스' 중 운항 및 공동선사의 수출컨테이너 선적목록(Container Loading List, 이하 "CLL") 취합업무와 관련정보를 포워더, 항만터미널, 검수회사 및 관련 운송사에 제공 및 환적업무 신고에 활용도록 지원한다.

항만터미널과 같은 보세구역은 선사에서 지시한 CLL에 의거 실제 컨테이너화물의 반입을 확인하고 선사의 최종 적하목록신고 데이터와 대사를 실시한다. 이후 컨테이너 화물 선적목록을 확정하고 이를 기반으로 터미널내 장비와 인력의 작업계획을 수립한다. 또한 항만터미널은 선적작업 후 출항 선박의 화물 선적내역(本船積付圖, Stowage Plan or Bay Plan)을 전자문서(BAPLIE)로 지정된 선사 또는 차항지 터미널(next port of call)에 전송 처리한다.

[그림 4-15] 선적지시 및 본선적부도 관련 전자문서

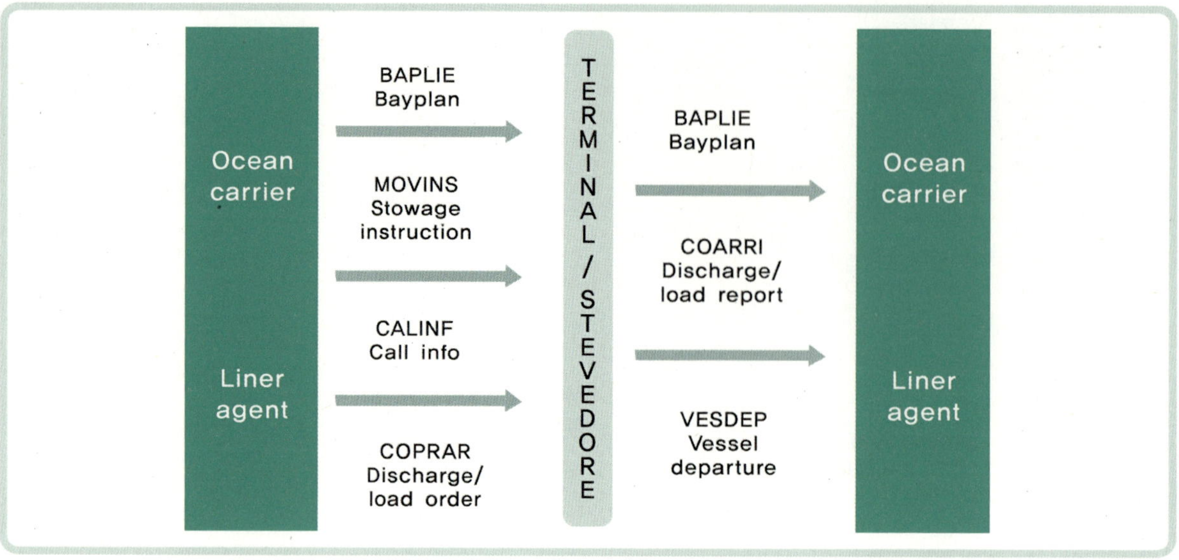

6 입출항보고

해상물류 PCS에서는 입출항시스템을 구축하여 관세청, 항만청(해수부), 검역소 및 출입국 사무소 등 신고업무 지원서비스를 제공한다.

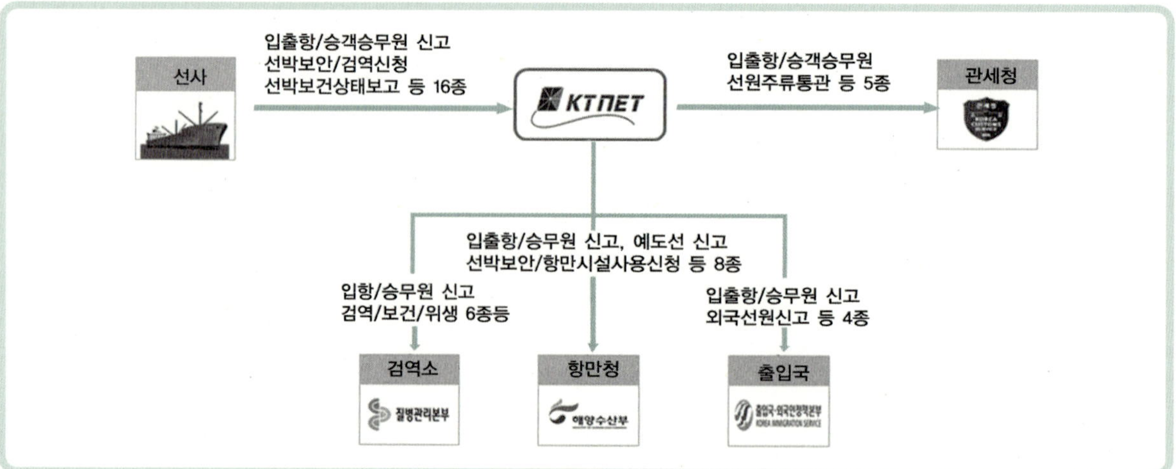

7 선사 수입화물인도지시서(Master D/O)

해상 수입화물인도 업무에 필요한 '화물인도지시서(D/O)', '자가운송신청서', '보세운송요청 동의서', '배정요청', '화물인도동의서', '물류부대비용 정산서', '입고확인서'를 전자적으로 구

현하여 업체간 전화, Fax, 방문없이 e-D/O 사이트를 통해 실시간 업무공유·처리 가능한 서비스를 말한다.

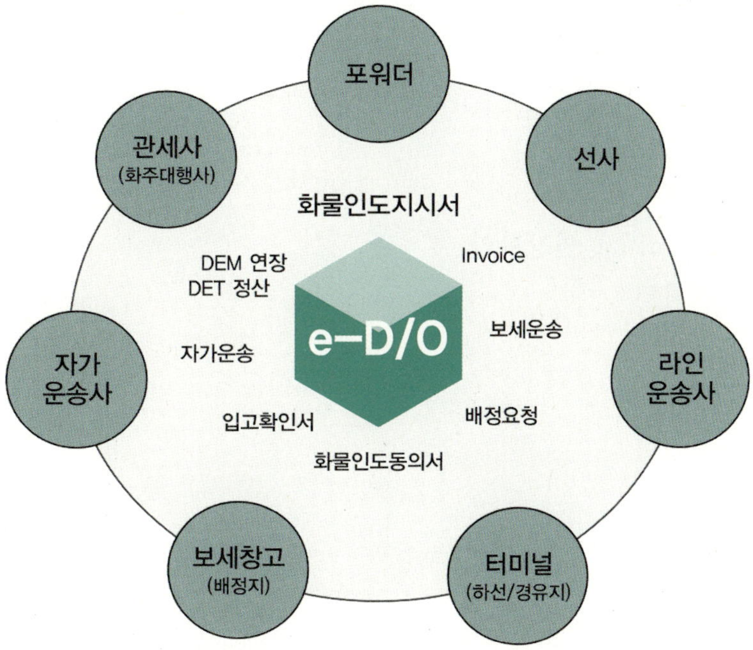

또한 전자무역기반사업자(KTNET)을 통해 발급한 화물인도지시서는「전자무역 촉진법」 제12조 8항에 의거 국가가 보증하는 8종 문서에 해당하며, 전자무역문서보관소에서 5년간 의무 보관한다.

1) 주요기능(선사, 운송사 창고용 합본)

(1) 접수·발급 업무

(가) 선사

- Master D/O 발급
- 자가/보세운송 접수·승인
- Demurrage, Detention 승인
- Invoice 발급

(나) 운송사

- 자가/보세운송/배정승인
- 화물인도동의서 발급

(다) 보세창고

- 입고확인서 발급

(2) 조회업무

- Master D/O 조회
- House D/O 조회
- 자가/보세운송 승인조회
- 배정요청 승인조회
- Demurrage, Detention 연장확인
- 화물인도동의서 확인
- Invoice 조회
- 입고확인서 조회

2) 상세업무

(1) 수입화물 인도지시서

실화주, 실화주대행사(포워더 또는 관세사 등)는 선사에 Master D/O를 신청한다. 발급요건에 대해 확인 후 선사는 D/O를 발급하고 uLogisHub는 신청자에게 비밀번호와 함께 D/O발급을 통지한다. 동시에 D/O발급사실은 화물이 적치되어 있는 하선지·경유지·배정지에 전송되고 필요시 화물을 운송할 운송사에게도 통지된다.

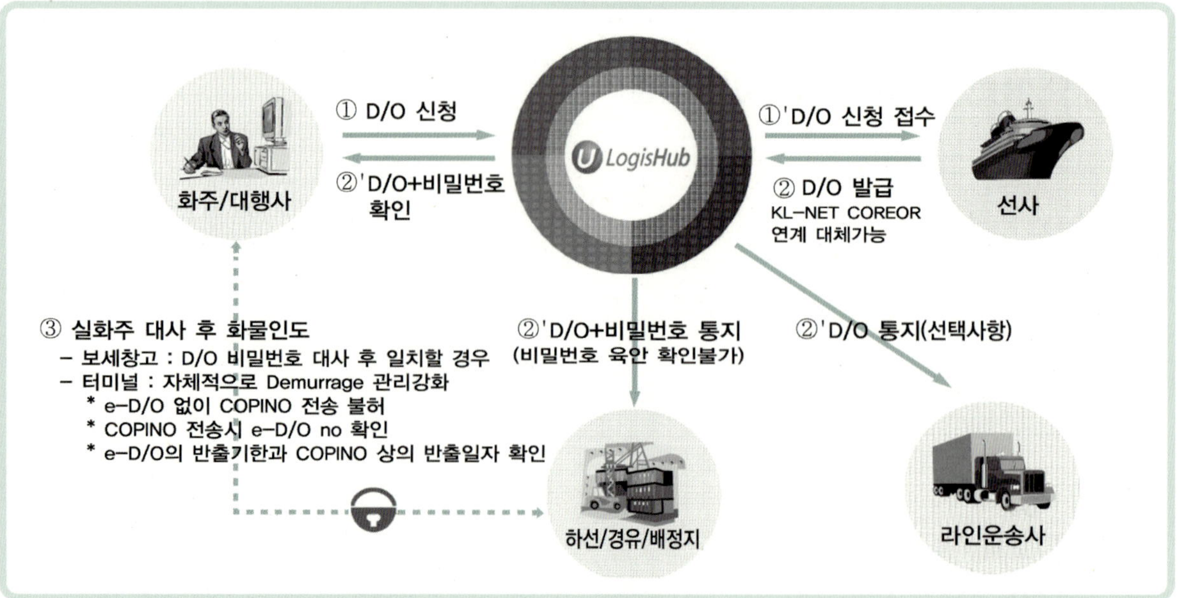

운송사가 화물이 적치된 터미널에 진입하기 전에는 반드시 사전에 화물반출입을 위한 신고(COPINO)를 하게 되고, 신고시 e-D/O No가 입력되어야 한다. 이와 같이 터미널 입장에서는 하선시점과 반출시점을 정확하게 계산하여 컨테이너 지체료(detention) 정산이 편리해지고 화물인도 업무 효율성도 개선된다.

(1) 자가운송 신청서

선사와 장기계약된 라인운송사를 사용하지 않고 화주·화주대행사 자신이 지정한 운송사를 이용하는 경우 자가운송 신청을 해야 한다. 자가운송 신청시에는 선사의 자산인 컨테이너에 대한 적절한 관리와 선사가 지정한 장소와 기한 내 컨테이너를 반납하겠다는 각서를 작성해야 한다.

일반적으로 선사 자체 또는 선사의 라인운송사 또는 선사계열 운송사가 자가운송에 대한 승인을 받게 하며, uLogisHub에서 자가운송신청시 '온라인자가운송 각서'에 동의하는 방법을 통해 그 효력이 인정된다.

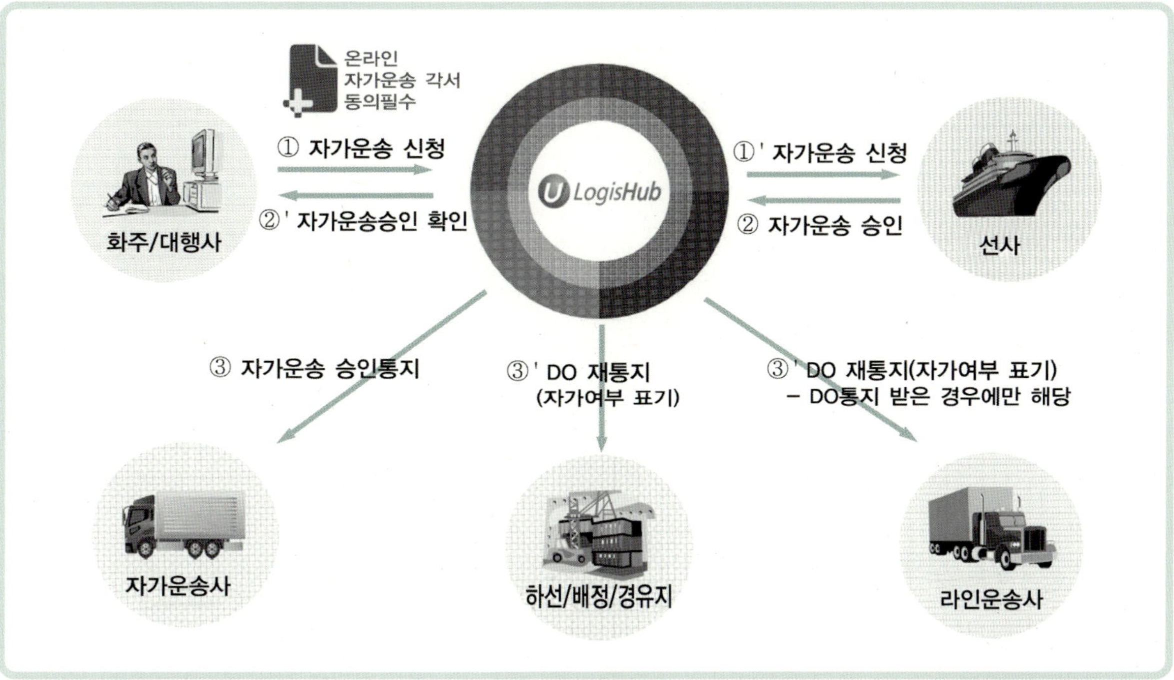

(2) 보세운송 요청동의서

보세운송을 위해서는 보세운송사가 관세청에 보세운송을 신고하고 반드시 수리 통보를 받아야 한다. 아울러 필요시 화물의 해상운송사인 선사의 보세운송에 대한 승인도 받아야 하는데 일반적으로는 선사 또는 선사의 라인운송사가 본 업무를 수행한다.

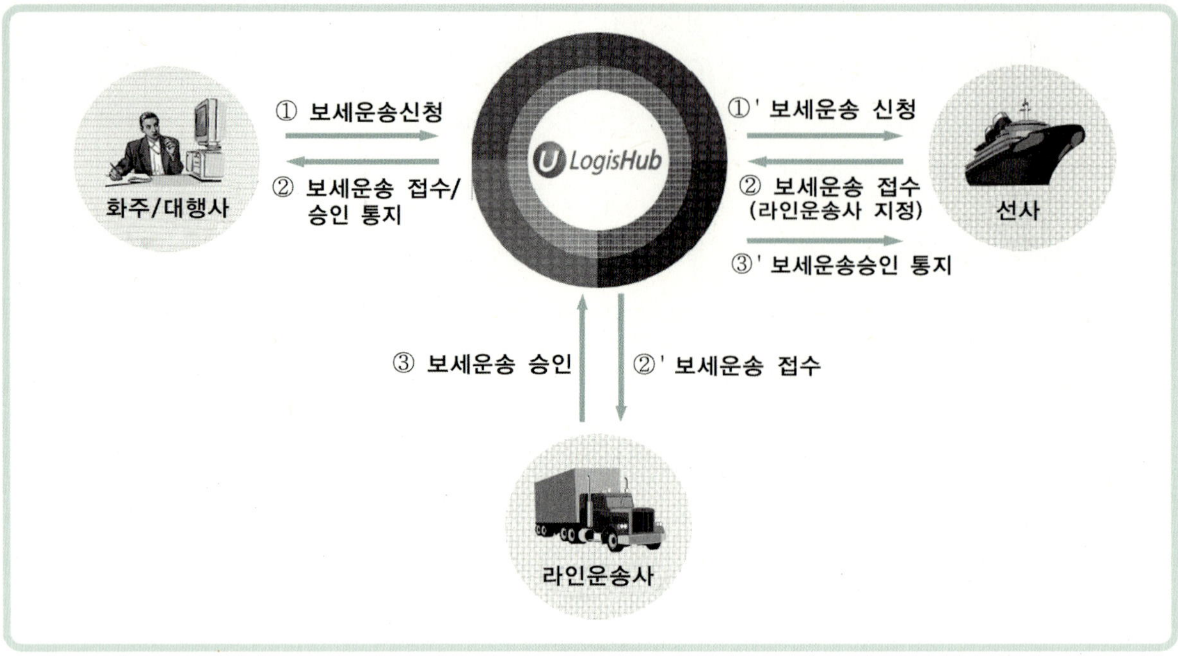

3) 연계서비스

(1) e-B/L, e-L/G 연계서비스

D/O의 발급조건은 Original B/L이 제출되거나 Surrendered B/L 또는 Sea-Waybill과 같은 화물운송에 관한 서류가 제시되어 화물상환에 대한 요건이 갖춰진 상태이다. 만약 B/L에 해당하는 서류가 아직 도착하지 않았다면 수입자는 은행의 보증을 받아 L/G를 발급하여 수입화물을 선취할 수도 있다.

e-B/L Korea에서 제공하는 e-B/L서비스와 KTNET에서 별도로 개발한 e-L/G서비스는 필연적으로 e-D/O서비스와 연계될 수 있고 패키지로 제공되면 업무 효율성이 크게 향상될 수 있다.

(2) 수출입물류 부대비용정산(e-T/B)

e-T/B는 본 장 제4절 '포워더업무'에서 언급되었으며, 포워더 뿐만 아니라 수출입물류 전반에 걸쳐 물류서비스를 공급하는자와 공급받는자 모두 e-T/B를 사용할 수 있다. D/O는 본질적으로 수입화물을 확보하고 있는 운송인이 화주에게 화물을 인도하는 공식적인 문서이기 때문에 반드시 D/O 발급 이전에 부대비용 정산을 완료해야 한다. 또한 비용정산은 요즘 트렌드에 맞춰 인터넷뱅킹 등 전자적 대금결제처리에 수반한 여러 기능들이 함께 제공되어야 함은 물론이다.

제6절 보세구역/운송사업무

1 개요

보세구역(bonded area)은 외국의 화물을 보관하거나 가공·제조·전시 등을 할 수 있는 장소로 세관장의 허가를 얻어야 한다. 보세구역은 지정보세구역, 보세창고, 보세장치장, 보세공장 및 보세전시장 5종류가 있다. 이 구역에서는 보관화물에 대한 관세부과가 유예 받도록 되어있다[62]. 보세구역 운영은 개별시스템으로 존재하기 보다는 CY운영시스템이나 항만터미널운영시스템(TOS) 또는 물류센터내 보세구역 등 사업목적에 맞게 구축된 시스템의 별도 기능으로 제공되는 경우가 많다.

예를 들어 운송관리시스템(TMS; transportation management system)은 효율적인 운송서비스를 제공코자 주문관리시스템(OMS; order management system)에서 입력된 자료를 활용하여 가장 적은 비용과 시간으로 화물운송 업무를 수행하는 시스템이다. 수출입물류에서는 수출입화물의 운송을 위해 보세운송신고, 항만터미널 사전반출입신고 등 업무와 연관되어 있고 TMS에서는 이와 같은 기능을 제공한다.

[그림 4-16] 운송사 업무시스템 구성도 샘플

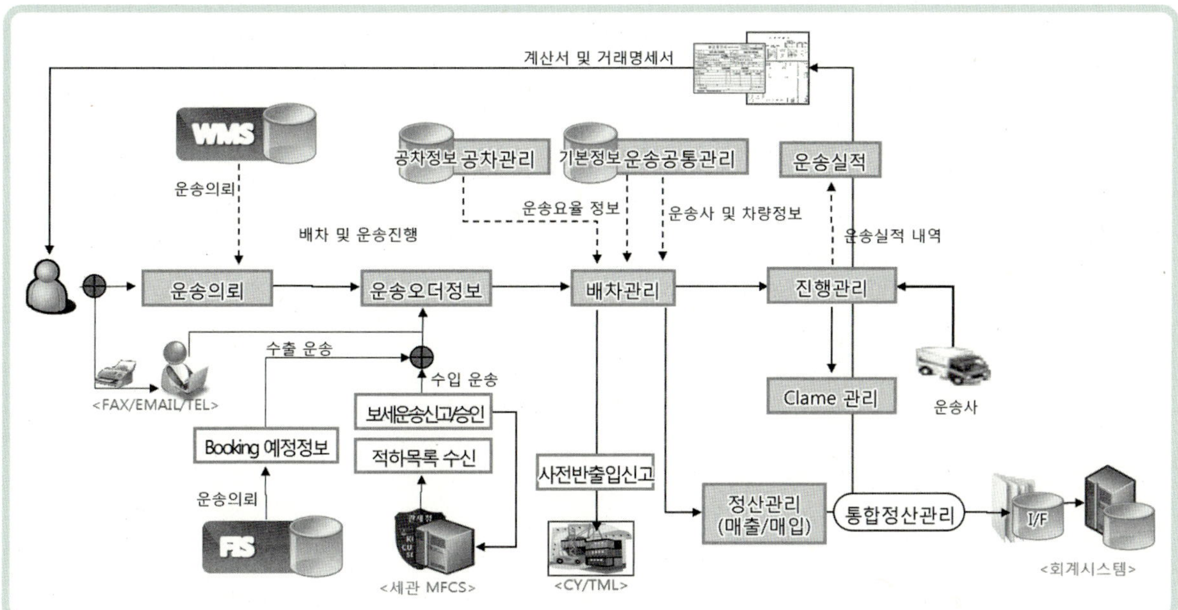

62) 출처: 코리아쉬핑가제트 해운·물류용어대사전(2006)

2 반입신고와 반출신고

1) 반입신고

보세구역 설영인[63]은 선사·항공사·보세운송사로부터 화물을 인수받은 즉시 House B/L 단위로 세관에 물품 반입을 신고한다.

(가) 입항물품

입항지 설영인(設營人)은 MFCS로부터 반입예정화물정보를 다운로드 받는다.

(나) 보세운송물품

관세청 시스템은 수입화물의 보세운송신고 수리 즉시 반입예정화물정보를 도착지 보세구역에 전송한다.

- 보세구역 설영인은 반입물품을 인수하고 반입예정 화물정보와 대사하여 물품이상 유무를 확인한 후 반입신고서를 작성하여 세관에 전송한다.
- 세관은 반입신고서를 수신하여 오류여부를 체크하고 오류가 없을 경우 해당내역을 DB에 등록한다.

2) 반출신고

보세구역 설영인은 화주, 보세운송사 등으로부터 화물반출요청을 받았을 때 세관시스템의 반출승인정보 또는 반출신고 수리필증을 확인한 후 이상이 없을 경우 반출하고 반출신고서를 세관에 제출하며 B/L제시 인도물품의 경우 반출승인정보와 B/L확인 후 반출한다.

- 보세구역 설영인은 반출신고서를 작성하여 세관에 전송한다.
- 세관은 반출신고서를 수신하여 오류 여부 및 화물반출승인 여부를 체크하고 오류가 없을 경우, 해당 내역을 DB에 등록한다.

63) 보세구역의 설치·운영에 관한 특허를 받은 자 또는 종합보세사업장의 설치·운영에 관한 신고를 한 자.

3 보세운송신고 및 관련 신고

1) 업무개요

(1) 보세운송신고(declaration of bonded transportation)

보세운송이란 외국으로부터 수입하는 화물을 입항지에서 통관하지 아니하고 세관장에게 신고하거나 승인을 얻어 외국물품 상태 그대로 다른 보세구역으로 운송하는 것을 말한다. 보세운송할 물품은 세관에 신고(승인신청)를 한 후 보세운송하여 목적지 세관의 보세구역 등에 반입한 후에 관할 세관장에게 도착보고를 하여야 한다. 보세운송승인을 받아야 하는 물품의 경우에는 관세채권의 확보를 위하여 담보를 제공해야 한다.

(2) 보세운송신고인

보세운송신고는 일정요건을 갖춘 간이보세운송업자가 할 수 있으며 보세운송 승인신청은 수입화주와 일반보세운송업자가 할 수 있다. 그러나 귀금속, 재보세운송물품, 보세구역 반입 후 30일이 경과한 물품, 통관보류 물품 등 특정물품은 화물의 안전과 불법유출방지 및 효율적인 세관감시를 위하여 간이보세운송업자가 운송하더라도 보세운송 승인신청을 하여 세관장의 승인을 받아야 한다.

(3) 보세운송 수행

수입화물을 보세운송하고자 하는 경우 보세운송업자는 자가 운송수단이나 다른 보세운송사의 운송수단을 이용할 수 있다. 수입화주도 자기화물을 직접 보세운송하는 경우에는 자기차량은 물론 다른 운송수단도 제한없이 이용할 수 있으며, 이 경우 화주는 관세에 상당하는 담보를 제공한 후 자신의 책임하에 목적지 보세구역까지 보세운송을 할 수 있다.

(4) 보세운송 신고(승인신청) 시점

수입물품을 보세운송하려면 보세운송 신고를 하거나 보세운송 승인신청을 하여야한다. 보세운송신고(승인신청)는 수입물품의 적하목록을 제출하고 하선(하기)장소에 당해 물품이 반입된 이후에 신고하는 것이 원칙이다.

그러나 선박이나 항공기가 입항하기 전에 적하목록을 제출하면 입항 전에 보세운송신고를 할 수 있다. 또한 보세운송 도착지는 반드시 보세구역[타소장치장(他所藏置場) 포함]이어야 한다.

2) 업무절차

수입물품을 보세운송 하고자 하는 자는 전자문서로 보세운송 신고서를 작성하여 세관에 전송한다. 보세운송 신고서를 접수한 세관은 적하목록상의 내용과 신고내용과의 일치 여부, 보세운송 신고인의 적격여부, 신고물품의 이상유무, 보세운송기간, 도착지 보세구역의 합당여부, 세관장의 보세운송승인 대상여부 등을 심사하여 신고내용에 이상이 없으면 즉시 세관시스템을 통하여 보세운송 신고인, 도착지 세관장, 발송지 및 도착지 보세구역 설영인에게 수리사실을 통보한다.

(1) 보세운송 신고

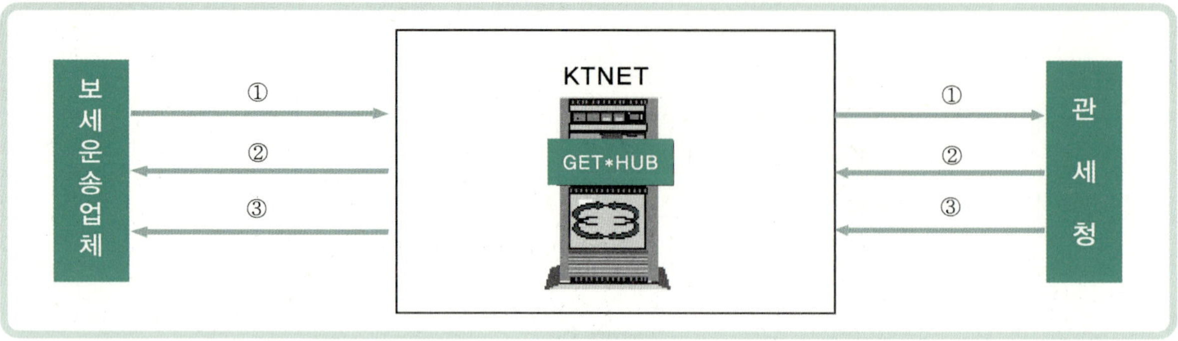

① 보세운송사는 세관으로 보세운송 신고서를 전송한다.
② 세관 확인 후 보세운송사로 접수·오류통보를 전송하며, 보세운송사는 수신 내역확인 후 접수통보이면 처리하고 오류통보이면 수정후 재전송한다.
③ 세관은 승인통보를 전송한다.

(2) 보세운송승인(approval of bonded transportation) 신청

보세운송승인을 받아야 보세운송할 수 있는 경우는 보세운송된 물품을 다른 보세구역으로 재보세운송하거나 검역물품, 위험품등 특정물품을 보세운송하고자 하는 경우 등이다. 이러한 경우에는 반드시 보세운송 승인서를 받아야 하며 세관은 보세운송할 물품을 검사할 수 있고 담보를 제공하도록 하고 있다. 보세운송사는 출발지 보세구역에 보세운송승인서를 제출하고 화물을 반출하여 보세운송한다.

(3) 보세운송목적지 변경 및 기간연장

보세운송 신고인이 보세운송 목적지를 변경하려면 보세운송 신고필증 또는 승인서와 목적지변경 사유서를 물품 반출전에 세관장에게 제출하여 승인을 받아야 한다. 보세운송 목적지 변경승인신청을 받은 세관장은 목적지 변경사유가 부득이 하고 목적지가 보세운송 신고 및 승인의 도착지로 합당한 때에 한하여 이를 승인하고 있다. 또한 재해, 차량사고, 도착지 창고사정 등 기타 부득이한 사유로 인하여 보세운송기간을 연장할 필요가 있을 때 보세운송인은 보세운송신고(승인) 세관 또는 도착지 세관장에게 보세운송기간 연장신청서를 제출하면 된다.

3) 보세판매장(duty free shop)

외국물품을 외국으로 반출하거나 관세의 면제를 받을 수 있는 자가 사용하는 것을 조건으로 판매하는 구역을 보세판매장이라고 한다. 수입된 물품의 보세판매장간 운송 역시 보세운송신고 대상이다.

4 카고뷰(Cargo View)

국내 수출입화물 운송시장은 전체 화물운송 대비 주요한 비율을 차지하고 있다. 운송시장 대내외 환경의 변화에 따라 온라인 기반의 화물운송 서비스 활용의 필요성이 높아지고 이에 부응하기 위하여 개발된 것이 KTNET '카고뷰' 서비스이다.

1) 수출입화물 운송시장 현황

(1) 대내환경

- 운송업계의 업무처리 방식은 대부분 오프라인으로 업무 효율성 낮다.
- 화물운송 업무는 다단계거래 관행이 만연해 있다.
- 국토교통부가 「화물자동차 운수사업법」을 개정하였다.
- 화물운송 실적신고, 직접운송의무, 최소운송기준, 위탁화물관리 책임제도 시행에 따른 운송업계의 대응이 필요하다.

(2) 대외환경

- 해외화주의 화물 Visibility 요구가 증대되고 있다.
- 글로벌 포워딩업체들은 선진 경영기법과 업무 노하우를 바탕으로 국내 운송시장을 잠식하고 있다.

2) 화물운송 정보서비스 활용의 필요

- 운송위수탁, 화물관제, 화물인수증 업무프로세스를 온라인으로 개선하여 업무 효율성 증대가 필요하다.
- 다단계 거래를 제한하여 영세차주에게 혜택이 가도록 건전한 생태계를 조성할 필요가 있다.
- 국가정책과 제도변화에 대한 능동적 대응이 필요하다(화물운송 실적신고 등).
- 실시간 화물관제 등 화주 요구사항 대응이 필요하다.
- 화물운송 정보서비스 활용을 통한 업무프로세스 개선으로 국내업체가 글로벌 포워딩업체와의 경쟁에서 경쟁우위를 확보할 필요가 있다.

3) 수출입화물 운송절차 및 일반화물 운송절차

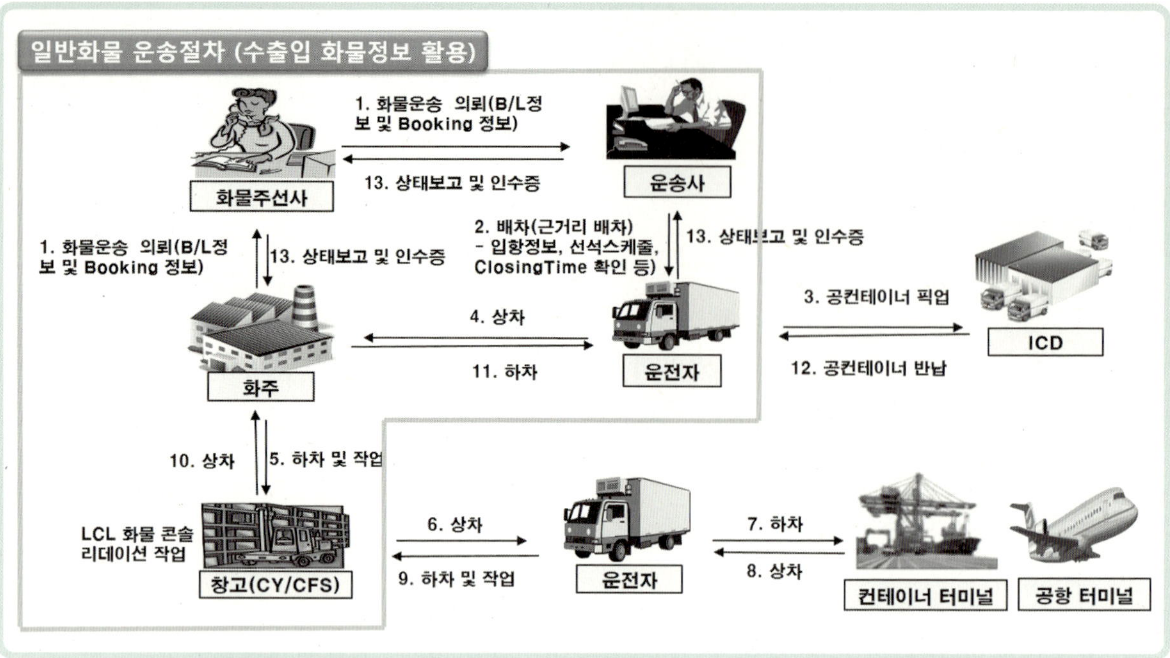

① 실화주나 포워더의 운송의뢰에 따라 화물운송 주선사는 부킹 및 B/L정보를 바탕으로 운송사에 운송지시 한다.

② 운송사는 자차 가용차량 또는 외주업체를 섭외하여 배차를 한다.

③ 만약 상차될 화물의 있는 곳에 공컨테이너가 없다면 트럭은 공컨테이너가 장치된 지정된 CY로 가서 상차한다.

④ 트럭은 공컨테이너와 함께 화물의 상차지로 이동한다.

⑤ 화물이 적치된 창고에서 공컨테이너에 화물을 적입한다.

⑥ FCL컨테이너를 트럭에 상차하여 이동한다.

⑦ 운송사는 사전에 화물반입 차량진입에 대한 신고를 하고, 트럭은 목적지 항만터미널에 도착하여 FCL컨테이너를 하차한다.

⑨ 수입된 FCL컨테이너의 운송지시가 있는 경우, 해당 화물을 상차하여 지정된 장소로 이동한다.

⑩ 화물을 적치할 창고에서 FCL컨테이너를 오픈하고 화물을 적출하고, LCL상태의 화물을 상차한다.

⑪ 트럭은 LCL 상태의 화물을 화주가 지정하는 장소로 운송한다.

⑫ 공컨테이너 반납의 경우 트럭은 지정된 CY로 컨테이너를 반납처리한다.

⑬ 수출입 및 일반화물 운송업무 처리에 대한 결과보고를 한다.

4) 수출입화물 운송업계 애로사항

(1) 운송업계의 오프라인 업무환경

운송업무 1건 당 최소 7～8차례 전화통화가 필요하며, 유선으로 화물을 관제하고, 여러가지 서류를 팩스전송하는 등 비효율적인 면이 상존하고 있다.

(2) 수출입운송에 필요한 정보획득에 많은 시간소요

수출입화물 운송은 B/L정보, 부킹정보, 선석스케줄(berthing schedule)정보, 통관정보 등 다양한 부가정보를 필요로 하나 이를 수집하기 위해서는 시간과 노력이 상당하다.

(3) 운송실적 및 거래처 관리 등 정보화 수준 미흡

운송실적 및 거래처를 off-line으로 관리하여 데이터의 정확도가 낮으며, 아울러 업무의 투명성이 낮아질 수 있고, 실적신고시 데이터 누락이 발생할 수도 있다.

(4) 화물인수증 우편송부 또는 직접전달

화주 요청시 화물인수증의 오프라인 전달로 시간과 비용이 소요된다.

5) 수출입화물 운송정보서비스(Cargo View)

(1) 활용이점

- 인터넷(웹, EDI)를 통하여 화물운송 업무를 처리할 수 있다. 스마트폰으로 배차하거나 실시간 화물관제도 가능하며, 일부 관련서류까지 첨부할 수 있다.
- KTNET의 MFCS 정보, e-D/O 정보, 전국 주요 컨테이너 항만터미널 정보 등과 연계하여 D/O 발급, 터미널 반출입결과 등 복합서비스를 제공할 수 있다.
- 운송실적을 자동생성하고 엑셀문서로 다운로드 받을 수 있으므로 거래처 정보 이중등록이 필요 없으며, 거래처 현황 파악도 쉽다. 또한 uTradeHub와 무역망과 국토부 실적신고시스템 연계도 가능해질 예정이다.
- 운전자의 스마트폰을 통해 전자화물 인수증 처리가 가능하며, 웹을 이용한 화물인수증 확인(화주, 주선사, 운송사)도 가능하다.

(2) 서비스 기능

[그림 4-17] Cargo View 서비스 구성도

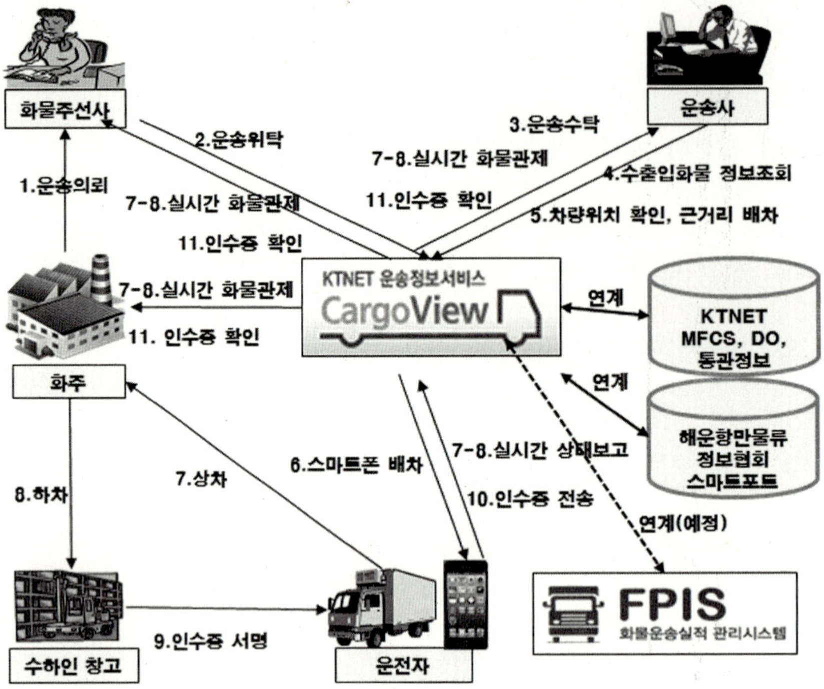

(가) 화물주선사

- 웹 또는 EDI로 화물운송 위탁
- 위탁화물 관리
- 위탁화물 관제
- 거래처 관리
- 실적신고 데이터 활용 및 신고
- 화물인수증 확인

(나) 운송사

- 웹 또는 EDI로 화물운송 수탁
- 운송관련 정보 검색
- 실시간 차량관제, 근거리 배차
- 화물의 실시간 관제
- 실적신고 데이터 활용 및 신고
- 화물인수증 확인

(다) 운전자

- 스마트폰을 통한 배차확인
- 실시간 공차등록
- 실시간 상태보고

제7절 항공물류

1 개요

항공물류란 항공운송(air transport)에 물류(logistics)의 개념이 더해진 용어이다. 운송(transport, transportation)이란 여객이나 화물 또는 우편물을 2개 이상의 지점간 이동시키는 행위를 일컫는데, 운송의 수단으로 항공기를 이용하는 것을 항공운송(air transport, air transportation)이라 한다. 즉, 항공운송이란 항공기를 이용하여 여객과 화물을 운송하는 경제활동이라 할 수 있으며, 항공운송 서비스는 이러한 항공운송을 통해 제공되는 서비스라 할 수 있다.[64)]

이러한 항공물류의 정의를 정리하면, "화물을 운송하며 보관하고 하역하며 포장하는 과정에서 화주, 항공물류산업, 정부, 대학, 공항운영업자, 지상조업회사와 물류장비제조업자 그리고 국제기구간의 상호작용으로부터 발생하는 모든 현상이다"라고 정의하고 있으며, 관세사 등 항공화물 운송과 직·간접적으로 관련된 모든 이해관계자들(stakeholders)에게 영역이 확대되고 있다.[65)]

2 수출입 업무절차

1) 수출

항공화물의 수출업무는 화주의 수출화물에 대한 기적요청(機積要請)으로부터 시작되어 해당 수출화물을 운송수단을 통해 공항에 운송한 후 창고에 보관하였다가, 항공기에 적재하여 외국으로 반출하는 과정까지의 전체 항공수출업무중 화물을 항공기에 적재하고 도착지까지 항공기를 운항하기 위한 제반업무로 구성된다.

64) 박명섭·김은주, 『국제운송의 이해』 이앤비플러스, 2010, pp.207
65) 정재락, 『항공물류의 이론과 실제』 도서출판 두남, 2013, pp.18-19

이러한 항공수출업무는 관세청, 항공청(국토교통부), 출입국관리소, 검사/검역기관 등의 행정기관과 포워더, 조업사, 특송업체, 보세창고, 보세운송사 등 물류업체와 관련이 깊고, 각 업무 프로세스별 각 기관과 물류업체 등과 전자적 방식의 정보교환을 통해 업무의 효율성을 추구하고 있다. 항공수출물류의 전반적인 프로세스는 아래와 같다.

[그림 4-18] 통관 관점에서의 항공 수출물류 프로세스[66]

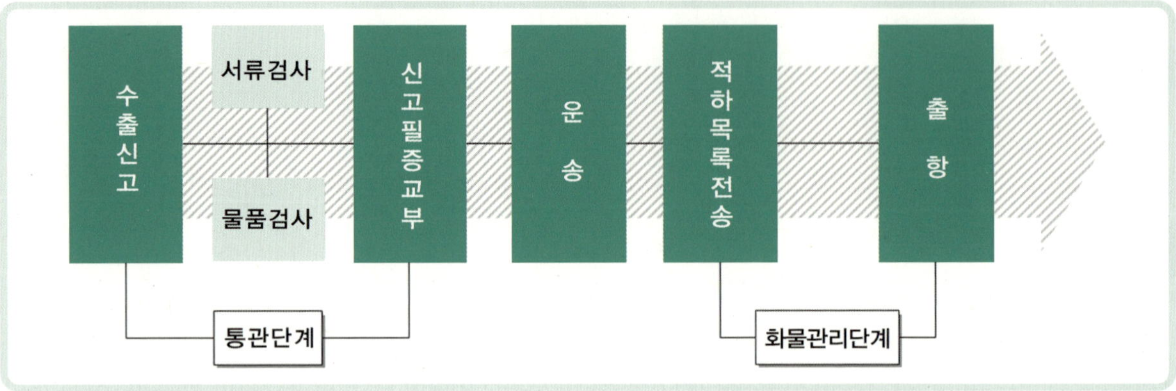

각 업무 단계별 주요 업무 프로세스를 살펴보면 다음과 같다.

(1) 화물예약

항공화물을 항공기에 적재하기 위해 항공사의 미리 지정된 스케줄에 따라 항공기의 적재공간을 미리 예약(booking)하는 단계이다. 화물예약 단계에서 필요한 정보는 출발지, 도착지, 화물품명, 수량, 중량, 부피 등 화물에 대한 기본 정보이다.

(2) 기적요청

화물예약이 완료된 후 화물에 대한 기적을 요청하는 단계이다. 기적요청 단계에서는 화주의 C/I, P/L 등의 정보를 기반으로 기적요청서를 작성하게 된다.

(3) 화물반입

기적요청된 화물을 항공사의 터미널에 반입하기 위해서는 E/P가 필요하며, 항공사 터미널에서는 화물 반입시 E/P의 수출신고 수리여부를 전산으로 조회한 후 반입정보를 등록하게 된다.

66) 출처: 관세청(www.customs.go.kr)

(4) MAWB 작성

항공사는 기적요청서와 C/I, P/L 등의 정보를 기반으로 Master Air-Waybill(MAWB)을 작성하게 된다. 항공사대리점의 경우 항공사를 대신해 MAWB을 작성하게 되며, 작성한 MAWB 정보는 항공사 시스템에 전송하게 된다. 최근에는 IATA의 e-Freight 추진에 따라 기존에 서류방식으로 MAWB을 작성하고 항공사 창구에서 접수하는 방식을 지양하고, 전자적으로 접수하는 방식이 점차 확산되고 있는 추세이다.

(5) 적하목록 신고

항공사는 작성된 MAWB 정보에 따라 적하목록을 작성하여 관세청 및 항공청 등 기관에 제출해야 한다. 관세청은 「관세법」 제135조와 「보세화물 입출항 하선/하기 및 적재에 관한 고시」에 따라 항공화물에 대해 적재 30분전까지 적하목록을 마감제출 하도록 규정하고 있다. 적하목록 제출을 위해서 항공사는 포워더의 혼재화물 적하목록을 취합하여 제출하여야 하며 적하목록 취합을 위해서는 항공사의 자체시스템을 활용하여 취합하거나 관세청에서 지정한 KTNET의 MFCS를 이용하여야 한다.

(6) 출항허가 신청

출항 적하목록이 승인되면 항공사는 출항을 위해 출항 허가신청을 작성하여 관세청과 출입국관리소 등 관계기관에 제출하여야 한다.

항공수출 업무와 관련 기관 및 물류주체와의 연관도는 아래와 같다.

[표 4-6] 항공수출업무와 관련 기관 및 물류주체와의 연관도[67]

업 무 / 주 체		기적요청	내륙운송		통관/검역			장치/보관		출항		
		기적접수	운송의뢰/계획	운송	정식통관	간이통관	검사검역	화물접수	화물장치	기적	출항수속	적하목록신고
행정기관	관세청				●	●	●				●	●
	항공청										●	
	출입국관리국										●	
	검사검역기관						●				●	
	통관우체국					●						
물류주체	항공사	●	●	●				●	●	●	●	●
	포워더							●	●	●		
	조업사					●						

67) 정보통신부, '수출입물류중심의 국가물류정보체계 혁신(BPR/ISP) 사업', 2003

업 무 주 체	기적요청	내륙운송		통관/검역			장치/보관		출항		
	기적접수	운송의뢰/계획	운송	정식통관	간이통관	검사검역	화물접수	화물장치	기적	출항수속	적하목록신고
특송업체	●	●	●	●	●	●		●		●	
보세창고		●	●	●		●					
화 주											
운송사											

2) 수입

항공화물의 수입업무는 항공기의 도착에서부터 화물을 운송수단을 통해 도착지에 운송해주는 전체 수입화물 프로세스 중 항공기에서 화물을 하역하여 창고에 보관했다가 화물을 반출하기 위한 제반업무로 구성된다.

[그림 4-19] 통관 관점에서의 항공 수입물류 프로세스[68]

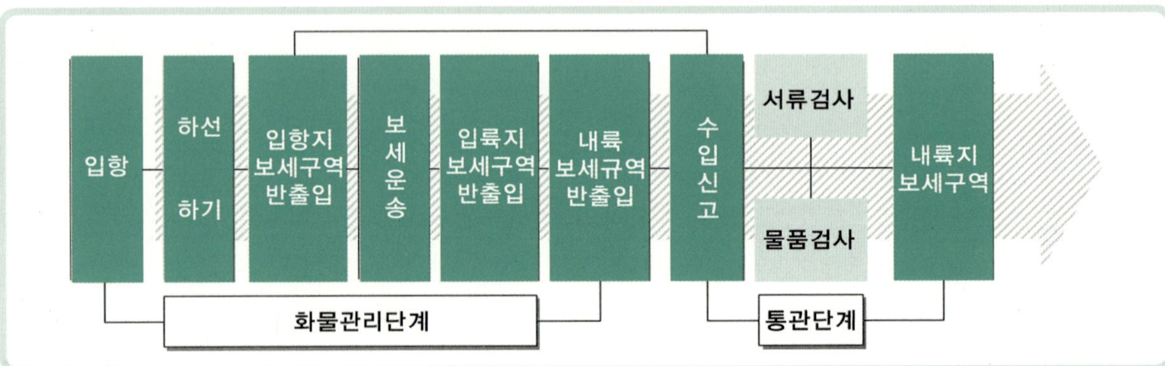

항공수입업무는 수입화물을 기적한 항공기가 공항에 도착하여 입항절차를 거쳐 화물을 하기하고, 하기된 화물이 공항에서 장치·보관되거나 세관절차를 거쳐 공항 밖으로 최종 화주에게 전달되는 전 과정을 처리하는 업무로 다음과 같은 단계로 일반적으로 진행된다.

(1) 적하목록 제출

항공 수입적하목록 사전제출제도 시행(2012년 6월) 이후 적하목록은 항공기 입항 4시간 전 또는 출항지에서 출발하기 전에 적하목록이 제출되어야 한다.

적하목록 제출의무자인 항공사가 수입적하목록을 제출하기 위해서는 포워더의 혼재화물 적하목록을 취합하여야 하는데 이를 위해서는 해외 출항지의 포워더 또는 국내 포워더로부터 혼

68) 출처: 관세청(www.customs.go.kr)

재화물 적하목록을 입수하여 직접 취합하거나, KTNET MFCS에 취합을 대행하여 적하목록 취합 후 관세청에 제출하여야 한다.

(2) 하기신고

제출된 적하목록에 따라 포워더는 입항후 화물의 반입장소 및 수입화주의 정보를 확인하여 하기신고서를 항공사 또는 중계사업자에게 전송하고 항공사는 이를 확인하여 하기신고서를 관세청에 제출하게 된다. 이때 하기작업시 실제 신고된 적하목록과 화물의 차이가 발생할 경우 관세청에 하기결과 이상보고를 제출하여야 한다.

(3) 보세운송신고

보세운송업자는 수입화물이 공항터미널에 반입되기 전 또는 후에 보세운송 신고 또는 보세운송 승인신청을 한 후 화주가 요청하는 장소로 보세운송을 수행한다.

(4) 반입신고

입항된 보세화물이 보세창고에 반입되면 해당 창고는 반입된 화물의 내역에 따라 반입신고한다.

(5) 수입신고

보세창고에 반입된 화물에 대해 화주나 관세사가 수입신고서를 작성하여 관세청에 제출하고 관련 관세 및 부가세를 납부하면 수입신고가 수리된다. 이후 화물을 보세창고로부터 반출할 수 있게 된다.

(6) 화물인도지시서(D/O) 발급

포워더는 수입화주와 운임정산이 완료되면, 해당 화물이 입고된 보세창고에 D/O를 발급한다. 보세창고는 D/O의 진위여부를 확인하고 화주의 반출요청시 반출자의 인적사항 확인 후 화물을 반출시킨다.

(7) 반출신고

보세창고는 수입신고 또는 보세운송수리된 화물에 대해 화물이 반출될 경우 반출신고서를 관세청에 전송해야 한다. 이러한 일련의 항공 수입업무 프로세스에 따른 관련 기관 및 물류주체와의 관계는 아래 표와 같다.

[표 4-7] 항공수입업무와 관련 기관 및 물류주체와의 연관도69)

주체 \ 업무		입항			하기	장치/보관		내륙운송		통관/검역		
		입항준비	입항수속	적하목록신고	하기업무	화물장치/관리	화물반출	운송의뢰/계획	운송	정식통관	간이통관	검사검역
행정기관	관세청	●	●	●	●	●	●	●		●	●	●
	항공청		●									
	출입국관리국		●									
	검사검역기관		●									●
	통관우체국										●	
물류주체	항공사	●	●	●	●				●			●
	포워더	●		●	●	●		●				
	조업사	●			●				●			
	특송업체										●	
	보세창고			●	●	●	●	●	●			
	화주	●		●	●	●	●	●	●	●	●	●
	운송사			●	●	●	●	●	●			●

3 항공물류주체

1) 항공화물 포워더

Air Freight Forwarder란 항공운송사업자의 항공기를 이용하여 타인의 화물을 유상으로 자기의 명의로 운송하는 업체라고 할 수 있다. 이러한 사업을 영위하는 항공화물 포워더는 사업영역에 따라 단순히 계약대리점으로서 항공운송만 대행하는 협의(俠義)의 항공포워더(항공화물대리점: air cargo agent)와 운송뿐만 아니라 항공사와 화주의 대리업무, 통관, 육상운송, 보관 등의 물류업무까지 책임지는 광의(廣義)의 항공포워더(항공운송주선인: air freight forwarder)로 구분할 수 있다.

2) 항공사70)

Airlines은 공인된 운항증명이나 면허를 가지고 여객 및 화물에 대하여 항공운송 서비스를 제공하는 회사를 통칭하며, 여객을 주로 운송하는 항공사를 여객운송사(passenger airlines)로 부르고, 항공화물에 특화된 항공사를 화물항공사(cargo airlines or airfreight carriers)로 구분하기도 한다. 화물항공사는 대형 여객항공사의 부서 또는 자회사 형태로 운영되기도 한다.

69) 정보통신부, '수출입물류중심의 국가물류정보체계 혁신(BPR/ISP) 사업', 2003
70) 출처: en.wikipedia.org

3) 공항터미널

Air Cargo Terminal이란 수출입 항공화물을 효과적으로 처리하기 위한 시설로서 수출항공화물의 반입·보관·포장·통관·적재(unit load device, 이하 "ULD") 및 수입 항공화물의 분류·보관·포장·통관·운송 등 일련의 조업 공정을 집중화 함으로서 기계화된 설비 및 장비 등을 제공하는 일종의 보세구역을 말한다.[71] 특히, 항공화물 터미널의 중요한 기능은 항공기에 적재 및 하기, 분류하는 기능과 국내 물품의 외국화 및 외국 물품을 국내화하는 통관기능이다. 이로 인하여 항공화물 터미널은 교통체계에 있어서 각 체계를 연결하는 기능과 함께 육상운송과의 연결 거점으로서 복합운송의 거점시설이라고 할 수 있다.

4) 특송사

특송사는 탁송(courier), 특송(express), 소화물(parcel) 서비스를 통칭하며 주로 서류, 소화물, 팔렛트화되지 않은 110 파운드(50kg) 이하의 소화물을 단시간에 집하, 운송, 배송하는 역할을 수행한다. 이러한 탁송, 특송 및 소화물(C.E.P) 서비스는 시간에 민감하여 배송기간, 거리, 화물의 중량과 크기 등으로 구분한다.

(1) 탁송 서비스

기업간, 민간 소비자간 또는 기업 소비자와 민간 소비자 간의 우편, 서신, 소포 또는 기타 소화물을 배송해 주는 서비스로 정의한다. 탁송 서비스의 대표적인 특징으로 속도, 전문성, 보안, 배송시간약정, 종추적(track & trace), 서명 및 서비스 개인화를 들 수 있다. 탁송업체들은 전 세계에 걸쳐 24시간 우편 및 상품배송 서비스를 제공하며 주로 단거리 배송 위주이다.

(2) 특송 서비스

고가의 소화물 배송에 활용되는 서비스이다. 특송 서비스는 배송 프로세스와 배송시간 측면에서 탁송 서비스와 차이가 있다. 탁송 업체는 개인화된 배타적 배송을 요구하는 반면, 특송 서비스는 단일 공급 업체가 시행한다. 특송 서비스는 일반적으로 서비스가 지정된 시간에 제공된다.

(3) 소화물 서비스

일반적으로 개별 고객의 요건에 부응하여 소화물 서비스 공급 업체들이 맞춤형으로 제공하는 서비스이다. 소화물 공급업체들은 표준화된 경량 배송물품의 운송에 탁월하다. 소화물 서비스는 체계적인 배송절차 덕분에 다른 서비스에 비해 신뢰도가 높은 것으로 여겨진다. 원활

---

71) 이영혁, 우리나라 항공화물 운송산업의 발전방향, 해운산업연구원, 1992, p.128

하고 신뢰할 수 있는 위탁화물 처리를 위해 소화물 업체들은 슬라이드, 롤러, 러닝벨트를 비롯한 각종 기계식 컨베이어 시스템을 활용한다. 하지만 고객들이 단일 공급자로부터 운송시스템 체인 전체를 요구함에 따라 특송과 탁송 및 소화물 서비스간의 구분이 모호해지고 있다.

(4) 근래의 특송서비스

전자상거래의 등장으로 전 세계 탁송 및 특송 서비스 업무에 대대적인 변화가 있었다. 전자상거래 도입으로 온라인 주문수요가 촉진되었고, 중요 문서는 이메일 첨부 등 인터넷을 통해 전달되었다. 전자상거래 인구 증가에 기여하는 두 가지 중요한 환경요소는 소비자 수요 패턴과 생산 패턴으로 여겨진다. 소비자 수요 패턴의 획기적인 변화는 탁송 서비스 수요를 견인하였다. 업무 패턴의 변화, 직장여성 수 증가, 근무 시간 연장 및 라이프스타일 변화 등 여러 요소들이 탁송 서비스 수요를 주도하고 있다. 그 외에도 인터넷을 통한 온라인 카탈로드 배송 역시 탁송 수요를 더욱 촉진시키고 있다. 하지만 고조되고 있는 보안 문제가 C.E.P(courier, express, parcel) 시장에서 전자상거래 성장을 저지할 가능성이 있다.

4 항공 MFCS

1) 항공 MFCS 주요기능

(1) 적하목록 취합기능

항공사의 Master Manifester와 포워더의 House Manifest를 취합하고, 스케줄 변동 및 분할선적 등 다양한 화물정보의 입수환경에 따라 자동으로 취합해 주는 기능을 제공하고 있다.

(2) 전자문서 변환 및 적하목록 항목 자동생성 기능

항공사의 경우 IATA 표준의 Cargo-IMP 메시지로 적하목록 정보를 MFCS에 전송한다. MFCS는 이러한 메시지를 취합하여 관세청에 전송하기 위한 UN/EDIFACT 표준 EDI 전자문서 또는 WCO DM3.0[72]기반 표준 XML 문서로 변환하여 관세청에 전송한다. 또한 MFCS는 적하목록관리 MRN 및 MAWB 일련번호(MSN) 등 항공사 시스템에서 관리되고 있지 않는 항목을 자동으로 생성·처리하는 기능도 제공한다.

72) WCO 데이터 모델(WCO DM(Data Model) 3.0: 세관 및 국경기관 간의의 효율적인 정보교환 및 공유를 위해 세계관세기구(World Customs Organization)에서 재정하는 국제무역의 업무와 데이터 흐름에 대한 국제표준 / 출처: 관세청 관세용어사전

(3) 항공사의 국제 항공망 서비스인 SITA망과 AIRINC망 연계

우리나라에 취항하는 전 세계 항공사의 호스트시스템과 별도의 망구축 필요 없이 적하목록을 전송할 수 있는 네트워크 환경을 제공한다.

(4) 적하목록 처리현황 실시간 조회기능

항공사의 적하목록 제출현황 및 관세청의 심사결과를 포워더, 운송사, 관세사 등은 인터넷으로 실시간 조회가 가능하게 되어 수출입화물 처리시간을 단축하여 궁극적으로 물류흐름 개선에 기여하고 있다.

(5) 적하목록정보의 수출입화물 처리업무 지원기능

예를 들어 물류업체가 D/O 발급이나 L/G 발급 등 업무를 처리하는데 적하목록정보를 기초데이터로 활용할 수 있도록 지원한다.

2) 항공 MFCS의 효과

(1) 관세청 측면

적하목록 취합과 제출에 따른 심사업무까지 100% 전산화함에 따라 관세국경관리의 효율성을 증진시켰다고 할 수 있다.

(2) 항공사 측면

MFCS로 인하여 관세청이 요구하는 XML을 수용하기 위한 별도 시스템구축에 소요되는 비용을 절감하면서 전자화에 따른 업무편의를 증진시킬 수 있게 되었다.

(3) 항공포워더 측면

인터넷환경에서 적하목록의 제출책임자인 항공사가 적하목록을 관세청에 제출하고 심사를 받는 등 일련의 과정을 확인할 수 있게 됨에 따라, 시간과 장소에 제약이 없는 적하목록 업무환경이 구현되었다고 할 수 있다.

3) 항공 MFCS 사용자와 연계현황

관세청의 제1호 '전자문서 중계사업자'인 KTNET은 이러한 MFCS의 사용자 편의성을 증진하고, 서비스 고도화를 위해 기존 cTradeWorld.com의 물류부문(eLogis Frame)을 uLogisHub로 오픈(2003.11월)하여 현재 서비스 중이다. 2015년 12월 현재 약 5,000여 고객이 이용중이며, 이중 항공부문의 사용자는 약 3,000여개이다.

[그림 4-20] 항공 MFCS 사용자와 연계현황

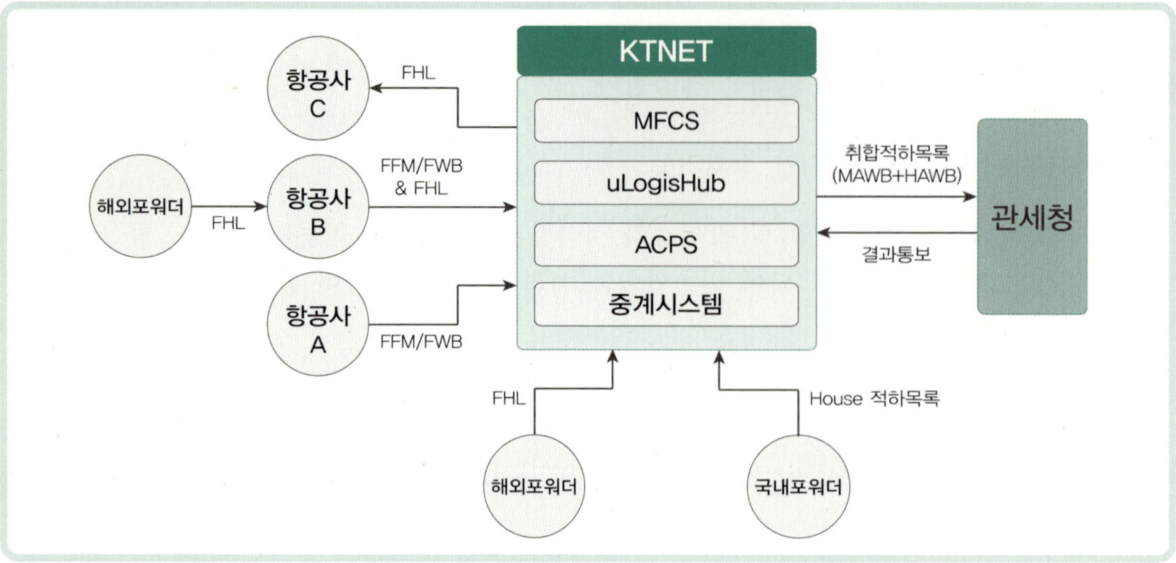

5 항공화물정보 시스템(AIRCIS)

정부와 업계는 항공물류 특성 상 이해관계자가 다수이고, 업무처리 절차가 복잡하며 항공사 간 단일연계망이 갖춰지지 않아 업무중복 및 물류가시성 확보에 문제가 있다고 판단하였다. 2007년 국토해양부(현. 국토교통부)를 주축으로 인천국제공항공사, 항공사, 항공포워더가 참여하여 항공물류정보시스템(Air Cargo Information System, AIRCIS)를 구축하였고, 2009년에는 고도화 사업을 추진하였다.

2009년에는 AIRCIS의 운영 및 고도화 사업을 시행하여 국토해양부와 인천국제공항공사 그리고 국적항공사인 대한항공과 아시아나항공의 협력을 기반으로 대한항공의 자회사인 (주)한국글로발로지스틱스시스템의 트랙슨(www.traxon.co.kr) 서비스를 AIRCIS에 통합하여 제공하였다. AIRCIS는 항공화물 주선업체 자체 시스템과 직접 연계해 자체 시스템에 한 번 입력으로 항공화물 예약과 자체 업무처리가 동시에 진행되도록 하였고, 화주 업무시스템과도 연계해 화주들이 항공화물 주선업체를 통하지 않고도 실시간으로 화물을 추적할 수 있도록 시스템을 구축하였다.

아울러, 모바일 기능을 구현하여 물류현장에서도 휴대전화를 통해 AIRCIS의 항공기 출항·도착 정보, 조업정보 및 화물추적 정보 등을 실시간으로 확인할 수 있도록 하였다. 화물접수증을 전자문서화하고 AIRCIS를 통해 전송 및 출력할 수 있도록 하였다.

6 항공화물 사전신고제도

한국의 항공적하목록 사전신고 제도는 관세청에 의해 2011년 3월 18일 관련고시인 「보세화물 입출항 하선/하기 및 적재에 관한 고시」가 개정되고 관세청이 2011년 9월에 세부 운영지침을 공표하면서 시행을 위한 법적 근거가 마련되었다. 2012년 4월부터 항공수출화물에 대해서 사전적하목록 신고제도가 먼저 시행되었고, 동년 6월부터 항공수입화물에 대한 사전적하목록 신고제도가 시행되면서 항공화물에 대한 사전적하목록 신고제도가 본격적으로 시행되기에 이르렀다.

제5장

전자정부 시스템 해외수출 및 국제협력

제1절 전자무역/전자통관

KTNET은 국내 전자무역시스템 구축 경험과 노하우를 기반으로 전자무역컨설팅 사업에서부터 관세행정 현대화사업과 같은 전자무역시스템 수출 그리고 현지화 전략을 통한 Single Window 구축까지 다양한 분야에 걸쳐 Global Paperless Trade 확산에 노력하고 있다.

1 아프리카 지역

1) 탄자니아 관세행정 현대화 사업[73]

(1) 대상기관

탄자니아 조세청(Tanzania Revenue Authority)

(2) 사업목표

- 최상위목표: 탄자니아 관세행정 선진화 및 국가 경쟁력 제고에 기여
- 중기목표: 위험 및 화물관리 시스템을 통해 효율적인 관세행정시스템 구축
- 단기목표: 수출입화물의 신속·안전 및 투명한 관리와 수출입 업체에 대한 성실신고 환경 조성

(3) 사업규모, 기간, 재원

- 사업규모: ***만USD

73) 출처: 탄자니아 관세행정 현대화 사업 사후평가 보고서(2014.12 KOICA) 자료 참조

- 기간: 2013.8.31. ~ 2014.6.30.
- 재원: 한국국제협력단(KOICA)

(4) 사업내역

- 탄자니아 관세행정 현대화 BPR/ISP 수행
  - 수원기관의 업무/서식/조직/법제도/ICT환경 등의 현황을 분석하고 개선 사항을 도출
- 위험/화물관리 시스템 구축
  - 탄자니아 제1의 항구인 다르에스살람 지역을 중심으로 한 위험관리 시스템(risk management)과 화물관리 시스템(cargo management)
  - 탄자니아 조세청에 기 구축 된 ASYCUDA++(통관 자동화 시스템)와 위험관리 시스템과 화물관리 시스템간의 연계
  - 적하목록 제출로부터 하역보고, 위험관리, 반출 등의 일련의 화물 추적정보 제공 ➡ 컨테이너 분실 방지
- 기자재 제공
  - 시스템 설치를 위한 서버 및 네트워크 등 기자재 설치
- 전문가 파견 및 연수생초청
  - 각 업무별 전문가를 수원국에 파견하여 새로 도입될 시스템을 교육하고 적용
  - 탄자니아 조세청 담당자 역량 강화를 위한 전문가 파견 및 초청연수
- 사업수행기관
  - 한국
    * KOICA
    * PMC[74]: KCingle-CUPIA[75] & KTNET
  - 탄자니아
    * 탄자니아 조세청(Tanzania Revenue Authority)

2) 탄자니아 조세청 신통관 자동화시스템 구축

(1) 대상기관

탄자니아 조세청(Tanzania Revenue Authority)

---

74) Project Management Company(Consultancy): 사업관리회사
75) Korea Customs UNI-PASS & Single Window Agency(KCingle-CUPIA 또는 CUPIA): 국가관세종합정보망운영연합회

(2) 사업규모, 기간, 재원

- 사업규모: ****만USD
- 기간: 2012.8.22. ~ 2014.8.21
- 재원: 탄자니아 정부, ICF(Investment Climate Facility for Africa)

(3) 사업내역

- 수출입 화물 관리, 통관관리, 징수, 사후 세액심사, 위험관리, 사후심사, 조사감사, 체화 / 공매 등 관세행정 업무에 필요한 핵심 시스템 구축
- 기존에 구축된 통관 자동화시스템인 ASYCUDA++를 대체하고, KOICA 사업으로 구축된 위험관리 시스템 및 화물관리 시스템을 확장 포함하여 구축
- 우리나라 ODA[76] 자금이 아닌, 탄자니아 정부에서 자체적으로 지원받은 아프리카 투자환경개선기금(ICF)을 지원받아 구축사업을 수행, 전자통관 시스템을 수출함에 의의[우리나라 관세청의 전자통관시스템[77]을 수출함]

3) 동아프리카 지역내 무관세 시스템 구축사업[78]

(1) 대상기관

탄자니아 조세청(Tanzania Revenue Authority)

(2) 사업규모, 기간, 재원

- 사업규모: ***만USD
- 기간: 2014.7.1. ~ 2015.6.30
- 재원: 탄자니아 정부, USAID[79]

(3) 사업내역

- 주요 대상화물에 대하여, 적하목록, 통관 수리통보 등의 전자문서 연계를 통해 신속 통관, 무역 원활화를 제공함

---

76) Official Development Assistance: 공적개발원조
77) 전자통관시스템은 물품의 수출입시 거치는 물품신고, 세관검사, 세금납부 등의 절차를 온라인, 인터넷 등 전자방식으로 처리하기 위하여 만들어진 시스템
78) THE IMPLEMENTATION OF SINGLE CUSTOMS TERRITORY TO INTERFACE TANCIS IN EAST AFRICAN COMMUNITY AND OTHER NEIGHBOURING COUNTRIES
79) 미국 국제개발처: United Stated Agency of International Development

- 주요 대상화물
  - 탄자니아 항만으로 도착된 후, 탄자니아 내륙을 경유하여, EAC[80] 국가로 수입되는 화물
  - 탄자니아 육상 국경으로 도착된 후, 탄자니아 내륙을 경유하여, EAC 국가로 수입되는 화물
  - 탄자니아 육상 국경으로 도착된 후, 탄자니아 내륙을 경유하여, 항만을 통해 EAC 국가가 아닌 나라로 수출되는 화물

(4) 처리 절차

① 해상 통과화물에 대해 최초 유입국에서 적하목록을 화물의 최종 도착국가(수입국)로 적하목록을 전자문서를 이용하여 전송

② 화물의 도착국가(수입국)에서 수입국의 전자통관시스템을 이용해 통관절차를 진행한 후, 통관수리 통보를 최초 유입국으로 전자문서를 이용하여 전송

③ 통관수리 통보가 완료된 화물에 대해서만 화물의 최종 도착국가로 이동할 수 있으며, 이동하는 화물에 대해 추적정보 제공

④ 전자문서를 활용하여, 적하목록, 수입신고 중복 등을 제거함으로써, 신속통관 및 무역 원활화에 기여함

4) 리비아 전자무역 싱글윈도우 구축

(1) 대상기관

리비아 산업경제무역부(경제부[81])

(2) 사업규모 및 내역

- 수행: KTNET 컨소시엄
- 계약기간: 2010.02 ~ 2012.01(24개월) / 보증기간 24개월
- 계약금액: ***만USD
- 사업범위: 로드맵, 중계, 무역, 통관물류서비스 구축 및 연계지원 등

(3) 추진 경과 및 현황

- 2011.03: 리비아사태로 사업중단, 사태 종료 후 사업재개 지속 협의
- 2012.07: 리비아 경제부 산하 전자무역전담기관(LTnet[82]) 설립

---

80) 동아프리카 공동체[East African Community(케냐, 우간다, 탄자니아, 우간다, 부룬디 5개국 관세동맹 체제, http://www.eac.int/)]
81) 2011년 '리비아 혁명' 이후 정부조직개편에 의해 경제부로 변경

- 2012.10: KTNET-LTnet간 MOU체결(사업재개, 전자무역 상호협력)
- 2014.01: 사업 2차 중도금 수령

2 남아메리카 지역

1) 페루 전자무역 싱글윈도우 구축을 위한 컨설팅 사업

(1) 사업규모 및 기간

- 사업규모: *억원
- 사업기간: 2011.7 ~ 2011.12월

(2) 사업범위

- 페루 국가 전자무역 싱글윈도우 구축을 위한 마스터플랜 수립
- 페루 국가 전자무역싱글윈도우 구축관련 예산확보 방안 제시, Action Plan 제안

(3) 추진경과

- 2012.05: 산업통상자원부와 페루 통상관광부 장관간 "페루 국가전자 무역시스템 구축 협력에 관한 양해각서" 체결(서울)
- 2014.12: 시스템 구축 관련 IDB 차관, 페루 정부예산 확정
- 2015.04: 한·페루 정상회담 개최, 한-페루 비즈니스 포럼시, 한국-페루 양국간 전자무역 협력방안 주제 발표
- 2015.09: (페루 국가 전자무역 싱글윈도우 중 일부 시스템 구축) KOICA 지원사업으로 최종 확정, 사업이행확약서(RD; record of discussion) 체결 완료

82) Libya Trade Network(http://www.ltnet.ly/ar/): 리비아 무역정보통신

3 전자무역 컨설팅 사업 및 기술지원

1) 전자무역 컨설팅

국 가	내 용	기 간
우즈베키스탄	전자무역시스템 구축 타당성 조사	08.09 ~ 08.12
키르키즈	관세행정현대화 컨설팅	08.03 ~ 09.08
스리랑카	국자전자무역 분야 사전 타당성 조사	12.03 ~ 12.12
아제르바이잔	전자통관시스템 구축 타당성 조사	06.04 ~ 06.07
필리핀	수출입행정정보 사전 타당성 조사	12.03 ~ 12.12
카자흐스탄	관세행정현대화 컨설팅	05.10 ~ 06.03
말레이시아	DagangNet ITSP 컨설팅	10.12
몽 골	전자무역시스템 구축 타당성 조사	10.09 ~ 10.12
몽 골	전자통관시스템 구축 타당성 조사	06.04 ~ 06.07
페 루	전자무역시스템 구축 타당성 조사	11.08 ~ 11.11
칠 레	전자무역시스템 구축 타당성 조사	10.09 ~ 10.12
도미니카(공)	출입국 관리시스템 구축 타당성 조사	10.06 ~ 10.09
탄자니아	항만물류 정보시스템 개발사업 ISP	10.04 ~ 10.05
튀니지	행정서비스 품질개선을 위한 고용민원 정보센터 구축 사업ISP	09.04 ~ 09.05
루마니아	전자무역시스템 구축 타당성 조사	09.06 ~ 09.09

2) 기술지원 및 솔루션(Get*Mate) 수출

(1) 아시아

TradeVan(대만전자무역사업자), TradeLink(홍콩전자무역사업자), Accord Logistics(싱가폴물류업체), MCGA(몽골관세청), Time Engineering Berhad(말레이시아 IT회사), Inter Commerce(필리핀 전자무역사업자), EDI Indonesia(인도네시아전자무역사업자), CAT(태국전자무역사업자), CIECC(중국 전자무역사업자), TEDMEV(마카오 전자무역사업자)

(2) 유럽 및 아프리카

France-eCI(프랑스 전자상거래표준화기구), GAINDE(세네갈전자무역사업자)

제2절 전자조달

KTNET은 국내 조달청 나라장터 시스템 구축 노하우와 인지도를 바탕으로 탄자니아와 요르단에 전자 조달시스템 구축사업을 수행하고 있다.

1 아프리카 지역

1) 르완다 전자조달 시스템 구축사업

(1) 대상기관

르완다 정부 개발위원회(RDB, Rwanda Development Board)

(2) 사업내용 및 의미

- 전자정부 최우수 시스템이며 UN상을 수상한 나라장터 시스템의 해외수출
- 르완다 조달청(PPS)의 전자조달 프로세스 수립 및 컨설팅 수행
- 한국형 전자조달시스템의 르완다 현지 구축
- 글로벌 전자조달 사업 인벤토리 구축을 통해 해외 정부고객 수행역량 증명 및 대외적 사업기반 마련
- 나라장터 국내운영 및 해외 수출사업에 기반한 핵심역량(PM/PL) 양성

(3) 사업규모, 기간, 재원

- 사업규모: ***만 USD
- 기간: 2015.05 ~ 2016.09

(4) 사업내역

- 르완다 전자조달시스템 구축을 위한 BPR/ISP 및 표준화 컨설팅 수행
- 르완다 전자조달 시스템 분석 및 구축개발
- 전자입찰/카탈로그/온라인 쇼핑몰 시스템 구축
- 전문가 운영 및 관리교육
- 수행: KTNET 컨소시엄

2 중동 지역

1) 요르단 전자조달 시스템 구축 사업

(1) 대상기관

요르단 조달청

(2) 사업목표

- 최상위 목표: 요르단 공공행정의 투명성 증대
- 중기목표: 전자조달 시스템 구축을 통해 마련된 자동화된 온라인 업무처리를 통해 공공 예산의 집행내역을 투명하게 공개하고 조달업무에 소요되는 비용과 시간 절감
- 단기목표: 전자조달 시스템 사용을 통해 공급업체의 조달기관 방문 및 서류 제출 회수 및 유관기관 조달업무 처리시간 감소

(3) 사업규모, 기간, 재원

- 사업규모: 약 **억 원(이 중 KTNET 일부지분)
- 기간: 2015.12 ~ 2017.12
- 재원: 한국국제협력단(KOICA)

(4) 사업내역

- 요르단 전자조달시스템 구축
  - 요르단 국가통합 전자조달 시스템 구축 및 컨설팅과 더불어 전문가 초정연수와 현지 담당자 교육을 통한 전자조달 전문인력 양성
- 전자조달시스템 기자재 공급
  - 기자재 현지 설치 및 전문가 파견 교육
- 유지보수
- 수행: KTNET 컨소시엄

제3절 기타 시스템 수출

1 몽골 국회의정활동 지원시스템 구축

1) 사업개요

(1) 사업명

몽골 국회 의정활동 지원시스템 개선사업

(2) 발주처

KOICA

(3) 사업규모 및 기간

- 수행: KTNET 컨소시엄
- 사업규모: ***만불
- 사업기간: 2013.7 ~ 2014.12(계약일로부터 24개월)

2) 사업 구축범위 및 추진경과

(1) 구축범위

- 몽골 국회 본회의장, 상임위원회의장(4개) 전자투표 및 회의시스템 구축
- 국회 의정활동 지원업무 개선 컨설팅과 정책자문

(2) 추진경과

- 2013.07 ~ 2014.03: 시스템 개발 및 설치
- 2013.07 ~ 2013.12: 몽골 국회 마스터 플랜 개발(전문가 파견)
- 2013.11 ~ 2013.12: 초청연수(고위급 및 실무자)

2 키스키즈스탄 전자투개표 시스템 구축

1) 사업개요

(1) 사업명

키르기즈공화국 선거역량강화사업 시스템 구축용역(The Project for the Election Management Capacity Building of the Kyrgyz Republic)

- 당 사업의 목적은 키르기즈 공화국의 선거 전과정의 만연한 부정부패요인 제거 및 후보자, 국민 등 선거 이해관계자들이 선거결과에 대한 정당성과 신뢰성을 갖게 함

(2) 수원기관

키르기즈공화국 중앙선거관리위원회

(3) 사업규모 및 기간

- 수행: KTNET 컨소시엄
- 사업규모: ***만USD
- 사업기간: 2014.12~2015.03

2) 사업 구축범위

(1) 공학판독개표기제작

- 투/개표 관리 절차 및 방법 수립
- 광학판독개표기 기능 및 성능요건 분석·확인 및 설계
- 광학판독개표기 납품 및 시험운영 및 교육
- 장비 설치 및 운영 방법 및 기술지원
- 선거기간 중 장비 운영 지원 및 비상 대응

(2) IT인프라 구축

- 서버, 통신망, 보안 등의 인프라 설계 구축
- 인프라 운영 교육 및 기술지원
- 선거기간 중 인프라 운영지원 및 비상대응

(3) 선거정보 시스템 구축

- 선거 및 투/개표 관리 절차 및 방법 수립
- 선거관리시스템 분석,설계,개발
- 선거통계시스템 분석,설계,개발
- 시스템 운영 교육 및 기술지원
- 선거기간 중 시스템 운영지원 및 비상대응

(4) 전문가파견

- 요구분석
- IT인프라 현지구축
- 선거정보시스템 현지 설치
- 현지 모의 선거 실시
- 선거 당일 기술 지원

제4절 국제협력활동

1 PAA

Pan Asian e-Commerce Alliance(범아시아 전자상거래연맹)으로 2000년 7월에 설립되어, 홍콩, 대만 싱가포르의 3개 전자무역 사업자들이 모여 전자무역에 관한 협력회의를 개최한 것을 계기로 2001년 9월에 공식적으로 출범하였다.

초기 PAA는 TradeVan(대만), CIECC(중국), CrimsonLogic(싱가폴), TradeLink(홍콩)과 KTNET 5개 사업자가 설립회원사가 되어 운영되었다. PAA는 정기적으로 연 3회의 총회를 통해 전자무역 관련 프로젝트, 신규 서비스 개발 및 전자무역 국제협력 등을 공동으로 추진하고 있으며, 2009년 12월 KTNET이 PAA포털인 www.paa.net의 운영사업자로 선정되어 PAA포털의 구축과 운영을 전담하고 있다.

최근에는 국제전자상거래 활성화에 발맞추어 2015년 국제 e-Marketplace인 'Pan Asia Exchange'를 개통하였다.

1) 멤버[83]

국 가	업 체 명	
중 국	CIECC	China International Electronic Commerce Centre http://www.ec.com.cn/
	TradeLink (HK)	Tradelink Electronic Commerce Limited http://www.tradelink.com.hk/

83) 2014년 4월 10일 기준

국 가	업 체 명	
	TEDMEV (Macau)	Transferencia Electronica de Dados - MACAU EDI VAN, S.A. http://www.tedmev.com/
대 만	Trade-Van	Trade-Van Information Services Co http://www.tradevan.com.tw/
인도네시아	EDI-I	Electronic Data Interchange Indonesia http://www.edi-indonesia.co.id/
일 본	NACCS	Nippon Automated Cargo And Port Consolidated Systems http://www.naccs.jp/ http://www.jastpro.org/
필리핀	InterCommerce	InterCommerce Network Services, Inc., http://www.intercommerce.com.ph/
싱가폴	CrimsonLogic	CrimsonLogic Pte. Ltd http://www.crimsonlogic.com/
태 국	CAT Telecom	CAT Telecom Public Company Limited http://www.cattelecom.com/
말레이시아	Dagang Net	Dagang Net Technologies Sdn Bhd http://www.dagangnet.com/
한 국	KTNET	Korea Trade Network Co. Ltd http://homepage.ktnet.co.kr

2) 역할

PAA는 전자상거래 관련하여 국제적인 기술표준, 보안기술과 관련한 전반적 법적 체계를 회원기업들간 협의하여 제안한다.

- PAA Services: 회원사 고객들의 국제간 서류와 데이터교환 안정성 보장
- Technical Standards: PAA 네트워크 내에서 전자적 데이터 교환에 적용되는 통신프로토콜 및 메시지 사양설명
- PAA Legal Framework: PAA 네트워크 내에서 전자거래의 적법성을 강제하는 법적합의, 사양 및 업무절차 체계제공
- Mutual Recognition of PKI: PAA 네트워크내 모든 전자거래의 전자인증서 사용에 대한 발전적인 규정과 감독할 수 있는 스키마 제공

2 전자무역 민관협력

한·중, 한·대만 전자무역 민관협력으로 한국-중국, 한국-대만간 민·관의 공조체제가 형성되어 정책정보 교환 및 공동협력 사업진행 등 전자무역 활성화를 위해 활동하고 있으며, 한-중 항만연계 화물추적정보 서비스 추진과 한-대만 e-C/O 시스템 구축 및 교환 확대 추진이 있다.

제6장

SCM 서비스

제1절 국내SCM

1 B2B 클라우드 서비스(유통SCM)

1) 개요

유통사와 협력(공급)업체간 정보교환을 효율적으로 수행할 수 있도록 양사 협력(collaboration)을 위해 실시간 전자문서 교환 및 ERP 시스템과의 자동인터페이스 처리가 가능하도록 메시지 중계를 지원하는 서비스이다. 일종의 유통업체가 중심이 되는 글로벌 SCM내 로컬(한국) 수발주지원 서비스라고 말할 수 있다.

[그림 6-1] 로컬수발주업무 지원서비스 구성도84)

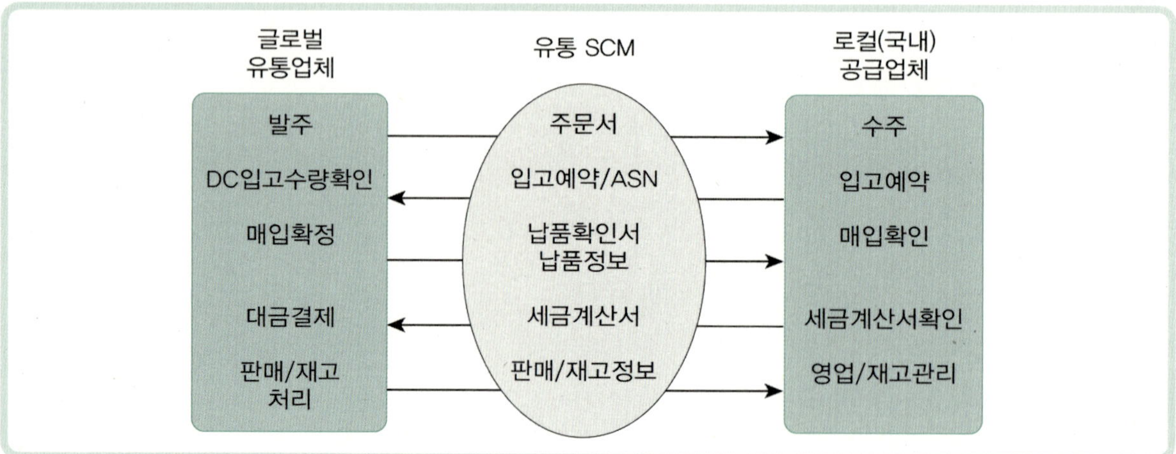

84) DC: Distribution Center

2) 주요 서비스

(1) 문서중계

고객사(유통사)와 공급사간의 발주서, 미납정보, PB정보, 부가정보 등을 표준 XML/EDI 문서로 송수신, 중계, 변환하여 제공한다.

(2) 부가정보

고객사(유통사)에서 제공한 판매, 납품, 재고 데이터를 공급사가 시장분석 및 경영자료로 활용할 수 있도록 각종 현황 Data 및 분석정보를 제공한다.

(3) 물류지원

유통사, 공급사, 물류사간의 물류업무에 대한 정보공유를 할 수 있도록 ASN[85], 입고예약 등을 제공하는 서비스를 제공한다.

(4) 업무지원

유통사에게 제공한 정보를 공급사가 원할하게 활용할 수 있도록 SMS, 미납정보, Private Brand 정보 등을 제공하는 서비스이다.

(5) 전자세금계산서

기존의 상거래시 인편·우편으로 전달하던 종이세금계산서를 인터넷을 통해서 전자적으로 주고 받을 수 있도록 제공하는 서비스이다.

제2절 글로벌SCM

KTNET은 제조, 유통 및 물류업체가 아닌 관계로 글로벌 SCM의 주체가 아니며 솔루션 개발 그 자체는 천문학적인 투자와 시간이 필요하다. 부가가치 통신망(VAN)의 입장에서는 글로벌 공급망 사슬내 구성원들간 협업(collaboration)을 지원하는 정보통신인프라 기반을 구축하고 관련된 글로벌 서비스를 제공하는 것이 더욱 효율적일 것이다.

---

85) Advanced Shipment(Shipping) Notice: 공급자(생산자) 창고에서 출하한 시점에 그 상품에 관한 정보를 사전에 통지하는 문서로 인수자(주문자)는 사전 작업스케줄을 수립할 수 있다.

1 물류 및 제조 SCM 지원모델

1) 개요

국내에는 이미 글로벌 제조 및 물류업체가 존재하고 있으며, 매출의 상당부분을 국내가 아닌 해외에서 확보하고 있다. 따라서 글로벌 SCM 전략을 바탕으로 전자제품, 자동차 등 제조업체의 경우 국내외 조달, 생산 및 판매물류 합리화에 상당한 투자를 병행하고 있으며, 선사, 항공사 등 물류업체의 경우 국내외 수출입에 대한 해상·항공운송, 내륙운송, 창고보관, 항만터미널 물류 합리화에 만전을 기하고 있다.

2) KTNET 현황

- 국내에는 이미 글로벌단위의 사업을 영위하는 제조업체, 물류업체 본사가 다수 있으며, 현재 상역·물류 경계가 융복합되고 있어 글로벌SCM지원 서비스 필요
- 현재 자사 물류사업은 국내 수출입통관을 위한 관세청 적하목록신고 중심의 사업이 다수
- 국내 해상물류 B2B와 B2G의 경우 신규 개발중에 있으나 해외 물류 B2B(글로벌SCM)서비스는 미흡함

2 GSN 1차(해외 화주연계)

국내 글로벌 물류업체의 글로벌 SCM을 지원하는 모델로서 해외 화주의 선적업무 비용 및 관리 효율화를 제고할 수 있다.

1) 비즈니스모델

(1) 선사스케줄 자동화

- 국내 글로벌포워더를 시범업체로 국내외 글로벌 선사의 Worldwide선사 스케줄을 연계함
- 현재 절대 다수의 국내 포워더는 선사웹포털이나 팩스 등으로 스케줄 활용 중에 있으나 향후 선사스케줄을 KTNET이 공유하여 업계 물류비 절감유도

(2) 해외화주 선적자동화

- 국내 글로벌 선사를 시범업체로 한국의 입출항과 상관없는 글로벌 해상운송서비스 대상 해외화주 부킹, 선적요청, 체크B/L 및 화물추적 연계
- 현재 글로벌 선사들은 글로벌VAN(INTTRA, GT-Nexus, Cargo-Smart 등)와 연계되어 있으나 고가의 과금으로 비용절감이 필요하며, 나머지 국적 선사들은 비용문제로 수작

업 처리 중에 있으나 향후 KTNET이 VAN to VAN 협상하여 해외화주 연계를 위한 물류비 대폭절감 유도

[그림 6-2] 선사스케줄 및 해외 선적분 자동화 샘플

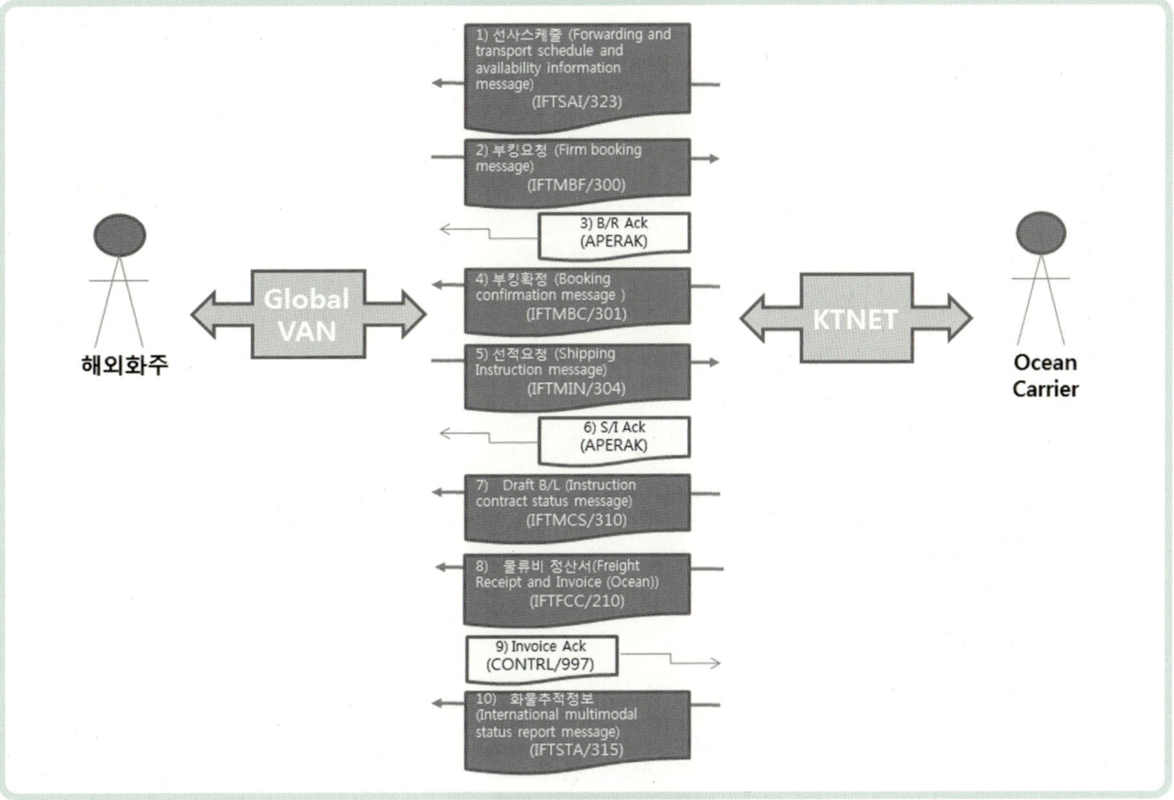

2) 기대효과

(1) 스케줄 공유

국내외 50대 선사가 한국 해상 수출입화물 물동량의 대부분을 처리하고 있음

표준화된 선박운항 스케줄로 타 중소포워더에게도 동일한 선사스케줄 서비스를 제공할 수 있음에 따라 국가 수출입화물 선적, 하역 및 화물추적업무 효율성 강화

(2) 해외선적 자동화

글로벌 VAN들의 가격과점 파괴를 통한 국내 글로벌 물류업체의 비용 절감

3 GSN 2차(해외공급자 연계)

국내 글로벌 제조업체의 글로벌 SCM을 지원하는 모델로서 조달물류 관련하여 계열 물류회사와 해외 공급자 및 해외 물류서비스 제공업체간 업무비용 및 관리 효율화를 제고할 수 있다.

1) 비즈니스 모델

(1) 해외 공급업체 수발주 자동화

- 국내 글로벌 제조업체를 시범업체로 해외 부품 공급업체와 구매예정 정보, 수발주, 선적내역, 인보이스 및 지급지시 정보 연계 자동화
- 현재 대상 제조업체의 자사 구매자동화 웹포털에 해외 부품공급업체가 구매예정, 구매발주 등의 정보를 수작업 처리하게 하고 있는 상황

(2) 해외 공급업체 대금결제 관련 문서 전자화

- 선적내역과 인보이스 그리고 지급지시는 메일 또는 Fax로 처리 중에 있으나 이를 자동화하여 향후 타 제조업체, 관련 부품업체 납품 및 지급업무 비용 절감을 유도

[그림 6-3] 해외 구매업무 전자화 사례

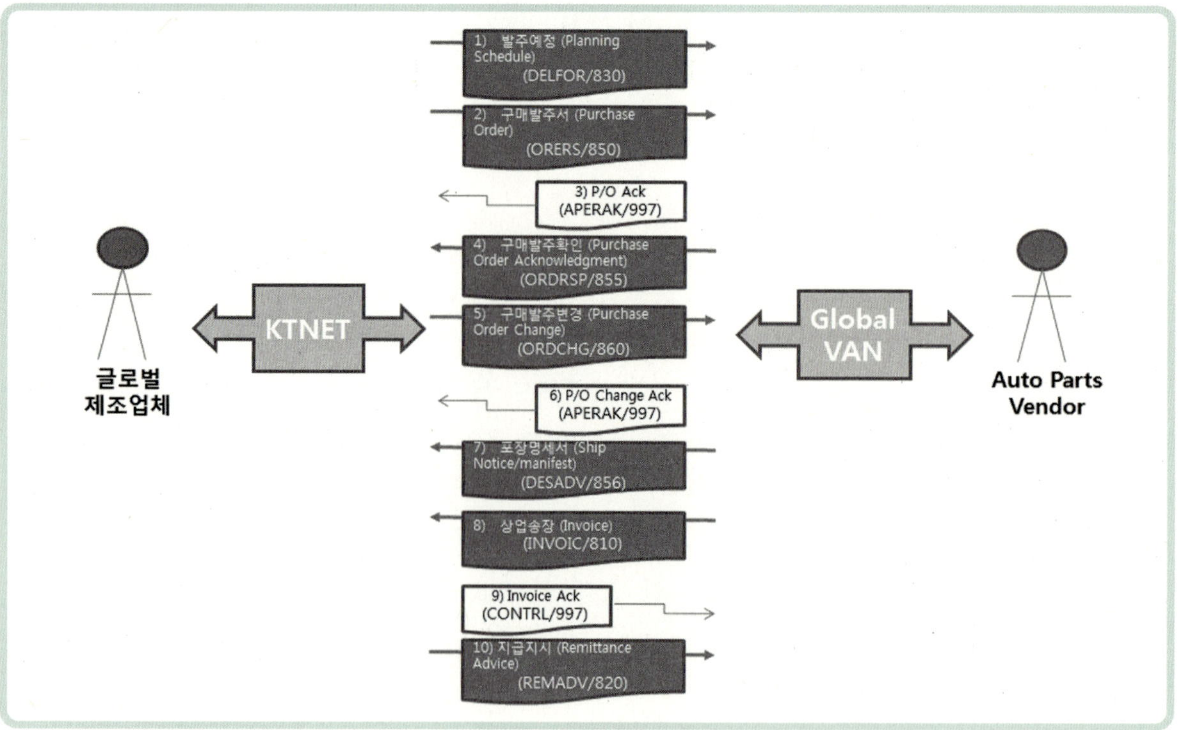

(3) 해외구매분 해외 내륙운송업무 자동화

- 해외 부품공급업체의 생산지에서 선적항/기적공항까지 내륙운송에 대한 운송업무 처리 자동화로 글로벌 SCM중 해외운송분 효율성 강화

[그림 6-4] 해외 내륙운송업무 전자화 사례

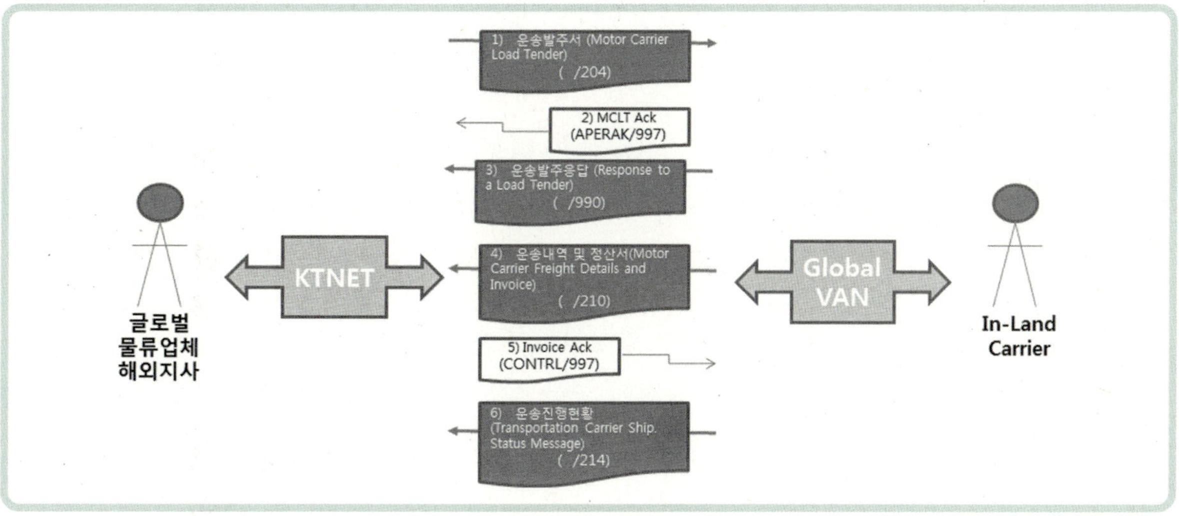

(4) 해외구매분 수출 선적지 수출신고 자동화

- KTNET이 해당 국가 통관시스템과 연계된 VAN을 통하여 해외구매분 선적시 글로벌 포워더 해당 국가 지사의 적하목록 신고 등 지원

[그림 6-5] 해외구매분 수출 선적지 수출신고 전자화 사례

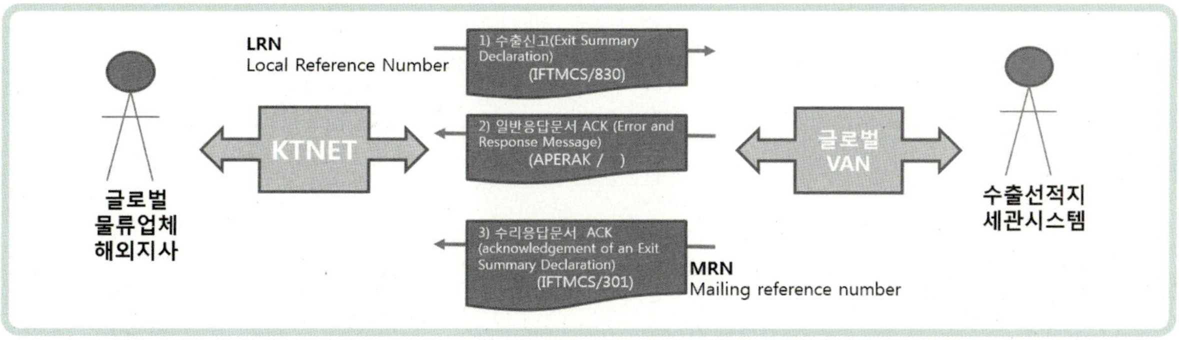

2) 기대효과

- 국내 글로벌 제조업체의 글로벌 SCM내 조달물류 효율성 강화
- 해외구매분 내륙운송, 세관신고 자동화에 따른 수입업무 생산성 향상

제7장

국가공인전자문서센터

제1절 공인전자문서센터

공인전자문서센터란 전자문서의 이용을 활성화하기 위하여 전자문서를 안전하게 보관하고, 전자문서의 내용 및 송수신 여부 등을 증명해 주는 신뢰할 수 있는 제3의 기관(TTP: trusted third party)로서, 문서의 생명주기(생성 → 유통 → 보존 → 폐기) 모든 부분에 안전성을 보장하여 문서절차의 전자문서화가 가능하도록 지원하는 서비스로 브랜드명은 'DocuOn'이고 KTNET은 2007년 2월 제1호 공인전자문서센터로 지정되었다.

1 기본서비스

1) 종이문서 전자화

- 「전자문서 및 전자거래기본법」의 전자화 문서 작성절차 및 방법에 의거하여 종이문서 또는 그밖에 전자적인 형태로 작성되지 않은 문서를 전자화하는 서비스를 제공한다.
- 전자화 고시에 따라 종이문서를 전자화하여 공인전자문서 센터에 보관하는 경우, 해당 전자화문서에 대하여 종이문서와 동일한 원본성이 부여되어, 이중 보관중인 종이문서를 폐기할 수 있으며, 당사는 이에 대한 전문솔루션 및 서비스를 제공한다.

2) 전자화 문서 및 전자문서의 보관

- 「전자문서 및 전자거래기본법」에 의거하여 전자화문서 및 전자문서에 대하여 보관서비스를 제공한다.
- 공인전자문서센터에 보관되는 전자문서 및 전자화문서는 원본으로서의 법적효력을 인정받으며, 보관기간동안 문서의 내용이 변경되지 않았음이 보장된다.

3) 보관 문서의 조회 및 열람

- DocuOn에 보관된 문서는 다양한 방법으로 업무에 활용할 수 있으며, 제3의 기관에 제출하기 위한 문서 및 증명서를 발급받을 수 있다.

4) 증명서 발급 및 검증

- 공인전자문서센터에 대한 문서의 보관, 발급, 폐기 등의 증명에 대한 증명서를 발급받을 수 있으며, 「전자문서법」에 의해 법적효력을 보장받는다.

2 Paperless 서비스 개발/구축

기업업무 환경이 전자문서 및 전자화문서기반으로 전환됨에 따라 공인전자문서센터의 역할이 더욱 중요해 지고 있으며 비용절감, 업무효율성 개선, 원본효력, 법적 증거력 제고 등을 위해 다양한 Paperless 서비스 및 솔루션을 제공한다.

[표 7-1] 서비스모델 예시

서비스 모델	내 용
회계, 증빙 자료의 Paperless 서비스	• 세금계산서, 영수증 등 회계 처리시 수반되는 증빙서류를 전자화하여 전자결제시 함께 처리하고, 전자결제 관련서류 일체를 보관소에 보관하는 서비스 • 전자결재시스템이 구축되어 있지만 증빙서류를 별도 종이로 처리하고 있는 기업들에게 적합한 서비스이며, 보관소에 이관한 결제서류 및 증빙문서는 즉시 폐기하고 관리부담을 줄일 수 있다.
병원 원무기록의 Paperless 서비스	• 병원의 원무시스템과 보관소의 전자화 솔루션, 보관 서비스, 증명 서비스를 연계하여, 원무기록이 생성되는 즉시 전자화하여 보관소로 이관되어 수십년동안 안전하게 보호될 수 있도록 관리하는 서비스로써, 종이문서를 별도로 관리하지 않고, 보관소에 보관된 원무기록을 재사용함으로써 환자의 편의성과 원무업무의 효율성을 동시에 제고할 수 있다. • 의료기록의 안전한 관리를 원하는 병원에 대하여, 의료기록 전자화 및 관리 서비스도 제공하고 있다.
대출관련 서류의 Paperless 서비스	• 금융기관, 공공기관 등에서 대출업무를 수행하며 발생하는 신청서류, 증빙서류, 검토서류 및 기타 첨부서류 등에 대하여 전자문서 및 전자거래기본법에 의거하여 전자화를 수행하고 보관소에 이관하여 안전하게 보관하는 서비스이다. • 대출관련 서류 관리분량은 매년 누적되어 증가하기 때문에, 조회 및 열람을 수행하고자 하거나, 분쟁 발생시 대처하고자 하는 경우 신속한 대처가 매우 어렵다. • 보관소를 통하여 대출관련 서류를 전자화하여 관리하시는 경우, 관리 업무의 효율성을 제고할 수 있을 뿐 아니라, 분쟁발생시 보관소에서 증명서 발급 및 대응을 수행하여, 보다 신속하고 용이하게 해결이 가능하다.
수출입 요건확인 문서의 Paperless 서비스	• 무역업체가 한 건의 수출입을 수행하기 위하여 다수의 요건확인기관을 찾아다니며 요건확인서류를 발급받아야 하는 업무절차에 대하여, 수출입 요건확인기관이 무역업체를 대상으로 발급하는 요건확인서류를 전자화하여 공인전자 문서 보관소에 보관하고, 보관소에서 관련 요건확인서류를 전자문서로 조회, 열람, 발급 및 증명받을 수 있도록 개선한 서비스

서비스 모델	내 용
시험성적서/ 시험인증서의 Paperless 서비스	• 기업이 신제품을 출시하거나 개발하는 과정에서 시험인증기관에 시험을 의뢰하여 성적서와 인증서를 발급받기 위하여 시험 인증기관을 다수 방문하는 업무절차에 대하여, 시험인증기관이 발급하는 성적서와 인증서를 공인전자문서센터를 경유하여 온라인으로 발급하고 조회·열람 및 검증할 수 있도록 개선한 서비스
입시 첨부서류의 Paperless 서비스	• 대학입시 및 각종 시험의 접수와 관련하여, 접수신청은 온라인에서 수행하고 첨부 서류 및 증빙서류는 방문하여 제출하거나 우편 접수하는 업무절차에 대하여, 첨부서류를 전자문서 및 전자거래기본법에 의거하여 스캔한 후 보관소를 통하여 온라인으로 제출하게 함으로써 접수전 과정을 100% 온라인으로 처리할 수 있도록 개선한 서비스
민원 접수·발급 문서의 Paperless 서비스	• 공공기관에서 민원서류 발급을 위하여 민원인이 내방하여 신청서류를 작성하여 제출하고 돌아갔다가 민원서류가 발급되면 재차 방문하여 수령해 가는 업무절차에 대하여, 민원접수 서류, 민원 발급서류를 전자문서로 전환하고 공인전자문서센터의 증명서비스와 연계하여 온라인상에서 접수, 발급, 조회 및 검증할 수 있도록 개선한 서비스
보험 접수·발급 문서의 Paperless 서비스	• 보험사, 보험공사에서 고객이 내방하여 보험증서 신청서를 작성하여 제출하고 돌아갔다가 보험증권 및 채권서류가 발급되면 재차 방문하여 수령해 가는 업무절차에 대하여, 신청서류와 보험증권, 채권서류 등을 전자문서로 전환하고 공인전자문서 보관소에 보관한 후, 보관소를 통해 발급, 조회, 열람 및 검증이 가능하도록 개선한 서비스
전자문서 ASP/Portal 과의 연계 서비스	• 전자세금계산서, 전자영수증, 전자계약 등 온라인 상에서 전자문서를 발급하고 관리하는 다양한 서비스는 서비스 제공자와 서비스 이용자간에 서비스 수행내역에 대하여 분쟁이 발생할 가능성이 내재되어 있다. • 전자문서 관련 서비스를 제공할 때마다, 서비스 발생시점, 서비스 수행 내역 및 관련 서류, 서비스 제공 이력 등을 보관소에 연계하여 증명서를 발급받고, 관련 정보는 보관소에 이관하여 관리함으로써, 분쟁발생시 증거확보에 따른 책임소재 파악과 원활한 분쟁 해결을 도모할 수 있다.

3 구축사례

1) 신뢰스캔

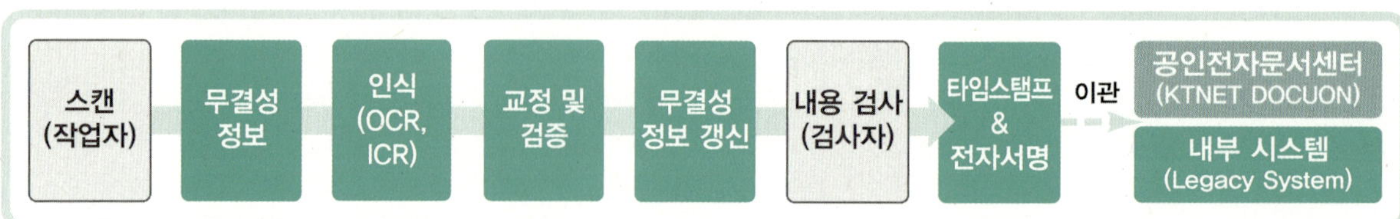

전자화문서 작성(스캐닝)시 원본 문서와 신뢰성과 동일성을 확보하기 위하여 전자문서 및 전자거래기본법에 따라 국가가 정한 관련 기능과 요건을 갖추고 전자화 문서의 작성방법·절차를 준수하도록 제공하는 서비스 및 솔루션으로 공인전자문서센터로 이관하는 경우 미래창조과학부 고시 제2013-99호「전자거래기본법」제5조 제3항에 따른「전자화문서의 작성 절차 및 방법에 관한 규정」에 의거하여 대상 원본문서를 폐기할 수 있다.

2) 의료부문

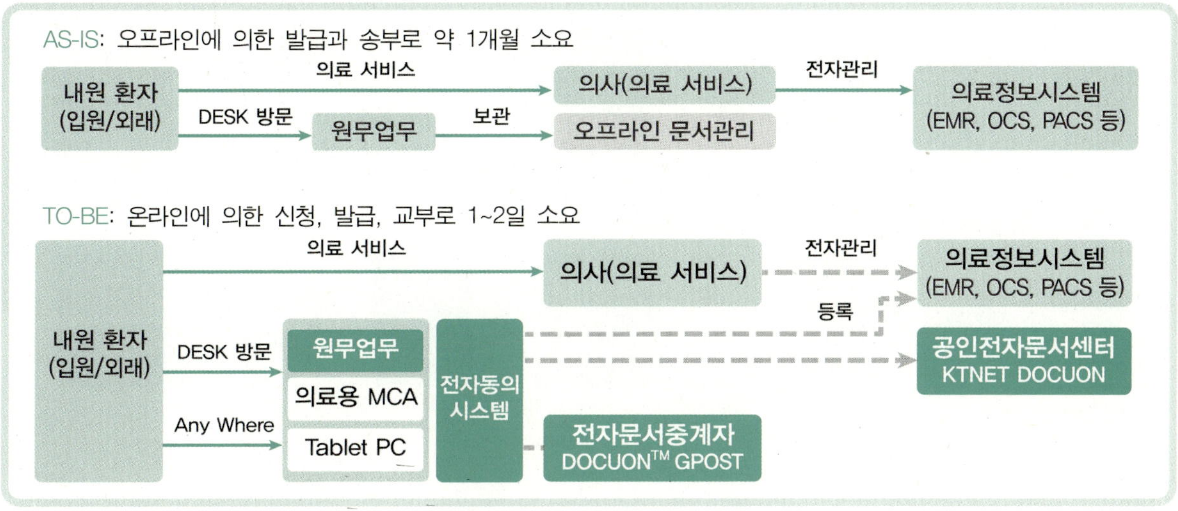

병원과 환자간에 발생하는 다양한 원무행정 서류를 전자적인 방법으로 처리하여 자필서명 업무를 전자문서화하고 통합병원정보화 시스템을 운영하는데 도움이 된다.

4) 보험부문

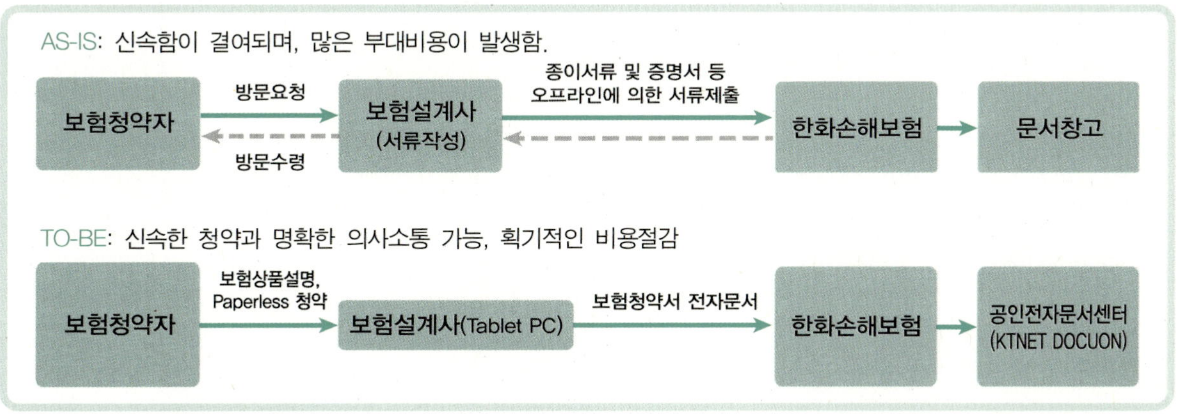

보험청약 단계에서 발생하는 많은 종이서류의 출력과 신청서 작성 이후 처리 과정의 효율성을 향상시키는데 도움이 되는 서비스로 실시간 보험청약 및 승인을 통해 보험행정 신속성과 보험청약자의 서비스 만족도 향상을 꾀할 수 있다.

5) 금융부문

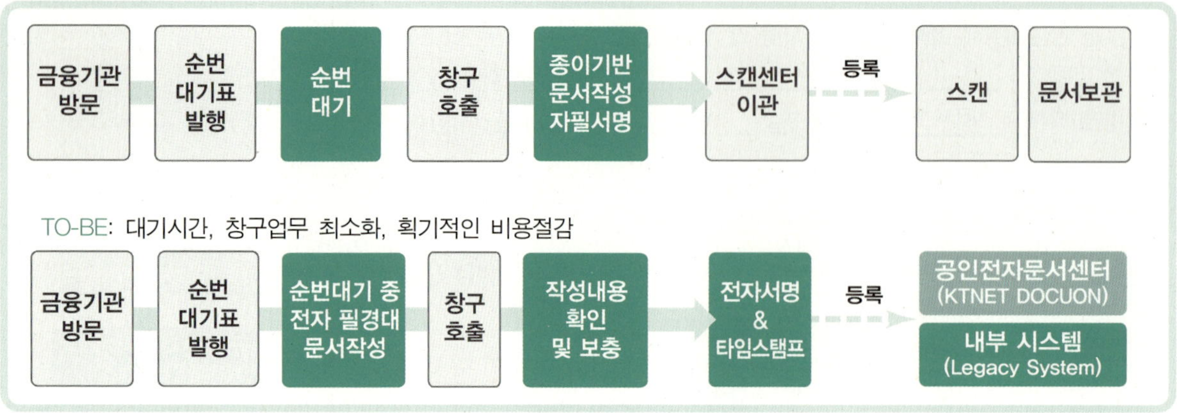

은행, 증권, 보험 및 공공부문 창구에 대기시간과 창구업무에 많은 시간이 소요됨에 따라 고객 대기중 사전정보를 입력하고 금융창구 업무를 전자문서 기반으로 진행할 수 있도록 하는 서비스로 고객 대기시간 단축, 신속한 창구업무 처리가 가능하다.

제2절 공인인증서비스

공인인증서(certificate)란 공인인증기관(certification authority)이 발행하는 전자인감으로 전자거래 상대방의 신원을 확인하고 계약서 등의 전자문서에 서명을 함으로써 신뢰성 있는 전자거래를 가능하게 한다.

[표 7-2] 공인인증서의 종류

구 분	사용처(예)
범용인증서	모든 인증업무에 활용가능
전자무역용인증서	상공회의소, 산업통상자원부, KTNET, 관세청, 조합 등에서 활용가능
용도제한용인증서	이용기관의 계약에 따라 특정 사이트에서 활용가능

1 특징 및 활용분야

1) 특징

- 고객사 IT 환경 및 다양한 정책에 최적화된 공인인증서 발급
- 공인인증서 유효성 확인 서비스(OCSP, Online Certificate Status Protocol) 등 다양한 부가서비스 제공
- 공인전자문서센터(Docuon) 연계 서비스(ex. 시점 확인서비스) 제공
- 기업 환경에 최적화된 관리 ADMIN 및 모니터링 S/W 제공
- 무역 XML/EDI와 연계된 무역용 공인인증서비스 제공

2) 활용분야

공공분야 (G4C,G2B)	행정안전부	전자정부 민원서비스 등
	조달청	국가종합전자조달(나라장터) 등
	국세청	홈텍스(Home Tax) 서비스 등
	4대 사회보험	4대 국민보험(국민연금, 건강, 고용, 산재) 등
	교육과학기술부	교육행정정보 시스템 등
	수자원공사, 주택공사, 도로공사 등	전자입찰 시스템, 전자조달 시스템 등
무역 (G2B,B2B)	한국무역협회	수출입실적증명 온라인발급서비스 등
	한국무역정보통신	전자무역(통관, 물류 등), 글로벌 상호연동 서비스 등
금융	은행, 증권, 보험	인터넷뱅킹, 사이버증권 등
일반기업		전자세금 계산서, 전자구매 시스템, 전자계약 시스템, 전자조달 시스템 등
기타	지방자치단체 등	전자인증, 전자입찰, 전자구매/계약, 전자공매, 전자투표 등

2 시점확인서비스(TSA, Time Stamp Authority)

공인인증기관이 전자서명법에 의거 전자문서(MS워드, 아래한글, PDF문서 등)의 생성 시점을 증명하는 서비스로 전자계약 문서에 확정일자 효력을 부여하고 위변조를 방지함으로써 계약 당사자간의 분쟁을 미연에 방지하는 효과가 있다.

제3절 전자법무서비스

대한법무사협회와 협력하여 법무사의 정보화 경쟁력 확보와 업무 효율화를 위하여 전자법무플랫폼 '법무인' 서비스를 제공하고 있다. 금융기관의 등기의뢰 접수부터 인터넷등기소 제출까지 법무업무가 자동화 된다.

1 서비스 내용 및 특징

1) 내용

- 전자문서 기반 법무업무처리 환경을 제공하여, 빠르고 정확하게 법무사 업무를 처리할 수 있도록 지원한다.
- 근저당권 설정/감액/말소등기, 이전등기, 전세권/질권설정, 전자승낙과 관련된 비용산출계산, 전자세금계산서 등을 제공한다.

2) 특징

- 금융기관 전자등기 처리의 싱글윈도우 – 대한법무사협회가 공식 지정(유일)한 전자등기플랫폼
- 핵심특허 기반의 전자법무 서비스 제공 – 특허보유(온라인 담보 설정서비스 제공 시스템)
- 유연한 기반으로 데이터 연동 및 기능 추가개발 지원
- 업무현장 요구사항 지속 반영
- 법무사/금융기관의 즉시 이용을 위한 설치형 프로그램 제공, 법무사/금융기관 교육지원
- 높은 IT 공신력과 전자문서/전자서명의 기술력 – 회선(ISP), 전산실(IDC), 공인인증기관, 공인전자문서보관 등

2 기대효과

1) 금융기관

- 신속한 등기의뢰, 대출처리, 모니터링 체계 구축 – 업무효율성 향상과 대고객/국민 서비스 향상
- 전자문서 기반의 업무처리로 대면업무/오프라인 업무 감소
- 부대비용 절감

2) 법무사

- 다수의 금융기관 등기업무를 단일 플랫폼에서 처리 – 다수 정보시스템 이용 불편 사전 해소
- 신속하고 정확한 등기업무 처리 가능 – 동일건수 빠른 처리, 동일시간 많은 업무처리 가능
- 법무사간 네트워크 협력으로 지역적 업무처리 한계 해소

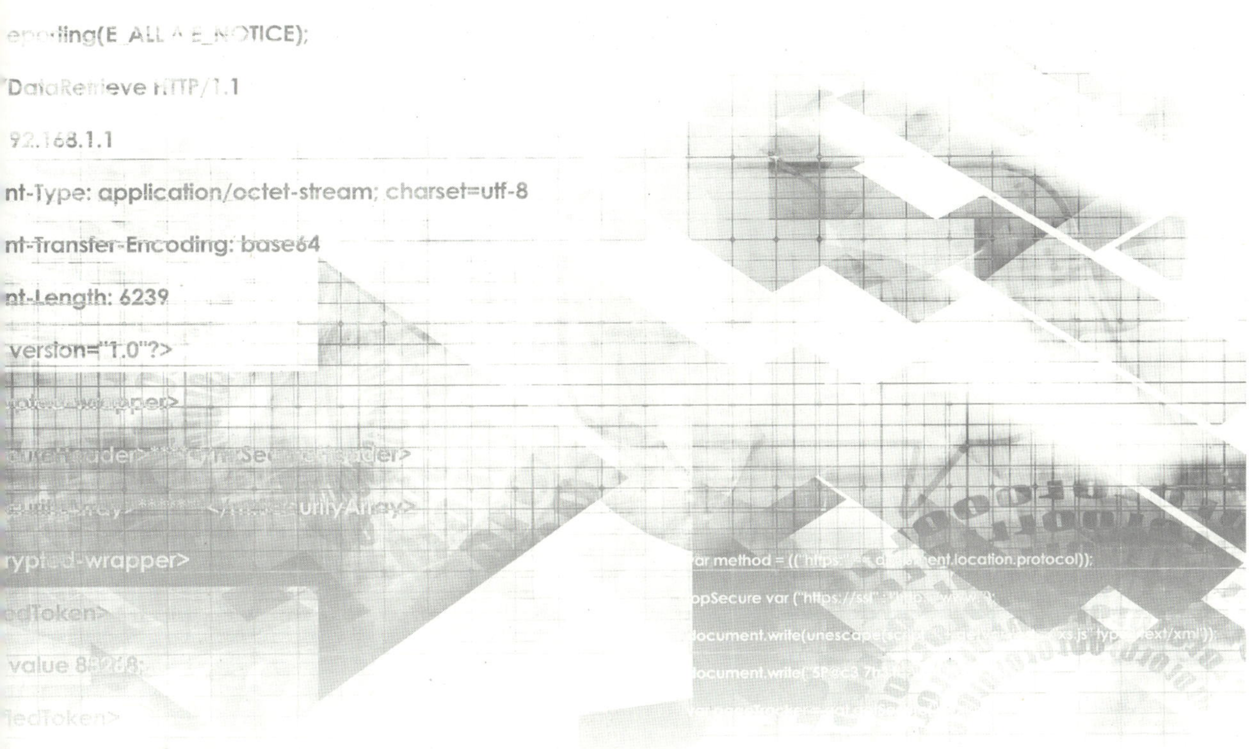

제3부

전자무역·물류 시스템

제8장 서비스인프라

제9장 전자무역인프라

제10장 전자물류인프라

제11장 전자문서

제12장 서비스보안-요소기술

제8장

서비스인프라

제1절 총괄구성도

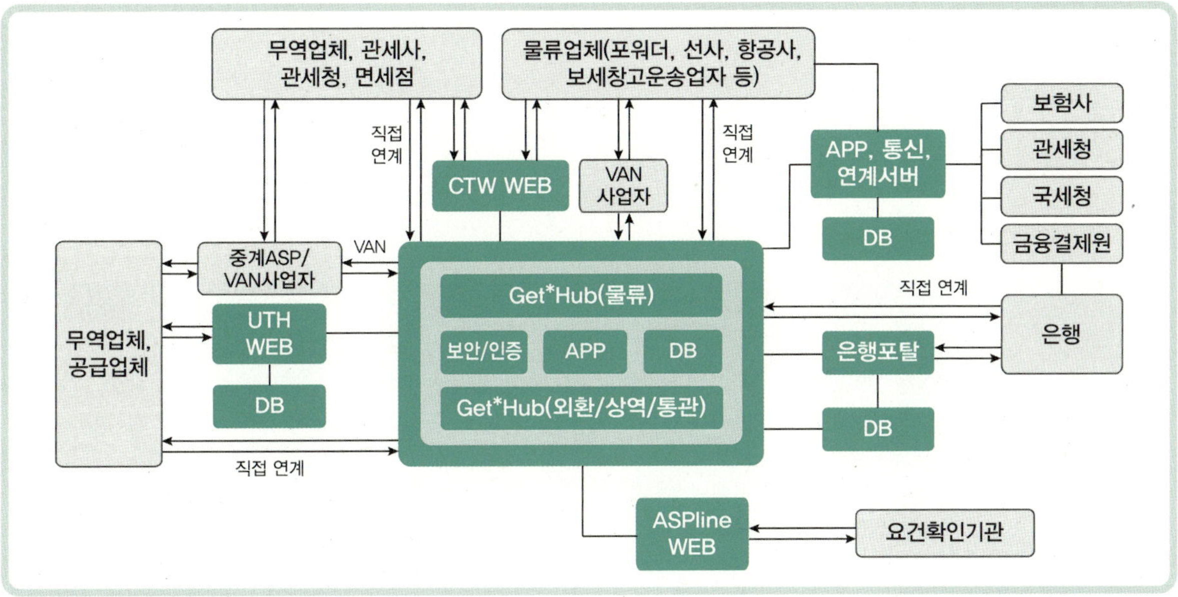

전자무역·물류 서비스인프라는 중계망(Get * Hub)을 중심으로 B2B와 B2G 연계가 되어있다. B2B 연계는 무역업체, 은행, 선사, 포워더, 보험사, 보세장치장, 운송사 등이고 B2G 연계는 관세청, 국세청, 금융결제원, 해양수산부(예정) 등 정부와 유관기관 등이다. 국외는 일부 글로벌 물류업체와 직접 연계되어 있고, 나머지는 해외파트너 VAN사와 연계되어 있다.

중계망이 처리하는 문서는 약 630여종이고, 처리건수는 연 3억 7천만 건이며, 약 10만여 업체와 유관기관이 연계되어 있다.

1 주요 서비스 목록

1) 서비스인프라

Paperless Trade 서비스의 기반이 되는 중계시스템, 연계솔루션 및 전자무역문서보관소를 말한다.

구 분	내 용
Get*Hub	무역, 물류 서비스에 대한 전자문서를 중계하는 시스템
Win*Mate	EDI[1] format file을 사용자 분석이 용이한 Interface File Format(Flat File)으로 변환 및 역변환할 수 있는 기능을 제공하는 솔루션이다.
Get*Mate	기업간 상호 시스템을 연결하여, 기업 내부 업무를 상호 통합/지원하는 송수신 솔루션이다.
전자무역문서보관소	전자무역기반사업자를 의무적으로 통해야 하는 신용장, 구매확인서, 내국신용장 등 8종 전자문서를 보관하는 장소이다.

2) 전자무역인프라

전자무역(e-Trade) 비즈니스 모델을 실제 구현하여 KTNET이 제공중에 있는 서비스를 말한다.

구 분	내 용
전자민원 (ASP Line)	수출입 유관기관의 요건확인 업무를 ASP 방식으로 무역업체와 요건확인기관에 제공하는 서비스이다.
로컬네고서류 증명(CertDB)	내국신용장 업무시 발행되는 인수증, 계산서, 매입신청서 등의 중복 발행을 방지하는 서비스로 이중네고를 차단한다.
은행포털 (외환EDI)	은행업무 이용자에게 편의를 제공하기 위해 외환업무 관련 정보를 ASP 서비스 형태로 제공하는 서비스이다.
e-구매확인 발급서비스	무역업체가 제출한 구매확인신청서에 대한 적합성을 판단하여 발급요건을 충족하면 구매확인서를 전자발급하고 보관하는 서비스이다.
uTradeHub 은행포털	전자신용장의 유통 및 e-Nego 서비스의 활성화를 위해 은행에게 e-L/C 서비스를 제공한다.
uTradeHub 무역포털	상역, 외환, 통관, 물류, 결제까지 모든 무역업무 프로세스를 신속하고 편리하게 단절없이 처리할 수 있도록 사용자 중심의 단일화된 업무환경을 제공하는 서비스이다.
uTradePartner (전자무역솔루션)	기업의 내부시스템과 연계하여 다양한 전자무역 서비스를 이용할 수 있는 전자무역 업무용 솔루션

1) 상거래 서식 또는 공공서식(structure data)을 서로 합의된 표준에 따라 표준화된 메시지 형태로 변환해 컴퓨터간에 혹은 응용간에 전자적인 통신매체를 이용하여 교환하는 방식. 일반적으로 EDI 시스템의 기본기능은 변환, 통신, 표준관리, 그리고 거래처 관리 등이 있다. 변환 기능은 플랫 파일(flat file)을 표준 전자 서식 문서로 변환하거나 표준 문서를 표준 문서로 변환, 플랫 파일을 플랫 파일로 변환하는 것으로 나뉜다. 출처: 한국정보통신기술협회 정보통신용어사전(http://word.tta.or.kr)

구 분	내 용
uLocal 내국신용장	구매자-개설은행-공급자-매입은행간 내국신용장 업무절차를 은행방문 없이 온라인으로 제공하는 서비스이다.
uLocal 구매확인서	국내물품 공급자 중심의 구매확인서 통지 및 수출실적증명을 제공하는 서비스이다.
근거서류 첨부유통	전자무역기반사업자가 무역업체의 편의를 위해 내국신용장개설 및 판매대금 매입(추심) 근거서류를 은행에 자동으로 유통시키는 서비스이다.
VAT(영세율) 신고지원	수출업체와 공급업체가 구매확인서 내국신용장의 발급과 중계된 문서의 국세청에 신고여부를 확인/조회하는 서비스이다.
전자문서표준화	전자문서 표준을 정의하는 서비스이다.
e-Nego서비스	네고 관련문서의 전자화 및 네고서류 자동화를 통해 수출업체가 관련기관과 은행을 방문하지 않고 uTradeHub를 통해 One-Stop으로 Nego업무를 처리할 수 있는 서비스이다.
e-L/C 유통관리시스템	금융결제원의 e-L/C 한도관리시스템과 연계하여 통지, 매입 등 신용장 수출거래를 종이신용장 없이 전자적으로 처리할 수 있는 서비스이다.
FTA 원산지 관리시스템	수출업체에게 원산지증명서를 발급하거나 수출업체에 물품을 공급하는 제조업체에게 원산지확인서를 발급하는 서비스이다.
FTA 원산지 관리 시스템 외부연계	uTradeHub 미사용자를 위해 FTA원산지관리시스템의 기능을 이용할 수 있게 하는 서비스이다.
전자선하증권 (e-B/L)	화주가 송부한 선적요청(S/R)을 바탕으로 운송인은 전자선하증권을 발행하고, 전자선하증권 등록기관(KTNET)은 그 소유권을 전자등록부에 등재할 수 있다. 원본은 전자무역 문서보관소에 보관되고, 소유권자는 소유권의 양도 또는 화물인도청구를 할 수 있는 서비스이다.

※ 표에 분류된 서비스들은 KTNET 주요 서비스 중 일부를 발췌하였다.

3) 전자물류인프라

전자물류(e-Logistics) 비즈니스 모델을 실제 구현하여 KTNET이 제공중에 있는 서비스를 말한다.

구 분	내 용
uLogisHub	수출입 물류 분야 전반에 대한 업무 프로세스를 기준으로 하여 고객의 화물업무처리에 편의를 제공하는 수출입 물류 포털 서비스이다.
WebEDI	물류업체의 업무 프로세스를 자동으로 연계하여, 시간과 장소의 제약없이 인터넷으로 통관 및 화물 통합업무 처리가 가능한 서비스이다.
항공 MFCS	항공사의 Master 적하목록과 포워더의 House Manifest를 수신하여 자동취합하는 서비스이다.
해상 MFCS	선사의 Master 적하목록과 포워더의 House Manifest를 수신하여 자동취합하는 서비스이다.
수입화물인도 지시(e-D/O)	해상 수입화물 인수도시 이용되는 문서를 전자화하여 직접 방문, 서류제출 없이 업무를 진행할 수 있는 서비스이다.
수출입부대비용전자수납 (e-T/B)	수출입 부대비용 전자결제와 청구서, 이체통지서, 세금계산서, 입금표 신청 및 발급을 온라인으로 제공하는 서비스이다.
항공 GD	항공사로부터 항공기의 입출항정보, 자격변경신청정보, 여객 명부 및 승무원명부 정보 등을 받아 관세청으로 전송해 주는 서비스이다.

구 분	내 용
항공 APIS	항공사의 입출항 승객/승무원 명부를 수신하여 자동 취합하고, 관세청 및 법무부 신고용 승객명부를 생성하여 입항승객 명부는 세관제에 입출항 승객/승무원 명부는 법무부 인천공항 출입국관리소에 제출하는 서비스이다.
항공 PNR	항공사가 관세청(인천공항 세관)으로 항공편의 입/출항 승객 예약 및 탑승객 명부와 같이 관세청 요구 정보를 제공하는 서비스이다.
법무부 APP	항공사 체크인카운터에서 발생하는 출국자 정보를 항공사가 법무부에 실시간으로 제공하는 서비스이다.
항공 AMS	911 테러발생 이후 미국세관은 미국으로 들어오는 화물에 대해서 해상과 항공에 걸쳐 사전신고를 하도록 하고 있다. 항공수입화물에 대해 미국세관에 사전신고하는 서비스이다.
항공 ACPS	기존 Off-Line상으로 진행되었던 포워더와 항공사간 Master AWB 정보교환 및 화물예약 업무를 항공 국제표준 문서인 Cargo-IMP 전자문서를 기반으로 온라인 상에서 처리하는 서비스이다.
해상 AMS	선사나 포워더가 화물선적 24시간 전까지 미국세관으로 직접 AMS 데이터를 전송할 수 있는 서비스이다.
보세화물 화재보험	보세창고에 보관되어 있는 보세화물에 대한 반출입 정보를 손해보험협회에 제공하여 화재보험가입과 해지를 자동화하는 서비스이다.
해상 ICS	포워더를 대상으로 유럽세관에 유럽행 화물을 신고해주는 서비스이다.
e-L/G	수입화물 화주가 거래은행에 수입화물선취보증 신청을 하고 은행이 보증서(L/G)를 발급하는 서비스이다.
선적자동화	화주와 해상운송인간 화물선적을 위해 스케줄, Booking, S/R, B/L 등의 문서 처리하고 화물 진행상태 및 추적정보를 제공하는 서비스이다.
uLogisView	수입 또는 수출되는 모든 화물에 대한 국내 상태 정보와 해외 상태정보를 취합하여 정보를 제공하는 서비스이다.
eCustoms Frame	인터넷 기반의 수출입통관 및 관세환급 업무를 처리하는 서비스이다.
CTI	관세청으로부터 통관/화물/환급 데이터 원본을 받아 데이터조회서비스와 자체적으로 가공하여 생성한 통계 데이터를 업체에게 제공하는 서비스이다.
통관DB서비스	관세청에서 수신된 통관/화물/환급 데이터를 자체 DB에 로딩하여 통계/업무 처리상태 정보들을 업체의 요구사항에 맞게 제공하는 서비스이다.

※ 표에 분류된 서비스들은 KTNET 주요 서비스 중 일부를 발췌하였다.

4) 그 외 서비스

글로벌 연계, SCM지원 및 표준전자문서 관리시스템이 있으며, 부가서비스로 통신망, 보안 부문도 있다.

구 분	내 용
유통SCM	글로벌 유통업체와 공급업체간 웹기반 서비스와 메시지 중계 서비스를 제공하는 서비스이다.
uTradeDocs	전자문서의 변동과 관련된 정보를 관리하고 고객사에 배포하는 서비스이다.
해외VAN EDI	해외거래업체와 직접연계가 어려운 수출입업체를 대상으로 전자문서 중계서비스를 제공한다.
한·대만 e-C/O	원산지 증명과 관련된 서류를 글로벌 포털을 통하여 대만의 VAN 업체로 전달한다.
통신망	사용자의 네트워크를 KTNET 전용회선으로 연결하여 인터넷에 접속할 수 있게 하는 서비스이다.
보안	보안, 통합, 장비임대 및 보안솔루션 판매 및 임대하는 서비스이다.

제2절 중계시스템

1 중계시스템 구성도 및 주요기능

1) 서버구성도

KTNET 중계망(Get * Hub)는 무역·물류관련 업체 및 기관이 해당 데이터를 표준 또는 서로 합의된 사설 전자문서로 송수신할 수 있도록 지원한다. Get * Hub에서 사용하는 메시지 표준 포맷은 EDI(UN/EDIFACT,[2] ANSI[3] X12[4])와 XML(Standard, Private)[5]이다.

[그림 8-1] 중계서버 구성도

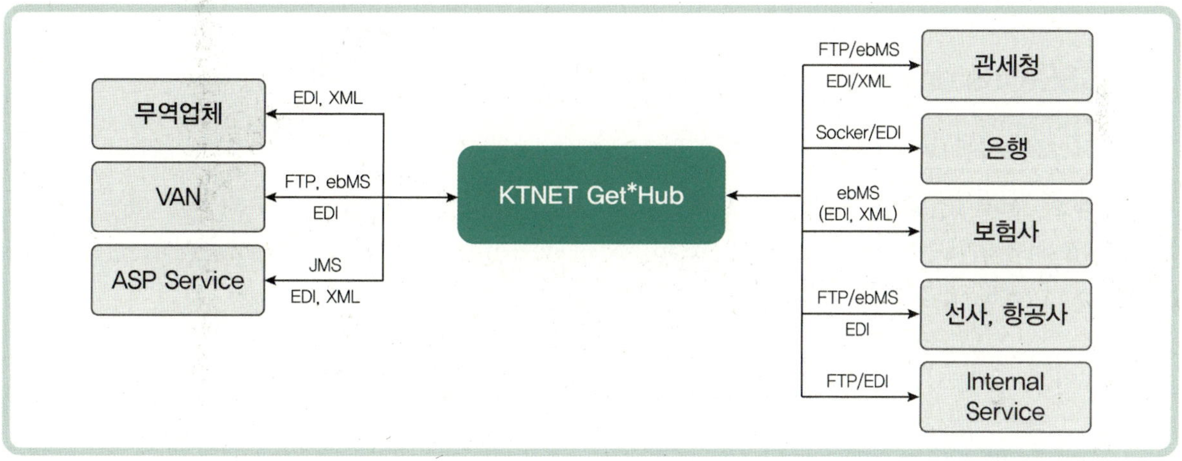

일반적으로 업체는 EDI와 XML 송수신이 가능한 솔루션을 이용하여 KTNET과 연계하나, KL-Net과 같은 VAN이 있을 경우 해당 VAN과 연계된 고객과도 연계한다. 아울러 어플리케이션 서비스(ASP)를 이용하여 연계도 가능하다. 전자신고 및 신청의 경우 관세청, 은행, 보험사 등과 통신방식은 FTP,[6] ebMS,[7] Socket 등이다.

2) United Nations/electronic data interchange for administration, commerce and transport
3) American National Standards Institute
4) Accredited Standards Committee X12
5) eXtensible Markup Language
6) File Transpfer Protocol
7) ebXML Messaging Service Specification

2) 주요 기능

항 목	세 부 내 용
송수신 기능	• 지원통신방식: FTP, SFTP[8], ebMS, AS2
메시지처리 기능	• 메시지 파싱: EDI(EDIFACT, ANSI X.12), XML의 메시지 유형처리 • 변환기능: EDI〈=〉XML 상호변환, XML〈=〉XML 변환 • 메시지저장: 검증된 메시지 단위 및 문서 단위 정보를 DB에 저장 • 송수신 메시지의 처리상태 확인을 위한 응답(Acknowledge) 메시지 생성
메시지배달 기능	• 실시간 배달 기능 • 스케줄방식(특정요일, 지정된 시간대) 배달기능 제공 • 배달요청 및 응답방식 기능 제공
부가 서비스	• 동보서비스 제공(문서단위, 송수신 ID단위)
고객지원 서비스	• Web 방식의 메시지 송수신 현황 조회기능 제공(조회 및 재전송 기능) • 365일 24시간 고객지원 서비스 운영
메시지보관 기능	• Online 보관: 45일 • Offline 보관: 5년

3) CSS(Customer Service System)

CSS는 사용자를 지원하기 위한 웹기반 시스템으로 사용자가 전송한 메시지 처리상태 조회, 사용자에게 배달될 메시지 조회, 중계시스템 등록신청 등의 기능을 제공하는 서비스이다. Get*Hub 가입업체는 Get*Hub CSS(http://css.gethub.com)를 통해 전자문서의 송수신 처리현황을 조회할 수 있다.

8) SSH File Transfer Protocol or Secure File Transfer Protocol

4) OSS(Operator Services System)

서비스 관리자 및 Helpdesk 센터에서 Get*Hub 중계시스템을 관리한다. 고객정보 및 메시지 송수신현황 등에 대한 정보를 제공하는 서비스이다.

OSS의 주요 제공기능으로는

- 고객 프로파일과 통신정보 등에 대한 고객정보 관리
- 메시지 및 통신상태 등에 대한 조회 및 추적 기능을 제공하는 메시지 관리
- 보안 및 접근통제 관리
- 시스템 관리 및 통계

가 있다.

지원되는 인코딩 타입은 EUC-KR(Extended Unix Code-Korean)과 UTF-8(Unicode Transformation Format-8)이며, 국제적으로는 UTF-8을 권장한다.

[그림 8-2] Get * Hub 연계도

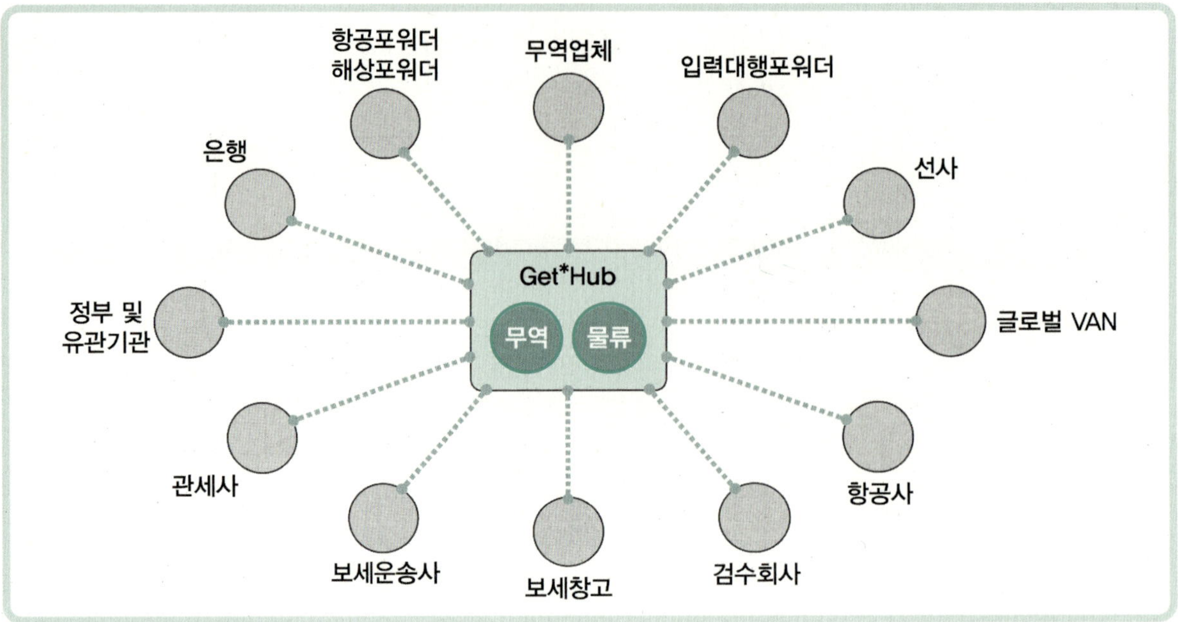

2 인프라 솔루션

1) Win*Mate

중계망과 고객간 EDI 전자문서 송수신을 지원하는 송수신/변환 솔루션으로 고객이 보다 쉽게 전자문서를 교환할 수 있게 지원한다. Win * Mate의 경우 FTP/SFTP를 통해서 전자문서를 전송하는 방식이고, Get*Mate는 웹서비스(ebXML Message Service, 이하 "ebMS") 방식이라는 차이가 있다.

(1) 구성도

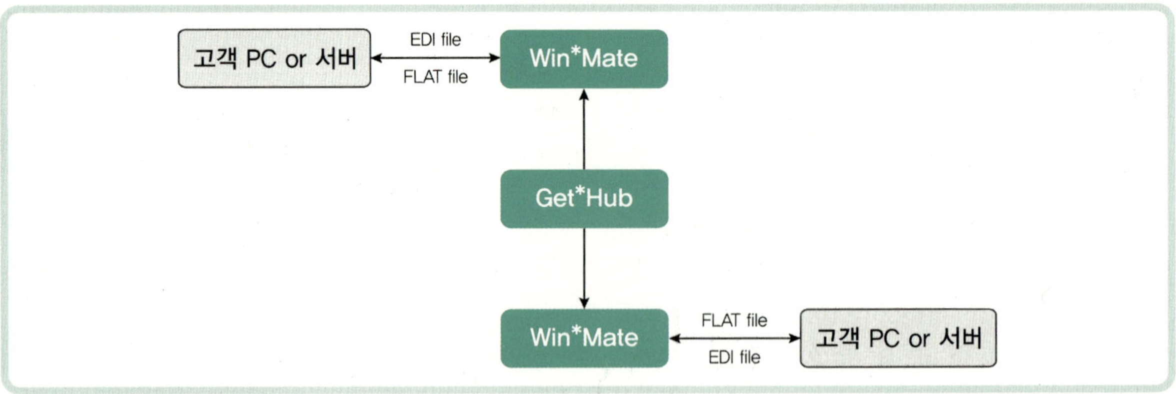

(2) 설명

- 변환(Translator)기능: EDI 표준 Format으로 변환 및 역변환
  - Interface file format → EDI file format
  - EDI file format → Interface file format
- 통신기능: 전자문서 송신(KTNET중계→고객), 수신(고객→KTNET중계)
- Mapping: 고객업체 내부시스템 ERP 데이터를 연계하는 기능

2) Get*Mate

기업간 업무자동화 필요성에 따라 국제표준개방형방식(ebMS)을 통한 웹방식의 송수신/변환 솔루션이다. Win * Mate를 대체할 수 있다.

(1) 구성도

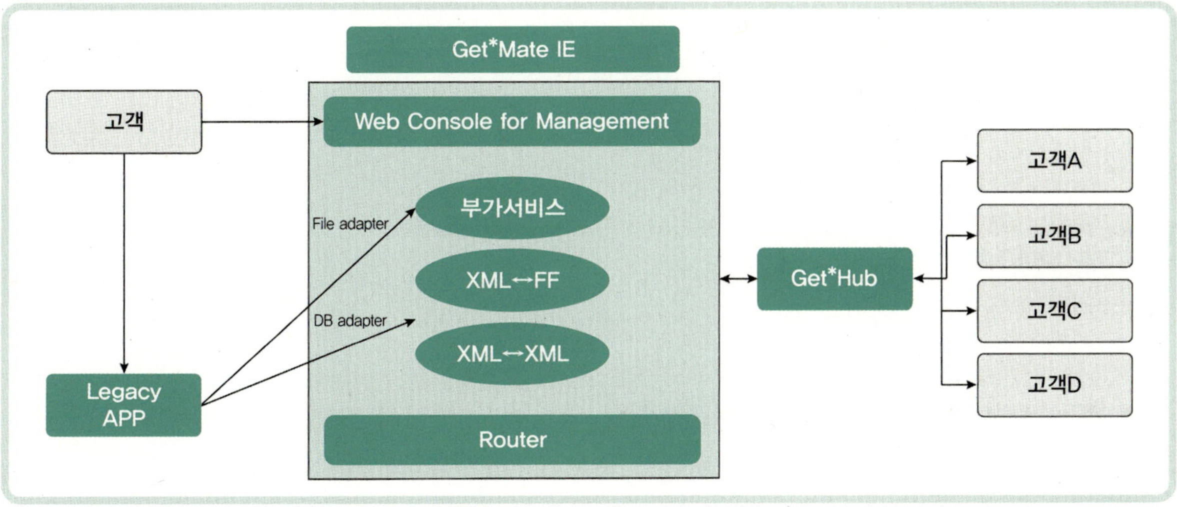

(2) 설명

- ebXML Message Service v2.0(국제표준)을 구현하였다.
- 라우팅 엔진 적용: 고객의 사전등록된 정보를 이용하여 다양한 형태의 문서(XML, EDI, 사설 등) 지원이 가능하다.
- Get*Mate와 Legacy 어플리케이션 연계기능 제공: 전자문서의 데이터를 DB까지 매핑해주는 DB Adapter 또는 DB 연계없이 특정 폴더에 전자문서 그 자체를 저장하는 File Adapter 방식 2가지 다 지원이 가능하다.
- 메시지 조회 및 설정 관리를 위한 웹콘솔 제공: 사용자가 손쉽게 사용할 수 있도록 웹방식의 전자문서 송수신 및 변환 상태 등에 대한 관리를 지원한다.

3) GXHub AS2

Get*Hub의 기능을 변경/업그레이드하여 제공하는 해외판매용 솔루션이다. GXHub에서는 보안성(S/MIME version 3.1(RFC 3851)을 대폭 강화한 AS2 규격의 메시지 처리가 가능하다.

(1) 구성도

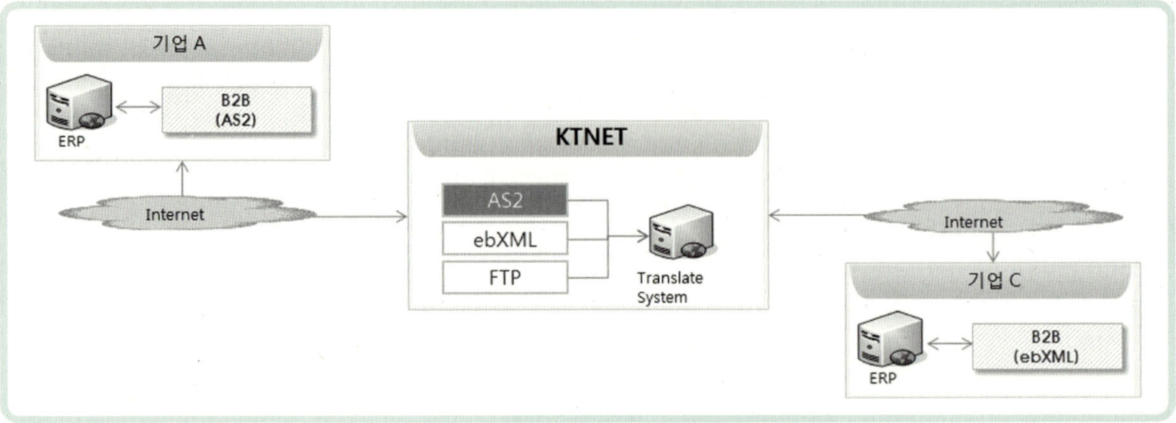

제3절 전자무역문서보관소

전자무역문서보관소는 무역업무를 처리하는 과정에서 발생되는 각종 전자문서를 안전하고 신뢰성 있게 보관하는 기반시설로서 보관된 문서는 「전자무역촉진에 관한 법률」 제16조(전자무역기반사업자가 보관하는 전자무역문서의 효력)에 근거하여 그 효력을 가진다.

전자무역 서비스를 통해 유통된 수출L/C, Local L/C 등의 전자무역 문서는 자동으로 전자무역문서보관소에 증명서와 함께 저장되고, 기업의 업무 담당자는 전자무역문서보관소를 통해 종이문서와 동일한 효력을 인정받은 전자무역 문서를 제3자인 유관기관에 전자적으로 유통할 수 있다.

전자무역문서보관소를 통해 유통되는 지정된 전자무역 문서는 종이문서와 동일한 효력을 가지며, 종이문서를 제출해야 했던 업무의 비효율성을 극복하고 무역업무 전 프로세스에 대해 자동화 할 수 있는 기반을 제공한다.

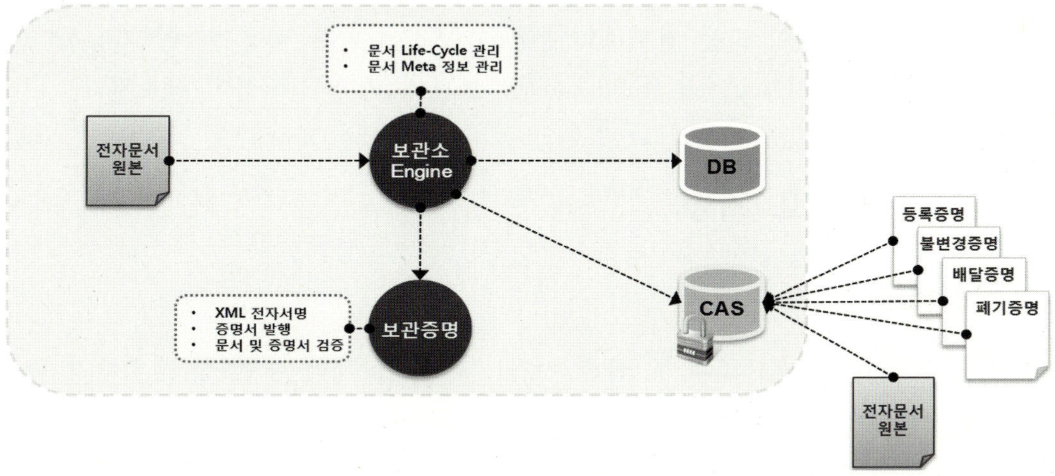

※ CAS : Content - Addressable Storage

- 전자무역문서보관소는 '문서보관' 서비스와 '보관증명' 서비스로 구성된다.
- 문서보관 서비스는 전자문서의 등록, 유통, 폐기 등 전자문서의 Life-Cycle을 관리하고, 외부 서비스와 연계를 담당한다.
- 그 외에, 보관된 문서의 서식정보를 통해 PDF[9] 변환 서비스를 제공한다.
- 보관증명 서비스는 전자문서의 등록 및 유통시, 원본임을 증명할 수 있도록 PKI[10] 기반의 공인인증서를 이용하여 전자서명한 증명서를 발급 및 보관한다.

1 서비스 특징 및 기대효과

1) 특징

전자무역문서보관소는 전자무역 문서에 대한 체계적 보관, 관리 및 증명서 발급을 통해 신뢰할 수 있는 전자무역 문서의 유통을 지원한다. 기업들은 전자무역문서보관소를 통해 종이문서를 직접 제출하지 않고도 동일한 효과를 보장받을 수 있다.

2) 기대효과

- 종이문서의 반복제출 생략할 수 있다.
- 전자적 유통지원으로 무역 프로세스 간소화 및 프로세스 부분적 단절을 개선하는 효과가 있다.

---

9) Portable Document Format
10) Public Key Infrastructure

- 전자무역문서 유통에 대한 법적근거 부여로 무역업무의 전자화가 가능해졌다.
- 개별기업 단위의 종이 또는 전자무역 문서의 보관에 따른 비용절감이 가능하다.
- TTP(신뢰받는 제3자;trusted third party) 보관에 의한 신뢰성이 확보된다.

2 문서보관소 주요 기능

1) 전자문서관리

- 전자무역 문서의 등록, 조회 및 출력, 유통, 폐기, 삭제에 대한 전 생명주기 관리
- 저장문서에 대한 접근제어를 통해 문서보안 기능 강화
- 등록문서에 대한 다양한 검색기능 제공

2) 문서에 대한 증명기능

- 등록문서의 진본성 증명을 위한 등록증명서 발급
- 출력 및 유통양식의 다양한 요구에 따라 변환된 문서에 대한 불변경 증명서 발급
- 문서배달, 문서폐기에 따른 처리 증명서 발급
- 문서 원본 및 처리에 대한 법적근거 제시

3) 문서 유통기능

- 문서보관소 저장 문서의 제3자 배달처리 기능
- 유관기관 지원을 위한 유통방안(참조키, 첨부) 지원

4) 문서활용에 대한 이력 및 통계기능 제공

- 문서 처리이력 조회 기능
- 문서명, 사용자 및 일자별 통계정보 조회기능

3 8종 의무보관 문서

[표 8-1] 「전자무역촉진에 관한 법률」 제12조(전자무역기반시설의 이용 등)

① 무역업자와 무역관계기관은 전자무역문서를 사용하여 무역업무를 하려는 경우에는 전자무역기반시설을 이용할 수 있다. 다만, 전자문서의 방식으로 다음 각 호의 어느 하나에 해당하는 업무를 하는 경우에는 전자무역기반시설을 통하여야 한다.
1. 외국환업무 취급기관의 신용장 통지업무
2. 외국환업무 취급기관의 수입화물선취보증서 발급업무
3. 외국환업무 취급기관의 내국신용장 개설업무
4. 「대외무역법」 제12조 제2항에 따른 통합 공고상의 수출입요건 확인기관의 요건확인서 발급업무. 다만, 「관세법」 제226조에 따라 세관장이 확인하는 경우는 제외한다.
5. 「대외무역법」 제18조에 따른 구매확인서 발급업무
6. 「대외무역법」 제37조에 따른 원산지증명서 발급업무. 다만, 「대외무역법」 제37조 및 제52조 제1항에 따라 세관장이 발급한 원산지증명서는 제외한다.
7. 「상법」 제695조 제2호에 따른 해상적하보험증권 발급업무
8. 「해운법」 제24조 제2항에 따른 외항화물운송사업자와 같은 법 제26조에 따른 국내지사 설치신고를 한 자의 수하인(受荷人)에 대한 화물인도지시서 발급업무

② 무역업자와 무역관계기관은 전자무역기반시설을 이용하여 무역업무를 하려는 경우에는 제13조에 따른 표준화된 전자무역문서를 사용하여야 한다.

③ 관세청은 「관세법」 제248조 제1항에 따른 신고필증, 「대외무역법」 제37조 및 제52조 제1항에 따라 세관장이 발급하는 원산지증명서와 제1항 제4호 단서에 따라 확인하는 문서를 전자문서의 방식으로 전자무역기반시설에 전송하여 전자무역기반사업자의 업무와 연계될 수 있도록 하여야 한다.

④ 전자무역기반사업자는 무역업자의 위탁을 받아 전자무역문서를 송수신하려는 자에게 전자무역기반시설의 접속을 제공할 수 있다.

제9장

전자무역인프라

제1절 uTradeHub(국가전자무역허브)

uTradeHub(Ubiquitous Trade Hub)는 무역업무 전반을 단절없이 처리할 수 있는 국가전자무역허브로 외환·상역, 물류, 은행, 요건확인, 글로벌 서비스 등이 종합적으로 제공된다.

[그림 9-1] uTradeHub 통합포털

2003년 국가 전자정부 과제로 채택되어 지금까지 구축된 uTradeHub는 e-L/C 서비스를 시작으로 지속적인 고도화를 추진하여 현재는 무역 전반을 아우르는 서비스를 제공하고 있다. 사용자는 무역포털, 은행포털, 구매확인 등 통합포털 Gateway를 통해 다양한 서비스를 제공받을 수 있다.

1 개요

- 사이트: www.utradehub.or.kr
- 목적: 전자무역 플랫폼으로 Single Window 서비스 제공한다.
- 비즈니스 도메인: 무역을 기반으로 하는 외환, 상역, 로컬거래, 외국계은행 업무가 있다.
- 주요단위서비스: 구매확인, 내국신용장, 신용장/매입, e-L/C, e-Nego 등이 있다.

- 플랫폼 설명
  - 수출·수입·국내구매·국내공급 등 One-Stop 무역서비스를 제공한다.
  - 전자문서의 보관 및 증명을 관리하는 전자문서 보관소를 운영한다.
  - 신용장, 조건변경, 수수료 등의 업무 통지 및 매입, 양도 등 신청이 가능한 e-L/C 서비스를 제공한다.
  - 전자적수출환어음매입(e-Nego), 선적요청(S/R), 선하증권(e-B/L), 원산지증명서(e-C/O), 적하보험(e-I/P), 환어음(draft) 등 각종 단위 서비스를 제공한다.
  - 무역업체와 요건확인기관간의 승인, 추천 등 수출입요건확인 전자민원서비스도 제공한다.

2 연혁

[표 9-1] uTradeHub 연혁

구 분	내 용
'04년 12 ~ '05년 05	[전자무역서비스 1차 구축] • 결과: 전자신용장(e-L/C) 개통 및 전자무역문서 보관소 구축
'05년 11 ~ '06년 12	[전자무역서비스 2차 구축] • 결과: 전자무역 포털 구축(외환/상역/Local업무, 문서보관소 고도화)
'07년 07 ~ '08년 02	[전자무역서비스 3차 구축] • 결과: 2차서비스 고도화, e-B/L 및 e-Nego 시범서비스 구축
'09년 07 ~ '10년 02	[차세대 전자무역 1차 구축- 글로벌 물류무역정보망 1단계] • 결과: 외부연계 e-Nego서비스 구축, 통합한도관리 구축
'10년 07 ~ '10년 12	[차세대 전자무역 2차 구축- 글로벌 물류무역정보망 2단계] • 결과: 포털 e-Nego 서비스 구축, e-B/L 영문화 포털 및 고도화
'11년 05 ~ '11년 12	[차세대 전자무역 3차 구축- 글로벌 물류무역정보망 3단계] • 결과: 구매확인 통합관리시스템 구축
'12년 05 ~ '12년 11	[차세대 전자무역 4차 구축- 글로벌 물류무역정보망 4단계] • 결과: 내국신용장(Local L/C) 통합관리 시스템 구축

3 구성도

[그림 9-2] uTradeHub 시스템 구성도

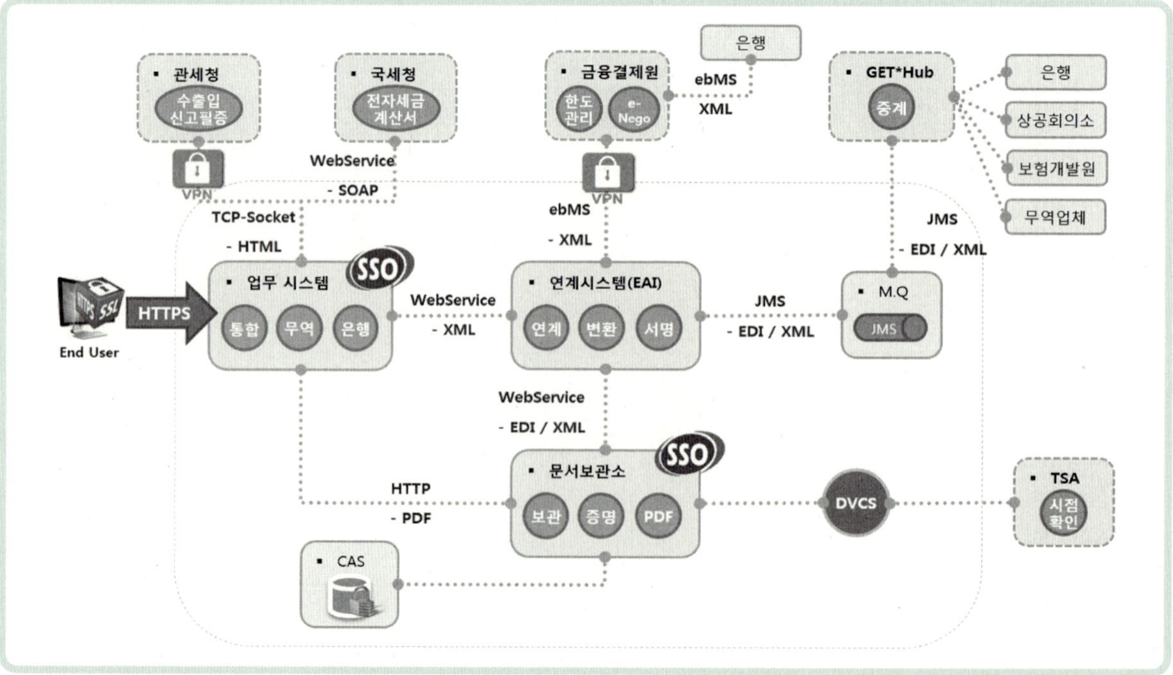

- uTradeHub는 무역업무를 처리하는 업무시스템과 관련 전자문서의 처리와 통신을 담당하는 연계시스템, 그리고 전자문서의 보관 및 보관 증명기능을 담당하는 문서보관소 등 크게 3가지로 구성되어 있다.
- 연계시스템은 금융결제원 중계시스템 등 여러 외부 시스템들과 연계되어 있고, 각 서비스에 맞게 전자문서포맷과 송수신을 변환하는 기능을 제공한다.
- 문서보관소는 「전자무역촉진에 관한 법률」상 8종 의무보관문서의 Life-Cycle을 관리하고, 보관증명서를 발행하여 전자문서의 무결성(integrity)을 증명한다.

4 전자문서 현황

1) 전자문서

- 서비스 문서: EAI(연계시스템) 등록기준 약 250여종이 활발하게 유통된다.
- 전자문서 유형: EDI의 경우 UN/EDIFACT표준, XML의 경우 6가지 버전 사용
- 주요전자문서: uTrade 1.0 버전
  - KIEC(현 NIPA) 개발 표준을 준용하여 개발된 전자문서이다.
  - 2008년 105종 전자문서가 산업통상자원부(구, 지식경제부) 고시 제2008-1에 의거해 국가표준으로 지정되었다.

[표 9-2] KTNET 전자문서 버전

No	버전명	내 역	관련시스템
1	uTrade1.0	• 서비스 메인 전자문서 • 무역포털, 은행포털 사용	무역포털, 문서보관소
2	e-L/C 1차 전문	• [전자무역서비스 1차 구축] 때 개발된 전자문서 • e-L/C 업무 한정사용	무역포털, 문서보관소, 금융결제원, 은행
3	e-L/C 2차 전문	• [전자무역서비스 3차 구축] 때 개발된 전자문서 • e-L/C, e-Nego업무 한정사용	무역포털, 금융결제원, 은행
4	eTrade 1.0	• EDI신용장 업무 한정사용	무역포털, 문서보관소
5	GXLM4ASP	• ASPLine(요건확인) 문서 보관용	보관소
6	PAA_KTNET	• PAA(해외연계) 문서 보관용	보관소

5 연계시스템

[그림 9-3] uTradeHub 연계 서비스

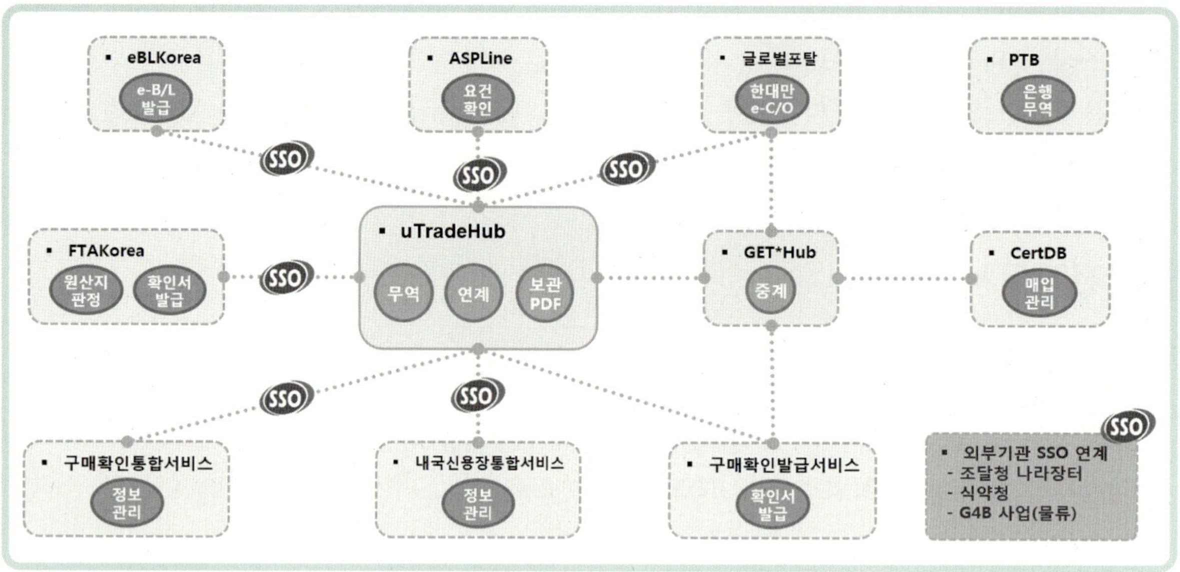

- uTradeHub는 전자무역 Single Window 서비스를 제공하기 위해 다양한 무역유관 서비스들과 연계되어 있다.
  - e-B/L Korea: 전자선하증권 등록/관리 서비스이다.
  - ASPLine: 수출입승인 등 제증명 요건확인 서비스이다.
  - FTA Korea: FTA 원산지 확인서 발급 및 증명서 신청 서비스이다.
  - PTB: 은행 고객용 전자무역 서비스이다.
  - 글로벌포털: 한-대만 전자 원산지증명 서비스 등이다.
  - 기타: 로컬네고서류증명(CertDB), 구매확인통합 서비스 등 10개 이상의 서비스와 연계 되어있다.
- Single Window 서비스를 위해 SSO를 적용하여 한 번의 로그인으로 여러 서비스간 재로그인 없이 이동이 가능하다.

제2절 전자적 수출환어음매입(e-Nego)

1 개요

수출환어음매입관련 문서의 전자화를 통해 수출업체가 관련기관 및 은행을 방문하지 않고 Nego업무를 One-Stop으로 처리할 수 있는 서비스이다.

1) 구성도

[그림 9-4] e-Nego 서비스 구성

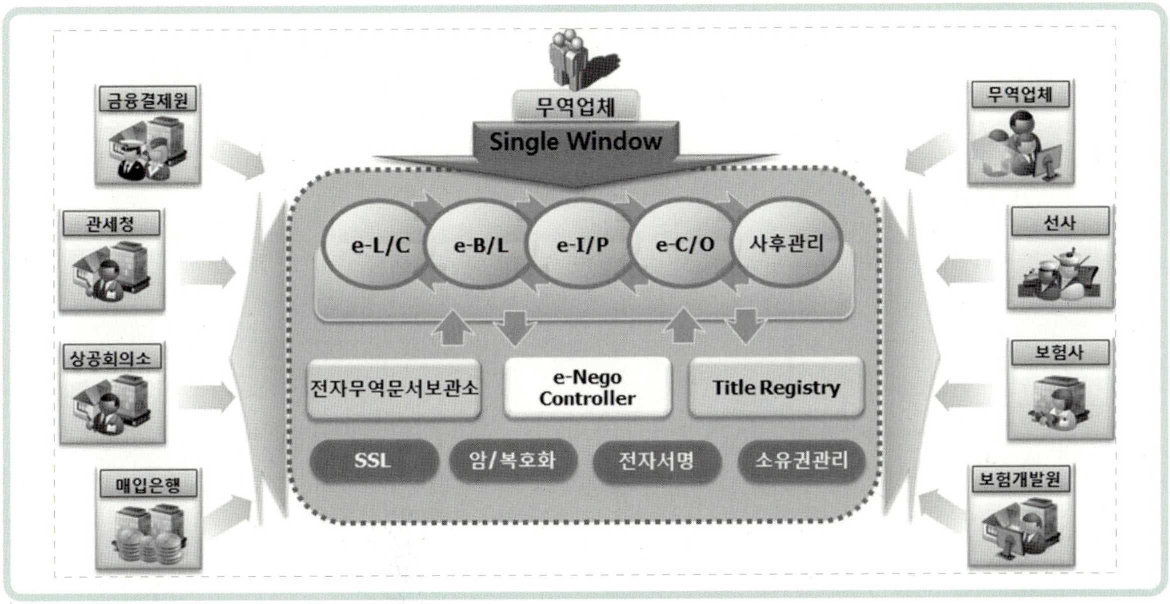

e-Nego서비스가 가능하려면 uTradeHub와 각종 유관기관(은행, 선사, 보험사, 상공회의소 등)이 연계되어 있어야 한다. e-Nego는 이들 기관이 발급한 서류와 수출업체가 작성한 서류를 취합하여 전자적 수출환어음 매입업무를 지원한다.

2) 사전조건

업 무	세부 서비스명	거래 상대방
전자신용장	e-L/C	통지은행(advising bank)
전자적하보험	e-I/P	손해보험사
전자원산지증명	e-C/O	상공회의소
전자선하증권	e-B/L	운송인(선사, 포워더)
전자수출환어음매입	e-Nego	매입은행(nego bank)

e-Nego 서비스를 위해서는 사전에 관련 각 단위업무인 e-L/C, e-I/P, e-C/O, e-B/L별로 거래상대방과 서비스 약정을 각각 체결해야 하며, 서비스 약정체결시 거래 상대방과의 연계를 위한 송수신 식별자(identifier)를 교환해야 한다.

2 서비스 흐름

[그림 9-5] e-Nego 서비스 흐름도

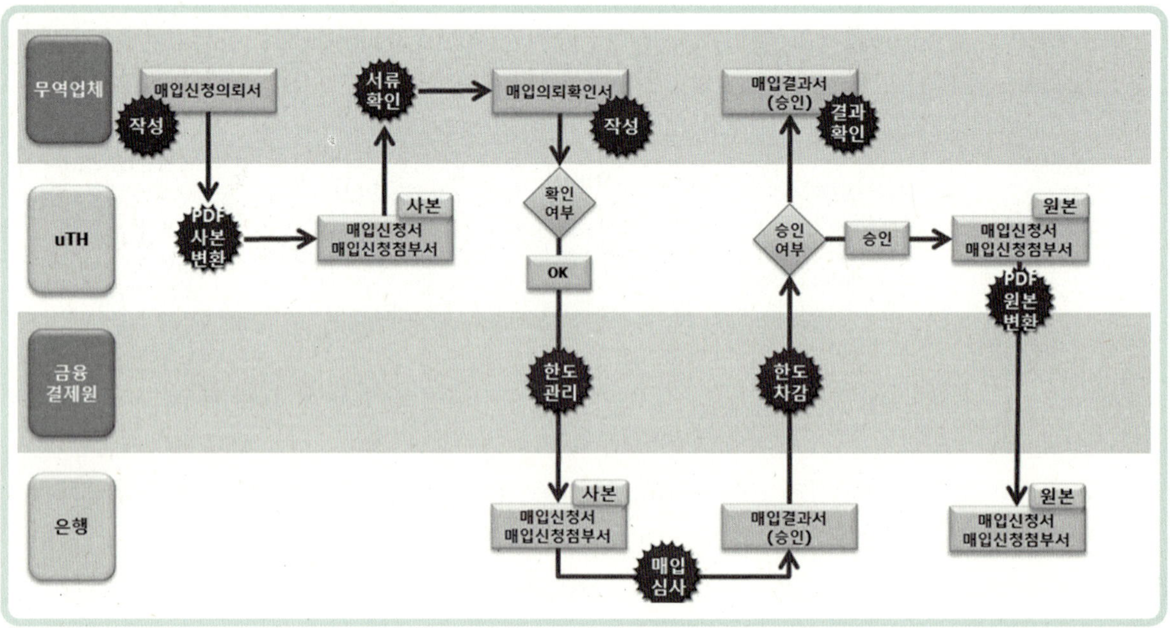

매입신청서 첨부서류는 외부발급 서류와 자체작성 서류로 구분되며 외부발급 서류는 e-I/P, e-C/O, e-B/L 등과 같이 외부발급 기관에서 발급된 문서로 그 원본은 uTradeHub의 전자무역 문서보관소에 보관되어 있다. 매입신청의뢰서 작성시 외부발급 서류는 첨부내역에 문서관리번호만 기재하고 매입신청시 보관소에서 호출한다.

무역업체가 직접 작성하는 C/I, P/L 등과 같은 자체작성 서류도 매입신청의뢰서에 첨부하여 매입신청한다.

3 전자문서 리스트

전자문서 한글명	전자문서 영문명	송신자	수신자
선적서류매입(추심) 신청 의뢰서	eNegoApplicationRequest	무역업체	uTH
선적서류매입(추심) 신청 의뢰확인서(보완의뢰확인)	eNegoApplicationRequestConfirmation	무역업체	uTH
선적서류매입(추심) 신청 의뢰취소서(보완의뢰취소)	eNegoApplicationRequestCancel	무역업체	uTH
선적서류매입(추심) 신청 보완요청서	eNegoApplicationComplementRequest	은행	무역업체
선적서류매입(추심) 신청 보완취소요청서	eNegoApplicationComplementCancelRequest	은행	무역업체
선적서류매입(추심) 신청 보완취소응답서	eNegoApplicationComplementCancelResponse	무역업체	은행
선적서류매입(추심) 보완통지의뢰서	eNegoComplementAdviceRequest	무역업체	uTH
선적서류매입(추심) 보완통지서	eNegoComplementAdvice	uTH	무역업체 은행
선적서류매입(추심) 보완통지 첨부서	eNegoComplementAdviceAttachment	uTH	무역업체 은행
선적서류매입(추심) 신청서	eNegoApplication	uTH	무역업체 은행
선적서류매입(추심) 신청 첨부서	eNegoApplicationAttachment	uTH	무역업체 은행
선적서류매입(추심) 신청 취소서	eNegoApplicationCancel	무역업체	은행
선적서류매입(추심) 처리결과통지	ENGADV	은행	무역업체
선적서류매입(추심) 내역취소	ENGCAN	은행	무역업체

4 상세프로세스

1) 매입신청의뢰(eNegoApplicationRequest)

무역업체는 매입신청의뢰서를 작성하여 uTradeHub로 전송하고, uTradeHub로부터 매입신청서(사본) 및 매입신청첨부서(사본)를 수신받아 매입은행으로 전송될 매입신청서 및 매입신청 첨부서류의 이상 유무를 확인한다.

(1) 프로세스

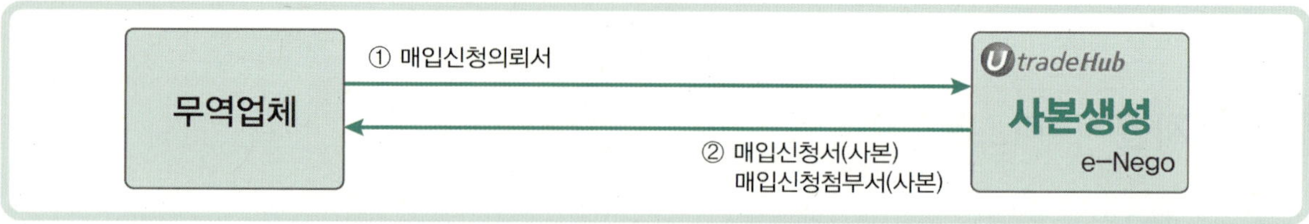

무역업체는 매입신청 대상 선적건에 대하여 외부발급서류(e-L/C, e-C/O, e-I/P 등)인 경우는 매입신청의뢰 이전에 외부발급 기관으로 관련 서류를 발급신청을 하여 발급을 완료해야 한다. 자체 작성서류는 해당 서식에 맞게 사용자가 직접 전자문서를 작성한다. 외부발급이 완료된 전자문서는 uTradeHub 전자무역 문서보관소에 자동으로 보관된다.

(2) 매입서류 코드리스트

매입신청의뢰서상에 기재되는 매입 첨부서류 정보는 사전에 uTradeHub를 통해서 배포된 서류정보만 사용할 수 있다. 신규 서류가 매입신청에 추가로 사용되어야 하는 경우는 uTradeHub를 통하여 신청하고 uTradeHub와 매입은행의 매입서류 정보가 업데이트된 후에 사용이 가능하다.

[표 9-3] e-Nego 첨부서류 리스트

서류코드	서 류 명	전자문서명	외부발급	비고
01	수익자어음(Bill of Exchange, Draft)	BILLEX		
02	은행어음(Bank Bill)			Not Available
03	상업송장(Commercial Invoice)	eNegoCommercialInvoice		
04	세관송장(Customs Invoice)	eNegoCustomsCalculator		Not Available
05	선하증권(Bill of Lading)	BLAdvice	OD	외부발급
06	항공화물운송장(Air-Waybill)	eAirWayBillAdvice	OD	Not Available
07	보험증권(Insurance Policy)	CIPADV	OD	외부발급
08	포장명세서(Packing List)	eNegoPackingList		
09	원산지증명(Certificate of Origin)	CERORG	OD	외부발급
10	보험증명서(Insurance Certificate)			Not Available
11	수익자증명(Beneficiary Certificate)	FreeFormDocument		
12	검사증명서(Inspection Certificate)	FreeFormDocument		
13	영사송장(Consular Invoice)			Not Available
14	OA채권양도동의서			Not Available
15	수출신고필증(Export Permit)	eNegoExportCustomsLicenseSummary	OD	외부발급
16	품질증명서(Quality Certificate)	FreeFormDocument		

서류 코드	서 류 명	전자문서명	외부 발급	비고
17	중량증명서(Certificate of Weight)	FreeFormDocument		
18	신용장	ELCADV	OD	외부발급
19	배출가스인증서	FreeFormDocument		
20	GCC인증서	FreeFormDocument		
21	선사증명서	CarrierCertificate		
22	선적통지	FreeFormDocument		
23	Caricom(카리브공동시장)송장	eNegoCaricomInvoice		
24	한-칠레 FTA원산지증명서	eNegoKoreaChileFtaCertificateOrigin		
25	무역업체발급원산지증명서	FreeFormDocument		
26	뉴질랜드원산지증명서	eNegoNewZealandCertificateOrigin		
27	HM(현대차)상업송장	eNegoHMCommercialInvoice		
28	상업송장-INTEREST CHARGE	eNegoInterestCharge		
29	Canada 세관송장	eNegoCanadaCustomsInvoice		
30	계약서(Contract)	Contract		PDF 전용
31	수량증명서(Quantity Certificate)	FreeFormDocument		
32	네고계산서(Nego Bill)	FreeFormDocument		
33	CARGO MANIFEST(화물 적하목록)	CARGO MANIFEST		PDF 전용
34	NOTICE OF READINESS(하역준비완료 통지서)	NOTICE OF READINESS		PDF 전용
35	한-EU FTA원산지증명서(현대차발급)	KOREA-EU FTA CERTIFICATE OF ORIGIN FROM HMC		PDF 전용
9A	일반 원산지증명서(ebXML 및 웹발급용)	CERTISSUE	OD	
9B	상업송장(Commercial Invoice) (ebXML 및 웹발급용)	CERTISSUE	OD	
9C	일반원산지증명서-EDI	CERTISSUE	OD	
9D	상업송장(Commercial Invoice)-EDI	CERTISSUE	OD	
9E	GSTP(개발도상국간무역특혜제도) 원산지증명서	CERTISSUE	OD	
9F	GSP(일반특혜관세제도) 원산지증명서	CERTISSUE	OD	
9G	APTA(아시아-태평양 무역협정) 원산지증명서	CERTISSUE	OD	
9H	GATT(개발도상국간관세양허협정) 원산지증명서	CERTISSUE	OD	
9I	한-아세안 FTA 원산지증명	CERTISSUE	OD	상공회의소 PDF발급, 외부발급
9J	남북교역물품 원산지증명서	CERTISSUE	OD	
9K	ANEXO III (멕시코 원산지증명서)	CERTISSUE	OD	
9L	DA59 (남아프리카공화국 원산지증명서)	CERTISSUE	OD	
9M	FORM 59A (뉴질랜드 원산지증명서)	CERTISSUE	OD	
9N	ANEXO DE LA RESOLUCION MINISTERIAL (페루 원산지증명서)	CERTISSUE	OD	
9O	ANEXO DE LA RESOLUCION MINISTERIAC (콜롬비아 원산지증명서)	CERTISSUE	OD	
9P	CERTIFICADO DE ORIGEN O DECLARACION DE RIGEN(베네수엘라 원산지증명서)	CERTISSUE	OD	
9Q	한-인도 CEPA 원산지증명서	CERTISSUE	OD	

(3) e-Nego '처리구분'에 따른 처리

e-Nego '처리구분'은 결제방식에 따라 L/C, D/A·D/P 및 O/A로 정의되어 있으며, 결제방식별로 첨부서류가 별도로 규정되어 있다.

[표 9-4] e-Nego 처리타입

구분	처리 구분	내 용
1	L/C	L/C 기반의 매입신청시 사용하며 금융결제원의 한도관리 시스템을 이용하므로 별도의 신용장 첨부 없이 L/C 관련 정보만을 매입신청의뢰서에 기재하여 전송한다.
2	D/A, D/P	D/A, D/P 매입신청시 사용하며 계약서(PDF)를 첨부하여 전송한다.
3	O/A	매입신청의뢰시 별도의 첨부서류 목록을 기재하지 않고, 매입서류는 수입자에게 직접 송부한다. uTradeHub에서는 단지 수출이행여부 판단을 위해 '수출신고필증'을 생성하여 은행으로 전송처리 한다.

(4) e-Nego '매입신청 유형'에 따른 처리

'매입신청 유형'은 NORMAL, PARTIAL, VACANT 3가지로 정의되어 있다.

(가) NORMAL

NORMAL은 일반적인 매입신청 유형으로 매입서류 모두가 첨부되어 매입신청이 진행되는 경우이다. NORMAL의 경우 uTradeHub에서는 은행으로부터 매입서류 보완요청을 받아 일부 서류가 off-line으로 제출되므로 자동으로 PARTIAL로 변경하여 처리한다.

(나) PARTIAL

PARTIAL은 매입신청시 일부 첨부서류가 off-line으로 제출되는 경우이다. 매입신청시 첨부서류 정보는 off-line으로 제출된 서류에 대해서도 반드시 기재해야 한다.

(다) VACANT

VACANT는 매입신청서의 모든 첨부서류가 off-line으로 제출되는 경우이며, off-line으로 제출되는 경우에도 서류에 대한 정보는 반드시 기재한다.

(5) 전자문서

- 매입신청의뢰서(eNegoApplicationRequest): 매입신청관련사항 확인하는 문서
- 매입신청서(eNegoApplication): 매입은행에 정식으로 매입신청하는 문서
- 매입신청첨부서(eNegoApplicationAttachment): 매입시 첨부서류를 지정하는 문서

2) 매입신청의뢰확인(eNegoApplicationRequestConfirmation)

무역업체는 uTradeHub로부터 수신한 매입신청서(사본)와 매입신청첨부서(사본)을 검토한 후에 문제가 없으면 매입은행을 지정하여 uTradeHub로 매입신청의뢰확인서를 작성하여 전송한다. e-Nego시 환어음(Bill Of Exchange, draft)을 사용하는 경우는 Draft를 작성하여 매입의뢰확인서에 첨부하여 전송한다.

(1) 프로세스

무역업체는 서류의 이상 유무를 확인한 후에 문제가 없는 경우는 매입신청의뢰확인서(eNego-ApplicationRequestConfirmation)를 생성하여 Get*Hub로 전송한다. 매입신청시에 Draft를 제출해야 하는 경우는 Draft 전자문서를 작성하여 매입의뢰확인서에 첨부한다. 매입신청의뢰확인서 작성시 문서 내에 매입은행 코드 및 매입은행 지점코드를 정확히 입력하여야 한다(은행코드 오입력시 다른 은행으로 전송됨).

만약, 수신한 매입신청서 및 매입신청첨부서상의 매입서류의 내역 검토시에 내용이 상이하거나 무역업체 내부적으로 e-Nego 매입신청을 취소할 필요가 있는 경우는 매입의뢰취소서를 작성하여 uTradeHub로 전송한다. uTradeHub는 매입의뢰취소서를 수신하는 경우 해당 매입의뢰 내역을 모두 삭제한다.

uTradeHub는 매입신청의뢰확인서 수신시 매입신청서(사본), 매입신청첨부서(사본)를 매입신청의뢰확인서에 기재된 은행으로 전송한다. 은행으로 매입신청서가 전송될 경우는 e-I/P와 e-B/L의 T/R(전자등록부) 상태를 '매입진행' 상태로 변경처리 한다.

(2) 전자문서

- 매입신청의뢰확인서(eNegoApplicationRequestConfirmation): 의뢰한 매입신청 서류에 대해 무역업체가 확인한 문서

3) 매입승인

은행은 매입신청 건에 대한 은행내부 심사 후 매입신청 처리결과 통지서를 무역업체에게 통보한다. uTradeHub는 매입신청에 대한 '매입승인' 결과를 수신시 매입신청서 및 매입신청 첨부

서(원본)를 생성하여 은행으로 전송처리한다. 은행으로 원본이 전송될 경우는 e-I/P, e-B/L의 T/R상 소유권은 은행으로 변경처리 된다.

(1) 프로세스

은행은 매입심사 후에 문제가 없는 경우 매입처리결과통지서(승인)를 전송하고 uTradeHub는 매입처리결과통지서를 무역업체로 전송한다.

uTradeHub는 매입처리결과통지서가 '매입승인'인 경우 매입신청서(원본) 및 매입신청첨부서(원본)을 생성하여 은행으로 시스템 전송하며, 원본 서류가 은행으로 전송완료 되면 uTradeHub 상 모든 매입서류의 소유권은 은행으로 변경이 된다.

(2) 전자문서

- 선적서류매입(추심) 처리결과통지(ENGADV)
- 매입신청서(eNegoApplication)
- 매입신청첨부서(eNegoApplicationAttachment)

4) 매입거절

은행은 매입신청 건에 대한 은행내부 심사 후 매입 거절해야 할 경우 '매입거절'이라는 처리결과를 수출자에게 통보한다. uTradeHub는 매입신청에 대한 '매입거절' 결과를 수신시 자체 발급서류는 폐기처리하여 재사용할 수 있도록 문서의 상태를 변경한다. e-I/P, e-B/L의 경우는 T/R의 상태를 '매입진행' 상태에서 '등록' 상태로 변경처리 한다.

(1) 프로세스

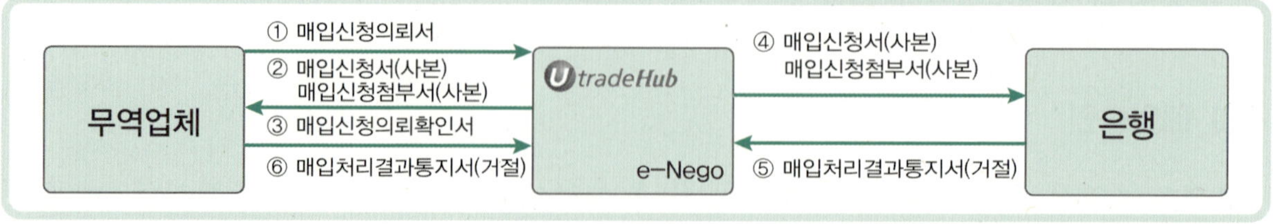

(2) 전자문서

- 선적서류매입(추심) 처리결과통지(ENGADV)

5) 선적서류 보완(complement)

은행은 매입신청에 대한 심사단계에서 매입서류에 하자가 발견될 경우 무역업체에게 매입서류에 대한 보완을 요청할 수 있다. 무역업체는 은행으로부터 서류보완을 요청받을 경우 해당 서류를 재작성하고 외부발급 문서를 신규 수신하여 은행으로 전송 후 매입심사를 다시 진행 할 수 있다.

'보완'의 경우 '승인 전 보완'과 '승인 후 보완'으로 구분되며, '매입승인'의 전후 시점에 따라 구분된다.

- '대체'는 외부발급 서류에 대해서 보완을 요청하는 경우이며, 문서관리 번호의 변경이 가능하다.
- '수정'은 자체작성 서류에 대해서 보완을 요청하는 경우이며, 문서관리 번호의 수정이 불가능하다.
- '추가'는 매입신청시에 누락된 서류에 대해서 추가를 요청하는 경우를 의미한다.

(1) 프로세스

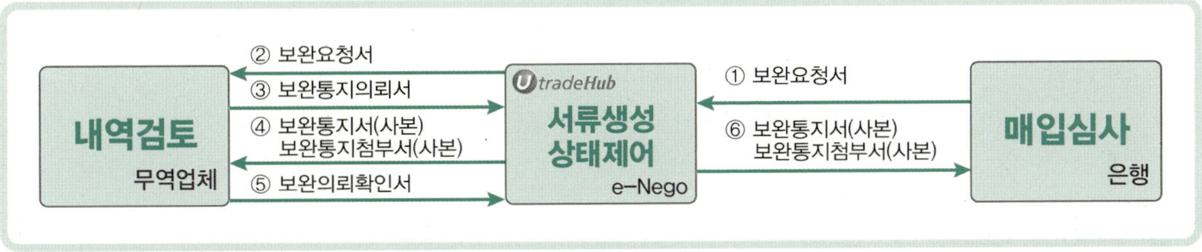

① 은행은 보완대상 서류에 대해 보완요청서를 작성하여 무역업체에 전송한다.

② uTradeHub는 보완요청서를 수신 받아 '승인 전 보완'인 경우와 '승인 후 보완' 대상 서류의 유효성을 체크하여 정상적인 경우는 무역업체에 전송처리 한다. 보완이 요청된 서류의 상태는 '매입진행'에서 '보완요청' 상태로 변경처리 한다.

③ 무역업체는 보완요청이 수신된 경우 해당 매입서류에 보완작업을 진행한다. 외부발급 서류의 경우는 uTradeHub를 통해서 재발급 또는 수정발급을 진행하며, 자체발급 서류의 경우는 보완 요청된 사항을 수정하여 보완통지의뢰서를 작성하여 uTradeHub로 전송한다.

④ uTradeHub는 보완통지의뢰서를 수신하여 보완통지서 및 보완통지첨부서(사본)을 생성

하여 무역업체에게 전송한다. 보완통지첨부서는 보완대상 첨부서류를 PDF로 생성한 정보로 무역업체는 해당 파일을 확인한 후 보완된 서류를 첨부하여야 한다(매입신청첨부서와 처리방식이 동일함).

⑤ 보완통지서와 보완통지첨부서의 내용을 확인하여 보완통지서를 은행으로 전송할 경우는 보완의뢰확인서를 작성하여 uTradeHub로 전송한다. 보완의뢰확인서는 매입의뢰 확인서와 동일한 XML 전자문서를 사용하고 문서내 항목 코드로 구분한다.

⑥ 무역업체가 송부한 보완의뢰확인서에 '보완'에 대한 의뢰확인으로 접수한 경우 uTradeHub는 보완통지서, 보완통지첨부서를 은행으로 전송한다. 보완통지서를 은행으로 전송할 경우 e-I/P, e-B/L이 승인 전 보완이면 상태를 '매입진행'으로 변경처리 한다. 승인 후 보완인 경우 보완통지서 및 보완통지첨부서를 원본으로 생성하여 은행으로 전송한다(매입신청의뢰와 처리 방식이 동일함).

※ '승인 전 보완'과 '승인 후 보완'의 차이는 보완대상 서류가 다르다는 점과 서류가 원본이냐 사본이냐 하는 점에 대한 차이가 있다.

5 전자문서

- 보완요청서(eNegoApplicationComplementRequest)
- 보완통지의뢰서(eNegoComplementAdviceRequest)
- 보완통지서(eNegoComplementAdvice)
- 보완통지첨부서(eNegoComplementAdviceAttachment)
- 보완취소요청서(eNegoApplicationComplementCancelRequest)
- 보완취소응답서(eNegoApplicationComplementCancelResponse)

6 전자서명 및 암호화

신원확인 및 부인방지를 위해 e-Nego상의 주요 전자문서는 PKI 기반의 공인전자서명 및 암호화(Encryption)가 필수이다. e-Nego 서비스를 이용하고자 하는 무역업체는 공인인증기관을 통하여 법인공인인증서를 발급받고 특정문서에 전자서명을 한 후에 전송해야 한다.

No	전자문서 한글명	전자문서 영문명	송신자	수신자	전자서명	암호화
1	선적서류매입(추심) 신청의뢰서	eNegoApplicationRequest	무역업체	uTH	○	○
2	선적서류매입(추심) 신청의뢰확인	eNegoApplicationRequestConfirmation	무역업체	uTH	○	×
3	선적서류매입(추심) 신청의뢰취소	eNegoApplicationRequestCancel	무역업체	uTH	○	×
4	선적서류매입(추심) 보완통지의뢰서	eNegoComplementAdviceRequest	무역업체	uTH	○	○
5	선적서류매입(추심) 신청취소	eNegoApplicationCancel	무역업체	은행	○	×

1) 프로세스

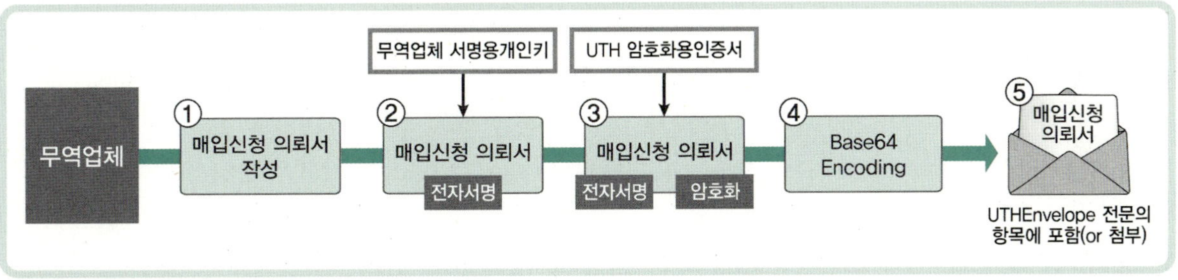

① 무역업체는 매입신청의뢰서를 작성한다.

② 공인인증기관에서 발급받은 법인전자서명용 개인키로 전자서명을 한다.

③ 전자서명된 XML을 uTradeHub 암호화용 공개 인증서로 암호화(encryption)를 한다.

- uTradeHub 암호화용 공개 인증서는 uTradeHub의 사이트에서 다운 받을 수 있다.
- 암호화 방식은 국내표준(한국정보보호진흥원, 구 KISA)인 SEED 블록 암호화 알고리즘이다.
- Algorithm: http://www.tta.or.kr/2001/04/xmlenc#seed-cbc

④ 암호화된(Encrypted) 데이터를 BASE64 Encoding한다.

⑤ 인코딩된 매입신청의뢰서를 UTHEnvelope XML에 첨부한다.

[표 9-5] UTHEnvelope을 사용하는 전자문서

문서 한글명	문서 영문명
선적서류매입(추심) 신청의뢰서	eNegoApplicationRequest
선적서류매입(추심) 보완통지의뢰서	eNegoComplementAdviceRequest
적하보험 청약신청서	APPCIP
적하보험 배서청약서	APPEND

7 연계 프로토콜

1) 연계방식

e-Nego 서비스 외부 사용자 시스템은 ebMS 방식을 사용하여 KTNET 중계시스템과 XML 전자문서교환을 위한 연계를 한다.

KTNET 중계시스템인 GET*HUB는 XML 전자문서의 교환을 위해 ebXML Message Service 2.0에 의거한 메시지 송수신을 지원한다. 메시지의 송수신을 위해서는 GET*HUB에서 제공하는 Connection Environment 문서를 교환하여 등록한다. Connection Environment 문서에는 EndPoint URL(전송주소), CPA(Collaboration Protocol Profile & Agreement, ID), (고객에게 전송되는) Party ID 등 ebMS 통신에 필요한 정보가 기재되어 있다.

2) 전송프로토콜

ebMS 표준에서는 HTTP, FTP, SMTP 등을 사용가능한 통신프로토콜로 제시하고 있다. uTradeHub 시스템은 전송프로토콜 표준으로 HTTP, HTTPS를 사용한다. 사용자 시스템이 GET*HUB 시스템과 전용선으로 연결된 경우 HTTP 프로토콜을 권장하며, 일반 인터넷망인 경우 송/수신 보안을 위해 HTTPS 프로토콜 사용을 원칙으로 한다.

(1) HTTP 통신

HTTP 통신 표준은 RFC2616에서 규정하는 HTTP version 1.1을 사용한다.

(2) HTTP를 통한 전자문서 전송

HTTP 요청방법에는 GET(가져오기, 조회용) 방식과 POST(부치기, 제출용) 방식이 존재하나, XML 전자문서를 전송하기 위해서는 HTTP POST 방식만 사용한다.

(3) 응답코드

HTTP 응답코드는 RFC2616에서 규정한 응답코드를 사용한다. HTTP POST로 전송된 전자문서가 정상적으로 전송이 완료되면 '200 ok' 코드를 사용하며, 오류가 발생하는 경우 조건에 따라 Spec에서 정의된 코드를 사용한다.

HTTP 본문에는 전송된 결과에 대한 처리내용을 MIME(multipurpose Internet mail extensions)의 형태로 전송되므로 정상처리의 경우 본문 확인이 필요 없지만, 오류 응답코드가 전송되면 오류내용을 확인해야 한다.

제3절 e-Nego 외부발급업무

1 e-L/C(전자신용장)

1) 설명

L/C 통지, 수출환어음 매입 등을 종이 L/C없이 전자적으로 처리할 수 서비스이다. L/C방식의 e-Nego 서비스를 이용하려는 화주는 사전에 반드시 e-L/C 서비스에 가입되어 있어야 한다.

2) 서비스 흐름도

- 수출L/C는 SWIFT망을 통해 국내은행에 수신된다.
- 국내 통지은행은 통지대상이 e-L/C 약정고객인 경우, e-L/C를 생성하여 금융결제원 'e-L/C 한도관리 시스템'에 전송한다.
- 'e-L/C 한도관리 시스템'은 신용장한도금액을 등록/관리하고, uTradeHub 'e-L/C 유통관리 시스템'에 전송한다.
- uTradeHub 'e-L/C 유통관리 시스템'은 e-L/C를 등록하고, 고객에게 수출L/C를 전달 또는 조회 서비스를 제공한다.
- 고객이 e-L/C 기반 e-Nego를 요청할 때, uTradeHub는 'e-L/C 유통관리시스템'에 e-L/C 등록여부를 확인한다.

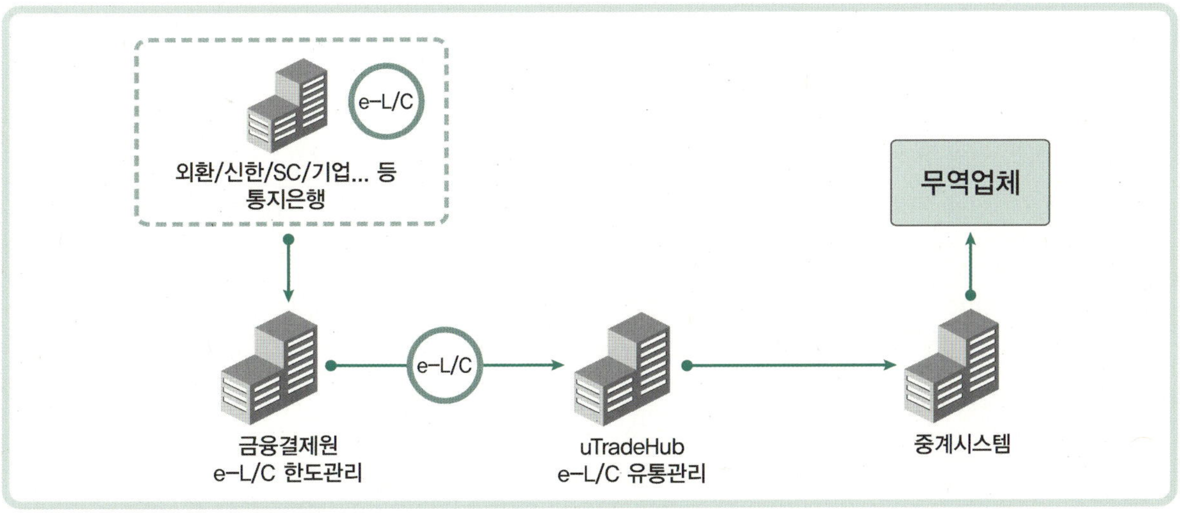

3) 서비스 특징

(1) 금융결제원을 통한 신용장 원본 관리

금융결제원의 'e-L/C 한도관리 시스템'은 L/C 원본저장 기능을 가지고 있다. 또한 원본 보관뿐 아니라 통지 이후의 조회, 네고, 잔액 등의 모든 이력을 관리하고 업데이트 한다.

(2) uTradeHub를 통한 e-L/C 유통 관리

화주는 uTradeHub를 통해서 e-L/C의 조회 및 출력, 한도 조회 등을 이용 할 수 있다. 외부 연계 시스템을 이용하는 화주는 중계시스템을 통해 사본을 수신받을 수 있다.

(3) 종이신용장의 원본이 불필요

수출기업은 e-Nego시에 종이 L/C가 아닌 e-L/C 통지번호만으로 매입신청이 가능하다.

4) 구축범위(주요문서기준)

(1) 신용장통지/신용장조건 변경통지 전문 수신 처리(XML 전문)

- 통지은행으로부터 수신되는 L/C 통지문서 수신 처리 및 관리 기능
- 전자문서명: 신용장통지(ELCADV), 신용장조건변경통지(EAMDAD)

(2) 신용장 수령거절요청/교부취소통지(XML 전문)

- 통지은행으로부터 L/C 통지의 수령거절 및 교부취소통지 처리 기능
- 전자문서명: 신용장수령거절요청(EACANR), 신용장교부취소통지(ELCCAN)

5) SWIFT 전문유형

- MT700: 신용장통지(Issue of a Documentary Credit)
- MT705: 신용장선통지(Pre-Advice of a Documentary Credit)
- MT707: 신용장조건변경통지(Amendment to a Documentary Credit)
- MT710 : 타행통지신용장통지서(Advice of a Third Bank's or a Non-Bank's Documentary)
- MT720: 해외양도신용장통지서(Transfer of a Documentary Credit)
- MT799: Free Format Message

2 e-I/P(전자적하보험)

1) 설명

적하보험은 적하화물 운송중에 사고 등으로 인해 발생할 수 있는 손해를 입었을 경우 보상받기 위한 보험서비스이다. 무역업체는 적하보험 청약신청서 및 적하보험 배서(endorsement) 청약신청서를 작성하여 uTradeHub를 통하여 손해보험사로 전송하고, 보험사로부터 적하보험 발급통지 및 적하보험 배서발급 통지를 수신한다. e-Nego 서비스를 이용하는 화주는 e-I/P 서비스를 통해서 적하보험증권(cargo insurance policy, I/P)을 발급 받아야 한다.

2) 서비스 흐름도

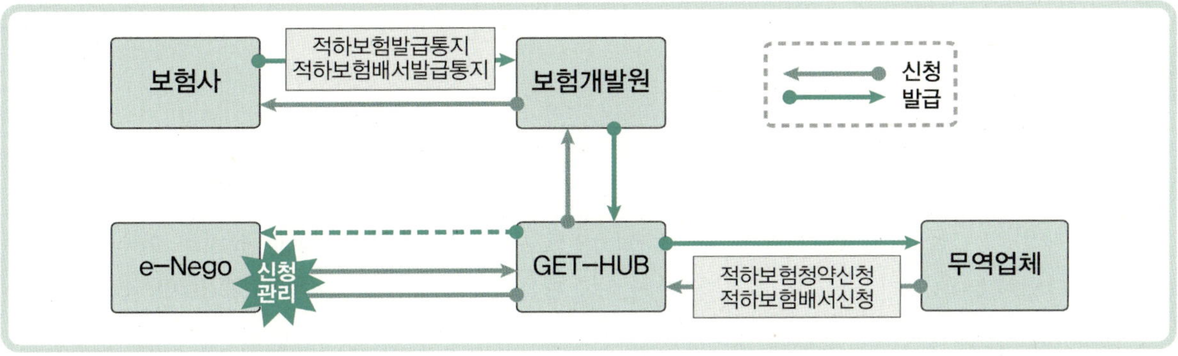

- e-Nego 사용 고객이 적하보험 청약신청을 하는 경우, 청약신청서는 'e-Nego 서비스'가 수신한다.
- 'e-Nego 서비스'는 청약신청 정보와 소유권 정보를 등록하고 고객이 신청한 보험사로 청약신청서를 전송(보험개발원 경유)한다.
- 보험사가 적하보험 증권을 발급하면, 'e-Nego 서비스'는 청약신청정보의 등록여부를 확인하고 증권발급 사실을 기록한다.
- 후에 고객이 e-Nego 서비스를 이용하는 경우, I/P의 등록여부와 이전 사용여부를 확인하여 문제가 없는 경우 매입서류 하나로 생성한다.

3) 서비스 특징

(1) 적하보험 청약신청과 배서청약 신청에 대한 상태 관리 및 제어

- 매입심사 중 배서청약 신청으로 인한 보험증권의 내용 변경을 제어하기 위함이다.

(2) 적하보험증권의 소유권 관리

4) 구축범위

(1) 적하보험 청약신청서를 작성하고 전문송신 처리(XML 전문)

- 적하보험청약신청서(APPCIP) 및 적하보험배서청약신청서(APPEND) 전문 생성기능
- UTHEnvelope[11] 전문에 해당 신청전문을 첨부 및 전송하는 기능

(2) 적하보험 발급증권을 전문수신 처리(XML 전문)

- 적하보험발급통지(CIPADV) 및 적하보험 배서발급 통지(ENDADV) 전문을 수신처리 및 관리하는 기능
- 적하보험발급통지(CIPADV)의 문서관리 번호를 e-Nego 매입의뢰 및 신청시 문서관리 번호 항목에 기재하여 처리하는 기능

3 e-C/O(전자원산지증명)

1) 설명

PDF상태의 C/O를 발급받는 서비스로 e-Nego를 이용하는 무역업체만 서비스 제공 받을 수 있다. 무역업체는 3가지 방식으로 상공회의소에게 17종과 원산지증명 신청을 할 수가 있다. e-Nego시에 또한 발급된 C/O를 종이로 출력하지 않아야 이용할 수 있다.

2) 서비스 흐름도

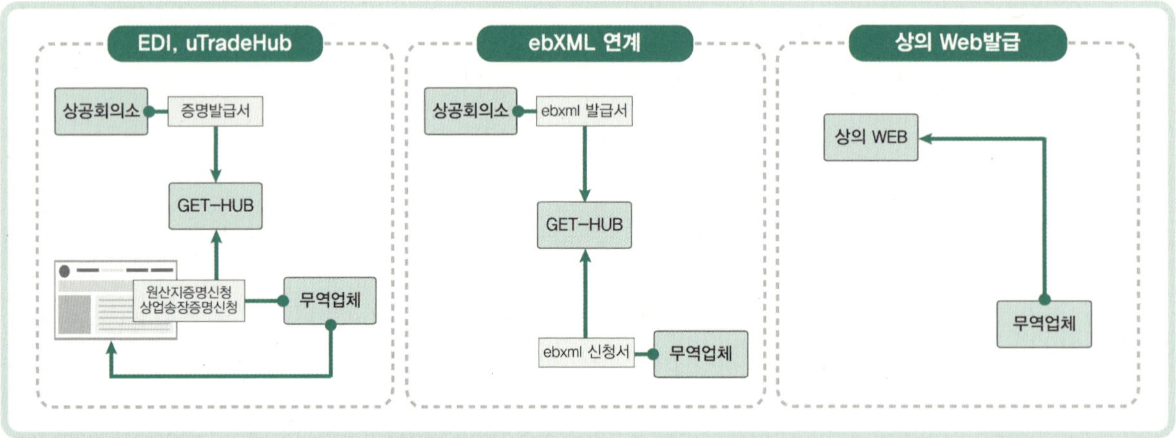

11) UTHEnvelope 전자문서: 봉투 기능을(다른 전자문서를 넣을 수 있는) 하는 전자문서로 제3자(third party)를 통한 전자문서 유통시 사용함

- C/O는 3가지의 방법으로 상공회의소에 신청 가능하다.
  - uTradeHub 서비스 또는 자사의 EDI 서비스를 이용하는 고객이 EDI C/O신청서를 작성하여 상공회의에 전송하는 'EDI 연계방식'(전자문서 방식)
  - 상공회의소의 ebXML 메시지를 자사에서 작성하여 전송하는 'ebXML 연계방식'(전자문서 방식)
  - 상공회의소의 웹인증 서비스를 이용하는 방식(직접 연계방식)
- 전자문서방식으로 신청하는 경우, 상공회의소로부터 C/O 발급 응답을 받을 수 있다.
- e-Nego 신청시, 고객이 매입신청서에 C/O 발급번호를 기재한 경우, e-Nego 서비스는 상공회의소로부터 PDF C/O를 수신받아 매입서류로 사용함

3) 서비스 특징

- e-Nego 서비스에 이용할 수 있게 PDF C/O를 발급 받을 수 있다. PDF C/O가 발행된 상태에서는 서면발급은 불가능하다.
- 매입거절, 매입신청취소, 매입승인취소 등이 발생하는 경우, 오프라인 매입신청을 위한 서면출력 또는 e-Nego 재신청을 할 수 있다.

4) 발급서류

[표 9-6] 발급 가능한 전자원산지증명서

No.	발급서류	매입서류코드
1	일반 원산지증명서(ebXML 및 웹발급용)	9A
2	상업송장(Commercial Invoice) (ebXML 및 웹발급용)	9B
3	일반원산지증명서-EDI	9C
4	상업송장(Commercial Invoice)-EDI	9D
5	GSTP(개발도상국간무역특혜제도) 원산지증명서	9E
6	GSP(일반특혜관세제도) 원산지증명서	9F
7	APTA(아시아-태평양 무역협정) 원산지증명서	9G
8	GATT(개발도상국간관세양허협정) 원산지증명서	9H
9	한-아세안 FTA 원산지증명	9I
10	남북교역물품 원산지증명서	9J
11	ANEXO Ⅲ(멕시코 원산지증명서)	9K
12	DA59(남아프리카공화국 원산지증명서)	9L
13	FORM 59A(뉴질랜드 원산지증명서)	9M
14	ANEXO DE LA RESOLUCION MINISTERIAL(페루 원산지증명서)	9N
15	ANEXO DE LA RESOLUCION MINISTERIAL(콜롬비아 원산지증명서)	9O
16	CERTIFICADO DE ORIGEN O DECLARACION DE ORIGEN(베네수엘라 원산지증명서)	9P
17	한-인도 CEPA 원산지증명서	9Q

제4절 전자선하증권(e-B/L)

1 개요

1) 서비스명

전자선하증권서비스(https://www.eblkorea.or.kr)

2) 설명

화주가 송부한 선적요청(S/R)을 바탕으로 선사 및 포워더는 운송인으로서 전자선하증권(e-B/L)을 발행하고, 전자선하증권 등록기관(KTNET)은 그 소유권을 전자등록부(title registry, T/R)에 등재한다. 원본은 전자무역문서보관소에 보관되고, 소유권자는 소유권의 양도 또는 화물인도청구를 할 수 있다.

3) 구성도

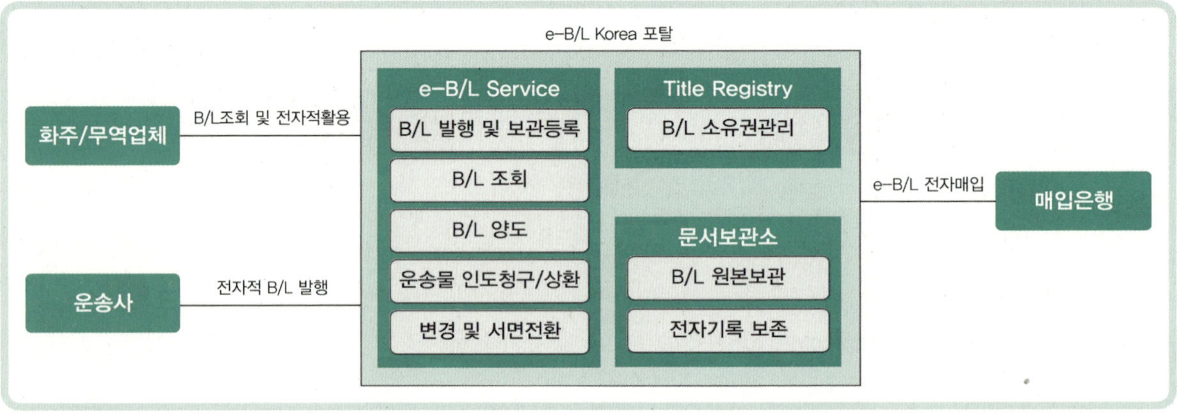

- 전자선하증권(e-B/L) 서비스는 사용자 인터페이스 부분인 e-B/L 서비스, B/L소유권 관리를 위한 Title Registry, e-B/L 원본 문서보관 및 기타 전자기록을 보존하는 문서보관소로 구성되어 있다.
- 화주와 운송사는 e-B/L Korea 포털 또는 자사 시스템에서 e-B/L 관련 전자문서를 생성하여 전송한다.
- e-B/L 시스템은 수신된 전자문서를 기반으로 발행, 변경, 양도, 매입 등 권리관계를 기록하고 문서보관소와 연계한다.

- 문서보관소는 원본문서와 전자기록을 보관 처리함으로써 e-B/L의 라이프 사이클을 관리한다.

2 상세 프로세스

1) 선적요청(shipping reguest or shipping instruction)

실화주는 선적요청서를 작성하여 실화주용 ShippingRequest 전문을 송신하며 포워더는 문서수신 처리후 실화주에 대한 BLGeneralNotice 전문을 응답문서로 실화주에 전송하고 선사에 대한 ShippingRequest 전문을 운송사에 송신한다.

실화주와 포워더는 S/R에 대한 응답으로서의 BLGeneralNotice 문서를 수신하여 선적요청 결과를 확인한다. ShippingRequest가 실화주로부터 포워더를 경유하여 운송사에 전달되는 경우, 화주가 운송사에 직접 전송하므로 포워더 전송단계는 생략한다.

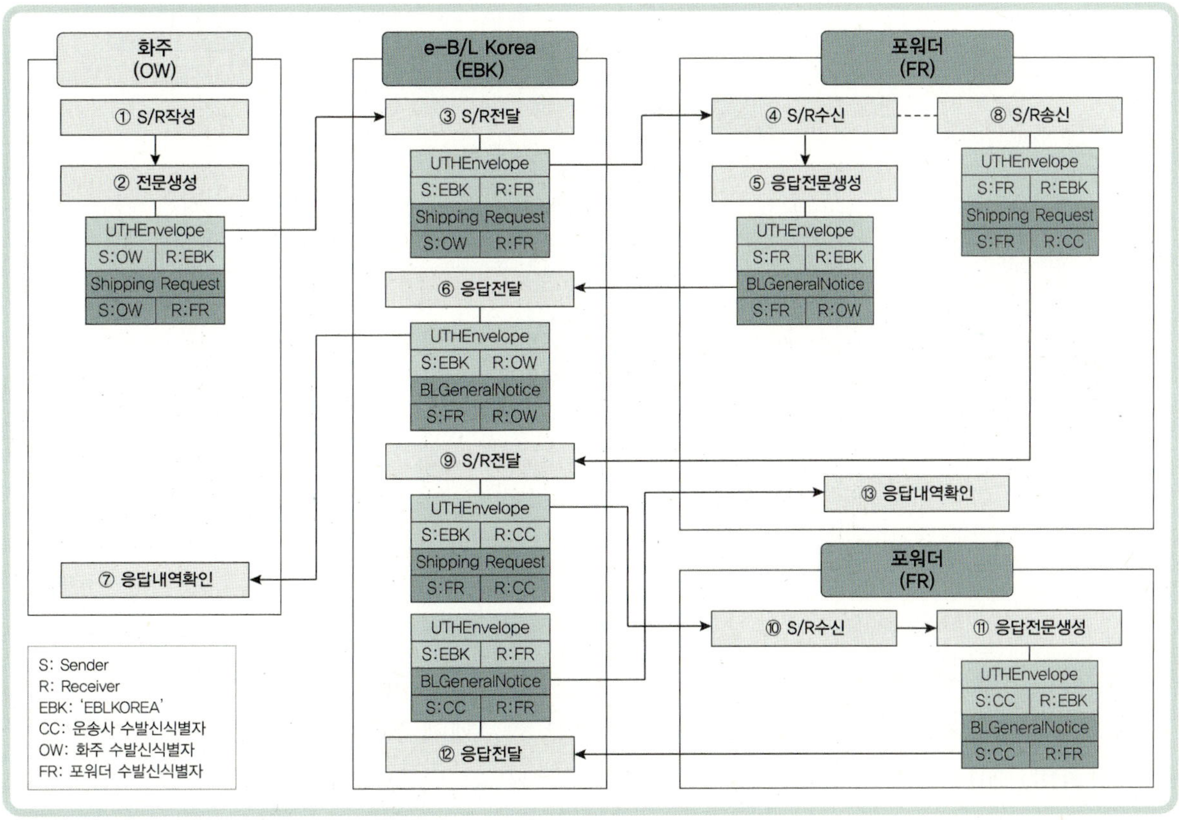

※ S/R은 실화주 또는 포워더가 운송사(선사)에 직접 송부할 수 있으므로 둘다 화주라고 볼 수 있다. 실화주와 포워더 구분없이 '화주'라고 표현할 경우는 이를 구분할 필요없이 운송사(선사)에게 해상화물운송서비스를 요청하는 자를 말한다.

2) 선하증권발행 사전확인(Draft B/L)

운송사는 확인용 선하증권 사본(CheckBLAdvice) 전문을 e-B/L Korea 시스템으로 송신하며 e-B/LKorea 시스템은 CheckBLAdvice문서를 수신하여 화주에게 전달하고 운송사에는 업무처리구분 '20'(Check B/L 수신통보)을 기재하여 그 처리내역을 통보한다.

화주는 수신된 CheckBLAdvice의 내용을 확인하고 운송사에 Check B/L을 확정코자 하는 경우 업무처리통보서(BLGeneralNotice)에 업무처리구분 '21'(Check B/L확정)을 기재하여 e-B/LKorea 시스템으로 전송하며 e-B/LKorea 시스템은 업무처리통보서를 수신처리 후 운송사로 전달한다.

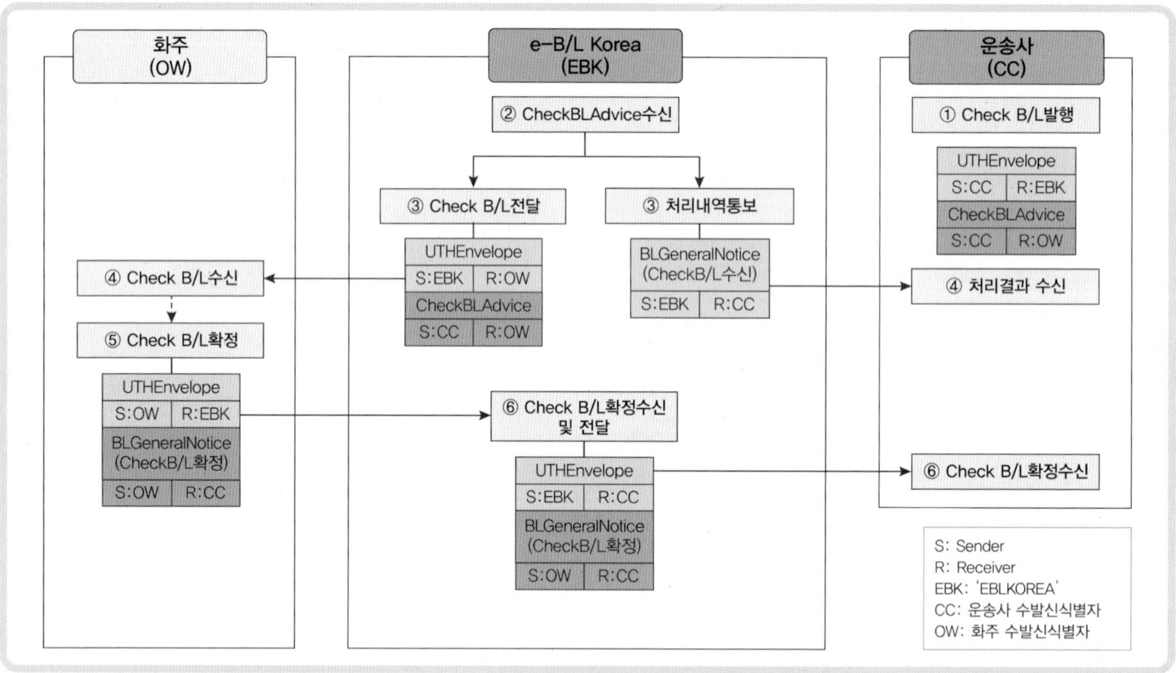

3) e-B/L 발행등록 결과 통지

화주의 S/R에 의해 운송사는 e-B/L을 발행하여 BLAdvice 전문을 e-B/L Korea 시스템으로 송신함으로써 전자선하증권 등록기관인 KTNET에 보관등록된다.

등록기관은 e-B/L 보관등록 후 운송사가 지정한 화주에게 e-B/L의 발행 및 보관등록 사실을 통보하며, House B/L을 발급받은 실화주는 e-B/L의 발행 및 보관등록 사실을 통보받고 통보 사실을 다시 포워더에게 통보한다(업무처리 결과를 포워더와 공유하지 않는 경우 생략).

발행통보에 사용되는 문서는 BLGeneralNotice 전문이며 동 전문 내에는 운송사에서 송신한 BLAdvice 전문이 첨부되어 있다. e-B/L korea시스템은 BLGeneralNotice 전문을 수신처리한 후 보관등록 정보만 사용하거나 첨부되어 있는 BLAdvice 전문을 해석하여 화주 시스템상에서 e-B/L 내용 전체를 확인할 수 있게 해준다. 첨부된 BLAdvice 전문은 단순 통보용 데이터이며 해당 데이터는 원본으로 활용될 수 없다.

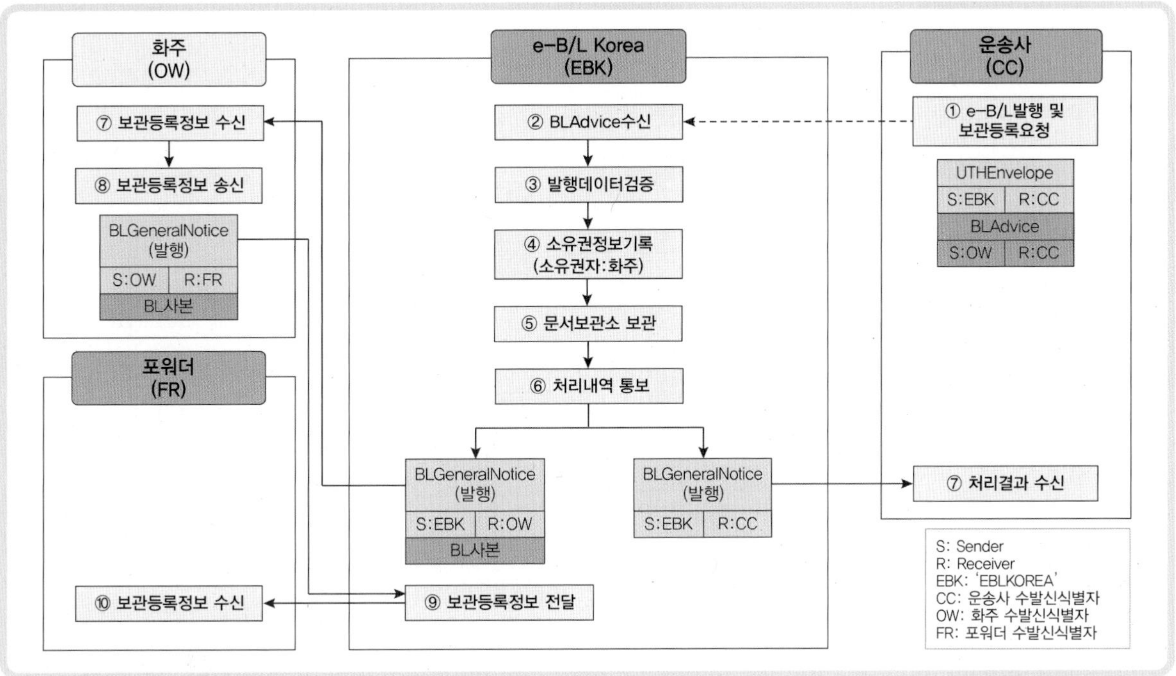

4) e-B/L 변경발행신청

기재내용변경 프로세스는 내용변경과 기발행된 e-B/L의 병합 또는 분할로 인한 발행취소 2가지가 있다. 이 중 기발행된 e-B/L의 병합 또는 분할에 따른 발행취소는 BLReissue 전문을 통하여 오직 화주만이 신청할 수 있다.

화주는 변경·취소요청전문(BLReissue)을 UTHEnvelope에 첨부하여 e-B/LKorea 시스템으로 전송하며 e-B/L Korea 시스템은 변경·취소요청을 수신하여 해당 e-B/의 소유권을 변경제한 처리한 후 해당 운송사로 변경/취소요청 전문을 전송한다.

운송사는 변경·취소요청을 수신하고 승인 여부를 기재한 응답서(BLGeneralNotice)를 작성하여 UTHEnvelope에 첨부한 후 e-B/L Korea 시스템으로 전송한다. e-B/L Korea 시스템은 수신받은 응답서(BLGeneralNotice)를 UTHEnvelope에 첨부하여 화주에게 통보한다. 변경취소요청 승인의 경우 해당 B/L을 폐기하고 취소완료통지(BLGeneralNotice)를 UTHEnvelpe에 첨부하여 운송사로 전송한다.

변경발행을 승인한 경우 운송사는 변경발행 e-B/L을 등록기관으로 송신하며, 변경발행 e-B/L을 수신한 등록기관은 소유권 변경제한을 해제한 후 화주에게 변경발행된 B/L내역을 변경발행통지서(BLGeneralNotice)에 첨부하여 통보한다. House B/L을 발급받은 실화주는 변경발행통지서를 다시 포워더에게 송신한다(업무처리 결과를 포워더와 공유하지 않는 경우 생략).

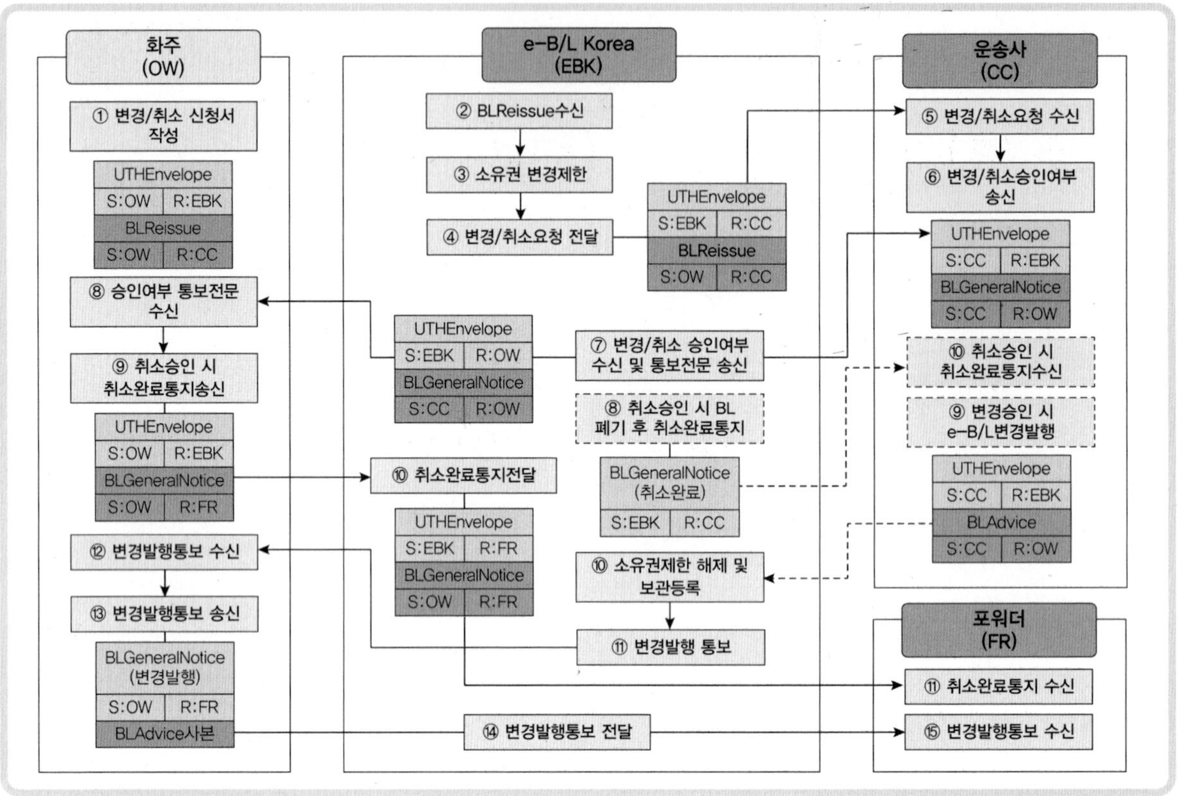

5) 운송물인도청구 신청 및 상환통보내역

화주는 e-B/L Korea 시스템상에서 보관등록 통보받은 e-B/L을 근거로 하여 운송물 인도청구 신청서(BLDeliveryRequest)을 작성하고, 이를 UTHEnvelope에 첨부하여, e-B/L Korea 시스템으로 송신한다.

e-B/L Korea 시스템은 전문을 수신하여 해당 e-B/L의 소유권을 변경제한 처리한 후 해당 운송사로 화물인도 청구신청 전문을 전달하며 인도청구 신청전문을 수신받은 운송사는 인도청구신청에 대한 승인여부를 통지한다.

e-B/L Korea 시스템은 인도청구 신청에 대한 승인여부를 수신하며, 신청결과 통보 내역을 BLGeneralNotice 전문으로 화주에게 통보한다. 운송사는 인도청구신청 승인 이후, 운송물의 상환 처리가 일어난 경우에만 상환통보서(BLDeliveryNotice) 전문을 등록기관으로 송신한다.

상환통보서 전문을 수신한 등록기관은 해당 e-B/L 소유권 폐쇄 처리한 후, 화주에게 그 상환내역을 BLGeneralNotice 전문으로 통보하며 이때 업무구분은 '상환내역통보'로 표시된다.

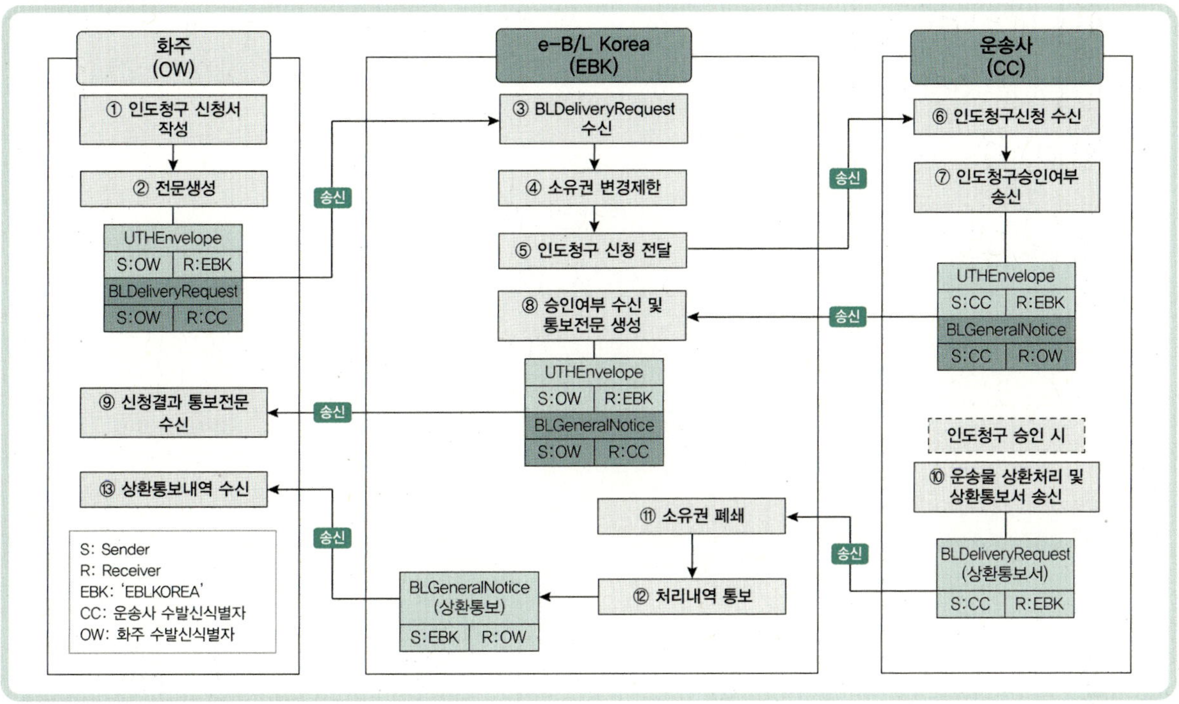

6) e-B/L 양도신청 및 처리내역 수신

e-B/L의 소유권자(화주)가 e-B/L을 타인에게 전자적으로 양도하고자 할 경우 양도신청서를 송신한다. 등록기관은 소유권자(양도인)의 양도신청을 수신 후 e-B/L에 대한 소유권을 양수인에게 이전하고 양도처리 내역을 양도인 및 양수인 모두에게 통보한다.

소유권자는 양도대상 e-B/L에 대한 양도신청서(BLTransferRequest)를 생성 및 UTHEnvelope 전문에 동봉 처리하여 등록기관으로 송신처리 한다.

양도신청서를 송신할 때에는 양도사실에 대한 부인방지 및 본인확인을 목적으로 공인인증서 전자서명을 첨부하여 전송하여야 한다. 공인인증서는 전자선하증권 등록기관인 e-B/L Korea 포털(www.eblkorea.or.kr)에 사전등록이 되어 있어야 한다.

양도신청승인 이후 취소신청은 불가능하므로 양도인은 신청시 유의하여야 한다. 양수인이 B/L을 양수하는 경우에는 BLGeneralNotice에 첨부되어 전송되는 B/L사본을 B/L내역으로 참고하면 된다.

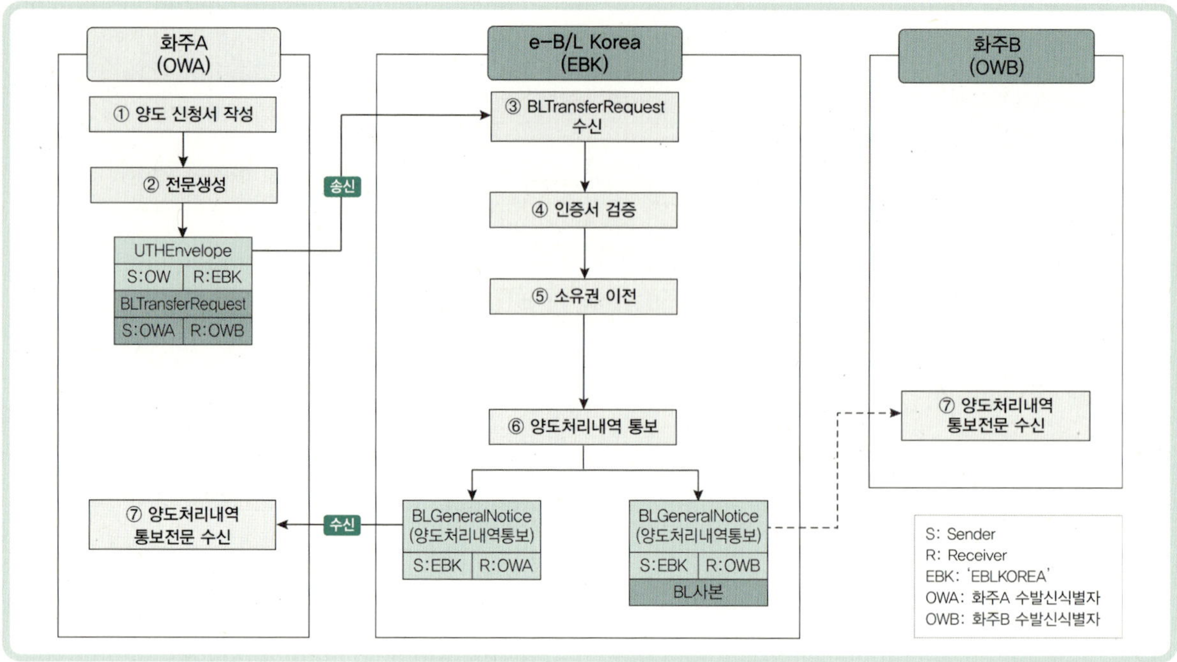

3 전자문서 리스트

1) 화주용

전자문서명	전문코드	구분	업무처리 내용
UTH 인벨로프	UTHEnvelope	송/수신	전자문서 송수신시 감싸는 전문 (예) BLReissue를 UTHEnvelope에 첨부하여 전송
선적요청서	ShippingRequest	송신	실화주 또는 포워더(화주)가 운송인(포워더 또는 선사)에게 선적요청
확인용 선하증권사본	CheckBLAdvice	수신	B/L발행내역 사전확인용 선하증권 사본 수신
B/L 변경발행요청서	BLReissue	송/수신	화주와 운송인이 B/L의 변경발행을 요청 1: 내용변경, 2: 기발행된 e-B/L의 병합 또는 분할을 위한 발행취소(S:Split, C:Combine, O:Off-line진행)
운송물 인도청구 신청서	BLDeliveryRequest	송신	화주가 운송인에게 운송물의 인도청구를 신청
서면전환 신청서	BLDocument Request	송신	화주가 전자선하증권(e-B/L)을 종이 선하증권으로 전환하여 사용하고자 할 경우 서면전환을 신청
양도처리 신청서	BLTransferRequest	송신	소유권자(화주)가 소유한 e-B/L을 전자적으로 양도하고자 할 경우 양도처리를 신청
B/L 업무처리통보서	BLGeneralNotice	송/수신	e-B/L 관련 업무처리 내역의 통보 1: 발행 2: 변경신청결과통보 3: 변경발행, 4: 양도처리내역통보 5: 인도청구신청결과통보

전자문서명	전문코드	구분	업무처리 내용
			6: 상환내역통보 7: 서면전환내역 통보 8: 서면전환내역 보관 9: 취소신청 결과통보 10: 양도(Nego완료) 13: 선적요청수신통보 14: 발행(포워더통지용) 15: 변경신청결과통보(포워더통지용) 16: 변경발행 (포워더통지용) 17: 변경발행신청내역(포워더통지용) 18: 취소신청결과통보(포워더통지용) 19: 오프라인B/L정보(화주통지용) 20: CheckB/L수신통보 21: Check B/L확정 98: 오류통보(외부시스템), 99: 오류통보(EBK)
선사증명 발급신청서	CarrierCertificate Application	송신	화주가 선사에게 Carrier's Certificate 발급을 요청
선사증명서	CarrierCertificate	수신	화주의 요청에 의거 선사가 발행하는 증명서(Nego시 첨부를 위하여 전자무역문서보관소에 저장)를 신청

2) 운송사용

전자문서명	전문코드	구분	업무처리 내용
UTH 인벨로프	UTHEnvelope	송/수신	전자문서 송수신 시 감싸는 전문 (예) BLReissue를 UTHEnvelope에 첨부하여 전송
선적요청서	ShippingRequest	수신	화주가 운송인에게 선적 요청
B/L 발급등록	BLAdvice	송신	운송인이 전자선하증권 등록기관(KTNET)에 B/L의 보관 등록을 요청
B/L 변경발행요청서	BLReissue	송/수신	화주와 운송인이 B/L의 변경발행을 요청 1: 내용변경 2: 기발행된 e-B/L의 병합 또는 분할을 위한 발행취소 (S:Split, C:Combine, O:Off-line진행)
운송물 인도청구 신청서	BLDeliveryRequest	수신	화주가 운송인에게 운송물의 인도청구를 신청
운송물상환통보서	BLDeliveryNotice	송신	운송인이 화물을 상환한 후 상환결과를 e-B/L Korea에 송신
B/L 업무처리통보서	BLGeneralNotice	송/수신	e-B/L 관련 업무처리 내역의 통보 1: 발행 2: 변경신청결과통보 3: 변경발행, 4: 양도처리내역통보 5: 인도청구신청결과통보 6: 상환내역통보 7: 서면전환내역 통보 8: 서면전환내역 보관

전자문서명	전문코드	구분	업무처리 내용
			9: 취소신청 결과통보 10: 양도(Nego완료) 11: 취소결과통보 12: 매입승인통보 13: 선적요청서접수통보 99: 오류통보
일반응답서	Genres961	송신	선적요청 결과를 통지 A: 수신완료, E: 수신오류, R: 수신거부
선사증명 발급신청서	CarrierCertificate Application	수신	화주가 선사에게 Carrier's Certificate 발급을 요청
선사 증명서	CarrierCertificate	송신	화주의 요청에 의거 선사가 발행하는 증명서(Nego시 첨부를 위하여 전자무역문서보관소에 저장)를 신청

4 e-Nego 연계구성도

uTradeHub와 SSO 연계하여 회원정보, 공통코드 등을 공유한다.

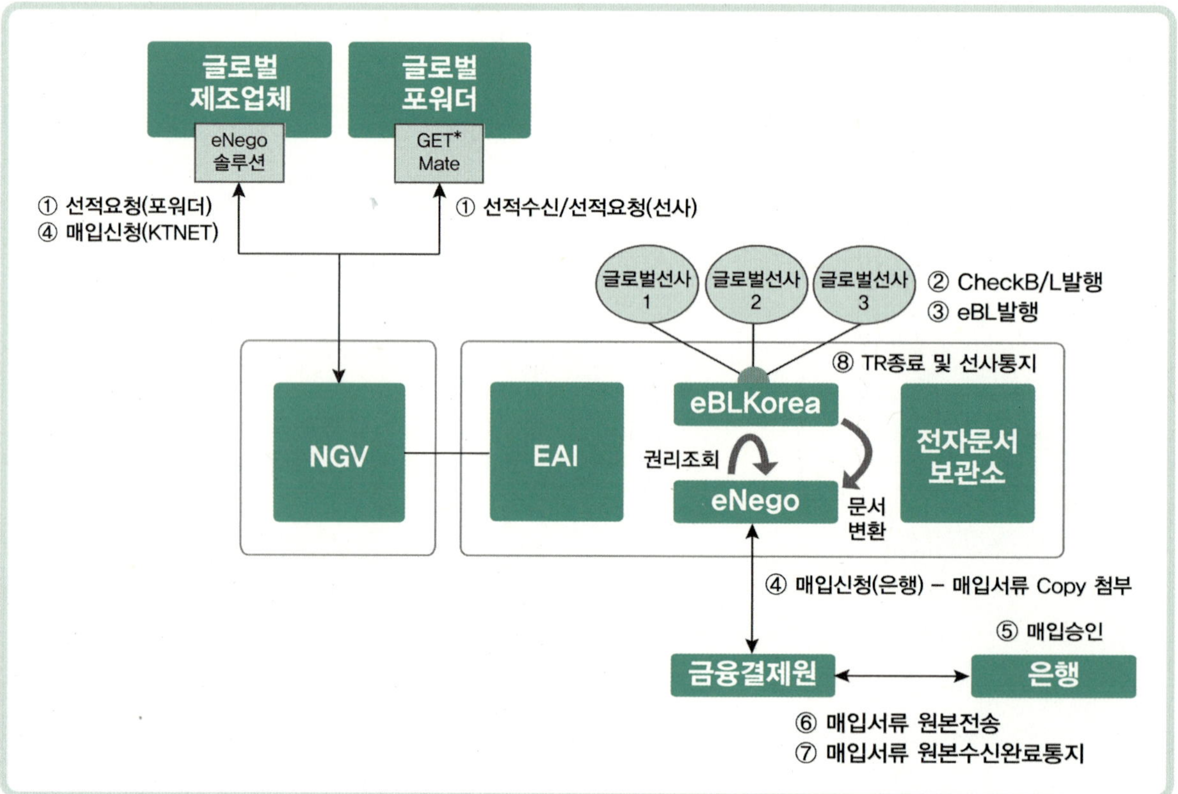

제5절 구매확인서/내국신용장

1 uLocal 구매확인서 통합관리

1) 개요

(1) 서비스명

구매확인서업무 통합서비스(https://ulocal.utradehub.or.kr)

(2) 설명

구매확인서 업무 전과정 전자화를 통해 구매확인서 거래당사자(구매자, 공급자) 및 관련기관(국세청, 은행 등)을 연계하는 서비스이다.

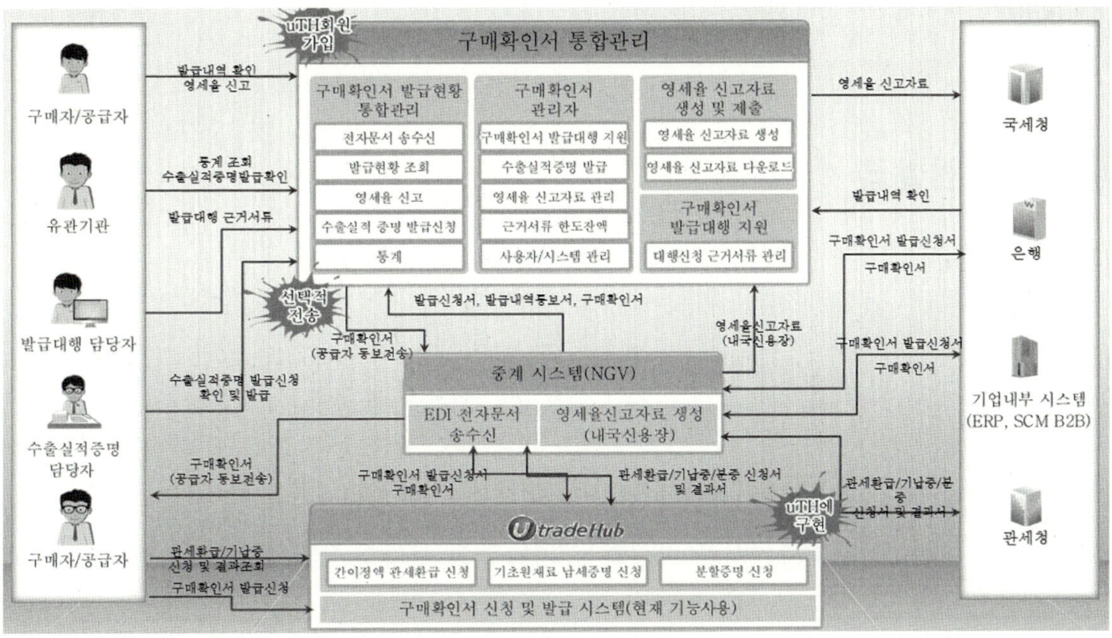

2) 서비스 프로세스

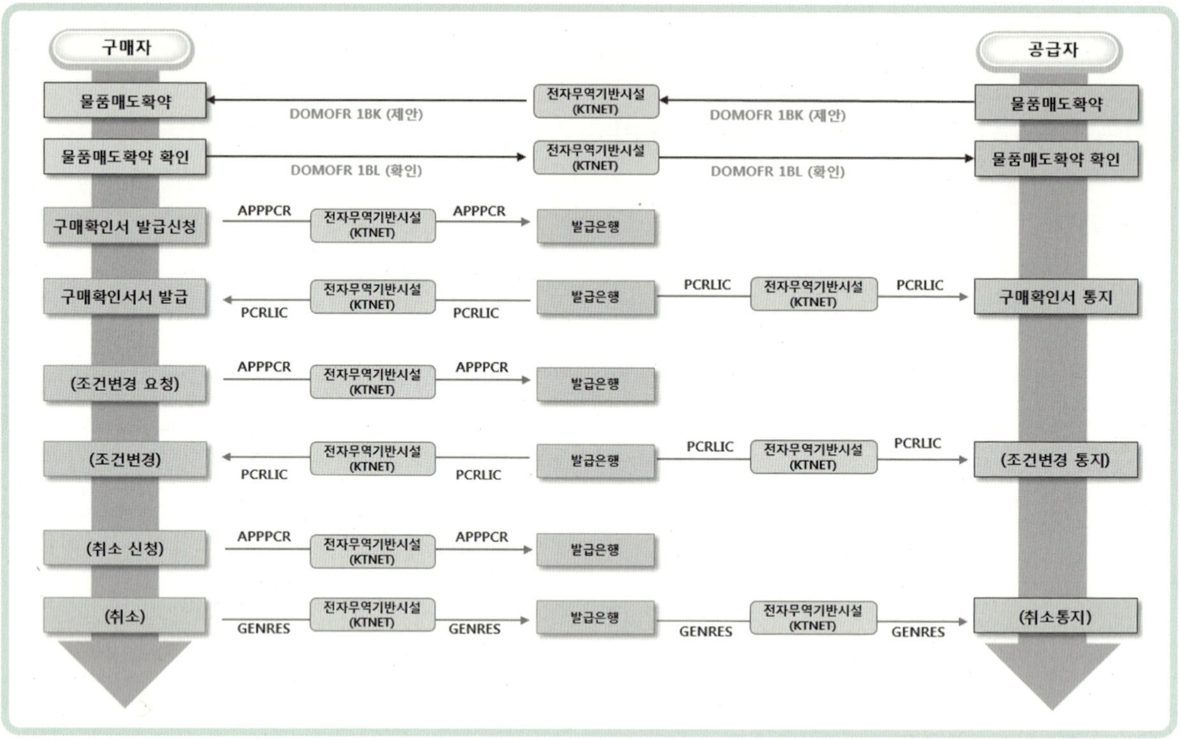

2 구매확인발급

1) 개요

(1) 서비스명

구매확인발급서비스(http://upis.utradehub.or.kr:8080)

(2) 설명

- 구매확인서관리: 구매확인서를 발급하는 기관중의 하나인 KTNET에서 구매확인서 신청 조회 및 내역검증, 구매확인서 발급 등을 통합관리한다.
- 기업관리: 기업정보 및 등급관리, 거래업체 및 수수료관리, 송수신 메시지 등을 관리한다.

(3) 구성도

- 수출업체는 KTNET의 uTradeHub 또는 자사 내부시스템을 이용하여 구매확인신청서를 작성한 후 중계시스템(Get * Hub)을 통해 구매확인 발급서비스로 전송한다.
- 구매확인 발급 담당자는 신청서의 내용을 확인한 후, 구매확인서(PCRLIC)를 발급한다.
- 수출업체는 uTradeHub 구매확인메뉴 또는 자사 시스템에서 구매확인발급 내역을 확인한 후 다른 업무의 증빙자료로써 구매확인서를 활용한다.

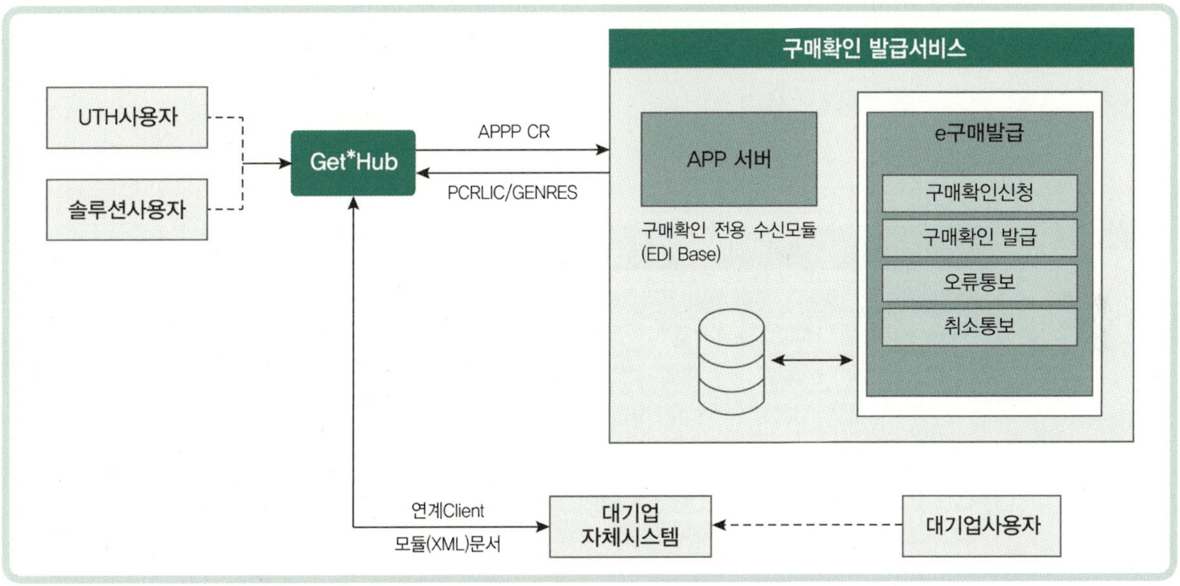

2) 전자문서 리스트

No	문서명	전자문서명
1	구매확인신청서	APPPCR
2	구매확인서	PCRLIC
3	오류통보	CUSRES (2CY)
4	취소통보	CUSRES (2CZ)

3 uLocal 내국신용장 통합관리

1) 개요

(1) 서비스명

내국신용장업무 통합서비스(https://ulocal.utradehub.or.kr)

(2) 설명

Local L/C업무 전과정 전자화를 통해 Local L/C 거래당사자(구매자, 공급자) 및 관련기관(국세청, 은행 등)을 연계하는 서비스이다.

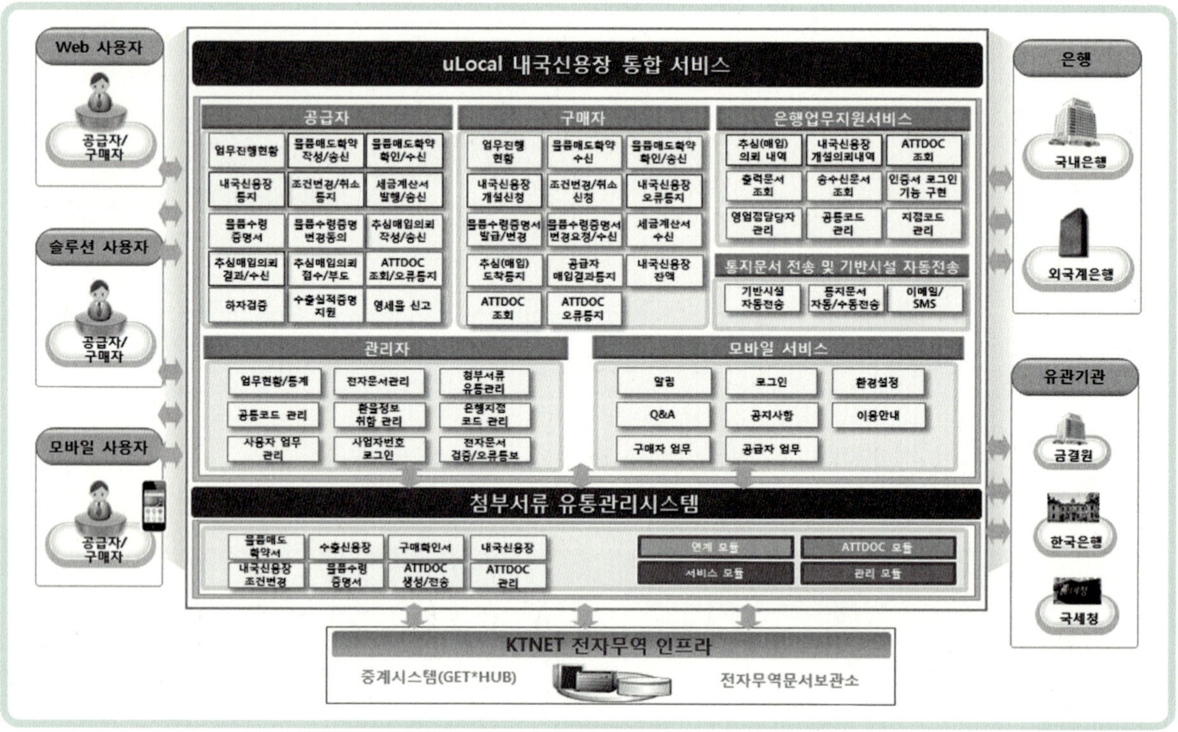

2) 서비스 프로세스

(1) 내국신용장 개설

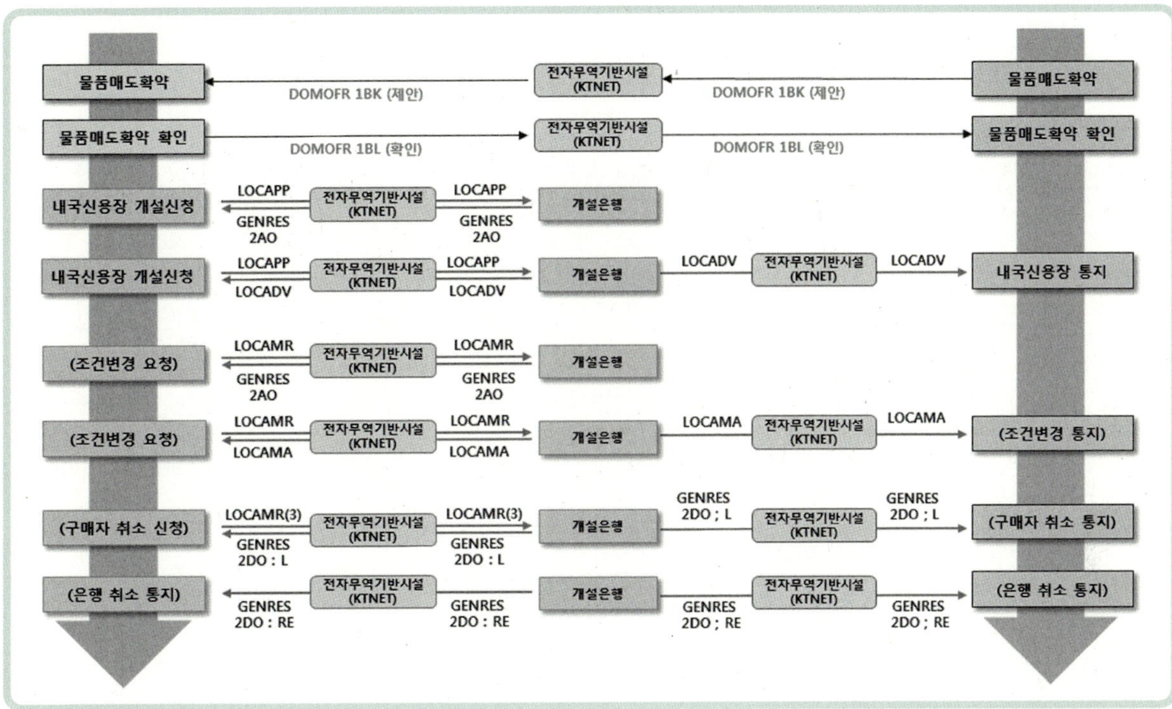

(2) 물품공급

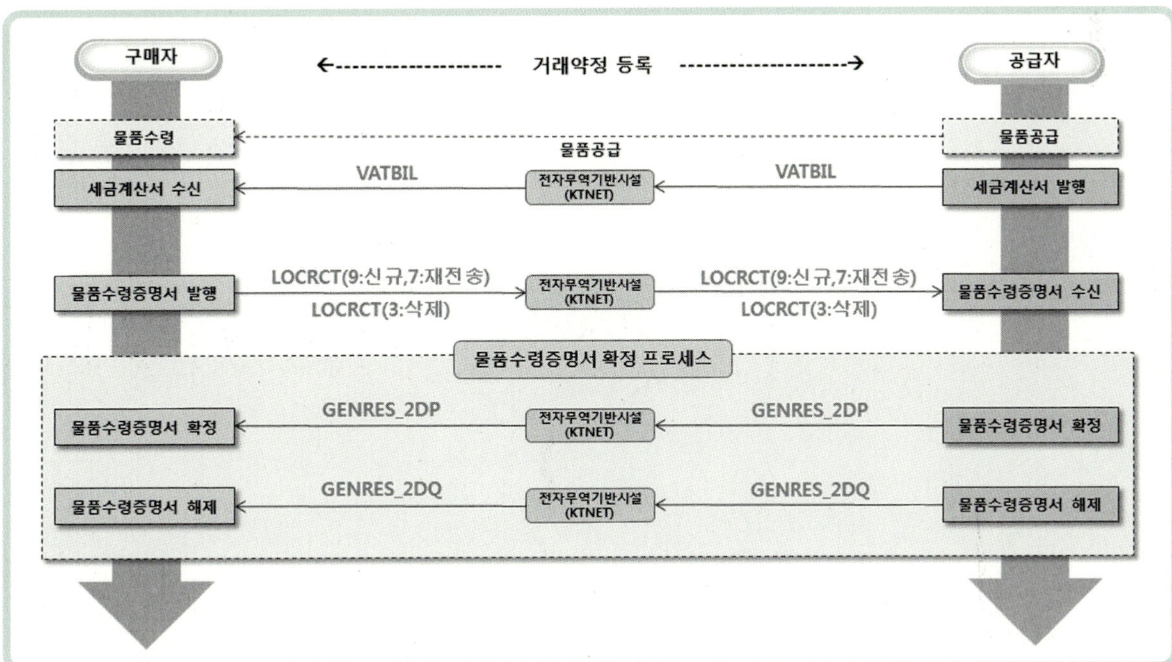

(3) 내국신용장 매입추심

4 내국신용장 네고서류 증명(CertDB)

1) 개요

(1) 서비스명

로컬 네고서류 전자적증명

(2) 설명

구매자 및 공급자 간 물품수령증명서를 전자무역 기반시설에서 취합·관리하는 서비스이다.

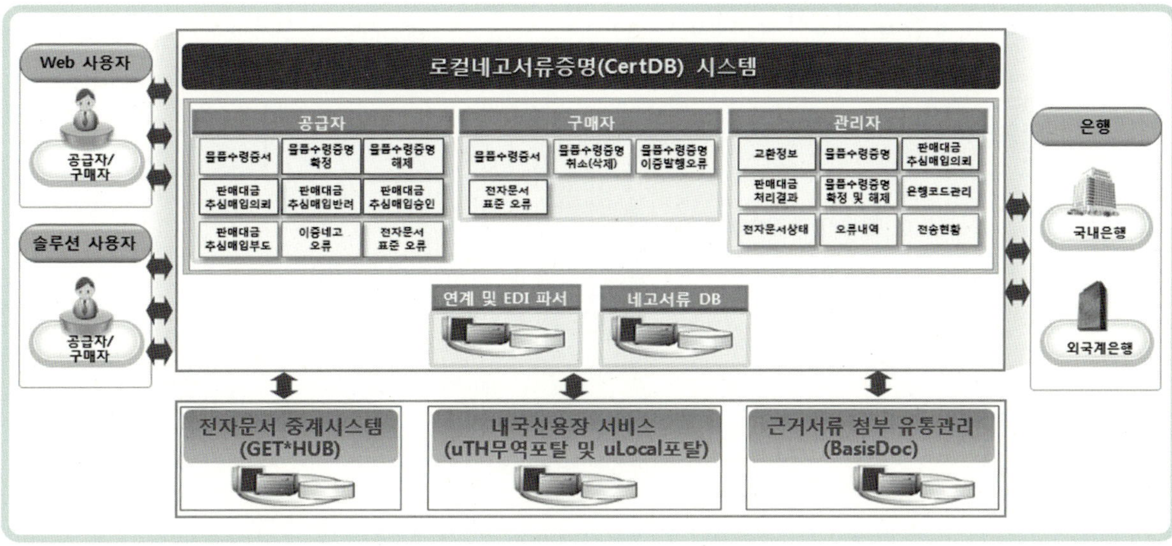

2) 업무 프로세스

(1) 물품수령증명서 취합관리

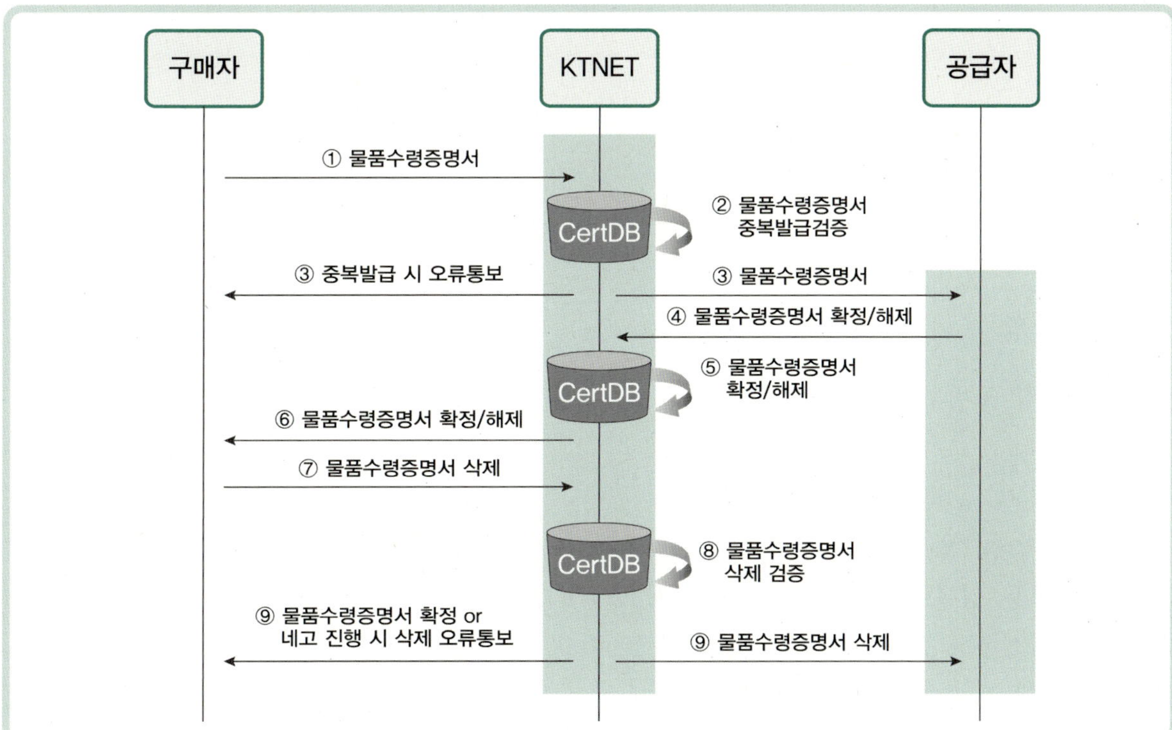

(2) 판매대금 추심매입 이중네고 차단

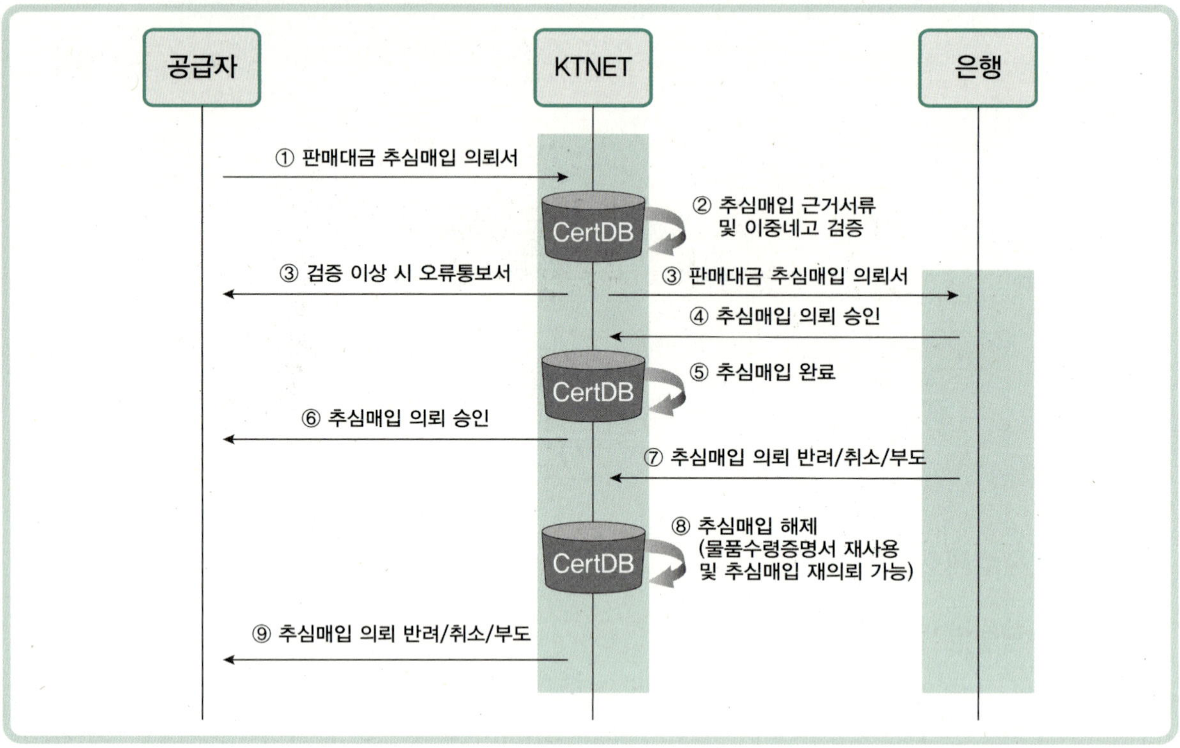

5 내국신용장 모바일 서비스

1) 개요

(1) 서비스명

내국신용장 모바일 서비스

(2) 설명

'uLocal 내국신용장 통합서비스'의 주요 기능을 스마트폰을 이용하여 장소에 구애받지 않고 언제 어디서든 업무를 할 수 있는 앱으로 KTNET이 제공하는 'uLocal 모바일 서비스'이다. 'uLocal 내국신용장 통합서비스'의 조회업무 및 주요 통지에 대한 PUSH 알림 서비스를 제공한다.

※ 안드로이드 계열 스마트폰에서는 'Google Play'에서 '내국신용장' 또는 'uLocal'로 검색하여 다운로드 후 사용가능

(3) 서비스 개념도

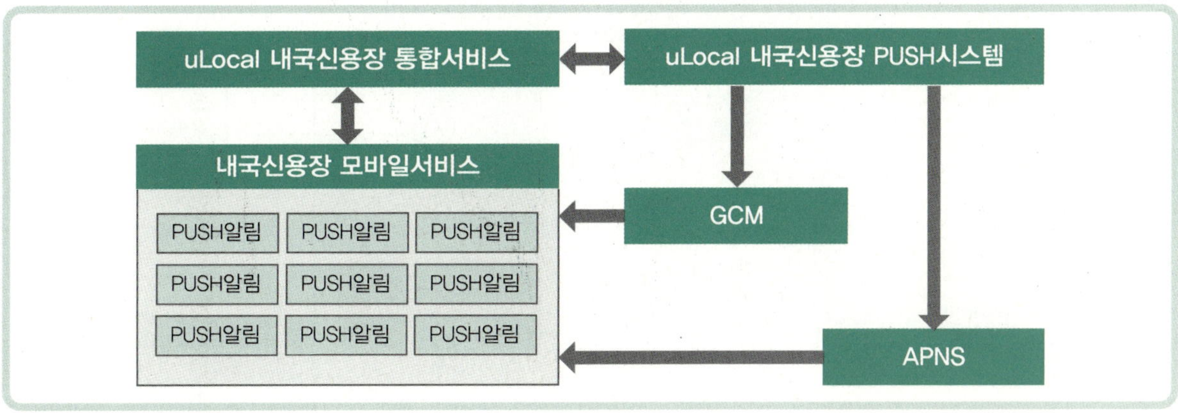

- 'uLocal 모바일 서비스'는 'uLocal 내국신용장 통합서비스'에서 제공하는 Local L/C 서비스를 모바일 화면에 최적화하여 사용자에게 제공하고, 주요 문서수신 및 업무 처리결과를 PUSH 알림을 통해 제공한다.
- uLocal 내국신용장 PUSH시스템은 'uLocal 내국신용장 통합서비스'를 모니터링한다.
- 주요 문서 수신 및 서비스 알림을 확인하여 GCM과 APNS를 통해 사용자의 스마트기기의 내국신용장 모바일서비스로 PUSH알림을 제공한다.[12]

6 근거서류 첨부유통관리

1) 개요

(1) 서비스명

내국신용장 근거서류 전자적 유통서비스

(2) 설명

- 전자무역 기반시설과 은행간 Local L/C 개설 근거서류(물품매도확약서)를 전자적으로 유통하는 서비스이다.
- 판매대금 매입(추심)의뢰서 근거서류(Local L/C)의 전자적 유통서비스이다.

---

12) • GCM: Google Cloud Messaging(안드로이드 PUSH 제공 서비스)
• APNS: Apple Push Notification Service(IOS PUSH 제공 서비스)

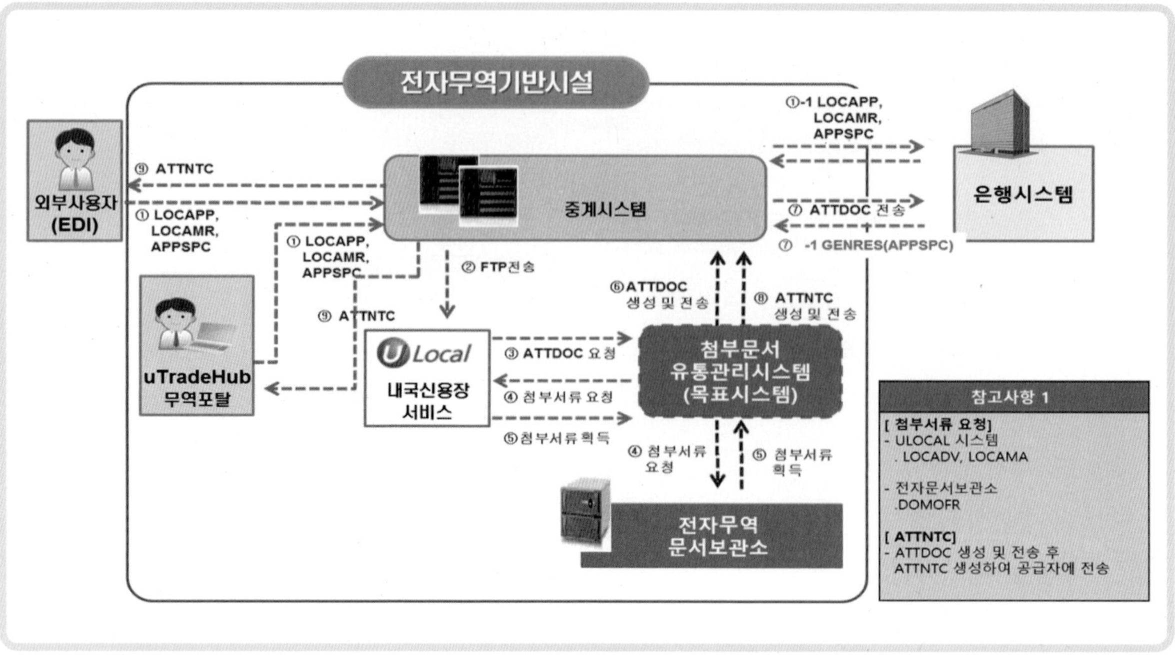

※ 내국신용장개설신청서(LOCAPP), 내국신용장조건변경신청서(LOCAMR), 조건변경응답서(LOCAMA), 근거서류첨부서(ATTDOC), 근거서류첨부응답서(ATTNTC), 판매대금 매입(추심)의뢰서(APPSPC), 판매대금 매입(추심)응답서(SPCNTC)

(가) 추심(매입)

- 추심(매입)시 전자무역 기반시설은 근거서류(내국신용장, 조건변경, 조건변경 목록)를 근거서류첨부서(ATTDOC)에 첨부하여 추심(매입)은행에 별도 전송한다.
  - 첨부가 없는 경우에도 첨부가 없음을 표기하여 은행에 전송
- 은행은 판매대금 매입(추심)의뢰서(APPSPC)와 ATTDOC 모두 수신한 후 정상 접수결과를 업체에게 응답문서[GENRES(2DS)]로 통지한다.

(나) 개설/조건변경

- 개설/조건변경시 ATTDOC에 첨부하는 전자문서는 물품매도확약서(DOMOFR)에 한한다.
- 개설신청서(LOCAPP) 또는 조건변경신청서(LOCAMR)에 물품매도확약서 번호가 입력된 경우 전자무역 기반시설은 물품매도확약서를 ATTDOC에 첨부하여 개설은행에 별도 전송한다(* 첨부가 없는 경우에도 첨부가 없음을 표기하여 은행에 전송).

2) 업무프로세스

(1) 내국신용장 개설 근거서류 유통

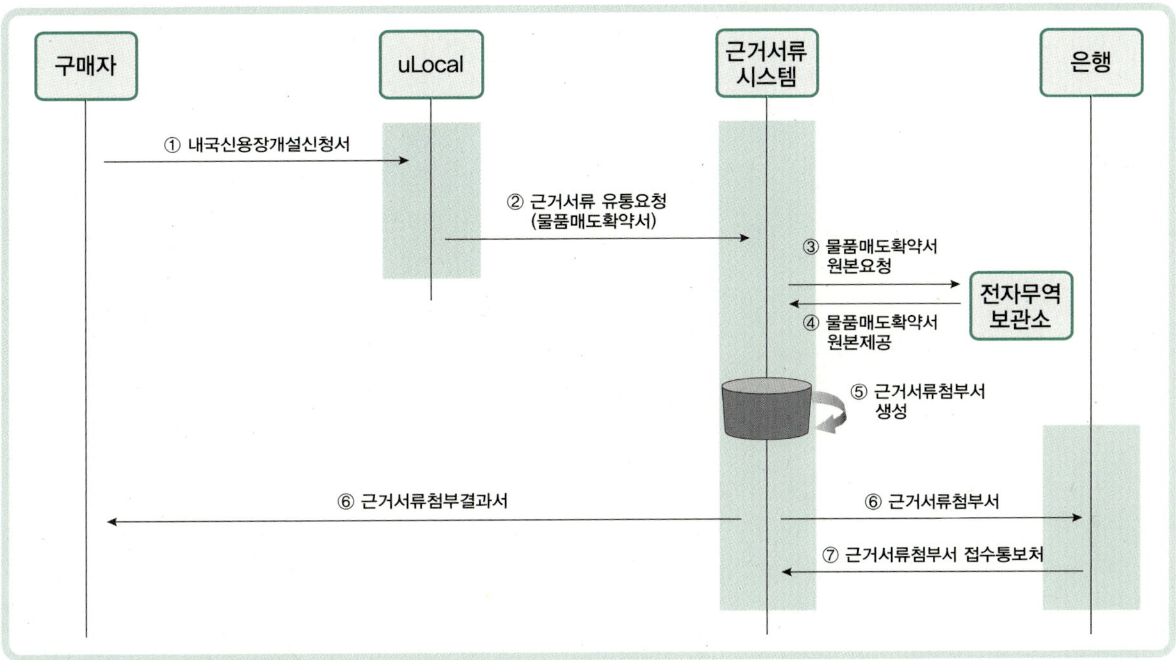

(2) 판매대금 추심매입 근거서류 유통

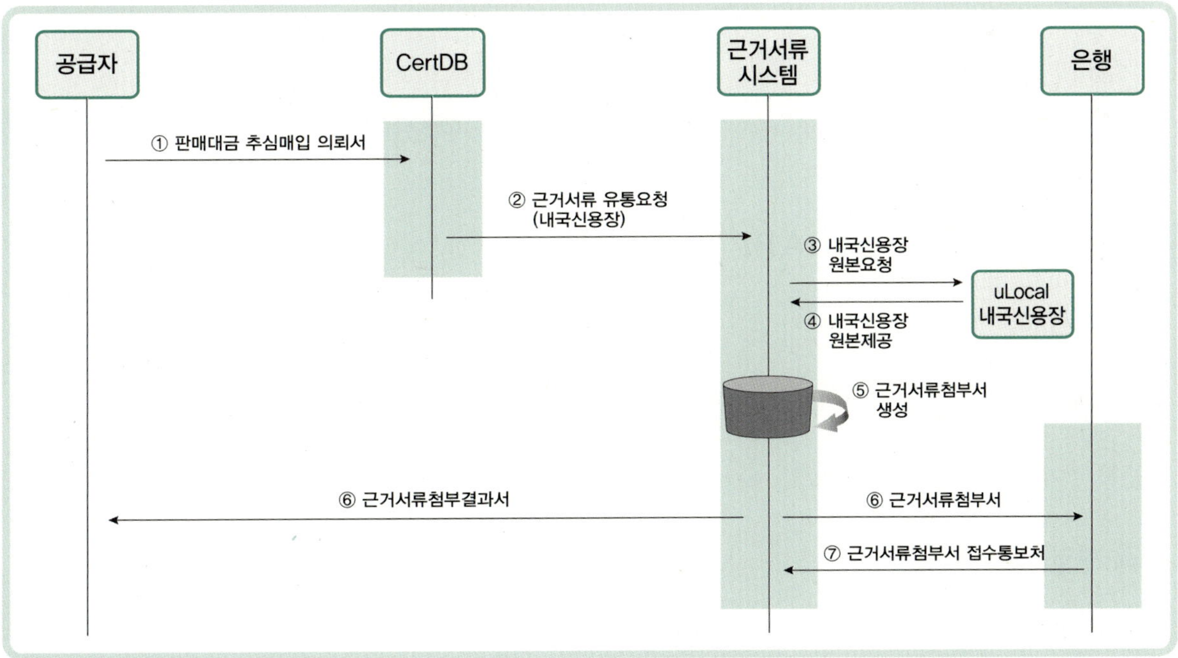

3) 내국신용장관련 전자문서

번호	업 무	전자문서	From	To	비고
0	은행 EDI 약정 통보서	EDIADV	은행	무역업체	
1	물품매도확약서	DOMOFR	수혜자	개설의뢰인	
2	내국신용장 개설신청	LOCAPP	개설의뢰인	개설은행	
3	내국신용장 오류통보서	GENRES 2AO	개설은행	개설의뢰인	
4	내국신용장 통지	LOCADV	개설은행	개설의뢰인/수혜자	
5	내국신용장 조건변경/취소 신청	LOCAMR	개설의뢰인	개설은행	
6	내국신용장 조건변경 통지	LOCAMA	개설은행	개설의뢰인/수혜자	
7	내국신용장 취소통지	GENRES 2DO	개설은행	개설의뢰인/수혜자	
8	세금계산서 발행	VATBIL TAXINVOICE	수혜자	개설의뢰인	
9	물품수령증명서 발급	LOCRCT	개설의뢰인	수혜자	
10	물품수령증명서 확정	GENRES 2DP	수혜자	개설의뢰인	
11	물품수령증명서 확정 해제	GENRES 2DQ	개설의뢰인	수혜자	
12	판매대금 추심의뢰	APPSPC	수혜자	매입추심은행(개설은행)	
13	판매대금추심의뢰서 접수통보	GENRES 2DS	매입추심은행	수혜자	
14	판매대금추심 처리결과 통지	SPCNTC	매입추심은행	수혜자	
15	판매대금추심의뢰서 도착통지	LDANTC	개설은행	개설의뢰인	
16	근거서류첨부서	ATTDOC	전자무역기반시설	개설은행/매입은행	
17	근거서류첨부응답서	ATTNTC	전자무역기반시설	개설의뢰인/수혜자	
18	지급지시서	PAYORD	개설의뢰인	개설은행	
19	출금통지	DEBADV	개설은행	개설의뢰인	
20	입금통지	CREADV	매입추심은행	수혜자	
21	계산서	FINBIL	매입추심은행	수혜자	

7 공공데이터 OpenAPI

1) 개요

(1) 서비스명

공공데이터 OpenAPI(http://openapi.utradehub.or.kr)

(2) 설명

- 국내기업간 수출용 물품에 사용되는 원자재 또는 완제품의 거래 정보를 관련 유관기관(국세청)과 민간기업 등이 활용할 수 있도록 표준화 방식으로 공유하는 서비스이다.

- 전자무역 기반시설의 '구매확인서 통합관리서비스(uLocal 서비스)'와 '내국신용장 통합관리서비스(uLocal L/C 서비스)'에서 개방 가능한 데이터를 공유한다.

(3) 주요기능

- 거래업체/물품정보: 정보서비스 안내, 거래업체정보 서비스, 거래물품정보 서비스
- 수출예정/내국거래실적정보: 수출예정정보 서비스, 내국거래 실적정보 서비스, 간접 수출정보 서비스

(4) 구성도

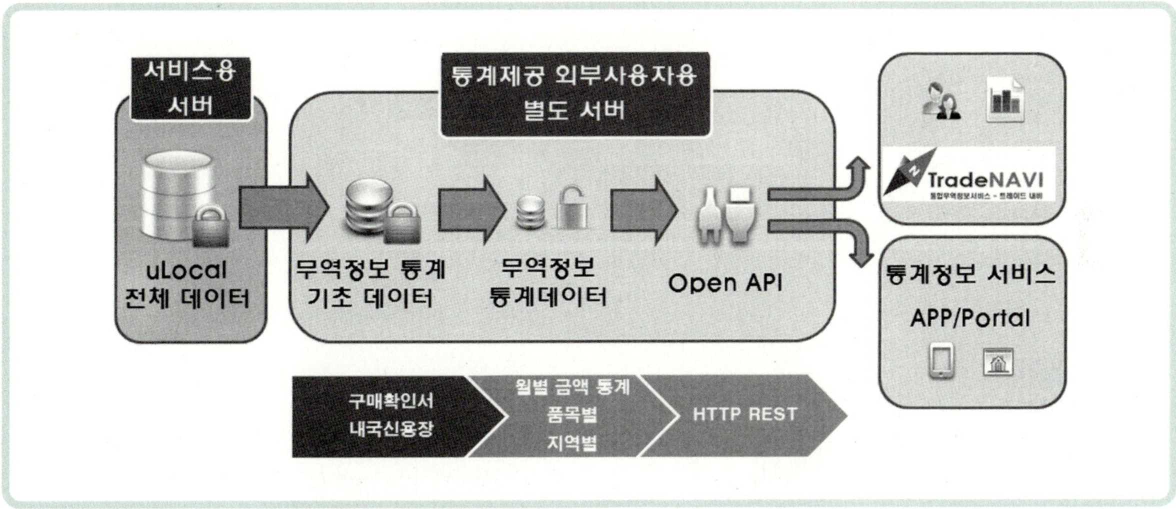

- 내국거래정보는 실제 해당 서비스가 실시간으로 사용되고 있는 상황이다. 본 서비스는 통계정보 제공을 위해서 무역정보 통계 기초데이터 저장소로 매일 저녁에 별도 프로그램을 이용하여 데이터를 매집한다.
- 매집된 무역정보 통계 기초데이터를 기준으로 무역정보 통계데이터를 생성한다.
- 사용자가 통계정보 요청시, 시스템은 Open API 모듈을 활용하여 XML(HTTP REST 방식)을 생성하여 전송한다.

제6절 FTA Korea

1 개요

1) 사이트

FTA Korea 서비스(https://fta.utradehub.or.kr/)

2) 설명

FTA 특혜원산지증명서를 발급하는 수출업체와 원산지 포괄확인서의 제출이 필요한 국내 공급업체가 이용할 수 있는 서비스이다.

3) 구성도

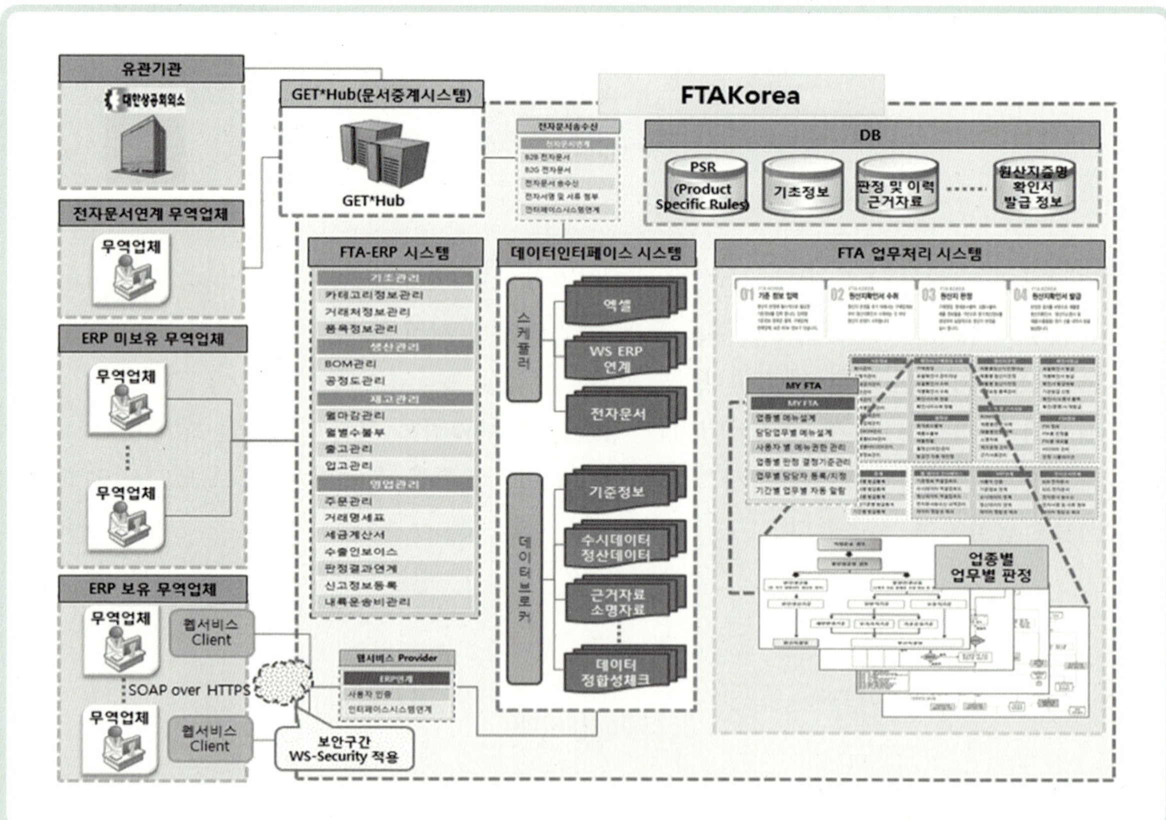

(1) 데이터 인터페이스(I/F) 시스템

- 수출 물품(제조 물품)의 품목정보 및 BOM(소요부품명세서, Bill of Material) 정보관리
- 원재료 및 수출물품(제조 물품)의 구매 및 매출 등 거래내역 관리
- 원재료 및 제품의 재고관리(월정산 기능 제공)
- 전자문서, 웹서비스 및 ERP 연계를 통한 대용량 데이터 처리

(2) 업무처리 시스템

- 판정관련 데이터 및 부가 데이터 관리
- 협정별 원산지 판정
- 자율발급 및 기관발급 연계
- 협정별 원산지증명서, 원산지확인서 및 소명서 출력
- 사후 검증을 대비한 관련 데이터 저장 및 작성 지원

(3) 외부연계

- 전자문서를 통한 무역업체 및 상공회의소/관세청 연계
- 웹서비스를 통한 데이터 연계지원

(4) FTA별 원산지 결정기준 및 부가서비스

- HSCODE 분류검색 시스템
- 원클릭 FTA 가이드
- BOM 작성도우미
- 협정별 특화서비스
- 간소화 판정

(5) FTA ERP

- 구매/생산/매출/재고 정보를 관리
- 관리된 ERP 정보를 자동으로 원산지판정의 근거자료로 사용

4) 주요기능

(1) 기준정보: FTA Korea 사용에 필요한 사용자 데이터

- 품목정보, 거래처정보, 원재료명세 등 원산지 판정 및 발급에 필요한 기준 정보를 관리한다.

[표 9-7] 기준 정보

품목마스터	원산지 판정을 위한 모든 원재료, 상품, 반제품, 제품정보를 관리하기 위한 정보로 사용된다.
구매업체정보	원산지 수취대상 업체정보를 관리하기 위한 정보로 사용된다.
구매업체_품목_맵핑정보	구매업체 품목 맵핑정보는 FTA 시스템에서 구매업체와 회사의 품목코드가 다를 경우 이를 맵핑하기 위한 데이터로 사용된다.
판매업체정보	원산지 확인서 및 증명서를 제출하는 고객사 정보로서 확인서 및 증명서 제출시 필요한 정보를 관리한다.
판매업체_품목_맵핑정보	판매업체 품목 맵핑정보는 FTA 시스템에서 판매업체와 회사의 품목코드가 다를 경우 이를 맵핑하기 위한 데이터로 사용된다.
표준 BOM	회사 표준 BOM 정보로서 제품생산에 투입된 자재목록을 추출하기 위해 사용된다.
단가관리	품목별 표준원가, 순원가, 판매단가 관리를 위한 정보로 사용된다.
외부 원산지 확인서_수취정보	외부 원산지 확인/증명서는 구매원장과 결합을 통하여 FTA용 원재료 수불부 및 상품매출 정보에 반영이 되어 원산지 판정을 위한 데이터로 사용이 된다.
구매원장	입고를 기준으로 구매원장 데이터를 관리하기 위해 사용된다.
원재료수불부	회사 기능의 원재료 수불부 데이터로서 월 1회 FTA 시스템으로 인터페이스 되면 된다.
제품수불부	회사에서 관리하는 제품수불부를 월 1회 FTA 시스템으로 인터페이스 한다.
매출정보	매출정보는 원산지 판정을 위한 기본 데이터로 활용이 된다. 특히 개별 및 수출용 증명서 발행을 위해서는 반드시 매출 정보가 인터페이스 되어야 한다.

(2) 거래정보: 구매 또는 판매에 관한 사용자 데이터

- 구매원장, 매출원장, 수취확인서 등 구매 또는 판매에 관련된 정보를 관리한다.

(3) 원산지 판정: 판매 물품에 대한 제품별/매출별 원산지판정

- 원산지 서류발급을 위한 전단계로 판매물품의 원산지를 확인하기 위한 판정을 진행한다.

(4) 확인/증명서 발급

- 제품별 판정결과로 포괄 C/O를 발급한다.
- 매출별 판정결과로 개별 C/O를 발급한다.

(5) FTA ERP

- 구매/생산/매출/재고 정보를 관리한다.
- 관리된 ERP 정보를 자동으로 원산지판정의 근거자료로 사용한다.

(6) 주요권역 협정별 특화 FTA Korea

- (한-미)(U.S. Customs and Border Protection) Form 28 근거(제출)자료를 자동생성(한/영)한다.

- 협정별(국가별) 기본세율과 협정세율 정보를 제공한다.
- 한-중 협정 PSR(품목별원산지결정기준) 적용 및 역외가공 판정을 제공한다.

(7) 간소화판정

- 판정에 필요한 최소 정보입력 및 데이터 자동생성을 통한 판정 및 발급이 가능하다.

2 연혁

구 분	내 용
2011년 06월	• FTA Korea 오픈 • 인터넷 ASP 서비스로 중견기업용, 중소기업용 2가지로 개발 • 최초 한-EU, 한-Peru 포함 7개 ITA협정 반영
2012년 01월	• 중견기업용과 중소기업용 이중화된 서비스를 단일 서비스로 통합
2014년 10월	• FTA ERP 서비스, MY FTA 서비스 개발 및 사후검증 대비한 이력관리 기능 등 개선 • 농수산식품 특화 원산지관리시스템 'FTA Agri' 오픈
2015년 11월	• 주요 수출권역 협정별 특화서비스 • 간소화 판정 및 멀티플랫폼 지원 • 영문, 중문 파일럿 시스템 구축

3 서비스 프로세스

1) FTA 원산지 판정절차

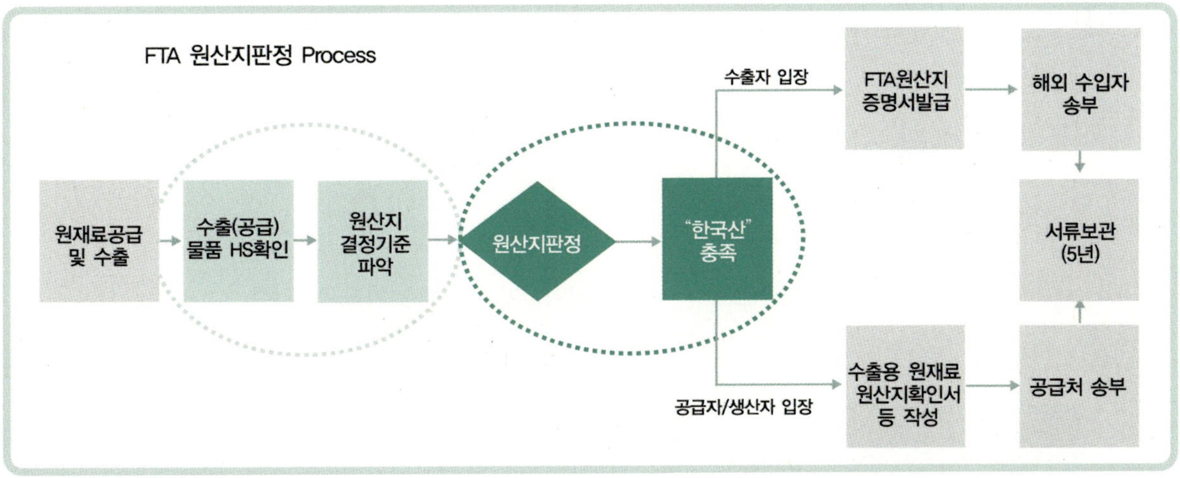

당해 물품의 원산지를 판정하기 위해서는 가장 기본적으로 확인해야 할 사항은 HS품목분류로 FTA 원산지판정의 시작임과 동시에 핵심요소이다.

원산지 결정기준이란 각 FTA에서 정하고 있는 해당 품목별 원산지 판단기준을 말한다. 국내에서 생산이 이루어지더라도 각 FTA에서 정하는 원산지 결정기준을 충족하여야만 원산지를 인정받을 수 있다.

[표 9-8] 원산지 결정기준

일반기준	기본원칙	완전생산기준, 역내가공원칙, 충분가공원칙, 직접운송원칙
	분야별 특례	누적기준, 미소기준, 중간재, 대체기능물품, 세트물품, 간접재료, 부속품·예비부품 및 공구, 소매용·수송용 포장재료 및 용기
품목별 기준	세번변경기준	외국산 재료를 수입하여 제조한 결과 수입재료와 다른 세 번의 물품이 생산되면 한국산으로 인정하는 기준
	부가가치기준	국내 생산과정에서 일정수준의 부가가치가 발생한 경우 한국산으로 인정하는 기준
	가공공정기준	특정공정이 국내에서 수행되어야 한국산으로 인정하는 기준

2) 원산지판정 프로세스

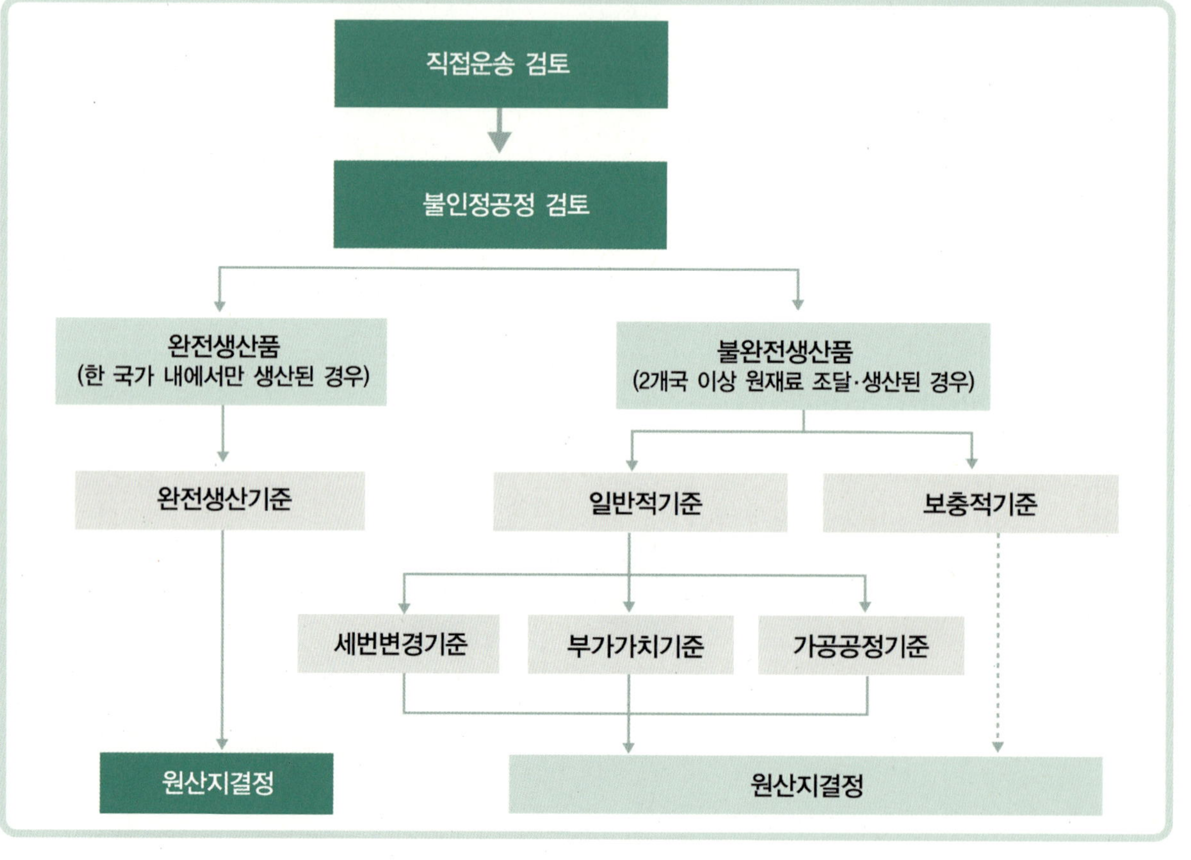

제7절 기타 전자무역 서비스

1 uTrade*Partner(전자무역솔루션)

1) 개요

uTrade＊Partner는 기업내부(legacy) 시스템과 연계하여 외환, 결제, 요건확인, 물류, 통관, 관세환급 및 협업에 이르기까지 무역의 여러 과정을 전자적으로 처리할 수 있는 무역업체용 B2B, B2G업무 솔루션이다.

2) 구성도

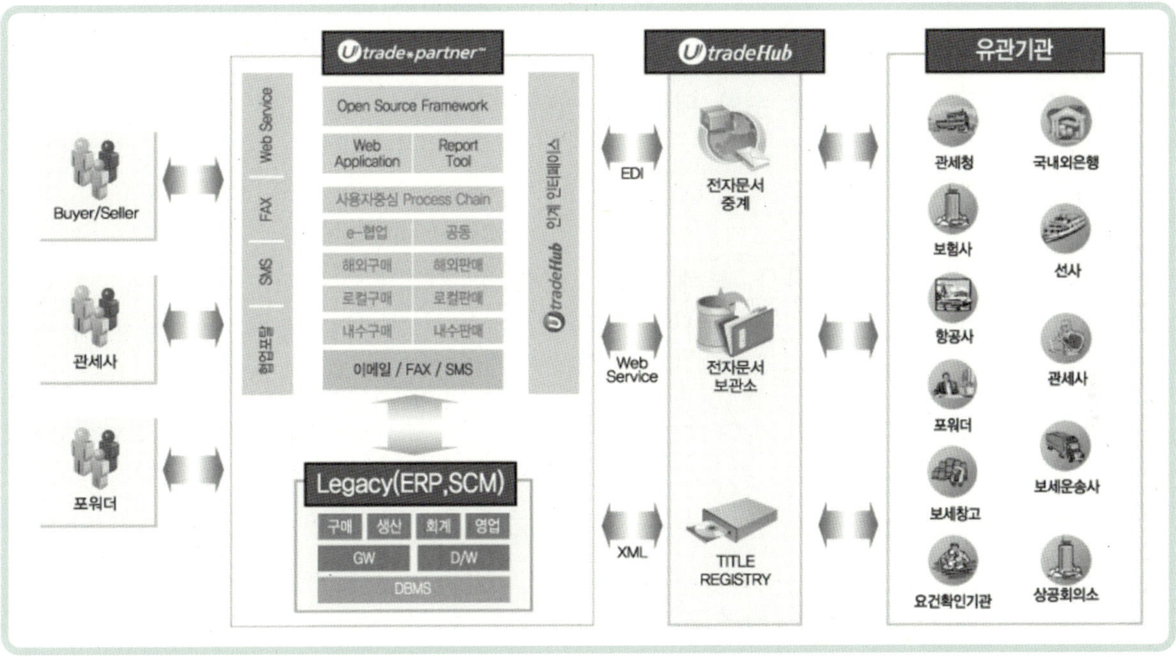

- uTrade＊Partner는 전자문서 생성 및 전송 기능을 탑재한 설치형 포털 솔루션이다.
- 솔루션에 생성된 데이터 및 전자문서가 기업 내부의 시스템에 저장되므로 내부시스템 연동을 통한 직접적인 관리가 가능하다.
- 오픈소스 프레임워크 기반으로 사용자 UI 및 데이터 생성/저장 기능을 담당하는 포털 서비스 모듈과 전자문서 생성 및 전송 부분을 담당하는 전자문서연계 인터페이스 부분으로 구성되어 있다.

3) 특징

- 상역/외환관련 표준 전자문서 62종의 무역업무 자동화를 지원한다.
  - KTNET발급 구매확인서, e-B/L(추후 지원예정), e-Nego(추후 지원예정) 등 차세대 서비스를 통한 무역업체 비용절감 및 생산성 제고
- 기업 내부(Legacy) 시스템과 연계하여 기업업무 전산화 및 통합운영이 가능하다.
  - 통합관리로 인한 무역 데이터의 가용성(usability)과 무결성(integrity) 제고
- 은행, 대한상공회의소 등 무역유관 기관과 연계되어 업무처리의 연속성(continuity)이 강화된다.
  - 방문없는 무역처리로 인한 부대비용(인건비, 교통비, 대기시간, 수수료 외) 절감효과 극대화
- 협업포털을 통한 업무 유관업체와의 정보공유 온라인 네트워크 제공이 가능하다.
  - 요구기능 선별도입으로 개별기업에 최적화된 전자무역시스템 구축
- 기업 내부 ERP연계 및 무역업무별 처리현황 및 통계기능(약 110여개) 지원을 통한 기업 의사결정 지원이 가능하다.
  - 기업 업무효율화 지원을 위한 내부 ERP연계, 전자팩스, SMS 등 부가서비스 지원

4) 기능

- 공통관리: 업체, 품번, 자사, 보세장치장, 은행 등 기초정보 관리
- 해외구매(수입): 발주관리, 요건확인, I/P, L/C관리, 선적관리, 통관관리, 선적서류인수 및 대금결제
- 해외판매(수출): 수주관리, L/C관리, 선적관리, I/P, 통관관리, 선적요청, 입금관리 및 관세환급
- 로컬구매/판매: 견적관리, 발주/수주관리, Local L/C, 구매확인서, 입출금관리 및 대금결제
- 내수구매/판매: 견적관리, 발주관리, 입출하관리, 입출금관리 및 전자세금계산서
- 협업: 관세사무소 통관의뢰, 선사/포워더 선적의뢰, 전자세금계산서

2 전자민원(ASP Line)

1) 개요

(1) 서비스명

전자민원서비스(http://www.aspline.co.kr)

(2) 설명

ASP(웹)방식으로 수출입 유관기관의 요건확인 업무를 자동화하는 서비스이다.

(3) 구성도

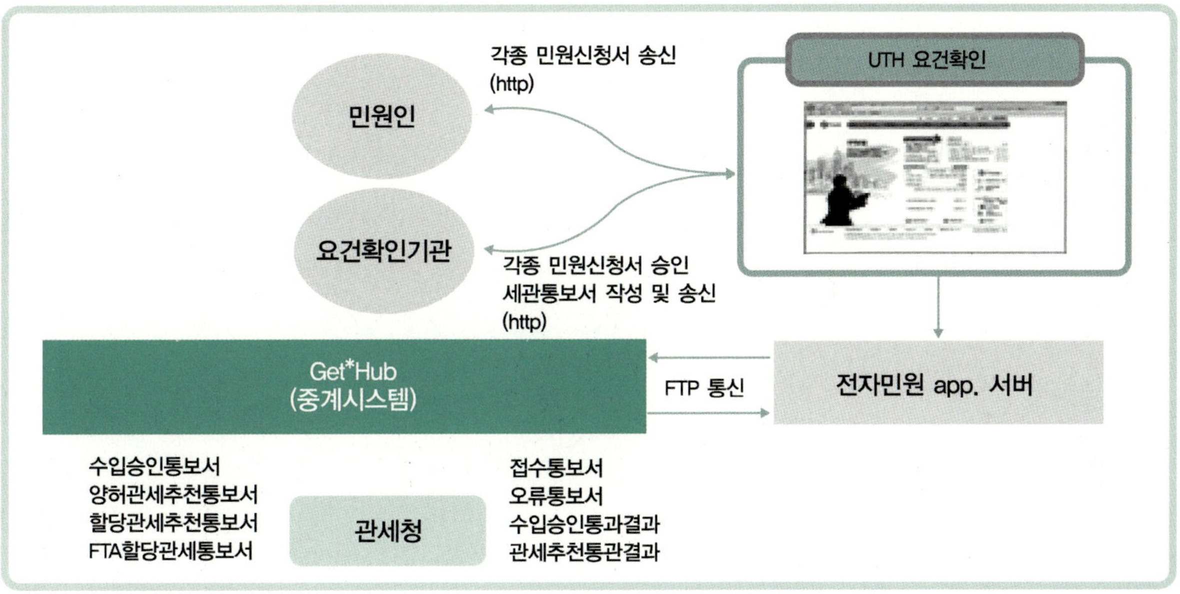

수입승인을 예로 들면 다음과 같다.

- 수입자는 수입승인 신청서를 작성 및 전송한다.
- 요건확인 기관은 수신된 수입승인 신청서를 검토 후 승인/수입승인서 전송한다.
- 수입자는 수입승인서 수신·확인하고 수입자는 수입승인서를 근거로 통관업무 착수한다.

(4) 전자문서

No	문서명	전자문서명	비고
1	수입승인(변경)신청서	APPIMP	민원구간
2	수입(승인변경)승인서	IMPLIC (AEILIC)	
3	수입승인통보서	LICINF	세관구간
4	접수통보서	CUSRES	

3 글로벌 전자무역(e-C/O)

1) 개요

(1) 서비스명

한-대만 원산지증명서서비스

(2) 설명

원산지증명서(C/O)를 종이서류로 발급받아 우편으로 해당국에 보내는 현행 방식 대신, 컴퓨터로 발급받아 해당국(대만)에 e-C/O로 전송하면 해당국 확인기관에서 원본으로 인정하는 서비스이다.

(3) 구성도

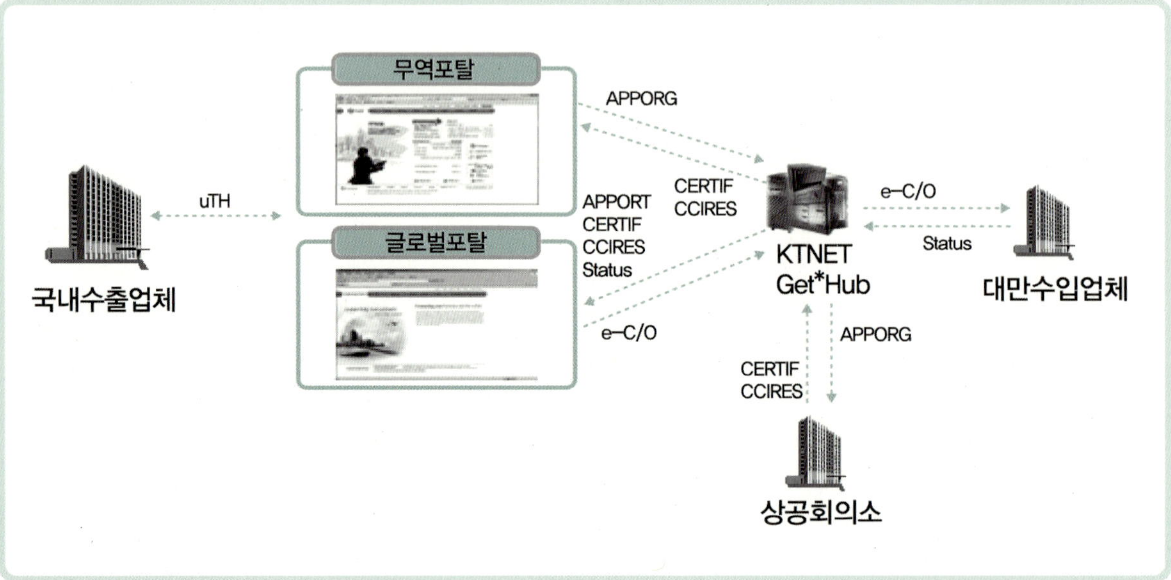

한국 수출업체는 KTNET uTradeHub 무역포털에 접속하여 e-C/O 신청서를 작성하고 대한상공회의소에 전송하며, 대한상공회의소는 본 신청서의 내용을 확인한 후 승인내역(CERTIF) 문서를 KTNET에 전송한다.

KTNET은 대한상공회의소의 승인내역을 한국 수출업체에게 제공하며, 한국수출업체는 uTrade-Hub 글로벌포털에서 e-C/O 내역을 확인한 후 대만 수입업체에게 전송한다. 대만 수입업체는 거래 VAN으로부터 e-C/O 내역을 확인 후 대만 관세청에 통관신고 문서와 함께 온라인으로 제출한다.

4 uTH전자세금계산서

1) 개요

(1) 서비스명

전자세금계산서 서비스

(2) 설명

uTradeHub 무역포털 내 국내구매/국내공급 메뉴을 통해 전자세금계산서의 송수신 및 상태 조회, 국세청 신고내역을 조회하는 서비스이다.

(3) 구성도

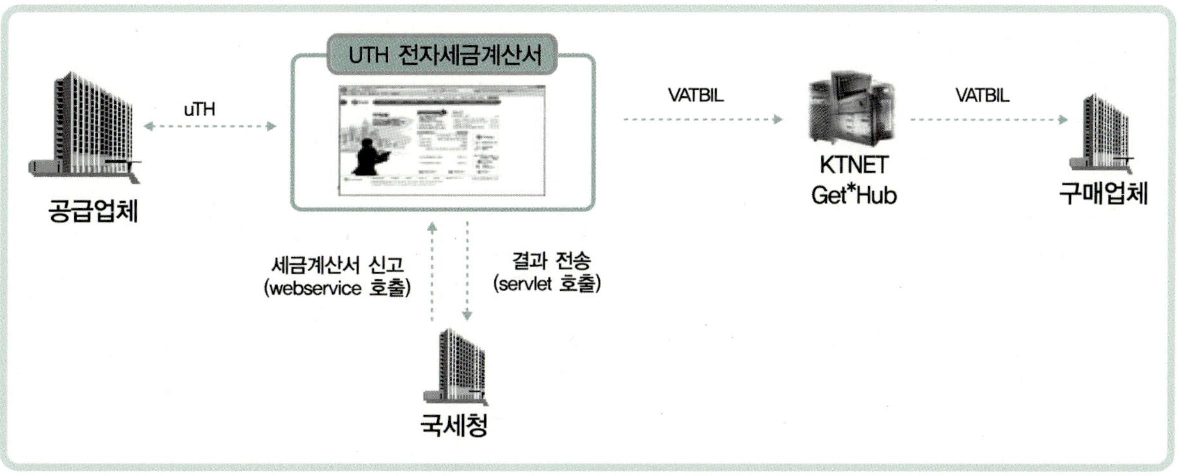

- 공급업체는 KTNET uTradeHub 무역포털에 접속하여 전자 세금계산서를 작성하고 국세청 및 구매업체에 전송한다.
- 국세청은 전자세금계산서의 내용을 확인한 후 결과 내역을 KTNET에 전송한다.

- 공급업체는 결과 내역을 확인함으로써 전자세금계산서 신고가 완료되었음을 확인하고 다른 업무의 증빙자료로써 전자세금계산서를 활용한다.

2) 주요기능 및 전자문서

(1) 세금계산서

전자세금계산서 작성, 수정, 전송, 처리이력 관리가 가능하다.

(2) 국세청신고내역

신고내역, 전송, 수정 처리이력, 처리결과요청 관리가 가능하다.

(3) 전자문서

VALTBIL(세금계산서)

5 은행고객용 전자무역 서비스(PTB)

1) 개요

(1) 서비스명

Paperless Trade Service for Bank Client

(2) 설명

은행 고객이 은행 인터넷뱅킹 사이트에 기업뱅킹 로그인 후 전자무역 메뉴를 클릭하면 별도의 로그인 절차없이 PTB서비스에 자동로그인 연계 접속하여 전자무역을 진행할 수 있는 서비스이다.

(3) 구성도

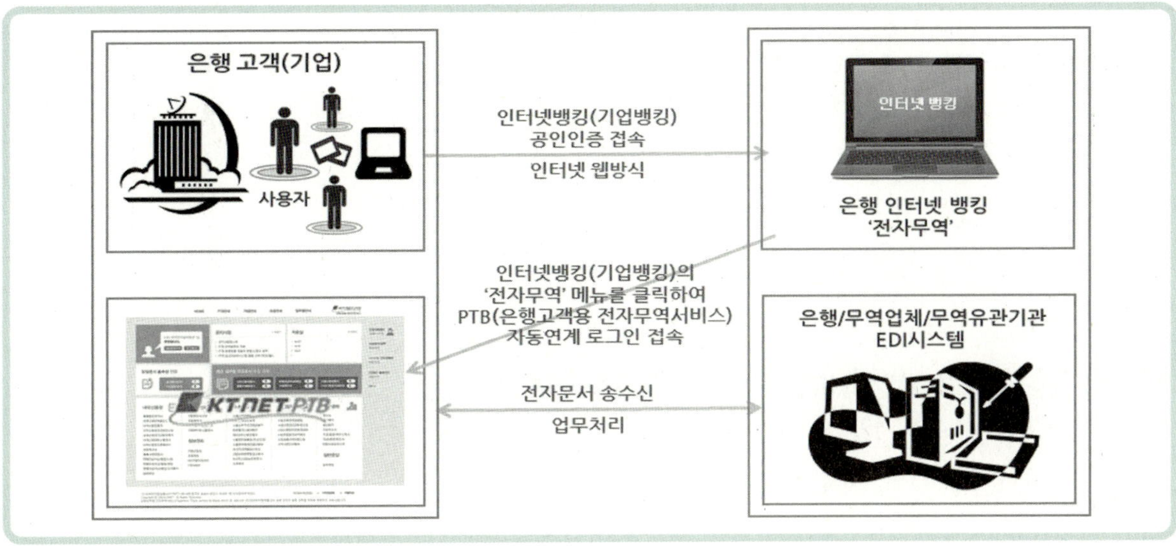

- 은행 기업고객은 은행 인터넷 뱅킹에 공인인증 로그인을 통해 접속한다.
- 전자무역 메뉴를 통해서 PTB 서비스에 자동 로그인 접속한다.
- 무역업무에 필요한 문서를 작성하여 전자무역 업무 수행한다.

2) 현황

2016년 1월 기준 'KEB하나은행' 등 7개 은행의 인터넷뱅킹과 연계하여 서비스 중에 있다.

제10장

전자물류인프라

제1절 uLogisHub (차세대물류포털)

uLogisHub(차세대물류포털)는 국내·외 물류업체를 위하여 B2B와 B2G 통합물류 서비스를 제공하는 전자물류 플랫폼이다.

[그림 10-1] uLogisHub 통합포털

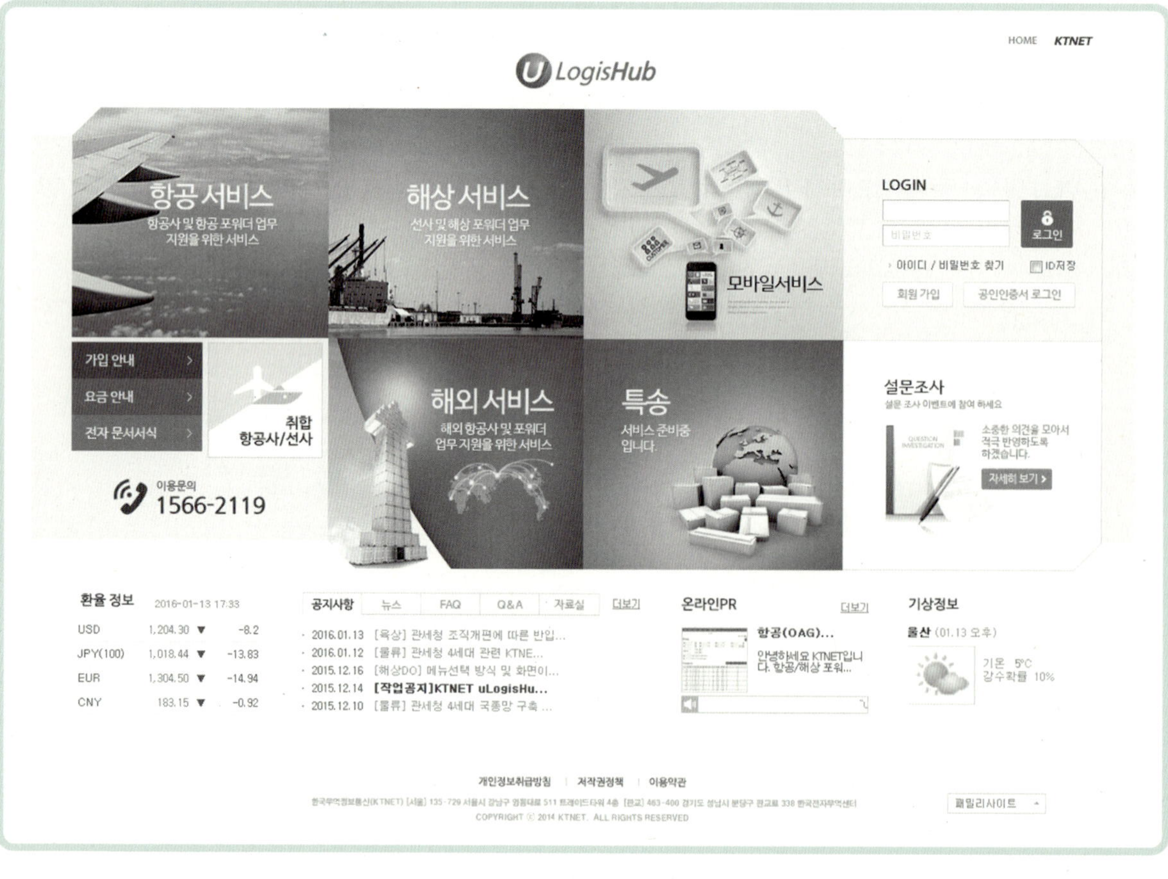

cTradeWorld내 'eLogisFrame'은 2001년에 개통된 최초의 인터넷기반 통합물류포털이며 물류업체의 대관세청 신고업무를 통합지원하는 MFCS를 중심으로 부가서비스를 추가 제공해 왔다. 2013년 5월에 오픈한 uLogisHub는 'eLogisFrame'에서 제공하던 통합물류 서비스를 모바일 환경에 적합하게 확대 개편하였을 뿐 아니라, 기존에 단위업무 기능별로 단절된 업무 프로세스를 데이터 관점에서 통합 재구성하여 사용자 업무효율을 증대시켰다. 아울러 최근 특송, 전자상거래 등 변화하는 수출입물류 시장환경 및 물류업체의 니즈에 적극 대응하기 위하여 지속적인 고도화 작업을 수행하고 있다.

1 개요

(1) 사이트

https://www.ulogishub.com

(2) 목적

국내·외 물류업체를 위한 수출입 물류업무 One-Stop 서비스 제공한다.

(3) 비즈니스 도메인

수출입 물류업무와 관계된 국내외 기관신고 및 물류업체 간 물류데이터 연계서비스

(4) 주요단위업무

MFCS, WEB-EDI, ACPS, AMS, AFR, 선적자동화 등

(5) 플랫폼 구성

항공·해상물류포털 글로벌포털, 특송포털 4가지 포털로 구성되어 있다.

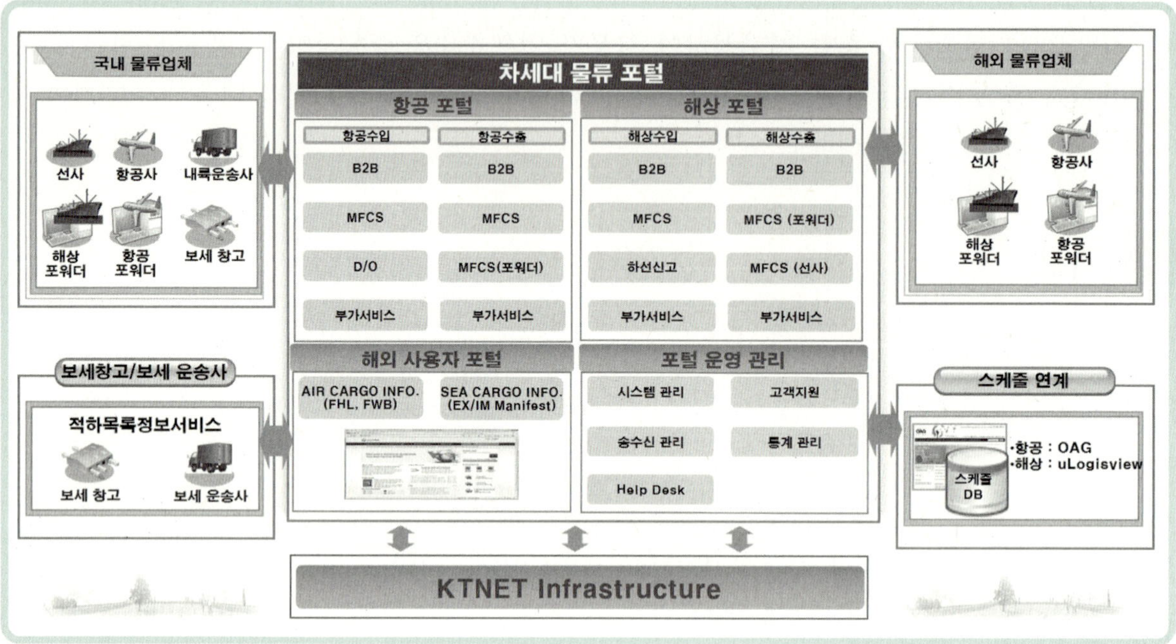

- 항공포털: 항공사, 항공포워더의 적하목록 및 하기신고, D/O, B2B 데이터교환을 지원한다.
- 해상포털: 선사, 해상포워더의 적하목록 및 하선신고, D/O, 선적자동화, B2B 데이터교환을 지원한다.
- 글로벌포털: 해외 물류업체의 한국내 신고업무 및 국내 물류업체 연계를 지원한다.
- 보세창고, 보세운송사의 화물신고업무 및 이를 지원하기 위한 적하목록 정보 서비스이다.
- 해상, 항공 운송스케줄, 환율 및 각종 코드조회 등의 기능을 제공하는 부가서비스이다.

2 연혁

[표 10-1] uLogisHub 연혁

구 분	내 용
~ '96년 12	[수출입 적하목록 취합시스템(MFCS) 서비스 개통] • 결과: 텔넷 기반 통합 물류서비스 최초개통
~ '01년 12	[인터넷 화물관리시스템(eLogisFrame) 개통] • 결과: 웹 기반 통합물류포털 구축, WEB-EDI 제공, MFCS 아키텍처 고도화
~ '04년 12	[통합 전자무역 포털(cTradeWorld) 개통] • 결과: eLogisFrame을 cTradeWorld로 통합, 전자무역/통관정보/항공승객 등을 통합한 Single Window 구축
'11년 05 ~ '12년 06	[관세청 사전적하목록 제도 시행] • 결과: XML 기반 관세청연계, 물류B2B 서비스 활성화
'12년 10 ~ '13년 05	[차세대 물류포탈(uLogisHub) 1차 구축] • 결과: 선사/포워더/운송사/장치장 서비스 구축
'14년 05 ~ '14년 11	[차세대 물류포탈(uLogisHub) 2차 구축] • 결과: 항공사/특송서비스/모바일 서비스 구축
'15년 07 ~ '15년 12	[해상물류 통합서비스 1차 구축] • 결과: 선사/포워더 관세청/해양수산부 통합물류업무 서비스 구축

3 구성도

[그림 10-2] uLogisHub 시스템 구성도

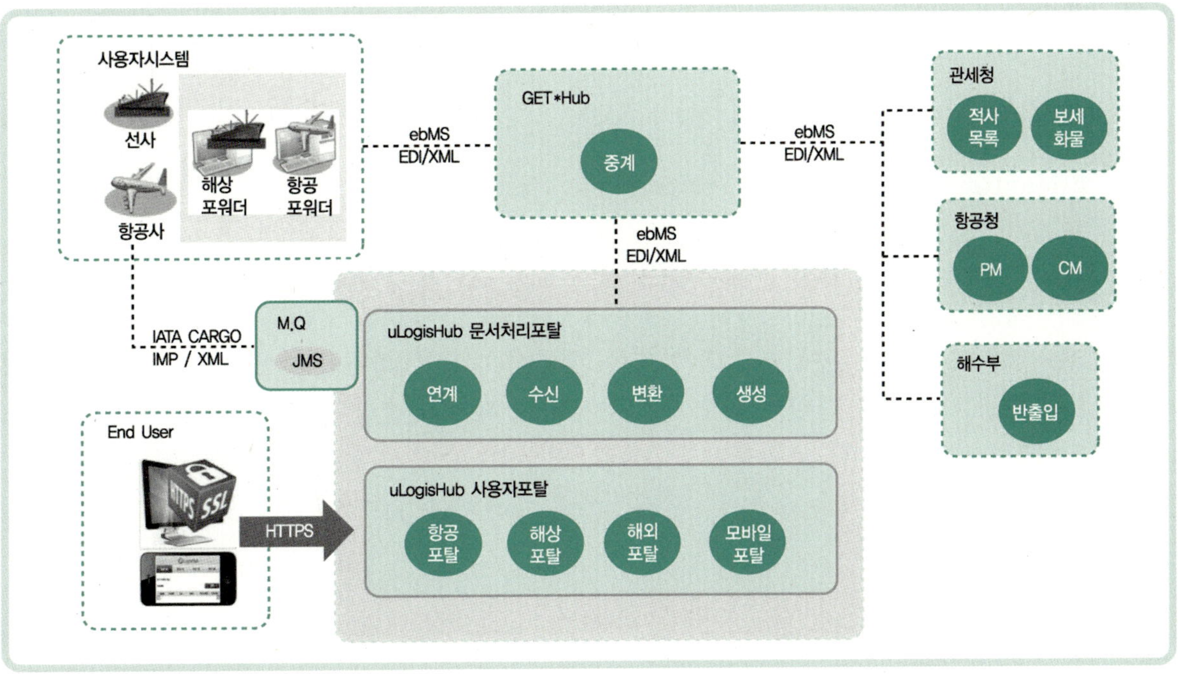

4 전자문서현황

1) 전자문서

(1) 관세청 연계 서식: 중계시스템 등록기준 약 20여종

- 관세청 2세대 EDI 표준서식 42종
- 관세청 3세대 XML 표준서식 122종
  - 2016년 1월 현재 관세청 4세대 XML 표준서식이 배포되어 개발 중
- 선사, 포워더용 사설EDI(KTNET 배포) 39종

(2) IATA 표준 서식: 15종

- Cargo-IMP(FFM, FWB, FHL 등)이 국제항공화물 연계표준으로 사용
- 2015년부터 IATA에서 Cargo-IMP 버전업 중단, Cargo-XML 배포

제2절 MFCS

1 개요

1) 서비스명

MFCS(Manifest Consolidation System)

2) 설명

MFCS는 적하목록을 세관에 제출해야 하는 항공사, 선사, 화물운송 주선업자(포워더)들이 화물목록을 항공기나 선박 단위로 쉽고 편리하게 취합하여 제출할 수 있도록 지원하는 서비스이다. 이외에도 보세운송사, 보세장치장, 은행, 검수회사, 관세사 등이 MFCS 적하목록 정보를 업무에 활용할 수 있도록 지원하며, 운송수단에 따라 항공 MFCS, 해상 MFCS, 육상 MFCS로 나뉘어 운영되고 있다.

(1) 적하목록(Manifest)

(가) 적하목록의 의미

적하목록은 운송수단(선박, 항공기 등)에 적재된 화물의 총괄목록으로 세관은 입출항화물의 효율적인 관리를 위하여 활용하고 있다. 수입화물의 경우 입항에서 최종 통관에 이르기까지 각 단계별로 화물의 총량관리를 위하여 입항시점에서 생성되는 문서이다.

(나) 적하목록의 생성주체

적하목록(Master Manifest)은 항공사나 선사가 Master B/L을 토대로 하여 작성하며, 혼재화물적하목록(House Manifest)은 화물운송주선업자(포워더)가 House B/L을 기준으로 작성한다.

(다) 적하목록의 취합

입출항 항공편 혹은 선박편 단위로 부여된 MRN(적하목록관리번호, Manifest Reference No.)의 하위에 항공사/선사가 제출한 Master B/L 정보를 취합하고, 각각의 Master B/L의 하위의 포워더가 제출한 House B/L을 취합하여 한 편 전체의 적하목록을 하나의 전자문서로 통합하는 MFCS의 고유기능을 말한다.

(2) 물류업체 유형별 업무 개요

- 항공사, 선사, 포워더는 제출한 적하목록의 취합/제출 상태 조회 및 세관오류내역, 관리대상화물 조회 등을 수행한다.
- 보세장치장, 보세운송사, 검수회사는 적하목록 정보를 수신하여 반출입신고, 보세운송신고, 검수 등에 활용한다.
- 관세사와 은행은 MFCS에서 화물의 도착 및 선적정보를 조회한다.
- 화주는 MFCS로부터 수입화물 도착통지 서비스를 제공받는다.

(3) 화물관리번호

- 세관의 수출입화물총량 관리를 위하여 최소 B/L단위의 화물에 고유하게 부여·관리되는 번호이다.
- 화물관리번호 체계

  MRN(11자리) + MSN(4자리) + HSN(3자리)

  • 적하목록관리번호(MRN): Manifest Reference No

  제출년도(숫자 2자리) + 선사부호(영문 4자리) + 일련번호(숫자 및 영문 4자리)

  • Master B/L 일련번호(MSN): Master B/L Sequence No

  • House B/L 일련번호(HSN): House B/L Sequence No

2 항공 MFCS

항공기로 운송된 수출입화물의 적하목록을 취합하여, 해당 항공기가 이착륙하는 공항의 세관에 적하목록을 전송하는 시스템이다.

[그림 10-3] 항공 MFCS 서비스흐름도

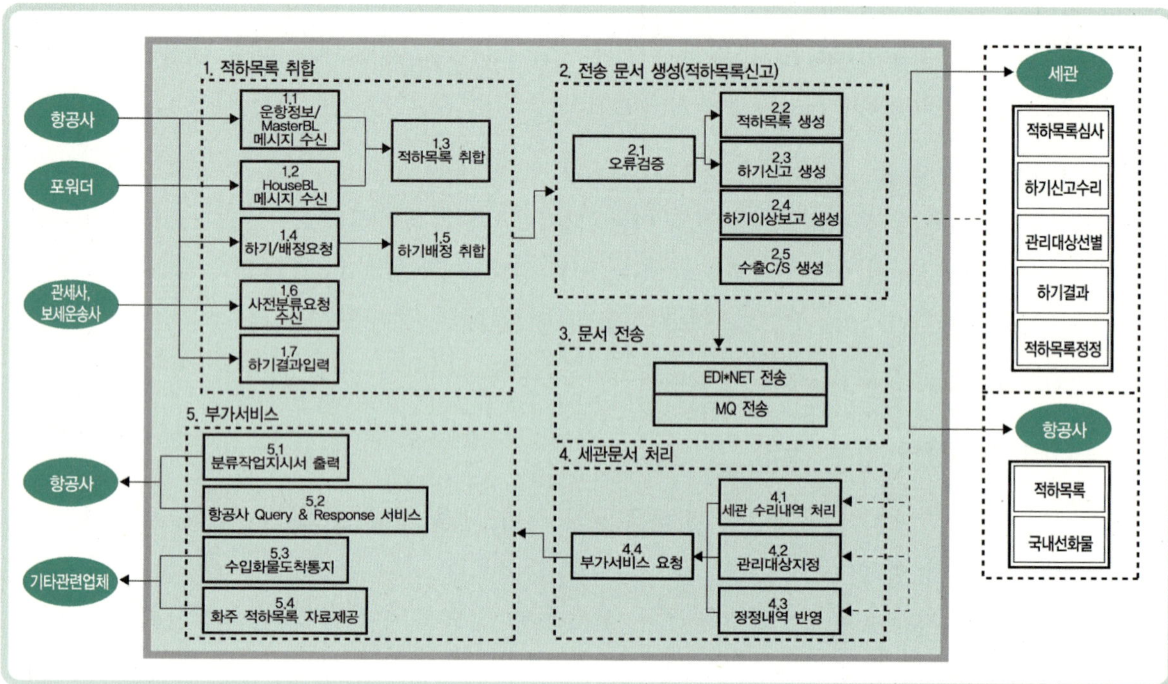

1) 적하목록 수신처리

(가) 수출 적하목록 취합 프로세스

- 포워더는 항공사의 접수마감 이전까지 혼재화물적하목록(house manifest)을 MFCS에 전송한다.
- 포워더의 House Manifest 입력은 EDI(EXHMFA)에 의하며, uLogisHub 화면에서 입력도 가능하다.
- 항공사의 적하목록(master manifest) 입력은 IATA CargoIMP 서식(FFM, FWB)에 의하며, 항공사 전용 텔넷화면에서 화면입력 및 하우스 취합여부 확인도 가능하다.

(나) 수입 적하목록 취합 프로세스

- 포워더는 항공사의 접수마감 이전까지 House Manifest를 MFCS에 전송한다(항공사의 접수마감은 해당 마스터 세관전송 차수별로 나뉘어 적용된다).

- 포워더의 House Manifest 입력은 EDI(IMHMFA)에 의하며, uLogisHub에서도 화면입력이 가능하다(2012년 6월 사전적하목록 제도시행 이후, 항공수입 혼재화물적하목록은 일반적으로 항공사가 해외선적지의 포워더로부터 입수하여 FHL로 제출하도록 제출주체가 변경되었음. 단, 특송 건에 대해서는 포워더가 예외적으로 EDI로 MFCS에 직접입력 가능함).
- 포워더는 자신이 제출하지 않은 House Manifest에 대한 하기배정(AIRDCD) 요청 및 하기이상보고(AIRIRE) 내역을 EDI로 전송하거나 uLogisHub에서도 화면입력 가능하다. 이 정보는 항공사가 취합하여 세관에 전송한다. 단, 특송사는 특송건에 대한 하기이상보고를 직접 세관에 전송할 수 있다.
- 항공사는 House Manifest 항목 중 해외에서 기재한 부정확한 항목을 국내포워더가 보완할 수 있도록 해당 항목(수하인 사업자번호 및 주소, 통지처 정보, 품명)을 포워더가 하기신고서(AIRDCD)에 기재해서 보내면 이 정보를 House Manifest에 업데이트하여 세관에 전송한다.
- 항공사의 적하목록(master manifest) 입력은 IATA CargoIMP 서식(FFM, FWB)에 의하며, 항공사 전용 텔넷화면에서 화면입력 및 하우스 취합여부 확인도 가능하다.

2) 항공 MFCS 전자문서 목록

입력데이터	전자문서 영문명	전자문서 유형	송신자	수신자
마스터 적하목록	FFM	IATA CargoIMP	항공사	MFCS
마스터 적하목록 상세	FWB(또는 FSB, CIR)	IATA CargoIMP	항공사	MFCS
하우스 적하목록	FHL	IATA CargoIMP	항공사	MFCS
수출 하우스 적하목록	EXHMFA	KTNET 사설EDI	포워더	MFCS
수입 하우스 적하목록	IMHMFA	KTNET 사설EDI	포워더	MFCS
하기신고(하기배정예약)	AIRDCD	KTNET 사설EDI	포워더	MFCS
하기결과이상보고	AIRIRE	KTNET 사설EDI	포워더	MFCS
하기결과이상보고	CARIRE	KTNET 사설EDI	항공사	MFCS
수출검사대상 조회	ACSSEL	KTNET 사설EDI	항공사	MFCS
수출검사대상 조회결과	ACSRES	KTNET 사설EDI	MFCS	항공사
검사대상수출화물 반입보고	ACSCRY	KTNET 사설EDI	항공사	MFCS
수출화물검사 결과통보	CSINRE	KTNET 사설EDI	MFCS	항공사
품명오류통보	AGDACK	KTNET 사설EDI	MFCS	포워더
항공출항적하목록	CUSMAN_ACD	관세청 3세대 XML	MFCS	관세청
출항적하 접수통보	CUSRES_5VK	관세청 3세대 XML	관세청	MFCS
출항적하 오류통보	CUSAPE_5VL	관세청 3세대 XML	관세청	MFCS
출항적하 승인통보	CUSRES_5AG	관세청 3세대 XML	관세청	MFCS
출항적하 마스터 정정통보	CUSMAN_5VT	관세청 3세대 XML	관세청	MFCS

입력데이터	전자문서 영문명	전자문서 유형	송신자	수신자
출항적하 하우스 정정통보	CUSMAN_5VU	관세청 3세대 XML	관세청	MFCS
검사대상화물 조회	PORTAL_5VE	관세청 3세대 XML	MFCS	관세청
검사대상화물 조회결과	PORTAL_5VF	관세청 3세대 XML	관세청	MFCS
검사대상수출화물 반입보고	PORTAL_5VG	관세청 3세대 XML	MFCS	관세청
수출화물검사 결과통보	PORTAL_5VH	관세청 3세대 XML	관세청	MFCS
항공입항적하목록	CUSMAN_A85	관세청 3세대 XML	MFCS	관세청
항공입항적하 부분재전송	CUSMAN_AIF	관세청 3세대 XML	MFCS	관세청
하기신고	CUSAGD_5UZ	관세청 3세대 XML	MFCS	관세청
하기정정	CUSDMR_5VA	관세청 3세대 XML	MFCS	관세청
하기결과이상보고	CUSRGD_5IG	관세청 3세대 XML	MFCS	관세청
적하목록 취하	PORTAL_5VD	관세청 3세대 XML	MFCS	관세청
입항적하 접수통보	CUSRES_5VM	관세청 3세대 XML	관세청	MFCS
입항적하 오류통보	CUSAPE_5VN	관세청 3세대 XML	관세청	MFCS
입항적하 승인통보	CUSRES_5IK	관세청 3세대 XML	관세청	MFCS
입항적하 정정통보	CUSMAN_5VQ	관세청 3세대 XML	관세청	MFCS
정정완료보고	CUSCAR_5IV	KEDIFACT 표준 EDI	MFCS	관세청
하기신고 수리통보	CUSINS_5VB	관세청 3세대 XML	관세청	MFCS
검사대상화물 반입지시	CUSINS_5IE	관세청 3세대 XML	관세청	MFCS
Sea&Air 보세운송	CUSMAN_5CQ	KEDIFACT 표준 EDI	MFCS	관세청
사전분류요청	CUSPCR_5FG	KEDIFACT 표준 EDI	관세청, 관세사	MFCS
하기정정 결과통보	CUSRES_5VO	관세청 3세대 XML	관세청	MFCS
적하목록 취하결과	PORTAL_5VJ	관세청 3세대 XML	관세청	MFCS
화물운송주선업자 변경통보	CUSINF_5WB	관세청 3세대 XML	관세청	MFCS
보세구역 반입예정정보	CUSINF_5IJ	KEDIFACT 표준 EDI	MFCS	장치장

3 해상 MFCS

선박으로 운송된 수출입화물의 적하목록을 취합하여, 해당 선박이 입출항하는 항만의 세관에 적하목록을 전송하는 시스템이다.

[그림 10-4] 해상 MFCS 서비스흐름도

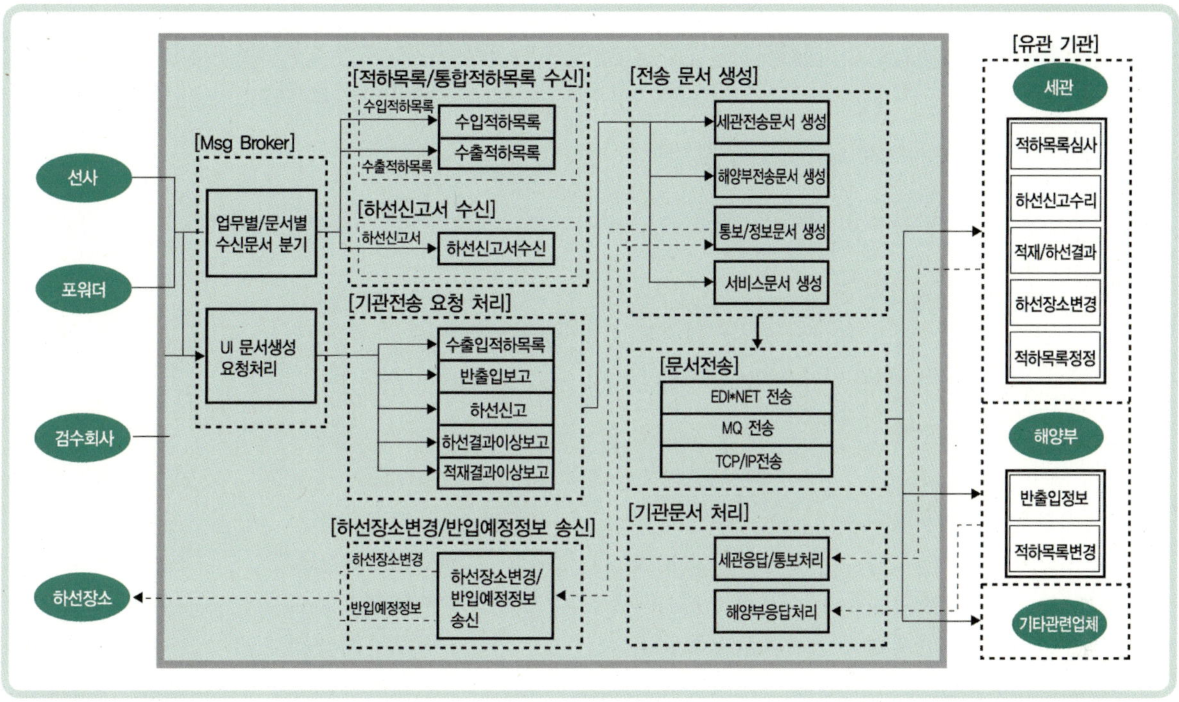

1) 적하목록 수신처리

(가) 수출 적하목록 취합 프로세스

① 운항선사의 최종마감 이전까지 포워더는 혼재화물적하목록(house manifest)을 MFCS에 전송, 용선사는 적하목록(master manifest)을 MFCS에 전송한다.

② 포워더 및 선사의 적하목록 입력은 EDI(포워더의 경우 EXHMFS 또는 CUSREP_5CC_SMB +CUSMAN_5CD_SMB, 선사의 경우 EXMMFS 또는 CUSREP_5CC_SMA+CUSMAN_5CD_SMA)에 의하며, uLogisHub에서 화면입력 및 하우스 취합여부 확인도 가능하다.

(나) 수입 적하목록 취합 프로세스

① 운항선사의 접수마감 이전까지 포워더는 House Manifest을 MFCS에 전송한다.

② 포워더의 입력은 EDI(IMHMFS 또는 CUSREP_5IA_SMB+CUSMAN_ 5IB_SMB)에 의하며, uLogisHub에서도 화면입력이 가능하다.

③ 선사의 Master Manifest 입력은 EDI (IMHMFA 또는 CUSREP_5IA_SMA+CUSMAN_5IB_SMA)에 의하며, uLogisHub에서 화면입력 및 하우스 취합여부 확인도 가능하다.

2) 해상 MFCS 전자문서 목록

입력데이터	전자문서 영문명	전자문서 유형	송신자	수신자
적하목록A Summary	CUSREP_5CE	KEDIFACT 표준 EDI	선사	MFCS
수출적하목록A/B Header	CUSREP_5CC	KEDIFACT 표준 EDI	선사, 포워더	MFCS
수출적하목록A/B Detail	CUSMAN_5CD	KEDIFACT 표준 EDI	선사, 포워더	MFCS
수입적하목록A/B Header	CUSREP_5IA	KEDIFACT 표준 EDI	선사, 포워더	MFCS
수입적하목록A/B Detail	CUSMAN_5IB	KEDIFACT 표준 EDI	선사, 포워더	MFCS
하선신고	CUSAGD_5ID	KEDIFACT 표준 EDI	선사	MFCS
적재결과 이상보고	CUSRGD_5LT	KEDIFACT 표준 EDI	검수사	MFCS
수출 마스터 적하목록	EXMMFS	KTNET 사설EDI	선사	MFCS
수입 마스터 적하목록	IMMMFS	KTNET 사설EDI	선사	MFCS
수출 하우스 적하목록	EXHMFS	KTNET 사설EDI	포워더	MFCS
수입 하우스 적하목록	IMHMFS	KTNET 사설EDI	포워더	MFCS
하선신고	IMMASD	KTNET 사설EDI	선사	MFCS
하선결과보고	CUSRGD_5IH	KEDIFACT 표준 EDI	검수사	MFCS
하선장소반입예정	CUSMAN_5GC	KEDIFACT 표준 EDI	MFCS	장치장
하선장소변경내역	CUSINF_5FH	KEDIFACT 표준 EDI	MFCS	장치장
품명오류통보	SGDACK	KTNET 사설EDI	MFCS	선사, 포워더
해상출항적하목록	CUSMAN_SCD	관세청 3세대 XML	MFCS	관세청
출항적하 접수통보	CUSRES_5VK	관세청 3세대 XML	관세청	MFCS
출항적하 오류통보	CUSAPE_5VL	관세청 3세대 XML	관세청	MFCS
출항적하 승인통보	CUSRES_5AG	관세청 3세대 XML	관세청	MFCS
출항적하 마스터 정정통보	CUSMAN_5VR	관세청 3세대 XML	관세청	MFCS
출항적하 하우스 정정통보	CUSMAN_5VS	관세청 3세대 XML	관세청	MFCS
적재결과 이상보고	CUSRGD_5LT	관세청 3세대 XML	MFCS	관세청
검사대상화물 조회결과	PORTAL_5VF	관세청 3세대 XML	관세청	MFCS
수출화물검사 결과통보	PORTAL_5VH	관세청 3세대 XML	관세청	MFCS
해상입항적하목록	CUSMAN_S85	관세청 3세대 XML	MFCS	관세청
해상입항적하 부분재전송	CUSMAN_SIF	관세청 3세대 XML	MFCS	관세청
하선신고	CUSAGD_5ID	관세청 3세대 XML	MFCS	관세청
하선결과보고	CUSRGD_5IH	관세청 3세대 XML	MFCS	관세청
적하목록 취하	PORTAL_5VD	관세청 3세대 XML	MFCS	관세청
입항적하 접수통보	CUSRES_5VM	관세청 3세대 XML	관세청	MFCS
입항적하 오류통보	CUSAPE_5VN	관세청 3세대 XML	관세청	MFCS

입력데이터	전자문서 영문명	전자문서 유형	송신자	수신자
입항적하 승인통보	CUSRES_5IK	관세청 3세대 XML	관세청	MFCS
입항적하 정정통보	CUSMAN_5VP	관세청 3세대 XML	관세청	MFCS
하선신고 수리통보	CUSINS_5IL	관세청 3세대 XML	관세청	MFCS
하선장소 변경통보	CUSINF_5IW	관세청 3세대 XML	관세청	MFCS
Sea&Air 보세운송	CUSMAN_5CQ	KEDIFACT 표준 EDI	MFCS	관세청
하기정정 결과통보	CUSRES_5VO	관세청 3세대 XML	관세청	MFCS
적하목록 취하결과	PORTAL_5VJ	관세청 3세대 XML	관세청	MFCS
보세구역 반입예정정보	CUSINF_5IJ	KEDIFACT 표준 EDI	MFCS	장치장
적하목록 제출통보	CUSMAN_5EH	관세청 3세대 XML	MFCS	해수부
적하목록 변경통보	CUSMAN_5EG	관세청 3세대 XML	MFCS	해수부

4 육상 MFCS

남북 교역물품의 원활한 통관 및 효율적인 관리를 위해 남북간 육로(도로, 철도 포함)로 운송된 수출입화물의 적하목록을 취합하여 세관에 전송하는 시스템이다. 육상 MFCS는 Master/House Manifest간의 취합이 존재하지 않고, 육상운송사(육송사)가 제출하는(차량 편단위로 부여되는) MRN에 취합되어 세관에 제출되고 있다.

육상 MFCS는 육송사가 EDI(EXMMFL/IMMMFL)로 전송한 적하목록 내역을 확인하여 세관에 전송(LCD, 85)하고, 전송상태 및 오류내역을 확인하는 기능을 제공한다.

1) 육상 MFCS 전자문서 목록

입력데이터	전자문서 영문명	전자문서 유형	송신자	수신자
육상반출 적하목록	EXMMFL	KTNET 사설EDI	육송사	MFCS
육상반입 적하목록	IMMMFL	KTNET 사설EDI	육송사	MFCS
육상출항 적하목록	CUSMAN_LCD	KEDIFACT 표준 EDI	MFCS	관세청
출항적하 접수통보	CUSRES_5AF	KEDIFACT 표준 EDI	관세청	MFCS
출항적하 오류통보	CUSAPE_963	KEDIFACT 표준 EDI	관세청	MFCS
출항적하 승인통보	CUSRES_5AG	KEDIFACT 표준 EDI	관세청	MFCS
육상입항 적하목록	CUSMAN_85	KEDIFACT 표준 EDI	MFCS	관세청
입항적하 접수통보	CUSRES_5IO	KEDIFACT 표준 EDI	관세청	MFCS
입항적하 오류통보	CUSAPE_5IP	KEDIFACT 표준 EDI	관세청	MFCS

제3절 기관 신고업무

1 적하목록 신고

1) 출항적하목록 세관신고

수출화주가 수출화물에 대해 세관에 수출신고를 하면 수출신고번호(E/P No.)를 발급받게 된다. 혹은 환적화물에 대한 입항 적하목록이 세관에 접수되면 해당화물에 대한 화물관리번호가 발생한다. 관세청은 이 화물들의 일정기한내 국외반출 여부를 관리하기 위해, 해당 화물의 수출신고번호 혹은 환적화물 관리번호가 기재된 출항적하목록 신고를 물류업체에 요구한다. 즉, 세관에 접수된 출항 적하목록은 해당 수출화물(또는 환적화물)의 수출이행 내역의 근거자료가 된다.

(가) 항공출항 적하목록 신고프로세스 상세

[그림 10-5] 항공출항적하목록 세관제출 시퀀스 다이어그램

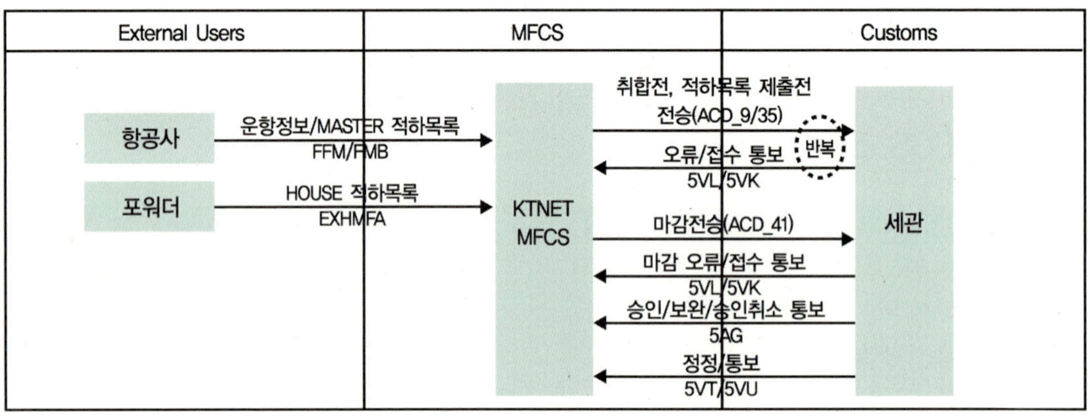

- 항공 수출적하목록은 항공기 적재 전에 최초전송(ACD_9)이 이루어져야 하고, 최종마감전송 이전까지 반복 수정 재전송(ACD_35)이 가능하며, 최종마감전송(ACD_41)은 출항 30분 전까지 완료되어야 한다.
- 세관 승인통보(5AG) 이후에는 Master/House Manifest 입력·수정·삭제가 불가능하며, 적하목록 정정신고에 의해서만 가능하다.
- 항공사나 포워더에 의해 적하목록 정정이 발생하게 되면 세관에서 정정통보(마스터: 5VT,

하우스: 5VU)가 전송되므로 승인통보 이후 세관과 MFCS 사이에 데이터 동기화가 유지된다.

(나) 해상출항적하목록 신고프로세스 상세

[그림 10-6] 해상출항적하목록 세관제출 시퀀스 다이어그램

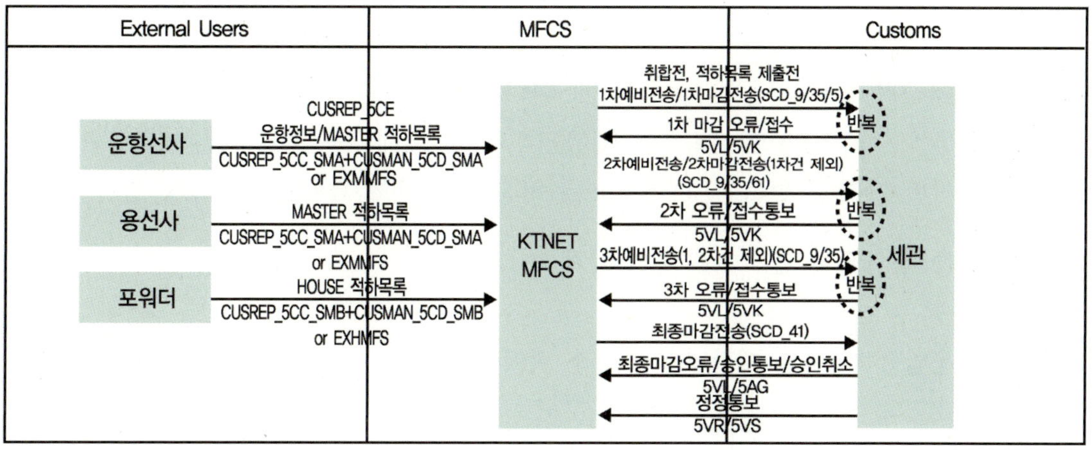

- 해상수출적하목록의 제출 시기는 다음과 같다.
  (원칙) 선박에 적재 24시간 전
  (근거리지역) 선박에 적재 전, 출항 30분 전까지 최종마감
  (벌크, 환적) 선박출항 전
  (선상수출용품) 선박 출항 후 익일 24시
- 해상수출적하목록은 총 3차에 나누어 전송이 가능하며, 각 차수는 각각 최초전송(SCD_9)이 이루어져야 하고, 각 차수별 마감전송 이전까지 반복 수정 재전송(SCD_35)이 가능하다. 1차마감전송(SCD_51)이나 2차마감 전송(SCD_61)을 전송하면 그 다음 차수로 넘어간다. 1차나 2차 전송시점에서 1,2차 마감전송을 생략하고 최종마감전송(SCD_41)을 전송하여 승인단계로 넘어가는 것도 가능하다.
- 이전 차수에 세관 전송하여 접수된 건을 다음 차수에 전송하면 해당 건의 전송차수가 변경된다. 이는 해당 건의 제출시기가 변경되는 요인이 된다. 단, 1차 전송건의 수량/중량만 변경하여 2,3차에 전송해도 1차 전송 건으로 인정된다.
- 제출시기 규정에 따라 4차 전송이 필요한 상황이 되면 벌크, 환적 건은 선상수출용품 제출시기에 맞추어 출항 후 익일 24시 이내에 전송 허용된다.
- 세관 승인통보 이후에는 Master/House Manifest 입력·수정·삭제가 불가능하며, 적하목록 정정신고에 의해서만 가능하다.

- 선사나 포워더에 의한 적하목록 정정이 발생하게 되면 세관에서 정정 승인 통보(마스터: 5VR, 하우스: 5VS)가 전송된다. 이를 근거로 MFCS는 세관 데이터와 동기화를 유지할 수 있다.

2) 입항적하목록 세관신고

입항적하목록이 세관에 접수되면 세관은 비로소 해당 적하목록의 화물관리번호를 키값으로 하여 보세화물의 존재를 인지하고, 이후 하기/하선 → 반입반출 → 보세운송 → 수입신고 등 일련의 수입화물 진행정보를 관리할 수 있게 된다.

출항 적하목록과 달리 입항 적하목록은 세관접수 이후 보세화물 프로세스가 진행되므로 해당 전송차수를 여러번 반복 전송하는 프로세스를 허용하지 않고, 1차수당 1회 전송만 허용한다.

(가) 항공입항 적하목록 신고프로세스 상세

[그림 10-7] 항공입항적하목록 세관제출 시퀀스 다이어그램

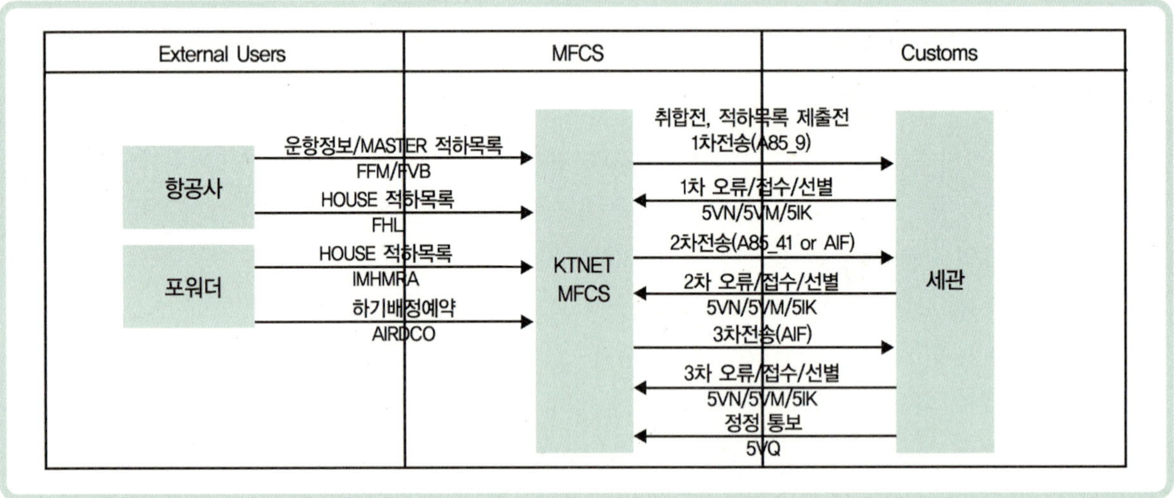

- 항공수입 적하목록은 총 3차에 나누어 전송이 가능하며, 세관 전송하여 접수, 심사결과 통보(5IK)된 건은 수정·삭제 재전송이 불가능하다.
- 항공수입 적하목록의 제출 시기는 다음과 같다.
  - (원칙) 항공기 입항 4시간 전
  - (근거리지역) 적재항에서 항공기 출항 전
  - (특송화물) 항공기 입항 1시간 전
- 수입 적하목록의 정정은 하기신고 수리 이후, 하기이상보고 제출을 거쳐 세관 담당자의 승인을 통해서 가능하다.

- 선사나 포워더에 의해 적하목록 정정이 발생하게 되면 세관에서 정정통보(5VQ)가 전송되므로 승인통보 이후 세관과 MFCS 사이에 데이터의 동기화가 유지된다.

(나) 해상입항 적하목록 신고프로세스 상세

[그림 10-8] 해상입항적하목록 세관제출 시퀀스 다이어그램

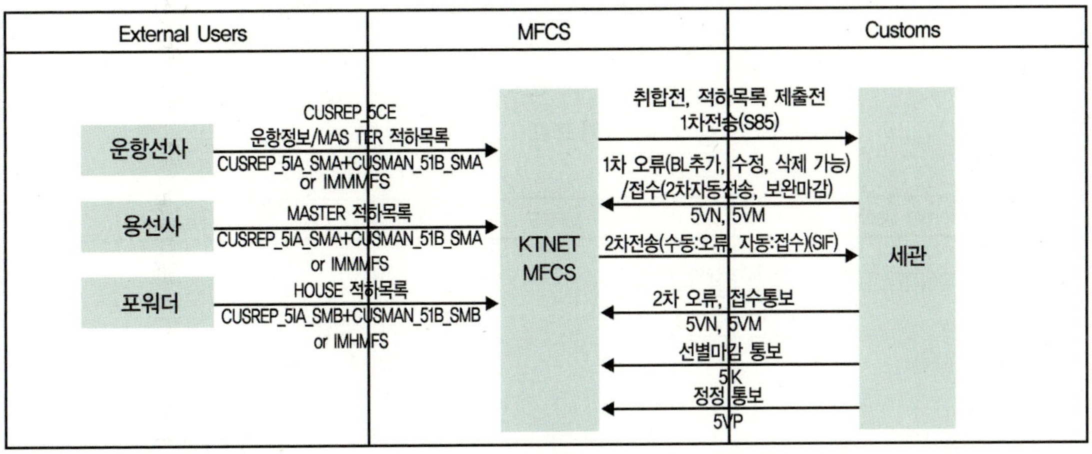

- 해상수입 적하목록은 총 2차에 나누어 전송되나, 1차전송(S85) 후 오류가 없으면 2차는 자동전송된다. 2차전송(SIF) 이후에는 적하목록의 추가·수정·삭제가 불가능하며 정정신고로만 처리가능하다.
- 운항선사와 용선사들은 각각 자기 Master Manifest 건에 대한 하선신고를 제출한다.
- 해상수입 적하목록의 제출시기는 다음과 같다.
  - (원칙) 적재항에서 선박에 적재하기 24시간 전
  - (근거리지역) 적재항에서 선박이 출항전
  - (벌크화물) 선박이 입항 4시간 전
- 선사나 포워더에 의해 적하목록 정정이 발생하게 되면 세관에서 정정통보(5VP)가 전송되므로 승인통보 이후 세관과 MFCS 사이에 데이터의 동기화가 유지된다.

2 하기/하선신고

1) 하기신고

항공사는 해당 편에 입항 적하목록으로 제출된 모든 개별화물(Master Simple건 및 House건)에 대해 하기장소와 배정장소를 하기신고서에 기재하여 세관에 제출한다. 항공사가 하기신고 접수 마감하기 전에 입수된 포워더의 하기 배정예약 내역이나 관세사 등이 전송한 사전분류요청 내역이 하기신고서에 반영된다.

[그림 10-9] 하기신고 프로세스 시퀀스 다이어그램

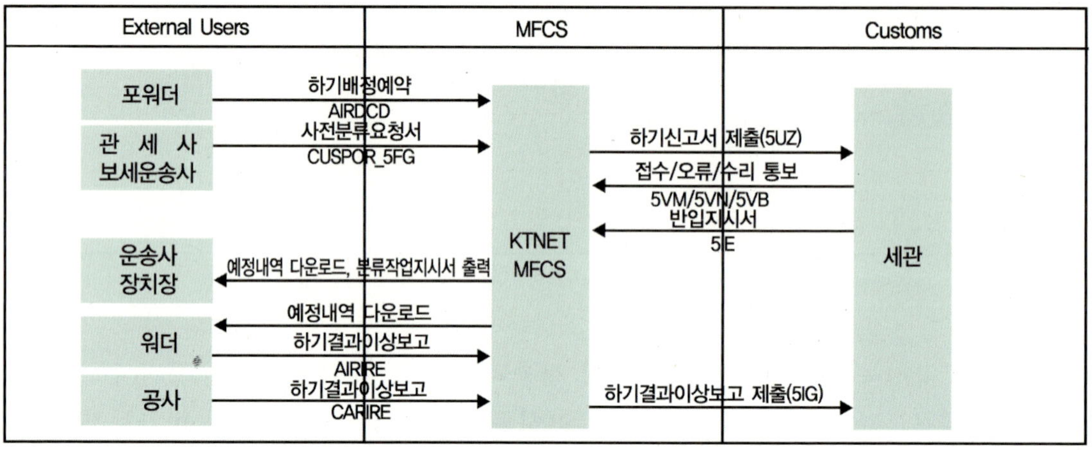

- 하기장소: 화물이 입항 후 최초로 반입신고가 이루어질 보세구역 부호를 말한다.
  해당 보세화물에 대한 하기신고 수리내역이 없거나, 최초 입항반입 신고가 하기신고서상의 하기장소와 상이하면 반입신고가 오류처리 된다. 이때는 하기정정을 통해 입항반입될 보세구역을 하기장소로 등록해야 한다. 단, 최초 입항반입 신고가 접수된 이후에는 하기정정이 접수되지 않는다.
- 하기장소는 하역 후 보세운송 없이 반입될 수 있는 보세구역이어야 하므로, 적하목록이 제출된 관할세관 경내에 있는 보세구역으로 기재하지 않으면 일반적으로 오류처리 된다. 예외적으로, 인천공항세관(040)에 하역한 화물을 김포공항세관(041) 하기장소에 반입할 수 있다.
- 입항 적하목록 승인시 검사대상 화물로 지정된 화물에 대해서 하기신고 수리통보시 반입지시서가 발송된다. 이때 반입지시서에 기재된 검사장 보세구역으로 해당 화물의 하기장소가 자동 변경되어 지시된 보세구역에만 반입이 가능하다.
- 운송사, 장치장, 포워더 등은 해당업무를 위해 MFCS로부터 반입예정 내역을 다운로드하거나 분류작업 지시서를 출력할 수 있다.

- 입항반입된 화물에 대한 이상내역을 항공사나 포워더가 EDI(CARIRE(항공사용) 또는 AIRIRE(포워더용))로 MFCS로 전송하거나 MFCS 화면에서 입력하여, 하기이상보고(5IG)를 세관에 신고할 수 있다.

2) 하선신고

운항선사(공동배선의 경우 용선사별 제출)는 Master B/L 단위로 수입화주가 배정요청한 장소를 기초로 하선장소를 기재한 하선신고서를 세관에 제출한다(수입화물의 경우 5일 이내에 하선장소 보세구역에 반입되도록 되어 있음).

하선신고 수리통보 후 하선반입 예정정보, 하선장소 변경통보, 하선결과 상이내역 제출 등의 절차가 이루어진다.

[그림 10-10] 하선신고 프로세스 시퀀스 다이어그램

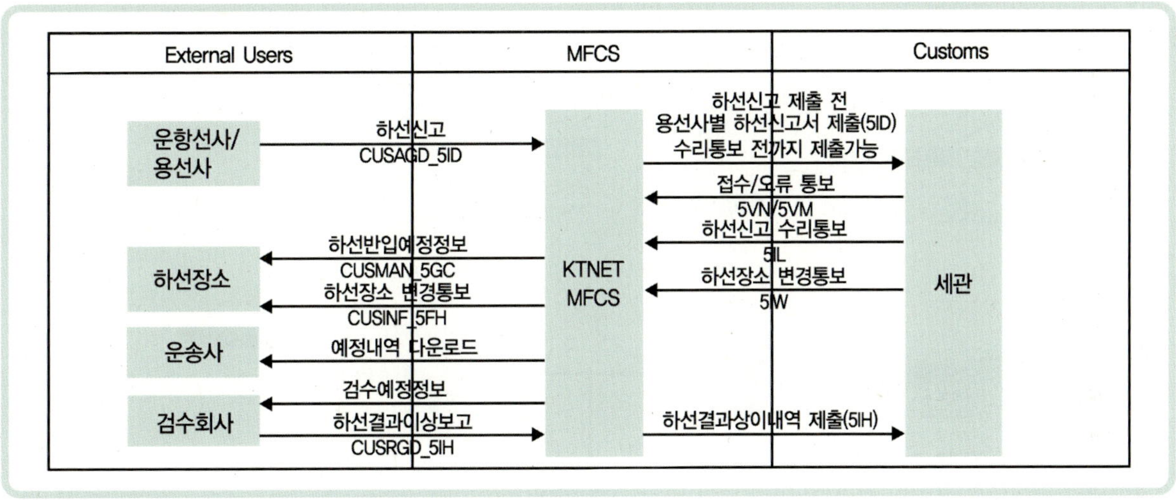

- 검사대상화물(검색기 검사대상 화물 및 개장 검사대상 화물)에 대한 반입지시 내역은 적하목록 심사통보(5IK)에 기재되어 있으므로, 선사의 하선신고(5ID)시 배정장소에 반입지시된 내역을 반영한다.
- 하선신고 수리통보(5IL) 수신 직후 및 하선장소 변경요청 내역(5IW) 수신직후 MFCS는 이를 해당 보세구역에 EDI(CUSMAN_5GC 및 CUSINF_5FH)로 전송한다(혹은 FTP로 전송받는 보세구역도 있음).
- 보세운송사나 검수회사도 MFCS의 하선신고 내역을 토대로 보세운송 업무에 활용하거나, 하선결과 상이내역(5IH)을 제출하기 위한 근거자료로 사용한다. 하선결과 상이내역은 하선작업완료 익일까지 제출 가능하다.

3 공항만 감시

1) 항공 GD

항공 GD(General Declaration)는 국내 국제공항 입출항시에 반드시 신고하는 정보들을 항공사로부터 수신받아 취합 및 변환하여 관세청, 법무부, 질병관리본부, 국토부로 전송해주는 서비스이다.

IATA(국제항공운송협회) 표준인 CARGO-IMP Spec의 전자문서를 주로 사용하며, 규모가 작은 외국적 항공사의 경우 Client/Server(C/S) 프로그램을 통해 EDI로 신고한다.

항공 MFCS내 적하목록관리번호(MRN)와 입항일자 등이 동일하게 사용된다.

(가) 주요기관 연계 구성도

[그림 10-11] GD 서비스 흐름도

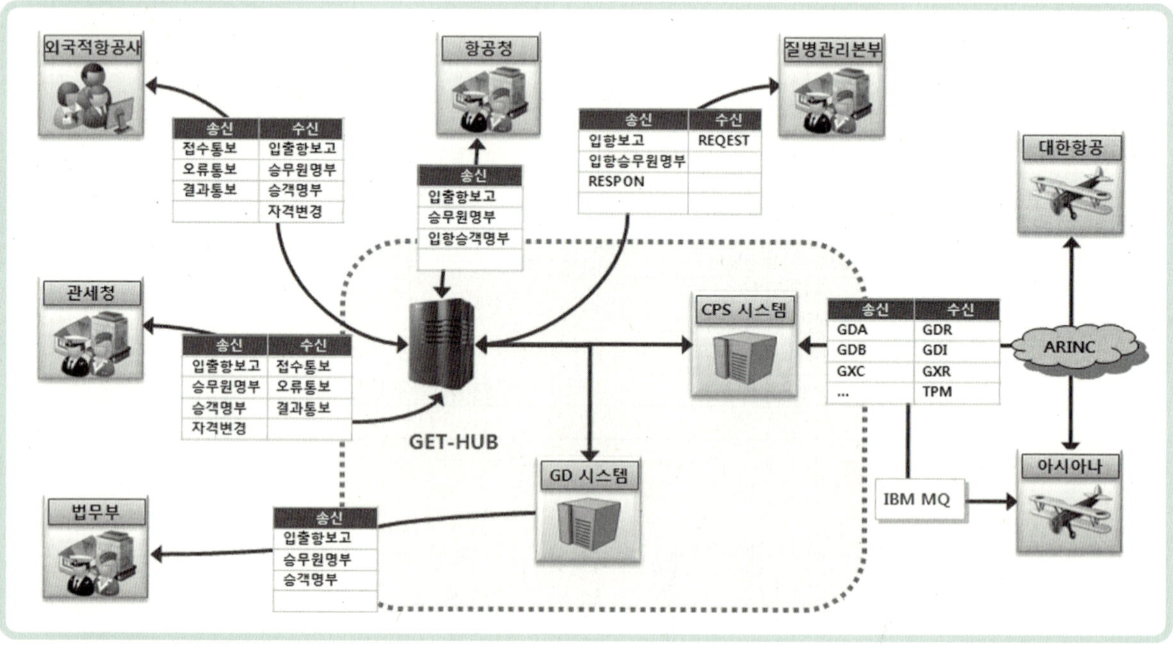

(나) GD 전자문서 목록

입력데이터	전자문서 영문명	전자문서 유형	송신자	수신자
출항보고	GDR	Cargo IMP	국적항공사	GD
입항보고	GDI	Cargo IMP	국적항공사	GD
자격변경	GXR	Cargo IMP	국적항공사	GD
승객명부	TPM	Cargo IMP	국적항공사	GD
입항보고	CUSREP_5CM	KEDIFACT 표준 EDI	외국적항공사	GD
출항보고	CUSREP_5CH	KEDIFACT 표준 EDI	외국적항공사	GD
입항승무원명부	PAXLST_5CN	KEDIFACT 표준 EDI	외국적항공사	GD
출항승무원명부	PAXLST_5CF	KEDIFACT 표준 EDI	외국적항공사	GD
입항승객명부	PAXLST_745	KEDIFACT 표준 EDI	외국적항공사	GD
출항승객명부	PAXLST-6DD	KEDIFACT 표준 EDI	외국적항공사	GD
검역소 Query문서	REQEST	KTNET 사설EDI	질병관리본부	GD
입항보고	CUSREP-5CM	KEDIFACT 표준 EDI	GD	관세청, 법무부
출항보고	CUSREP-5CH	KEDIFACT 표준 EDI	GD	관세청, 법무부
입항승무원명부	PAXLST-5CN	KEDIFACT 표준 EDI	GD	관세청, 법무부
출항승무원명부	PAXLST-5CF	KEDIFACT 표준 EDI	GD	관세청, 법무부
입항승객명부	PAXLST-745	KEDIFACT 표준 EDI	GD	관세청, 법무부
출항승객명부	PAXLST-6DD	KEDIFACT 표준 EDI	GD	관세청, 법무부
자격변경신청	CUSREP-5JE	KEDIFACT 표준 EDI	GD	관세청
항공청 입항보고	CUSREP-5CA	KEDIFACT 표준 EDI	GD	항공청
항공청 출항보고	CUSREP-5CB	KEDIFACT 표준 EDI	GD	항공청
항공청 출항승객명부	PAXLST-5CY	KEDIFACT 표준 EDI	GD	항공청
항공청 입항승무원	PAXLST-5KV	KEDIFACT 표준 EDI	GD	항공청
항공청 출항승무원	PAXLST-5KW	KEDIFACT 표준 EDI	GD	항공청
질병관리본부 입항보고	CUSREP-5CI	KEDIFACT 표준 EDI	GD	질병관리본부
질병관리본부 입항승무원명부	PAXLST-5CS	KEDIFACT 표준 EDI	GD	질병관리본부
질병관리본부 응답문서	RESPON	KTNET 사설EDI	GD	질병관리본부
수입접수통보	CUSRES-5IO	KEDIFACT 표준 EDI	관세청 GD	GD 외국적항공사
수출접수통보	CUSRES-5AF	KEDIFACT 표준 EDI	관세청 GD	GD 외국적항공사
수입오류통보	CUSAPE-5IP	KEDIFACT 표준 EDI	관세청 GD	GD 외국적항공사
수출오류통보	CUSAPE-963	KEDIFACT 표준 EDI	관세청 GD	GD 외국적항공사
수입결과통보	CUSRES-6GA	KEDIFACT 표준 EDI	관세청 GD	GD 외국적항공사
수출결과통보	CUSRES-5AG	KEDIFACT 표준 EDI	관세청 GD	GD 외국적항공사
접수/오류/결과통보	GDA, GDB	Cargo IMP	GD	국적항공사
자격변경 접수통보	GXC	Cargo IMP	GD	국적항공사
자격변경 오류통보	GXE	Cargo IMP	GD	국적항공사
자격변경 결과통보	GXA	Cargo IMP	GD	국적항공사

2) 항공 APIS

항공 APIS(Advanced Passenger Information System)는 항공기 입항 전에 항공사로부터 입국승객 명단을 사전에 입수하여 입국심사 업무에 활용하는 제도로 미국, 캐나다, 호주 등에서 시행되고 있다.

(가) 개요

- 전송 데이터
  - 승객의 여권 기재내역: 성명, 여권(또는 비자)번호, 국가코드, 생년월일, 성별, 여권(또는 비자) 만기 일자
  - 탑승정보: 탑승지, 도착지, 탑승유형
- 규정
  - 입항편: 실제 Landing 시간 기준으로 사전에 전송되어야 한다.
    [세관: 입항 전 30분 / 법무부: 입항 전 2시간, 출항 후 20분 이내(출항지 기준)]

(나) 주요기관 연계 구성도

[그림 10-12] APIS 서비스 흐름도

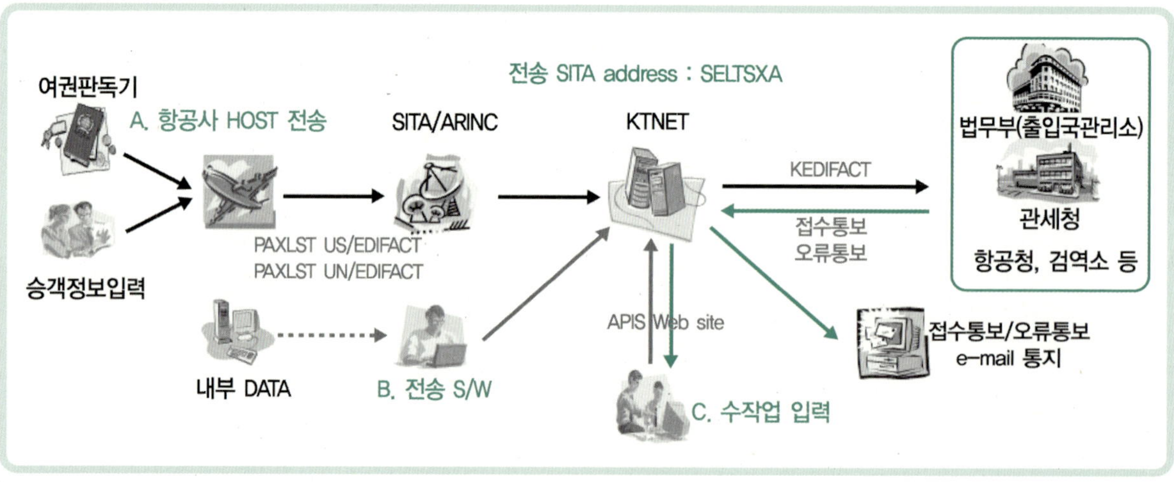

항공사는 KTNET APIS를 통하여 세관 및 출입국 관리소에 승객/승무원 명부를 제공하고 세관 및 출입국 관리소는 제공받은 승객/승무원 명부를 활용하여 우범자 및 테러리스트 색출, 승객 입/출국심사 등에 활용한다.

- 업무 플로우
  - US/EDIFACT 또는 UN/EDIFACT 표준으로 전송된 APIS 데이터는 KTNET을 통해 KEDIFACT 문서로 변환되어 CIQ(관세청, 법무부, 검역소)와 항공청(국토부)으로 전송된다.

• 항공사가 EDI로 전송하는 출항 승무원 명부를 KTNET에서 KEDIFACT 문서로 변환하여 법무부로 전송한다.
• 각 기관으로부터 수신한 처리결과 응답은 전송 항공사에 e-Mail/SMS로 회신된다.

3) 항공 APP

(1) 서비스명

법무부 APP[= i-APP](interactive Advanced Passenger Processing)

(2) 설명

항공편으로 출국하는 승객/승무원 정보를 항공사 발권데스크(ARINC)에서 Boarding Pass를 발급받는 시점에 수신하여 법무부 사전분석처리 시스템(i-APP)으로 전송한다. 이후 법무부의 출국승인여부 응답을 발권데스크(ARINC)로 전송해 주는 중계서비스를 말한다.

출국 승객/승무원 정보를 사전에 분석하여 출입국 범죄를 적발 및 항공기 탑승을 방지하여 항공보안 및 국경보안을 확립하고 출국상 문제를 사전에 확인·해결할 수 있다.

(3) 시스템 연계구성도

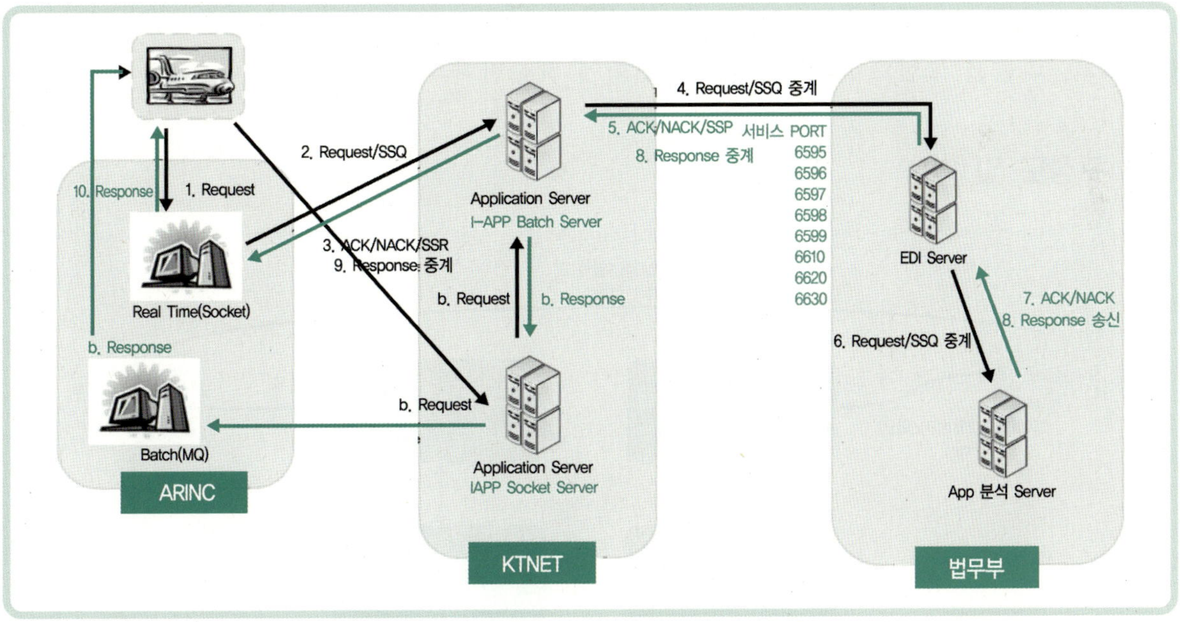

i-APP는 다음 2가지 프로세스로 구성된다.

(가) i-APP 실시간(RealTime)

- 탑승권 발권시점에 승객정보를 실시간으로 전송하고, 법무부 응답도 실시간으로 확인(Type A)
- 법무부 탑승권 발권 응답 후 법무부의 규제자 목록(watch list) 변동이 발생하면 이미 응답한 승객/승무원에 대한 탑승지위를 변경하는 메시지의 실시간 송수신(Type C)

(나) i-APP 배치(Batch)

- 출항편의 승객/승무원 정보를 출항 72시간 전부터 운항편 단위로 일괄전송하고 법무부 응답도 일괄 전송(Type B)
- 법무부 탑승권 발권 응답 후 법무부의 규제자 목록(watch list)에 변동이 발생하면 이미 응답한 승객/승무원에 대한 탑승지위를 변경하는 메시지의 일괄 송수신(Type D)

4 보세화물 화재보험

1) 개요

화주들의 보세화물 화재보험 업무를 보세창고가 손해보험협회를 대행하여 수행하고, 반출입 현황보고와 보험료내역을 EDI로 전송하거나 cTradeWorld포털 상에서 입력하는 서비스를 말한다. 보세창고는 CTW에서 청약을 위한 일일반입 현황보고, 가입해지 등을 위한 일일반출 현황보고, 화물별 보험료내역을 손해보험협회에 제출한다.

2) 구성도 및 기능

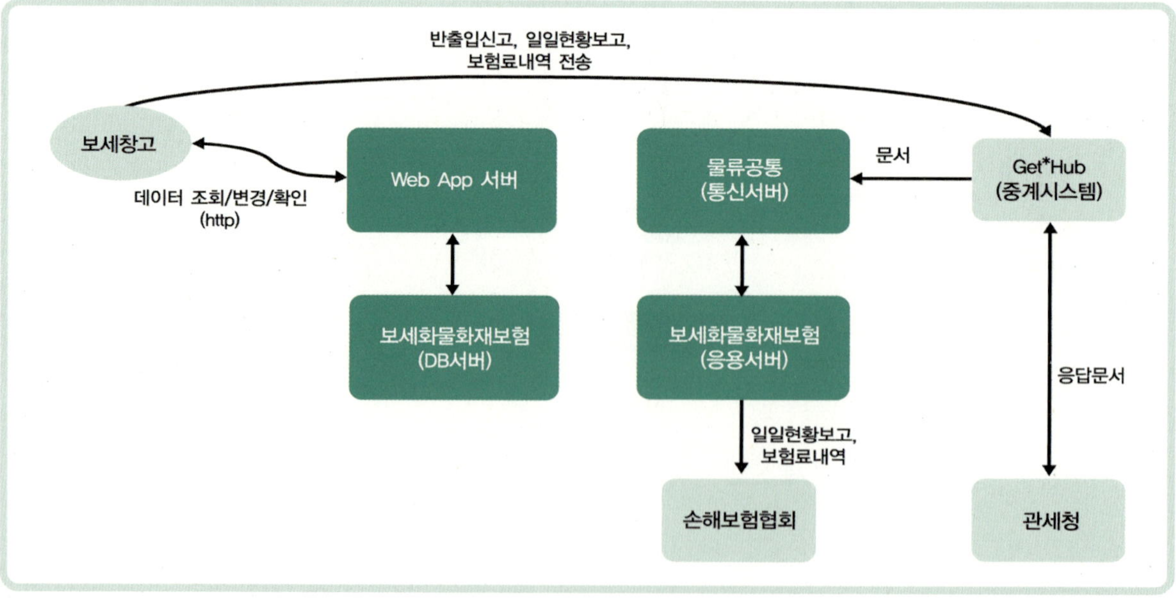

- 보세화물 일일반입현황 정보 검색/입력/수정/삭제 관리 기능
- 보세화물 일일반출현황 정보 검색/입력/수정/삭제 관리 기능
- 보험료 내역정보 입력/수정/삭제 관리 기능
- 반출입 현황 및 보험료 내역 손해보험협회로 제출 기능
- 손해보험협회 반출입 현황과 관세청 반출입 신고 자료의 비교통계 기능

제4절 해상 수입화물인도지시서(D/O) 및 수입화물선취보증(L/G)

1 e-D/O

1) 개요

해상 수입화물 인수도시 이용되는 문서를 전자화하여 선사/포워더를 직접 방문, 서류제출 없이 온라인으로 화주가 화물을 인도받을 수 있도록 D/O(Delivery Order)와 운송신청 등을 전자화한 서비스를 말한다.

e-D/O서비스는 선사, 포워더, 운송사, 장치장 및 화주간 D/O(화물인도지시서), D/O 신청서, 보세운송, 화물인도동의서, 자가 운송신청 및 배차요청에 대한 서류위주의 업무처리를 개선한다. 아울러 표준화된 업무처리 절차 및 문서양식 온라인 지원으로 관련 업체간 실시간 정보공유 및 통합정보 제공도 가능하다.

2) 구성도

e-D/O서비스는 MFCS에서 파생되었다. 해상적하목록 및 하선지시서 정보를 참조하여 관련 데이터를 재활용한 후 D/O신청 및 발급업무를 처리한다. 또한 자가·라인(보세)운송업무 등에 부가서비스를 제공하여 수입화물인수도 업무를 처리한다.

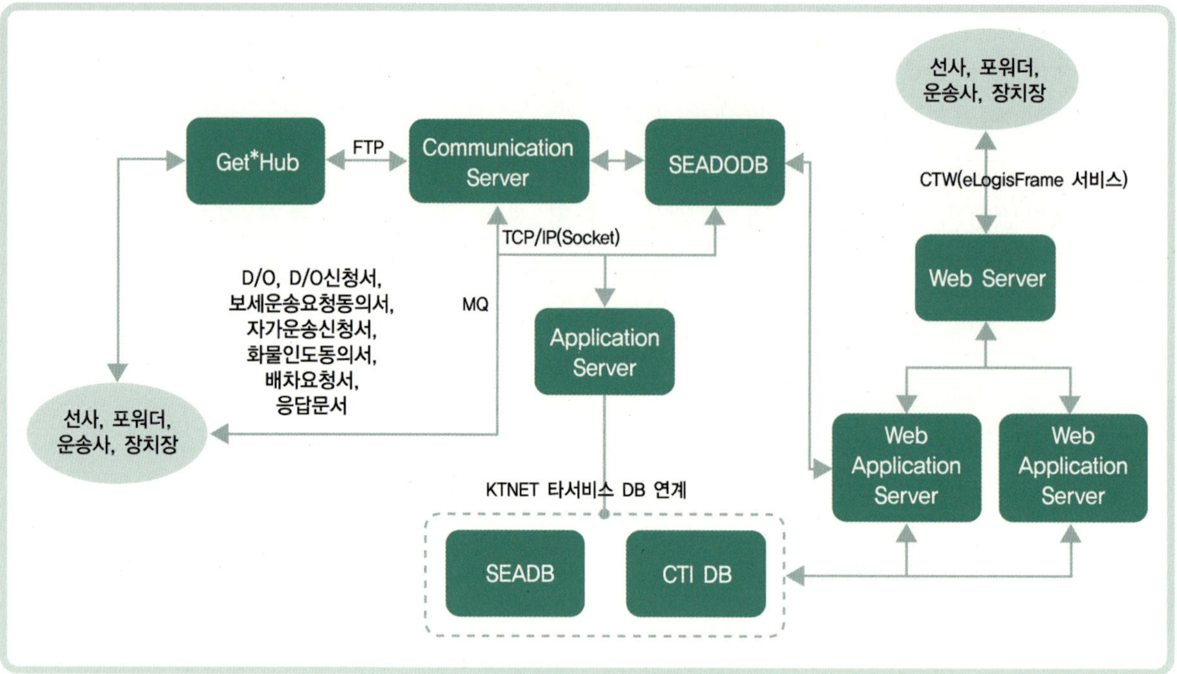

2) 사용자군별 업무

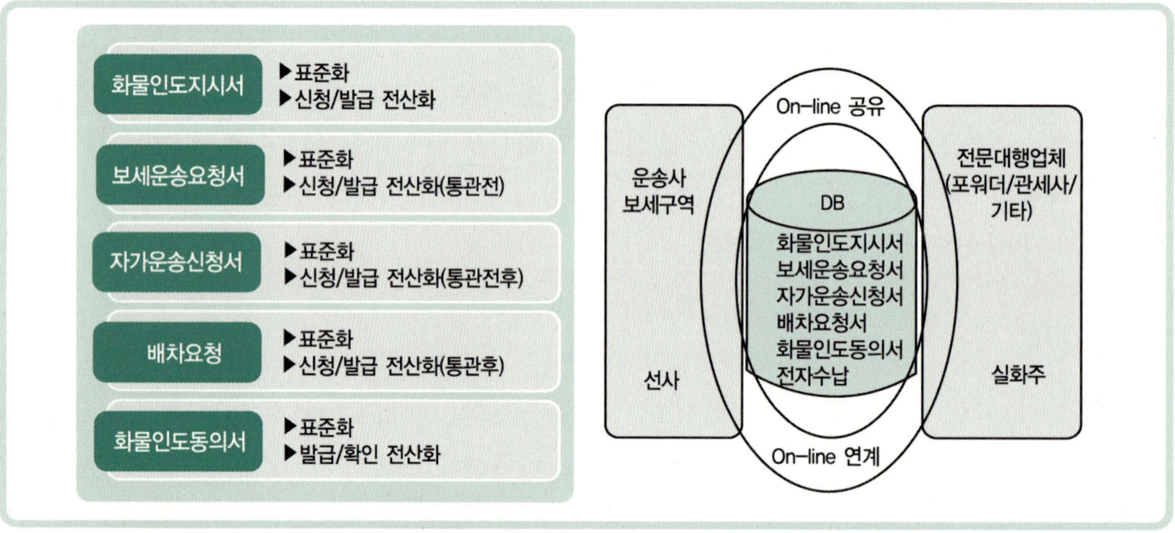

사용자군	역 할
선 사	• D/O 발급신청 승인 및 발급, 보세운송요청 확인, 자가운송신청 확인 및 승인
포워더	• D/O 발급신청, D/O 발급신청 승인 및 발급, 보세운송 신청 및 확인, 자가운송 신청
보세장치장	• D/O 접수, 자가운송 신청 조회, 화물인도동의서 접수
보세운송사	• D/O 조회, 보세운송요청동의서 승인, 자가 운송신청서 신청 및 승인, 화물인도동의서 발급
화 주	• D/O 조회, 보세운송 신청 및 조회, 자가운송 신청 및 조회, 화물인도동의서 조회

2 e-L/G

1) 개요

선적서류(shipping documents)보다 먼저 도착한 수입화물에 대해 수하인이 거래은행에 수입화물선취보증(APPLOG)을 요청하고 해당 은행은 수입화물선취 연대보증승락서(LOGUAR/LOGADV)를 발급하는 서비스를 말한다.

e-L/G 발급내역은 KTNET '은행LG'에서 관리한다. e-L/G는 은행이 발급한 수입화물선취보증승락에 대해 항공 포워더 및 약정을 맺은 선사가 발급내역에 대한 확인을 할 수 있도록 하고, 항공 및 기능장치장이 발급확인에 대한 내역조회를 할 수 있는 서비스를 제공한다.

2) 구성도

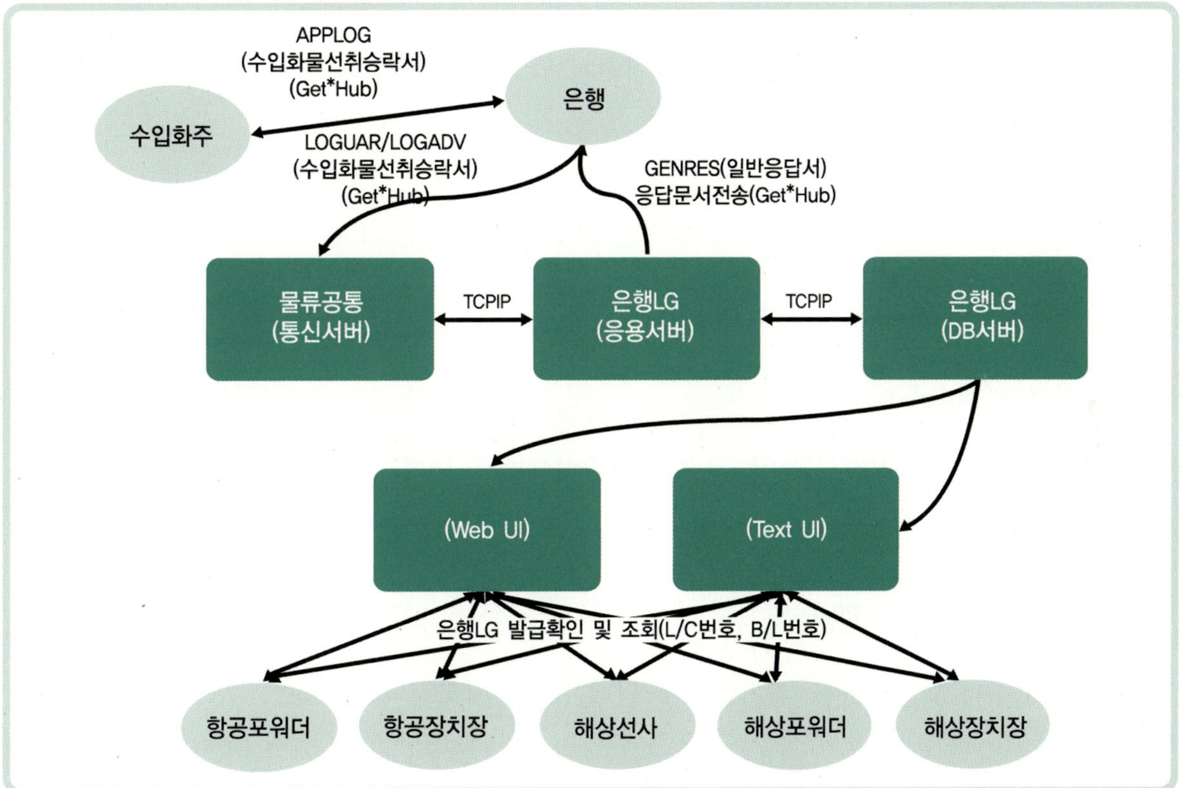

- 은행: 수입화물선취보증 승락서에 대한 관리(등록/변경/삭제/조회)(은행) 기능
- 항공포워더, 약정선사: 수입화물선취보증 승락서에 대한 발급확인 기능
- 항공/해상포워더, 장치장: 수입화물선취보증 승락서에 대한 발급확인 내역조회

제5절 항공B2B

1 ACPS

1) 서비스 개요

ACPS(Air Cargo Portal Service)란 기존 오프라인 상으로 진행되었던 포워더와 항공사간 Master AWB 정보교환 및 화물예약업무를 Cargo-IMP 국제표준 전자문서를 기반으로 온라인 상에서 처리하는 서비스이다. e-AWB(MAWB), e-Booking(화물예약), e-Tracking(화물추적), e-Freight(HAWB) 등의 서비스를 제공한다.

(1) 화물 예약 서비스(e-Booking)

- 항공사의 홈페이지에서 수작업으로 처리하던 화물예약 업무를 시스템간 연계방식으로 구현한 서비스

(2) e-AWB(전자항공화물운송장)

- 포워더가 보유하고 있는 Air-Waybill 정보를 사용자 시스템이나 Website를 통하여 항공국제표준인 Cargo IMP 전문으로 항공사에 전송하는 서비스

(3) 화물추적 서비스

- 항공사가 AWB(FWB) 정보를 전송한 포워더에게 화물의 상태(FSU) 정보를 실시간으로 전송해 주는 서비스

2) B2B 포털서비스 개념

수출화주로부터 화물운송을 의뢰받은 포워더는 항공사로부터 Master AWB 번호를 할당받아서 하위의 House AWB를 생성한다. 포워더는 미세관 AMS 신고를 위해 House AWB 정보를 항공사에 전송한다. 또, 항공적하목록 관세청 신고를 위해 House AWB 정보를 MFCS에 전송한다.

중계 사업자의 이원화 및 항공사 전송경로의 다변화, 항공사들의 e-AWB/e-Freight 시행 확대, 국가별 AMS 제도 시행확대 등의 사유로, 포워더들은 더욱 다양하고 복잡한 업무처리 프로세스와 더욱 복잡한 데이터연계 채널 환경에 놓이게 되었다.

이에 ACPS는 포워더로부터 House AWB정보를 전달받아 MFCS나 항공사 등 포워더가 연계

해야 하는 모든 경로를 아우르는 통합 B2B 포털서비스를 제공한다. 포워더가 ACPS에 1회만 FWB/FHL을 전송하면 수신 대상, 문서버전, 전송경로 등에 무관하게 ACPS가 필요한 모든 문서 전송, 처리결과 회신 및 통합적인 처리상태 관리까지 제공받을 수 있다.

[그림 10-13] ACPS의 B2B포털 간략 개념도

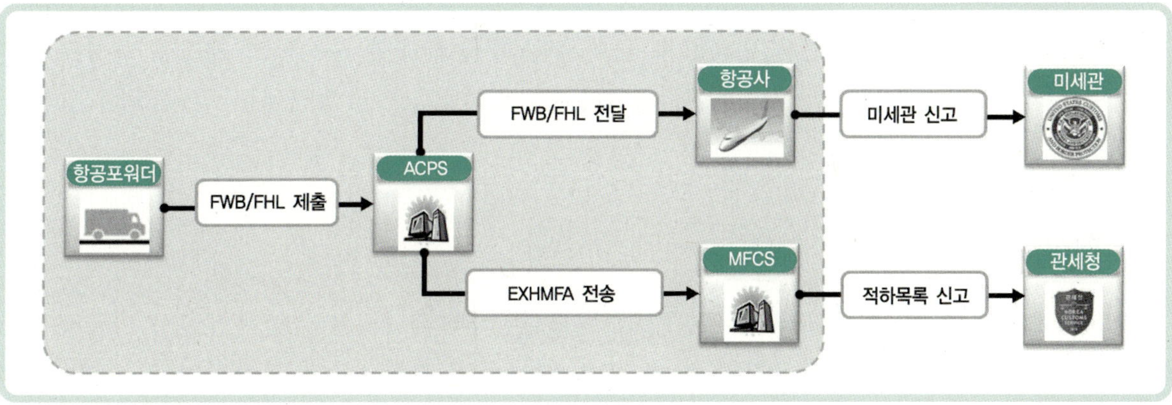

3) 업무 흐름도

[그림 10-14] ACPS 업무흐름도

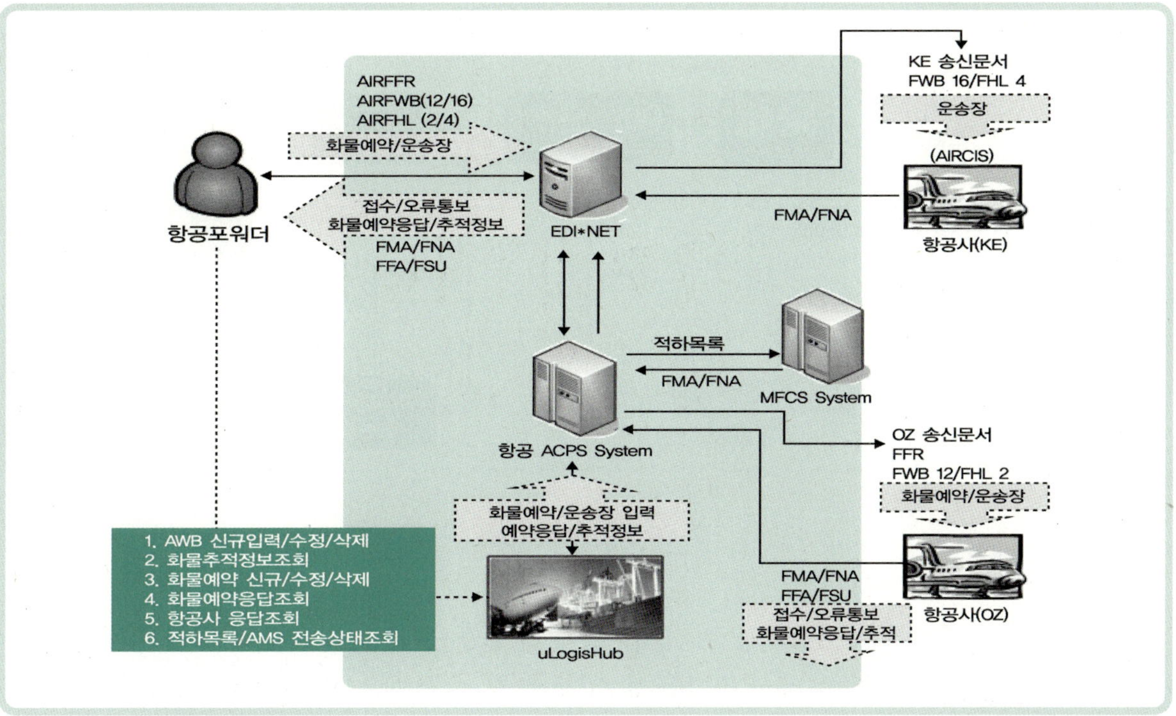

제6절 해외신고 서비스

1 AMS

911 테러발생 이후 미국세관은 미국으로 들어오는 화물에 대한 사전신고 제도를 해상분야에서 이미 시행하고 있으며, 이어서 항공 수입화물에 대해서도 미국세관에 사전 신고하도록 하고 있다.

1) 해상 AMS

사용자(포워더, 선사)가 SHPSCI(사설EDI)로 보내온 데이터를 미국 양륙항별로 미국세관에 신고하는 시스템을 말한다. 사용자가 전송 혹은 웹에서 입력한 DB에 저장되어 있는 미 세관 전송용 데이터를 Flat File로 만들어 파트너 VAN으로 전송하고, 파트너사는 Flat File을 수신해 CAMIR(미 세관용 문서)로 변환하여 미국세관으로 전송한다.

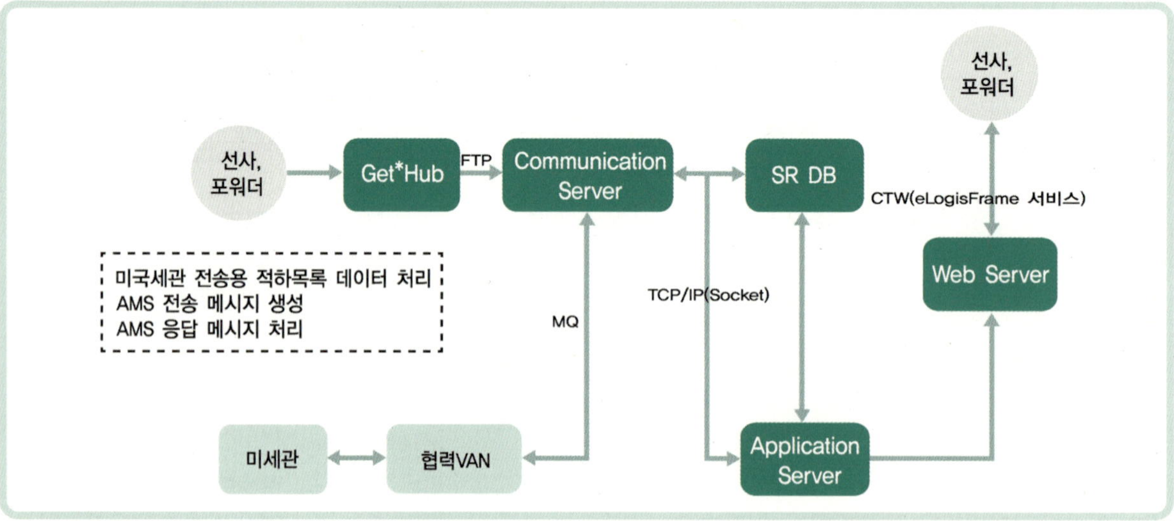

2) 항공 AMS

항공사가 미국세관에 사전신고를 하기 전에 해당 항공 운항편에 실릴 화물에 대한 House AWB 정보를 항공 포워더로부터 제공받을 수 있도록 하는 서비스이다. 미국, 캐나다, 인도 세관에서 시행 중에 있으며 항공부문은 ACPS와 AMS가 통합되어 있다.

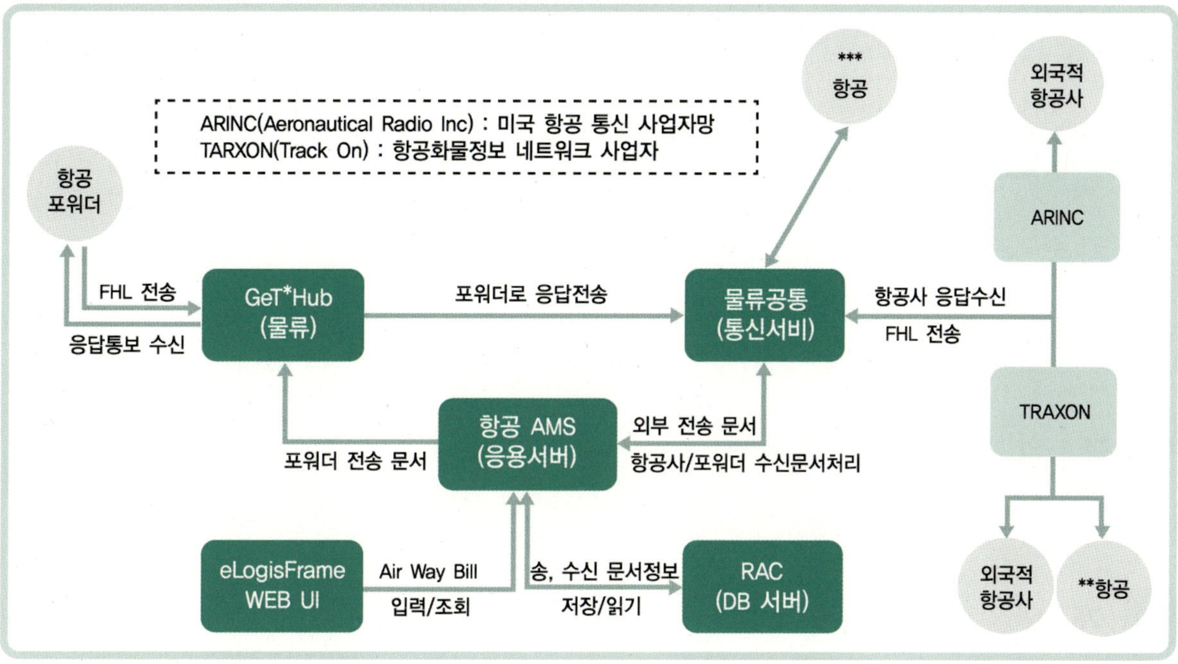

(1) 미국세관 사전신고대상 AWB 데이터 전송 서비스

- 포워더로부터 수신 후 Cargo-IMP Spec인 FHL문서로 변환 후 항공사로 송신한다.

(2) Web Service

- Web을 통한 AWB 데이터 입력 서비스를 제공한다.

(3) 국적항공사로 부터 FHL 신고에 대한 응답문서 제공

제11장

전자문서

제1절 전자문서 현황13)

1 개 요

uTradeDocs(www.utradedocs.co.kr)에서는 전자문서 서식 관리서비스를 제공하고 있으며, 관리문서에 대한 버전 및 이력관리, 배포관리가 가능하다. 사용자는 '전자문서 표준'과 '시행예정 문서'를 조회하고 다운로드 할 수 있다.

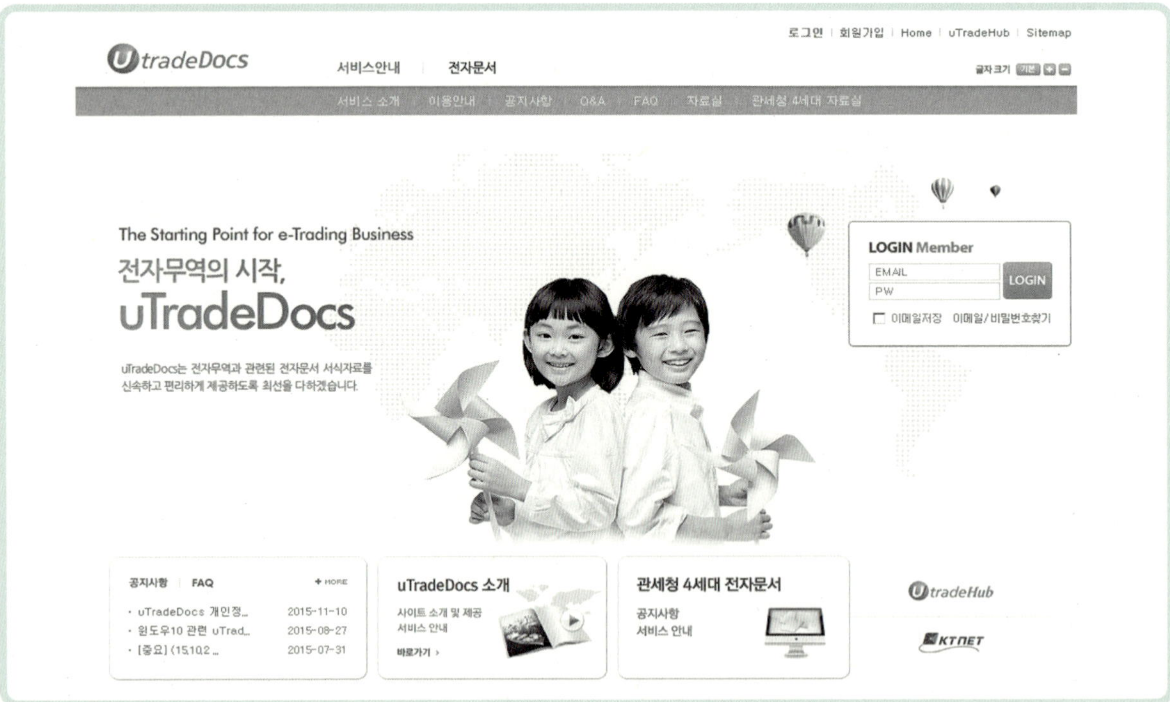

13) KTNET, 2009년 기준

uTradeDosc가 제공하는 기능은 전자문서의 서식 등록·변경, 서식의 이력·버전관리, MIG[14], 항목정의서 및 설명서 제공과 같은 전자문서관리 기능 등이 있다. 전자문서 배포관리 기능에서는 배포 스케줄러에 의한 선별적 배포, 자동배포, 배포 스케줄관리가 가능하다. 또한 배포내역, 대상고객 정보, 배포현황 모니터링도 할 수 있다.

1) EDI

- 표준 EDI: 약 330종(Win*Mate기준)
  - 관련 서비스: KTNET 대부분의 서비스에서 적용중에 있다.
- 사설 EDI: 약 39종
  - 관련 서비스: 항공·해상 MFCS, 일부서비스에서 적용중에 있다.

2) Cargo-IMP[15]

- 표준 Cargo-IMP: 약 12종
  - 관련 서비스: 항공 MFCS, ACPS에 적용중이다.
- 사설 Cargo-IMP: 약 12종
  - 관련 서비스: 항공 입출항보고, 항공 AMS에 적용중이다.

3) XML

- e-Trade 1.0: 약 270종
  - 관련서비스: 대부분의 서비스에서 사용중에 있다.
- e-L/C 1차 전문: 약 13종
  - 관련서비스: uTradeHub e-L/C에서 적용하고 있다.
- uTrade 1.0: 약 140종
  - 관련서비스: uTradeHub에서 사용중에 있다.
- 기타 XML
  - GXML4ASP(요건확인), PAA(범아시아 전자상거래연맹)에서 사용하는 문서

4) 기타 문서

EDI, XML, Cargo-IMP 외에 일부 서비스에서 사용중인 Flat-File[16] 형태의 전문들도 있다.

14) Message Implementation Guideline(메시지 수행지침서)
15) Cargo Interchange Message Procedures(IATA, 국제항공운송협회)
16) 아무런 구조적 상호관계가 없는 레코드들이 들어 있는 파일로 일반적으로 구분자 또는 Markup이 없

2 MIG(Message Implementation Guideline)

(1) 정의

EDI 전자문서를 구현하기 위해 필요한 구문 규칙을 정리한 Guide 문서로 전송항목규격(태그, 설명, 표현, 값), 자료항목설명, 예시, 코드참조 등으로 구성되어 있다.

(2) MIG의 예시

예를 들어 화물추적 정보(IFTSTA; International multimodal status report message내 화물상태를 기재하는 Segment 가이드는 아래와 같다.

Segments

Counter	No	Tag	St	MaxOcc	Level	Name
0200		SG5	M	99	2	STS-RFF-DTM-SG6-LOC-SG8-SG10
0210	6	STS	M	1	2	Status

		Standard		Implementation		
Tag	Name	St	Format	St	Format	Usage / Remark
STS						
C601	Status category	C		C		
9015	Status category code	M	an..3	M	an..3	1 Transport
1131	Code list identification code	C	an..17	N		Not used
3055	Code list responsible agency code	C	an..3	N		Not used
C555	Status	C		C		
4405	Status description code	M	an..3	M	an..3	40 Withdrawn 21 Temporary
1131	Code list identification code	C	an..17	N		Not used
3055	Code list responsible agency code	C	an..3	N		Not used
4404	Status description	C	an..35	C	an..35	
C556	Status reason	C		N		
9013	Status reason description code	M	an..3	N		Not used
1131	Code list identification code	C	an..17	N		Not used
3055	Code list responsible agency code	C	an..3	N		Not used
9012	Status reason description	C	an..256	N		Not used
C556	Status reason	C		N		
9013	Status reason description code	M	an..3	N		Not used
1131	Code list identification code	C	an..17	N		Not used
3055	Code list responsible agency code	C	an..3	N		Not used
9012	Status reason description	C	an..256	N		Not used
C556	Status reason	C		N		
9013	Status reason description code	M	an..3	N		Not used
1131	Code list identification code	C	an..17	N		Not used
3055	Code list responsible agency code	C	an..3	N		Not used
9012	Status reason description	C	an..256	N		Not used
C556	Status reason	C		N		
9013	Status reason description code	M	an..3	N		Not used
1131	Code list identification code	C	an..17	N		Not used
3055	Code list responsible agency	C	an..3	N		Not used

No = Consecutive segment number
MaxOcc = Maximum occurrence of the segment/group
Counter = Counter of segment/group within the standard

St = Status
EDIFACT: M=Mandatory, C=Conditional
User specific: R=Required, O=Optional, D=Dependent.

는 Text 기반 메시지

(3) MIG로 작성된 화물추적정보(IFTSTA) 샘플

Example Message

No	Tag	Example
01	UNB	UNB+UNOC:3+DAKOSY+KTNE+061206:1218+35345345534++++++1'
02	UNH	UNH+62900587662006+IFTSTA:D:04B:UN:NA'
03	BGM	BGM+44+X+8'
04	DTM	DTM+137:20070123:203'
	SG4	
05	CNI	CNI+4234'
	SG5	
06	STS	STS+1+21:::Gate-In'
07	RFF	RFF+Z06000028001:ABT'
08	DTM	DTM+132:20061218:203'
	SG6	
09	NAD	NAD+AA+X+X:X:X:X:X+X:X:X:X:X:1+X:X:X:X+X+AE-AJ:::X+X+AD'
10	LOC	LOC+175+DEHAM::5:Hamburg+EUK:::Eurogate'
	SG8	
11	TDT	TDT+20+234823+1+11+HLL:::Hapag Lloyd+++DXZ7E:103::LEVERKUSEN EXPRESS'
12	DTM	DTM+133:20061215:203'
	SG9	
13	LOC	LOC+11+DEHAM::5:Hamburg'
14	DTM	DTM+178:200612281654:203'
	SG10	
15	EQD	EQD+CN+HLCU1234566++++4'
16	UNT	UNT+15+62900587662006'
17	UNZ	UNZ+1+35345345534'

3 수발신인식별자

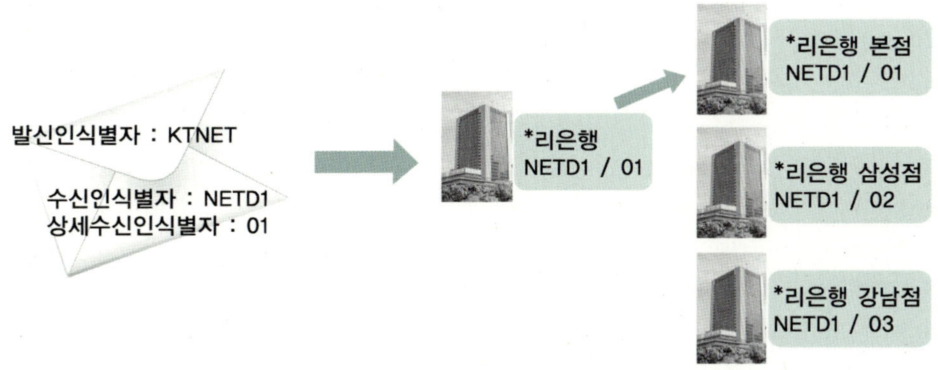

1) 수발신인식별자

- 의미: 전자문서의 송수신에 있어 '상대방을 식별할 수 있는 주소'의 (=우편주소) 역할을 한다.
- 수신인 식별자 = 받는 사람 주소, 송신인 식별자 = 보내는 사람 주소에 비유할 수 있다.
- 구성: 영문과 숫자
  - 예시) 국내은행의 경우 NET**로 구성(NETD1: *리은행, NET06 :외*은행)

2) 상세수발신인식별자

- 수발신인 식별자에 소속된 하위 식별자로 '상세주소'의 의미를 가진다.
- 은행 경우, 소속된 개별 지점을 상세수발신인 식별자로 구분할 수 있다.

3) 식별자 한정어

- 의미: 식별자 한정어는 전자문서를 중계하는 VAN사의 식별부호를 말한다.
- 구성: 수발신인식별자와 같이 전자문서에 기재가 되며, 식별자를 부여한 VAN을 구분할 수 있다.
  - 예시) 57: KTNET VAN 식별부호

4 송수신 주요사항

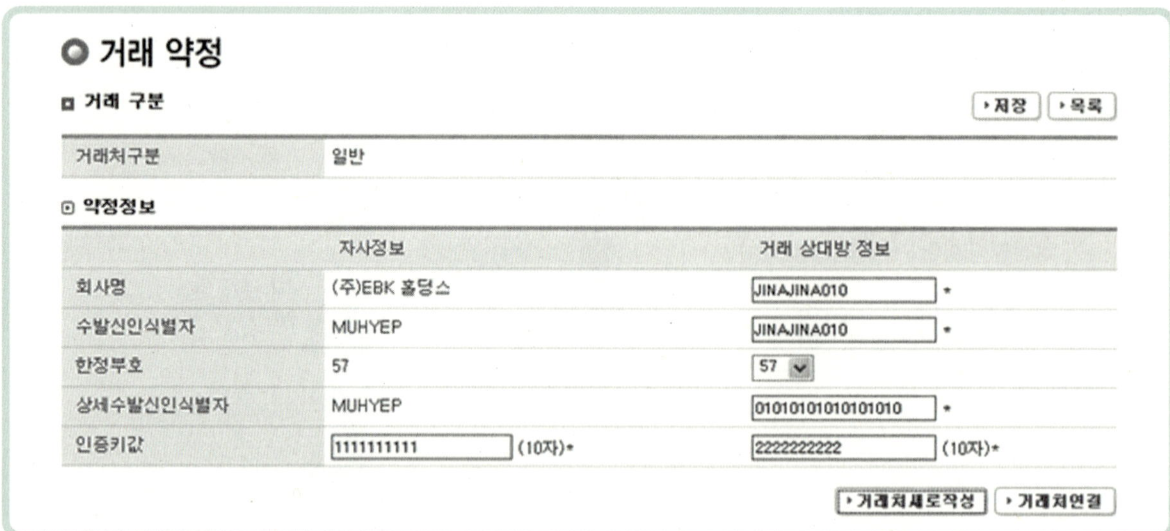
거래 약정

거래 구분 (저장) (목록)

거래처구분	일반

약정정보

	자사정보	거래 상대방 정보
회사명	(주)EBK 홀딩스	JINAJINA010 *
수발신인식별자	MUHYEP	JINAJINA010 *
한정부호	57	57
상세수발신인식별자	MUHYEP	01010101010101010 *
인증키값	1111111111 (10자)*	2222222222 (10자)*

(거래처새로작성) (거래처연결)

1) 거래약정[17]

- 의미: EDI 전자문서를 교환하기 위해 거래당사자간에 필요한 규칙 또는 관계를 규정하도록 합의하는 것을 'EDI 거래약정'이라고 한다.
  거래약정 정보상의 전자서명 인증키 값은 전자문서를 주고받는 상대방을 식별하기 위한 용도로 사용되며, 전자문서를 송수신시, 거래약정 상의 인증키 값을 특정한 알고리즘을 통해 암호화하여 전자문서에 기재한다.
- 설명: 이 약정에는 용어의 정의, 적용 범위, 자료보안 및 저장, 메시지의 검증과 무결성 및 수령확인, 중개인, 거래조건, 분쟁해결, 불가항력, 준거법 등의 조항이 포함되어 있다.
- 구성: 거래약정 정보는 (상세)수발신식별자, 식별자 한정어, 전자서명 인증키값, 업체정보 등으로 구성된다. 은행거래의 경우 무역업체는 은행을 방문하여 거래약정을 체결 후에 KTNET을 통해 전자무역 서비스를 이용할 수 있다.

제2절 EDI

1 개요

1) EDI(Electronic Data Interchange)[18]

Electronic Data Interchange의 약자로서 전자적 문서교환이라고 부른다. 전자적 문서교환(EDI: Electronic Data Interchange)은 거래당사자가 인편, 우편 등에 의존했던 종전의 종이서류 대신에 컴퓨터로 각종 행정서류 및 상거래 서식을 서로 합의한 표준화된 양식에 맞추어 상호 교환하여 재입력과정 없이 직접 업무에 활용할 수 있도록 하는 새로운 정보전달방식이다.

무역자동화란 최첨단 정보통신수단인 전자문서교환(EDI) 기술을 이용하여 각종 무역절차를 사무실에서 컴퓨터로 신속·정확하게 처리함으로써 궁극적으로는 종이서류 없는 무역(Paperless Trade)을 실현하는 것을 의미한다.

---

17) 출처: KITA.Net
18) 출처: KITA.Net

(1) 대상

컴퓨터가 직접 읽어서 해독하고 인간의 개입없이 자체적으로 업무처리할 수 있는 정형화된 문서자료이다.

(2) 3대 구성요소

- EDI 표준(Standards)
- 사용자시스템(User System)
- 통신 Network(VAN)

(3) 장점

- 각종 서류를 신속 정확하게 보낼 수 있어 시간과 비용을 절감할 수 있다.
- 업무의 모든 단계를 전자적으로 처리함에 따라 효율성과 생산성이 증대된다.

2 발전과정

1) 국제표준

- 국제연합(UN)에서는 1960년부터 유엔유럽경제위원회(UN/ECE) 산하에 대외 무역서류 간소화/표준화 작업팀을 구성하여 무역서류의 간소화와 표준화를 추진하고 있다.
- 1963년에 무역서류상 반복해서 나타나는 기재항목(매도인, 매수인, 상품명세서 등)의 배열에 대한 표준서식 설계도를 제정하였다.
- 1972년에 국제무역절차 간소화 회의로 개칭되어 표준화 작업을 추진하였다.
- 그 결과 1987년 3월 행정·무역 및 운송에 관한 EDI국제표준(Electronic Data Interchange for Administration, Commerce and Transport : UN/EDIFACT)이 제정되었다.
- 1990년 5월에는 본격적인 EDI 통신표준으로 인식되고 있는 X.435(Protocol for EDI : PEDI) 권고안이 제정되었다.

2) 해외 EDI 도입

- 1960년대에 미국의 복합운송업체(Intermodal Transportation)로 구성된 운송업계에서 문서의 전송지연 및 중복처리로 인한 비효율성을 해결하기 위해 1975년 처음으로 도입하였다.
- 1978년 운송업계의 EDI표준을 제정하였다.
- 이후 항공, 육운, 철도, 해운 등의 표준들을 계속 개발하고 있는 중이다.

3) 국내도입

1987년에 대우자동차가 미국의 거래선인 GM(제너럴모터스)사와의 거래에서 EDI를 처음으로 적용하였다.

"국제표준 EDI(전자문서교환)시스템 첫 개발[19]"

한국통신, 대우, 삼성, 현대 등 3社와 공동으로 국산주전산기 이용. 관련시스템 해외진출 추진

(서울=연합(聯合)) 국제표준의 문서양식과 통신방식을 이용해 컴퓨터로 거래문서를 교환, '종이없는 거래'를 실현하는 EDI(전자문서교환)시스템이 순수 국내 기술진에 의해 개발됐다.

한국통신 소프트웨어연구소는 대우통신, 삼성전자, 현대전자 등 3개사와 공동으로 지난 91년부터 총 50억원의 연구개발비와 70여명의 연구인력을 투입해 국제표준의 EDI시스템(X.435 KT-EDI)을 개발하는데 성공했다고 1일 밝혔다.

지난 11월말 개발완료된 이 시스템의 개발결과는 2일 서울 서초구 양재동 소재 한국통신연구개발원에서 열리는 'EDI시스템 기술워크숍 94'에서 정식 발표된다.

崔東輝 소프트웨어연구소장은 "이번 EDI시스템개발이 국내에서 시도된 최초의 국산 대형 소프트웨어 개발로 선진 외국에서도 국제표준의 시스템개발을 한창 진행중인 단계여서 국내 기술수준이 선진국에 뒤지지 않음을 보여주었다"고 말했다.

지난 93년3월 제정된 국제표준통신방식(X.435)을 적용한 EDI개발은 아직 세계적으로 공식 보고된 적이 없는 것으로 알려졌다.

KT-EDI(한국통신 전자문서교환)시스템은 주전산기로 국산 중형컴퓨터인 타이컴을 사용하면서 국내외의 다양한 EDI시스템간의 상호연동을 보장하는 국제표준의 본격적인 공중서비스용 EDI시스템으로 개발 됐다.

EDI가 국제표준시스템이 되려면 유엔이 제정한 문서표준(EDIFACT)과 국제전신전화자문위원회(CCITT)가 제정한 통신표준을 따라야 한다.

KT-EDI시스템은 크게 △타기업간 즉 이기종 컴퓨터를 상호연결하는 중계시스템(통신프로토콜 포함) △기업의 사설문서를 표준문서로, 표준문서를 사설문서로 바꿔주는 문서변환시스템) △이용자가 단말기를 통해 문서작성업무를 처리토록 지원하는 가입자지원시스템으로 구성돼 있다.

이중 이용자측 PC나 워크스테이션에 실장되는 가입자지원시스템과 문서변환시스템은 한국통신소프트웨어연구소에서 93년말까지 자체 개발했다.

서비스제공자측 주전산기에 탑재되는 중계시스템은 한국통신의 석.박사급 22명과 산업체 연구 인력 30여명등으로 구성된 개발팀이 지난 93-94년 2년간 서울대 컴퓨터신기술공동연구소에서 공동작업한 끝에 이번에 개발을 완료한 것.

KT-EDI시스템개발은 그동안 외국에 대부분 의존해온 국내 정보통신소프트웨어의 기술자립의 토대를 마련하는 한편 타이컴에 관련소프트웨어를 탑재한 국산시스템의 해외수출로 국내 정보산업발전에 크게 기여할 것으로 기대된다.

한국통신은 95년부터 국내 중소소프트웨어업체를 통해 업종별 응용시스템을 개발, 보급할 수 있도록 기술지원을 하고 96년부터 본격 서비스에 나서는 한편 산업체와 협력해 중국등 동남아 국가에 대한 EDI시스템진출을 계획하고 있다.

그동안 국내에서는 선발업체인 데이콤을 비롯해 한국무역정보통신 등이 자체방식의 EDI시스템을 통해 3천여개 기업을 대상으로 상용서비스를 제공, 상호연동의 어려움 때문에 국제표준이 적용되는 국가적 규모의 시스템구축이 절실히 요구돼 왔다. (끝)

■ 연합뉴스 | 1994.12.01. 12:15

19) 출처: http://media.daum.net/breakingnews/newsview?newsid=19941201121500532

3 EDI 구성[20]

EDI 메시지는 교환정보(Interchange) Header와 Trailer, 그리고 Transaction Message의 계층적(hierarchical)인 구조로 구성된다. 교환정보의 Header와 Trailer는 봉투(Envelope)로도 표현이 된다.

1) 교환정보(Interchange) 구조

교환정보(interchange)는 Header와 Trailer, Transaction Message로 구성되어 있고 반복 가능한 계층적인 구조로 구성되어 있으며, 필수(Mandatory)정보와 조건부(Conditional) 정보의 속성도 가지고 있다.

교환정보 Header에는 송신자 및 수신자, 날짜, 일시, 버전 등 전자문서 교환을 위한 Transaction 정보가 포함되어 있고, Trailer의 경우 교환정보의 Header와 Pair로 반드시 같이 쓰여야 한다.

Transaction Message는 Business 정보로 상호간 교환의 목적인 되는 정보이다.

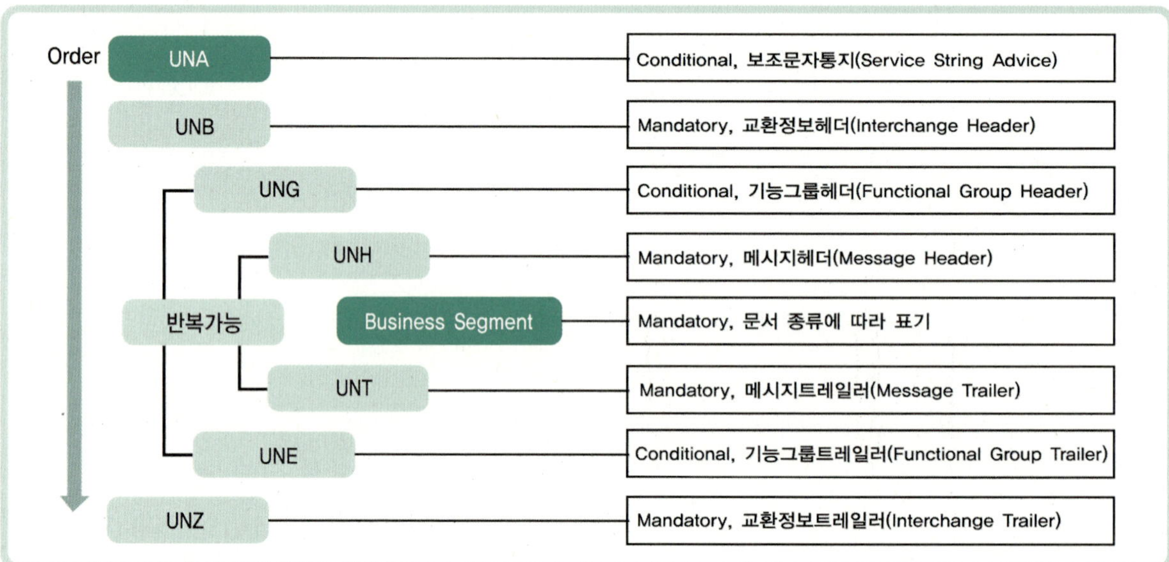

(1) UNA : Service String Advice

교환정보내의 Data는 구분기호(delimiter)를 통해 식별할 수 있다. UNA 항목은 Data 식별을 위한 구분기호를 정의하는 항목으로 생략 가능한 Conditional Segment이다.

생략이 되는 경우, 표준에서 정의하는 Default 구분 기호를 통해 교환정보를 처리해야 한다.

20) 본서에서는 EDIFACT 표준을 기준으로 기술한다.

(2) UNB-UNZ : Interchange Header/Trailer

교환정보의 Header로 Transaction Message의 봉투(envelope) 기능을 가진다. 그리고 송신자 및 수신자, 날짜, 일시, 버전 등 전자문서 교환을 위한 정보가 포함되어 있다.

UNZ Segment는 교환정보의 Trailer로 교환정보 내의 Functional Group(기능군) 또는 Transaction 메시지의 개수정보를 가지고 있다.

(3) UNG-UNE : Functional Group Header/Trailer

교환정보내의 Group Header로 조건부(conditional) 항목이다. 교환정보 내에서 Transaction 메시지를 복수로 그룹화(grouping)하여 처리가 필요할 경우 사용하는 Segment 이다.

Interchange Header와 같이 송신자 및 수신자, 날짜, 일시, 버전, 그룹 참조번호 등 Transaction 정보를 그룹 단위로 처리하기 위한 정보를 가지고 있다.

UNE Segment는 Functional Group(기능군)의 Trailer로 Transaction 메시지의 개수정보를 가지고 있다.

(4) UNH-UNT : Message Header/Trailer

Transaction Message의 Header로 Transaction 메시지를 식별할 수 있는 전자문서명(Message Type), 버전 등의 정보를 가지고 있다.

UNT는 Message Header의 Trailer로 Header와 Tailer를 포함한 Trancation Message Segment의 총 개수정보를 가지고 있다.

2) Segment의 구조

Segment는 Data Element의 집합(또는 그룹)으로, Data의 성격에 따라 각기 다른 Data Element로 구성된다. 교환정보와 마찬가지로 필수(Mandatory) 또는 조건부(Conditional) 속성을 가지고 있다.

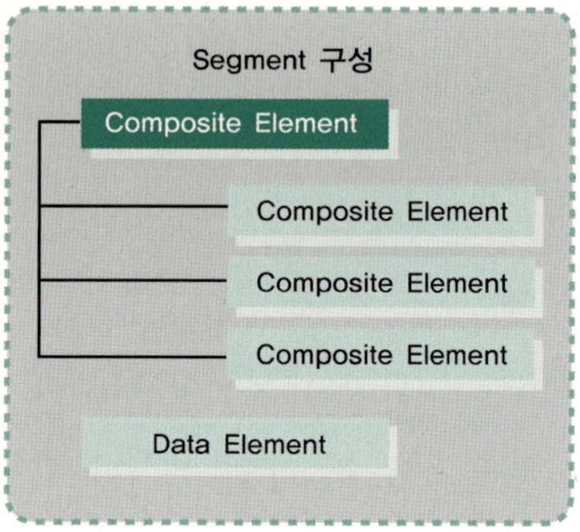

Element Name	Description
Composite Element	• 복합 자료 항목 • Child를 가진다. • 실제 Datark 없는 의미상의 Element • Data는 Child인 Component Element가 가짐
Component Element	• 소자료 항목 • 최소 단위의 Data Element
Data Element	• 단순 자료 항목 • Data를 가진다. • Child가 없다.

Segment는 3자리의 Character Code(e.g UNH, BGM, DTM, NAD, LIN, QTY,PRI, UNS, CNT, UNT 등)로 명명되어 있으며, BGM은 Beginning Message와 같이 특정한 의미를 가진 단어의 축약어이다.

각 축약어를 통해 Segment 안에 담긴 Data의 성격을 유추할 수 있다.

예시) BGM : Beginning of Message
RFF : Reference
DTM : Date and Time
NAME : Name and Address

(1) 복합자료 항목(Composite Data Element)

Segment 내의 복합자료 항목으로 하위에 Component Data Element를 묶기 위한 의미상의 Data Element이다. 필수(Mandatory) 또는 조건부(Conditional) 속성을 가지고 있다.

(2) 소자료 항목(Component Data Element)

복합자료 항목 하위의 소자료 항목으로 실제 Data를 담고 있는 Element이다.

(3) 자료항목(Data Element)

복합자료 항목 없이 단독으로 존재하는 자료항목이다.

Element 코드	Element 정의	Element 구분
C002	DOCUMENT/MESSAGE NAME	복합 자료 항목
1001	Document/message name, coded	소 자료 항목
1131	Code list qualifier	소 자료 항목
3055	Code list responsible agency, coded	소 자료 항목
1004	DOCUMENT/MESSAGE NUMBER	자료 항목
1225	MESSAGE FUNCTION, CODED	자료 항목
4343	RESPONSE TYPE, CODED	자료 항목

(4) Element 예시 설명

위의 예시는 BGM(Beginning Message) Segment의 Element 구조이다. 표에 기재된 Element 번호는 UN/EDIFACT 표준의 Element 코드로 복합 자료 항목의 경우 영문자 1자리 + 숫자 3자리가 더해진 4자리의 코드로 표현된다.

소자료 항목(Component Element)과 자료항목(Data Element)은 숫자 4자리의 코드로 표현이 된다.

3) Transaction Message

Transaction Message는 각기 다른 의미를 가진 Segment들의 집합이다.

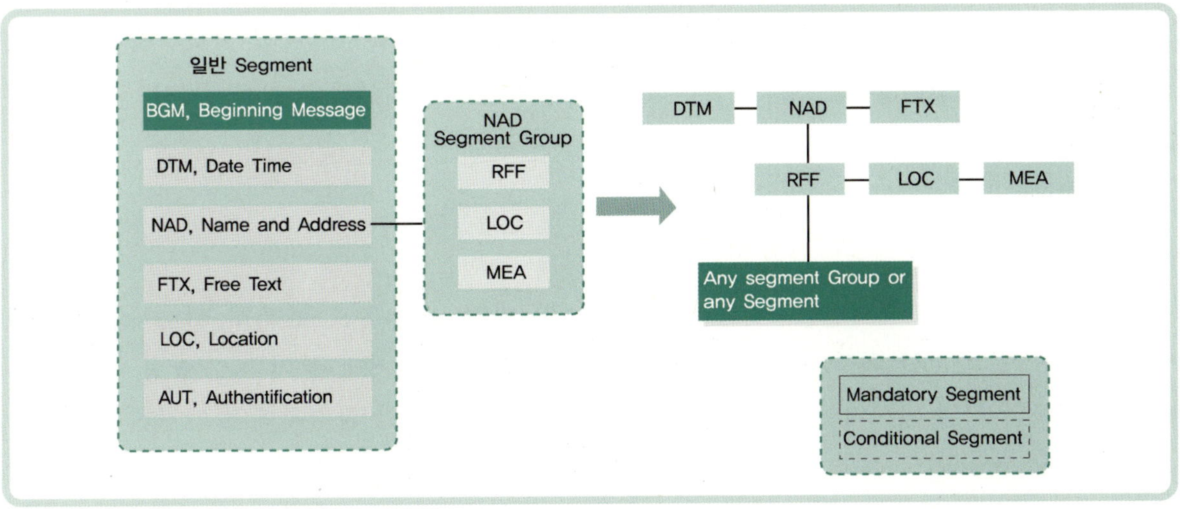

위의 그림과 같이 BGM(Beginning Message) Segment를 시작으로 업무적인 정보를 표현하기 위한 Segment를 조합하여 Transaction Message를 만든다.

Transaction Message내의 Segment는 사용자가 임의로 조합하여 구성할 수도 있으나, 국가간 또는 기업간 전자문서 교환을 위해서는 상호 호환되는 메시지가 유통되어야 하므로, UN/EDIFACT(UN 전자문서교환표준) 또는 KEDIFACT(한국전자문서교환표준)에서 표준으로 제정한 전자문서를 사용한다.

국내의 경우 UN/EDIFACT에서 표준으로 배포한 전자문서를 기반으로 국내 실정에 맞게 조정한 KEDIFACT 전자문서를 이미 수백 종 이상 제정하여 각 업무 도메인별로 사용하고 있다.

제3절 ebXML

1 개요

1) XML(Extensible Markup Language)[21]

하이퍼텍스트 생성 언어(HTML) 기능을 확장할 목적으로 월드 와이드 웹 컨소시엄(WWW Consorsium)에서 표준화한 페이지 기술언어를 말한다.

HTML에서 사용되는 연결(link) 기능 등을 확장함과 동시에 표준 범용 문서생성 언어(SGML)를 인터넷용으로 최적화한 것으로 사용자가 태그를 정의할 수 있도록 보이는 화면에 추가하여 구조화된 데이터의 전달도 가능하도록 한 것이 큰 특징이다. 웹서비스의 기본언어로 사용되며, 전자화된 문자와 그래픽, 오디오, 비디오 등 멀티미디어 데이터를 교환, 저장, 응용 처리할 수 있게 한다.

2) ebXML[22]

전자상거래를 위해 국제연합산하 UN/CEFACT와 민간 비영리 IT 표준화 컨소시엄인 오아시스(OASIS)가 개발한 확장성 생성언어(XML) 기반의 전자상거래 분야의 개방형 표준이다. 듀XML은 모든 거래 당사자들이 상호 운용성과 일관성이 확보된 환경하에서 안전하게 전자상거래 정보를 사용할 수 있는 개방형 기반구조를 제공하는 데 목표를 두고 있다. 1999년부터 개발을 시작해서 2001년 5월 11일 오스트리아 빈 회의에서 확정되었다.

21) 출처: 한국정보통신기술협회(http://www.tta.or.kr/index.jsp)
22) 출처: 한국정보통신기술협회(http://www.tta.or.kr/index.jsp)

주요 특징은 다음과 같다.

- 단순한 비즈니스 문서교환을 넘어선 비즈니스 프로세스 모델 역할을 할 수 있다.
- 개별 사업자간에 동일한 의미로 자주 사용되는 요소들을 핵심 구성요소로 정의한 후 참여자 자신이 실제 필요한 부문에 독자적으로 구축할 수 있다.
- 산업별 저장소뿐만 아니라 개별적인 저장소의 운영도 가능하다.

2 전자문서 표준

1) 국내표준

정보통신산업진흥원(NIPA; National IT Industry Promotion Agency, 구 한국전자거래진흥원(KIEC))에서 정한다.

- 국내 XML 전자문서 개발 지침(v3.0)
- 라우팅 정보 지침
- KIEC XML CC Library

2) 국제표준

- Core Component Technical Specification, UN/CEFACT TMG, 2003
- XML Naming & Design Rules, UN/CEFACT ATG, 2004
- UN/CEFACT Modeling Methodology, UN/CEFACT TMG, 2002
  - (구)산업자원부고시 제2008-1호(한국전자문서표준 제정)에 의해 전자무역 관련 105종 전자문서가 국내 표준으로 고시되었음.

◉ 산업자원부고시 제2008-1호

전자거래기본법 제21조제5항 및 동법시행령 제9조제2항의 규정에 의하여 한국전자문서표준위원회의 의결을 거쳐 제정된 전자문서표준을 동법시행령 제10조제5항에 따라 다음과 같이 고시합니다.

2008년 1월 10일

산업자원부장관

구분	번 호	문 서 명	버전
가. 무역부문 전자문서표준(KECS) 25종			
제정	KECS200710000001	원산지증명신청서	1.0
〃	KECS200710000002	원산지증명신청	〃
〃	KECS200710000003	오류통보서	〃
〃	KECS200710000004	상업송장증명신청서	〃
〃	KECS200710000005	상업송장증명서	〃
〃	KECS200710000006	수입승인 신청서	〃
〃	KECS200710000007	수입승인 변경신청서	〃
〃	KECS200710000008	수입변경 신청서	〃
〃	KECS200710000009	양허관세추천서	〃
〃	KECS2007100000010	양허관세추천신청서	〃
〃	KECS2007100000011	양허관세추천연장신청서	〃
〃	KECS2007100000012	할당관세추천연장신청서	〃
〃	KECS2007100000013	할당관세추천서	〃
〃	KECS2007100000014	할당관세추천신청서	〃
〃	KECS2007100000015	전기용품안전인증확인서	〃
〃	KECS2007100000016	전기용품안전인증확인신청서	〃
〃	KECS2007100000017	사료수입신고서	〃
〃	KECS2007100000018	사료수입필증	〃
〃	KECS2007100000019	수입사료검정의뢰서	〃
〃	KECS2007100000020	수입사료검정결과서	〃
〃	KECS2007100000021	부적합통지서	〃
〃	KECS2007100000022	관세감면추천신청서	〃
〃	KECS2007100000023	관세감면추천서	〃
〃	KECS2007100000024	한/칠레 FTA협정관세추천신청서	〃
〃	KECS2007100000025	한/칠레 FTA협정관세추천서	〃
나. 해상운송부문 전자문서표준(KECS) 3종			
제정	KECS2007100000026	컨테이너추적정보	1.0
〃	KECS2007100000027	차량추적정보	〃
〃	KECS2007100000028	화물반출입신고서	〃

구분	번 호	문 서 명	버전
다. 외환금융부문 전자문서표준(KECS) 57종			
제정	KECS2007100000029	신용장통지	1.0
〃	KECS2007100000030	신용장조건변경통지	〃
〃	KECS2007100000031	신용장양도신청	〃
〃	KECS2007100000032	신용장양도처리통지서	〃
〃	KECS2007100000033	선적서류매입신청서	〃
〃	KECS2007100000034	선적서류매입(추심)처리결과통지서	〃
〃	KECS2007100000035	신용장교부취소통지서	〃
〃	KECS2007100000036	원본교부내역통지서	〃
〃	KECS2007100000037	시스템오류에 의한 취소문서	〃
〃	KECS2007100000038	신용장수령거절	〃
〃	KECS2007100000039	신용장확인요청	〃
〃	KECS2007100000040	신용장확인결과통지	〃
〃	KECS2007100000041	대외전문발신요청서	〃
〃	KECS2007100000042	대외전문발송처리결과통지	〃
〃	KECS2007100000043	하자동의서제출요청서	〃
〃	KECS2007100000044	하자동의서제출서	〃
〃	KECS2007100000045	수출입금결과수신문서	〃
〃	KECS2007100000046	수출입금결과수신	〃
〃	KECS2007100000047	수출부도결과수신서	〃
〃	KECS2007100000048	수수료납부내역문서	〃
〃	KECS2007100000049	선적서류매입(추심)예약	〃
〃	KECS2007100000050	선적서류매입(추심)내역취소	〃
〃	KECS2007100000051	무역금융취급내역통지	〃
〃	KECS2007100000080	지급지시서	〃
〃	KECS2007100000081	수입어음할인내역통지서	〃
〃	KECS2007100000082	선적서류도착통지서(무신용장방식)	〃
〃	KECS2007100000083	입금통지서	〃
〃	KECS2007100000084	출금통지서	〃
〃	KECS2007100000085	계산서	〃
라. 육상운송부문 전자문서표준(KECS) 6종			
제정	KECS2007100000086	화물인도지시서	1.0
〃	KECS2007100000087	화물인도지시발급신청서	〃
〃	KECS2007100000088	화물인도동의서	〃
〃	KECS2007100000089	보세운송요청동의서	〃

제16666호 관 보 2008.1.10.(목요일)

구분	번 호	문 서 명	버전
제정	KECS2007100000090	자가운송신청서	1.0
〃	KECS2007100000091	배차요청서	〃
마. 통관부문 전자문서표준(KECS) 6종			
제정	KECS2007100000092	수출신고수리필정보	1.0
〃	KECS2007100000093	수출통관의뢰서	〃
〃	KECS2007100000094	수출통관응답	〃
〃	KECS2007100000095	수입시신고수리필정보	〃
〃	KECS2007100000096	수입통관의뢰서	〃
〃	KECS2007100000097	수입통관응답서	〃
바. 보험부문 전자문서표준(KECS) 8종			
제정	KECS2007100000098	수출보험선적통지서	1.0
〃	KECS2007100000099	수출보험결과통지서	〃
〃	KECS20071000000100	신용조사의뢰서	〃
〃	KECS20071000000101	신용조사통보서	〃
〃	KECS20071000000102	적하보험청약신청서	〃
〃	KECS20071000000103	적하보험증권발급통지서	〃
〃	KECS20071000000104	적하보험배서청약서	〃
〃	KECS20071000000105	적하보험배서발급통지서	〃

* 위 고시의 세부내용은 한국전자거래진흥원의 전자거래중앙등록저장소(REMKO, http://www.remko.or.kr)에서 검색 또는 다운로드받아 사용할 수 있습니다.

부 칙

이 고시는 고시한 날부터 시행한다.

3 XML의 구성

1) XML 선언부

문서버전과 encoding, 독립성 여부를 지정하며 반드시 문서의 첫 번째 라인에 위치해야 한다.

2) XML 요소(Element)

하나의 최상위 요소(Root Element)와 하위 요소로 구성되어 있어 XML에서는 시작태그로 시작해서 종료태그로 끝나며, 이 사이에 요소컨텐츠를 표기한다.

3) XML 속성(Attribute)

요소 내에 정보나 데이터를 표현하기 위한 방법으로 시작 태그의 일부로 표현한다.

4) XML 주석

```
<?xml version="1.0" encoding="UTF-8"?>     ........ XML 선언부

<!-- XML 문서 구조 -->                      ........ XML 주석

<booklist>                                 ........ XML 요소 : 최상위 요소
  <book id=100>                            ........ XML 속성
    <title>XML 기초</title>                 ........ XML 요소 : 하위 요소
    <author>KTNET</author>
  </book>
</booklist>
```

4 XML Schema[23]

1) 의미

XML문서 구조를 서술한 XML문서로서 실제 유통되는 XML전자문서의 원형이다.

XML Schema

```
<?xml version="1.0" encoding="UTF-8"?>
<xsd:schema xmlns:xsd="http://www.w3.org/2001/XMLSchema">
  <xsd:element name="author" type="xsd:string"/>
  <xsd:element name="book">
    <xsd:complexType>
      <xsd:sequence>
        <xsd:element ref="title"/>
        <xsd:element ref="author"/>
      </xsd:sequence>
      <xsd:attribute name="id" type="xsd:byte"/>
    </xsd:complexType>
  </xsd:element>
  <xsd:element name="booklist">
    <xsd:complexType>
      <xsd:sequence>
        <xsd:element ref="book"/>
      </xsd:sequence>
    </xsd:complexType>
  </xsd:element>
  <xsd:element name="title" type="xsd:string"/>
</xsd:schema>
```

→ XML

```
<?xml version="1.0" encoding="UTF-8"?>
<booklist
xmlns:xsi="http://www.w3.org/2001/XMLSch
ema-instance"
xsi:noNamespaceSchemaLocation="http://w
ww.abc.net/book.xsd ">
<booklist>
  <book id="100">
    <title>XML 기초</title>
    <author>KTNET</author>
  </book>
</booklist>
```

23) https://www.w3.org/standards/xml/schema.html 참조

2) XML Schema와 XML문서의 연결

유통되는 XML전자문서의 유효성을 판단하는 데 활용된다.

```
<?xml version="1.0" encoding="UTF-8"?>
<booklist
 xmlns:xsi="http://www.w3.org/2001/XMLSchema-instance"
 xsi:noNamespaceSchemaLocation="http://www.abc.net/book.xsd ">
......(하략)......
```

인스턴스 Namespace URI
XML Schema 위치
XML

5 ebXML

1) 구성요소

구성요소	설 명
비즈니스프로세스 (BusinessProcess)	다양한 비즈니스 거래절차에 대한 내용을 표준화된 방법으로 모델링해 시스템이 자동으로 인식, 처리할 수 있도록 하는 표현방법에 대해 규정한다.
핵심 컴포넌트 (CoreComponents)	비즈니스에서 교환되는 전자문서(메시지)를 이루는 항목을 미리 잘 정의해 재사용 가능하도록 표준화 작업을 한다.
등록저장소 (Registry/Repository)	거래상대자들에 의해 제출된 정보를 저장하는 안전한 저장소이며, 등록기는 이들 정보의 메타데이터를 등록시켜 놓은 등록소이다.
거래당사자 (TradingPartners)	비즈니스 거래 당사자에 대한 각종 정보 및 협업을 위한 프로파일을 통일된 규칙으로 표현하며, 이러한 내용을 CPP(협업 규약 프로파일, collarboration protocal profile: 거래당사자의 정보), CPA(협업 규약 약정서, collarboration profile agreement: 거래상대자들 간의 협약)로 표현한다.
전송, 교환 및 패키징 (Transport/RoutingandPackaging)	ebXML메시지서비스를 제공하여 메시지를 상호운용성과 보안을 유지하면서 어떻게 전달할 것인가에 대한 표준을 정립한다.

2) 활용효과

(1) 컴포넌트 재활용[24)]

- 문서 개발을 위해 중복되는 시간과 비용이 절약된다.
- 문서의 구성이 표준화되어 있다.

24) https://www.w3.org/standards/xml/components 참조

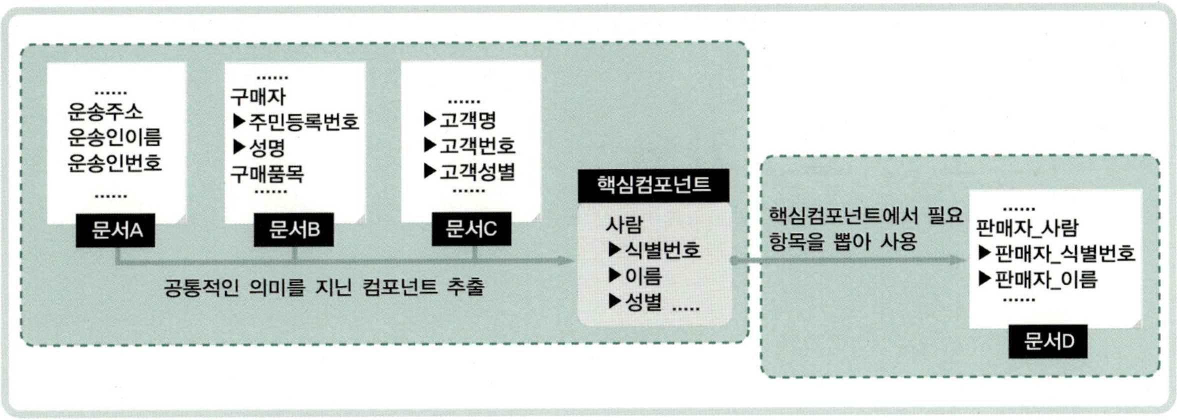

(2) 비즈니스 프로세스 활용

유사한 업종이나 사업의 형태를 가지고 있는 업체가 신규로 XML서비스를 개발할 때 이미 개발된 전자문서를 참조 및 활용하여 자기의 비즈니스 프로세스로 적용할 수 있다.

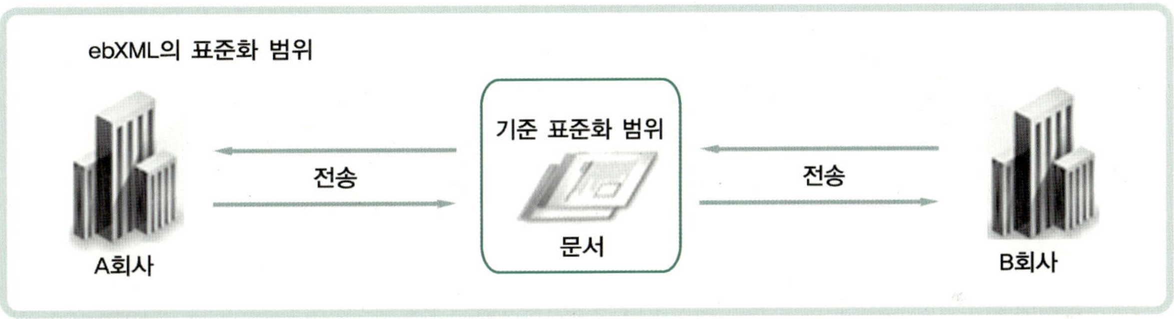

제12장

서비스보안-요소기술

제1절 통신보안

1 SSL(Secure Socket Layer)

웹 표준 암호화 통신으로서 웹서버와 웹브라우저간 정보를 암호화 해주는 방식이다. KTNET이 구축한 uTradeHub(https://www.utradehub.or.kr), e-B/L Korea(https://www.eblkorea.or.kr)와 같이 SSL은 http가 아닌 https라는 통신채널을 사용한다.

- 인터넷 망을 이용한 거래시 가장 많이 사용되는 보안 Protocol이다.
- 통신시, 양단의 구간 데이터 암호화 및 신원 인증기능을 가진다.

일반통신시 전송되는 데이터 → ID guest PASSWD 12345

SSL 통신시 전송되는 데이터 → NsReYUdw + QpLkeDxWdMgb

주의 실제 SSL 프로토콜은 더 복잡한 과정을 거치나 이해하기 쉽게 표현한 그림이므로 유의

2 VPN(Virtual Private Network, 가상사설망)

공중망(Public Network)와 달리 인터넷 네트워크를 통해 특정회사가 관련 집단만 사용이 가능하도록 네트워크를 구축하는 기술을 말한다. 일반적으로 회사 내부의 워킹그룹, 금융망 등이 있다. 통신규격으로는 L2TP(Layer 2 Tunneling Protocol), Open VPN, PPTP(Point to Point Tunneling Protocol) 및 SSTP(Secure Socket Tunneling Protocol)가 있다.

3 e-Nego 전자서명 및 암호화

1) 개요

e-Nego 상의 주요 전자문서는 신원확인 및 부인방지를 위해 PKI 기반의 공인전자서명 및 암호화(Encryption)를 해야 한다. e-Nego 서비스를 이용하고자 하는 무역업체는 공인인증기관을 통하여 법인 공인인증서를 발급받아서 특정문서에 전자서명을 한 후에 전송해야 한다.

[표 12-1] 전자서명 및 암호화 대상 문서

No.	전자문서 한글명	전자문서 영문명	송신자	수신자	전자서명	암호화
1	선적서류매입(추심)신청의뢰서	eNegoApplicationRequest	무역업체	uTH	○	○
2	선적서류매입(추심)신청의뢰확인	eNegoApplicationRequestConfirmation	무역업체	uTH	○	X
3	선적서류매입(추심)신청의뢰취소	eNegoApplicationRequestCancel	무역업체	uTH	○	X
4	선적서류매입(추심)보완통지의뢰서	eNegoComplementAdviceRequest	무역업체	uTH	○	○
5	선적서류매입(추심)신청취소	eNegoApplicationCancel	무역업체	은행	○	X

처리 프로세스는 아래와 같다.

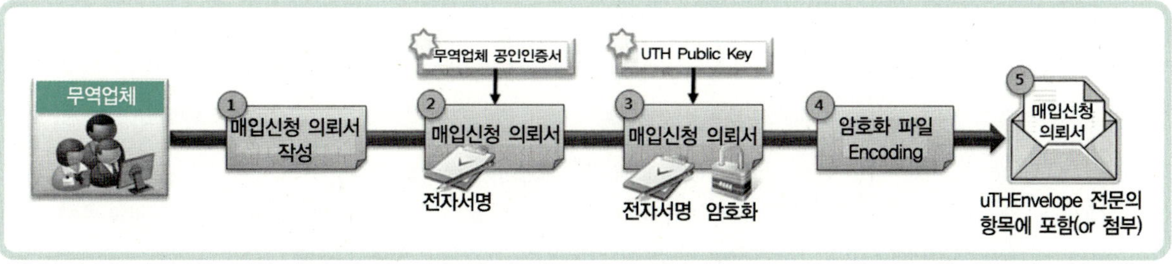

- 무역업체는 매입신청의뢰서를 작성한다.
- 공인인증 기관에서 발급받은 법인 전자서명용 개인키로 전자서명을 한다.
- 전자서명된 XML을 uTradeHub의 암호화용 공개 인증서로 암호화(encryption) 한다.

- uTradeHub 암호화용 공개 인증서는 uTradeHub의 사이트에서 다운 받을 수 있다. (http://www.utradehub.or.kr/etp/cert/kmCert.der)
- 암호화는 국내표준(한국정보보호진흥원, 구 KISA)인 SEED 블록 암호화 알고리즘을 사용한다.

■ 암호화된 Encrypted Data를 BASE64 Encoding한다.

■ 인코딩된 매입신청의뢰서를 UTHEnvelope XML에 첨부한다.

[표 12-2] UTHEnvelope을 사용하는 전자문서

문서 한글명	문서 영문명
선적서류매입(추심) 신청 의뢰서	eNegoApplicationRequest
선적서류매입(추심) 보완통지의뢰서	eNegoComplementAdviceRequest
적하보험 청약신청서	APPCIP
적하보험 배서청약서	APPEND

4 e-Nego 전자서명 검증 및 복호화

메시지 주체에 대한 신원확인과 송/수신 보안을 위해 적용하였다. 대상은 수출환어음 매입 관련 주요 전자문서이다.

처리 프로세스는 아래와 같다.

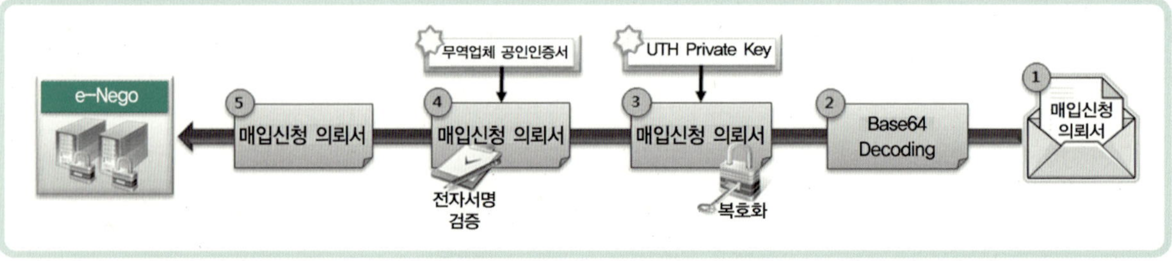

단 계	비 고
① uTHEnvelope 수신	• 매입신청 의뢰서를 작성하여 XML을 생성
② Base64 Decoding	• uTHEnvelope의 Binary Object 항목을 Decoding하여 암호화 파일 추출
③ 매입신청 의뢰서 복호화	• XML Decryption을 하여 매입신청 의뢰서 추출 • uTradeHub Private Key로 SEED Key를 복호화하여 전자문서 복호화 함
④ 전자서명 검증	• 무역업체의 공개 Key로 매입신청 의뢰서의 전자서명 유효성 검증
⑤ uTHEnvelope에 포함(or 첨부)	• uTHEnvelope의 Binary Object 항목에 Encoding된 항목을 Value로 입력

제2절 문서보안

1 PKI(Public Key Infrastructure, 공개키기반구조) 전자서명

공개 키 알고리즘을 통한 암호화 및 전자서명을 제공하기 위한 복합적인 보안 시스템 환경을 말한다.

[표 12-3] PKI 파일

파일명	기 능
SignCert.der	전자서명용 인증서(서명 알고리즘, 공개키, 발급자 정보 등)
SignPri.key	전자서명용 개인키
kmCert.der	암호화(encryption)용 인증서
kmPri.key	복호화(decryption) 개인키

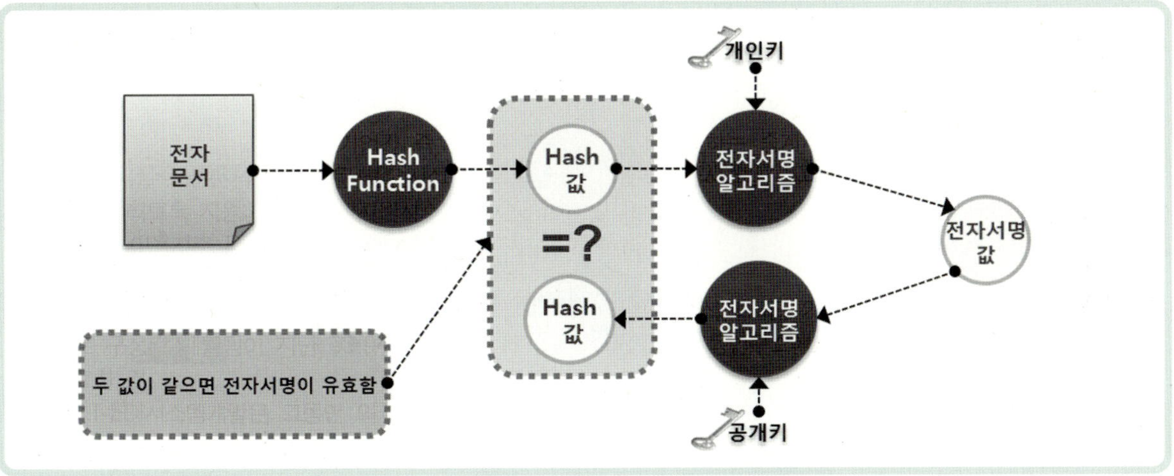

2 2D 바코드

문서의 내용을 2차원 바코드 이미지로 표현해서 문서에 삽입하는 기술로 내용의 변조 여부는 Barcode 스캔을 통해서 확인할 수 있고 보안성이 매우 높다. 반면에 바코드가 문서의 내용을 담고 있어서 문서가 클 경우 바코드의 이미지 사이즈가 커지는 문제가 있고 바코드 스캔 솔루션 및 일부 특성을 타는 스캐너 등 기술적인 문제도 존재한다.

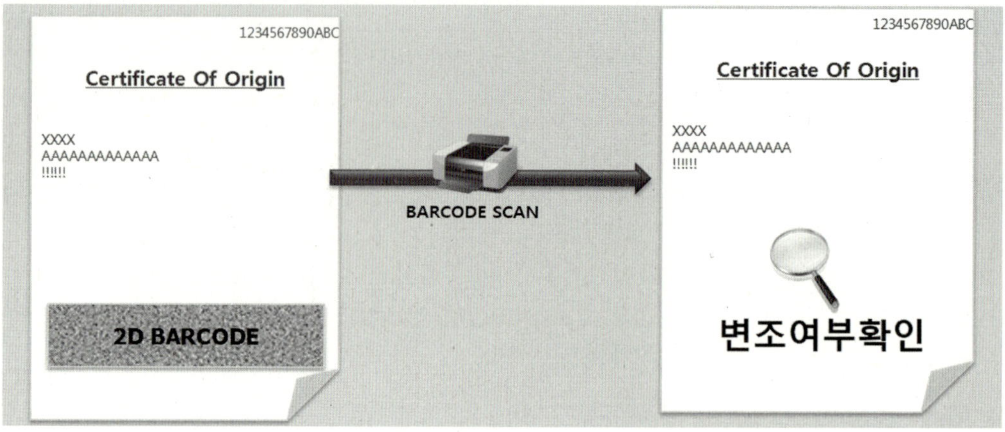

3 워터마크

문서의 뒷면(background)이 특정 위치에 Water-Mark 이미지를 삽입하여 복사시에 Water-Mark 부분이 진하게 돌출되어 보이게 하거나 원본과 다르게 표현되도록 하는 기술이다. 그러나 출력물의 위/변조 방지에 대한 완벽한 보증을 보장하지는 못한다.

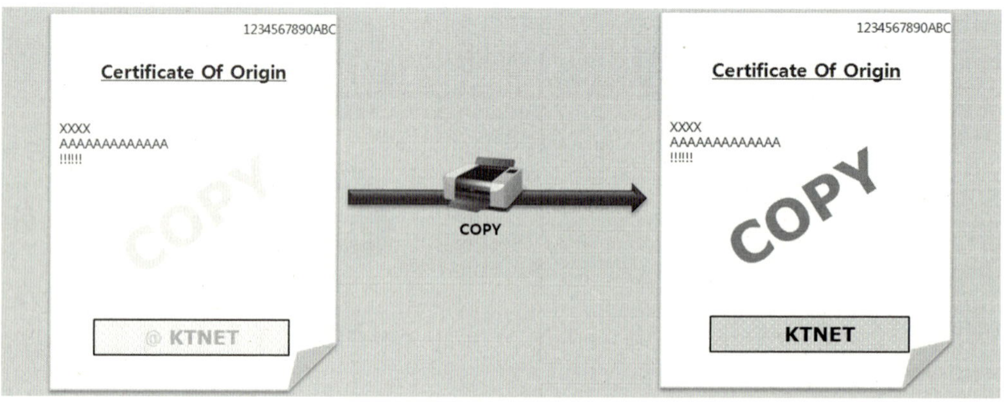

주의 출력물의 위/변조 방지는 현실적으로 어려우며 위/변조를 쉽게 할 수 있느냐 어렵게 할 수 있느냐의 차이임

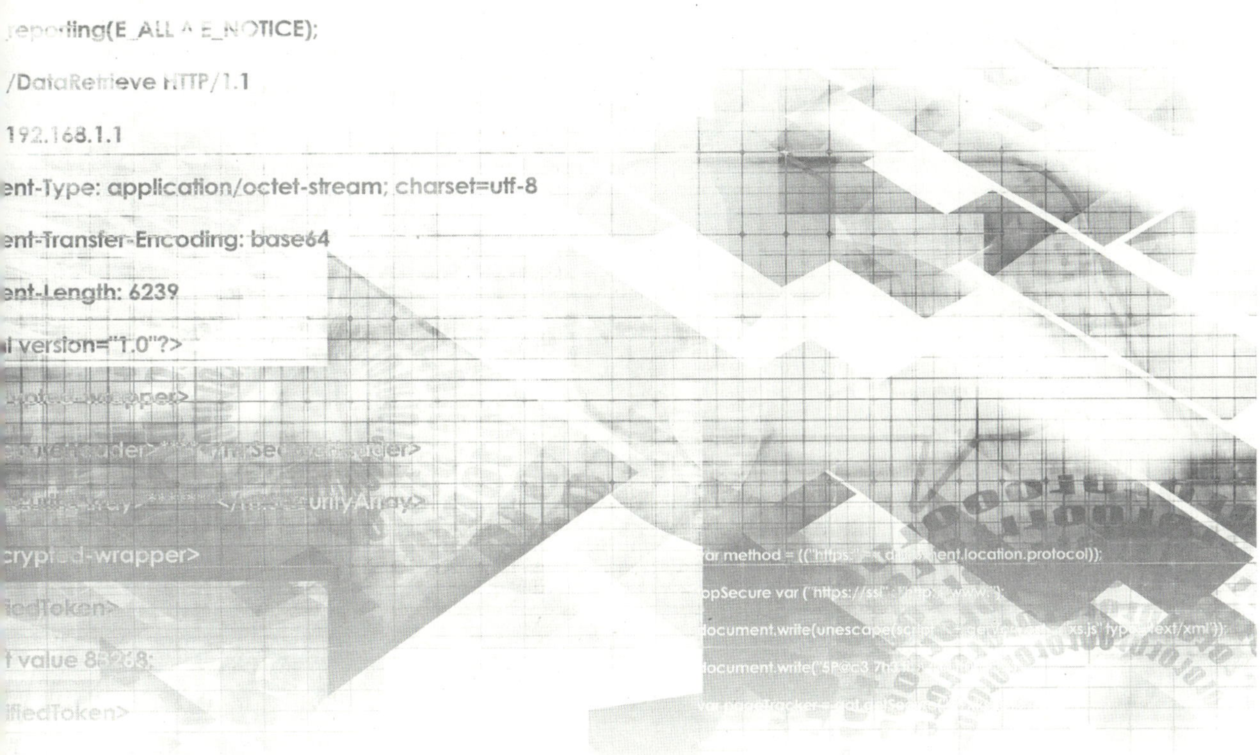

제4부

전자무역·물류 법·제도

제13장

전자무역관련 국내법·제도

제1절 개 요

전자무역이 활성화되기 위해서는 상관습(비즈니스), 기술, 법·제도 기반이 필요하다. 「대외무역법」에서 전자무역을 '무역의 전부 또는 일부가 컴퓨터 등 정보처리능력을 가진 장치와 정보통신망을 이용하여 이루어지는 거래'로 정의한 바 있고, 「전자무역 촉진에 관한 법률」에서는 전자무역을 '무역의 일부 또는 전부가 전자무역 문서로 처리되는 거래'로 정의하고 있다. 따라서 전자무역에서는 컴퓨터, 정보처리능력, 정보통신망, 전자무역문서 등 기술적인 기반이 요구되는 것을 알 수 있다.

전자무역 관련법 제정 이유에서 볼 수 있듯이 전자무역 문서의 표준화, 전자무역의 업무효력 인정, 전자문서 유통에 따른 법적 안정성 확보 등을 위해 전자무역 관련 법·제도가 반드시 뒷받침 되어야 한다. 하지만 전자무역을 활용하는 주체가 기업들이기 때문에 전자무역의 확산은 법·제도만으로 가능한 것이 아니고 전자무역을 활용하는 상관습(비즈니스) 또한 자리를 잡아야 한다.

우리나라는 「전자무역 촉진에 관한 법률」, 「대외무역법」, 「무역거래기반 조성에 관한 법률」 등에서 전자무역에 관한 법적 근거가 마련되어 있다. 또한 전자무역은 전자상거래와 밀접한 관련이 있으므로 전자상거래와 관련된 법·제도의 적용을 받는다. 전 세계 선진국들과 국제기구들은 적극적으로 전자무역과 전자상거래 관련 법·제도를 마련하고 있다. 이는 제14장에서 다루기로 한다.

우리나라는 전자무역 관련 법·제도 선진국이라 할 수 있다. 이미 1991년에 「무역업무자동화촉진에관한법률」을 신규 제정하였고 2005년에 「전자무역촉진에 관한 법률」로 전부 개정하였다. 「대외무역법」에서는 2001년에 전자무역을 법적 용어로 규정하였다. 2000년에 신규 제정된 「무역거래기반 조성에 관한 법률」에서는 전자무역 체제를 중요한 무역거래 기반으로 정의하고 효율적이고 체계적인 전자무역 체제 구축을 위한 근거를 마련하였다.

[그림 13-1] 전자무역 촉진에 관한 법률과 관련법 간의 관계(2015년 기준)

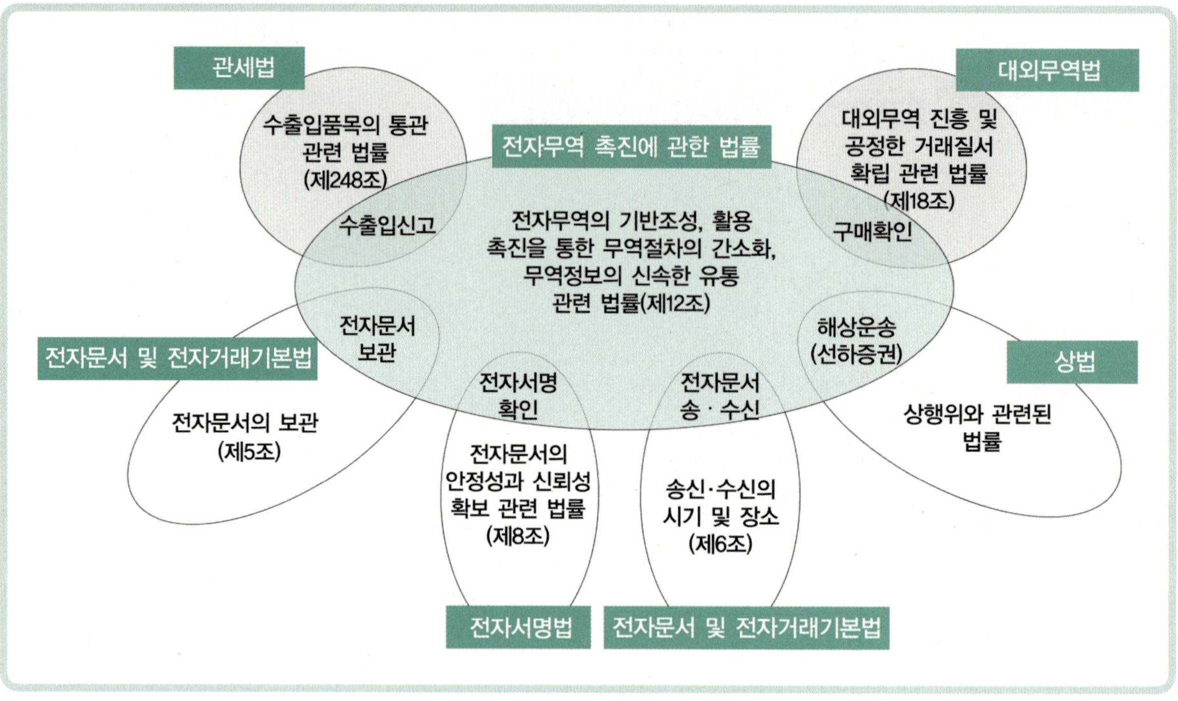

우리나라는 1999년에 「전자거래 기본법」과 「전자서명법」을 신규 제정하였고 「전자거래 기본법」은 2012년부터 「전자문서 및 전자거래 기본법」으로 개정되었다. 이 법들은 전자상거래 관련법이지만 전자무역 활성화도 뒷받침하고 있다. 이 외에도 「상법」의 전자선하증권 규정, 전자문서를 이용한 외환업무를 가능하게 한 「외국환거래법」, 「관세법」의 해외 직접구매 관련 내용 등도 우리나라 전자무역 활성화에 기여하고 있다.

제2절 전자무역관련 국내법·제도 현황

우리나라 정부는 변화하는 무역환경에 대처하고 기업들이 전자무역을 활용하는 가운데 혹시 있을 법·제도적 어려움을 없애기 위해 지속적으로 전자무역 관련 법규의 제·개정을 진행하고 있다. 그 동안 우리나라에서 제·개정된 전자무역 관련 법규는 다음 표와 같다.

[표 13-1] 국내 전자무역 관련 법률(2015년 기준)

법·제도	주요내용	전자무역 관련 내용	소관부처
전자무역 촉진에 관한 법률	• 전자무역 기반 조성 • 무역절차 간소화 • 무역정보의 신속한 유통	• 전자무역 촉진 추진체계 • 전자무역기반사업자, 기반시설 • 전자무역문서	산업통상자원부 (무역정책과)
대외무역법	• 통상의 진흥 • 수입수량 제한조치 • 수출입의 질서 유지	• 전자무역 기본개념 • 전자적 형태의 무체물	산업통상자원부 (무역정책과)
무역거래기반 조성에 관한 법률	• 전자무역체제, 무역정보, 무역 전문인력 등 조성	• 전자무역거래기반의 구축을 촉진하기 위한 각 사업	산업통상자원부 (무역정책과)
전자문서 및 전자거래 기본법	• 전자문서 및 전자거래의 법률관계 • 전자문서 및 전자거래의 안전성과 신뢰성	• 전자문서의 효력 및 보관 • 공인전자문서센터와 공인전자문서중계자	미래창조과학부 (인터넷제도혁신과), 법무부 (상사법무과),
전자서명법	• 전자서명에 관한 기본적인 사항	• 공인인증기관, 공인인증서 • 전자서명의 효력	미래창조과학부 (정보보호정책과)
상 법	• 기업적 생활관계에 관한 특별사법	• 전자선하증권 규정	법무부 (상사법무과)
외국환거래법	• 외국환거래의 자유 보장, 시장기능 활성화	• 전자문서를 이용한 외환업무	기획재정부 (외환제도과)

1 전자무역 촉진에 관한 법률

「전자무역 촉진에 관한 법률」(전자무역법)은 우리나라의 현재 전자무역을 완성하도록 뒷받침한 법이다. 1991년에 신규 제정되었던 「무역업무자동화촉진에관한법률」이 인터넷 기반의 전자무역 인프라를 구축하고 무역 프로세스를 근본적으로 혁신하기 위해 2005년에 「전자무역 촉진에 관한 법률」로 명칭을 변경하고 전면 개정되었다.

「전자무역 촉진에 관한 법률」은 "전자무역의 기반을 조성하고 그 활용을 촉진하여 무역절차의 간소화와 무역정보의 신속한 유통을 실현하고 무역업무의 처리시간 및 비용을 줄임으로써 산업의 국제 경쟁력을 높이고 국민경제의 발전에 이바지함을 목적으로 한다(제1조)."

이 법의 주요 내용은 전자무역 촉진 추진체계, 전자무역기반사업자와 기반시설의 이용, 전자무역문서 관련 규정 등이다.

현재 「전자무역 촉진에 관한 법률」 제6조 제1항 및 동법 시행령 제7조 제2항에 의거하여 한국무역정보통신(KTNET)이 전자무역기반사업자로 지정(2006. 12.)되어 있다.

2 대외무역법

「대외무역법」의 주요 내용은 통상의 진흥, 수출입 거래, 원산지 표시, 수입수량 제한조치,

수출입의 질서유지 등으로 구성되어 있다. 「대외무역법」 제2조에서 "무역이란 물품, 용역, 전자적 형태의 무체물(無體物)의 수출과 수입을 말한다"고 새롭게 정의하여 전자무역의 확산을 뒷받침하고 있다.

「대외무역법」 제15조에서 "대외무역 통계시스템 및 전자문서 교환체계 등 과학적 무역업무의 처리기반을 구축하기 위하여 노력하여야 한다"고 규정하고 있고 동 시행령 제23조에서는 "산업통상자원부장관이 고시한 바에 따라 용역이나 전자적 형태의 무체물 수출입 사실을 확인" 할 수 있도록 규정하고 있는데 현재 한국무역협회에서 수출입확인서 발급을 담당하고 있다.

「대외무역법」은 구매확인서의 신청·발급에 관한 내용을 담고 있고 이에 따라 현재 외국환은행 및 전자무역기반사업자(KTNET)가 구매확인서 온라인 발급을 담당하고 있다. 국내 소비자들이 해외 인터넷 쇼핑몰에서 상품을 직접 구매하는 소비행위인 해외직구가 널리 퍼지고 있는 현실을 반영하여 「대외무역법」 하위 규정인 「대외무역 관리규정」에서 자가 사용을 위한 전자상거래 수입승인 면제를 가능하게 하고 있다.

3 무역거래기반 조성에 관한 법률

「무역거래기반 조성에 관한 법률」(무역거래기반법)은 "무역거래의 기반을 효율적·체계적으로 조성하여 균형있는 무역거래의 확대와 국민경제의 발전에 이바지함을 목적으로 한다(제1조)". 이 법에서 무역거래 기반의 정의 중 '전자무역 체제'가 포함되어 있으며(제2조 제1항), 전자무역 거래를 '인터넷 등 정보통신망을 통하여 수행하는 무역거래'로 정의하고 있다(제4조 제2항). 하위 법으로 「무역거래기반 조성에 관한 법률 시행령」을 두고 있는데 전자무역기반사업자, 즉 한국무역정보통신(KTNET)이 전자무역체제 기반조성을 담당하는 주관기관임을 명시하고 있다. 시행령 제8조의3에 의하면 산업통상자원부장관은 전자무역 거래와 관련된 관계 중앙행정기관의 장에게 전자무역 거래촉진 계획의 수립을 요청하고 종합계획을 수립하여야 한다.

4 전자문서 및 전자거래 기본법

UN과 ICC(국제상업회의소)의 전자상거래 입법례를 토대로 1999년에 「전자거래 기본법」이 최초 제정되었고 2012년에 「전자문서 및 전자거래 기본법」(전자문서법)으로 명칭이 개정되었다. 이 법은 "전자문서 및 전자거래의 법률관계를 명확히 하고 전자문서 및 전자거래의 안전성과 신뢰성을 확보하며 그 이용을 촉진할 수 있는 기반을 조성함으로써 국민경제의 발전에 이바지함을 목적으로 한다(제1조)". 이 법에서 '전자문서'는 "정보처리시스템에 의하여 전자적 형태로 작성, 송신·수신 또는 저장된 정보"로 정의하고 있다(제2조 제1호). 이 법은 전자문서의 법적 효력을 강력하게 인정하고 있다. "전자문서는 다른 법률에 특별한 규정이 있는 경우를 제외하고는 전자적 형태로 되어 있다는 이유로 문서로서의 효력이 부인되지 아니한다(제4조 제1항)".

5 전자서명법

「전자서명법」은 UNICITRAL 「전자서명에 관한 모델법」을 기초로 1999년에 제정되었다. 이 법은 "전자문서의 안전성과 신뢰성을 확보하고 그 이용을 활성화하기 위하여 전자서명에 관한 기본적인 사항을 정함으로써 국가사회의 정보화를 촉진하고 국민생활의 편익을 증진함을 목적으로 한다(제1조)". 「전자서명법」은 공인인증기관, 공인인증서, 인증업무의 안전성 및 신뢰성 확보, 전자서명 인증정책의 추진 등에 관하여 법적 근거를 마련하고 있다. 이를 통해 전자무역에 있어서 가장 중요한 전자문서의 안정성과 신뢰성을 확실히 보증하고 있다. 현재 「전자서명법」에 의한 우리나라 공인인증기관은 한국무역정보통신(KTNET), 한국정보인증(KICA), 코스콤(KOSCOM), 금융결제원(KFTC), 한국전자인증(KECA)으로 총 5개 기관이다.

6 상법의 전자선하증권 규정

무역서류 중에서 가장 중요한 운송관련 유가증권인 선하증권의 전자화가 가능해야 전자무역이 보다 완전해진다. 2007년에 개정된 「상법」 제862조에 전자선하증권(e-B/L) 관련 규정을 두어서 선하증권을 전자화할 수 있는 기초를 마련하고 상세한 내용은 「상법의 전자선하증권 규정의 시행에 관한 규정」으로 위임하도록 하고 있다. 운송인이 송하인 또는 용선자의 동의를 받아 법무부장관이 지정하는 등록기관에 등록을 하는 방식으로 전자선하증권을 발행할 수 있고 이는 서면선하증권과 동일한 법적 효력을 갖는다.

상법 제862조 및 「상법의 전자선하증권 규정의 시행에 관한 규정」 제4조의 규정에 따라 한국무역정보통신(KTNET)이 전자선하증권 등록기관으로 지정(2008. 9.)되어 있다.

제3절 전자무역 촉진에 관한 법률

「전자무역 촉진에 관한 법률」은 싱글윈도우[1] 전자무역 플랫폼인 uTradeHub 구축 등 전자무역 혁신계획을 뒷받침하기 위해 탄생하였다. 「무역업무자동화촉진에관한법률」 하에서는 상역과 외환업무 위주로 무역자동화가 진행되었지만 「전자무역 촉진에 관한 법률」은 통관·물류·결제업무까지 포함하여 적용 범위가 확대되었다. 또한 전자무역기반사업자를 단일 전담사업자로 지정하도록 하였다.

1) 무역업체가 단일창구를 통하여 관련 문서를 일괄 처리할 수 있도록 하는 시스템

「전자무역 촉진에 관한 법률」은 "전자무역의 기반을 조성하고 그 활용을 촉진하여 무역절차의 간소화와 무역정보의 신속한 유통을 실현하고 무역업무의 처리시간 및 비용을 줄임으로써 산업의 국제경쟁력을 높이고 국민경제의 발전에 이바지함을 목적으로 한다".[2)]

이 법의 주요 내용은 제1장 총칙, 제2장 전자무역 촉진 추진체계, 제3장 전자무역기반사업자, 제4장 전자무역 기반시설의 이용 등, 제5장 전자무역 문서의 보관 및 증명, 제6장 전자무역문서의 이용 촉진, 제7장 전자무역 문서의 보안 및 관리, 제9장 전자무역 기술개발의 추진 등, 10장 보칙, 제11장 벌칙으로 구성되어 있다.

「전자무역 촉진에 관한 법률 시행령(전자무역법 시행령)」, 「전자무역촉진에 관한 법률 시행규칙(전자무역법 시행규칙)」을 하위 법으로 두고 있고 주요 내용은 다음 표와 같다.

[표 13-2] 전자무역 촉진에 관한 법률 주요 내용

법	주요 내용
전자무역 촉진에 관한 법률	• 전자무역 촉진 추진체계 • 전자무역기반사업자 • 전자무역기반시설의 이용 • 전자무역문서의 보관 및 증명 • 전자무역문서의 이용 촉진 • 전자무역문서의 보안 및 관리 • 전자무역 기술개발의 추진
전자무역 촉진에 관한 법률 시행령	• 전자무역기반사업자의 지정기준, 지정절차, 업무, 과징금 • 전자무역기반시설의 접속 요청자, 전자무역문서 표준화 • 전자무역문서의 보관 및 증명을 위한 증명서 발급방법 및 절차
전자무역 촉진에 관한 법률 시행규칙	• 전자무역기반사업자의 지정기준 중 동일한 자가 소유하거나 사실상 지배하는 주식의 범위 • 전자무역기반사업자의 지정 신청, 지정취소 및 사업정지처분의 기준

1 '무역자동화'에서 '전자무역'으로

'무역자동화'라 함은 무역업자와 무역유관 기관이 무역관련 법령 및 당사자간 계약에서 정한 무역업무를 전자문서 교환방식으로 행하는 것을 말한다.[3)] 무역업무 자동화는 폐쇄적인 EDI를 통해 1대 1로 무역문서를 제출하는 개념이었다. 「전자무역 촉진에 관한 법률」에서는 '무역자동화'라는 용어를 '전자무역'으로 바꾸고 무역의 일부 또는 전부가 전자무역 문서로 처리되는 거래로 정의하였다. 이로 인해 인터넷을 통한 전자문서의 제출도 포함하는 포괄적이고 개방적인 전자무역이 가능해졌다.

---

2) 「전자무역 촉진에 관한 법률」 제1조
3) 「무역업무자동화촉진에관한법률」 제2조 제1항.

2 적용 범위

상역·외환 업무에 집중되어 있던 무역자동화를 모든 무역절차에 적용되는 전자무역으로 확대하기 위해 「전자무역 촉진에 관한 법률」에서는 무역업자, 무역관련 법령, 무역관계기관의 범위를 확대 적용하였다. 이 법은 "다른 법률에 특별한 규정이 있는 경우를 제외하고 모든 전자무역에 적용한다(제3조)."

'무역업자'를 "무역거래자로서 무역관계기관에 무역관련법령 등에 따라 신청·신고·보고하는 자"로 정의하였다. '무역관계기관'이란 "무역업자에게 무역관련법령 등에서 정하는 무역관련 업무를 제공하거나 승인, 면허, 인증, 신고의 수리 등을 하는 기관"을 말한다(제2조 제2, 제3항).

3 전자무역기반사업자와 기반시설의 이용

무역업자와 무역관계기관이 직접 전자무역 시스템을 개발하고 운영하려면 막대한 투자비용이 필요하다. 「전자무역 촉진에 관한 법률」에서는 전자무역기반 사업자와 기반시설을 지정할 수 있도록 하였다. "산업통상자원부장관은 대통령령으로 정하는 바에 따라 「전기통신사업법」 제2조 제8호에 따른 전기통신 사업자로서 자본금·인력·기술력 등 대통령령으로 정하는 기준에 적합한 자를 전자무역 기반업무를 수행하는 자로 지정할 수 있다(제6조)". 현재 우리나라의 전자무역기반 사업자로 KTNET(한국무역정보통신)이 유일하게 지정되어 있다.

"무역업자와 무역관계기관은 전자무역문서를 사용하여 무역업무를 하려는 경우에 전자무역기반시설을 이용할 수 있다. 다만, 전자문서의 방식으로 다음 각 호의 어느 하나에 해당하는 업무를 하는 경우에는 표준화된 전자무역문서를 사용하여 전자무역기반시설을 통하여야 한다(제12조)".

① 외국환업무 취급기관의 신용장 통지업무
② 외국환업무 취급기관의 수입화물선취보증서 발급업무
③ 외국환업무 취급기관의 내국신용장 개설업무
④ 통합공고상의 수출입요건 확인기관의 요건확인서 발급업무(세관장이 확인하는 경우는 제외)
⑤ 구매확인서 발급업무
⑥ 원산지증명서 발급업무(세관장이 발급한 원산지증명서는 제외)
⑦ 해상적하 보험증권 발급업무
⑧ 국내지사 설치신고를 한 자의 수하인(受荷人)에 대한 화물인도지시서 발급업무

이용 의무화가 어려운 경우 전자무역 기반시설을 통해 무역업자와 무역관계기관을 체계적으로 연계하여 전자무역문서의 중계·보관 및 증명 등의 업무를 수행하도록 보완하고 있다(제2조 제5호).

4 전자무역 문서

전자무역문서 표준화의 내용, 대상, 절차 등에 관한 사항을 「전자무역 촉진에 관한 법률 시행령」에서 정하고 있다. 표준화의 대상은 전자무역 기반시설에서 사용되는 전자무역 문서로 한다. 다만, 다른 법령에 따라 이미 표준화된 경우에는 다른 법령에서 정한 바에 따른다.[4)]

전자무역 활성화를 위해 무역업자 또는 무역관계기관이 전자무역 기반시설을 통하여 처리한 전자무역 문서는 종이문서와 동일한 법적 효력을 부여하고 있다. 전자무역 기반시설을 통한 전자무역문서 신청, 승인, 보관, 증명은 무역관련법령 등에서 정한 절차에 따라 처리된 문서로 본다.

전자무역 문서의 보관, 증명을 위하여 전자서명을 사용하는 경우 「전자서명법」에 따른 공인전자서명을 이용하여야 한다. 전자무역기반사업자가 증명서를 발급할 때 준수하여야 할 표준서식, 발급 방법 및 절차 등은 「전자무역촉진에 관한 법률 시행령」에서 정하고 있다.

전자무역 서류제출시 신청서는 전자문서로 모두 가능하지만 첨부서류는 전자문서로 제출하지 못하는 경우가 많다. 이를 해결하기 위해 「전자무역 촉진에 관한 법률」 제19조에서 규정한 방법은 다음과 같다.

① 첨부서류가 전자무역 기반시설에 보관되어 있는 경우 첨부서류의 제출 면제
② 첨부서류가 표준화된 전자무역 문서로 작성된 경우 신청인의 공인전자서명을 하여 제출하는 방법
③ 첨부서류가 종이문서로 작성된 경우 해당 서류의 전자사본(대통령령으로 정하는 바에 따라 전자무역 문서로 제작한 사본)에 신청인의 공인전자서명을 하여 제출하는 방법

5 전자무역 문서의 보안 및 관리

전자무역의 보안 및 신뢰가 무너지지 않도록 「전자무역 촉진에 관한 법률」은 강력한 보안규정을 두고 있다. 전자무역 문서 또는 데이터베이스에 입력된 무역정보를 위조 또는 변조하는 행위를 절대 금지하고 전자무역기반사업자 전·현직 임직원의 비밀 누설을 금지하고 있다.

전자무역 문서 및 무역정보는 비공개를 원칙으로 하고 있지만 국가의 안전보장에 위해가 없고 기업의 영업비밀을 침해하지 아니하는 경우 공개하는 규정을 신설했다(제21조).

4) 전자무역 촉진에 관한 법률 시행령, 제12조.

① 전자무역 문서의 송신인 또는 수신인이 신청한 경우
② 중앙행정기관 또는 지방자치단체가 행정목적에 필요하여 신청한 경우
③ 수사기관이 수사목적상 필요하여 신청한 경우
④ 법원의 제출명령이 있는 경우
⑤ 다른 법률에 따라 공개하도록 되어 있는 경우
⑥ 그 밖에 전자무역기반사업자의 요청에 따라 산업통상자원부장관이 특별히 공개할 필요가 있다고 인정한 경우

제4절 대외무역법의 전자무역 관련 규정

「대외무역법」은 대외무역을 진흥하고 공정한 거래질서를 확립하여 국제수지의 균형과 통상의 확대를 도모함으로써 국민 경제를 발전시키는 데 이바지함을 목적으로 1986년 제정되었다. 주요 내용은 통상의 진흥, 수출입거래, 원산지 표시, 수입수량 제한조치, 수출입의 질서 유지 등으로 구성되어 있고 「대외무역법 시행령」과 「중소기업수출지원센터의 설치 및 운영 등에 관한 규정」을 하위법으로 두고 있다.

1 전자적 형태의 무체물

전자무역의 거래 대상에는 형태가 있는 물품 이외에 용역(서비스), 전자적 형태의 무체물도 포함된다. 용역과 무체물은 전자무역 환경에서 거래 비중이 날로 늘어가는 대상이다. 대외무역법 제2조에서 "무역이란 물품, 용역, 전자적 형태의 무체물의 수출과 수입을 말한다"고 새롭게 정의하여 무역환경의 변화에 발맞추게 되었다. 본 법에서 대통령령으로 정하는 전자적 형태의 무체물은 다음과 같다(제4조).

① 소프트웨어(소프트웨어산업 진흥법에 따름)
② 부호·문자·음성·음향·이미지·영상 등을 디지털 방식으로 제작하거나 처리한 자료 또는 정보 등(산업통상자원부장관이 정하여 고시)
③ ①+②의 집합체와 그 밖에 이와 유사한 전자적 형태의 무체물(산업통상자원부장관이 정하여 고시)

2 전자적 형태의 무체물의 수출입 확인

「대외무역법」 제15조에 규정된 바에 의하면 "산업통상자원부장관은 물품 등의 수출입 거래가 질서있고 효율적으로 이루어질 수 있도록 대외무역 통계시스템 및 전자문서 교환체계 등 과학적 무역업무의 처리기반을 구축하기 위하여 노력하여야 한다."

「대외무역법 시행령」 제23조에서는 "용역이나 전자적 형태의 무체물을 수출입한 자가 수출입에 관한 지원을 받기 위하여 산업통상자원부장관에게 수출입 사실의 확인을 신청하면 수출입 확인을 받을 수 있도록 규정"하였다. 수출입확인에 필요한 세부 절차 등은 산업통상자원부장관이 정하여 고시하는데 현재 한국무역협회에 신청하면 서류심사 후 수출입 확인서를 발급하고 있다.

3 구매확인서의 신청·발급

"산업통상자원부장관은 외화획득용 원료·기재를 구매하려는 자가 부가가치세법에 따른 영(零)의 세율을 적용받기 위하여 확인을 신청하면 외화획득용 원료·기자재를 구매하는 것임을 확인하는 서류(구매확인서)를 발급할 수 있다(제18조)."

구매확인서의 신청·발급절차, 사후관리 등에 필요한 사항은 「대외무역법시행령」 제31조에서 정하고 있다. 제91조에서 산업통상자원부장관은 구매확인서의 발급 및 사후 관리에 관한 권한을 외국환은행의 장 및 「전자무역 촉진에 관한 법률」 제6조에 따라 전자무역기반사업자에게 위탁하고 있다. 「대외무역관리규정」에서 구매확인서의 신청서류, 발급신청 절차, 서식 등을 구체적으로 정하고 있다.

4 자가사용을 위한 전자상거래 수입승인 면제

「대외무역관리규정 별표 4」에 의하면 국내 거주자가 자가사용을 위하여 정보통신망 등을 이용하여 구매신청 후 대금을 지급하는 거래에 의하여 외국으로부터 우편 등으로 반입하는 물품으로서, 가격 및 수량 등 그 반입의 목적·사유에 의하여 세관장이 타당하다고 인정하는 경우 수입승인이 면제된다.

국내 소비자들이 해외 인터넷 쇼핑몰에서 상품을 직접 구매하는 소비행위인 '해외직구(海外直購)'가 널리 퍼지고 있는 현실을 반영하였다. 해외직구가 활성화된 원인은 인터넷의 발달로 인해 물리적 제약없이 온라인에서 상품을 찾기 쉬워진 데 있다. 해외직구가 대중화되고 급성장한 것은 2010년 이후로 2015년에 15억 2000만 달러까지 증가하였다.

제5절 무역거래기반 조성에 관한 법률

2000년에 제정된 「무역거래기반 조성에 관한 법률」(무역거래기반법)은 "무역거래의 기반을 효율적·체계적으로 조성하여 균형있는 무역거래의 확대와 국민경제의 발전에 이바지함을 목적으로 한다(제1조)."

이 법에서 전자무역과 관련된 내용을 풀어서 해석하자면 다음과 같다.

- 정부는 효율적·체계적인 전자무역 체제 조성을 위하여 전자무역 체제 조성에 관한 종합적인 기본시책을 마련하여야 한다(제3조 제1항).
- 산업통상자원부장관은 전자무역 체제 기반조성에 관한 계획을 수립하여야 한다(제3조 제2항).
- 산업통상자원부장관은 전자무역거래에 따른 무역거래기반조성 사업을 하는 자 및 무역거래기반조성과 관련된 기관의 장에게 기반조성 계획의 효율적인 달성을 위하여 필요한 협조를 요청할 수 있다(제3조 제4항).
- 정부는 전자무역 거래를 촉진하기 위하여 필요한 시책을 마련하여야 한다(제6조 제1항).
- 산업통상자원부장관은 전자무역 거래기반의 구축을 촉진하기 위하여 주관기관으로 하여금 다음 각 호의 사업을 하게 할 수 있다(제6조 제2항).
  - 중소기업에 대한 전자무역 거래의 확산 및 지원
  - 무역거래의 효율적이고 질서있는 수행을 위한 전산관리 체제의 개발 및 운영
  - 그 밖에 전자무역 거래기반의 구축을 위하여 필요하다고 인정되는 사업으로서 산업통상자원부령으로 정하는 사업
- 산업통상자원부장관은 무역전문 인력의 교육·훈련을 촉진하기 위하여 주관기관으로 하여금 전자무역 등 무역의 새로운 유형을 확산하기 위한 교육·훈련 사업을 하게 할 수 있다(제8조 제2항).
  - 현장 적응력이 있는 무역전문 인력의 양성을 위한 교육·훈련
  - 무역전문인력의 효율적인 양성을 위한 교육과정의 개발운영
  - 전자무역 등 무역의 새로운 유형을 확산하기 위한 교육·훈련

이 외에도 「무역거래기반 조성에 관한 법률」은 전자무역체제 기반조성을 위한 국제협력의 촉진, 자금 지원, 부담금 등의 감면, 국·공유지의 임대 및 매각, 수요조사 등의 법적 근거를 마련하고 있다.

하위 법으로 「무역거래기반 조성에 관한 법률 시행령」을 두고 있는데 무역거래 기반조성 계

획에 포함될 구체적인 사항, 무역거래 기반조성 사업의 내용, 무역거래 기반조성 사업의 주관기관을 정의하고 있다. 「전자무역 촉진에 관한 법률」 제6조 제1항에 따른 전자무역기반사업자, 즉 한국무역정보통신(KTNET)이 전자무역체제 기반조성을 담당하는 주관기관임을 명시하고 있다. 산업통상자원부장관은 전자무역거래와 관련된 관계중앙행정기관의 장에게 다음 각 호의 사항에 관한 전자무역 거래촉진 계획의 수립을 요청하고 종합하여 전자무역 거래촉진 종합계획을 수립하여야 한다.[5)]

① 국내외 무역자동화망의 구축·연계 및 운영에 관한 사항
② 전자무역거래의 원활화를 위한 인증 및 표준에 관한 사항
③ 전자무역거래의 이용증대를 위한 교육 및 홍보에 관한 사항
④ 그 밖에 전자무역거래를 촉진하기 위한 사항

제6절 국내 전자상거래 관련법규

우리나라는 「전자거래 기본법」과 「전자서명법」이 제정되기 전까지 전자상거래의 법적 근거가 미약했다. 「상법」에서 전산정보 처리조직에 의한 상업장부 등의 보존을 규정하고 있었고, 「무역업무자동화촉진에관한법률」에서 전자문서의 정의 및 효력에 관한 내용이 있었지만 전자상거래의 발전을 법률적으로 뒷받침하기 어려웠다.

우리나라 정부는 전자상거래를 행하는 당사자들로 하여금 상호 신뢰하고 안전하게 거래할 수 있도록 체계적인 법·제도를 마련하기 위해 UN과 ICC(국제상업회의소)의 입법례를 토대로 1999년에 「전자거래 기본법」과 「전자서명법」을 제정하였다. 이 두 법은 1999년 7월 1일부터 시행되어 오늘에 이르고 있고 「전자거래 기본법」은 2012년에 「전자문서 및 전자거래 기본법」으로 명칭이 개정되었다.

1 전자문서 및 전자거래 기본법

「전자문서 및 전자거래 기본법」(전자문서법)은 "전자문서 및 전자거래의 법률관계를 명확히 하고 전자문서 및 전자거래의 안전성과 신뢰성을 확보하며 그 이용을 촉진할 수 있는 기반을 조성함으로써 국민경제의 발전에 이바지함을 목적으로 한다(제1조)." 하위법으로 「전자문서

5) 「무역거래기반 조성에 관한 법률 시행령」, 제8조의3(전자무역거래촉진계획의 수립 등).

및 전자거래 기본법 시행령」과 「전자문서 및 전자거래 기본법 시행규칙」을 두고 있다. 「민법」과 「상법」 등 다른 법에 대하여 특별법적 성격을 갖고 있다.

전자문서법은 UNCTIRAL의 「전자상거래 모델법」과 유사한 점이 많지만 「전자상거래 모델법」은 EDI를 대상으로 제정되었고 전자문서법은 전자거래 전체를 대상으로 제정되었으므로 약간의 차이가 있다. 「전자상거래 모델법」은 특정 국가에 국한되는 규정을 두고 있지 않지만 전자문서법은 한국의 상황에 잘 맞는 내용으로 구성되어 있다. 동법 제40조(상호주의)에서 "외국인 및 외국법인에 대하여도 이 법을 적용한다"고 규정하여 국제법과 연관되도록 하고 있다.

이 법의 소관부처는 미래창조과학부이지만 전자상거래의 변화에 탄력적으로 대처하기 위해 대통령령으로 정하는 바에 따라 법적 권한의 일부를 소속 기관의 장 또는 지방자치단체의 장에게 위임하거나 관계 중앙행정기관의 장 또는 전문기관에 위탁할 수 있다(제39조).

「전자문서 및 전자거래 기본법」 제2장은 전자문서의 효력, 보관, 송신·수신의 시기 및 장소, 작성자가 송신한 것으로 보는 경우, 수신한 전자문서의 독립성, 수신 확인 등에 대해 규정하고 있고 「전자서명」에 관한 사항은 「전자서명법에서 따로 정하고 있다.

동법에서 전자문서는 '정보처리시스템에 의하여 전자적 형태로 작성, 송신·수신 또는 저장된 정보'로 정의하고 있다(제2조 제1호). 제4조 제1항에서 "전자문서는 다른 법률에 특별한 규정이 있는 경우를 제외하고는 전자적 형태로 되어 있다는 이유로 문서로서의 효력이 부인되지 아니한다"고 전자문서의 효력을 강력하게 인정하고 있다.

제3장은 개인정보, 영업비밀, 소비자 보호 등 전자거래의 안전성 확보 및 소비자 보호 규정을 두고 있다. 제4장은 전자문서·전자거래기본정책의 수립 및 추진체계에 관한 사항이며 제5장은 전자문서 이용 및 전자거래의 촉진과 그 기반 조성에 대한 내용이다. 전자무역에서 '공인전자문서 센터'와 '공인전자문서 중계자'가 반드시 필요한데 이 법의 제5장의2에서 법적근거를 제시하고 있고 「전자문서 및 전자거래 기본법 시행령」에서 필요한 사항을 규정하고 있다. 제6장에 전자문서·전자거래 분쟁조정 위원회의 설치 및 구성에 대한 내용이 추가되었다.

2 전자서명법

「전자서명법」은 UNCITRAL 「전자서명에 관한 모델법」을 기초로 1999년에 제정되었다. 이 법은 "전자문서의 안전성과 신뢰성을 확보하고 그 이용을 활성화하기 위하여 전자서명에 관한 기본적인 사항을 정함으로써 국가사회의 정보화를 촉진하고 국민생활의 편익을 증진함을 목적으로 한다(제1조)." 하위법으로 「전자서명법 시행령」과 시행규칙, 행정규칙이 있다. 「전자서명법」은 공인인증기관, 공인인증서, 인증업무의 안전성 및 신뢰성 확보, 전자서명 인증정책의 추진 등에 관하여 법적 근거를 마련하고 있다. 이를 통해 전자무역에 있어서 가장 중요한 전자문서의 안정성과 신뢰성을 확실히 보증하고 있다.

미국에는 「전자서명법」과 비슷한 법으로 「디지털 서명법」이 있다. 「전자서명법」은 거래당사자의 전자문서에 의한 계약체결과 계약이행에 있어서 당사자임을 보증하고 전자문서가 위조되거나 변형되지 않음을 증명하는 법적 장치이다. 「전자서명법」에서는 전자서명을 '서명자를 확인하고 서명자가 당해 전자문서에 서명을 하였음을 나타내는데 이용하기 위하여 당해 전자문서에 첨부되거나 논리적으로 결합된 전자적 형태의 정보'로 정의하고 있다(제2조 제2호).

전자서명법에서 규정한 전자서명의 효력은 다음과 같다(제3조).

① 다른 법령에서 문서 또는 서면에 서명, 서명날인 또는 기명날인을 요하는 경우 전자문서에 공인전자서명이 있는 때에는 이를 충족한 것으로 본다.
② 공인전자서명이 있는 경우에는 당해 전자서명이 서명자의 서명, 서명날인 또는 기명날인이고, 당해 전자문서가 전자서명된 후 그 내용이 변경되지 아니하였다고 추정한다.
③ 공인전자서명 외의 전자서명은 당사자간의 약정에 따른 서명, 서명날인 또는 기명날인으로서의 효력을 가진다.

신뢰할 수 있는 인증기관이 인증한 전자서명은 전자거래에 있어서 당사자들에게 확신을 주기 때문에, 미래창조과학부장관은 공인 인증업무를 안전하고 신뢰성있게 수행할 능력이 있다고 인정되는 자를 국가기관·지방자치단체 또는 법인에 한하여 공인 인증기관으로 지정할 수 있다(제4조 제1, 제2항). 「전자서명법 시행령」에서 공인 인증기관의 지정절차 기타 필요한 사항을 정하도록 하였다(제4조 제5항).

제7절 상법의 전자선하증권 규정

1 목적 및 정의

전자무역 시대를 맞이하여 선하증권에도 보완입법이 필요하게 되었다. 무역서류 중에서 가장 중요한 운송관련 유가증권인 선하증권의 전자문서화, 전자적 유통이 가능해야 완전하고 결함이 없는 전자무역이 이루어질 수 있는 것이다. 전자선하증권(e-B/L)의 법적 근거는 상법 제862조에 전자선하증권 관련 규정을 두어서 선하증권을 전자화할 수 있는 기초를 마련하고 보다 상세한 내용은 하위법인 「상법의 전자선하증권 규정의 시행에 관한 규정」으로 위임하고 있다.

2007년에 개정되고 2008년 1월 1일부터 시행된 「상법」에서는 "운송인이 서면 선하증권을 발행하는 대신에 송하인 또는 용선자의 동의를 받아 법무부장관이 지정하는 등록기관에 등록을 하는 방식으로 전자선하증권을 발행할 수 있고 서면선하증권과 동일한 법적효력을 갖는다고 규정하였다(제862조, 제1항).” 우리나라는 「전자문서 및 전자거래기본법」과 「전자서명법」 등이 시행되고 있으므로 해상운송 서류를 전자문서로 사용하기 위한 법적 근거가 이미 존재하고 있었다고 볼 수 있다. 하지만 선하증권은 유가증권이므로 전자선하증권의 발행 및 유통을 위해 별도로 「상법」에서 법적 근거가 필요한 것이다.

2 상법의 전자선하증권 규정(상법 제862조)

> ① 운송인은 제852조 또는 제855조의 선하증권을 발행하는 대신에 송하인 또는 용선자의 동의를 받아 법무부장관이 지정하는 등록기관에 등록을 하는 방식으로 전자선하증권을 발행할 수 있다. 이 경우 전자선하증권은 제852조 및 제855조의 선하증권과 동일한 법적 효력을 갖는다.

유가증권을 전자화하는 방식에는 전자등록방식과 전자증권방식이 있는데 전자선하증권(e-B/L)은 전자등록방식에 해당된다. 이 방식은 Bolero시스템에 의한 전자식 선하증권 등 국제적으로 넓게 사용되고 있다.

송하인 또는 용선자가 전자선하증권을 사용하기 어려운 상황이나 기타 이유로 전자선하증권에 동의하지 않는 경우도 있다. 이 때 운송인은 서면선하증권(書面船荷證券)을 발행해야 한다.

선하증권은 유가증권이고 유가증권의 법적 성격은 채권증권 등 다양하다. 개정 상법에서 전자선하증권의 법적 효력을 서면 선하증권과 동일하게 규정하지 않았다면 선하증권을 전자문서로 발행한다 해도 유가증권이 될 수 없는 것이다. 전자선하증권의 권리자는 기재된 내용대로 운송인에게 운송물의 인도를 요구할 수 있다. 전자선하증권의 권리양도시 운송물을 인도한 것과 똑같은 효력이 인정된다.

> ② 전자선하증권에는 제853조 제1항 각 호의 정보가 포함되어야 하며, 운송인이 전자서명을 하여 송신하고 용선자 또는 송하인이 이를 수신하여야 그 효력이 생긴다.

「상법」 제853조 제1항에 규정된 선하증권의 기재사항은 다음과 같다.

- 선박의 명칭·국적 및 톤수
- 송하인이 서면으로 통지한 운송물의 종류, 중량 또는 용적, 포장의 종별, 개수와 기호
- 운송물의 외관상태
- 용선자 또는 송하인의 성명·상호
- 수하인 또는 통지수령인의 성명·상호

- 선적항, 양륙항, 운임
- 발행지와 그 발행년월일
- 수통의 선하증권을 발행한 때에는 그 수
- 운송인의 성명 또는 상호
- 운송인의 주된 영업소 소재지

전자선하증권도 발행시에 일반 서면선하증권과 똑같은 사항을 기재해야 한다. 운송인이 전자서명을 하여 송신하고 용선자 또는 송하인이 이를 수신한다는 것은 흡사 일반적인 전자문서 방식에 의하여 전자선하증권을 발행할 수 있는 것으로 해석될 수도 있다. 그러나 「상법」 제862조 제1항과 「상법의 전자선하증권 규정의 시행에 관한 규정」에서 등록기관에 등록을 하는 방식으로 전자선하증권을 발행할 수 있는 것으로 분명히 정하고 있다. 하지만 전자선하증권의 효력은 발행시점이 아니라 용선자 또는 송하인이 등록기관에 접속하여 전자선하증권을 확인한 시점에서 생긴다. 전자선하증권을 수신하여야 그 효력이 생긴다는 규정을 둔 것은 전자선하증권 당사자간의 법률관계를 명확하게 하기 위한 목적이다.

> ③ 전자선하증권의 권리자는 배서의 뜻을 기재한 전자문서를 작성한 다음 전자선하증권을 첨부하여 지정된 등록기관을 통하여 상대방에게 송신하는 방식으로 그 권리를 양도할 수 있다.

전자선하증권의 권리자가 배서의 뜻을 기재한 전자문서를 등록기관을 통하여 상대방에게 직접 송신하는 것이 아니라, 등록기관의 전자선하증권 권리등록부(Title Registry) 접속권한을 받게 된 상대방이 직접 접속하여 전자선하증권 양도 내용을 확인하는 절차로 전자선하증권의 배서가 이루어진다.

> ④ 제3항에서 정한 방식에 따라 배서의 뜻을 기재한 전자문서를 상대방이 수신하면 제852조 및 제855조의 선하증권을 배서하여 교부한 것과 동일한 효력이 있고, 제2항 및 제3항의 전자문서를 수신한 권리자는 제852조 및 제855조의 선하증권을 교부받은 소지인과 동일한 권리를 취득한다.

여기에서도 전자문서를 상대방이 수신하면 전자선하증권의 권리가 양도되는 것처럼 해석될 수 있지만 실제로는 전자선하증권 등록기관의 권리등록부(T/R)에 배서를 해야 전자선하증권의 권리가 양도된다. 「상법의 전자선하증권 규정의 시행에 관한 규정」에서 등록시스템 방식으로 보완되어 있다.

3 상법의 전자선하증권 규정의 시행에 관한 규정

전자선하증권(e-B/L)의 등록기관의 지정요건, 발행 및 배서의 전자적인 방식, 운송물의 구체적인 수령절차와 그 밖에 필요한 사항은 본 규정(대통령령)으로 정하고 있다.[6] 본 규정은 2008년 6월 20일에 제정되었다. '전자선하증권 등록기관'은 '법무부장관의 지정을 받아 전자선하증권의 발행등록, 양도, 서면선하증권으로의 전환 및 관련 전자기록의 보존 등의 업무를 처리하는 자'로 정의하고 있다. '전자선하증권 권리등록부(T/R)'는 전자선하증권의 발행등록, 양도 및 서면선하증권으로의 전환에 관한 기재 등을 위하여 등록기관이 전자적 방식으로 관리하는 장부를 말한다(제2조 제3호).

1) 등록기관 지정요건, 지정 절차

전자선하증권 등록기관은 기술능력, 재정능력, 시설 및 장비 등 요건을 모두 갖춘 법인일 경우에 법무부장관에게 지정신청을 하여서 일정 절차를 거쳐 등록기관으로 지정된다.

2) 전자선하증권의 발행

운송인이 전자선하증권을 발행하려면 규정 제6조의 정보가 포함된 발행등록 신청 전자문서에 운송인의 공인전자서명과 송하인이 전자선하증권 발행에 동의했음을 확인할 수 있는 문서(전자문서를 포함한다)를 첨부하여 등록기관에 송신하여야 한다(제6조 제1항). 운송인은 발행등록을 신청하는 경우에 등록기관에 그 전자선하증권의 약관 내용을 송신하여야 하고 약관이 사전에 등록기관에 등록되어 있는 경우에는 생략할 수 있다(제6조 제2항). 등록기관은 발행등록 신청을 수신하면 전자등록부에 발행등록을 한 후 즉시 이를 송하인에게 전자문서로 송신하여야 한다(제6조 제3항). 전자선하증권이 발행된 경우에는 서면 운송증서를 발행할 수 없다(제6조 제4항). 그러나 전자등록부(T/R)에서 해당 전자선하증권의 등록내용이 폐쇄되었을 때 서면선하증권을 발행할 수 있다.

3) 전자선하증권의 양도

전자선하증권의 권리자가 전자선하증권을 양도하는 경우에는 배서의 뜻을 기재한 전자문서를 작성한 후 전자선하증권을 첨부하여 등록기관에 대하여 양수인에게 송신하여 줄 것을 신청하여야 한다(제8조 제1항). 양도신청 전자문서에는 전자선하증권의 동일성을 표시하는 정보, 양수인에 관한 정보, 양도인의 공인전자서명이 포함되어야 한다(제8조 제2항). 양도신청을 수신한 등록기관은 전자등록부에 양도에 관한 기재를 한 후 즉시 양수인에게 전자문서로 송신하

6) 상법, 제862조 제5항.

여야 하고 송신 사실을 즉시 양도인에게 전자문서로 통지하여야 한다(제8조 제3,4항). 전자선하증권을 양수하려는 양수인은 미리 등록기관에 성명, 주민등록번호 또는 사업자등록번호, 주소 등 자신에 관한 정보를 등록하여야 한다(제8조 제5항).

4) 전자선하증권 기재 내용의 변경

전자선하증권의 권리자가 전자선하증권 기재내용을 변경하려는 경우에는 등록기관에 전자문서로 변경 신청을 하여야 한다(제9조 제1항). 등록기관은 변경 신청을 받으면 운송인에게 즉시 전자문서로 통지하고, 운송인은 등록기관에 그 승낙 여부를 전자문서로 통지하여야 한다(제9조 제2,3항). 등록기관은 운송인으로부터 승낙 여부에 관한 통지를 받으면 즉시 그 내용을 전자선하증권의 권리자에게 전자문서로 통지하는데 운송인이 기재내용의 변경을 승낙하였으면 전자등록부 기재사항을 변경한 후 통지하여야 한다(제9조 제4항).

5) 전자선하증권에 의한 운송물 인도청구와 상환

전자선하증권의 권리자가 운송물을 인도받으려는 경우에는 운송물 인도청구의 뜻이 기재된 전자문서를 작성한 후 전자선하증권을 첨부하여 등록기관에 송신하여야 하고, 등록기관은 이를 운송인에게 즉시 전자문서로 송신하여야 한다(제10조 제1항). 운송물 인도 청구가 있으면 등록기관은 전자등록부에 해당 전자선하증권이 더 이상 양도될 수 없다는 뜻을 기재하여야 한다(제10조 제2항). 운송물 인도청구를 받은 운송인이 인도를 거절하려는 경우에는 그 뜻과 사유를 기재한 전자문서를 등록기관에 송신하여야 하고, 등록기관은 이를 즉시 운송물 인도청구를 한 전자선하증권의 권리자에게 송신하여야 한다(제10조 제3항).

등록기관을 통하여 운송물 인도청구를 받은 운송인은 청구인이 전자등록부상 전자선하증권의 권리자가 맞는지 확인한 후 운송물을 인도하여야 한다(제11조 제1항). 운송인은 운송물을 인도하면 수령인 및 인도일자를 등록기관에 전자문서로 통지하여야 하며, 통지를 받은 등록기관은 즉시 전자등록부에 기재한 후 전자등록부를 폐쇄하고 운송인과 수령인에게 전자문서로 통지하여야 한다(제11조 제2항). 운송물이 인도된 때에는 운송인에게 전자선하증권이 상환된 것으로 본다(제11조 제3항).

6) 서면선하증권으로의 전환

등록기관은 전자선하증권의 권리자로부터 전자선하증권을 서면선하증권으로 전환하여 줄 것을 요청받은 경우에는 그에게 서면선하증권을 교부하여야 한다. 이 경우 전자적 방식으로 재현된 기명날인 또는 서명은 서면선하증권의 기명날인 또는 서명으로 본다(제12조 제1항). 전자선하증권이 불가능한 국가와 거래하는 경우 등록기관의 전환·교부 및 정확성 담보를 통하여 전자선하증권을 서면선하증권으로 전환할 수 있도록 한 규정이다.

7) 전자선하증권 등의 보존

등록기관의 업무준칙에는 전자선하증권 및 그 발행·양도와 양수·전환·변경 등에 관련된 전자기록을 다음 각 기간 이상 보존하는 내용을 규정하여야 한다(제13조).

- 운송물의 인도가 이루어진 경우 인도한 날부터 10년
- 운송물의 인도가 이루어지지 아니한 경우에는 전자선하증권기록이 작성된 날부터 10년
- 서면선하증권으로 전환된 경우에는 해당 전자선하증권의 전자등록부를 폐쇄한 날부터 10년

제14장

전자무역관련 국제규범

제1절 개 요

정보통신의 급격한 발달로 서면 중심의 기존 무역관습에서 전자문서를 이용하는 전자무역이 확산되면서 서면 기반의 기존 국제무역 법·제도는 전자무역 수행에 장애요인으로 작용하고 있었다. 전자무역이 새로운 무역관습으로 자리잡을 수 있도록 선진국을 중심으로 전자상거래 관련 입법이 이어졌고 UN, ICC, OECD 등 여러 국제기구들은 「전자상거래 모델법」, 「전자서명 모델법」, INCOTERMS 개정, eUCP의 도입 등 노력을 강구하였다.

복합운송방식의 도입 등 국제운송의 발달은 화물 운송시간을 크게 줄일 수 있게 되었다. 하지만 목적지에 화물이 먼저 도착하고 서류의 도착이 늦어지는 현상이 발생함에 따라 수하인이 화물인수에 어려움을 겪는 현상도 나타났다. 이를 해결하기 위한 여러 가지 방법들이 고안되었으나 근본적인 해결책은 될 수 없었다. 그러므로 이 문제를 해결하기 위해 신속한 무역서류 처리 및 무역절차 간소화 필요성이 제기되었으며 주요 선진국의 통관절차 전산화가 계획되면서 전자무역 법·제도가 요구되기 시작하였다.

CMI(국제해법회)는 전자무역 시대에 전자선하증권(e-B/L)의 유통성을 보장하기 위하여 1990년에 '전자선하증권에 관한 규칙'을 제정하였고, ICC는 'INCOTERMS 1990'부터 EDI를 이용할 수 있는 근거를 마련하였다.

전자무역의 도입 초기에는 전자문서의 법적효력 인정이 주된 논점이었으나 이후 전자무역이 확산되면서 안정적인 전자상거래 수행과 전자무역 관습 정착을 위해 전자무역 프로세스 전반에 대한 법·제도 정돈이 요구되었다. 이에 UNCITRAL(국제무역법위원회)은 국제무역에서 전자문서, 전자서명과 관련된 법적장애를 해소하기 위해 「전자상거래 모델법」(1996년), 「전자서명 모델법」(1997년)을 제정하였다. 모델법은 각국의 전자상거래 관련 입법에 기초가 되었지만 법적 구속력이 없기 때문에 UN은 2005년에 '전자계약에 관한 국제협약을 채택'하였다.

ICC는 전자상거래의 법적 측면과 인증기관의 설립에 관한 국제적 가이드라인 필요성에 따라 디지털로 보장되는 '국제상거래의 일반관례'(GUIDEC[7])를 제정하였다. '신용장통일규칙'(UCP)을 보완할 수 있도록 '전자적 제시에 관한 신용장 통일규칙 및 관행의 보칙'(eUCP)을 제정하였다. 하지만 가이드라인에 머물러있기 때문에 전자무역의 법·제도로 작용하는 데는 한계가 있고 상관습으로 활용되고 있다.

WTO는 오랜 논의 끝에 통관절차 간소화와 통관정보의 투명성 강화를 주된 내용으로 하는 '무역원활화협정'을 2014년에 채택하였다. 우리나라는 WTO 회원국 중 9번째로 협정을 수락했으며 WTO 108개 회원국이 수락해야 협정이 발효된다.

제2절 전자무역관련 국제규범 현황

전자무역관련 국제규범은 관습적 기반과 법적 기반으로 나눌 수 있다. 국제무역관행이 국제무역 관습규범으로 이루어지려면 다음과 같은 요건을 갖추어야 한다. 첫째, 각 국가간에 일정한 무역관행이 있어야 한다. 일정한 무역거래에 대하여 국가간에 동일한 내용의 거래행위가 반복되고 계속되는 사실이 있어야 한다. 둘째, 각 국가가 앞으로도 그 무역관행을 지킬 것을 승인함으로써 그 무역관행이 사실로부터 하나의 규범으로 완성된다. 무역관행이 단순한 관습적 행위가 아니고 법·제도를 따르는 의무적인 거래행위라는 법적 확신을 각 국가가 가져야 한다. 위의 두 가지 요건을 갖추게 되면 사실로서의 국제관행으로부터 법·제도적 성격을 갖는 국제관습이 이루어진다. 현재 전자무역 관련 국제관습 규범은 다음 표와 같다.

[표 14-1] 전자무역의 관습적 기반

① 국제무역과 관련된 중요한 국제상관습 ② 전자선하증권에 관한 CMI 규칙 ③ UCP 600(신용장통일규칙), eUCP(전자적 제시에 관한 UCP 보칙) ④ INCOTERMS 2010 ⑤ GUIDEC(디지털로 보장되는 국제상거래의 일반관례)

국제법은 일반적으로 국가 상호간에 관련된 법·제도를 규정하는 것이다. 요즘에는 국제기구나 개인도 국제법상 법률관계의 당사자로 인정하는 추세이다. 국제법은 국가 상호간에 분명하게 문서로 합의된 법과 국가들의 관행을 기초로 하여 이루어지는 관습적 국제법으로 나눌

7) General Usage for International Digitally Ensured Commerce

수 있다. 문서로 합의된 조약은 조약 참가국에만 적용되기 때문에 국제사회 전반에 알맞은 것으로 인정된 국제법은 관습적 국제법으로 자리잡을 수 있다.

전자무역과 관련된 국제법은 다음 표와 같이 각 국가와 EU에서 입법한 전자상거래 관련 법률과 UN 국제무역법위원회에서 제정한 법률이 적용된다.

[표 14-2] 전자무역 관련 국제법적 기반(외국법 포함)

① UNCITRAL(UN 국제무역법위원회) - 「전자계약에 관한 국제협약」 - UNCITRAL의 「전자상거래 모델법」 - UNCITRAL의 「전자서명 모델법」 ② 미국의 법률 제정 - 「연방전자서명법」 - 각 주의 전자서명법 - 「통일전자거래법」	③ EU의 법률 제정 - 「전자상거래 준칙」 - 「전자서명 준칙」 - 독일 등 각 유럽국가의 전자서명법 ④ 일본의 법률 제정 - 「전자서명 및 인증업무에 관한 법률」 - 「개인정보보호법」 및 「e-문서법」

1 전자선하증권에 관한 CMI 규칙

CMI(국제해법회)는 해사 관련 관습과 실무를 통일하기 위한 국제 입법기관이다. CMI는 전자무역 시대에 전자선하증권(e-B/L)의 유통성을 보장하기 위하여 1990년에 전자선하증권에 관한 규칙을 제정하였다. 이 규칙은 발전된 해상운송방식에 선하증권의 유통이 따라가지 못하는 선하증권의 위기를 극복하기 위하여 채택되었다. 전자선하증권은 전자문서 중 제일 구현하기 어렵지만 이 규칙이 선도적으로 제정된 덕분에 국내·외 전자선하증권 법·제도가 정착할 수 있었다. 볼레로(Bolero)는 이 규칙을 실현시킨 상용서비스이다.

2 ICC(국제상업회의소)의 전자무역 규칙

ICC는 신용장통일규칙(UCP) 제5차 개정부터 전자문서와 전자서명의 효력을 기본적으로 인정하였다. 전자무역 확산으로 인해 제대로 된 전자신용장 규범이 필요하게 되었는데 ICC는 새로운 UCP의 제정보다는 UCP의 내용을 보충하는 수준의 '전자적 제시에 관한 신용장 통일규칙 및 관행의 보칙' 즉 eUCP를 제정하였다. 현재 eUCP 버전은 1.1이며 UCP 600의 보칙이다.

ICC는 무역거래에서 발생하는 오해와 분쟁을 방지하기 위해 다양한 무역거래조건을 조사하여 정형화한 국제규칙, 즉 INCOTERMS를 주기적으로 발표하고 있다. INCOTERMS 1990부터 EDI를 이용할 수 있는 근거가 마련되었고, INCOTERMS 2010에서 모든 거래조건에서 당사자 간의 합의에 따라 전자문서로 대체할 수 있도록 규정하였다.

ICC는 전자상거래의 법적측면과 인증기관의 설립에 관한 국제적 가이드라인 필요성에 따라 디지털로 보장되는 국제상거래의 일반관례(GUIDEC)을 제정하였다. GUIDEC에서 전자서명을 주로 공개키 기반구조(PKI)로 설명하고 있지만 다양한 전자서명 방식도 수용할 수 있는 여지를 두고 있다.

3 UN 국제무역법위원회(UNCITRAL)

UNCITRAL은 각 나라 법률의 차이로 인해 일어나는 국제무역상의 장애요인을 없애기 위해 UN산하에 설치된 국제무역법위원회이다. 1996년에 「전자상거래 모델법」을 제정하였는데 이 법은 EDI, 전자우편에 관련된 법률적 효력 문제를 중심으로 다루고 있다. 모델법이기 때문에 법적 구속력은 없으며 이 법은 우리나라 「전자거래 기본법」의 기초가 되었다. 1997년에는 「전자서명 모델법」이 추가로 발표되었다.

모델법이 법적 구속력이 없는 관계로 UNCITRAL은 2005년에 '전자계약에 관한 국제협약'을 도출하였고 UN총회에서 채택되었다. 2008년에 우리나라는 협약에 서명하였으며 현재 우리나라를 포함한 18개국이 협약에 서명하였다. 무역계약법 전반에 적용될 수 있는 전자상거래 관련 국제법·제도로서의 기반이 마련된 것이므로 모델법보다 한 단계 더 발전한 것으로 평가할 수 있다.

4 기타 국제기구

WTO(세계무역기구)는 1998년 제네바 각료회의에서 '세계전자상거래에 관한 선언'을 채택한 이후 산하 위원회에서 본격적인 전자상거래 논의를 진행하였다. 논의 결과에 대한 회원국들의 합의를 이끌어낼 수는 없었지만, 2001년 이후 도하 뉴라운드에서 전자상거래도 중요한 검토과제로 포함되었다. 그 이후 통관절차 간소화와 통관정보의 투명성 강화를 주된 내용으로 하는 '무역 원활화 협정'이 2014년 채택되었다. 우리나라는 WTO 회원국 중 9번째로 협정을 수락했으며 WTO 108개 회원국이 수락해야 협정이 발효된다.

한편 선진국 중심인 OECD의 전자상거래 논의 결과가 전자상거래 법·제도를 선도하고 있다. OECD의 전자상거래에 관한 논의 중 특징은 민간업계의 적극적인 참여이다. 이미 1980년대부터 전자상거래에 관한 논의를 시작하였고 1998년 캐나다 오타와 전자상거래 각료회의 선언문 채택과 이에 따른 실행계획은 21세기 전자상거래 방향을 주도하였다.

APEC(아시아·태평양경제협력체)은 전자상거래의 중요성을 인정하고 1990년에 APEC 산하에 추진팀을 구성하여 국제협력을 논의해 왔다. APEC 정상회의 선언문에 "전자상거래의 중요성을 인식하고, 모든 APEC 회원국들이 전자상거래로 이익을 얻을 수 있도록 법·제도적 장치를 만들어 나갈 것"을 발표하였다. APEC은 다른 국제기구와 중복된 논의를 피하고 다른 국제기구의 논의결과를 실천하는 입장에 머물러 있다.

5 주요국 전자무역 관련 법·제도

미국은 글로벌 전자상거래를 선도하는 국가이다. 정부간섭은 최소화하고 민간 부문이 전자상거래를 주도하는 큰 틀을 설정하고 전자상거래에 대한 완전한 무관세를 주장한다. 미국의 「통일전자거래법」은 현재 미국 47개 주에서 채택하였다. 전자기록과 전자서명을 서면기록과 동일한 유효성을 가지도록 각 주의 법에 표준을 제공하는데 이 법의 목적이 있다. 전자서명에 관련된 내용은 「연방전자서명법」과 각 주의 「전자서명법」에 규정되어 있다. 한편 미국은 전자서명의 인증을 공인인증기관과 비공인인증기관에 동시에 허용하도록 법·제도를 두고 있다.

EU는 각 회원국의 공동 전략으로 미국의 전자상거래 선도에 대응하고 있다. EU는 2000년에 각 회원국이 국내법으로 이행해야 할 '전자상거래 준칙'과 '전자서명 준칙'을 제정하였다. EU의 전자상거래 관련 법·제도는 민간의 자율규제 원칙 하에서 필요시 EU의 규제를 받도록 정하고 있다. EU는 온라인으로 모든 거래가 처리되고 제품이 전송되는 전자상거래에 대한 무관세는 동의하지만, 조세회피나 탈세를 방지하기 위해 물리적으로 배송되는 전자상거래의 무관세는 반대하고 있다.

제3절 주요국 전자무역 관련 법·제도

1 미국

미국은 1993년 10월에 '전자상거래를 활용한 연방조달효율화'를 발표하였고 1997년 7월에 '글로벌 전자상거래 기본틀'을 선언하면서 전자상거래, 전자무역을 통한 자유무역을 구체화하였다. 미국은 전자상거래에 적용되는 5개 원칙을 천명하였는데 정부간섭은 최소화하고 민간부문이 전자상거래를 주도하도록 하는 것이 그 핵심이다. 미국은 WTO 회의를 통해 전자상거래에 대한 완전한 무관세를 주장하고 전자상거래와 관련한 세금제도 신설에 반대하고 있다.

미국의 「통일전자거래법(Uniform Electronic Transactions Act: UETA)」는 미국 통일주법전국위원회(National Conference of Commissioners on Uniform State Laws: NCCUSL)에 의해 제안되어 현재 미국 47개 주에서 채택하였다. 전자기록과 전자서명을 서면기록과 동일한 유효성을 가지도록 각 주의 법에 표준을 제공하는데 이 법의 목적이 있다. 「통일전자거래법」은 전자기록과 전자서명에 유효성을 부여하기 위한 것이지 계약에 관련된 법은 아니다. 그리고 전자서명에 관련된 내용은 「연방전자서명법」과 각 주의 「전자서명법」에 규정되어 있다.

전자서명 가이드라인(ABA digital signature guidelines)은 미국 변호사협회(ABA)에서 1996년에 제정하였고 플로리다주와 유타주를 포함한 미국 일부 주에서 채택하고 있다. 2000년에는 미국 「연방전자서명법(Electronic Signatures in Global and National Commerce Act: E-Sign Act)」이 제정되었는데 전자상거래에 있어서 전자서명, 전자기록, 전자계약의 법적 효력, 유효성, 집행력이 부인되지 않도록 하기 위한 것이다. 미국 각 주의 전자서명에 관한 법이 통일되지 않아서 생기는 문제를 극복하기 위해 「연방전자서명법」에서 통일된 표준을 규정하였다. 한편 미국은 전자서명의 인증을 공인인증기관과 비공인인증기관에 동시에 허용하도록 규정하고 있다.

2 EU(유럽연합)

EU는 각 회원국의 공동 전략으로 미국의 전자상거래 선도에 대응하고 있다. EU는 1997년 4월 '유럽 전자상거래 전략'을 채택하고, 2000년 5월에 EU 각 회원국이 국내법으로 이행해야 할 '전자상거래 준칙'과 '전자서명 준칙'을 제정하였다. EU의 전자상거래 관련 법·제도는 민간의 자율규제를 기본규칙으로 하고 있지만 어떤 부분에서는 EU의 규제를 받도록 정하고 있다. 그러므로 EU의 전자상거래 환경은 미국에 비해 어느 정도 제한적인 전자상거래 자유화 환경으로 볼 수 있다. EU는 온라인으로 모든 거래가 처리되고 제품이 전송되는 전자상거래에 대한 무관세는 동의하지만, 조세회피나 탈세를 방지하기 위해 물리적으로 배송되는 전자상거래의 무관세는 반대하고 있다. 소비자 피해구제는 소비자 거주지 국가의 법·제도에 따를 것을 권고하고 있다.

EU에서의 전자서명에 관한 논의는 1997년 유럽위원회가 EU내 각 기관에게 보낸 통신, 전자서명 및 암호화를 위한 유럽골격에서 본격적으로 시작되었다고 할 수 있다. 이러한 '1997년 전자서명 골격'은 전체 제4부와 부속서로 구성되어 있다. 제2부에서는 전자서명에 대한 설명과 인증기관 및 법적 문제점 등을 다루고 있고, 제3부에서는 암호화에 대한 규제방안을 다루고 있으며, 제4부에서는 공동체 수준에서의 전자서명과 암호화에 대한 제안을 하고 있다.

또한 유럽위원회에서는 '1997년 전자서명 골격'을 바탕으로 1998년에 '전자서명을 위한 공동골격지침'을 제안하였다. 동 지침은 총 15개의 조항과 2개의 부속서로 구성되어 있다. 그 후 동 지침은 1999년 4월 29일 유럽위원회가 수정 제안하였고, 동년 6월 28일 EU이사회에서 공동입장을 채택하였으며, 동년 11월 30일 EU통신위원회가 2차 수정안을 승인함으로써 유럽에서의 전자서명에 대한 법적 기초를 확고히 하였다. 그 후 2000년 1월 19일에 동 지침은 관보에 게재됨으로써 그 효력을 발휘하였다.

EU 국가중 독일은 1997년에 「디지털 서명법」을 제정하였고 2000년에 「전자서명법」으로 명칭을 변경하였다. 이탈리아(1998년), 오스트리아(2000년) 등도 「전자서명법」을 제정하였다.

3 일본

일본은 우정성(현재 총무성에 통합됨)을 중심으로 사이버 비즈니스 협의회, 전자우편협의회와 공동으로 전자상거래의 국제 상호접속 실험추진(Integrated Next Generation Electronic Commerce Environment Project: INGECEP)을 진행하였다. 통산성에서는 전자상거래추진협의회(ECOM·Electronic Commerce Promotion Council of Japan)을 결성하고 차세대 e비즈니스 핵심과제로 'RFID'와 '트레이서빌리티(이력관리)'를 확정하고 대대적인 육성을 꾀하고 있다.

일본은 2000년에 「전자서명 및 인증업무에 관한 법률」을 제정하였고 2004년에 「개인정보보호법」 및 「e-문서법」을 제정하였다.

제4절 국제기구에서의 전자무역 관련 법·제도

1 WTO(세계무역기구)

WTO(World Trade Organization)는 세계무역질서를 수립하고 다자간 무역협정(Round)의 이행을 감시하는 국제기구이다. WTO는 국가간 무역분쟁에 대한 중재판결권이 있고 세계 무역자유화를 위한 준사법적 권한과 구속력을 행사한다. 2015년 10월 현재 총 161개국이 회원국이며 우리나라는 1995년 1월 1일 WTO설립협정 발효시 가입하였다.

1) 전자무역에 있어서 WTO의 역할

1998년 2월 WTO 일반이사회에서 미국이 전자상거래의 무관세화를 제안하면서 전자상거래 문제가 WTO에서 본격적으로 논의되기 시작하였다. WTO 사무국은 '전자상거래와 WTO의 역할'이라는 연구보고서를 발간하였으나 WTO 회원국들은 각자 상반된 의견을 내놓기 시작했다.

1998년 5월 WTO 제네바 각료회의에서는 '세계 전자상거래에 관한 선언'을 채택하였다. 그 내용의 핵심은 전자상거래와 관련된 포괄적인 프로그램을 수립하되 각 이사회에서 개별 논의하도록 한 것이다. 상품무역이사회, 서비스무역이사회, 지적재산권이사회, 무역개발위원회 등 산하 위원회에서 본격적인 전자상거래 논의를 진행하였다.

산하 위원회가 논의 결과를 보고서로 만들어 일반이사회에 제출하고 1999년 11월 WTO 시애틀 각료회의에 보고되었으나 회원국들의 합의를 이끌어내는데 실패하였다. 하지만 전자상거래 이슈에 대한 중요성을 인식하는 계기가 되었고 그 이후 WTO 내에서 전자상거래 관련 작업을 계속하고 있다. 2001년 11월 WTO 도하(카타르) 각료회의에서 뉴라운드 출범을 선언하였는데 전자상거래도 중요한 검토과제로 포함되었다.

2) 무역원활화협정

무역원활화협정(Trade Facilitation Agreement)은 통관절차 간소화와 통관정보의 투명성 강화를 주된 내용으로 2004년 WTO 회원국 간에 협상 시작 후 2013년 12월 협상 타결, 2014년 11월 채택되었다. 우리나라는 WTO 회원국 중 9번째로 무역원활화협정을 수락했다. 무역원활화협정은 WTO 108개 회원국이 수락해야 발효된다. 제1절과 제2절 다수의 조항에서 전자무역과 관련된 내용들이 들어있다. 인터넷 기반 전자문서는 정보와 문서의 흐름을 빠르게 하며 시간과 비용을 아낄 수 있으므로 적극적으로 활용할 것을 권하는 내용이다.

이 협정은 무역규제의 투명성 제고, 수출입 통관절차, 화물의 통과 및 세관협력 등 무역의 원활하고 효과적인 흐름을 확보하기 위한 각 회원국의 의무를 규정하고 있다. 우리나라에서 제안한 싱글윈도우, 위험관리, 물품 평균 반출시간 측정·공표 등이 큰 폭으로 반영되었다. 개발도상국은 자국 실정에 따라 유예기간을 선택할 수 있다.

무역원활화협정에서 다루는 서류 및 관련 업무는 신용장개설 및 통지, 수출입승인 및 요건확인, 수출보험, 적하보험, 원산지증명, 선적요청 및 선하증권 발급, 수출입신고, 대금결제 등 계약체결 이후 업무가 대부분이다. 선하증권, 상업송장, 포장명세서, 보험증서, 원산지증명서, 검사증명서 등 중요한 무역서류들을 전자화하고 활용할 수 있는 기반이 마련된 것이다.

2 OECD(경제협력개발기구)

경제협력개발기구(Organization for Economic Cooperation and Development: OECD)는 회원국의 경제성장과 금융안정을 촉진하고 세계경제발전에 기여하는 목적으로 1961년 설립된 정부간 협력기구이다. OECD는 서방 선진국 모두가 회원으로 가입되어 있고 1990년대 이후 문호를 개방하여 우리나라는 1996년에 29번째 회원국이 되었다. 2015년 현재 회원국은 총 34개국이다.

전자상거래는 선진국 주도로 발전하고 있기 때문에 자연스럽게 OECD회원국 중심의 전자상거래 논의 결과가 전자상거래 법·제도를 선도하고 있다. OECD의 전자상거래에 관한 논의 중 특징은 민간업계의 적극적인 참여이다. OECD의 민간자문기구인 기업 및 산업 자문위원회(Business and Industry Advisory Committee: BIAC)가 중요한 역할을 담당하고 있다.

OECD는 이미 1980년대부터 개인정보보호와 정보이동의 자유 등 전자상거래에 관한 논의를 시작하였다. 1997년 전문가그룹 보고서에서 전자상거래의 유용성과 정부정책의 방향, 암호화정책 지침을 제시하였다. 1998년 캐나다 오타와 전자상거래 각료회의 선언문 채택과 이에 따른 실행계획은 21세기 전자상거래 방향을 주도하였다. 1999년 파리 전자상거래 포럼에서는 'OECD 전자상거래 소비자 보호가이드라인'에 합의하였다. 2001년 두바이 전자상거래 포럼에 OECD 비회원국과 시민단체가 참가하여 정보격차의 해소와 전자상거래 기반 조성에 대하여 논의하였다.

[표 14-3] OECD 오타와 전자상거래 각료회의 선언문

선언문	내 용
전자상거래에서 소비자보호에 관한 각료선언	전자상거래 소비자도 물리적 거래와 동등한 보호를 받아야 함
세계정보통신망상에서의 프라이버시 보호에 관한 각료선언	온라인 환경에서도 1980년 'OECD 프라이버시 보호지침'이 적용되어야 함
전자상거래 인증에 관한 각료선언	기술중립적이고 비차별적인 전자인증제도 개발 합의
전자상거래의 조세 프레임워크 승인	전자상거래가 기존 거래와 비교하여 더 불리하지 않은 조세대상이 되어야 함
기 타	소비세는 소비지국에서 과세되어야 하고 디지털 상품은 상품의 공급으로 볼 수 없음

3 UN 국제무역법위원회(UNCITRAL)

UN 국제무역법위원회(United Nations Commission on International Trade Law: UNCITRAL)은 국제무역법의 점진적 조화와 통일을 추진하고, 국제무역에 영향을 미치는 각 나라 법률의 차이로 인해 일어나는 국제무역상의 장애요인을 없애기 위해 1966년 제21차 UN총회에서 결의 후 설치되었다. UNCITRAL 위원국은 60개국으로 구성되며 임기는 6년이고 3년마다 절반이 다시 선출된다. 워킹그룹별로 담당하는 조약과 모델법이 나누어져 있으며 워킹그룹 IV는 전자상거래에 적용될 국제규범의 발전에 힘쓰고 있다.

1) 전자상거래 모델법

UNCITRAL에서 전자상거래 작업반을 구성하여 준비한 결과 1995년 제28차 UNCITRAL 총회에서 전자상거래에 관한 모델법 초안이 마련되었다. 1996년 제29차 UNCITRAL 총회에서 「전자상거래 모델법」으로 최종 채택되었고 제85차 UN 정기총회에서 의결되었다. 이 법은 전자상거래에 관한 포괄적 법이 아니라 EDI, 전자우편에 관련된 법률적 효력 문제를 중심으로 다루고 있다. 그리고 모델법이기 때문에 법적 구속력은 없다. 이 법은 우리나라 「전자거래기본법」의 기초가 되었다. 「전자상거래 모델법」은 다음과 같은 성격을 가진다.

[표 14-4] UNCITRAL「전자상거래 모델법」의 특징

① 각 국가에서 전자상거래 관련 법을 제정할 때 기초로 삼을 수 있는 모델이므로 법적 구속력이 없고 각 국가에서 입법해야 함 ② 적용범위를 국제거래에만 한정시키고 있지 않지만 국내거래를 제외하고 싶으면 각 국가에서 입법시 규정을 둘 수 있음 ③ 상업적 거래에만 적용하는 것으로 규정하고 있지만 각 국가는 입법을 통하여 공공거래에 적용할 수 있음 ④ 전자문서 대신 데이터메시지라는 용어를 사용함. 전자우편 등 자유로운 형식의 전자상거래도 인정함 ⑤ 데이터메시지에 의한 계약성립을 법적으로 인정함

2) 전자서명 모델법

UNCITRAL은「전자상거래 모델법」의 후속 작업으로 디지털서명과 인증기관의 문제를 다음 의제로 채택할 것에 합의하였다. 1997년 UNCITRAL 전자상거래작업반 제31차 회의에서 '디지털서명 및 인증기관에 관한 통일규칙'을 마련하기로 의견을 모았다. 1998년 제32차 전자상거래작업반 회의에서 '전자서명에 관한 통일규칙 초안'을 발표하였다. 초안은 2001년 UNCITRAL 제34차 총회에서「전자서명 모델법」으로 채택되었다.

UNCITRAL은 각 국가에서 전자서명에 관한 법을 준비하고 있는 시점에 전자서명에 관한 원칙을 세워 글로벌 전자상거래의 기반을 마련하기 위해「전자서명 모델법」을 제정한 것이다. 인증절차의 적용 가능성, 사용자·인증기관·제3자간의 법률관계, 등록의 필요성 등이 주요 내용으로 구성되어 있다. 이 모델법은 전자서명에 관한 모든 문제에 적용되지는 않고 상거래 행위의 사법적인 측면에만 초점을 둔 것이다.

전자서명에 대한 정의를 내리면서 다양한 전자서명의 구현방식이 적용될 여지를 두고 있다. 외국 인증기관이 국내 인증기관과 같은 수준의 신뢰성을 확보했을 경우 같은 효력이 있다고 규정하여 국가간의 상호 형평성을 고려하고 있다. 우리나라의「전자서명법은」UNCITRAL「전자서명 모델법」의 주요 내용을 수용하였다.

3) 전자계약에 관한 국제협약

UNCITRAL에서「전자상거래 모델법」과「전자서명 모델법」을 제정하였지만 법적 구속력이 없기 때문에 전자계약에 관한 국제협약을 실질적인 대안으로 마련하기로 하였다. 기존 국제상거래에 적용되어 왔던 '국제 물품매매계약에 관한 UN협약(CISG)'을 전자상거래에 그대로 적용하기 어렵다는 점도 배경이 되었다. 예비초안을 기초로 실질적인 내용을 타결한 후 2005년 UNCITRAL 제38차 회의, 제60차 UN 총회에서 협약이 정식 채택되었다. 우리나라는 2008년에 협약에 서명하였으며 현재 우리나라를 포함한 18개국이 협약에 서명하였다.

이 협약의 가장 중요한 의미는 국제 전자상거래에서 발생하는 불명확성과 법적 장애를 없애는 데 있다. 전자적 계약을 위해 어떤 기술적 수단을 사용해도 법적으로 보호될 수 있도록 기

술적 중립성 원칙을 제시하였다. 국제 전자상거래에 관한 통일적인 국제법을 제정하고자 하였으므로 「전자상거래 모델법」과 「전자서명 모델법」보다 한 단계 더 발전한 것으로 평가할 수 있다.

이 협약은 기존 CISG의 전자상거래용 버전으로 볼 수 있다. 협약 초안 작성과정에서 협약 적용범위를 거래(transaction) 또는 계약(contract)으로 할지 논란이 있었으나 결국 계약으로 확정되었다. 그러므로 무역계약법 전반에 적용될 수 있는 국제법·제도로서의 기반이 마련된 것이다. 그러나 무역계약의 일반적 요건이나 당사자의 권리 의무를 전부 다루는 것이 아니라 전자적 메시지를 이용한 무역계약에만 적용된다. 이 협약에 서명한 국가는 국내 전자상거래에 관한 법·제도가 이 협약의 내용과 서로 다르지 않도록 개정할 필요가 있다.

4 APEC(아시아·태평양경제협력체)

APEC(Asia-Pacific Economic Cooperation)은 아시아·태평양 지역 국가간 경제협력의 필요성에 따라 1989년 출범하였다. 1993년부터 매년 정상회의를 개최하고 있으며 무역·투자 자유화 촉진, 신규 시장 확대에 많은 기여를 하고 있다. 우리나라는 창설 회원국이며 2015년 현재 21개 나라가 가입되어 있다.

APEC에서는 전자상거래의 중요성을 인정하고 1990년에 APEC 산하에 추진팀을 구성하여 국제협력을 논의해 왔다. APEC 전체 차원에서 전자상거래를 처음 논의한 것은 1997년이다. 캐나다 밴쿠버에서 개최된 제5차 APEC 정상회의 선언문에 "전자상거래의 중요성을 인식하고, 모든 APEC 회원국들이 전자상거래로 이익을 얻을 수 있도록 법·제도적 장치를 만들어 나갈 것"을 발표하였다.

1999년 APEC 고위관리회의에서 전자상거래 추진반을 설립하였고 2000년에 APEC 전자상거래 회의를 개최하였다. 하지만 협의체에 불과한 APEC의 특성 때문에 APEC에서의 전자상거래 논의는 한계가 있을 수밖에 없다. APEC은 다른 국제기구와 중복된 논의를 피하고 다른 국제기구의 논의결과를 실천하는 입장에 머물러 있다.

5 ICC(국제상업회의소)

ICC(International Chamber of Commerce)는 국제상업회의소의 약칭이다. 제1차 세계대전 후 1920년에 세계경제 부흥을 도모하기 위해 민간 기업인들에 의해 조직된 국제경제협력기구이다. 세계 대부분 나라의 상업회의소와 기업이 가입되어 있는 세계 최대의 민간 국제경제기구로서 무역 분야에서 기업의 활동을 촉진하고 시장경제체제의 발전을 도모한다. INCOTERMS, UCP, 추심통일규칙 등 국제무역규칙의 제정 및 보급에 큰 기여를 하고 있다.

1) eUCP(전자적 제시에 관한 UCP 보칙)

무역 대금결제 방식 중에서 널리 쓰이고 가장 안전한 방식은 신용장(L/C)이다. 신용장은 은행이 수입자의 요청으로 신용을 보증하기 위하여 수출자에게 발행하는 증서이다. 국제상업회의소(ICC)가 1933년 처음 제정 후 2006년까지 6차례 개정한 신용장통일규칙(Uniform Customs and Practice for Documentary Credits: UCP)은 무역거래에서 신용장 업무를 취급할 때의 준수사항과 해석기준을 정한 규범이다. 현재 제6차 개정된 UCP 600가 적용되고 있는데 제5차 개정부터 이미 전자문서와 전자서명의 효력을 기본적으로 인정하였다.

하지만 전자무역이 활성화 되면서 전자문서의 이용이 급증하고 있으므로 이를 뒷받침하기 위한 전자신용장 규범이 필요하게 되었다. 하지만 ICC는 새로운 UCP의 제정보다는 UCP의 내용을 보충하는 수준의 '전자적 제시에 관한 신용장 통일규칙 보칙'(The Supplement to the Uniform Customs and Practice for Documentary Credits for Electronic Presentation: eUCP)를 제정하여 2002년 4월 1일부터 시행하였다. 이는 2007년에 eUCP V1.1로 개정되어 UCP 600의 보칙이 되었다.

eUCP는 전자신용장의 형식에 관한 내용보다는 전통적인 신용장 거래에서 전자문서 제출을 허용하는 경우에 근거가 되는 통일규칙의 성격이 짙다. eUCP는 UCP를 대체할 수 없으므로 계약시 eUCP를 독립적인 준거로 채택할 수는 없다. eUCP 제정 후에도 신용장의 전자적 제시와 서면 제시는 어느 쪽이든 가능하다. 반드시 신용장거래 당사자가 신용장의 전자적 제시를 위해 eUCP를 적용하기로 합의하고 계약서에 기재해야 전자신용장이 적용될 수 있다.

eUCP는 간략하게 총 12개 조항으로 구성되어 있다. 주된 내용은 적용범위, UCP와의 관계, 용어정의, 전자기록의 형식, 전자서류 제시방법, 전자기록의 서류심사, 전자서류 발행일, 변조 등의 해석에 관한 규정이다. 눈여겨 볼 조항은 전자기록이 제시되는 특정 형식을 원할 경우 분명히 기록해야 한다는 것이다. 형식을 정하지 않았다면 어떤 형식으로도 제시 가능하다. 전자기록의 제시와 관련한 형식이 아직 수렴되지 않았기 때문에 이러한 조항을 둔 것이다.

2) INCOTERMS 2010

ICC는 무역거래에서 발생하는 오해와 분쟁을 방지하기 위해 다양한 무역거래조건을 조사하여 정형화한 국제규칙(INternational COmmercial TERMS)을 주기적으로 발표하고 있다. 가장 많이 사용되는 조건은 FOB(free on board, 본선 인도조건), CIF(cost insurance and freight, 운임·보험료 포함조건)이다. 거래당사자의 합의로 채택해야 적용되는 조건이지만 오늘날 대부분 무역거래에서 INCOTERMS 규정을 이용하고 있으므로 관습적 기반으로 자리잡았다.

INCOTERMS 1990부터 서면 대신에 EDI를 이용할 수 있는 근거가 마련되었다. 가장 최신 버전인 INCOTERMS 2010을 보면 모든 거래조건에서 당사자 간의 합의에 따라 전자문서로 대체할 수 있다는 규정이 있다. EDI의 실행방법에 관한 규정은 없기 때문에 거래당사자들은 EDI

거래약정을 따로 합의해야 한다. 전자선하증권을 인도하는 경우에도 INCOTERMS에 별도의 규정이 없다. ICC는 이러한 경우 「전자선하증권에 관한 CMI 규칙」이나 'UNCITRAL의 「전자상거래 모델법」을 채택하도록 권고하고 있다.

3) GUIDEC(디지털로 보장되는 국제상거래의 일반관례)

ICC는 전자상거래의 법적 측면과 인증기관의 설립에 관한 국제적 가이드라인 필요성을 인식하고 ICC 정보보안 실무작업반에서 통일된 관행을 제시하였다. 이에 따라 '디지털로 보장되는 국제상거래의 일반관례(General Usage for International Digitally Ensured Commerce: GUIDEC)'가 제정되었다. GUIDEC은 안전하게 전자상거래를 할 수 있도록 제도적 기반의 조성, 전자서명을 통한 인증방법에 대한 법률상의 원칙, 보장 및 인증시스템의 개발 촉진 등을 기본 방침으로 하고 있다.

GUIDEC에서 전자서명 내용은 주로 공개키 기반구조(Public Key Infrastructure: PKI)를 설명하고 있지만 다양한 전자서명 방식도 수용할 수 있는 여지를 두고 있다. 생체인증기술 등 차세대 전자서명 방식이 적용될 수 있는 규범이 마련되었다. 전자문서의 보장 개념은 UNCITRAL 「전자상거래 모델법」의 관련 규정을 기반으로 GUIDEC에서 보다 명확하게 확대되었다.

제5절 전자선하증권 관련 국제규범

1 전자선하증권에 관한 CMI 규칙

국제해법회(Commite Maritime International; CMI)는 해사관련 관습과 실무를 통일하기 위한 국제 입법기관이다. 1887년 창설되었으며 우리나라는 1980년에 가입하였고 현재 56개국이 가입하였다. CMI는 전자무역 시대에 전자선하증권(e-B/L)의 유통성을 보장하기 위하여 1990년에 「전자선하증권에 관한 규칙(Rules for Electronic Bills of Lading)」을 제정하였다. 이 규칙은 발전된 해상운송방식에 선하증권의 유통이 따라가지 못하는 선하증권의 위기를 극복하기 위하여 채택되었다.

CMI 규칙에 의한 전자선하증권의 특징은 다음과 같다.

- 개방형 시스템을 채택하였으므로 폐쇄형 SWIFT(국제은행간 통신협정)과 달리 은행 등 모든 거래당사자들이 이 규칙을 채택하여 사용할 수 있다.

- EDI 거래를 인정하지 않는 국가간에 선하증권 관련 EDI 거래에 대한 법적 효력을 인정해주는 규칙이다. 서면에 의한 선하증권 수취도 계속 가능하다.
- 선하증권은 유가증권이자 권리증권이므로 증권의 배서에 의해 양도가 가능한데 전자선하증권 방식에서는 당사자간 합의에 의해 유효한 개인키(private key)를 사용하여 EDI 전송만으로도 양도가 가능하다.
- 전자선하증권 시스템으로 인해 발생하는 책임소재에 대해 언급하지 않았다.

이 규칙은 반드시 해상운송이 포함되어야 적용되므로 해상구간이 포함된 복합운송에도 적용 가능하다. 이 규칙을 이용하기 위해서는 반드시 거래당사자간 기본계약서(Master Agreement)에 CMI 전자선하증권 규칙에 준거한다는 사실을 명시해야 한다.

[그림 14-1] CMI규칙에 의한 전자선하증권의 거래

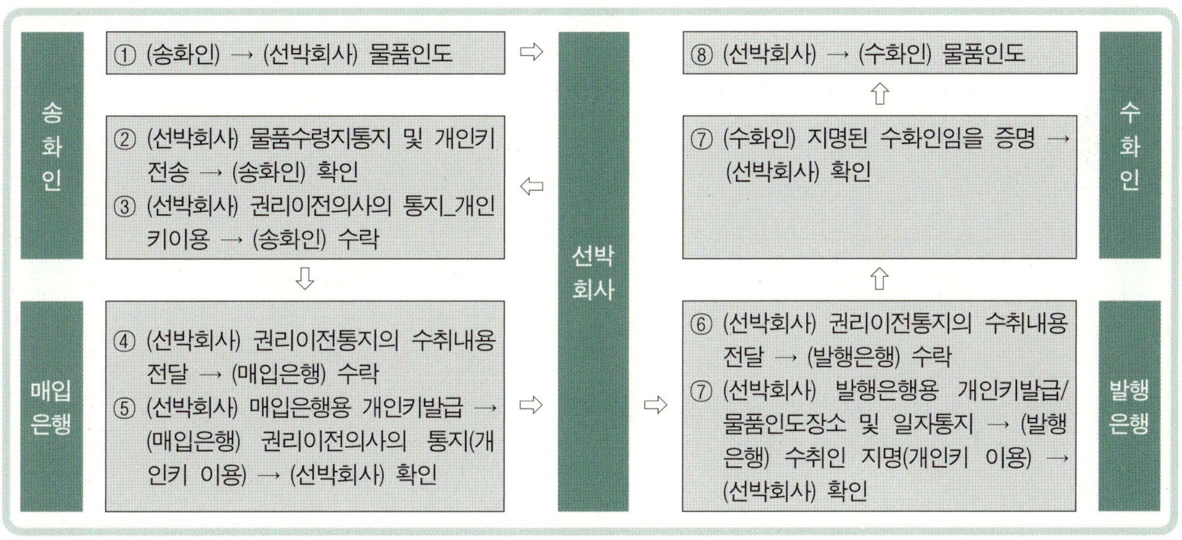

2 볼레로

볼레로는 전자선하증권에 관한 CMI 규칙을 실현시키기 위한 프로젝트에서 유래된 것으로, 선하증권 전자등록기구(Bills of Lading Electronic Registry Organization: Bolero)를 줄여서 부르는 명칭이다. 1994년에 무역회사, 운송회사, 은행, 통신회사 등이 참여하여 컨소시엄 형태로 프로젝트를 시작하였고 1998년에 SWIFT(국제금융망협회)와 TT Club(물류상호보험조합)에 의해 볼레로인터내셔널이 설립되어 본격적인 서비스를 시작하였다.

전 세계기업, 금융기관, 운송·물류기업들이 회원으로 가입되어 있으며, 우리나라도 삼성전자 등 대기업 위주로 가입되어 있다. 볼레로는 중앙등록시스템을 채택하고 공개키와 개인키

방식을 모두 지원하는 전자서명을 채택함으로써 전자선하증권과 관련된 해결책을 제시하였다. 처음에는 볼레로 전자선하증권을 이용하는 당사자간에 분쟁이 발생할 경우 우리나라 「상법」에서 전자선하증권의 법적 효력이 없다는 문제점이 있었다. 2007년 개정된 우리나라 「상법」에 전자선하증권 규정이 추가되어 비로소 이 문제가 해결되었다.

제15장

전자물류관련 국내 법·제도

제1절 개 요

1 물류관련 국내법

국내 물류관련 법규는 총괄법령인 「물류정책기본법」을 중심으로 운송, 시설, 서비스 등의 물류사업별로 법규를 분류할 수 있으며, 관련 법규에 의해 해당 물류시설의 개발·계획을 수립하고 있다.

「전자무역촉진에 관한 법률」 등에서 전자무역에 대해 상세히 기술한 바와는 대조적으로 물류법규에 속하는 법률들은 그 성격과 목적이 다양하고 그 범위를 한정하기 어렵기 때문에 전자물류의 행정적·제도적 지원기반을 파악하기 위해 「물류정책기본법」, 「물류시설의 개발 및 운영에 관한 법률」, 「항만법」 등 상위개념의 물류관련 5개의 법률을 정리·분석하였다.

[표 15-1] 국내 물류법규(2015년 기준)

구분	법 률	소관부처	주요내용	관계법령
1	물류정책 기본법	해양수산부 국토교통부	물류체계의 효율화, 물류산업의 경쟁력 강화 및 물류의 선진화·국제화를 위하여 국내외 물류정책·계획의 수립·시행 및 지원에 관한 기본적인 사항을 정함으로써 국민경제의 발전에 이바지하기 위해 제정된 법률	-
2	물류시설의 개발 및 운영에 관한 법률	국토교통부	물류시설을 합리적으로 배치·운영하고 물류시설 용지를 원활히 공급하여 물류산업의 발전을 촉진함으로써 국가경쟁력을 강화하고 국토의 균형 있는 발전과 국민경제의 발전에 이바지하기 위해 제정된 법률	-
3	항만법	해양수산부	항만의 지정·개발·관리·사용 및 재개발에 관한 사항을 정함으로써 항만과 그 주변 지역개발을 촉진하고 효율적으로 관리·운영하여 국민 경제 발전에 이바지함을 목적 제정된 법률	• 국제항해선박 및 항만시설의 보안에 관한 법률 • 항공법 • 항만운송사업법

구분	법 률	소관부처	주요내용	관계법령
4	화물자동차 운수사업법	국토교통부	화물자동차 운수사업을 효율적으로 관리하고 건전하게 육성하여 화물의 원활한 운송을 도모함으로써 공공복리의 증진에 기여함을 목적으로 제정된 법률	• 자동차관리법
5	선박의 입항 및 출항 등에 관한 법률	해양수산부	무역항의 수상구역 등에서 선박의 입항·출항에 대한 지원과 선박운항의 안전 및 질서 유지에 필요한 사항을 규정함을 목적으로 제정된 법률	-

2 운송관련 국제규칙

물품의 운송형태는 운송이행을 위해 체결되는 계약, 운송수단, 운송인의 책임분할에 따라 크게 단독운송과 통운송으로 구분되며, 단독운송은 다시 해상운송(내륙수로운송 포함), 항공운송, 육상운송(도로운송, 철도운송)으로, 통운송은 단순통운송과 복합운송으로 분류할 수 있다.

이에 해상, 항공, 복합운송 등 주요 국가물류 인프라시설을 중심으로 운송관련 국제규칙을 정리하였으며, 해상관련 주요 규칙으로는 「헤이그규칙」, 「헤이그-비스비규칙」, 「함부르크규칙」, 항공관련 조약으로는 「와르소조약」, 「헤이그의정서」, 「과달라하라조약」, 「몬트리올협정」, 「과테말라의정서」 등이 있다.

또한 복합운송의 경우, 각 구간마다 서로 다른 조약 또는 국내법의 적용을 받는 운송증권을 발행하게 되는데 이때 생기는 문제점을 해결하기 위해 제정된 「UN국제물품복합운송조약」, 「ICC국제복합운송서류 통일규칙」, 「UNCTAD/ICC 복합운송서류규칙」을 정리·분석하였다.

[표 15-2] 운송관련 국제규칙

구분	관련법규	세부내용
해상	헤이그규칙	선하증권에 관한 법규의 통일을 위한 국제협약
	헤이그-비스비규칙	헤이그 규칙 제정 후 사회·경제적 변화를 반영하여 개정
	함부르크규칙	운송인과 송화인의 책임문제와 관련하여 위험, 권리·의무 배분의 형평성 유지를 위한 헤이그, 헤이그-비스비 규칙을 보완
	로테르담규칙	해상운송을 포함한 물품운송에서의 운송서류에 대해서 규정
항공	와르소 조약	국제항공운송에 있어서 일부 규칙의 통일에 관한 조약
	헤이그 의정서	국제항공운송에 있어서 일부 규칙의 통일에 관한 조약의 개정을 위한 의정서(항공운송인 책임한도액)
	과달라하라조약	항공기의 임대차 증가에 따른 조약 제정
	몬트리올협정	여러 조약과 의정서를 하나의 협약으로 통합하여 단순화 및 현대화하는 작업의 진행결과(운송인의 무한책임 위험 부담)
	과테말라 의정서	승객의 사상에 대한 운송인의 절대책임, 책임한도액의 절대성, 한도액의 정기적 자동수정, 화해촉진조항의 신설 등의 사항을 포함

구분	관련법규	세부내용
복합운송	UN국제물품 복합운송조약	국제복합운송체제 확장에 따른 복합운송인과 송하인 간의 책임한계 규정
	ICC국제복합운송 서류 통일규칙	복합운송인 책임, 당사자 권리·의무, 멸실·손상 책임, 지연책임 등을 규정
	UNCTAD/ICC 복합운송서류규칙	UN복합운송조약 미발효로 UNCTAD의 사무국과 ICC의 협조하에 제정

제2절 물류관련 국내법

물류의 정의가 처음 등장한 것은 「화물유통촉진법」이 제정되고 10년이 지난 2000년으로, 1996년 물류관리사 제도의 도입으로 물류관련법규가 시험과목이 되면서부터 물류법규란 용어를 사용하게 되었다.

「화물유통촉진법」, 「항만운송사업법」, 「유통산업발전법」, 「철도사업법」, 「유통단지개발촉진법」, 「화물자동차운수사업법」, 「농수산물유통 및 가격안전에 관한 법률」과 같이 7개의 법률을 포함하고 있었지만, 운송에 대한 주요 법률인 「해운법」, 「항공법」이 제외되어 있으며 항만, 공항, 철도의 건설과 운영에 관한 법률 등의 물류시설의 다양한 사업을 포함하지 못하고 있었다.

1995년부터 사용되기 시작한 물류관련법령은 물류관련법규와 유사한 개념으로, 「화물유통촉진법」 제48조의4 전자문서의 효력과 관련하여 '물류사업자 또는 물류관련 기관이 물류전산망을 이용하여 승인·신청·신고 또는 등록 등을 전자문서교환방식으로 처리한 경우에는 물류관련 법령에서 정한 절차에 의하여 처리한 것으로 본다'고 규정하고 물류관련법령이란 용어를 사용하고 있다.

물류관련법령의 범위는 「개항질서법」, 「상법」, 「도선법」, 「검역법」 등 물류관련법규의 범위보다 포괄적이고 물류와 직접적으로 관련이 있는 통관과 운송에 관한 법률들로 물류시설과 물류서비스에 관한 법률이 제외되어 있다.

1) 물류법규의 정의

물류법규는 '군사·경찰·재정 등의 다른 행정목적에 부수하여 물류를 규제하는 법령들을 제외하고, 물류사업의 효율적인 운영을 통해 국민경제의 발전에 기여하는 것을 목적으로 하는 모든 법규'라고 할 수 있다. 학계에서는 공법과 사법으로 구분을 하고 있지만 물류법규는 공법과 사법을 구분할 필요없이 법적 규율을 가하는 모든 법규를 포괄하는 것으로 한다. 따라서 물류법규란 '물류사업의 운영과 물류시설의 건설·관리·운영에 관한 사항을 포함한 물류에 대한 공·사법적 규율을 가하는 법규의 총체'라고 정의할 수 있다.

2) 물류의 범위

물류의 개념정의가 어렵고 다양한 정의가 존재하듯 물류법규에 속하는 법률의 범위와 내용 또한 명확하게 결정하고 체계적으로 분류하기는 어려운 일이다. 실제 물류법규에 속하는 법률들은 그 성격과 목적이 다양하고 그 범위를 한정하기에 어렵기 때문에 관련 주제에 따라 그 범위를 설정하고 정의해야 할 필요성이 있다. 이에 전자물류 관련 행정적·제도적 지원기반을 파악하기 위해서 상위개념의 물류관련 제도를 정의하고 운송, 시설, 서비스 등의 물류사업별 법규를 분류하여 그 내용을 파악하고자 한다. 관련 내용은 아래의 표와 같다.

[표 15-3] 물류산업 업종별 법령

<table>
<tr><th colspan="2">구 분</th><th>관 련 법 령</th></tr>
<tr><td colspan="2">총괄법령</td><td>물류정책기본법</td></tr>
<tr><td colspan="2">기 타</td><td>물류시설의 개발 및 운영에 관한 법률</td></tr>
<tr><td rowspan="9">운송법</td><td>육상-철도</td><td>철도사업법(철도 안전법)</td></tr>
<tr><td>육상-도로</td><td>화물자동차운수사업법</td></tr>
<tr><td rowspan="3">해운-항만</td><td>해운법, 항만법</td></tr>
<tr><td>항만운송사업법</td></tr>
<tr><td>신항만건설촉진법</td></tr>
<tr><td rowspan="4">항공-공항</td><td>항공법</td></tr>
<tr><td>항공안전 및 보안에 관한 법률</td></tr>
<tr><td>상용화주 항공화물 보안기준</td></tr>
<tr><td>항공보안 관련 훈령</td></tr>
<tr><td rowspan="5">종 합</td><td rowspan="2">시설+서비스</td><td>관세법</td></tr>
<tr><td>항공법</td></tr>
<tr><td rowspan="3">운송+시설+서비스</td><td>화물자동차운수사업법</td></tr>
<tr><td>물류정책기본법(舊, 화물유통촉진법)</td></tr>
<tr><td>유통산업발전법</td></tr>
<tr><td rowspan="2">판매업</td><td rowspan="2">상품 도·소매업</td><td>농수산물유통 및 가격안정에 관한 법률</td></tr>
<tr><td>축산물가공처리법과 식품위생법</td></tr>
</table>

참고 국내물류법규의 경우, 약 48개의 관련 법규를 가지고 있으며 대표적인 물류법으로는 「물류정책기본법」, 「물류시설의 개발 및 운영에 관한 법률」, 「화물자동차운수사업법」, 「항만법」, 「신항만건설촉진법」, 「항만운송사업법」, 「유통산업발전법」, 「철도사업법」 등이 있다.

제3절 물류정책기본법

1 개요

「물류정책기본법」은 1991년 12월 14일 법률 제4433호에 의해 「화물유통촉진법」으로 제정된 이후, 2007년 8월 3일 법률 제 8617호로 전면 개정되면서 법률명이 「물류정책기본법」으로 변경되었다. 이 법은 물류체계의 효율화, 물류산업의 경쟁력 강화 및 물류의 선진화·국제화를 위하여 국내외 물류정책·계획의 수립·시행 및 지원에 관한 기본적인 사항을 정함으로써 국민경제의 발전에 이바지함을 목적으로 제정되었다.

[그림 15-1] 물류정책기본법 상하위법

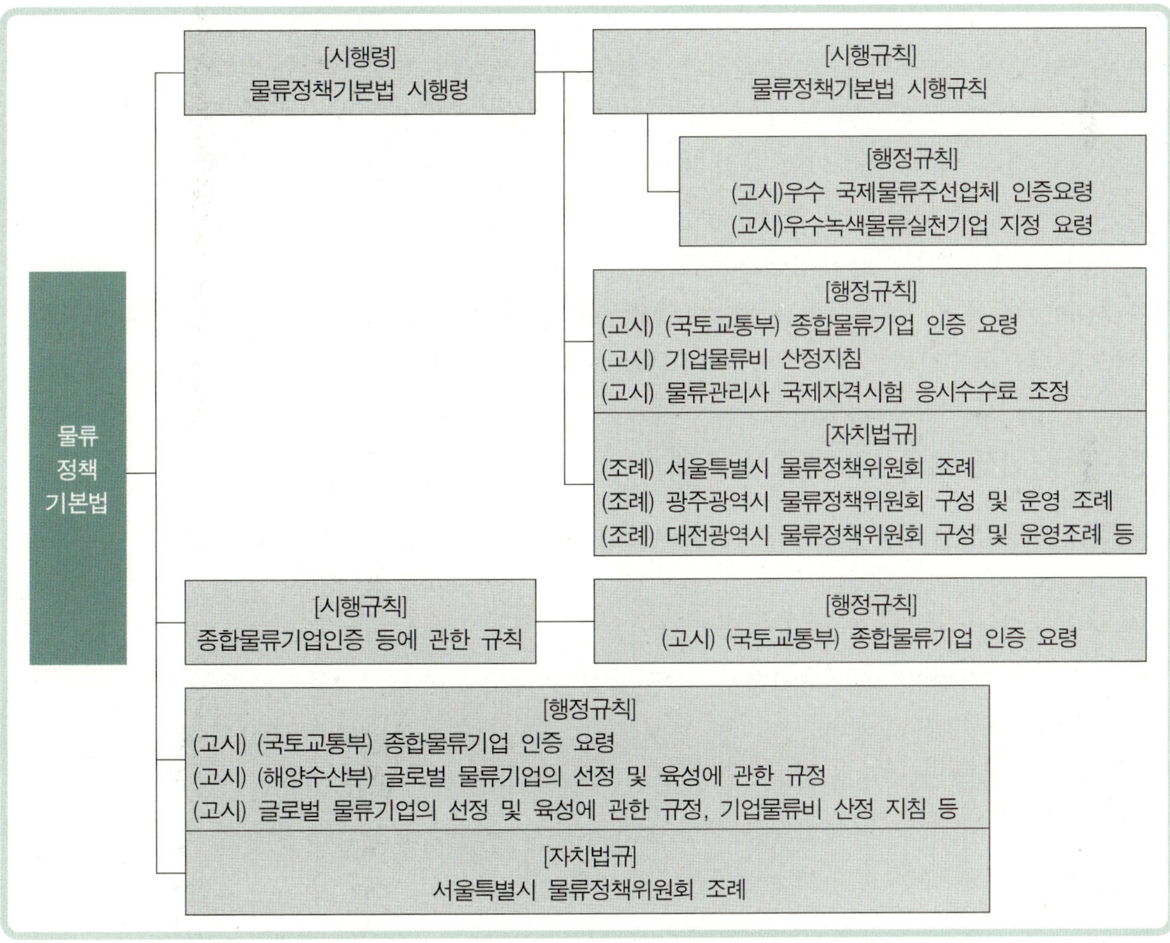

「물류정책기본법」은 제1장 총칙, 제2장 물류정책의 종합·조정 제3장, 물류체계의 효율화, 제4장 물류산업의 경쟁력 강화, 제5장 물류의 선진화 및 국제화, 제6장 보칙, 제7장 벌칙으로 이루어져 있으며 총칙을 포함해 전문 7장 73조와 부칙, 시행령과 시행규칙으로 구성되어 있으며 현재의 물류정책기본법은 2015년 6월 22일 일부 개정되어 2015년 12월 23일부터 시행되고 있다.

2 시행배경

1) 다양한 물류정책 수요 충족의 어려움

물류에 관한 기본법인 「화물유통촉진법」이 1991년 제정되었으나, 물류분야의 기본법으로서의 기능이 미흡하였으며 14차례에 걸친 부분 개정으로 더욱더 산만해져 시대의 흐름을 반영한 물류정책 수요를 충족시키기에는 어려움이 있었다.

2002년 해양수산부에서 국제물류촉진법의 제정을 검토하였으며, 2005년에는 「화물유통촉진법」을 전면적으로 개정한 물류체계효율화법의 제정을 추진하였으나, 「화물유통촉진법」의 소관부처인 건설교통부와 원활한 협의가 진행되지 못해 제정이 무산되었다. 물류체계효율화법안은 공항과 항만 등의 물류시설 간 연계수송의 효율화, 대량운송수단인 연안선박과 철도로 운송수단 전환시 지원, 물류기업 육성 및 해외진출 지원, 물류전문인력양성, 국가물류통계 DB 구축 및 전담기관 지정, 동북아물류중심위원회 구성 등을 주 내용으로 하였다.

물류체계효율화법은 「물류정책기본법」의 밑거름이 되었으며, 이후 건설교통부와 해양수산부가 물류정책 조정, 물류시설간 연계. 국내물류와 국제물류의 효율화 등으로 법제정의 방향을 잡으면서 「물류정책기본법」이 제정된 것이다.

2) 국내·외적 물류산업 중요성 증대

국내·외적으로 물류산업의 중요성이 커지고 있으나, 물류관련 정책기능이 여러 정부 부처에 분산되어 있어 물류정책을 효율적으로 추진하기 어렵다는 문제점이 지속적으로 제기됨에 따라 물류체계를 효율화하고 분산된 물류정책과 법령 조정의 필요성이 커지게 되었다.

기업 활동의 국제화 및 다국적화로 생산·유통·판매가 글로벌화 됨에 따라 국내 물류기업의 해외진출촉진 및 국제경쟁력 강화 등 국제물류의 활성화 기반마련이 필요하게 되었다. 국내 물류기업이 세계적 경쟁력을 갖출 수 있도록 지원하고 물류시장 규모를 확대하기 위해 물류기업 또는 물류관련 기관, 단체의 해외물류시장 조사와 국제 물류사업에 필요한 권리 취득 및 물류시설 설치 등에 대한 지원의 필요성이 커지게 된 것이다.

3) 디지털 물류환경 변화

지식경제사회의 도래 및 인터넷혁명으로 물류환경이 디지털 물류환경으로 변화함에 따라 선진 물류체계 구축을 위하여 첨단지식을 보급하고 지원할 필요성이 증대되었다. 또한 환경보호에 대한 일반 국민의 관심이 고조됨에 따라 환경 친화적 녹색물류의 중요성 또한 커지게 되어 이에 대한 대응이 필요하였다.

3 목적과 특성

1) 물류정책 기본법의 목적

「물류정책기본법」은 "물류체계의 효율화, 물류산업의 경쟁력 강화 및 물류의 선진화·국제화를 위하여 국내외 물류정책·계획의 수립·시행 및 지원에 관한 기본적인 사항을 정함으로써 국민경제의 발전에 이바지하기 위해 제정된 법률이다(제1조)." 그러므로 「물류정책기본법」은 물류체계의 효율화뿐만 아니라 우리나라 물류정책 수립을 통해 물류산업의 경쟁력 강화, 물류의 선진화·국제화를 도모함으로써 우리나라의 물류산업 강화에 대한 의지를 잘 나타내고 있다.

2) 물류정책 기본법의 특성

「물류정책기본법」은 국가적인 물류정책의 응집력을 강화해 효율성을 제고하고, 물류산업 및 기업의 육성지원을 위해 추진되었다. 국제물류 환경변화에 적절히 대응한다는 기본 방향에 따라 국제물류 기능을 확고히 하기 위한 정책과 제도를 포함하고 있으며 물류관련 부처들간 종합조정에 대한 합의가 담겨있다.

(1) 물류정책의 종합·조정

동법 제2장은 물류현황조사, 물류계획의 수립·시행, 물류정책위원회 설치·운영 등 총 3절로 구성되어 있다. 물류에 관한 정책 또는 계획의 수립·변경을 위하여 필요하다고 판단될 때에는 관계 행정기관의 장과 미리 협의한 후 물동량의 발생현황과 이동경로, 물류시설·장비의 현황과 이용실태, 물류인력과 물류체계의 현황, 물류비, 물류산업과 국제물류의 현황 등에 관하여 조사하도록 하고 있다.

또한 국토교통부장관 및 해양수산부장관은 국가물류정책의 기본방향을 설정하는 10년 단위의 국가물류기본계획을 5년마다 공동으로 수립하여야 하며, 국가물류정책에 관한 주요 사항을 심의하기 위하여 국토교통부장관 소속으로 국가물류 정책위원회를 설치하여 운영한다고 규정하고 있어 「물류정책기본법」이 물류에 관한 기본법임을 명시하고 있다.

(2) 물류체계의 효율화

동법 제3장은 물류시설·장비의 확충, 물류표준화, 물류정보화, 국가물류 보안시책의 수립 등 물류체계의 효율화 제고를 위한 제도를 마련하고 있다. 효율적인 물류활동을 위하여 필요한 물류시설 및 장비를 확충할 것을 물류기업에 권고할 수 있으며, 필요한 행정적·재정적 지원을 할 수 있다고 규정하고 있다. 특히 물류정보화 관점에서 "국토교통부장관, 해양수산부장관, 산업통상부장관 또는 관세청장은 물류정보화를 통한 물류체계의 효율화를 위하여 필요한 시책을 강구하여야 한다(제27조)".

(3) 물류산업의 경쟁력 강화

동법 제4장은 물류산업의 경쟁력 강화를 위해 화주기업에 대하여 운송·보관·하역 등의 물류서비스를 일관되고 통합된 형태로 제공하는 물류기업을 우선적으로 육성하는 등의 시책을 강구하도록 하고 있으며, 종합물류기업의 인증, 국제물류주선업 등록, 물류인력 및 관련 단체의 육성을 통해 물류체계의 효율화 및 공동이익을 위한 지원방안을 마련하고 있다.

(4) 물류의 선진화 및 국제화

동법 제5장은 물류의 선진화 및 국제화를 위해 물류관련 연구개발과 함께 환경 친화적 물류의 촉진, 국제물류 협력체계 구축·지원방안을 마련하고 있다. 물류관련 신기술기법 및 연구촉진을 통해 물류관련 연구개발에 대한 지원방안을 제시하였으며, 환경 친화적 물류의 촉진을 위해 녹색물류 협의기구의 설치, 우수기업의 지정 및 지원을 하기 위한 시책을 강구하고 있다. 또한 국제물류협력체계구축, 국내 물류기업의 해외진출, 해외 물류기업의 유치 등 국제물류 촉진을 위한 공동투자 유치활동 수행과 평가를 하도록 하고 있다.

[표 15-4] 물류정책 기본법 주요구성

구 분	내 용	주요 구성
물류 정책의 종합·조정	물류현황조사	물류현황조사, 물류현황조사지침, 지역물류현황조사, 물류개선조치의 요청
	물류계획의 수립·시행	국가물류기본계획의 수립, 다른 계획과의 관계, 연도별시행계획의 수립, 지역물류기본계획의 수립, 지역물류기본계획 수립절차, 지역물류기본계획의 연도별 시행계획의 수립
	물류정책위원회	국가물류정책위원회의 설치 및 기능, 국가물류정책위원회의 구성
물류 체계의 효율화	물류시설·장비의 확충	물류시설·장비의 확충, 물류시설 간의 연계와 조화, 물류 공동화·자동화 촉진
	물류표준화	물류표준의 보급촉진, 물류표준장비의 사용자 등에 대한 우대조치,
	물류정보화	물류정보화의 촉진, 단위물류정보망의 구축, 국가물류통합데이터베이스의 구축, 국가물류통합정보센터의 설치·운영, 전자문서의 이용·개발
	국가 물류보안 시책의 수립	국가 물류보안 시책의 수립 및 지원, 물류보안 관련 국제협력 증진
	물류산업의 육성	물류산업의 육성, 제3자물류의 촉진
	종합물류기업의 인증	종합물류기업의 인증, 인증우수물류기업 인증의 취소, 인증심사대행기관, 심사

구 분	내 용	주요 구성
물류 산업의 경쟁력 강화		대행기관의 지정취소, 인증서와 인증마크, 인증우수물류기업 및 우수녹색물류실천기업에 대한 지원
	국제물류주선업	국제물류주선업의 등록, 등록의 결격사유, 사업의 승계, 사업의 휴업·폐업 관련 정보의 제공 요청, 등록의 취소, 우수 국제물류주선업체의 인증·인증의 취소
	물류인력의 양성	물류인력의 양성, 물류관리사 자격시험, 물류관리사의 직무
	물류 관련 단체의 육성	물류관련협회, 민·관 합동 물류지원센터
물류의 선진화 및 국제화	물류 관련 연구개발	물류 관련 신기술·기법의 보급촉진, 물류 관련 연구의 촉진
	환경친화적 물류의 촉진	환경친화적 물류의 촉진, 환경친화적 운송수단으로의 전환촉진, 녹색물류협의기구의 설치, 환경친화적 물류활동 우수기업 지정, 우수녹색물류실천기업 지정증과 지정표시, 우수녹색물류실천기업에 대한 지원, 우수녹색물류실천기업 지정심사대행기관, 지정심사대행기관의 지정취소
	국제물류의 촉진 및 지원	국제물류사업의 촉진 및 지원, 공동투자유치 활동, 투자유치활동 평가

4 연혁

1) 물류정책기본법 제정 이전의 시기(해방이후)

광복 이래 물류산업은 다양한 방면으로 발전하여 왔고, 이에 관한 개별법률이 마련되어 적용되고 있다. 「물류정책기본법」에서 '물류사업'을 화물운송업, 물류시설운영업, 물류서비스업 및 종합물류서비스업으로 구분하고 있는바(제2조 제1항 제2호), 이를 기준으로 물류 관련 법률의 현황을 정리하면 아래와 같다.

[표 15-5] 물류관련 법률 현황

물류사업			관련법령
화물 운송업	도로	• 일반화물, 개별화물, 용달화물 • 도매배송서비스 • 보세운송업 • 항만하역업(항만관련운송)	• 화물자동차운수사업법 • 유통산업발전법 • 관세법 • 항만운송사업법
	철도	• 철도사업	• 철도사업법
	해상	• 외항운송, 내항운송	• 해운법
	항공	• 항공운송사업, 상업서류 송달업	• 항공법
물류 시설업		• 창고업, 화물터미널운영업 • 보세창고 장치장업 • 공동집배송센터 • 농수산물류센터 • 도심공항터미널업	• 물류시설의 개발 및 이용에 관한 법률 • 관세법 • 유통산업발전법 • 농수산물유통 및 가격안정에 관한 법률 • 항공법
물류 서비스업	주선업	• 화물자동차운송주선업 • 국제물류주선업 • 항공운송 총대리점업 • 보세화물운송주선업	• 화물자동차운수사업법 • 물류정책기본법 • 항공법 • 관세법

물류사업			관련법령
	하역업	• 항만하역업 • 항공기취급업	• 항만운송사업법 • 항공법
복합 사업		• 화물자동차운송가맹사업 • 종합물류기업	• 화물자동차운수사업법 • 물류정책기본법

그런데, 「물류정책기본법」은 물류를 "재화가 공급자로부터 조달·생산되어 수요자에게 전달되거나 소비자로부터 회수되어 폐기될 때까지 이루어지는 운송·보관·하역 등과 이에 부가되어 가치를 창출하는 가공·조립·분류·수리·포장·상표부착·판매·정보통신 등을 말한다"라고 규정하고 있는바(제2조 제1항 제1호), 이에 의한다면 물류에 관한 법률의 실질적 범위는 상기의 표에 명시된 것보다 더 확대된다. 예컨대, 회수내지 폐기 물류의 경우 「폐기물관리법」, 「자원의 절약과 재활용촉진에 관한 법률」, 「건설폐기물의 재활용촉진에 관한 법률」, 「전기·전자제품 및 자동차의 자원순환에 관한 법률」, 「폐기물의 국가간 이동 및 그 처리에 관한 법률」과 같이 환경에 관한 법률도 포함된다.

판매와 관련한 물류 역시 그 외연이 넓다고 할 수 있는데, 여기에 속하는 「유통산업발전법」, 「농수산물 유통 및 가격안정에 관한 법률」, 「축산물 위생관리법」, 「식품위생법」 등이 물류에 관한 법률의 범위에 포함된다. 아울러 물류사업과 관련하여 발생하는 사인간의 법률관계에 대해서는 「상법」, 「민법」 등 계약에 관한 법률이 적용되므로 이 또한 물류에 관한 법률의 범위에 포함시킬 수 있다.

2) 화물유통촉진법 시기

「화물유통촉진법」은 법률 제4433호로 1991년 12월 14일 제정되어 1992년 6월 15일부터 시행되었다. 동법은 정부입법으로 추진되었는바 「화물유통촉진법」은 "화물 유통 상의 애로로 인하여 물류비가 증가하고 제조업의 국제경쟁력이 약화되고 있으므로 복합일관운송체계 및 거점수송망을 구축하고 운송장비를 표준화하는 등 물류체계를 개선하여 화물유통을 촉진할 수 있는 근거를 마련코자" 제정되었다. 제정 「화물유통촉진법」은

- 교통부장관이 화물유통량의 추정과 화물터미널의 조성 및 정비 등에 관한 화물유통기본계획을 10년 단위로 수립·시행하도록 하고,
- 화물유통과 관련되는 장비 및 외부포장의 표준화를 추진하며,
- 육·해·공의 일관운송을 주선할 수 있는 복합운송주선업제도를 신설하고,
- 화물터미널은 2종류 이상 운송수단 간의 연계운송을 할 수 있는 규모 및 시설을 갖춘 복합화물 터미널과 일반화물 터미널로 구분하며,
- 복합화물 터미널사업의 면허를 받은 자는 철도소운송업의 면허 및 복합운송주선업의 등록등을 받은 것으로 보도록 하여 화물의 연계운송을 촉진하는 것을 주요 골자로 하였다.

그 후 「화물유통촉진법」은 시행 후의 미비점을 보완하기 위하여 1995년 12월 29일 법률 제5110호로 개정되는데,

- 관계 행정기관 및 정부투자기관에 대하여도 물류표준에 적합한 장비의 제조·사용이나 포장을 권고할 수 있도록 하고, 물류표준장비의 보급을 확대하기 위하여 재정지원을 할 수 있게 하며,
- 화물터미널 사업의 면허제와 전용화물터미널 설치의 인가제를 등록제로 전환하는 등 규제를 완화하고,
- 화물터미널 공사시행 인가에 의하여 의제되는 인·허가를 확대하고,
- 물류정보의 수집·분석·가공·유통등을 촉진하기 위하여 건설교통부장관으로 하여금 종합물류 정보전산망을 구축할 수 있도록 하며,
- 물류전문인력을 양성하기 위하여 물류관리사제도를 도입하는 한편, 물류연수기관을 지정하여 물류사업 종사자에 대하여 교육훈련을 실시하도록 하는 것 등을 주요 내용으로 하였다.

「화물유통촉진법」은 법률 제5801호로 1999년 2월 5일 개정되면서 복합운송 주선업자 및 화물터미널사업자에 대한 규제를 추가로 완화하였다. 이어 「화물유통촉진법」은 법률 제6239호 2000년 1월 28일 개정에서, 종전에는 물류와 관련된 정책을 관계부처에서 개별적으로 수행하여 국가 전체적인 차원에서의 통합조정기능이 미흡하였다는 반성하에, 20년 단위의 국가물류기본계획과 10년 단위의 특별시 및 광역시 도시물류 기본계획을 수립하도록 규정하고, 국가차원의 물류정책 조정기능을 가지는 물류정책위원회를 신설하는 등 국가물류정책을 체계적으로 추진하기 위한 법적 근거를 갖추게 되었다.

2003년 취임한 노무현 대통령은 동북아 경제중심 국정과제의 일환으로 동북아 물류중심 로드맵을 발표하는 등 물류분야에 각별한 관심을 보였다. 이에 「화물유통촉진법」이 2005년 1월 27일 법률 제7384호로 개정되었는데, 물류사업을 종합적·복합적으로 영위하는 자를 지원하여 전문물류기업으로 육성함으로써 물류사업의 경쟁력을 강화하고자 종합물류 업자에 대한 인증 및 지원제도를 신설하고, 화물터미널 사업에 국가·지방자치단체·정부투자기관 등 공공기관이 적극적으로 참여할 수 있도록 근거를 마련하여 거점물류시설을 확충함으로써 국가물류 체계를 체계적·종합적으로 개선하려고 하였다.

「화물유통촉진법」은 「물류정책기본법」으로 전면 개정되기 전 마지막으로 2006년 9월 27일 법률 제8014호로 개정되었다.

3) 물류정책기본법에 의한 물류관리(2007년 물류정책기본법 제정 이후 현재까지)

1991년 12월 14일 법률 제4433호에 의해 「화물유통촉진법」으로 제정된 이후, 2007년 8월 3일 법률 제8617호로 전면 개정되면서 「물류정책기본법」으로 법률명이 변경되었다. 본 법률은 물류체계의 효율화, 물류산업의 경쟁력 강화 및 물류의 선진화·국제화를 위하여 국내외 물류정책·계획의 수립·시행 및 지원에 관한 기본적인 사항을 정하였으며 현재에 이르고 있다.

5 물류정책기본법의 물류정보화

1996년부터 2004년경까지 건설교통부, 해양수산부, 한국철도공사가 각 4개, 관세청이 6개의 정보시스템을 각자 개발하였다. 각자 개발된 물류기관 정보시스템은 기관간 정보연계가 미흡하였다. 예컨대, 통관 및 검역 정보의 경우에 해양수산부, 관세청, 검역기관, 출입국관리사무소 등 기관들은 KTNET 등 2개의 개별 부가통신망 사업자와 연계해 운영하였다. 그러나 두 통신망 사이에 정보 공유가 원활하지 않아 불편을 초래되었다. 「물류정책기본법」에서는 물류체계의 효율화를 위해 물류정보화를 추진하고 있다.

1) 물류정보화의 촉진(법 제27조)

제1항 국토교통부장관·해양수산부장관·산업통상자원부장관 또는 관세청장은 물류정보화를 통한 물류체계의 효율화를 위하여 필요한 시책을 강구하여야 한다.

제2항 국토교통부장관·해양수산부장관·산업통상자원부장관 또는 관세청장은 물류정보화를 촉진하기 위하여 필요한 경우에는 예산의 범위에서 물류기업 또는 물류 관련 단체에 대하여 물류정보화에 관련된 설비 또는 프로그램의 개발·운용비용의 일부를 지원할 수 있다.

2) 단위물류정보망의 구축(법 제28조)

제1항 관계 행정기관 및 물류관련 기관은 소관 물류정보의 수집·분석·가공 및 유통 등을 촉진하기 위하여 필요한 때에는 단위물류 정보망을 구축·운영할 수 있다. 이 경우 관계 행정기관은 전담기관을 지정하여 단위물류 정보망을 구축·운영할 수 있다.

제2항 관계 행정기관이 전담기관을 지정하여 단위물류 정보망을 구축·운영하는 경우에는 소요비용의 전부 또는 일부를 예산의 범위에서 지원할 수 있다.

제3항 단위물류 정보망을 구축하는 행정기관 및 물류관련기관은 소관 단위물류 정보망과 제30조의2제1항에 따른 국가물류 통합정보센터 또는 다른 단위물류 정보망 간의 연계체계를 구축하여야 한다.

제4항 단위물류 정보망을 운영하고 있는 관계 행정기관 및 물류관련 기관은 제30조의2 제1

항에 따른 국가물류 통합정보센터 및 다른 단위물류 정보망을 운영하고 있는 행정기관 또는 물류관련 기관이 연계를 요청하는 경우에는 상호 협의를 거쳐 특별한 사정이 없으면 이에 협조하여야 한다.

제5항 단위물류 정보망을 구축·운영하는 관계 행정기관의 장은 제30조의2 제1항에 따른 국가물류 통합정보센터 또는 단위물류정보망 간의 연계체계를 구축하기 위하여 필요한 때에는 국토교통부장관과 협의를 거쳐 제19조 제1항 제2호의 물류시설분과위원회(이하 "물류시설분과위원회"라 한다)에 같은 항에 따른 국가물류 통합정보센터와의 연계 또는 단위물류정보망 간의 연계체계의 조정을 요청할 수 있다.

제6항 관계 행정기관은 대통령령으로 정하는 공공기관 또는 물류정보의 수집·분석·가공·유통과 관련한 적절한 시설장비와 인력을 갖춘 자 중에서 제1항에 따른 단위물류 정보망 전담기관을 지정한다.

제7항 제6항에 따른 단위물류 정보망 전담기관의 지정에 필요한 시설장비와 인력 등의 기준과 지정절차는 대통령령으로 정한다.

제8항 제1항에 따라 전담기관을 지정하여 단위물류 정보망을 구축·운영하는 관계 행정기관은 단위물류 정보망 전담기관이 다음 각 호의 어느 하나에 해당하는 경우에는 그 지정을 취소할 수 있다. 다만, 제1호에 해당하는 경우에는 지정을 취소하여야 한다.

1. 거짓이나 그 밖의 부정한 방법으로 지정을 받은 경우
2. 제7항에 따른 지정기준에 미달하게 된 경우

3) 국가물류 통합데이터베이스의 구축(법 제30조)

제1항 국토교통부장관은 해양수산부장관·산업통상자원부장관 및 관세청장과 협의하여 관계 행정기관, 물류관련기관 또는 물류기업 등이 구축한 단위물류 정보망으로부터 필요한 정보를 제공받거나 물류현황 조사에 따라 수집된 정보를 가공·분석하여 물류관련 자료를 총괄하는 국가물류 통합데이터베이스를 구축할 수 있다.

제2항 국토교통부장관은 국가물류 통합데이터베이스의 구축을 위하여 필요한 경우 관계 행정기관, 지방자치단체, 물류관련기관 또는 물류기업 등에 대하여 자료의 제공을 요청할 수 있다.

4) 국가물류 통합정보센터의 설치·운영(법 제30조의2)

제1항 국토교통부장관은 국가물류 통합데이터베이스를 구축하고 물류정보를 가공·축적·제공하기 위한 통합정보체계를 갖추기 위하여 국가물류 통합정보센터를 설치·운영할 수 있다.

제2항 국토교통부장관은 다음 각 호의 어느 하나에 해당하는 자를 국가물류 통합정보센터의 운영자로 지정할 수 있다.

1. 중앙행정기관
2. 대통령령으로 정하는 공공기관
3. 「정부출연연구기관 등의 설립·운영 및 육성에 관한 법률」 또는 「과학기술분야 정부출연연구기관 등의 설립·운영 및 육성에 관한 법률」에 따른 정부출연연구기관(이하 "정부출연연구기관"이라 한다)
3의2. 제55조 제1항에 따라 설립된 물류관련협회
4. 그 밖에 자본금 2억원 이상, 업무능력 등 대통령령으로 정하는 기준과 자격을 갖춘 「상법」상의 주식회사

제3항 국토교통부장관은 해양수산부장관·산업통상자원부장관 및 관세청장과 협의하여 국가물류통합정보센터의 효율적인 운영을 위하여 제2항에 따라 지정된 자(이하 "국가물류통합정보센터운영자"라 한다)에게 필요한 지원을 할 수 있다.

제4항 국가물류 통합정보센터운영자의 지정에 필요한 절차 및 지정기준 등은 대통령령으로 정한다.

5) 전자문서의 이용·개발(법 제32조)

제1항 물류기업, 물류관련 기관 및 물류 관련 단체가 대통령령으로 정하는 물류에 관한 업무를 전자문서(「전자문서 및 전자거래 기본법」 제2조 제1호의 전자문서를 말한다. 이하 같다)로 처리하려는 경우에는 국토교통부령으로 정하는 전자문서를 이용하여야 한다.

제2항 국토교통부장관은 해양수산부장관 및 산업통상자원부장관과 협의하여 표준전자문서의 개발·보급계획을 수립하여야 한다.

6) 전자문서 및 물류정보의 보안(법 제33조)

제1항 누구든지 단위물류 정보망 또는 제32조 제1항의 전자문서를 위작(僞作) 또는 변작(變作)하거나 위작 또는 변작된 전자문서를 행사하여서는 아니 된다.

제2항 누구든지 국가물류 통합정보센터 또는 단위물류 정보망에서 처리·보관 또는 전송되는 물류정보를 훼손하거나 그 비밀을 침해·도용(盜用) 또는 누설하여서는 아니 된다.

제3항 국가물류 통합정보센터 운영자 또는 단위물류 정보망 전담기관은 전자문서 및 정보처리장치의 파일에 기록되어 있는 물류정보를 대통령령으로 정하는 기간 동안 보관하여야 한다.

제4항 국가물류 통합정보센터 운영자 또는 단위물류정보망 전담기관은 제1항부터 제3항까지의 규정에 따른 전자문서 및 물류정보의 보안에 필요한 보호조치를 강구하여야 한다.

제5항 누구든지 불법 또는 부당한 방법으로 제4항에 따른 보호조치를 침해하거나 훼손하여서는 아니 된다.

7) 전자문서 및 물류정보의 공개(법 제34조)

제1항 국가물류 통합정보센터 운영자 또는 단위물류 정보망 전담기관은 대통령령으로 정하는 경우를 제외하고는 전자문서 또는 물류정보를 공개하여서는 아니 된다.

제2항 국가물류 통합정보센터 운영자 또는 단위물류 정보망 전담기관이 제1항에 따라 전자문서 또는 물류정보를 공개하려는 때에는 미리 대통령령으로 정하는 이해관계인의 동의를 받아야 한다.

8) 전자문서 이용의 촉진(법 제35조)

제1항 국토교통부장관은 해양수산부장관 및 산업통상자원부장관과 협의하여 물류기업, 물류관련기관 및 물류 관련 단체에 대통령령으로 정하는 물류시설의 이용 등 관련 업무를 전자문서로 처리할 것을 요청할 수 있다.

제2항 국토교통부장관은 해양수산부장관 및 산업통상자원부장관과 협의하여 전자문서로 업무를 처리하는 물류기업에 대하여 물류관련기관으로 하여금 해당 화물의 우선처리·요금할인 등 우대조치를 할 것을 요청할 수 있다.

6 제정의의

「화물유통촉진법」에도 물류표준화, 물류산업 경쟁력강화, 물류정보화, 물류기술진흥 및 물류전문인력 양성에 대한 규정을 두고 있었으나, 세밀하지 못한 개정으로 인하여 체계적이고, 면밀한 내용을 갖추지 못하였다. 그러나 「물류정책기본법」에서는 물류정책의 총괄·조정의 관점에서 물류산업을 육성·지원할 수 있는 체계적인 법적 근거를 갖추었으며, 위 사항 이외에도 국가물류 통합데이터베이스의 구축·운영(동법 제30조), 제3자물류의 촉진(동법 제37조), 국제물류의 촉진 및 지원(동법 제61조부터 제63조까지) 등에 대한 근거규정을 두어 물류정책의 관여 범위를 더욱 확대하여 「물류정책기본법」은 내용면에서도 「화물유통촉진법」보다 많은 변화가 있다고 할 수 있다.

제4절 물류시설의 개발 및 운영에 관한 법률

1 개념

「물류시설의 개발 및 운영에 관한 법률」(물류시설법)은 1995년 12월 29일 법률 제5105호에 의해 「유통단지개발촉진법」으로 제정된 이후, 2007년 8월 3일 법률 제8616호로 전면 개정되면서 「물류시설의 개발 및 운영에 관한 법률」로 법률명이 변경되었다. 이 법은 물류시설을 합리적으로 배치·운영하고 물류시설 용지를 원활히 공급하여 물류산업의 발전을 촉진함으로써 국가 경쟁력을 강화하고 국토의 균형 있는 발전과 국민경제의 발전에 이바지함을 목적으로 한다.

[그림 15-2] 물류시설의 개발 및 운영에 관한 법률 상하위법

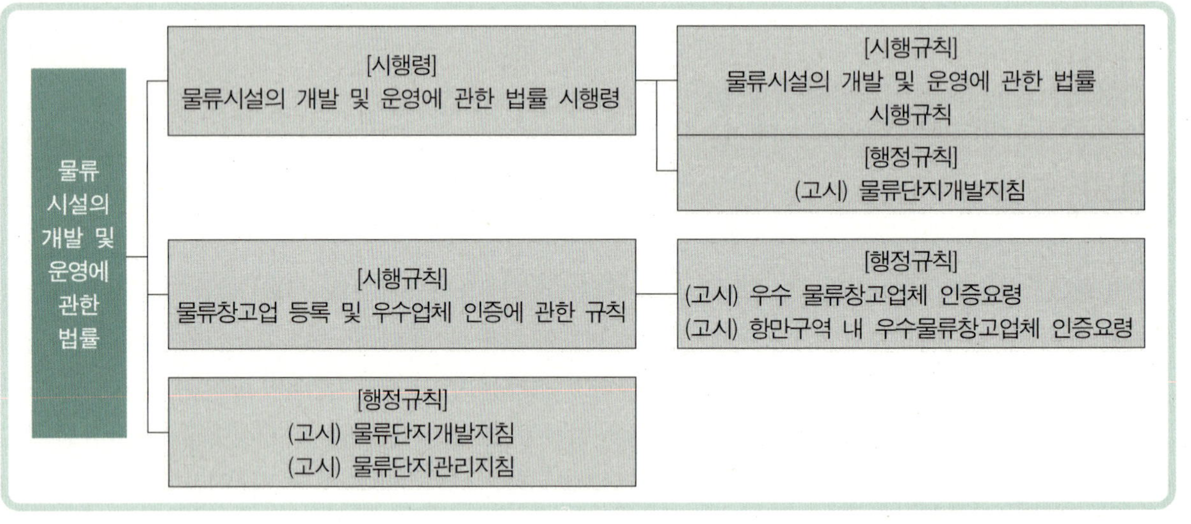

「물류시설의 개발 및 운영에 관한 법률」은 제1장 총칙, 제2장 물류시설개발 종합계획의 수립, 제3장 물류터미널사업, 제4장 물류단지의 개발 및 운영, 제5장 보칙, 제6장 벌칙으로 이루어져 있으며 총칙을 포함해 전문 6장 67조와 부칙, 시행령과 시행규칙으로 구성되어 있다. 현재의 「물류시설의 개발 및 운영에 관한 법률」은 2015년 12월 29일 일부 개정되어 2015년 12월 29일부터 시행되고 있다.

2 시행배경

1995년 「유통단지개발촉진법」이 제정된 후 2차에 걸쳐 유통단지개발종합계획(제1차:1997년~2001년, 제2차:2002년~2006년)을 수립하였으나 물류단지만이 계획수립의 대상이 되었다. 물류단지는 복합물류터미널, 공동집배송단지 등 물류시설의 개발·배치에 관한 종합적인 조정기능을 강화하여 물류시설의 중복투자를 방지하고, 효율적인 물류체계를 구축할 필요성이 제기된 것이다. 이에 물류시설의 효율적인 확충 및 합리적인 배치·운영을 위하여 「유통단지개발촉진법」을 「물류시설의 개발 및 운영에 관한 법률」로 변경하였다.

기존의 물류터미널은 화물의 집화·하역·분류·포장·통관 등의 기능만을 수행하여 판매시설에 비해 수익창출이 힘들고, 물류터미널 설립시 도시계획시설결정 → 공사시행인가 → 건축허가의 단계를 거쳐야 하므로 장기간이 소요된다는 문제점을 내포하고 있었다. 또한, 물류단지 개발시 타 법령에 따른 인·허가 등을 따로 받는 경우 많은 비용과 시간이 소요되어 물류단지의 원활한 개발을 위하여 인·허가 의제의 범위를 확대해야 한다는 것과 물류단지개발이 국가와 지방자치단체가 일정 비율을 분담하는 방식으로 지방자치단체의 적기 재원확보의 곤란으로 사업추진에 어려움이 있어 「물류시설의 개발 및 운영에 관한 법률」이 제정되었다.

3 목적과 특성

1) 물류시설의 개발 및 운영에 관한 법률의 목적

동법은 "물류시설을 합리적으로 배치·운영하고 물류시설 용지를 원활히 공급하여 물류산업의 발전을 촉진함으로써 국가경쟁력을 강화하고 국토의 균형 있는 발전과 국민경제의 발전에 이바지함을 목적으로 한다(제1조)." 그러므로 물류시설의 개발 및 운영에 관한 법률은 물류시설의 효율화뿐만 아니라 우리나라 물류단지 개발 및 운영을 통해 물류산업 및 국가 경쟁력강화를 도모함으로써 우리나라의 물류산업 강화에 대한 의지를 잘 나타내고 있다.

2) 물류시설의 개발 및 운영에 관한 법률의 특성

동법은 물류시설의 개발·배치·운영 등에 관한 사항을 장기적이고 종합적인 계획에 따라 합리적으로 추진하여 효율적인 물류시설의 개발이 가능하도록 하고, 물류시설용지를 원활히 공급하여 물류산업 발전을 촉진하여 국가 경쟁력을 강화하고자 한다. 그간 포괄적으로 규정됐던 물류시설 관련 등록기준, 취소 및 정지사유 등을 법률에 구체적으로 규정하고 있으며 필요한 인·허가 등의 취득을 하나의 절차로 통합하여 처리함으로써 신속하고 일관성 있는 물류단지 개발을 가능하게 하고, 수수료 등의 면제로 사업시행자의 부담을 완화할 수 있는 내용을 담고 있다.

(1) 물류시설개발 종합계획의 수립

동법 제2장에서는 물류시설의 합리적 개발·배치 및 물류체계의 효율화 등을 위하여 물류시설의 개발에 관한 종합계획(이하 "물류시설개발종합계획"이라 한다)을 5년 단위로 수립하여야 하며, 물류시설개발 종합계획의 수립절차, 물류시설개발 종합계획과 다른 계획과의 관계 등 물류체계의 효율화를 위한 세부내용을 두고 있다.

(2) 물류터미널사업

동법 제3장에서는 복합물류 터미널의 등록, 이를 건설하기 위한 토지의 수용·사용, 물류터미널 사업협회 설립 등 물류터미널 사업의 발전과 이익도모를 위한 제도 마련과 이를 활용한 세부운영 방안으로 구성되어 있다.

(3) 물류창고업

동법 제3장의2에서는 물류창고를 소유 또는 임차하여 물류창고업을 경영하기 위한 등록과 물류창고업 사업 수행시 필요한 재정적 지원·융자, 그리고 이를 사용하는 용도에 대한 지침에 대해 정의하고 있다.

(4) 물류단지의 개발 및 운영

동법 제4장에서는 물류단지의 지정부터 검증, 물류단지개발 실시계획의 승인, 인·허가등의 의제, 토지의 사용 등 물류단지 개발을 위한 지원방안 및 제도들로 구성되어 있으며, 물류단지 개발사업의 비용, 지원 등 물류단지 개발사업을 촉진 및 효율적인 관리를 위한 관리지침 등을 포함하고 있다.

[표 15-6] 물류시설의 개발 및 운영에 관한 법률 주요 구성

구 분	세 부 내 용
물류시설개발 종합계획의 수립	물류시설개발종합계획의 수립, 물류시설개발종합계획의 수립절차, 물류시설개발종합계획과 다른 계획과의 관계
물류터미널사업	복합물류터미널사업의 등록, 등록의 결격사유, 공사시행의 인가, 토지등의 수용·사용, 토지매수업무 등의 위탁, 토지출입, 국·공유지의 처분제한, 사업의 승계, 사업의 휴업·폐업, 등록증대여 등의 금지, 등록의 취소, 과징금, 물류터미널사업협회, 물류터미널 개발의 지원, 물류터미널의 활성화 지원, 인·허가 등의 의제
물류창고업	물류창고업의 등록, 재정지원, 보조금 등의 사용 등, 준용규정
물류단지의 개발 및 운영	물류단지의 지정, 물류단지개발지침, 물류단지 실수요 검증, 물류단지지정의 고시, 주민 등의 의견청취, 행위제한, 물류 단지지정의 해제, 물류단지개발사업의 시행자, 물류단지개발실시계획의 승인, 실시계획승인의 고시, 인·허가등의 의제, 물류단지개발사업의 위탁시행, 토지 등의 수용·사용, 「공유수면 관리 및 매립에 관한 법률」 등의 적용특례, 토지소유자에 대한 환지, 토지 출입, 공공시설 및 토지 등의 귀속, 국·공유지의 처분제한, 물류단지개발사업의 비용, 물류단지개발사

구 분	세 부 내 용
	업의 지원, 물류단지개발특별회계의 설치, 득별회계의 운용, 시설의 존치, 선수금, 시설부담금, 이주대책, 물류단지개발사업의 준공인가, 관계 서류 등의 열람, 물류단지개발 관련 사업에 대한 준용, 개발한 토지·시설 등의 처분, 물류단지시설 등의 건설공사착수, 이행강제금, 개발한토지·시설등의 처분제한, 물류단지시설 등의 건축허가 및 사용승인, 물류단지의 재정비, 지정·승인·인가의 취소, 물류단지의 관리기관, 물류단지의 관리지침, 공동부담금, 권고, 조세 등의 감면, 자금지원, 「산업단지 인·허가 절차 간소화를 위한 특례법」의 준용

4 연혁

1) 물류시설의 개발 및 운영에 관한 법률 제정 이전의 시기(유통단지개발촉진법 제정)

유통시장 개방에 대비하여 유통시설 용지를 원활히 공급하고 유통시설을 합리적으로 배치하여 유통산업의 경쟁력을 강화하기 위하여 유통단지의 지정, 유통단지개발사업의 시행, 유통단지의 관리등 유통단지의 개발 및 관리에 관한 사항을 정하는 한편, 유통단지개발의 촉진에 필요한 제반지원을 확대하기 위해 「유통단지개발촉진법」(법률 제5105호)을 1995년 12월 29일에 제정하여 1996년 6월 30일부터 시행하게 되었다.

2) 유통단지 개발촉진법 개정 시기

법률 제정 이후 「유통단지개발촉진법」은 법률 제5797호로 1999년 2월 5일 일부 개정되어 1999년 5월 9일부터 시행되었다. 동법은 정부의 규제정비계획에 따라 유통단지의 지정·개발·관리에 따른 규제사항 등을 정비·개선하여 민간의 자율을 확대하고자 개정하였다. 개정의 주요 골자는 유통단지 개발사업의 시행자가 당해사업의 일부를 대행시킬 경우 미리 유통단지 지정권자의 승인을 얻도록 하였으나 앞으로 이를 폐지(제10조 제5항)하였으며, 유통단지 개발사업으로 개발된 토지·시설 등을 처분할 경우 시행자는 처분에 관한 계획을 수립하여 유통단지 지정권자의 승인을 얻도록 하였으나 앞으로는 이를 폐지(제28조)하였다.

유통단지 개발사업으로 개발된 토지·시설등을 직접 사용하거나 분양 또는 임대받은 자에 대한 유통시설 또는 지원시설의 건설의무 기간을 폐지(제30조)하였으며, 유통단지 입주기업체협의회 또는 관리기구에 대한 유통단지 지정권자의 설립인가 및 설립인가 취소제도를 폐지(동법 제32조)하였다. 유통단지 입주기업체 협의회 또는 관리기구가 유통단지 관리시 관리계획에 대하여 유통단지 지정권자의 승인을 얻도록 하였으나 앞으로는 이를 폐지(제34조 제1항)하였다.

3) 물류시설의 개발 및 운영에 관한 법률에 의한 물류관리(2008년 물류시설의 개발 및 운영에 관한 법률 제정 이후 현재까지)

「유통단지개발촉진법」은 2007년 8월 3일 법률 제8616호로 전면 개정되면서 「물류시설의 개발 및 운영에 관한 법률」로 법률명이 변경되었다. 본 법률은 물류시설의 효율적인 확충 및 합리적인 배치·운영을 위하여 「유통단지개발촉진법」을 「물류시설의 개발 및 운영에 관한 법률」로 변경하고, 현행 「화물유통촉진법」의 화물터미널 및 창고 관련규정을 이 법으로 이관하여 물류시설 관련 법체계를 일원화하였다. 물류시설의 중복투자 방지 및 물류시설의 종합적인 조정기능을 강화하기 위하여 각종 물류시설에 대한 5년 단위의 물류시설개발 종합계획을 수립하도록 하는 한편, 그 밖에 현행 제도의 운영상 나타난 일부 미비점을 개선·보완하였으며 2016년 1월에 일부 개정되어 현재에 이르고 있다.

5 물류시설의 개발 및 운영에 관한 법률의 물류정보화

최근 전자상거래의 급성장과 세계화의 확산 등으로 '온라인 공간'에서의 소비비중이 급격히 높아짐에 따라, 택배 등 도시물류의 수요가 증가하고 있으며 물류서비스를 기반으로 하는 유통·물류·정보통신산업 등 산업간 융합이 필수적이게 되었다. 이러한 추세에 맞춰 '도시첨단물류단지' 제도를 도입하고 도시 내부에 노후화된 물류시설을 물류·유통·첨단산업이 융복합된 물류단지로 현대화함으로써 도시내 물류부지를 확충하고 첨단물류 기반시설을 활용한 연관 산업의 개발 및 육성을 추진하고 있다. 동 법에서는 '물류시설'이란 용어의 정의(제2조)를 확립하였으며 도시내 물류를 지원하고 물류·유통산업 및 물류·유통과 관련된 산업의 육성과 개발을 촉진하려는 목적으로 도시첨단물류 단지시설과 지원시설을 규정하고 있다.

6 제정의의

「유통단지개발촉진법」에도 불구하고 물류시설의 중복투자 문제가 대두되고 있어 효율적인 운영이 어려웠다. 물류시설의 효율적인 확충 및 합리적인 배치·운영을 위하여 물류시설의 개발 및 운영에 관한 법률로 변경하였다. 과거 「화물유통촉진법」의 화물터미널 및 창고 관련 규정을 이 법으로 이관하여 물류시설 관련 법체계를 일원화 한 것이 큰 의의이다. 물류시설의 중복투자 방지 및 물류시설의 종합적인 조정기능을 강화하기 위하여 각종 물류시설에 대해 5년 단위의 물류시설 개발종합계획을 수립하는 등 현행 제도의 운영상 나타난 일부 미비점을 개선하였다. 동 법은 복합화물터미널·창고·물류단지 등에 관련된 하드웨어적 물류정책을 규정해 물류법제가 체계화 되는 등 물류시설의 개발 및 운영에 관한 법률은 내용면에서도 유통단지개발촉진법보다 많은 변화가 있다고 할 수 있다.

제5절 화물자동차 운수사업법

1 개요

「화물자동차 운수사업법」(화물자동차법)은 1997년 8월 30일 법률 제5408호로 제정되었으며, 화물자동차 운수사업을 효율적으로 관리하고 건전하게 육성하여 화물의 원활한 운송을 도모함으로써 공공복리의 증진에 기여함을 목적으로 제정된 법률이다.

[그림 15-4] 화물자동차 운수사업법 상하위법

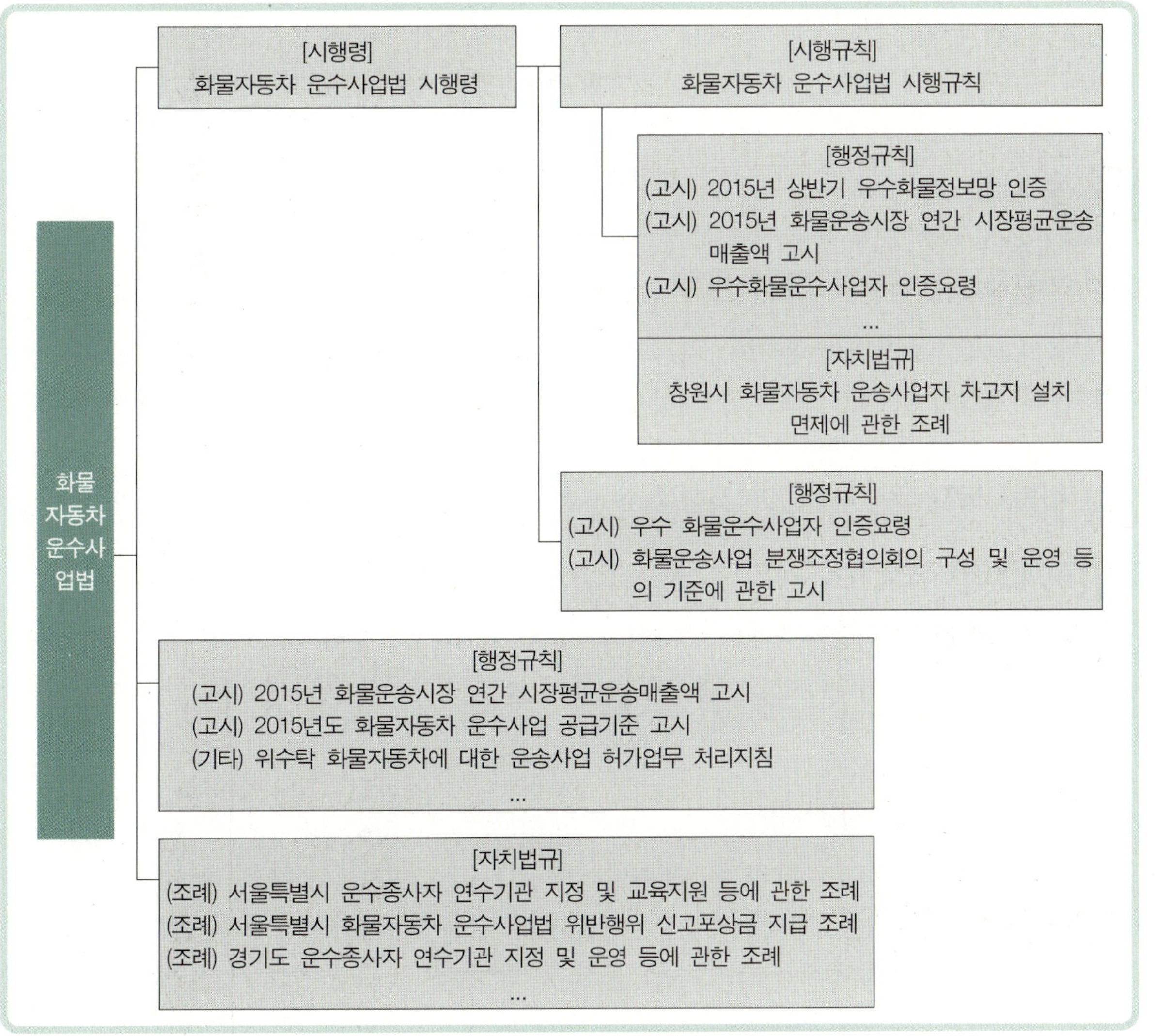

「화물자동차 운수사업법」은 제1장 총칙, 제2장 화물자동차 운송사업, 제3장 화물자동차 운송주선사업, 제4장 화물자동차 운송가맹사업 및 화물정보망, 제5장 적재물배상보험등의 가입 등, 제6장 경영의 합리화, 제7장 사업자단체, 제8장 자가용 화물자동차의 사용, 제9장 보칙, 제10장 벌칙으로 이루어져 있으며 총칙을 포함해 전문 10장 71조와 부칙, 시행령과 시행규칙으로 구성되어 있다.

2 시행배경

우리나라 화물자동차운송시장은 운송거래의 불균형, 지입위주의 수송구조, 다단계 거래구조 등 심각한 구조적 문제를 가지고 있었다. 이는 화물자동차 운수사업자의 경영난은 물론 화물자동차 운수사업과 물류산업의 경쟁력을 약화 시키는 요인으로 작용하였다. 이에 정부는 화물운송시장의 문제점을 해소하기 위해, 1997년「화물자동차 운수사업법」을 제정하였으며, 현재까지 지속적인 개정으로 사업환경적 문제점 및 운영적 문제점을 개선해 나가고 있다.

3 목적과 특성

1) 화물자동차 운수사업법의 목적

「화물자동차 운수사업법」은 "화물자동차 운수사업을 효율적으로 관리하고 건전하게 육성하여 화물의 원활한 운송을 도모함으로써 공공복리의 증진에 기여함을 목적으로 한다(제1조)".

2) 화물자동차 운수사업법의 특성

(1) 화물자동차 운송사업

동법 제2장에서는 화물자동차 운송사업의 허가, 결격사유, 운임 및 요금, 업무개시 명령, 우수업체 인증, 화물자동차 운송사업의 상속·양도 등 화물자동차 운송사업의 운영방안 제도를 마련하고 있다.

(2) 화물자동차 운송주선사업

동법 제3장에서는 화물자동차 운송주선사업의 허가, 운송주선사업자의 명의이용 금지, 운송주선사업자의 준수사항, 국제물류주선업자에 대한 운송주선사업자의 준수사항 등 적용, 화물자동차 운송주선사업의 허가취소, 준용 규정 등 화물자동차 운송주선사업을 경영하기 위한 운영방안에 대한 내용을 포함하고 있다.

(3) 화물자동차 운송가맹사업 및 화물정보망

동법 제4장에서 규정된 바 화물자동차 운송가맹사업을 경영하려는 자는 국토교통부령으로 정하는 바에 따라 국토교통부장관에게 허가를 받아야 하며 운송가맹사업자는 화물자동차 운송가맹사업의 원활한 수행을 위하여 그 역할을 성실히 이행하여야 한다.

이에 화물자동차 운송가맹사업의 허가, 운송가맹사업자 및 운송가맹점의 역할, 개선명령, 화물자동차 운송가맹사업의 허가취소, 준용규정, 가맹사업거래의 공정화에 관한 법률의 준용, 화물정보망의 인증, 인증정보망의 취소, 화물정보망 등의 운영방안을 마련하고 실시하도록 하고 있다.

(4) 적재물배상보험등의 가입 등

동법 제5장에서는 적재물손해배상 책임을 이행하기 위하여 대통령령으로 정하는 바에 따라 적재물 배상 책임보험 또는 공제에 가입하여야 하며, 적재물배상보험등의 의무가입, 적재물배상보험등 계약의 체결의무, 책임보험계약등의 해제, 책임보험계약등의 계약 종료일 통지제도를 마련·실시하도록 규정하고 있다.

(5) 경영의 합리화

동법 제6장에서 운송사업자·운송주선사업자 및 운송가맹사업자는 화물운송 질서의 확립, 경영관리의 건전화, 화물운송 기법의 개발 등 경영합리화와 수송서비스 향상을 위하여 노력하여야 한다고 규정되어 있으며, 경영의 위탁, 위·수탁계약, 경영지도, 경영자 연수교육, 재정지원 등 경영합리화를 위한 지원방안을 마련하고 있다.

(6) 사업자단체

동법 제7장에서 규정된 바 운수사업자는 화물자동차 운수사업의 건전한 발전과 운수사업자의 공동이익을 도모하기 위하여 국토교통부장관의 인가를 받아 화물자동차 운송사업, 화물자동차 운송주선사업 및 화물자동차 운송가맹사업의 종류별 또는 특별시·광역시·특별자치시·도·특별자치도별로 협회를 설립할 수 있다. 이에 협회의 설립·사업, 연합회, 공제사업, 공제조합의 설립 등 이들에 대한 운영, 개발, 지원방안에 대한 제도를 마련하고 있다.

(7) 자가용 화물자동차의 사용

동법 제8장에서 규정된 바 화물자동차 운송사업과 화물자동차 운송가맹사업에 이용되지 아니하고 자가용으로 사용되는 화물자동차로서 대통령령으로 정하는 화물자동차로 사용하려는 자는 국토교통부령으로 정하는 사항을 시·도지사에게 신고하여야 한다. 또한 화물자동차 운송사업 및 화물자동차 운송가맹사업의 신규등록, 증차 또는 대폐차(대폐차: 차령이 만료된 차량 등을 다른 차량으로 대체하는 것을 말한다)에 충당되는 화물자동차는 차령이 3년의 범위에서 대통령령으로 정하는 년한 이내이어야 하며, 대폐차의 대상, 기한 절차 및 방법에 필요한 사항은 국토교통부령으로 정한다.

[표 15-8] 화물자동차 운수사업법 주요 구성내용

구 분	세 부 내 용
화물자동차 운송사업	화물자동차 운송사업의 허가 등, 결격사유, 운임 및 요금, 운송약관, 운송사업자의 책임, 화물자동차 운수사업의 운전업무 종사자격, 결격사유, 화물자동차 운전자 채용 기록의 관리, 화물자동차 운전자의 교통안전 기록·관리, 운송사업자의 준수사항, 운송사업자의 직접운송 의무, 위탁화물의 관리책임, 운수종사자의 준수사항, 개선명령, 업무개시명령, 우수업체 인증, 인증의 취소, 화물자동차 운송사업의 양도양수, 화물자동차 운송사업의 상속, 화물자동차 운송사업의 휴업 및 폐업신고, 화물자동차 운송사업의 허가취소, 자동차 사용의 정지, 과징금의 부과, 청문, 화물운송 종사자격의 취소
화물자동차 운송주선사업	화물자동차 운송주선사업의 허가, 운송주선사업자의 명의이용 금지, 운송주선사업자의 준수사항, 국제물류주선업자에 대한 운송주선사업자의 준수사항 등 적용, 화물자동차 운송주선사업의 허가취소, 준용 규정
화물자동차 운송가맹사업 및 화물정보망	화물자동차 운송가맹사업의 허가, 운송가맹사업자 및 운송가맹점의 역할, 개선명령, 화물자동차 운송가맹사업의 허가취소, 준용규정, 가맹사업거래의 공정화에 관한 법률의 준용, 화물정보망의 인증, 인증정보망의 취소, 화물정보망 등의 이용
적재물배상보험 등의 가입 등	적재물배상보험등의 의무가입, 적재물배상보험등 계약의 체결의무, 책임보험계약등의 해제, 책임보험계약등의 계약 종료일 통지
경영의 합리화	경영합리화 등의 노력, 경영의 위탁, 위·수탁계약의 갱신, 위·수탁계약의 해지, 위·수탁계약의 양도·양수, 경영지도, 경영자 연수교육, 재정지원, 보조금의 사용, 보조금의 지급정지, 수용 및 사용, 화물자동차 휴게소의 확충, 화물자동차 휴게소의 건설사업 시행, 인·허가등의 의제, 수용 및 사용, 화물자동차 휴게소 운영의 위탁, 화물자동차 운수사업의 실태조사, 실적 신고 및 관리
사업자단체	협회의 설립, 협회의 사업, 연합회, 공제사업, 공제조합의 설립, 공제조합의 설립인가 절차, 공제조합의 운영위원회, 운영외원회 위원의 결격사유, 공제조합사업, 보고서의 제출 명령, 공제조합 업무의 개선명령, 공제조합 임직원에 대한 제재, 재무건전성의 유지, 다른법률과의관계, 분쟁조정의 신청, 감독
자가용 화물자동차의 사용	자가용 화물자동차 사용신고, 유상운송의 금지, 자가용 화물자동차 사용의 제한 또는 금지, 차량충당조건

4 연혁

1) 화물자동차 운수사업법 제정(1997년)

「화물자동차 운수사업법」은 화물자동차를 이용한 운수사업을 효율적으로 관리, 육성하여 화물의 원활한 운송을 도모하기 위한 목적에서 1997년 제정된 법률이다. 다만 동법은 새로운 입법이라 할 수는 없고, 당시 여객운송에 관한 내용을 함께 담고 있던 「자동차운수사업법」에서 화물운수에 관한 내용을 분리하여 단일 법률로 제정한 것이다.

「화물자동차 운수사업법」은 (a) 화주와 화물운송사업자 간에 단순히 운송계약을 중개·대리하는 자동차운송중개·대리업을 화물자동차운송주선업에 통합하여 운송단계를 줄이고, (b) 다단계운송주선행위 등 운송원가를 높이는 행위를 금지함으로써 물류비를 절감하도록 하고, (c) 면허제로 되어 있던 화물자동차운송사업을 등록제로 전환하여 화물자동차운송사업에 대한 진입규제를 완화하면서, (d) 인가제로 되어 있던 화물자동차운송사업의 운임 및 요금을 자율화하고 예외적인 경우에 한하여 운임 및 요금을 신고하도록 하였다. 요컨대 동 법은 화물운송질서를 전면적으로 개편함으로써 경제규모의 확대와 더불어 발생하는 새롭고 다양한 운송수요에 사업자가 효율적으로 대응할 수 있는 여건을 조성하려는 목적을 가지고 있다.

2) 1997년 제정 이후부터 최근까지 개정현황

(1) [시행 2004.4.21.] [법률 제7100호, 2004.1.20., 일부개정]

화물자동차운송사업 및 화물자동차운송주선사업의 초과공급으로 인한 불균형을 해소하기 위하여 화물자동차운송사업 및 화물자동차운송주선사업의 등록제를 허가제로 전환하였다. 또한 화물자동차운수사업자 또는 운수종사자의 집단적인 운송거부행위로 인한 화물운송망의 마비 등 위기상황에 대비하고 화물운송서비스의 질과 화물자동차운수사업의 비정상적인 거래관계를 개선하기 위하여 업무개시명령제도·화물운송종사자격제도·화물자동차운송가맹사업제도 등을 도입하였다. 그 외에도 화물운송의 고객에 대한 보호를 강화하기 위해 적재물배상보험·공제제도를 개선하는 등 현행 제도의 운영과정에서 나타난 일부 미비점을 개선·보완하여 개정하였다.

(2) [시행 2014.9.19.] [법률 제12475호, 2014.3.18., 일부개정]

영업소 설치허가 근거를 부령에서 법률로 상향입법하여 합한성을 제고하고, 보험질서 확립을 위해 운수종사자 등의 보험 관련 범죄자에 대한 행정처분 근거를 마련하였다. 또한 국민부담을 완화하기 위하여 허가취소 등을 한 경우에는 과태료를 부과할 수 없도록 하는 등 현행제도의 운영상 나타나는 미비점을 개선·보완하고자 일부 개정하였다.

(3) [시행 2015.12.29.] [법률 제13694호, 2015.12.29., 일부개정]

화물운송시장내 다단계 거래구조 개선 및 지입전문회사의 정상적인 운송 기능 회복을 위해 직접·최소운송의무제라는 화물운송시장 선진화 제도를 시행중에 있으며, 이를 위해 운수사업자에게 실적신고 의무를 부과하고 있지만 운수사업자들은 영업상 운송 또는 주선실적 정보에 대한 유출, 피해를 우려하고 있다. 이에 대한 보완 방안 마련을 위해 정보유출시 엄중한 처벌규정을 마련하고자 하였다. 또한 운송가맹사업자의 화물정보망 또는 정부가 우수화물정보망으로 인증한 인증정보망에 운송위탁을 하는 경우 직접운송의무의 예외를 인정하고 있으나 일부 사업자의 경우, 위탁받은 물량을 재위탁하여 불필요한 거래 단계를 유발하여 제도의 부작용이 발생됨에 따라 이를 방지할 필요성이 대두되었다.

5 화물자동차 운수사업법의 물류정보화

운송사업자가 다른 운송사업자나 다른 운송사업자에게 소속된 위·수탁차주에게 화물운송을 위탁하는 경우에는 운송가맹사업자의 화물정보망이나 「물류정책기본법」 제38조에 따라 인증 받은 화물정보망을 이용할 수 있다(제34조의4 제1항). 또한 운송주선사업자가 운송사업자나 위·수탁차주에게 화물운송을 위탁하는 경우에는 운송가맹사업자의 화물정보망이나 「물류정책기본법」 제38조에 따라 인증 받은 화물정보망을 이용할 수 있다(제34조의4 제2항).

제6절 항만법

1 개요

「항만법」은 1967년 3월 30일 법률 제1941호로 제정되었다. 이 법은 항만의 지정·개발·관리·사용 및 재개발에 대한 사항을 정함으로써 항만과 그 주변지역개발을 촉진하고 효율적으로 관리·운영하여 국민경제 발전에 이바지함을 목적으로 한다.

「항만법」은 제1장 총칙, 제2장 항만기본계획, 제3장 항만의 개발, 제4장 항만의 관리와 사용, 제5장 항만 배후단지, 제6장 항만 재개발사업, 제7장 항만에 관한 비용과 수익, 제8장 감독, 제9장 공용부담 및 손실보장, 제10장 보칙, 제11장 벌칙으로 이루어져 있으며 총칙을 포함해 전문 11장 101조와 부칙, 시행령과 시행규칙으로 구성되어 있으며 현재의 항만법은 2016년 1월 19일 타법 개정되어 2016년 8월 12일부터 시행될 예정이다.

[그림 15-3] 항만법 상하위법

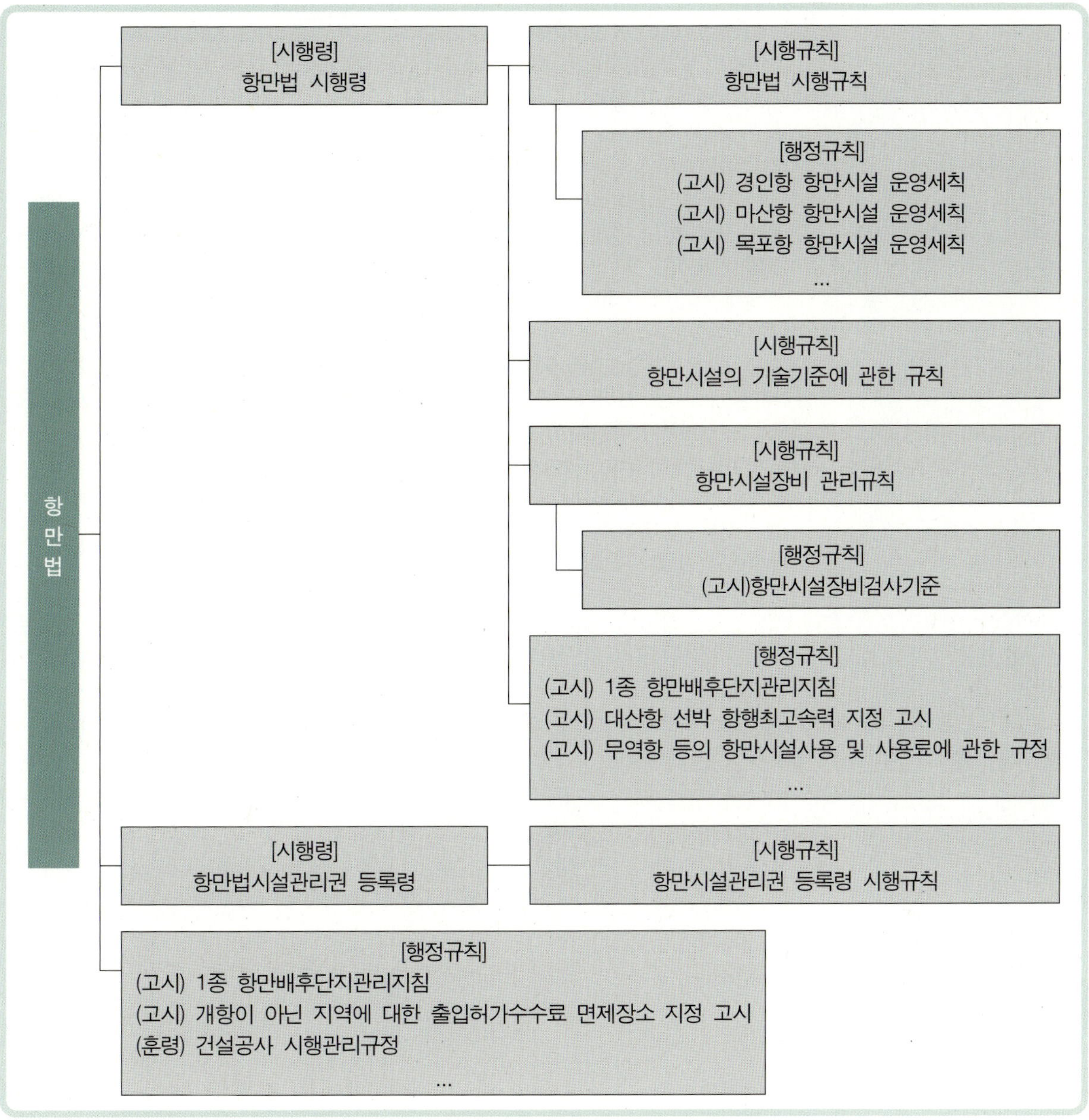

[표 15-7] 항만법 주요 구성내용

구 분	세 부 내 용
항만기본계획	항만기본계획의 수립, 항만기본계획의 내용, 항만기본계획의 변경 등, 항만기본계획의 고시
항만의 개발	항만공사의 시행자 등, 항만공사실시계획의 수립과 승인 등, 비관리청의 항만공사 시행, 항만공사의 준공, 부수공사의 시행, 비관리청이 시행할 항만공사의 대행, 항만시설의 귀속 등, 항만시설관리권, 항만시설관리권의 성질, 항만시설관리권 처분의 특례, 권리의 변경 등
항만의 관리와 사용	항만의 관리, 분구의 설정 등, 금지행위, 환경실태조사, 온실가스 등 감축, 항만대장, 시설장비의 신고, 시설장비의 자체점검 등, 시설장비의 검사 등, 검사의 면제 등, 검사업무의 대행, 항만시설의 기술기준, 항만시설 안전점검, 항만시설의 사용항만배후단지개발 종합계획의 수립 및 사용료 등, 비관리청의 사용료
항만배후단지	항만배후단지개발 종합계획의 수립, 항만배후단지의 지정, 항만배후단지 지정의 고시 등, 항만배후단지의 지정해제, 토지소유자의 권리, 공공시설의 설치 등, 2종 항만배후단지개발사업 시행에 따른 준용 등, 관리기관 등, 1종 항만배후단지관리지침 등, 1종 항만배후단지관리계획의 수립, 공동시설의 관리비 등
항만재개발사업	항만재개발기본계획의 수립, 항만재개발기본계획의 고시 등, 항만재개발기본계획의 변경, 항만재개발사업계획의 수립, 재개발사업계획의 제안, 사업구역의 지정, 사업구역의 지정절차 등, 사업구역의 지정해제 등, 사업시행자의 지정 등, 항만재개발사업실시계획의 승인 등, 선수금, 원형지의 공급과 개발, 준공확인, 공사완료의 공고 등, 공공시설 등의 귀속, 조성토지의 처분, 국공유지의 처분제한 등, 국유재산 또는 공유재산 매각의 예약, 국유재산의 임대특례, 작업장 소멸에 따른 항운노동조합 소속 조합원에 대한 생계지원금 지급, 항운노동조합 소속 조합원 생계대책협의회, 개발이익의 재투자, 입주자협의회의 구성 등, 다른 법률과의 관계
항만에 관한 비용과 수익	비용부담 원칙, 비용의 보조 등, 공공단체나 사인이 하는 보수 비용, 의무이행에 필요한 비용, 사용료 등의 강제징수
감 독	법령위반 등에 대한 처분 등, 공익을 위한 처분, 보고 및 검사, 장기체류 화물의 처리
공용부담 및 손실보상	타인 토지에의 출입 등, 비상재해의 경우 토지 등의 사용, 토지 등의 수용, 토지소유자에 대한 환지, 토지매수업무 등의 위탁, 부동산가격 안정을 위한 조치, 공용부담으로 발생한 손실의 보상, 공익을 위한 처분으로 발생한 손실의 보상, 항만공사로 발생한 손실의 보상

2 시행배경

「항만법」이 제정되기전 일제 강점기 우리나라의 항만 개발·관리는 일본의 대륙진출 목적을 위해 철도와 함께 총독부 교통국에 의해 국유·국영으로 관리, 운영되었다. 하지만 해방 후 새로운 정부조직이 신설됨에 따라 각각 다른 부처에서 항만개발·관리를 담당하게 되면서, 항만의 계획·건설기능은 건설부가, 운영기능은 교통부가 담당하는 이원화된 구조로 이루어졌었다. 직접적 연관성이 없는 건설부가 항만계획·건설을 담당함에 따라 수요·공급, 항만서비스 등이 전혀 고려되지 않은 항만계획이 수립되었다.

이에 정부는 1967년 항만의 지정·사용 및 보전과 비용에 관한 사항을 규정함으로써 항만의 개발을 촉진하고 그 이용과 관리의 적정을 기하려 「항만법」을 제정하게 되었고, 1980년대 이후부터 우리나라의 급격한 경제발전과 컨테이너화의 진전으로 항만시설에 대한 수요가 늘어나

자 항만개발을 위한 재원 마련을 위해 지속적인 개선을 추진하여 현재의 항만관리체계가 확립되었다.

3 목적과 특성

1) 항만법의 목적

이 법은 "항만의 지정·개발·관리·사용 및 재개발에 관한 사항을 정함으로써 항만과 그 주변지역 개발을 촉진하고 효율적으로 관리·운영하여 국민경제발전에 이바지함을 목적으로 한다(제1조)".

2) 항만법의 특성

「항만법」은 항만의 개발, 관리, 비용·수익 등 항만 관리에 대한 내용을 포괄적으로 규정하고 있으며, 현행 항만관련 법률 중 가장 기초가 되는 법률이다.

(1) 항만기본계획

해양수산부장관은 항만의 개발을 촉진하고 항만을 효율적으로 운영하기 위하여 항만기본계획을 10년 단위로 수립하여야 하며, 관계 중앙행정기관의 장 및 관계 특별시장·광역시장·도지사·특별자치도지사와 협의한 후 중앙심의회의 심의를 거쳐야 한다(제5조). 또한 해양수산부장관은 항만기본계획이 수립된 날부터 5년마다 그 타당성을 검토하여야 하며 필요한 경우 항만기본계획을 변경할 수 있다(제7조).

(2) 항만의 개발

동법 제3장에서는 항만의 개발을 위해 항만공사의 시행자, 항만공사실시계획의 수립과 승인, 항만시설관리권의 성질, 항만시설관리권 처분의 특례, 권리의 변경 등 준용 기준을 제시하고 있으며, 항만시설의 신설·개축·유지·보수·준설(浚渫) 등에 관한 공사(항만공사)는 해양수산부장관이 시행한다고 되어 있다.

(3) 항만의 관리와 사용

동법 제4장에서는 항만의 관리·사용에 대한 효율적인 운영을 위해 항만의 관리, 항만대장, 시설장비의 자체점검, 항만시설의 기술 기준, 항만시설 안전 점검, 항만시설의 사용 및 사용료 등 항만 시설사용에 대한 제도를 마련하고 있다.

(4) 항만 배후단지

동법 제5장에서는 항만 배후단지개발 종합계획의 수립, 항만 배후단지의 지정·지정의 해제, 관리기관 등 준용 기준에 대한 내용을 제시하고 있다. 해양수산부장관은 항만 배후단지의 개발이 필요하다고 인정되는 항만을 대상으로 항만 배후단지개발 종합계획을 5년마다 수립하여야 한다. 또한 종합계획을 수립하려는 경우에는 종합계획안을 작성하여 시·도지사의 의견을 듣고 관계 중앙행정기관의 장과 협의한 후 중앙심의회의 심의를 거쳐 고시하여야하며, 종합계획을 변경하려는 경우에도 중앙행정기관의 장과 협의 후 중앙심의회의 심의를 거쳐 고시하여야 한다.

(5) 항만 재개발사업

동법 제6장에서는 항만 재개발사업을 위한 계획의 수립, 고시, 변경, 사업구역의 지정·절차·해제 등 항만 재개발 사업추진을 위한 제도를 마련하고 있다. 준공확인, 공사완료의 공고, 개발이익의 재투자 등 효율적인 관리·운영을 위해 항운노동조합 노조원 생계대책협의회 및 입주자협의회를 구성할 수 있다.

(6) 항만에 관한 비용과 수익

동법 제7장에서는 항만개발, 관리 및 시설에 관한 비용 등 항만에 관한 비용·수익에 대한 기준을 제시하고 있다. 법률에 특별한 규정이 있는 경우 외에는 국가가 항만의 관리 및 시설에 관한 비용을 부담하며, 비관리청이 시행하는 항만공사에 드는 비용은 항만공사의 시행자가, 2종 항만 배후단지개발사업 및 항만 재개발사업에 드는 비용은 사업시행자가 부담하도록 하고 있다.

(7) 감독

법령위반 등에 대한 처분, 공익을 위한 처분, 보고 및 검사, 장기체류 화물의 처리 등에 대한 기준을 마련하여 제시하고 있다.

(8) 공용부담 및 손실보상

항만 공동부담 및 손실보장에 대한 제도를 마련하였으며, 세부내용으로는 타인 토지에의 출입 등, 비상재해의 경우 토지 등의 사용, 토지 등의 수용, 토지소유자에 대한 환지, 토지매수 업무 등의 위탁, 부동산가격 안정을 위한 조치, 공용부담으로 발생한 손실의 보상, 공익을 위한 처분으로 발생한 손실의 보상 등의 규정을 제시하였다.

4 연혁

1) 항만법 제정(1967년)

항만의 지정·사용 및 보전과 비용에 관한 사항을 규정함으로써 항만의 개발을 촉진하고 그 이용과 관리의 적정을 기하기 위하여 제정되었다.

2) 1967년 제정 이후부터 최근까지 개정현황

(1) [시행 1991.6.9.] [법률 제4358호, 1991.3.8., 전부개정]

해상에서의 여객 및 화물운송의 급증에 따른 항만수요에 능동적으로 대처하기 위하여 항만개발에 대한 민간자본의 투자를 확대하기 위한 제도를 마련하고, 항만의 장기적인 개발·운영을 위한 항만 기본계획을 수립·시행하도록 하며, 항만공사의 효율적인 시행을 위하여 항만공사와 관련된 관계법령상의 인·허가에 대한 절차를 간소화하고, 벌칙을 상향조정하여 법집행의 효율성을 도모하는 등 현행제도의 운영상 나타난 미비점을 전반적으로 개선·보완하기 위하여 전면 개정되었다.

(2) [시행 1995.7.6.] [법률 제4925호, 1995.1.5., 일부개정]

항만 기본계획의 수립 및 항만시설의 사용 관련제도를 개선·보완하고, 예선업을 허가제에서 등록제로 완화하는 한편 예선사용료의 결정을 인가제에서 신고제로 개선하여 자율경쟁체제를 유도하며, 예선업자와 예선사용자로 구성된 예선운영 협의회를 설치·운영할 수 있도록 하는 제도를 새로이 도입하고, 항만운영 정보의 과학적 관리 및 신속·간편한 민원사무처리가 이루어질 수 있도록 항만운영 전산망을 구성·운영하기 위해 개정하였다.

(3) [시행 1999.8.6.] [법률 제5807호, 1999.2.5., 일부개정]

1999년 2월 항만관련 사업자 및 이용자에 대한 각종 규제를 폐지 또는 완화하고, 항만에 장기간 방치된 화물의 처리에 관한 근거를 마련함으로써 항만운영의 효율성을 제고하는 등 현행제도의 운영상 나타난 일부 미비점을 개선·보완하기 위해 개정하였다. 또한 연안해역의 해상교통량이 증가함에 따라 선박의 안전항행을 체계적으로 지원하기 위하여 항로표식 개발에 관한 장·단기계획의 수립·시행과 항로표식 검사에 관한 사항을 정하는 등 항로표식의 설치 및 관리에 관한 현행제도의 운영상 나타난 일부 미비점을 개선·보완하였다.

(4) [시행 2001.11.25.] [법률 제6487호, 2001.5.24., 일부개정]

세계의 주요 항만이 종합물류기능을 수행하는 배후부지 개발을 통하여 항만의 부가가치를 극대화하고, 우리나라 주요 무역항의 배후부지를 항만기능과 연계된 종합물류단지로 개발하기 위한 법적 근거를 마련 및 민간자본에 의한 항만시설 확충을 더욱 활성화하기 위하여 정부지원 근거를 신설하기 위해 개정하였다.

(5) [시행 2008.2.4.] [법률 제8628호, 2007.8.3., 일부개정]

관리청이 아닌 자가 시행하는 항만공사의 사업시행자를 경쟁에 의한 방법으로 정할 수 있도록 하고, 국제테러 위험의 증가로 항만시설의 보안에 대한 중요성이 국제적으로 부각됨에 따라 항만건설·관리에 관한 정보시스템 구축사업의 근거를 마련하고자 하였다. 또한 항만건설산업의 건전한 발전을 위하여 항만협회를 설립할 수 있도록 하는 등 현행 제도의 운영상 나타난 일부 미비점을 개선·보완하였다.

(6) [시행 2012.8.23.] [법률 제11371호, 2012.2.22., 일부개정]

항만 재개발사업의 시행으로 작업장이 소멸된 항운노동조합원에게 생계지원금을 지급할 수 있는 법적근거를 마련하고, 무역항과 연안항을 체계적이고 효율적으로 관리·운영하기 위하여 각각 국가관리 무역항과 지방관리 무역항, 국가관리 연안항과 지방관리 연안항으로 세분화하였다. 또한 항만 배후단지 체계를 현행 물류처리 기능을 위주로 하는 1종 항만 배후단지와 물류활동을 지원하는 일반업무시설, 판매시설 등이 입주할 수 있는 2종 항만 배후단지로 개편하여 항만을 중심으로 복합물류 기능이 원활하게 수행될 수 있도록 개정하였다.

(7) [시행 2015.6.28.] [법률 제13274호, 2015.3.27., 일부개정]

전세계적 온실가스 저감 노력에 맞추어 해운업자 등 항만시설 이용자는 저탄소 항만의 유지·관리를 위하여 온실가스와 오염물질 배출의 감축에 노력하였다. 항만을 친환경적으로 관리·운영하기 위하여 정부의 항만구역에 대한 환경실태조사 실시 근거를 마련하는 한편, 항만 배후단지 또는 사업구역에서 허가 또는 변경 허가를 받지 아니하고 건축물의 건축 등의 행위를 한 자에 대하여는 유사한 다른 법률의 법정형과 균형을 맞추어 정비하고자 일부내용을 개정하였다.

5 항만법의 물류정보화

해양수산부장관은 항만이용 및 항만물류와 관련된 정보관리와 민원사무 처리 등을 위하여 필요하면 항만물류 통합정보 체계를 구축·운영 할 수 있으며, 항만물류 통합정보 체계의 구축·운영 및 이용 등에 필요한 사항은 대통령령으로 정한다(제89조).

제7절 선박의 입항 및 출항 등에 관한 법률

1 개요

「선박의 입항 및 출항 등에 관한 법률」은 2015년 2월 3일 법률 제13186호로 제정되었으며, 무역항의 수상구역 등에서 선박의 입항·출항에 대한 지원과 선박운항의 안전 및 질서 유지에 필요한 사항을 규정함을 목적으로 제정된 법률이다.

「선박의 입항 및 출항 등에 관한 법률」은 제1장 총칙, 제2장 입항·출항 및 정박, 제3장 항로 및 항법, 제4장 선박교통관제, 제5장 예선, 제6장 위험물의 관리 등, 제7장 수로의 보전, 제8장 등화 및 신호, 제9장 보칙, 제10장 벌칙으로 이루어져 있으며 총칙을 포함해 전문 10장 59조와 부칙으로 이루어져 있고 하위법으로 시행령과 시행규칙이 있다.

[그림 15-5] 선박의 입항 및 출항 등에 관한 법률 상하위법

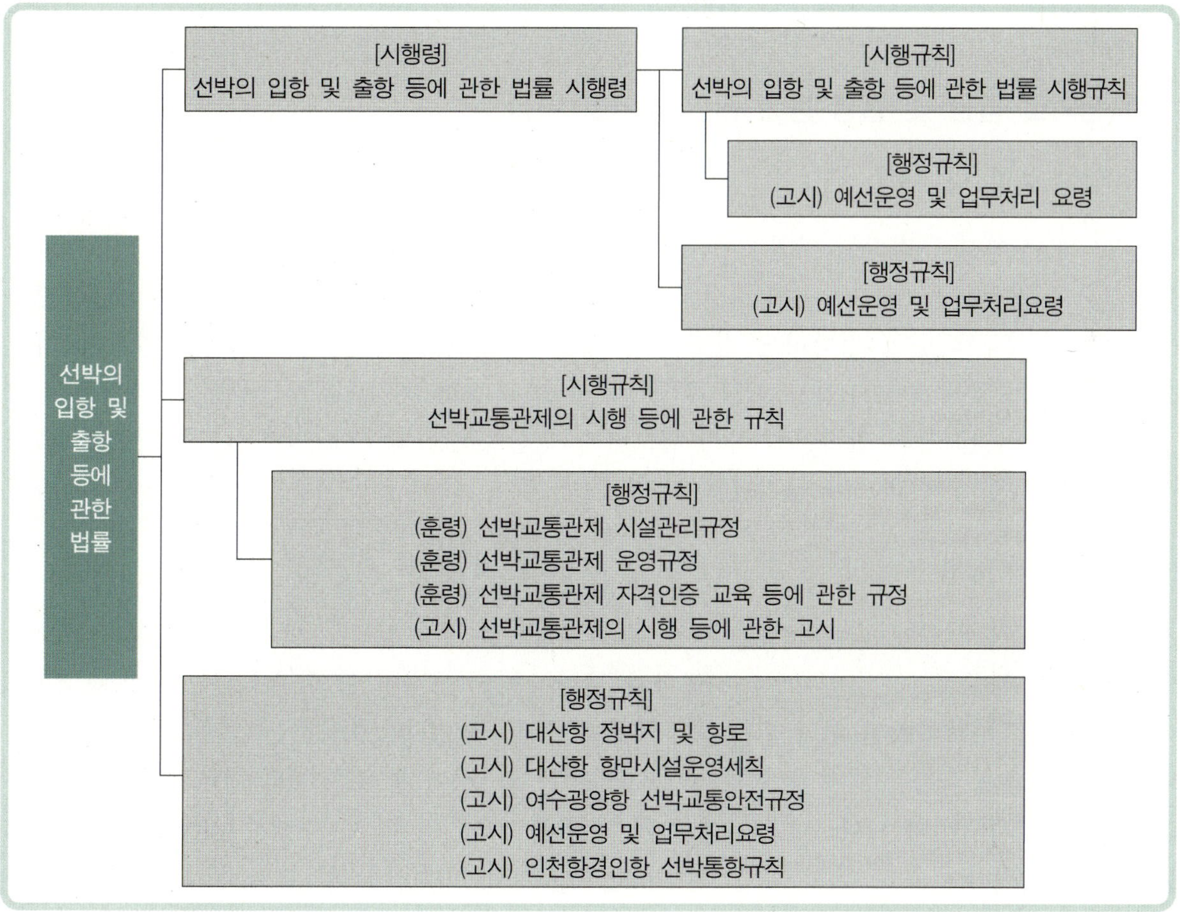

2 시행배경

「선박의 입항 및 출항 등에 관한 법률」규정은 기존「개항질서법」과「항만법」에 분산되어 있어 관련 규정을 파악하기에 어려움이 있었다. 이에 선박의 입항 및 출항 등에 관한 규정을 통합하여 법령 이해의 편의를 제공하였다.

또한 기름유출 사고와 선박사고 등으로 인해 위험물 하역안전관리를 강화해야 할 필요성이 지속적으로 제기되었으며, 선박입출항 환경변화에 따른 신규 법령수요의 증가로 인해 해양수산부에서는 선박이 안전하게 입출항 할 수 있는 여건을 마련하고, 다양한 환경변화에 따른 법령 신규수요를 반영하여 선박의 입항 및 출항 등에 관한 법률을 제정하였다.

3 목적과 특성

1) 선박의 입항 및 출항 등에 관한 법률

무역항의 수상구역 등에서 선박의 입항·출항에 대한 지원과 선박운항의 안전 및 질서유지에 필요한 사항을 규정함을 목적으로 한다(제1조).

2) 선박의 입항 및 출항 등에 관한 법률의 특성

(1) 입항·출항 및 정박

동법 제2장에서 규정하는 바와같이 무역항의 수상구역 등에 출입하려는 선박의 선장은 대통령령으로 정하는 바에 따라 해양수산부장관에게 신고하여야 한다(제4조). 해양수산부장관은 무역항의 수상구역 등에 정박하는 선박의 종류·톤수·흘수(吃水) 또는 적재물의 종류에 따른 정박구역 또는 정박지를 지정·고시할 수 있다(제5조). 또한 해양수산부장관은 무역항의 수상구역 등에서 선박교통의 안전을 위하여 필요하다고 인정하는 경우에는 항로 또는 구역을 지정하여 선박교통을 제한하거나 금지할 수 있다.

(2) 항로 및 항법

동법 제3장에서 규정하는 바와같이 해양수산부장관은 무역항의 수상구역 등에서 선박교통의 안전을 위하여 필요한 경우에는 무역항과 무역항의 수상구역 밖의 수로를 항로로 지정·고시할 수 있다. 우선피항선 외의 선박은 무역항의 수상구역 등에 출입하는 경우 또는 무역항의 수상구역 등을 통과하는 경우에는 제1항에 따라 지정·고시된 항로를 따라 항행하여야 한다(제10조). 또한 모든 선박은 항로에서의 항법에 따라 항행하여야 하며, 해양수산부장관은 선박교통의 안전을 위하여 특히 필요하다고 인정하는 경우에는 규정사항 외 따로 항로에서의 항법등에 관한 사항을 정하여 고시할 수 있다. 이 경우 선박은 이에 따라 항행하여야 한다(제12조).

(3) 선박교통관제

해양수산부장관은 국민안전처장관과 공동으로 무역항의 수상구역등을 포함하는 수역에서 선박교통관제를 시행할 수 있으며, 국민안전처장관은 해양수산부장관의 의견을 들어 선박교통관제를 시행하는 수역을 정하여 고시하여야 한다(제19조).

(4) 예선

해양수산부장관은 항만시설을 보호하고 선박의 안전을 확보하기 위하여 해양수산부장관이 정하여 고시하는 일정 규모 이상의 선박에 대하여 예선을 사용하도록 하여야 하며, 선박이 그 규모에 맞는 예선을 사용하게 하기 위하여 예선의 사용기준을 정하여 고시할 수 있다. 또한 예선을 원활하게 운영하기 위하여 예선운영협의회를 설치·운영하게 할 수 있다(제23조).

(5) 위험물의 관리 등

위험물을 무역항의 수상구역 등으로 들여오려는 자는 해양수산부령으로 정하는 바에 따라 해양수산부장관에게 신고하며, 해양수산부장관은 신고를 받았을 때 무역항 및 무역항의 수상구역 등의 안전, 오염방지 및 저장능력을 고려하여 해양수산부령으로 정하는 바에 따라 들여올 수 있는 위험물의 종류 및 수량을 제한하거나 안전에 필요한 조치를 할 것을 명할 수 있다(제32조). 위험물 운송선박은 해양수산부장관이 지정한 장소가 아닌 곳에 정박하거나 정류하여서는 안되며(제33조), 무역항의 수상구역 등에서 위험물을 하역하려는 자는 대통령령으로 정하는 바에 따라 자체안전관리계획을 수립하여 해양수산부장관의 승인을 받아야 한다(제34조).

(6) 수로의 보전

무역항의 수상구역 등이나 무역항의 수상구역 부근에서 해양사고·화재 등의 재난으로 인하여 다른 선박의 항행이나 무역항의 안전을 해칠 우려가 있는 조난선(遭難船)의 선장은 즉시 「항로표지법」 제2조 제1항 제1호에 따른 항로표지를 설치하는 등 필요한 조치를 하여야 한다(제39조). 또한 조난선의 선장이 같은 항에 따른 조치를 할 수 없을 때에는 해양수산부령으로 정하는 바에 따라 해양수산부장관에게 필요한 조치를 요청할 수 있다(제39조).

(7) 등화 및 신호

동법 제8장에서 규정하는 바와 같이 무역항의 수상구역 등이나 무역항의 수상구역 부근에서 선박교통에 방해가 될 우려가 있는 강력한 불빛을 사용하여서는 안 된다(제45조). 또한 선박은 무역항의 수상구역 등에서 특별한 사유 없이 기적이나 사이렌을 울려서는 안 되지만, 기적이나 사이렌을 갖춘 선박에 화재가 발생한 경우 그 선박은 해양수산부령으로 정하는 바에 따라 화재를 알리는 경보를 울려야 한다(제46조).

[표 15-9] 선박의 입항 및 출항 등에 관한 법률 주요 구성내용

구 분	세 부 내 용
입항·출항 및 정박	출입 신고, 정박지의 사용 등, 정박의 제한 및 방법 등, 선박의 계선 신고 등, 선박의 이동명령, 선박교통의 제한
항로 및 항법	항로 지정 및 준수, 항로에서의 정박 등 금지, 항로에서의 항법, 방파제 부근에서의 항법, 부두등 부근에서의 항법, 예인선 등의 항법, 진로방해의 금지, 항행 선박 간의 거리
선박교통관제	선박교통관제의 시행, 선박교통관제의 운영 등, 선박교통관제사의 자격 및 업무, 선박교통관제 통신
예선	예선의 사용의무, 예선업의 등록 등, 예선업의 등록 제한, 등록의 취소 등, 과징금 처분, 권리와 의무의 승계, 예선업자의 준수사항, 예선운영협의회, 예선업의 적용 제외
위험물의 관리 등	위험물의 반입, 위험물운송선박의 정박 등, 위험물의 하역, 위험물 취급 시의 안전조치 등, 교육기관의 지정 및 취소 등, 선박수리의 허가 등
수로의 보전	폐기물의 투기 금지 등, 해양사고 등이 발생한 경우의 조치, 장애물의 제거, 공사 등의 허가, 선박경기 등 행사의 허가, 부유물에 대한 허가, 어로의 제한
등화 및 신호	등화의 제한, 기적 등의 제한

4 선박의 입항 및 출항 등에 관한 법률의 물류정보화

해양수산부장관은 이 법에 따른 입항·출항 선박의 정보관리 및 민원사무의 처리 등을 위하여 항만운영 정보시스템을 구축·운영할 수 있다(제50조 제1항). 또한 해양수산부장관은 제1항에 따른 항만운영 정보시스템의 원활한 운영을 위하여 해양수산부령으로 정하는 바에 따라 항만운영 정보시스템과 사용자의 전자문서를 중계하는 망사업자를 지정할 수 있다(제50조 제2항).

제2항에 따라 지정을 받은 중계망사업자는 다음 각 호의 사업을 수행한다(제50조 제3항).

1. 전자문서 중계망시설의 운영과 중개사업
2. 전자문서 중계망시설과 다른 정보시스템 간의 연계사업
3. 선박 입항과 출항 정보관리 및 민원사무 처리 표준화에 관한 사업
4. 그 밖에 선박 입항과 출항 정보관리 및 민원사무의 처리를 위하여 대통령령으로 정하는 사업

해양수산부장관은 제2항에 따라 지정을 받은 중계망사업자가 제1호에 해당하는 경우에는 그 지정을 취소하여야 하며, 제2호에 해당하는 경우에는 그 지정을 취소하거나 6개월 이내의 기간을 정하여 그 사업의 전부 또는 일부의 정지를 명할 수 있다(제50조 제4항).

1. 거짓이나 그 밖의 부정한 방법으로 지정을 받은 경우
2. 제5항에 따른 해양수산부장관의 지도·감독을 위반한 경우

또한 해양수산부장관은 제3항에 따른 사업에 관하여 중계망사업자를 지도·감독할 수 있다(제50조 제5항).

제16장

운송관련 국제규칙

제1절 해상운송관련 국제조약

[표 16-1] 해상운송 관련 법규

구분	관련법규	세 부 내 용
해상	헤이그규칙	선하증권에 관한 법규의 통일을 위한 국제협약
	헤이그-비스비 규칙	헤이그규칙 제정 후 사회·경제적 변화를 반영하여 개정
	함부르크 규칙	운송인과 송화인의 책임문제와 관련하여 위험, 권리·의무 배분의 형평성 유지를 위한 헤이그, 헤이그-비스비 규칙을 보완
	로테르담 규칙	해상운송을 포함한 물품운송에서의 운송서류에 대해서 규정

1 헤이그규칙(Hague Rules)

1) 도입배경

「헤이그규칙」은 선하증권에 의한 해상운송 계약관계를 합리적으로 규율하여, 운송인과 그 상대방 당사자인 송화인, 기타의 거래관계인의 공정·공평한 지위를 보장하고 아울러 무역화폐로서의 선하증권의 유통성을 높임으로써 국제무역거래를 원활하게 하는데 그 목적을 두고 있다. 선하증권상 운송인 면책약관의 제한을 중심으로 해상운송 계약법의 중요한 점을 규정하고 있는 것으로, 운송인의 최소한의 의무, 최대한의 면책 및 책임한도를 명확하게 규정하였다.

2) 주요내용

- 운송인의 책임시기에 관한 법의 적용범위에 대하여는 운송물의 선적이 이루어진 때로부터 양륙된 때까지로 규정하여 Tackle to Tackle 원칙을 채택하고 있다[(제1조 (e)].
- 운송물의 취급 및 선박의 내항능력에 대하여 운송인에게 주의의무를 부과하고, 그 의무

위반(과실)에 대하여는 면책특약을 금지한다(제4조 제1항).

- 내항능력 과실이나 화물의 선적, 적부, 보관, 양륙, 인도 등에 관한 과실에 대하여 면책의 특약을 무효로 함으로써 운송인 유책으로 정하고 있는 것에 대하여 항해과실로 인하여 운송물에 손해가 발생한 경우, 운송인은 면책으로 되어 있다(제4조 제1항).
- 운송인 또는 사용인의 고의나 과실로 인하여 발생한 것이 아닌 한, 선박에서의 화재는 원칙적으로 운송인 면책으로 규정되어 있다[제4조 제2항 (b)].
- 운송인의 손해배상 책임을 제한 또는 면제하는 규정을 두고 있으며, 송화인이 물품의 종류와 가액을 선적 전에 미리 운송인에게 통고하여 선하증권에 기재한 경우가 아니면 물품의 멸실·손상에 대한 운송인의 책임을 1포장 또는 단위당 100스털링 파운드에 상당한 금액을 한도로 책임을 제한하고 있다(제4조 제5항).

2 헤이그-비스비규칙(The Hague-Visby Rules)

1) 도입배경

컨테이너의 등장, 커뮤니케이션의 발전 및 항해기술의 발전, 인플레이션 등 사회경제적 배경의 변동과 운송기술의 혁신에 따라 「헤이그규칙」에 대한 개정이 불가피하게 되었다. 이에 1959년 9월 국제해사위원회의 제24차 총회에서는 선하증권약관 소위원회를 구성하여 「헤이그규칙」의 수정안을 연구하도록 하였으며, 1968년 선하증권통일조약 개정의정서를 성립하였다. 이 의정서는 독립된 신조약이 아닌 「헤이그규칙」의 개정을 위한 조약으로서, 「헤이그규칙」에 일부 수정변경을 가하여 확정한 것으로, 심의·채택회의가 개최된 비스비의 지명을 따서 비스비규칙(Visby Rules)이라고 부르게 되었고, 「헤이그규칙(Hague Rules)」과 합쳐서 「헤이그-비스비규칙(Hague-Visby Rules)」이라고도 한다.

2) 주요내용

- 「헤이그규칙」에서는 조약의 적용범위를 체약국에서 발행된 선하증권으로 한정하고 있으나, 개정의정서에는 선하증권이 체약국에서 발행된 경우, 운송이 체약국의 항구로부터 개시된 경우, 선하증권상에 포함된 계약 또는 선하증권에 의하여 증명된 계약이 이 조약 또는 계약의 효력을 인정하는 국내법을 준거법으로 정한 경우 등에는 당해 운송계약 관계가 규율된다고 규정하였다(제10조).
- 선하증권의 유통성을 강화하기 위하여 「헤이그규칙」상의 추정적 증거력의 원칙에 추가하여 선의의 선하증권 소지인에 대한 관계에서는 선하증권기재의 결정적 또는 절대적 증거력을 부여하고 있다.

- 각국간 운송인의 책임 한도액을 통일하지 않아 화폐가치의 하락과 함께 불합리하게 작용되는 점을 시정하기 위하여, 개정의정서는 포장·단위당 10,000 포앙카레 프랑 상당액과 멸실 혹은 손상된 물품 총중량의 킬로그램당 30 포앙카레 프랑 상당액 가운데 더 많은 금액을 운송인의 책임 한도액으로 하는 새로운 규정을 두었다[제4조 제5항 (d), (e)].
- 선하증권에 컨테이너, 팔레트 등에 적입된 포장 또는 개수가 표시되어 있으면 그 개개의 포장 또는 단위를 운송인의 책임 한도액에 적용하고, 표시가 되어 있지 않으면 컨테이너나 팔레트 그 자체를 1포장 또는 단위로 간주하게 되는 컨테이너 조항을 신설하였다[제4조 제5항 (c)].
- 불법행위를 이유로 한 소송의 경우에도 책임에 관한 조약상의 항변과 책임제한의 이익을 주장할 수 있도록 운송인의 대리인과 사용인도 이를 원용할 수 있도록 하고 있으며, 당사자의 합의에 의한 책임의 소멸시효의 연장·책임이 소멸된 경우라도 법정지법이 허용하는 시간 내에 소송을 제기하면 운송인의 구상권은 소멸하지 않도록 하였다(제 4 조의 2).

3 함부르크규칙(Hamburg Rules)

1) 도입배경

1924년에 제정된 선하증권에 관한 통일조약이 개도국측의 요구로 1978년 3월에 함부르크에서 컨테이너 조항 등에 대한 대폭적인 개정이 이루어졌는데 이것을 「UN해상운송법」 또는 「함부르크 규칙」이라고 한다. 「함부르크규칙」의 경우 운송물에 대한 해상운송인의 강행법적인 책임을 가중·강화한 것으로, 「헤이그-비스비규칙」은 「헤이그규칙」의 결함을 보완하고 개정하였지만 「함부르크규칙」은 「헤이그규칙」의 원칙을 근본적으로 바꾼 새로운 조약이라 할 수 있다.

2) 주요내용

- 물품이 제4조에 규정된 운송인의 관리하에 있는 동안 물품의 멸실, 손상 또는 인도의 지연의 원인으로 사고가 발생한 때는 운송인이 그 멸실, 손상 또는 인도의 지연에 의해서 발생한 손해에 관하여 책임을 부담한다(제4조, 제5조).
- 「함부르크규칙」에서는 항해과실을 운송인의 책임으로 규정하여 항해과실의 면책을 폐지하였다(제5조).
- 선박에서의 화재를 면책으로 규정하지 않음으로써 화재의 책임에 관하여도 운송인의 책임에 관한 일반원칙에 따른다. 다만 화재가 운송인측의 과실 또는 부주의로 발생한 경우에 진화 및 화재의 결과의 방지 또는 완화를 위하여 합리적으로 요구되는 모든 조치를 취한 경우, 운송인측에 과실 또는 부주의가 있다는 것을 배상청구자인 화주가 증명해야 한다(제5조).

- 「헤이그규칙」의 제4조 제2항의 (c)호에서 (q)호까지 열거되어 있던 면책리스트가 폐지되고, 「함부르크규칙」에서는 제5조의 운송인 책임의 일반원칙에 의해서 규율되고 있다.
- 연착 또는 인도지연에 대해서 운송인의 유책으로 규정하고 있다(제5조 제2항). 운송인은 지연에 의한 물품의 멸실·손상뿐 아니라 지연을 발생시킨 사고가 물품보관 중에 발생할 경우 원인과 결과를 방지하기 위해 운송인, 사용인 및 대리인이 모든 수단을 강구하였다는 것을 입증하지 못하면 물품의 멸실, 손상 및 인도지연에 대하여 책임을 진다.
- 운송인의 책임한도액은 화폐단위로서 SDR을 채용하고, 멸실, 손상에 대하여 1포장 또는 선적단위당 835 SDR, 또는 멸실, 손상된 물품의 총중량 1kg 2.5 SDR에 상당하는 금액 중 높은 금액으로 한다고 규정하였다[제6조 제1항 (a)].
- 운송인의 책임기간을 선적항에서 운송물을 수령하는 시점부터 양륙항에서의 인도하는 시점까지 확장하였다(port to port원칙 적용)(제4조).
- 파손화물보상장의 효력에 관한 규정을 신설하여 파손화물보상장이 운송인 이외의 선의의 선하증권 소지자에게 대항할 수 없다는 것을 당연시하고, 함부르크 규칙 제7조 제2항에 그 취지를 명문화 하였다.
- 갑판적화물, 생동물(live animals) 등도 조약의 적용대상으로 포함시켰으며, 컨테이너나 팔레트 또는 이와 유사한 운송용구를 사용하여 물품을 포장한 경우에는 그 용구나 포장이 송화인이 제공한 것이면 그것도 물품으로서 취급하여 적용대상에 포함시키고 있다(제1조 제5항).

[표 16-2] 헤이그-비스비규칙과 함부르크규칙 비교

구 분	Hague-Visby Rule	Hamburg Rule
적용대상	• 체약국에서 발행된 선하증권	• 체약국과 관련된 해상운송계약
책임기간	• 적재부터 양하까지(Tackle to Tackle)	• 인수부터 인도까지(Receipt to deliver)
책임원칙	• 과실책임주의 - 선박의 불감항성 - 상사과실 • 면책사유 열거 - 항해과실, 화재 등 17가지	• 과실책임주의: 운송인은 자기 또는 그 사용인 등이 운송물의 손해의 원인이 된 사고를 회피하기 위하여 합리적으로 조치를 취하였다는 것을 증명하지 못하면 화물 배상책임 발생
책임제한	• 포장당: 667 SDR • Kg당: 2 SDR	• 포장당: 835 SDR • Kg당: 2.5 SDR
제척기간	인도완료(예정)일로부터 1년	인도완료(예정)일로부터 2년

4 로테르담규칙(Rotterdam Rules)

1) 도입배경

기존의 「헤이그-비스비규칙」과 「함부르크규칙」의 문제점을 극복하고 국제운송법 체제에서의 한계를 극복하기 위한 입법작업이 시작되었으며, 2008년 UN총회에서는 「로테르담 규칙(Rotterdam Rules) 이라고 칭해지는 「해상물품운송법(Convention on International Carriage of Goods Wholly or Partly by Sea)」을 채택하였다.

이 규칙은 1996년부터 세계해법회(CMI)의 기초 작업을 시작으로, 2002년부터 유엔국제상거래법위원회(UNCITRAL)에서 작업을 해왔으며 2008년 12월 11일 UN총회에서 채택, 2009년 6월 새로운 「로테르담규칙」 초안이 채택되었다.

2) 주요내용

- 컨테이터운송에서 해상운송이 복합운송으로 연결되는 경우가 많기 때문에 「로테르담규칙」은 해상운송뿐만 아니라 해상운송이 포함된 복합운송에도 적용이 된다. 다만 기존의 복합운송조약과 다르게 본 조약에서는 반드시 해상운송이 포함되어야 하는 'Maritime-Plus Approach'를 취하고 있다. 또한 「헤이그-비스비규칙」과 달리 출발항과 도착항이 서로 다른 국가에 있는 경우에도 적용됨으로써 그 적용범위를 확대하여 새로운 적용범위를 설정하고 있다.
- 특정 사고구간에서 해상운송이 아닌 다른 국제조약이 존재하면 그 책임문제에 대해서는 국제조약을 먼저 적용하는 '이종책임체계(network liability system)'를 채택하고 있다. 손해발생구간이 확인된 경우 특정 사고구간이 해상운송이라면 동 규칙이 적용되고 해상구간이 아닌 다른 구간인 경우에는 (그 구간에서 적용되는 국제조약이 존재한다면) 그 국제조약을 적용한다고 규정되어 있다. 손해발생 구간이 확인되지 않을 경우에는 동 규칙 59조 제1항의 일반책임 제한규정의 내용을 적용하도록 하고 있으며, 운송인의 포장단위당 책임제한 액수인 875SDR, 중량(1kg)당 3SDR로 책임이 제한된다.
- 운송인의 책임법제를 이행당사자에게 부과하였으며, 해상운송 이행당사자에게는 운송인의 의무와 책임을 부담한다고 하여 법정책임을 부과한 다음, 운송인이 누리는 책임제한 등의 이익을 누린다고 하였다. 「헤이그-비스비규칙」과 다른 점은 독립계약자들도 선하증권 등에 약정이 없더라도 본 조약의 규정에 의하여 책임제한 등의 이익을 누릴 수 있게 된 것이다.
- 사고발생 구간이 명확하지 않는 경우에는 본 조약의 규칙이 적용되며, 이는 운송인의 주의의무, 책임, 제척기간 등이 모두 적용되게 된다. 따라서 해상에만 적용되는 별도의 규

정을 둠으로써 이들 규정은 해상 이외의 구간에서는 성질상 적용되지 않음을 나타내고 있다.

제2절 항공운송관련 국제조약

[표 16-3] 항공운송 관련법규

구분	관련법규	세 부 내 용
항공	와르소조약	국제항공운송에 있어서 일부 규칙의 통일에 관한 조약
	헤이그의정서	국제항공운송에 있어서 일부 규칙의 통일에 관한 조약의 개정을 위한 의정서(항공운송인 책임한도액)
	과달라하라조약	항공기의 임대차 증가에 따른 조약 제정
	몬트리올협정	여러 조약과 의정서를 하나의 협약으로 통합하여단순화 및 현대화하는 작업의 진행결과(운송인의 무한책임 위험 부담)
	과테말라의정서	승객의 사상에 대한 운송인의 절대책임, 책임한도액의 절대성, 한도액의 정기적 자동수정, 화해촉진조항의 신설 등의 사항을 포함

1 와르소(바르샤바)조약(Warsaw Convention)

1) 도입배경

「와르소(바르샤바)조약」은 항공운송이 국제적인 운송수단으로 발전함에 따라 항공업무의 국제적인 협조·통일화가 요구되어 1929년 10월 12일 와르소(Warsaw)의 제2회 국제항공법회의에서 체결되었다. [정식명칭-「국제항공운송에 관한 통일조약(The Convention for the Unification of certain Rules relating to International Transportation of Air)」]

국제항공운송의 최초 국제조약은 1919년 10월 30일에 프랑스 파리에서 성립되었다. 하지만 항공공법에 대한 내용을 주로 하고 있어 항공사법에 관하여 규율하지 못하는 문제가 발생되었으며, 여객의 권리 및 항공운송인의 책임에 대한 문제규범의 공백에 따른 항공사법의 통일된 규범체계의 필요성이 대두되었다.

이러한 상황속에서 1925년 프랑스 파리에서 개최된 항공사법국제회의(CIDPA[8]))에서 프랑스가 항공운송인의 책임에 관한 조약 초안을 작성하여 제출하였고, 항공에 관한 통일된 규범을 완성시키기 위해 국제항공법전문가위원회(CITEJA[9]))를 설치하였다.

8) Conference International de Droit Prive Aérien

9) Commitee International Technical D'Expertice Juridigues Aeriens

국제항공법전문가위원에서 심의·검토한 최종 초안은 1929년 폴란드 와르소에서 개최된 와르소국제회의에서 채택되어 1933년 발효되었으며, 이를 「와르소국제조약」이라고 명칭하고 있다. 이 조약은 항공운송인의 항공사법 관계를 규정한 최초의 국제조약으로써 그 의의를 가지고 있다.

2) 주요내용

「와르소조약」은 제2장에서 운송서류에 관한 사항, 제3장에서는 운송인의 책임에 관하여 유한책임주의를 채택하여 규정하고 있으며, 제4장에서는 복합운송에 관한 규정, 제5장에서는 재판관할, 비준, 폐기 등에 관하여 규정하고 있다.

- 운송인은 여객운송시 항공기내 또는 승강 중에 발생한 승객의 사망, 부상 등에 대하여 배상할 책임을 진다(제17조).
- 운송인은 화물(수화물포함)운송시 화물의 파괴(destruction), 멸실(loss)·손상(damage)에 대하여 배상하여야 한다(제18조 제1항).
- 운송인은 여객, 화물 및 수화물(위탁수화물, 휴대수화물)의 지연(delay)으로 인해 발생한 손해에 대하여 책임을 진다(제19조).

2 헤이그의정서(Hague Protocol)

1) 도입배경

국제항공운송의 발달과 항공기술의 발달에 따라 「와르소조약」의 항공운송인 책임 한도액은 현실에 맞지 않게 되었으며, 1955년 9월 헤이그(Hague)의 국제외교회의에서 1929년 「와르소조약」을 개정하기 위한 의정서 채택하였다(운송인에 대한 책임한도액을 현실을 반영하여 바르사뱌 조약의 2배로 인상).

2차 세계대전 이후 기존의 항공운송 질서가 변화됨에 따라 「와르소조약」을 개정해야 하는 필요성에 직면하게 되었다. ICAO[10](국제민간항공기구) 법률위원회는 항공운송사업의 발달로 초기의 항공운송을 육성하기 위한 운송인 보호의 필요성이 작아짐에 따라 1951년 마드리드 회의에서 와르소 개정초안을 근거로 전면적인 개정을 시작하게 되었다.

1952년 프랑스 파리에서 법률위원회에 의해 설치된 소위원회가 개최되어 「와르소조약」의 개정초안을 채택하였지만, 협약의 전면적인 개정을 내용으로 담고 있어 채택되지 못하였고, 1955년 헤이그에서 전문개정이 아닌 부분개정으로 한 의정서가 채택되어 1963년 8월 「헤이그의정서」가 발효되었다.

10) International Civil Aviation Organization

2) 주요내용

- 「와르소조약」의 첫 수정 의정서인 「헤이그의정서」는 유한 책임원칙과 과실 책임주의를 기본으로 하고 있으나, 승객의 사망·상해에 관한 배상 한도액이 250,000프랑(약 16,600달러)으로 「와르소조약」과 비교하여 배상액의 한도가 두 배로 늘어나게 되었다.
- 화물의 경우 피해자가 운송인에게 손해배상을 청구하기 위한 이의제기 기일을 「와르소조약」보다 연장함으로써 피해자 구제에 보다 유리하게 적용된다(동 의정서 제15조).
- 「헤이그의정서」 제14조 '가해할 의사로 또는 무모하게 또는 아마도 손해가 발생할 것이라는 인식을 가지고 행해진 작위나 부작위'의 개념은 「와르소조약」규정(제25조 제1항) '고의에 준하는 과실'의 개념을 구체화·명확화 하였다.

3 몬트리올협정(Montreal Agreement)

1) 도입배경

1955년 「헤이그의정서」의 여객에 대한 운송인의 책임 한도액이 적다는 이유로, 1965년 미국은 폴란드 정부에 「와르소조약」의 탈퇴를 통고하였으나 합의하지 못하였다. 국제항공운송협회(IATA)[11]에서는 미국을 출발, 도착, 경유하는 주요 항공사들을 몬트리올에 소집·협정을 맺고 1996년 5월 13일 미국 민간항공국(CAB)[12]의 승인을 얻어 5월 16일자로 발효되었다.

미국에서는 「헤이그의정서」의 비준이 문제가 되었으며, 국제항공운송에 있어 중요한 비중을 차지하고 있던 미국은 의회에서 유한책임 한도액이 너무 낮다는 이유로 비준이 거부되자 책임한도액의 인상이 없는 한 「와르소조약」에서 탈퇴할 것임을 통고하였다.

이에 절대적 점유율을 차지하고 있는 미국의 탈퇴로 와르소체제의 붕괴를 우려, 1966년 캐나타 몬트리올에서 13시간의 협의 후 협정을 성립시키게 되었으며 미국 정부의 동의를 통해 1966년 5월 16일 「몬트리올협정」을 발효하게 되었다.

1998년 6월 14일자로 발효된 몬트리올 협정서에서의 대표적인 내용은 국제선 항공화물에 대한 항공회사의 배상한도액이 kg당 250 금프랑(약 US$ 20)에서 비교적 유동성이 적은 국제통화기금(IMF)의 특별인출권 17SDR로 변경되었다는 점이다. 이는 송화인이 화물에 대한 운송가격을 별도로 신고하지 않는 한 kg당 17SDR이 항공사의 배상 한도액이 된다.

2) 주요내용

- 여객에 대한 책임한도를 소송비 및 제비용을 포함한 경우에는 US$75,000, 판결시 소송비 및 제비용에 대한 별도 규정을 두고 있는 국가에서는 US$58,000으로 하였다.

---

11) International Air transport association
12) Civil Aeronautical Board

- 「와르소조약」과 그 개정조약(「헤이그의정서」)이 운송인의 책임에 대하여 추정과실 주의를 취하고 있는 반면, 이 협정은 절대책임주의를 채택하였다.
- 항공운송인은 원조약 제20조 1항의 운송인의 면책에 관한 규정을 원용할 수 없다.

4 과달라하라조약(Guadalajala Convention)

1) 도입배경

ICAO의 법률위원회는 항공기의 임대차의 증가에 따라 새로운 조약의 필요성을 느껴 1965년 9월 18일 멕시코의 과달라하라(Guadalajala)에서 개최된 외교회의에서 「과달라하라조약」을 채택, 1964년 5월 1일 발효되었다.

항공운송의 발달로 「와르소조약」상 화주와 직접 운송계약을 체결한 계약운송인, 실제 운송을 하는 실행운송인간 어느 쪽이 운송인이 되는지에 관한 문제가 발생하게 되었다. 이에 1961년 9월 18일 멕시코의 과달라하라에서 「헤이그의정서」의 보완협약인 과달라하라 보완협약이 채택되었으며, 1964년 5월 1일 발효되었다.

「과달라하라조약」으로 계약운송인 뿐만 아니라 실제운송인과 그의 사용자, 대리인 역시도 「와르소조약」 및 「헤이그의정서」의 적용을 받게 되었다.

2) 주요내용

실제운송인의 배상한도액은 「와르소조약」상의 배상책임 한도액을 초과할 수 없다(동 조약 제3조 제2항). 피해자는 계약운송인 및 실제운송인 양자 중 일방으로부터 배상받을 수 있는 최고 한도를 초과하여 배상받을 수 없다(동 조약 제6조). 피해자는 실제운송인에 의하여 손해가 발생한 경우 실제 운송인과 계약운송인 양자에 대하여 동시 또는 일시에 선택적으로 소를 제기할 수 있으며 양자 모두에 대하여도 소를 제기할 수 있게 되었다(동 조약 제7조).

5 과테말라의정서(Guatemala Protocol)

1) 도입배경

1965년 7월의 ICAO 총회에서 책임한도액의 개정 필요성이 제기되어 법률위원회가 초안을 작성하여, 1971년 개최된 과테말라 외교회의에서 통과시킨 의정서로써 주요 내용은 승객의 사상에 대한 운송인의 절대책임, 책임 한도액의 절대성, 한도액의 정기적 자동수정, 화해촉진 조항의 신설 등의 사항을 포함하고 있다.

국제항공운송에 대한 발전과 함께 기존의 「와르소조약」의 개정의 필요성이 대두되면서,

ICAO 법률위원회에서는 개정 초안을 작성하여 1971년 과테말라시에서 55개국과 2개의 국제기구 대표가 참석한 가운데 「헤이그의정서」로 개정한 「와르소조약」을 한 번 더 개정한 「과테말라의정서」를 채택하였다. 1971년 3월 미국을 포함한 21개국이 서명을 하였지만 미국이 비준을 하지 않아 발효하지 못했다.

2) 주요내용

- 항공 중 발생된 운송인의 책임에 대한 원칙으로 무과실 책임주의를 채택하고 있으나, 여객 및 수화물 연착의 경우 과실 추정주위를 유지하고 있다.
- 운송인의 책임 한도액을 「와르소조약」상의 책임한도액 보다 12배, 「헤이그의정서」상의 책임 한도액보다 6배 증가시켰다. 이는 여객의 사상에 대하여 여객 1인당 1,500,000 프랑(약 100,000달러), 연착에 대하여는 62,500프랑(약 4,150달러) 그리고 항공수화물에 대하여는 여객 1인당 15,000프랑(약 1,000달러)으로 규정하고 있다(동 의정서 제8조).

제3절 복합운송관련 조약 및 규칙

1 개요

복합운송의 경우에는 각 구간마다 서로 다른 조약 또는 국내법의 적용을 받는 운송증권을 발행하게 되는데 이러한 문제점을 해결하기 위해 국제복합운송에 관한 통일규칙을 제정하게 되었다.

오늘날 대부분의 국제운송은 하나의 운송으로 이루어지는 단수의 운송인과 운송방식이 아닌 여러 가지 운송수단이 결합된 운송이 이루어지고 있다. 1인의 운송계약자가 2가지의 운송방식으로 복수의 운송인을 통하여 운송하는 복합운송은, 일관운송으로 지칭되는 통운송과 유사한 점이 있으나, 한 가지 운송방식에 다수의 운송인을 참여하는 통운송과는 달리 복합운송은 운송수단을 달리하는데 그 차이가 있다.

복수의 운송수단의 이용에 따라 각 운송구간별 운송인의 책임제한, 책임한도 차이, 운송증권 등 상이한 국제조약상 적용규정의 문제점이 나타나게 되었고, 이러한 점을 통일적으로 규율하기 위한 국제조약이 만들어지게 되었다.

국제복합운송에 관한 국제규칙을 채택하기 위한 활동은 1970년대 이후 본격화되었으며, 국제상업회의소(ICC)가 1975년 제정한 「복합운송증권통일규칙(Uniform Rules for a Combined Transport Document 1975)」, 유엔무역개발위원회(UNCTAD)가 1980년 채택한 「유엔국제물품복합운송조약(UN Convention on International Multimodal Transport of Goods 1980)」, 유엔무역개발위원회와 국제상업회의소가 1992년에 제정한 「UNCTAD/ICC 복합운송증권규칙(UNCTAD/ICC Rules for Multimodal Transport Documents 1992)」 등이 탄생하게 되었다.

국제상업회의소의 「복합운송증권통일규칙」은 임의법규이므로 강제성이 없다는 점이 한계로 지적되어, 유엔무역개발위원회가 국제조약인 「UN국제물품복합운송조약」을 제정하였다. 그러나 이 조약도 운송인의 책임이 강화되었다는 이유에서 선진국이 가입을 늦추고 있으며 그 대안으로 유엔무역개발위원회와 국제상업회의소가 「UNCTAD/ICC 복합운송증권규칙」을 제정하게 되었다.

[표 16-4] 복합운송 관련법규

구분	관련법규	세 부 내 용
복합운송	UN 국제물품복합운송조약	국제복합운송체제 확장에 따른 복합운송인과 송하인 간의 책임한계 규정
	ICC 국제복합운송서류 통일규칙	복합운송인 책임, 당사자 권리·의무, 멸실·손상 책임, 지연책임 등을 규정
	UNCTAD/ICC 복합운송서류규칙	UN복합운송조약 미 발효로 UNCTAD의 사무국과 ICC의 협조하에 제정

2 UN국제물품복합운송조약

1) 시행배경

1948년 ICC의 의뢰에 따라 1949년 국제해법회(CMI)는 국제복합운송조약에 관한 초안을 공포하였으며, 이후 1973년에서 79년 3월까지 7년간의 회의 끝에 조약초안을 완성하게 되었다. UN총회는 1978년 12월 UN국제복합운송조약회의를 소집할 것을 결정하고, 1979년 11월과 1980년 5월 4일 제네바에서 개최된 UN전권회의에 제출되었다. 이 회의에는 총 85개국과 15개의 특수기구 및 정부기구, 11개의 비 정부기구가 참여하여 협약초안을 심의하였으며, 1980년 5월 24일 「UN국제물품복합운송협약」이 성립되었다.

2) 주요내용

- 「UN국제물품복합운송조약」은 제3조에 따라 최소한 복합운송인이 운송물을 인수한 국가 또는 이를 수하인에게 인도한 국가가 이 조약의 체약국인 경우에 그 복합운송 계약에 적용된다고 규정하여 명확한 적용범위를 확정하였다. 또한 본 조약의 제14조 제1항은 복합운송인의 책임의 기간을 "수령한 때로부터 인도한 때까지"로 규정하였다. 이는 「함부르크규칙」의 책임의 기간과 동일하다.
- 복합운송증권에 관한 상세한 규정을 두고 있으며 제1조 제4항에서 복합운송증권에 대한 정의 규정과 함께 제5조를 통하여 복합운송증권발행의 의무를 복합운송인에게 부담시키고 있다.

- 개발도상국의 국제복합운송으로의 사업참가 가능성을 확보하고, 화주로서의 이익을 옹호하기 위하여 조약에 포함된 공법상의 정책과제 등 공법문제에 관한 규정을 포함하고 있으며, 복합운송인의 책임, 복합운송서류의 기재사항, 조약의 적용범위 등 사법문제에 있어서도 선진국 입장에서 만족스럽지 못한 것으로 문제가 제기되었다.
- 운송구간 단일책임체계에 각 운송구간 이종책임체계를 첨부한 전 운송구간 변형단일책임제도로 복합운송인의 책임을 채택함으로써 발효요건인 30개국의 비준을 얻지 못하고 있는 실정이지만, 복합운송인과 송하인의 권리와 의무관계에 대한 중요한 해석의 기준이 되고 있다.

3 ICC 국제복합운송서류 통일규칙

1) 시행배경

1972년 11월 국제컨테이너운송회의에서 TCM조약안[13]이 백지화됨에 따라 ICC는 1973년 복합운송서류를 은행이 매입가능한 것으로 인정하기 위한 전제조건으로 민간에 의한 국제적 통일규칙의 작성을 개시하였다. 이에 1973년 11월 TCM조약안에 정해져 있는 복합운송서류의 상업적 요건을 기초로 한 「복합운송서류에 관한 통일규칙」을 공표하였으며, 1975년 지연책임에 따른 문제를 고려하여 1975년 수정안이 발표되었다. 복합운송서류에 관하여 신용장통일규칙에 필요한 수정을 통해 운송서류로서 할당해 왔던 종래의 여러 조건들을 완화하고, 은행매입의 전제조건으로서 운송인의 복합운송서류의 발행책임을 명확하게 하기 위해 복합운송통일규칙에 준거하도록 하였다(10개 항목 19개 규칙으로 구성).

2) 주요내용

- 「ICC 국제복합운송서류 통일규칙」은 운송인이 책임체계에 관하여 TCM 조약안과 마찬가지로 '이종책임체계(network liability system)'를 취하였다. 손해발생구간이 확인되지 않은 경우에는 TCM조약안과 마찬가지로 과실추정주위에 입각하여 복합운송인에 관한 책임을 규정하고 있으며, 손해발생구간이 확인된 경우에는 그 구간의 국제조약, 국내법 등에 의해 복합운송인의 책임이 결정된다.
- 손해발생구간이 불명확한 경우에는 1kg당 30포앙카레 프랑을 한도로 운송인의 책임을 제안하며, 손해발생구간이 명확한 경우 각 구간에 적용되어야 하는 국제협약 또는 국내법에 따르도록 규정하였다.

13) Project de Convention Surle Transport Combine International de Marchandises

4 UNCTAD/ICC 복합운송서류규칙

1) 시행배경

복합운송서류에 관한 ICC의 통일규칙은 국제해법회(CMI)의 동경규칙(Tokyo Rules)과 국제사법위원회(UNIDROIT)[14]가 작성한 TCM조약안을 기초로 제정되어 널리 사용되어 왔으나, 1980년 UN국제복합운송조약 발효를 앞두고 국제연합무역개발회의(UNCTAD)[15]의 해운위원회는 UNCTAD 사무국이 거래당사자 및 국제기구와 긴밀히 협조하여 「헤이그규칙」, 「헤이그-비스비규칙」, 국제운송주선인협회연합회(FIATA[16]) B/L, 「ICC통일규칙」과 같은 복합운송서류에 관한 규정을 제정할 것을 지시하였다. 1988년 UNCTAD/ICC 합동작업반이 조직되어 복합운송에 관한 「헤이그규칙」과 「헤이그-비스비규칙」을 기초로 한 새로운 규칙을 제정하였으며 이는 1992년 1월 1일부터 시행되고 있다.

2) 주요내용

- 다른 협약과 달리 강제적인 구속력이 없기 때문에 양 당사자 간 UNCTAD/ICC 복합운송서류규칙을 복합운송계약에 명시한 경우에 한하여 이 규칙이 적용된다. 또한 복합운송계약에 적용되는 국제조약이나 각국 국내법의 강재규정은 이 규칙에 우선한다.
- 책임제한의 경우, 해상 또는 내수 운송구간에서 손해가 발생한 경우 포장단위당 666.67SDR 또는 중량 (1kg) 당 2SDR 중 높은 금액을 책임한도로 하며, 해상운송구간이 포함되지 않은 경우 책임한도액은 중량당 8.33SDR로 UN국제물품복합운송조약과 동일하다. 하지만 손해발생구간에 적용되는 조약 또는 국내법이 별도의 책임한도를 정한 경우에는 그 금액이 위의 금액보다 낮더라도 그것을 규정하도록 하고 있다.

---

14) International Institute for the Unification of Private Law – Institut international pour l'unification du droit priv .
15) United Nations Conference on Trade and Development
16) International Federation of Freight Forwarder association

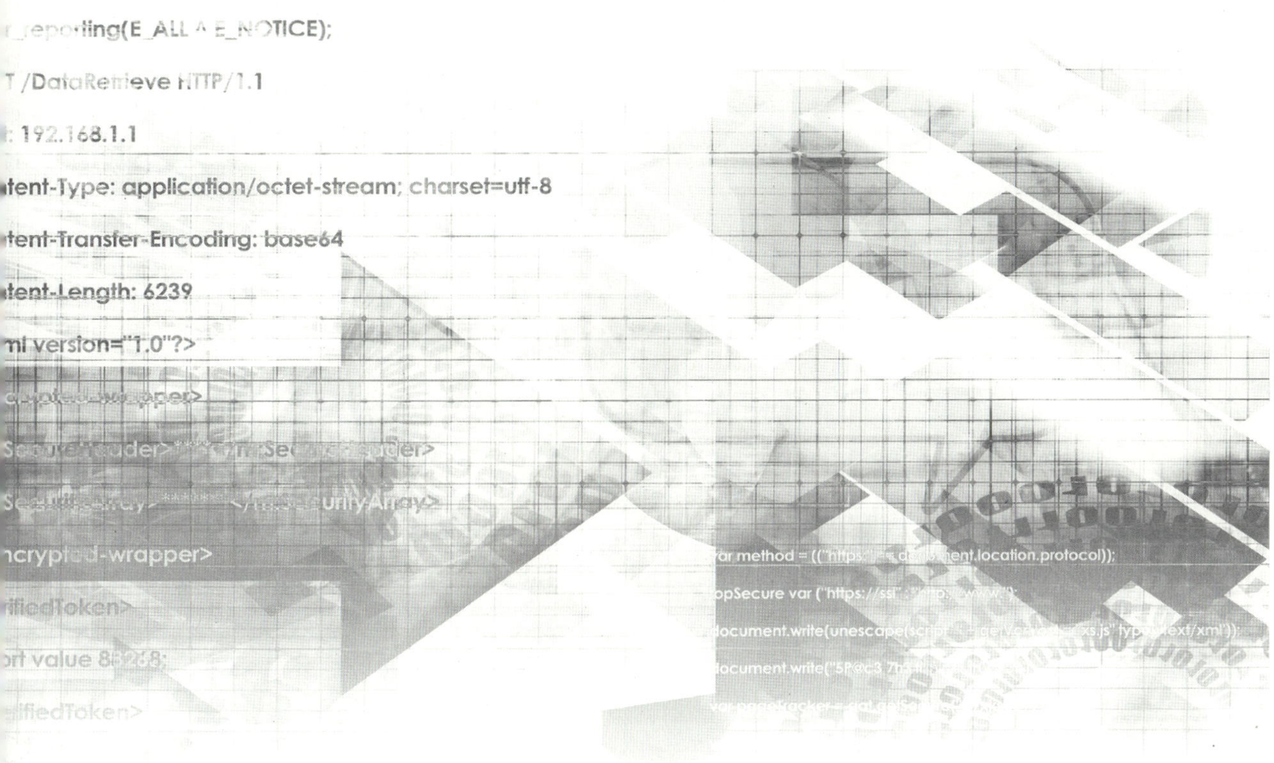

참고자료

시스템 · 업무 용어집

KTNET 소개

시스템·업무 용어집

• A •

• B •

• C •

• D •

• E •

KTNET 소개

한국무역정보통신(Korea Trade Network)

KTNET의 역사는 대한민국 전자무역의 역사입니다.

KTNET은 1989년 정부의 종합무역자동화 기본계획 수립에 따라 1991년 한국무역협회의 100%출자로 설립되었습니다.

1992년에 정부로부터 무역자동화 지정사업자(현, 전자무역기반사업자)로 지정받은 KTNET은 전자무역인프라 구축을 통해 복잡한 수출입업무 전 과정을 자동화 서비스로 구현함으로써, 혁신적으로 무역 프로세스의 개선과 비용 절감에 기여해 왔으며, 그 경제적 효과는 연간 6조원에 이르고 있습니다.

KTNET은 무역업체, 은행, 관세사, 선사, 보험사, 포워더, 보세장치장 등 약 10만여 고객과 무역유관기관을 연계한 세계 최고의 무역 커뮤니티를 통해 620종에 달하는 G2B, B2B부문 수출입 문서를 전자화하여 연평균 3억 7천만건의 전자무역 문서를 처리하고 있어, 우리나라 산업발전에 있어서 명실상부한 히든챔피언 역할을 수행하고 있습니다.

KTNET은 이제 종이서류 없는 무역에서 나아가 "종이서류 없는 녹색성장" 실현을 위해 또 하나의 역사를 쓰고 있습니다.

공인전자문서센터, 공인전자주소(#메일), 공인인증서비스 등 우리나라 전자문서 산업을 개척하여 IT패러다임 전환을 선도하고 있는 것입니다.

이제 KTNET의 Paperless 환경을 통해 개인에겐 스마트하고 편리한 업무환경이, 기업에게는 비용절감과 생산성 향상을 통한 경쟁력 강화로, 국가는 녹색성장을 통한 국가 발전으로 나아갈 수 있는 원동력이 될 것 입니다.

KTNET은 여기서 멈추지 않고 전 세계 Paperless 산업의 미래를 만들어 갈 수 있도록 끊임없이 노력할 것입니다.

7대 사업 운영기관

KTNET 서비스는 공익적인 업무 경험과 안정된 신뢰를 기반으로 제공됩니다.

KTNET은 전자무역기반사업자로서 전자무역인프라 구축을 통해 수출입업무전 과정을 자동화서비스로 구현함으로써 혁신적인 무역 프로세스 개선과 비용 절감에 기여해왔으며, 그러한 전자무역시스템이 구축 노하우와 운영 경험을 바탕으로 정부로부터 7대 사업의 운영기관으로 지정받았습니다.

KTNET 연혁

1) 고도화기 (2008 ~ 현재)

년. 월	내 용
2015.12	• 해상물류 통합서비스 개시
2015.10	• 키르키즈스탄 선거관리시스템 구축
2015.04	• Paperless Trade 교육실습시스템(uTradeEdu) 개시
2014.10	• 몽골 전자국회시스템 개통
2014.07	• 탄자니아 Single Customs Territory 구축 사업 수주
2014.06	• 기획재정부, 디지털예산회계시스템(dBrain) 위탁운영 사업 수주
2014.02	• 내국신용장 개설·통지 전자화 전면 시행
2013.03	• 판교 한국전자무역센터 건립 및 이전
2013.02	• 내국신용장 전자개설 및 통지 전면전자화(매입신청전자화는 '14.2예정)
2012.09	• 탄자니아 조세청 신통관자동화시스템 구축 사업 수주
2011.07	• 구매확인서 전자발급 의무화(대외무역법)
2011.04	• 한국전자무역센터 착공식 개최
2010.10	• 세계 최초 WiFi 실내측위기술을 적용한 모바일 앱 myCoex 개통
2010.05	• 한-대만 e-C/O서비스 상용화
2010.04	• 세계최초 e-Nego서비스 개시
2009.09	• 리비아 Single Window 구축사업 수주
2008.11	• 지식경제부, KTNET을 구매확인서 발급기관으로 지정(대외무역법)
2008.09	• 법무부, KTNET을 전자선하증권(e-B/L) 등록기관으로 지정(상법)
2008.07	• 차세대 전자무역시스템 uTradeHub 그랜드 오픈식
2008.07	• 몽골 관세행정 현대화 구축사업 수주

2) 도약기(2001~2007)

년. 월	내용
2007.05	• 차세대 전자무역시스템 uTradeHub 개통식
2007.02	• 산업자원부, KTNET을 공인전자문서센터 제1호 사업자로 지정(전자거래기본법)
2006.12	• 산업자원부, KTNET을 전자무역기반사업자로 지정(전자무역촉진에관한법률)
2006.08	• 국제정보보호인증(ISO 27001)획득
2005.10	• 카자흐스탄 관세행정 현대화 구축 1단계 사업수주
2004.08	• 전자무역포털 cTradeWorld.com 개통
2003.03	• 관세청, KTNET을 제1호 전자문서 중계사업자로 지정(관세법)
2002.03	• 정보통신부, KTNET을 공인인증기관으로 지정(전자서명법)
2001.12	• 글로벌 전자무역 네트워크 구축사업 착수 및 PAA 발족
2001.03	• 인터넷 화물관리시스템(eLogisFrmae) 개통

3) 성장기(1994~2000)

년. 월	내용
2000.06	• 인터넷 방식의 EDI서비스 개통
1997.10	• 원산지증명 및 상업송장 공증EDI 서비스 개통
1997.07	• 수출입화물 EDI 및 관세환급EDI 서비스 개통
1996.12	• 수출입 적하목록 취합 시스템 개통
1996.07	• 수입통관EDI 서비스 개통 • 수출입보세화물EDI 서비스 개통
1994.12	• 수출통관EDI 서비스 개통
1994.01	• 수출입승인 및 신용장EDI 서비스 개통

4) 태동기

년.월	내용
1992.11	• 상공부, KTNET을 무역자동화 지정사업자로 지정
1992.11	• 관세청과 KTNET, 'EDI형 통관자동화시스템 구축 및 운영에 관한 기본협정' 체결
1991.12	• 상공부, '무역업무자동화촉진에관한법률' 제정
1991.06	• 주식회사 한국무역정보통신(KTNET) 설립
1989.10	• 상공부, 종합무역자동화 기본계획 수립

지은이 약력

■ 서 광 현

- 現 (주)한국무역정보통신 사장
- 산업통상자원부 기술표준원장, 우정사업본부 우정사업정보센터장, 정보통신부 기술정책과장, 통신이용제도과장, 정보보호산업과장 (기술고시 18회)
- M.Eng. 전기통신, University of Colorado / B.Eng. 통신공학, 한국항공대학교
- 저서 및 논문: 『인터넷보안』(2002, 공저)

■ 류 주 열

- (주)한국무역정보통신: 現 uTradeEdu 사업담당, 전자무역·물류 컨설턴트
- 토탈소프트뱅크: 해운항만물류 업무분석·설계전문가(BA), 오만/말레이시아 항만터미널 운영시스템 구축
- MSc. 해운항만물류, Erasmus University / BBa. 국제무역, 한국해양대학교
- 저서 및 논문: 『전자무역·물류 실무완성』(2016, 도서출판 두남), KTNET 외

[법·제도 집필]

■ 이 호 형

- 現 계명대학교 경제통상학부 전자무역학전공 조교수
- 경희대학교 대학원 무역학과 경영학박사
- 저서 및 논문: 『전자무역학 캡스톤디자인』(2013, 계명대학교 출판부) 외

■ 이 희 용

- 現 영남대학교 상경대학 국제통상학부 조교수
- 영남대학교 대학원 무역학과 경영학박사
- Visiting Research Fellows at Plymouth University(International Shipping and Logistics Research Fellow)

인 지

전자무역 · 물류총서

초 판 1쇄 인쇄 —— 2016년 4월 1일
초 판 1쇄 발행 —— 2016년 4월 5일
지은이 —— KTNET
펴낸이 —— 전 두 표
펴낸곳 —— 도서출판 두남
서울시 강동구 성내로6길 34-16 두남빌딩
신 고 : 제25100-1988-9호
TEL : 02) 478-2065, 2066, 2067, 2311
FAX : 02) 478-2068
E-mail : dunam1@unitel.co.kr
http://www.dunam.co.kr

정가 35,000원

ISBN 978-89-6414-677-4 93320